U0710613

国家社科基金
后期资助项目

胡培翚《仪礼正义》研究

The Research of Hu Peihui's *Yili Zhengyi*

陈功文 著

中华书局
ZHONGHUA BOOK COMPANY

图书在版编目（CIP）数据

胡培翚《仪礼正义》研究/陈功文著. —北京：中华书局，2019.7
（国家社科基金后期资助项目）
ISBN 978-7-101-13942-6

Ⅰ.胡… Ⅱ.陈… Ⅲ.礼仪-研究-中国-古代 Ⅳ.K892.9

中国版本图书馆 CIP 数据核字（2019）第 127092 号

书　　　名	胡培翚《仪礼正义》研究
著　　　者	陈功文
丛 书 名	国家社科基金后期资助项目
责任编辑	许庆江
出版发行	中华书局
	（北京市丰台区太平桥西里 38 号　100073）
	http://www.zhbc.com.cn
	E-mail：zhbc@zhbc.com.cn
印　　　刷	北京市白帆印务有限公司
版　　　次	2019 年 7 月北京第 1 版
	2019 年 7 月北京第 1 次印刷
规　　　格	开本/710×1000 毫米　1/16
	印张 30¼　插页 2　字数 700 千字
印　　　数	1-1200 册
国际书号	ISBN 978-7-101-13942-6
定　　　价	98.00 元

国家社科基金后期资助项目出版说明

后期资助项目是国家社科基金设立的一类重要项目,旨在鼓励广大社科研究者潜心治学,支持基础研究多出优秀成果。它是经过严格评审,从接近完成的科研成果中遴选立项的。为扩大后期资助项目的影响,更好地推动学术发展,促进成果转化,全国哲学社会科学工作办公室按照"统一设计、统一标识、统一版式、形成系列"的总体要求,组织出版国家社科基金后期资助项目成果。

全国哲学社会科学工作办公室

序

在儒家经传诠释体式中,义疏以系统、周详为优长和特色。群经义疏既是学子入门阶梯,亦为经师治学义府,因而"言经学者,莫盛于义疏"(孙诒让《刘恭甫墓表》)。义疏之学兴于中古,如《仪礼》一经,南齐贺玚有《礼讲疏》,贺琛有《三礼讲疏》,陈沈文阿有《仪礼注》;北魏刘怀方有《仪礼疏》,北齐黄庆、隋李孟悊有《仪礼》章疏。唐永徽年间,贾公彦以黄、李二家为本,"择善而从,兼增己义",裁成《仪礼注疏》,朝廷著于功令,学者奉为圭臬。宋熙宁年间,以《仪礼》于经世为迂远,不列取士科目;南宋以降,理学家说经,义重性道,文尚简易,学者宗之,义疏之学渐衰。故清儒感叹"三礼之学,至宋而微,至明殆绝。《仪礼》尤世所罕习,几以为故纸而弃之"(《四库全书总目》卷二十"仪礼述注"条),或深悯义疏之学"旷然中绝者逾五百年"(孙诒让《刘恭甫墓表》)。

至清代,"通经学古"思潮兴起,钻研十三经注疏成为士林风气。阮元说:"士人读书当从经学始,经学当从注疏始。空疏之士、高明之徒,读注疏不终卷而思卧者,是不能潜心研索,终身不知有圣贤诸儒经传之学矣。"(《江西校刻宋本十三经注疏书后》)礼学是经学研究的突出重点,"学者不通典礼,不列名家"(郑知同《仪礼私笺后序》)。众多朴学家的考据实绩证明,不仅理学家论说古礼多有舛误,《十三经注疏》也不能令人满意。如《仪礼注疏》,"或解经而违经旨,申注而失注意"(罗椒生《仪礼正义序》)。故陆续有学者展其所长,撰著新疏。胡培翚积40余年心力,历览众说,集腋成裘,撰《仪礼正义》。

清代《仪礼》学与宋、元、明盛衰迥异。这一逆转缘何得以实现的呢?有研究者指出,清廷大力提倡礼学研究,对学者起到导向作用;汉学家厌弃理学末流空谈心性,普遍重视古礼考证;朴学考证方法日趋精密,为《仪礼》考释创通了道路。这些因素都不可忽视,但清初硕学鸿儒,特别是顾炎武在经学思想上的创新与突破,对《仪礼》学持续繁荣、超越古往,尤具关键意义。

　　顾炎武的理论贡献,首先在于指明古礼即上古政治文明的本体。《日知录》"博学于文"条诠释"文王既没,文不在兹乎"之"文",推崇其"经天纬地"的功能;其云"自身而至于家国天下,制之为度数,发之为音容,莫非文也",指明礼仪之于"文"绝非无关宏旨的细枝末节。《仪礼郑注句读序》:"礼者,本于人心之节文,以为自治治人之具","周公之所以为治,孔子之所以为教,舍礼其何以焉?……三代之礼,其存于后世而无疵者,独有《仪礼》一经。"强调礼是圣贤创造的经世重器,亦即推定《仪礼》的经典地位不可动摇,当代价值无可置疑。

　　其次,阐发制订仪节度数的基本原理。顾炎武《仪礼郑注句读序》提出,研究《仪礼》,应"因文以识其义,因其义以通制作之原,则夫子所谓'承天之道,以治人之情'者,可以追三代之英"。其引《礼记·礼运》所载孔子"夫礼,先王以承天之道,以治人之情"之言,意在揭示先王制礼作乐的根本方针。循此方针,研究古礼的仪节度数,将会发现制礼作乐的具体原则,亦即"制作之原"。何为顾炎武所指"制作之原"?据其考述,有两项要义:一是合乎道德。《日知录》"须臾"条解释《仪礼·燕礼》"寡君有不腆之酒,请吾子之与寡君须臾言",以"须臾"之义为"不敢久"。引《礼记·乡饮酒义》《尚书·酒诰》,指明古代饮酒规矩是时间不宜长,"朝不废朝,暮不废夕";酒量要有节制,"罔敢湎于酒"。还要体现人际亲睦关系。《乡饮酒礼》《乡射礼》述"旅酬"之仪都说"辩"。郑玄《燕礼注》:"今文'辩'皆作'遍'。"《日知录》"辩"条举出六条书证,证明汉以前古籍中"辩"与"遍"通假,这就彰显出"旅酬"的义蕴是期求皆大欢喜。二是"礼时为大"。《日知录》"主人"条指出,"婿"相对于妇,称主人;"婿"至妇家,女父称主人,而婿称"宾";婿出而妇从,则直称"婿"。同一人在不同场合称谓三变,体现仪节制订以顺乎生活情境为基本原则。高悬"承天之道以治人之情"的方针,而落实到合乎道德、顺乎情境的原则要求,这就揭示出生成仪节度数的规律,隐含着仪节度数与时更化的合理性。其说既有助于避免泥古的弊端,也有助于消解蔑古的偏执。

　　第三,提倡对经学遗产博综兼收,取精用弘。顾炎武谈《诗经》古韵研究,指出:"经学自有源流,自汉而六朝,而唐,而宋,必一一考究,而后及于近儒之所著,然后可以知其异同离合之旨。"(《与人书四》)他对经学史有高深造诣,这一思路基于他对历代学术遗产的整体评价。在经学史上,以东汉许、郑之学为重心的汉学与以理学为重心的宋学,分别代表知识求是与义理求精的两种诠释取向与独特成就。其论汉代礼学,看重历代通经之士"无不讲求于郑《注》"的史实,推崇郑学的正宗地位。论宋代礼学,赞颂朱子针对鄙薄礼学的倾向"正言力辨",且着眼于化民成俗,"欲修三《礼》之书"。在顾炎武身后,学者以所宗不同而有汉、宋门派之分。但也有经师宗汉学而兼容宋学,如江永、程瑶田等是其例。后来更多经学家采取会通汉宋的学术立场,经学主潮为之一变。凡此,都在不同程度上反映出顾炎武学术思想持久的生命力。

顾炎武是以救世襟怀提倡《仪礼》学的。他以"沧海横流,风雨如晦"形容易代之变,又说值此"人心陷溺之秋",苟不以礼,无从拨乱反正(《答汪苕文》)。这种观点含有针对清廷的意涵。但清廷日益明朗化地利用儒学,而且以提倡礼教为国策。乾隆元年开三礼馆,命儒臣编纂《三礼义疏》。高宗云:"五经乃政教之源,而《礼经》更切于人伦日用。"令儒臣"取汉唐宋元注疏诠解,精研详订,发其义蕴,编辑成书,俾与《易》《书》《诗》《春秋》四经,并垂永远。"(《清高宗实录》乾隆元年六月乙卯条)竟与顾炎武的思路相去不远。两者的一致性,客观上有利于扩大顾炎武之学的影响。

吴、皖、浙东、扬州等朴学流派的代表人物,礼学考证各擅胜场。把握顾炎武的礼学思想,才能理解他们何以热衷于礼学研究。顾炎武之后,凌廷堪是在礼学思想上有重大发明的少数学者之一。他认为《仪礼》所载全部仪节度数,都是"大圣人"根据"天命民彝之极"确定的;舍弃《仪礼》,也就背离了"节性修身之本"。《复礼上》提出:"礼之外,别无所谓学。"其代表作《礼经释例》采用"会通其例"而"究观经纬途辙"的路径,考察种种礼制之间复杂的联系,特别是仪节度数的横向关联,具体而微地证明,《仪礼》中"即一器数之微,一仪节之细,莫不各有精义弥纶于其间"。(《复礼中》)凌廷堪的礼学思想与顾炎武一脉相承,其《仪礼》考证的实践可以与顾炎武以经学为理学的构想相印证。胡培翚以撰著《仪礼正义》为平生志业,与服膺顾炎武及凌廷堪的礼学思想大有关系。

胡氏《仪礼正义》洋洋百万余字,论者赏其富赡而无繁琐之讥。对于研究者而言,系统地剖析这部巨著,其难度可以想见。因此,陈功文君以将近十年之功,紧扣《仪礼正义》诠释经、注的主要环节,进行专题讨论,数易其稿,才撰成《胡培翚〈仪礼正义〉研究》。其论《仪礼正义》之校勘学,不仅考述其所据底本与参校本,校勘原则与方法,校勘经、注兼及贾疏的范围,还以胡氏所校与阮元《校勘记》、孙诒让《校记》相比较,充分地展示了胡培翚的校雠实绩。论《仪礼正义》之训诂学,以大量实例证明胡培翚训释经、注语词,旁征博引,覃精研思,寻求"十分之见",故能纠谬补缺,消解争讼,启人心智。论《仪礼正义》名物制度考证,颇能窥见胡氏方法之精妙、结论之确凿。如考释胡氏以凡例明礼,既回溯《仪礼》义例研寻的历史,又详列其新见及所属类别。论《仪礼正义》的经学地位,不仅分别考述该书对贾公彦《仪礼疏》、乾隆朝《钦定仪礼义疏》承袭、修正与超越,对胡氏取舍历代经说之内容与特色也多有评析。值得提出的是,胡培翚之集众说之大成,不仅表现在知识求真、义理求是等方面,也表现在研究方法求精。胡氏的学术方法丰富多样,但属于独创的毕竟是少数;而能应用自如,曲尽其妙,是他的过人之处。系统阐论胡氏学术方法及其渊源,是功文这部专著的优点之一。功文认为,集众说之大成与勇于创新的统一,是《仪礼正义》超越旧疏之关键。其所论述,足以支撑这一观点。

研究义疏,最需要不惮繁难的态度。功文对《仪礼正义》的剖析细致而有深度,得力于这种钻研精神;考述胡培翚生平多有新意,也是获益于此。古代学者的生平研究,离不开传世文献资料。这些材料多为前人熟知,后学往往劳而少功。功文无意取巧,悉心搜辑、钻研资料,因而持论精确。如,辨"世泽楼"是胡氏家族藏书楼而非胡培翚别称,"竹村"、"紫蒙"为胡培翚的号而非其字,胡培翚字"载屏"而不应记为"载平",举证确凿,可为定论。学界普遍认为《仪礼正义》能"集大成",但多语焉不详。段熙仲先生系年整理《仪礼正义》,编制《胡氏仪礼正义引用书目》,令读者对胡氏《正义》"集大成"之功有直观感知。功文考《正义》引书,在段熙仲先生所列书目之外多有增补,且列表展示《正义》所引家数和各书征引次数。这项工作,不仅对切实把握胡氏《仪礼正义》"集大成"的情形大有裨益,对了解学术史上某些学者对清儒的影响也可资参考。

清代朴学家以"实事求是"为信条,其高明者如焦循等,既讲"无征不信",也讲"性灵"、讲"运之以虚",即要求依托可靠的文献资料深入思考,融会贯通。研究清代经学,需要借鉴朴学家的学术思想与实践经验。功文在这方面有心得,是他面对丰富材料、复杂现象时持论通达的原因。比如,探讨学者的学术渊源,研究者可以选择某些视角。从实践看,从师承、家学方面展开讨论的比较多。而功文考论胡氏学术渊源,兼顾乾嘉汉学传统之承继、徽文化之浸染、家学之熏陶、师学之承袭、友人之砥砺。其具体论述,注意到这五个方面之间的层次性与关联性,清代学术主潮是纲,主导区域文化、家学、师承及师友交流诸目;皖南是清代学术主潮流注的重点地区,徽学对于胡氏家学、师承、交游具有明晰的导向功能;至于家学、师承、学侣,则或隐或显地推动了胡培翚研究方向的择定与学术品格、学术个性的形成。

清代经学发展到道咸时期,古今兼采、汉宋兼容成为学界风尚。但就特定学者而言,安顿古文经学与今文经学、汉学与宋学关系的情况还是多有差别。不剔抉其特质,所作结论可能是笼统的、类型化的。具体而微的考述,才能得出切合实际的结论。功文对胡培翚礼学思想的阐发正属此类。他指出,胡培翚宗奉古文学而兼容今文学,与郑玄相仿。其诠解《仪礼》,兼存今、古经说,与郑玄会通今、古文之学一脉相承。从《仪礼正义》引经频次看,引古文经之数远远多于今文经。以《春秋》三传为例,引《公》《穀》之条目只有《左传》半数。这种数据统计,有一定参考价值。他还指出,从胡培翚的解经实践看,固然是"汉宋兼采",但"终与汉学最近"。胡培翚秉持的以汉学、特别是古文学为主的经学立场,亦即朴学立场。这样的学术取向,基于对经学遗产的深入研究,符合疏证《仪礼》的需要。前人总结理学一系对《仪礼》考释发明甚少的原因,以为"《仪礼》则全为度数仪节,非空辞所可敷演,故讲学家避而不道也"(《四库全书总目》"仪礼述注"条)。胡培翚加以撷取诸多宋学家见解,与乾嘉经学家专守汉说的风气已经有所不同,由此可以谛观当时学术思潮的变化。

胡氏《仪礼正义》作为传统《仪礼》学最后的杰作,当下和日后都是研习者优先择取的范本。如所周知,与中国特色精神文明建设的需求相联系,儒家经传的积极内涵与当代价值逐渐被发掘、认知。经学研究逐渐升温,包括胡培翚《仪礼正义》在内的十三经清人注疏日益受到学界重视。功文的专著对胡氏《正义》的剖析大体可谓识精语详,刊行之后应能遭逢、见赏于众多学术知音。功文是安徽六安人,又倾力于清代皖派经学研究。愿他仰承乡邦先贤缔造的学统文脉,在未来的学术生涯中砥砺前行。

田汉云

2019 年 6 月 1 日

目　录

绪　论

一、《仪礼》的价值

《仪礼》是儒家经典之一。该书以西周社会生活为主体背景,内容涉及冠、婚、飨射、朝聘、丧祭诸方面,在学术研究领域中具有重要价值。

首先,《仪礼》是我国古代灿烂的礼仪文化的结晶。我国素称文明古国,是礼仪之邦,此与古代灿烂的礼仪文化分不开。早在春秋时代,我们的祖先就开始用礼来约束自己的言行,如孔子曾云:"非礼勿视,非礼勿听,非礼勿言,非礼勿动。"①而作为一部记载各种仪节规范和贯串生死的人生礼仪的经典——《仪礼》,早已被贵族阶层用来指导人们学习礼仪的教科书。《仪礼》所勾勒的冠、婚、飨射、朝聘、丧祭诸仪节,均具有很强的操作性和传承性,对中华文化产生了深远的影响,如流传至今的婚礼、丧祭诸礼,仍保留着《仪礼》所记载的诸多细节。而该书所描述的吉、凶、宾、嘉诸礼,也奠定了后世礼制发展的基本框架。

其次,《仪礼》也是一部珍贵的历史文献,为后世研究上古文化提供了诸多弥足珍贵的资料,具有不可替代的价值。从历史文献学的角度而言,《仪礼》所涉及的礼制名物,往往成为后世考古所参考的资料。特别是对一些出土的上古遗址、墓葬、器物等的考证,往往都要求证于《仪礼》。从语言学的角度而言,《仪礼》文字简洁、精炼,朴实无华,同时保存了大量的上古语汇,对研究上古语言也具有重要参考价值。从文学的角度而言,《仪礼》语句也时时用韵,使朴实的语言增添了可读性,如《士冠礼》:"醴辞曰:'甘醴惟厚,嘉荐令芳。拜受祭之,以定尔祥。承天之休,寿考不忘。'"此处四字一句,隔句用韵,且一韵到底,意味深长。也有隔句换韵的,如:"旨酒令芳,笾豆有楚。咸加尔服,肴升折俎。承天之庆,受福无疆。"读着这样的语句,不由得使人联想起《诗经》,可见《仪礼》的文学价值也不容忽视。另外,

①《论语·颜渊》,高流水点校,刘宝楠:《论语正义》,中华书局1990年版,第484页。

在《仪礼》的一些篇章中,在叙述礼节时常常穿插一些奏乐的场景,所奏的音乐大多是《诗经》中的篇章①,这也为证明《诗经》是入乐的说法提供了证据。

再次,《仪礼》对当代的文化建构与精神文明建设也具有重要的参考价值。当前,我们正处于建设和谐社会阶段。建设和谐社会,离不开国人精神素质的提升,离不开精神文明建设。建设精神文明,也离不开弘扬我国优秀的传统文化。《仪礼》就是我国优秀传统文化宝库中的一部分,是祖先留给我们宝贵的精神财富,是人类早期辉煌的礼仪文明的见证。今天,我们要继承这一精神遗产,并将其作为一种文化模式来认识,寻找其合理内核,古为今用,有效地指导人们的伦理规范和行为准则,更好地为建设和谐社会服务。

总之,《仪礼》是儒家思想的结晶,是一部不朽的经典。"《仪礼》一书的材料,来源甚古,涉及的面又广,保留了丰富的我国上古社会的史料,对于研究当时的政治制度、礼仪风俗、思维方式、人际交往以及名物制度等等,都具有很高的价值"②。《仪礼》所反映的礼仪思想,是我国古代礼仪文化的重要组成部分,它影响了中国数千年的文化发展。在今后,《仪礼》不会退出历史舞台,仍将具有一定的参考价值。

二、《仪礼》学史简述

《仪礼》,在先秦时期的称名为《礼》。这在先秦的文献中常常见到,如《左传》僖公二十七年记晋赵衰曰:"《诗》、《书》,义之府也;《礼》、《乐》,德之则也;德义,利之本也。"《庄子·天下》云:"《诗》以道志,《书》以道事,《礼》以道行,《乐》以道和,《易》以道阴阳,《春秋》以道名分。"《庄子·天运》谓:"丘治《诗》、《书》、《礼》、《乐》、《易》、《春秋》。"《商君书·农战》云:"《诗》、《书》、《礼》、《乐》,善、修、仁、廉、辩、慧。"《荀子·儒效》云:"《诗》言是其志

①《仪礼》中涉及到的歌乐多出自《诗经》,如《乡饮酒礼》"工歌《鹿鸣》、《四牡》、《皇皇者华》",郑玄注:"三者皆《小雅》篇也。"再如该篇"笙入堂下,磬南,北面立,乐《南陔》、《白华》、《华黍》",郑玄注:"《南陔》、《白华》、《华黍》,《小雅》篇也。"又如:"乃间歌《鱼丽》,笙《由庚》,歌《南有嘉鱼》,笙《崇丘》,歌《南山有台》,笙《由仪》。"郑玄注:"六者皆《小雅》篇也。"也有一些歌乐则直接标明出自《诗经》,如《乡饮酒礼》"乃合乐《周南·关雎》、《葛覃》、《卷耳》,《召南·鹊巢》、《采蘩》、《采蘋》"。
②彭林注译:《仪礼·前言》,岳麓书社 2001 年版,第 5 页。

也,《书》言是其事也,《礼》言是其行也,《乐》言是其和也,《春秋》言是其微也。"其中所谓的《礼》,都是指《仪礼》而言的,所以宋人郑樵曾说:"古人造士,以《礼》、《乐》与《诗》、《书》并言之者,《仪礼》是也。古人六经,以《礼》、《乐》、《诗》、《书》、《春秋》与《易》并言者,《仪礼》是也。"①不难看出,在先秦时期,《仪礼》是非常重要的儒家典籍,与《周易》、《尚书》、《诗经》、《乐经》、《春秋》等经典一样取得了经的地位,是《礼》之本经。

西汉初年,百废待兴。继秦火之后,《仪礼》出现今、古文之别。《汉书·艺文志》云:"汉兴,鲁高堂生传《士礼》十七篇。讫孝宣世,后仓最明。戴德、戴圣、庆普皆其弟子,三家立于学官。《礼古经》者,出于鲁淹中及孔氏,学七十篇文相似,多三十九篇。"②高堂生所传十七篇乃为今文,《礼古经》五十八篇是用古文书写的。今文《仪礼》在两汉颇受重视,列于学官,设立博士,招收博士弟子,且其传授源流亦甚清晰。而《礼古经》却不曾有此厚遇,仅于王莽当国时立于学官二十馀年,其馀时间一直处于在野地位。

时至东汉,注《礼》之风渐行。大儒马融虽精通经学,但于《仪礼》却仅注《丧服》一篇。马融弟子郑玄遍注《三礼》,赢得"礼是郑学"③之美誉。郑玄遵循刘向《别录》本次序注《仪礼》,兼采今、古文,其"从今文则注内叠出古文,从古文则注内叠出今文"④。另外,郑氏在注释时善用《三礼》互证,又善于博综众家,为汉末说《礼》者所宗。郑玄《仪礼注》是目前所知最早全面笺注《仪礼》的专著,因文字精审,要言不烦,对后世《仪礼》学影响甚深,可视为《仪礼》研究的不祧之祖。另外,郑玄称《仪礼》为"曲礼"⑤,《周礼》为"经礼",并将《周礼》放在《仪礼》之前,奠定了《三礼》的排序。郑玄之后,

---

① 郑樵:《仪礼辨》,曹溶辑,陶樾增订:《学海类编》第九册(影印本),广陵书社 2007 年版,第 5 页。

② 陈国庆编:《汉书艺文志注释汇编》,中华书局 1983 年版,第 52 页。

③ "礼是郑学"一说,最早可追溯至唐孔颖达所撰《礼记正义》,孔氏在《月令》、《明堂位》等篇的疏语中均提及"礼是郑学"一语。如《月令》题疏曰:"但《礼》是郑学,故具言之耳,贤者裁焉。"《明堂位》"七年,致政于成王",孔颖达疏曰:"礼既是郑学,故具详焉。"现代学者杨天宇先生认为"礼是郑学"最根本的意思是:"后世之礼学皆宗郑学,凡后世治礼学者,皆不可舍郑氏之学。"(载杨天宇《略论"礼是郑学"》,《齐鲁学刊》,2012 年第 3 期,第 90—95 页。)

④ 皮锡瑞:《经学历史》,中华书局 1959 年版,第 142 页。

⑤《礼记·礼器》曰:"礼也者,犹体也。体不备,君子谓之不成人。设之不当,犹不备也。礼有大有小,有显有微。大者不可损,小者不可益,显者不可掩,微者不可大也。故《经礼》三百,《曲礼》三千,其致一也。"郑玄注《经礼》三百、《曲礼》三千曰:"《经礼》谓《周礼》也,《周礼》六篇,其官有三百六十。曲犹事也,事礼谓今礼也。礼篇多亡,本数未闻,其中事仪三千。"此注中的"今礼",即为《仪礼》。

王肃"善贾、马之学,而不好郑氏"①,其作《仪礼注》十七卷,"或以今文说驳郑之古文,或以古文说驳郑之今文"②,故意与郑玄立异。因王肃依仗司马氏政治势力及姻亲关系,一时王学大盛,西晋研习《仪礼》者多宗王学。

东晋时期,因荀崧建议增立郑玄《仪礼》博士,此时郑学复兴,王学渐废。南北朝时期,"玄儒兼通之士,多治三礼,而尤好言丧服。丧服为治三礼之学所当讲求之一部份,自不待言。魏晋南北朝时丧服之学最为发达,为经学谈辩中极流行之论题"③。此时,北朝《仪礼》以徐遵明为代表,独尊郑学,且"《三礼》并出遵明之门"④;而南朝杂采郑学、王学,以崔灵恩《三礼义宗》最精。随着义疏之学兴,南北朝注《仪礼》开始重视逐字、逐句诠释经、注,注重对义理的阐发,并在解经过程中善于广搜群籍,以广注说。南北朝是《仪礼》学研究的兴盛期,著名的有北齐黄庆《仪礼章疏》、南朝陈沈文阿《丧服经传义疏》四卷、北周沈重《仪礼义》三十五卷等,多为义疏性质的作品。

南北朝《仪礼》学对唐代影响较大。唐初,贾公彦等撰《仪礼疏》,即是以北齐黄庆《仪礼章疏》与隋代李孟悊《仪礼注》为底本,广搜博辑,择善而从,兼增己意,成书五十卷。"贾公彦对自汉至唐《仪礼》的研究成果做了首次总结整理,堪称《仪礼》自郑《注》以后又一部集大成之作"⑤。唐文宗开成年间,石刻《九经》,内列《仪礼》,从此《仪礼》之名便成定称。

贾公彦之后,《仪礼》研究渐趋衰落。北宋熙宁(1068—1077)年间,因王安石废《仪礼》而独尊《礼记》,此后研习《仪礼》之人渐少。南宋朱熹不满王氏废经之举,称:"王介甫废了《仪礼》,取《礼记》,某以此知其无识!"⑥又称:"熙宁以来,王安石变乱旧制,废罢《仪礼》,而独存《礼记》之科。弃经任传,遗本宗末,其失已甚。"⑦朱熹坚持认为"《仪礼》,礼之根本,而《礼记》乃其枝叶"⑧,"《仪礼》是经,《礼记》是解《仪礼》"⑨。朱熹通解《仪礼》,将《礼

---

①皮锡瑞:《经学历史》,第155页。
②皮锡瑞:《经学历史》,第155页。
③牟润孙:《论魏晋以来之崇尚谈辩及其影响》,《注史斋丛稿》,中华书局1987年版,第329页。
④李延寿:《北史》,中华书局1974年版,第2708页。
⑤王锷:《三礼研究论著提要》,甘肃人民出版社2001年版,第145页。
⑥黎靖德编,王星贤点校,朱熹:《朱子语类》第6册,中华书局1986年版,第2176页。
⑦朱熹:《乞修三礼札子》《晦庵先生朱文公文集》卷十四,见朱杰人、严佐之、刘永翔主编,刘永翔、朱幼文校点:《朱子全书》第二十册,安徽教育出版社2002年版,第687页。
⑧黎靖德编,王星贤点校,朱熹:《朱子语类》第6册,第2186页。
⑨黎靖德编,王星贤点校,朱熹:《朱子语类》第6册,第2194页。

记》及诸经史杂书中所载古代礼制,附在《仪礼》本经之下,兼取后儒注疏,加以诠释,取名《仪礼经传通解》。由于朱熹对贾公彦《仪礼疏》多加删改,并对《仪礼》诸篇重新排次,致使明清之际难见贾疏之原貌。

宋明时期,研习《仪礼》荦荦大者,尚有数家。张淳撰《仪礼识误》,是宋人首次对《仪礼》全文进行校勘之作。朱熹对此书有过评价:"《仪礼》人所罕读,难得善本。而郑注、贾疏之外,先儒旧说多不复见,陆氏《释文》亦甚疏略。近世永嘉张淳忠甫校定印本,又为一书以识其误,号为精密,然亦不能无舛谬。"①又说:"永嘉张忠甫所校《仪礼》甚仔细,然却于《目录》中《冠礼》玄端处便错了。但此本较他本为最胜。"②由于《仪礼识误》在校勘方面所取得的成就,清人校勘《仪礼》对此书较为看重,如全祖望云:"是经在宋,当以忠甫为功臣之首。"③实非溢美之词。宋人杨复撰《仪礼图》十七卷,以图解经,详陈《仪礼》仪节陈设之位,便于阅读。又附《仪礼旁通图》一卷于书后,按宫庙门、冕弁门、牲鼎礼器门等分类设图,学术价值不言而喻,故钱基博认为杨复于《仪礼》,"可谓用心勤挚矣"④。另外,李如圭《仪礼集释》、魏了翁《仪礼要义》、敖继公《仪礼集说》等多以宋学为主。敖继公《仪礼集说》,因作者在《序》中曾指出郑康成注"疵多而醇少,学者不察也"⑤,并对郑注进行删改,引发了后世儒者之非议⑥,而四库馆臣却持不同意见:"盖继公于《礼》所得颇深,其不合于旧说者,不过所见不同,各自抒其心得,初非矫激以争名,故与目未睹注疏之面而随声佐斗者,有不同也。且郑注简约,又多古语,贾公彦疏尚未能一一申明。继公独逐字研求,务畅厥旨,实能有所发挥,则亦不病其异同矣。……继公所学,犹有先儒谨严之意。"⑦明代治《仪礼》甚荒芜,惟郝敬《仪礼节解》十七卷粗中存精,胡培翚撰《仪礼

①朱熹:《记永嘉仪礼误字》,《晦庵先生朱文公文集》卷七十,《朱子全书》第23册,第3390页。

②黎靖德编,王星贤点校,朱熹:《朱子语类》第6册,第2195页。

③全祖望:《永嘉张氏古礼序》,《鲒埼亭集》卷三十一,《续修四库全书》第1429册,上海古籍出版社2002年版,第249页。

④钱基博:《经学通志》,广西师范大学出版社2009年版,第124页。

⑤敖继公:《仪礼集说序》,《仪礼集说》,《景印文渊阁四库全书》第105册,台湾商务印书馆1986年版,第36页。

⑥后世儒者,主要是指清代的一些学者如吴廷华、褚寅亮等,他们在各自的《仪礼》学著作中都对敖继公的做法提出了批评,具体可以参见彭林《清人对敖继公之臧否与郑玄经师地位之恢复》(《文史》2005年第一辑,总第七十辑,第223—255页)一文,此处不再赘述。

⑦《仪礼集说提要》,载敖继公《仪礼集说》,《景印文渊阁四库全书》第105册,台湾商务印书馆1986年版,第33—34页。

正义》多征引之。

　　清代乃《仪礼》学研究全盛期。清初，《仪礼》学研究就开始兴盛起来了，张尔岐、毛奇龄、徐乾学、李光坡、姚际恒、方苞等均留下了《仪礼》学研究专著。其中，张尔岐于清代《仪礼》学研究有奠基之功，其既关注《仪礼》经文之校勘，又对郑注进行句读，撰有《仪礼郑注句读》十七卷。《四库总目》对该书评价较高，认为"尔岐兹编，于学者可谓有功矣"①，不失为公允之论。顾炎武对张尔岐其人其书颇为称扬，他与汪琬书云："济阳张君稷若名尔岐者，作《仪礼郑注句读》一书，根本先儒，立言简当，以其人不求闻达，故无当世之名，而其书实似可传，使朱子见之，必不仅谢监岳之称许也。"②徐乾学《读礼通考》一百二十卷，仿朱熹《仪礼经传通解》而作。是书统括历代之丧礼，兼采众说，包罗宏富，于古今丧礼之研究贡献尤大。方苞《仪礼析疑》十七卷，辨析《仪礼》经文之可疑者，良多可取。顾炎武虽无《仪礼》研究之专书，但其于清初《仪礼》校勘之功不可忽视，"清人校勘《仪礼》，以顾炎武为嚆矢，肇端于顾氏以唐开成石经校明北监本十三经"，"顾炎武为石经之功臣，亦为《仪礼》之功臣。清人校《仪礼》，于起步时即能高出前人一筹，皆因顾氏睿识"。③此外，方苞《仪礼析疑》、姚际恒《仪礼通论》均承宋明疑经思想，析疑辨伪，良多可取。

　　乾隆元年立三礼馆，官修《三礼义疏》，《仪礼义疏》便为其一。《仪礼义疏》成于乾嘉汉学兴盛之前夕，偏重以宋学解经，注重经说，但于经文之正定却有所疏忽。是书虽为官修，但因思想保守，且"其时《仪礼》之学方兴，专门家奇缺"，纂修者"亦力不从心"④，以至于《仪礼义疏》"虽是历代帝王经学系列的收官之作，却是一个并不完美的尾声"⑤。

　　乾嘉年间，汉学中兴，涌现出一大批研究《仪礼》的学者，如戴震、吴廷华、惠栋、刘台拱、褚寅亮、程瑶田、金榜、任大椿、阮元、段玉裁、孔广森、胡承珙、卢文弨等，诸家研治《仪礼》，不离汉诂。吴廷华撰《仪礼章句》对《仪

①《钦定四库全书总目》（整理本），中华书局 1997 年版，第 255 页。
②顾炎武：《答汪苕文书》，《亭林文集》卷三，见清顾炎武著，华忱之点校：《顾亭林诗文集》，中华书局 1983 年版，第 60 页。
③彭林：《论清人〈仪礼〉校勘之特色》，彭林：《经学研究论文选》，上海书店出版社 2001 年版，第 217—218 页。
④彭林：《清人对敖继公之臧否与郑玄经师地位之恢复》，《文史》，2005 年第 1 期，第 233 页。
⑤张涛：《乾隆三礼馆史论》，上海人民出版社 2005 年版，第 290—291 页。

礼》经文进行分章析句,意在分清《仪礼》经文之节次,辨析其句读。褚寅亮《仪礼管见》精研郑注,针对敖继公《仪礼集说》妄改郑注而时有驳斥。程瑶田《丧服文足征记》十卷,专言丧服,足征丧服经传与注之异同,阐释其义,较为详明。卢文弨《仪礼注疏详校》十七卷,对旧本文字脱误等多有厘定,对经、注、疏文字之异同多加详校、考订。胡匡衷《仪礼释官》九卷,详考《仪礼》十七篇所见周代诸侯之官,以《周礼》、《仪礼》、《左传》、《国语》等书与《仪礼》相互参证,梳理《仪礼》设官分职之义,补注、疏所未及。凌廷堪仿杜预《春秋释例》而作《礼经释例》十三卷,分通例、饮食之例、宾客之例、射例、变例、祭例、器服之例、杂例八类。该书释例周密明晰,便于读者理解《仪礼》本经。胡承珙《仪礼古今文疏义》十七卷,专门勾稽《仪礼》十七篇今、古文字异同之处,发凡起例,审定声义。作者博稽群书相互参证,务存折衷。张惠言《仪礼图》专门以图解的方式解释《仪礼》。该书在继承宋人杨复《仪礼图》的基础上有所创新,表现为对经文章节内容的划分,认识更全面、更周密。该书六卷,以宫室图、衣服图单列一卷而总挈大纲,统领全文。其馀五卷,按郑氏《仪礼》十七篇之仪节随事列图,便于读者理解经文。

嘉道以降,理学中兴,汉学式微。此时《仪礼》学研究较为复杂,有主古文经学,有主今文经学,也有持"汉宋兼采"之论的,且《仪礼》学研究成果不断,出现了胡培翚、邵懿辰、曹元弼、廖平、皮锡瑞等《仪礼》学研究名家,其中以胡培翚最知名。胡培翚绍承家学,其在前人研究的基础上,广征博引,兼收并蓄,时下断语,兼增己意,成《仪礼正义》四十卷,其精博实过贾疏,是古代《仪礼》学研究最后一部集大成形式的作品,位于古代《仪礼》学研究之巅峰,给《仪礼》学研究留下了一个完美的尾声。

三、《仪礼正义》研究史简述

《仪礼正义》自成书以来,受到了学界的高度重视,可惜对其研究却一直欠深入,有分量的成果较少。到目前为止,还未出现研究专著,单篇学术论文也不过十馀篇,其馀的是一些散见于著述中的相关介绍性的文字,内容较为单薄。

关于学界对该书的研究,可以从两个阶段进行梳理和分析:从胡培翚去世(1849)至1949年,为概括、评价阶段;从新中国成立至今,为相对兴盛阶段。

（一）概括、评价阶段

此阶段人们对该书之研究，主要是对其进行概括与评价。这些概括、评价之语既不成体系，又很粗浅，多为泛泛而论，主要表现在以下两个方面。

1.对《正义》的研究性文字常常与介绍胡培翚或为其作传而联系在一起。严格说来，这些文字尚不能称为纯粹的研究型文章，只是简单涉及对胡培翚或《正义》进行评价，且评价之语往往带有赞誉之词。最早介绍《正义》的文章当属罗惇衍撰写的《仪礼正义序》，该序首先简单介绍了胡氏撰写《正义》之"四例"。当然四例非罗惇衍总结出来的，而是罗氏据胡培翚《上罗椒生学使书》直接搬来的；其次概括历史上学者们研究《仪礼》的大致情况；最后对《正义》进行简单评价。尽管罗氏评价之语内容较短，但可视为学界最早评价《正义》之文字了，其云：

> 是非旁搜博考，神与古会，念释所在，回翔反复，即器数以考谊理之存，使精融形释，若亲接古人而与之进退、酬酢于其间，亦安能抉经之心，析异同之见，以折衷一是哉？余于兹识先生为之之勤，研之之久，而益信其所择者精，所成者大也。昔郑君自以年老，乞于礼堂写定经说，后遂梦征起起，岁厄龙蛇。今先生亦力疾成书，书甫成而遽归道山。后先之轨，千载同符。然则先生绍业郑君，将于是在。①

罗氏将培翚撰写《正义》比作郑玄之作《仪礼注》，可见评价之高，但也符合实际情况。

培翚去世后，其衣钵弟子汪士铎曾撰《重刊〈仪礼正义〉序》，对《正义》博采他书等情况作了简单交代："《仪礼正义》者，绩溪胡竹村师所撰也。其书自注、疏外博采宋张氏、黄氏，元敖氏、杨氏以下无虑数十家。原稿已定编次，未完，先生遂归道山。"②在另一篇文章中，汪士铎对业师胡培翚其人其书作了较高的评价，其云：

> 窃见故户部主事绩溪胡竹村先生，行为士则，学蔚儒宗，练校足以干事，贞悫足以厉俗，严毅足以正奸，廉介足以风世。若其兼综经纬、

---

① 罗惇衍：《仪礼正义序》，见段熙仲点校，胡培翚：《仪礼正义》卷首，江苏古籍出版社1993年版。
② 汪士铎：《重刊〈仪礼正义〉序》，《汪梅村先生集》卷七，《续修四库全书》第1531册，第654页。

条理汉宋、根柢家业、明辨士礼,张掖都尉传君上之学,广陵内史继徐生之容,补公彦之疏略,芟敖氏之杂纽,网罗放失,荟萃精凿,为《仪礼正义》若干卷,足使古谊不坠,先民是程。竟紫阳之素志,阐元公之圣轨,可以副在学官,掌之内史。其馀《燕寝考》、《研六室杂著》诸书,亦皆咨于故实,博稽礼典,后儒小子宜取正焉。①

另外,汪士铎在《户部主事胡先生墓志铭》中,对培翚及《正义》也作了相当高的评价:

> 先生涵濡先泽,渊源耆俊,重之以博闻笃志,阅数十年,成《仪礼正义》,凡四十卷。上推周公、孔子、子夏垂教之旨,发明郑君、贾氏得失,旁逮鸿儒经生之所议。张皇幽渺,阐扬圣绪,二千馀岁绝学也。②

汪士铎的这句评语,简单概括了胡氏治学的大致情况,也指出了《正义》"替往圣继绝学"的学术价值,评价不为不高。而这句褒扬的评语,常常为后世学者所引用,作为评价《正义》的经典之句③。此外,清江淮经师丁晏曾在《仪礼正义》书中作"手跋"曰:"《礼经》之学,自郑君后,朱子有《经传通解》,元明以来,几成绝学。胡氏荟萃众说,既博且精,又得及门杨生补足成之,嘉惠来学,与黄直卿《续修通解》先后同揆。"④此也为得情之论。

　　另外,此阶段学者在介绍胡培翚时,都比较注重突出他作为"礼学三

---

① 汪士铎:《上某制府求祀胡竹村先生启》,《汪梅村先生集》卷十,《续修四库全书》第1531册,第692页。
② 汪士铎:《户部主事胡先生墓志铭》,载黄智明点校,蒋秋华校订:《胡培翚集》,台北"中央研究院"中国文哲研究所2005年版,第11页。
③ 后世学者在评价胡培翚及仪礼正义时,常常引用汪士铎的这句评语,如胡韫玉《胡培翚传》云:"论者谓先生此书上推周公、孔子、子夏垂教之旨,发明郑君、贾氏得失,旁逮鸿儒经生之所议,张皇幽渺,阐扬圣绪,二千馀岁绝学也。"(胡韫玉:《胡培翚传》,《国粹学报》,第七年第二册(原第76期),1911年2月。)金天翮的《胡培翚传》云:"是书也,上推周、孔、子夏垂教之意旨,旁究郑君、贾氏之得失,下采鸿儒经生之所议,张皇幽渺,阐扬圣绪,盖二千年来之绝学也。"(金天翮:《胡培翚传》,钱仲联主编:《广清碑传集》,苏州大学出版社1999年版,第703页。)《清史列传》云:"既为《仪礼正义》,上推周公、孔子、子夏垂教之旨,发明郑、贾得失,旁逮鸿儒经生之所议,张皇幽渺,阐扬圣绪,二千馀岁绝学也。"(王钟翰点校:《清史列传》卷六十九,中华书局1987年版,第5619页。)支伟成《清代朴学大师列传》云:"(胡培翚)重之以博闻笃志,阅数十寒暑,成《仪礼正义》四十卷。上推周公、孔子、子夏垂教之旨,发明郑君、贾氏得失,旁逮鸿儒经生之所议,张皇幽渺,阐扬圣绪,微特非李、敖所可比肩,即同时墨庄胡氏之《古今文疏义》亦难方驾。"(支伟成:《清代朴学大师列传》,岳麓书社1998年版,第88页。)可见,汪士铎的这句评语已经成了评价胡培翚《仪礼正义》的经典之语。
④ 柳向春标点,王文进著:《文禄堂访书记》,上海古籍出版社2007年版,第22页。

胡”或“经学三胡”之一的礼学成就。他们在介绍胡培翚时，《仪礼正义》难免不被提及，但多数也只是提及培翚著有《正义》而已，没有作过多的展开论述。如梁启超在《近代学风之地理的分布》中说：

> 绩溪胡朴斋匡衷生雍、乾之交，其学大端与双池、慎修相近，以传其孙竹村培翚、子继培系。竹村与泾县胡墨庄承珙同时齐名，墨庄亦自绩迁泾也，时称“绩溪三胡”。竹村善治《仪礼》，集慎修、东原、易畴、檠斋、次仲之成作新疏，曰《仪礼正义》。[①]

梁氏因介绍“绩溪三胡”[②]而提及培翚撰有《正义》，内容了了。该阶段还有王集成在20世纪30代发表的《绩溪经学三胡先生（胡匡衷、胡秉虔、胡培翚）传》[③]，也简单提到了培翚撰著《正义》及该书之“四例”等情况。

晚清另一经学名家曹元弼对《正义》既有颂扬之辞，也指出了不足之处，洵为可贵。他认为《仪礼正义》与阮元《仪礼注疏校勘记》均是集大成之作[④]，并认为“胡氏之书，融会全经，旁通午贯，参稽众说，择精语详。自训故名物、仪节器数、微言大义，以及传记之参错、同事相违，注义之深微、言不尽意，莫不广寻道意，条贯科分，其尽思穷神之处，实能洞见本原，不坠周公之遗法。自国初以来，礼学之业未有盛于先生者也”[⑤]。同时，曹元弼也指出了该书的不足之处：

> 阮氏校各本异同，而众本并讹则未及读正，学者于疏文仍不免隔阂难通。胡氏依注解经，而于注之曲寻道意、迥异俗说者，或反以为违失而易之。又多采元敖继公、明郝敬两妄人说，而引贾疏特少，时议其非，皆其千虑之失也。[⑥]

---

①梁启超：《饮冰室文集》之四十一，《饮冰室合集》第五册，中华书局1989年版，第70页。

②对于“绩溪三胡”，学界历来称法不一，有学者认为“绩溪三胡”指胡匡衷、胡承珙、胡培翚三人，也有学者认为是指胡匡衷、胡秉虔、胡培翚三人。本文认为，“绩溪三胡”应指胡匡衷、胡秉虔、胡培翚三人。为节省篇幅，具体考辨笔者将另撰文论述，此处不再赘述。

③王集成：《绩溪经学三胡先生（胡匡衷、胡秉虔、胡培翚）传》，《浙江省图书馆馆刊》第4卷第6期，1935年12月。

④曹元弼云：“圣清之兴，右文稽古，通人达士应运而生。张氏尔岐创通礼经大义，依郑注作《句读》，据唐石经校监本。其后，名儒接踵而出，考正疑讹，阐发谊理，专门名家之学，粲然可观。而阮氏元《仪礼校勘记》、胡氏培翚《仪礼正义》集其大成。”见曹元弼：《礼经校释序》，《复礼堂文集》卷四，见王有立主编，中华文史丛书之四十六，台湾华文书局印行，民国六年（1917年），第421页。

⑤曹元弼：《礼经纂疏序》，《复礼堂文集》卷四，王有立主编，中华文史丛书之四十六，第458—459页。

⑥曹元弼：《礼经校释序》，《复礼堂文集》卷四，王有立主编，中华文史丛书之四十六，第421—422页。

又说：

> 胡氏又多采继公、敬两妄人说，而引贾疏特少。夫贾氏之书诚不
> 能无误，然以弼观之，误者十之二，不误者犹十之八，皆平实精确，得
> 经、注本意。盖承为郑学者，相传古义，非贾氏一人之私言也。特唐中
> 叶后，治此经者鲜，故其文衍脱误错，多非其旧，学者当依文剖裂，以雪
> 其诬，不得遂以为非。李氏如圭、张氏尔岐取其文而删节之，饮水思
> 源，义固犹贾义也。至继公、敬，则离经叛道，丧心病狂，其是者，皆隐
> 窃注疏之义；其非者，至于改经、诋经而无忌惮，学者所当鸣鼓而攻。
> 屏之不齿，不得反有取焉。以此而论胡氏之书，尽美矣，未尽善也。①

显然，曹氏对《正义》是持一分为二之态度的。在曹氏心目中，《正义》虽"尽
美"，可惜"未尽善"。无独有偶，晚清另一位礼学大师黄以周在《礼书通故》
中也曾指出《正义》的疏解存有不足之处。另外，培翚的侄子胡肇昕曾撰有
《仪礼正义正误》，主要对《正义》书中文字的讹误、脱漏等多有订正。

2.本阶段学者多是因为要总结清代《仪礼》学研究成果而提及《正义》，
所论文字尽管比较短，但能把该书放在清代学术的大背景中，对此书学术
地位、学术价值进行肯定，典型的莫过于梁启超。梁氏在《中国近三百年学
术史》中评价清儒整理《仪礼》学的成就时提及该书，认为清儒整理《仪礼》，
"其集大成者则有道光间胡竹村培翚之《仪礼正义》，为极佳新疏之一"。②
梁氏又于"《仪礼正义》四十卷"条下作小字注解云：

> 此书属稿及告成年月难确考，惟卷首有道光己酉十月罗惇衍序，
> 称"先生力疾成书，书甫成，而遽归道山"。己酉为道光二十九年，竹村
> 正以其年七月卒，然则书亦成于其年也。罗序又言此书"覃精研思，积
> 四十馀年"。然则嘉庆十年前后已属稿也。③

接着，梁氏评述此书曰：

> 竹村为胡朴斋匡衷之孙。朴斋著有《仪礼释官》，甚精冾，故《仪
> 礼》实其家学。竹村又受业凌次仲，尽传其礼学，所以著《仪礼》新疏的

---

① 曹元弼：《礼经纂疏序》，《复礼堂文集》卷四，王有立主编，中华文史丛书之四十六，第462—463页。
② 梁启超：《中国近三百年学术史》，东方出版社1996年版，第234页。
③ 梁启超：《中国近三百年学术史》，第245页。

资格,他总算最适当了。他以为"《仪礼》为周公所作,有残阙而无伪托。郑注而后,惟贾公彦疏盛行,然贾疏疏略,失经注意",于是发愤著此书。自述"其例有四:曰补注,补郑君所未备也;曰申注,申郑君注义也;曰附注,近儒所说虽异郑旨,义可旁通,广异闻祛专己也;曰订注,郑君注义偶有违失,详为辨正,别是非,明折衷也"。我们看这四个例,就可以知道此书内容大概了。①

梁氏从胡氏家学传统及其师学渊源的角度,认为培翚具备撰著《仪礼》新疏之资格,并认为他撰写《正义》"总算最适当了",实非过誉。梁氏还认为:"试总评清代礼学之成绩,就专经解释的著作论,《仪礼》算是最大的成功。凌、张、胡、邵四部大著,各走各的路,各做到登峰造极,合起来又能互相为用,这部经总算被他们把所有的工作都做尽了。"②此处所言的"胡",当然是指胡培翚。梁氏此处所云,也为得情之言。

徐珂在《清稗类钞》中讨论清代"三礼"之学时也论及《仪礼正义》,他说:"三《礼》之学,张尔岐于《仪礼》首正郑注句读,廓清之功,比于武事。专考讹脱者,则有卢文弨、金曰追诸人。专习汉读者,则有段玉裁、胡承珙诸人。分类专考者,则有任启运、程瑶田诸人。若胡培翚者,博闻笃志,阅数十年,上推周公、孔子垂教之旨,发明郑康成、贾疏之得失,旁逮鸿儒经生之议,成《正义》四十卷,唐宋以来,罕有其匹。"③另外,刘师培认为:"自胡培翚作《仪礼正义》,而朱彬作《礼记训纂》,孙诒让作《周礼正义》,'三礼'新疏咸出旧疏之上矣。"④皮锡瑞在谈到清代经师"守专门"之学时,认为"《仪礼》有胡匡衷《释官》,胡培翚《正义》"⑤。黄侃认为:"《仪礼》要籍无过于凌氏之《礼经释例》,胡氏之《仪礼释宫》⑥,张氏之《仪礼图》,而尤精备者,则推胡氏之《正义》。其书四例,曰补注,曰申注,曰附注,曰订注,盖无所依违,期为通学。"⑦

总之,本阶段学者们论及《正义》,尚不能称作真正意义上的研究,他们

---

①梁启超:《中国近三百年学术史》,第 245 页。
②梁启超:《中国近三百年学术史》,第 237 页。
③徐珂:《三礼之精义》,《清稗类钞》第八册,中华书局 1986 年版,第 3839—3840 页。
④陈居渊注,刘师培:《经学教科书》,上海古籍出版社 2006 年版,第 134 页。
⑤皮锡瑞:《经学历史》,第 320 页。
⑥今案:此处之《仪礼释宫》应作《仪礼释官》。
⑦黄侃:《礼学略说》,见陈其泰、郭伟川、周少川编:《二十世纪中国礼学研究论集》,学苑出版社 1998 年版,第 19 页。

多是因为要介绍胡培翚或论述清代《仪礼》学的发展状况而提及此书,可惜未针对此书写出研究性的文字,而是沿袭简介、概括、评价学术著作的路子作一番论断,指出了《正义》的学术地位与学术价值。

（二）相对兴盛阶段

自新中国成立至 20 世纪 70 年代末,《仪礼正义》研究处于沉寂期。尽管在新中国成立后至"文革"前,《仪礼》学研究曾因考古学的成就而大有进展[①],但学者对《正义》一书涉足很少,致使在近 30 年的时间内,学界关于《正义》的研究成果几乎为零。

自 20 世纪 80 年代以来,由于文化热持续升温,国学逐渐受到研究者的重视,学界对《正义》的研究才逐步兴盛起来,但兴盛也只是相对的。本阶段学者们对《正义》的研究有以下几方面的开拓。

1.出现了专篇研究论文。尽管这些论文数量不多,但质量均较高。这些论文大致涉及以下几个方面。

其一,针对《正义》内容的研究,有杨向奎先生的《读胡培翚的〈仪礼正义〉》[②]。杨向奎先生"知识渊博,自先秦以至近代,制度、文献,全都稔熟于胸"[③]。据何龄修先生回忆,一次他们在曲阜点校多种孔氏宗谱序文,里面引用《周礼》等文献,讲述宗亲制度,至不能断句,后一经杨先生娓娓讲来,便豁然开朗[④]。可见,杨先生于礼学造诣颇深。在文中,杨先生认为:"胡培翚的新疏是可取的,他帮助我们弄清许多史实,在清代群经新疏中,《周礼正义》外,当推《仪礼正义》。且培翚先生之《研六室文钞》亦多佳品,直可步武王氏四种。我们说清代乾嘉后大家有三:1.戴东原的哲学,2.王念孙的考据,3.孙诒让的新疏与新诂。……三君而下,可以步武者,胡培翚其选也。""胡培翚固清代汉学家中之名家也。"另外,杨先生还从"关于'士庶子'、'士庶人'、庶人、国人、众人之阶级成分问题";"关于韠、鞸鞈等衣裳问

①关于《仪礼》学研究曾因考古学的成就而大有进展的情况,可参彭林先生的《三礼研究的大势与问题》一文。见北京大学《儒藏》编纂中心编的《儒家典籍与思想研究》(第一辑),北京大学出版社 2009 年版,第 69—78 页。

②杨向奎:《读胡培翚的〈仪礼正义〉》,《孔子研究》,1991 年第 2 期,第 119—126 页。

③何龄修:《风范长存——悼念杨向奎先生》,《清史论丛》(2000 年号),中国广播电视出版社 2001 年版,第 5 页。

④何龄修:《风范长存——悼念杨向奎先生》,第 5 页。

题的解释”;“乐次与诗所”三个方面论述了胡氏《仪礼正义》之贡献。先生此论,处处辨析入微,丝丝入扣,不愧为大家之作也。

其二,针对杨大堉、胡肇昕续补《仪礼正义》的研究,有彭林《评杨大堉、胡肇昕补〈仪礼正义〉》①及张文《〈仪礼正义〉补纂问题考论》②二文。彭林先生长期从事中国古代礼学研究,在此领域深有建树。在文中,彭林认为《仪礼正义》是清代礼学研究的重要著作,历来受到好评。胡培翚于《仪礼正义》,只完成了其中的十二篇,而“杨、胡所补诸篇,既与《正义》一体,又与竹村所撰有别,犹如高鹗所续之《红楼梦》,理应区别对待”。他在仔细批阅杨、胡所补章节后,“殊觉失望”,认为其中存在违背胡培翚既定体例、排斥贾公彦之说、引用文献不当、失于裁断、前后失照等比较突出的问题,其学术水准明显不如胡培翚原作,有时甚而新增某些低级错误。因此,彭林先生自感对杨、胡二氏《仪礼》学之水准存疑。难能可贵的是,彭林先生在文末又补记了黄侃、杨树达、蒙文通三位前辈对杨、胡所补《正义》的具体看法,其不约而同之感,让彭林先生“甚觉释然”。

张文结合胡肇昕《〈仪礼正义〉正误》进行分析,认为《正义》“所附胡肇昕之说考辨详密,多有精辟之见。杨大堉所补则改窜变乱胡肇昕原稿,颇多舛误疏漏,且存在剽窃抄袭之事实。补纂部分虽存在诸多疏失,然其学术贡献亦不可否认”。

其三,针对《仪礼正义》的成书研究,有柳向春《〈仪礼正义〉成书考》③。该文首先针对胡、杨补编章节提出了自己的看法,作者先从相关的外证分析入手,认为“此五篇胡培翚亦有初稿,胡肇昕、杨大堉仅为增补校正而已”;又从内证出发,认为“五篇之中,除‘堉案’、‘肇昕云’各条之外,全为培翚原稿”。因此,作者认为“此五篇十二卷之作者署名,或可改题为‘绩溪胡培翚学,受业绩溪胡肇昕增补、江宁杨大堉校正’”。他还指出“今本此五篇误题‘受业江宁杨大堉补’之缘起,揆诸当日之情理,系因此书访自大堉而为陆、陈二氏误会而致”。其次,针对此“五篇中有径称培翚祖父匡衷之名者”也提出了自己的看法,认为因全书未及定稿,培翚即归道山,故原稿中

①彭林:《评杨大堉、胡肇昕补〈仪礼正义〉》,《清华大学学报》(哲学社会科学版),2007年第2期,第113—122页。

②张文:《〈仪礼正义〉补纂问题考论》,《中国典籍与文化》,2014年第2期,第118—129页。

③柳向春:《〈仪礼正义〉成书考》,《文献》,2005年第3期,第200—208页。

称引不当之处,胡、杨并未将其一一修改完毕,因而造成有直呼先人名讳之现象。最后,关于《正义》一书的刊行问题,作者也提出了自己独到的见解。总之,该文资料详实,论证充分,令人信服。

其四,针对胡培翚与《仪礼正义》的研究,有林存阳的《胡培翚与〈仪礼正义〉》①。林文系统论述了胡培翚"融贯汉宋学的为学风尚"、"治礼取向与《仪礼正义》之结撰"、"《仪礼正义》撰作主旨及其缘由"、"《仪礼正义》之义例及其思想学术因缘"、"《仪礼正义》之取裁"等问题,并认为培翚"所著《仪礼正义》,即是《仪礼》学集大成之作。继贾疏而后,是书最称赅博","胡培翚于礼学兴起之际,沿凌廷堪、阮元'以礼代理'之说而起,以家学为根底,发扬了凌廷堪礼学思想及阮元打破'疏不破注'的精神,将前此《仪礼》学成就再度深化;且其为学不标门户,旁征博稽,精审细择,务于融会贯通,畅发《仪礼》大旨,遂卓然成《仪礼》学之大著作《仪礼正义》。要之,《仪礼正义》之结撰,不仅集此前《仪礼》学研究之大成,亦有力地推动了礼学演进的历程,于后继者多所启益"。林氏评价盖不为过。

其五,针对《仪礼正义》体例研究,有香港学者陈曙光《论胡培翚〈仪礼正义〉之体例及其"以例治礼"方法之运用》②。该文认为,四例的创立和运用除了证明胡培翚研究《仪礼》以郑玄注为依归外,更反映胡氏诠释《仪礼》时采用的不同准则。文章结合前人的研究成果,梳理四例的具体内容;还研究了"以例治礼"与胡培翚整理历代礼说之间的关系,分析了《仪礼》学史上的重要文献对胡氏治学的影响,讨论了胡氏"以例治礼"的优劣。

2.本阶段对《仪礼正义》研究的最大成果,应属段熙仲对该书的点校出版③。段先生对《仪礼》学颇有研究,曾以《礼经十论》一文,博得同行甚为赞许。彭林先生认为《礼经十论》"所示均为以经学方法研治《礼经》之门径,乃礼学研究的正宗之作"④。众所周知,《仪礼》古称难读,其文字讹、脱、衍、倒之严重,在十三经中当属首位,历来学者对其重视不比他经。段

①林存阳:《胡培翚与〈仪礼正义〉》,《清史论丛》(2003—2004年号),中国广播电视出版社2004年版,第198—207页。
②陈曙光:《论胡培翚〈仪礼正义〉之体例及其"以例治礼"方法之运用》,载香港中文大学中国语言及文学系编:《明清研究论丛》(第二辑),上海古籍出版社2015年版,第349—386页。
③段熙仲点校,胡培翚:《仪礼正义》,江苏古籍出版社1993年版。
④彭林:《三礼研究的大势与问题》,《儒家典籍与思想研究》(第一辑),北京大学出版社2009年版,第75页。

先生对《仪礼正义》的点校,也是今人首次系统整理此书,筚路蓝缕之功不可没,尽管其点校本存在一些文字、句读方面的不足之处①,但毕竟瑕不掩瑜。此书的点校出版,为阅读与研究工作提供了极大的便利。

难能可贵的是,段氏在点校时还做了一件非常有意义的事,那就是于书前或书末附《胡氏仪礼正义释例》《点校者对仪礼的初步认识》《绩溪胡氏四世仪礼学者集传》《胡氏仪礼正义引用书目》等文章,对后人研读该书提供了较大帮助。

3.本阶段还有一些学者在经学研究史或相关著作中,另辟专章研究《正义》。这些作品能将《正义》放在经学史的大背景中或在清代《仪礼》学的整体研究环节中,结合清代《三礼》学的内在发展逻辑,将该书视为《仪礼》学研究的集大成之作而加以研究的。如田汉云师《中国近代经学史》,就是将《正义》放在"乾嘉朴学的延续与总结"之大背景下完成的。田师在中国经学史研究领域多有开拓,其《中国近代经学史》深受学界好评。林庆彰主编的《经学研究论丛》第五辑之《出版资讯》在介绍此书时说:"最近数年,大陆又有国学热、文化热,以前受到批判冷落的经书,又逐渐受到关注,相关的经学史著作也陆续出版,如:章权才《两汉经学史》,……田汉云的书最晚出,是这些经学史中较杰出的一种。……本书论述范围,涵盖晚清至民初,此一时期是中国学术变动最激烈的时期,要为这一时期的学术演变厘清脉络,实非易事。本书则条分缕析,纲举目张,甚为难得。"②在书中,田师先简介了胡培翚的身世、学术渊源及其研治《仪礼》的大致情况。接着从全面整理《仪礼》经文、深入探讨《仪礼》郑注、精密考订礼俗仪规等三个方面概括了《仪礼正义》的学术成就。先生认为:"胡培翚对郑玄《仪礼注》的研究,其治学态度与方法是严谨的、科学的。他把《仪礼正义》中有关郑注的阐释视为成功之点,这是此书新意所在。"③还认为:"胡培翚的《仪礼正义》考释精审。诚如罗惇衍在《仪礼正义序》中所称扬的,他覃精研思,旁搜博考,念释所在,回翔反复,达到'精融形释,若亲接古人而与之进退酬酢

---

① 段熙仲点校本所存在的不足之处已引起学界的关注,如台湾学者陈秀琳《评江苏古籍版〈仪礼正义〉》(林庆彰主编:《经学研究论丛》(第五辑),台湾学生书局1998年版,第155—158页)、刘光洁《点校本〈仪礼正义·少牢〉篇标点失误举隅》(《宁波大学学报》(人文科学版),2017年第4期,第70—76页),都指出了该点校本所存在的失误。

② 林庆彰主编:《经学研究论丛》(第五辑),台湾学生书局1998年版,第325页。

③ 田汉云:《中国近代经学史》,三秦出版社1996年版,第124页。

于其间'的境界。可以说,自《仪礼正义》著成,简括繁重的《仪礼》条文终被化为鲜活详赡具体而微的古代行礼图卷。"①

邓声国《清代〈仪礼〉文献研究》将《仪礼正义》放在"折衷旧说派的《仪礼》学研究"一章中进行论述。他认为清代《仪礼》学研究,"属于这一派的诸多学者当中,有清中期应以胡培翚的研究最为突出"②,"胡培翚《仪礼正义》一书诚可谓是历代《仪礼》研究的集大成之作,大致汇总了汉唐以来以迄有清中期诸学者研究成果,在此基础上又加参互证绎,以发郑注之渊奥,裨贾《疏》之遗阙,有功于《仪礼》研究,有功于郑氏之学。已故学者洪诚先生在论及孙诒让《周礼正义》时,以为孙氏之书有六大优点:一是无宗派之见;二是博稽约取,义例精纯;三是析义精微平实;四是以实物证经;五是依据详明,不攘人之善;六是全书组织严密。揆诸胡培翚《仪礼正义》一书,除'以实物证经'一条以外,其馀五大优点,亦完全适合于对其《仪礼》文献研究的评价"③。

总之,《仪礼正义》自问世以来,学者对其关注较多,尤其是进入 20 世纪 80 年代以来,随着传统国学研究的升温而渐渐受到人们的重视。但目前学界的研究仍存在诸多欠缺,如对此书的研究仍存在着零碎化、表层化的倾向,对该书的校勘、训诂等方面的研究几乎没有,对该书成书过程的研究深度不够,对该书义疏方面的研究严重不足,学界至今还没有出现该书的研究专著,可见对于该书的系统性、综合性的研究至为薄弱。所以,该书拥有很大的开拓空间,具有较大的研究价值和研究潜力,值得深入研究。

四、本课题的研究方法

由于《仪礼正义》是一部《仪礼》学研究著作,故本文的重点将对该书的训诂、考据以及胡培翚的礼学思想等方面进行解读。又由于该书非常注重对《仪礼》经文、郑注之误进行校勘,因而在写作的过程中将专门讨论该书的校勘特色与校勘成就。鉴于《仪礼正义》的经学与文献学的双重性质,本文在研究过程中将具体采用以下研究方法:

(1)跨学科研究方法:以经典阐释为主,运用历史学、文献学、文化地理

---

① 田汉云:《中国近代经学史》,第 127 页。
② 邓声国:《清代〈仪礼〉文献研究》,上海古籍出版社 2006 年版,第 112 页。
③ 邓声国:《清代〈仪礼〉文献研究》,第 124 页。

学等展开交叉研究。

(2)以综合性研究为主,对比研究为辅的方法:即在综合研读培翚经学著述的基础上,首先重点考察其对《仪礼》郑注、贾疏的补充与修正,并对《仪礼正义》校勘学、训诂学、礼制考证等进行评介,这种评介属于定性研究层面。其次,通过与贾疏及同时代的《仪礼》学相关研究著作进行对比,来讨论胡氏学术特色、地位及影响等。

(3)微观与宏观相结合的方法:结合文献学、阐释学和思想史相关知识,对《仪礼正义》进行微观与宏观两个层面的研究。微观研究,主要是从文本解读出发,采用对文本材料的细致爬梳与解读点评相结合的方法,力求在爬梳材料的过程中对该书的撰著特点及解经特色进行归类,并在此基础上进行持之有故、言之成理的解读点评,从而挖掘出胡培翚的疏经特色及礼学思想。宏观研究探讨胡氏经学研究发展概况和演变脉络、经典阐释与时代思潮的互动,注意将胡培翚与同时代学者的《礼》学研究作横向比较,从而挖掘出胡培翚《仪礼》学研究的学术特点。同时把《仪礼正义》一书放在整个古代礼学史及清代《仪礼》学史上进行定位。

(4)运用图表统计的方法,进行量化分析研究。由于量化研究的优点是明确、客观、真实,因此,本文在论述的过程中也时时对有关问题进行归类统计,用数据来说明《仪礼正义》内在的规律性,为论述打下文献基础。

笔者希望通过对《仪礼正义》的研究,能为该书作出全面客观的评价,为经学史的研究提供一些富有启发性的参照,从而引起学界对该书研究的重视。

第一章　胡培翚生平与著述考论

清代《礼》学研究非常繁荣。杨志刚先生曾说："礼经学在经过元、明二代的凋敝之后,于清初开始复兴,并于乾、嘉趋于昌盛。清儒注重实学,有清一代,礼经学的名家、名著层出不穷:徐乾学《读礼通考》,凌廷堪《礼经释例》,胡培翚《仪礼正义》,黄以周《礼书通故》,孙诒让《周礼正义》……他(它)们宛如一座座山峰,矗立在古代礼学史的尾端。在《清经解》中,'三礼'学的专著占所有专著的百分之二十;在《清经解续编》中,更占百分之二十八。礼经学于清朝经学中所占地位之显要,从此可见一斑。"①在清代《礼》学繁荣的背景下,涌现出一大批《礼》学名家,胡培翚就是其中杰出的一位。

孟子云:"颂其诗,读其书,不知其人,可乎?"②在全面、系统研究《仪礼正义》之前,本文先讨论作者胡培翚的生平事迹及著述情况,以便循着生平与学术轨迹来探寻作者的治学理念,为更深入研究胡培翚及其经学著述打下基础。

第一节　胡培翚字、号辨正

胡培翚,字载屏,号竹村,又号紫蒙,人称竹村先生,安徽绩溪人,为徽州经学家"绩溪三胡"之一③。生于清乾隆四十七年(1782),卒于清道光二十九年(1849),得年六十八岁。清嘉庆二十四年(1819)己卯恩科进士。祖父胡匡衷,父亲胡秉钦,支属安徽绩溪金紫胡氏。

关于培翚字、号,笔者所能见到的一些介绍其生平的文字,多有出入,

---

①杨志刚:《中国礼学史发凡》,见陈其泰、郭伟川、周少川编:《二十世纪中国礼学研究论集》,学苑出版社1998年版,第132页。

②《孟子·万章下》,李学勤主编:《十三经注疏·孟子注疏》,北京大学出版社1999年版,第291页。

③徐世章:《仪礼正义提要》,见中国科学院图书馆整理:《续修四库全书总目提要(稿本)》第16册,齐鲁书社1996年版,第30页。

给研究其人带来了诸多不便。此处试图结合具体史料,对培翚字、号进行辨正,以厘清这一历史问题。经归纳,学界对培翚字、号的称法大致有以下几种:

1."字载平"。如赵尔巽等撰《清史稿》称:"胡培翚,字载平,绩溪人。"①

2."字载屏"、"号竹村"。如胡培系《族兄竹村先生事状》(以下简称《事状》)称:"公讳培翚,字载屏,号竹村,世居绩溪县城东。"②赵之谦云:"胡培翚,字载屏,号竹村,绩溪人。"③金天翮《胡培翚传》称:"胡培翚字载屏,号竹村,学者称为竹村先生。"④孙海波撰《续修四库全书总目提要》之《研六室杂著十卷提要》时云:"清绩溪胡培翚撰。培翚字载屏,又号竹村,嘉庆己卯进士。"⑤徐世章作《仪礼正义提要》云:"培翚字载屏,号竹村,绩溪人。"⑥

3."字载屏",或"字竹村"。如培翚学生汪士铎《户部主事胡先生墓志铭》(以下简称《墓志铭》)称:"先生讳培翚,字载屏,一字竹村,绩溪县城人。"⑦《绩溪金紫胡氏家谱》(以下简称《家谱》)于卷首中"科第"条之"嘉庆十五年庚午科"称:"培翚公,秉钦次子,字竹村,嘉庆壬戌年二十一,补县学生。"⑧胡韫玉《胡培翚传》称:"胡先生培翚,字载屏,学者称为竹村先生"。⑨《清史列传》称:"胡培翚,字载屏,安徽绩溪人。"⑩徐世昌等编《清儒学案》称:"胡培翚字载屏,一字竹村。"⑪支伟成《清代朴学大师列传》在介绍胡培翚的字、号时云:"胡培翚字载屏,一字竹村。"⑫

4."字紫蒙,一字竹村"。如培翚友人陈奂《师友渊源记》称:"胡培翚,字紫蒙,一字竹村,安徽绩溪人。"⑬

①赵尔巽等撰:《清史稿》卷四百八十二,中华书局1977年版,第13272页。
②胡培系:《族兄竹村先生事状》,载胡培翚:《胡培翚集》,第13页。
③赵之谦手稿,漆永祥整理:《国朝汉学师承续记》,见江藩著,漆永祥笺释:《汉学师承记笺释》,上海古籍出版社2006年版,第972页。
④金天翮:《胡培翚传》,见钱仲联主编:《广清碑传集》,第702页。
⑤《续修四库全书总目提要·经部》,中华书局1993年版,第516页。
⑥中国科学院图书馆整理:《续修四库全书总目提要(稿本)》第16册,第30页。
⑦汪士铎:《户部主事胡先生墓志铭》,载《胡培翚集》第12页。
⑧清胡广植等纂修:《绩溪金紫胡氏家谱》(二十八卷,首三卷,末两卷),光绪三十三年(上海图书馆藏)。
⑨胡韫玉:《胡培翚传》,《国粹学报》,第七年第二册(原第76期),1911年2月。
⑩王钟翰点校:《清史列传》卷六十九,第5619页。
⑪沈芝盈、梁运华点校,徐世昌等编:《清儒学案》,中华书局2008年版,第3789页。
⑫支伟成:《清代朴学大师列传》,第88页。
⑬江标署检,陈奂:《师友渊源记》,光绪十二年函雅堂丛书本,第19页。

5."字紫蒙,号竹村"。如陈夑《流翰仰瞻》称:"胡主事,培翚,字紫蒙,又号竹村,安徽绩溪人。"①

6."字载屏"、"号竹村"或"号紫蒙"。如《绩溪县志》称胡培翚:"字载屏,号竹村、紫蒙。"②王集成《绩溪经学三胡先生(胡匡衷、胡秉虔、胡培翚)传》称:"胡培翚,字载屏,号竹村,又号紫蒙。"③

7.称法较为混乱的。如今人杨廷福、杨同甫编的《清人室名别称字号索引》(以下简称《索引》)称其字有二,曰:"载平、载屏"。而对其号、别称、室名等,则放在一起笼统称之为:"研六室、竹村、世泽楼、竹匡、紫蒙。"④此称法显得较为杂乱,也难确认。

由此可见,学界对胡培翚字、号未作统一规定,显得比较随便、混乱。因此,对培翚字、号进行辨正,也是一件十分有意义的工作。

在辨正之前,我们不妨先将《索引》一书对培翚之号、别称、室名等称法重新梳理一下。先看"世泽楼"。《家谱》卷首下"祠记"目载培翚《特祭祠世泽楼藏书碑记》云:"嘉庆乙亥、丙子间,重修家祠,尝与冠一叔(讳承鉴)谋构藏书之所,以公同族而未果。道光壬辰,培翚重申前议,族中好义之士踊跃捐输,适正晖侄(讳尚昱)来襄其事,不数月捐成钱一千六百馀缗……道光十七年,岁次丁酉仲春月,赐进士出身,原任户部主事三十二世孙培翚谨撰。"《家谱》卷首中"仕宦"目"培翚公"条称:"丁酉,与族人共谋藏书于世泽楼,并捐置义馆义学。"由此可见,世泽楼是培翚倡建的、以嘉惠后世的藏书之所。因此,世泽楼不应成为培翚的号或别称。

再看"研六室"。研六室实为胡氏之室名⑤,培翚曾以此名书,将其前后三十年间所写的八十馀篇论经文集命名为《研六室文钞》。因此,"研六室"亦非培翚之号或别称。在将上述"世泽楼"与"研六室"梳理之后,我们再来看上引《索引》一书中所谈到的"竹村、竹匡、紫蒙"等称法。若按照编者分类标准,则"竹村、竹匡、紫蒙"当为培翚的号或别名。这样一来,培翚

①陈夑辑,吴格整理:《流翰仰瞻》第四十四函,见《历史文献》(第十辑),上海古籍出版社2006年版,第57页。

②绩溪县地方志编纂委员会编:《绩溪县志》,黄山书社1998年版,第874页。

③王集成:《绩溪经学三胡先生(胡匡衷、胡秉虔、胡培翚)传》,《浙江省图书馆馆刊》第4卷第6期,1935年12月。

④杨廷福、杨同甫编:《清人室名别称字号索引》,上海古籍出版社1988年版,第1185页。

⑤详参吴枫、宋一夫主编《中华儒学通典》,第1482页。

的字有载平、载屏、竹村、紫蒙等称法，号有竹村、竹匡、紫蒙等称法。如此，则"竹村"与"紫蒙"二者，既有人称其为胡氏之字，也有人称其为胡氏之号，显然较为杂乱，有重新辨正之必要。

我们不妨回过头来重新梳理一下上述的材料并加以辨正。首先辨正其字"载平、载屏"之说。称其字为"载屏"的有《墓志铭》、《事状》、赵之谦《手札》、《绩溪县志》、胡韫玉《胡培翚传》、金天翮《胡培翚传》、《清史列传》、《清儒学案》、孙海波《提要》、徐世章《提要》、《清代朴学大师列传》、《绩溪经学三胡先生（胡匡衷、胡秉虔、胡培翚）传》等数家。在此数家之中，最有发言权的应属胡培系、汪士铎、赵之谦等人。毕竟胡培系是培翚的堂弟，又曾师从培翚多年。从二人关系来看，其对培翚的生平事迹应了解透彻。汪士铎是培翚的嫡传弟子，两人关系一直很好，培翚曾对汪士铎多加赞誉，其云："杨生大堉、汪生士铎……俱金陵人，贫而力学嗜古，余主钟山讲院，常从余问难经义，多有足以益余者。"[①]培翚去世后，汪士铎曾为其撰写过墓志铭，高度赞扬了培翚的人品与学问。因此，汪士铎称培翚"字载屏"不应有误。况且墓志铭是盖棺定论性质的文字，对一个人姓名字号的记载不能随意，也不应随意。从此角度而言，汪士铎之说可信度很大。另外，赵之谦与胡培系有过交往，他为撰《汉学师承续记》，曾多次致书胡培系了解培翚及其撰写《仪礼正义》等情况[②]，则赵之谦对培翚的生平也应有较为深入的了解。此三人均与培翚有过直接或间接的交往，如此来看，他们所说培翚"字载屏"应不误。至于《清史列传》、胡韫玉、金天翮、《清儒学案》、孙海波、徐世章、支伟成、王集成数家，他们及其著述都是培翚身后的人和事，且距离胡氏生活的时代也有一段时间，他们采"字载屏"之说，当是继承胡培系、汪士铎、赵之谦等人观点的。

至于培翚字"载平"一说，除了《索引》一书称培翚的字为"载平、载屏"之外，只有《清史稿》一家称培翚的字为"载平"，其馀各家均无此称法。为什么会有"载平"一说出现呢？考其原因，或许有二：其一，"载平"为"载屏"之异称。这种异称的特点是故意将某人的名或字中的某个字写成别字，从

①胡培翚：《〈仪礼〉姑姊姊妹说》，《研六室文钞》卷三，《胡培翚集》，第105—106页。
②《赵之谦手札》中第三、五、十、十一、十二通为赵之谦致胡培系的信，信中多次问及《仪礼正义》编纂等情况。见萧文立编校，罗振玉撰述：《雪堂类稿·戊·长物簿录（二）》，辽宁教育出版社2003年版，第772—796页。

而造成异称。这在古代友朋之间是习以为常的,如郭延礼先生认为:"古代友朋中称名或字时有时书一别字,如钮树玉字匪石,先生(龚自珍)书作'非石'。"①其二,是《清史稿》致误造成的。《清史稿》一书,由于多种历史原因,其对史料的记载多与史实不符,此早已成为学界共识②。例如《清史稿》记载培翚祖父胡匡衷时说:"祖匡衷,字朴苏,岁贡生。"③遍考其他所有记载胡匡衷生平的史料,均无发现"字朴苏"这一称法的,仅此一家而已。针对《清史稿》一书考证史料不严的事实,我们也可认为"载平"一说或许有误。因为其他数家均称"字载屏"的,那么,此处的"载平"为"载屏"之误可能性很大。这样一来,《索引》一书称培翚的字为"载平、载屏",或是沿《清史稿》之误而造成的。综合上面的分析而言,"载屏"应是胡培翚的字。至于"载平",则有可能是"载屏"之误或异称,但由于未能发现翔实的材料予以证明,本文暂时存疑,不认同其为培翚之字。

其次辨正其字"竹村"、号"竹村"之说。称培翚"字竹村"的有《家谱》、《墓志铭》、《师友渊源记》、《清儒学案》、《清代朴学大师列传》等。称其号为"竹村"的有胡培系的《事状》、赵之谦《手札》、《绩溪县志》、金天翮《胡培翚传》、孙海波《提要》、徐世章《提要》、《绩溪经学三胡先生(胡匡衷、胡秉虔、胡培翚)传》等。那么,"竹村"到底是培翚的字还是号呢?在这一问题上,最有说服力的应是其《家谱》和胡培系的《事状》。毕竟《家谱》是培翚在世时所修,培翚曾参与修《家谱》之役并担任《家谱》纂修一职。《家谱》卷首中"仕宦"目"培翚公"条称:"嘉庆戊寅纂修族谱。"《家谱·古今修谱名目·国朝嘉庆二十四年复续修家谱》记载:"纂修为培翚公。"《家谱·胡氏族谱旧序》也称:"嘉庆戊寅秉衡公、培翚公等修之。"《家谱》卷首上《传志》称:"胡培翚修谱时所辑也。光绪甲申胡培系乃采摭南宋杂史,如《靖康要录》、《建炎以来系年要录》之类,以补其缺略,分为上下两卷,遵培翚公所编总集之例,题曰《胡少师年谱》,以行于世。"既然有这么多的材料能够证明培翚曾

---

① 郭延礼:《龚自珍年谱》,齐鲁书社 1987 年版,第 3 页(注 5)。

② 有关《清史稿》一书的缺陷,学界历来议论较多,于此也出现了多种研究成果,有单篇学术论文,也有论著,其中较著名的如戴逸先生的《〈清史稿〉的纂修及其缺陷》,载《清史研究》2002 年第 1 期,第 1—6 页;佟佳江的《清史稿订误》,吉林大学出版社 1991 年版;台湾《清史稿校注》编纂小组编纂的《清史稿校注》,台湾"国史馆"1986—1991 年版,等等。可见,《清史稿》一书存在失误已成为学界之共识。

③ 赵尔巽等撰:《清史稿》卷四百八十二,第 13272 页。

参与修《家谱》,则《家谱》中称培翚"字竹村"应该不误,毕竟培翚在纂修的过程中是不会把自己的字、号弄混的。可是,《家谱》不可尽信。培翚虽于嘉庆年间担任《家谱》纂修一职,但此阶段培翚一直忙于科举,应无多馀时间担任实职,故《家谱》弄混其字号也有可能。到是胡培系《事状》更有说服力,从前文所提及的胡培系与胡培翚的关系来看,胡培系的观点更值得信任。另外,古人的名与字相关,而名与号多不相关,从"培翚"而言,则"竹村"应为号,而非字。如此,则称其"字竹村"就明显不确了。

再次,我们来辨正其字"紫蒙"、号"紫蒙"一说。在上述材料中,称培翚"字紫蒙"的仅陈奂一家。陈奂与培翚有过交游并曾结下了深厚的友谊,二人常有书信往来。陈奂曾将培翚的来信汇为一册,收入《流翰仰瞻》①中。培翚死后,其《仪礼正义》也是赖陈奂帮忙校梓的,可见二人友谊非同一般。对于这样有着深厚交情的人来说,相互之间是不会轻易把对方的字、号弄错的。但恰恰相反,陈奂《师友渊源记》常常把友人的字、号弄混。如《师友渊源记》称段玉裁:"段讳玉裁,字若膺,一字懋堂。"而来新夏在介绍罗继祖编的《段懋堂先生年谱》时说:"谱主段玉裁,字若膺,号懋堂,茂堂,早年曾字乔林,又字淳甫,又号砚北居士、长塘湖居士、侨吴老人等。"②可见此处陈奂就将段玉裁"号懋堂"混为"字懋堂"。再如陈奂称王念孙的字、号也是如此,其《师友渊源记》云:"王念孙,字怀祖,一字石臞。"同样,来新夏在介绍闵尔昌编的《王石臞先生年谱》时说:"谱主王念孙,字怀祖,号石臞。"③此处,陈奂又将王念孙"号石臞"混成"字石臞"。由此可见,陈奂在写作《师友渊源记》时,对师友们字、号的辨别并非十分清晰。若按照这种思路,则陈奂称"胡培翚,字紫蒙"或许有误,很可能是将培翚"号紫蒙"误成"字紫蒙"。毕竟这种称法仅陈奂一家,别无旁证。《索引》称培翚"号紫蒙",或许另有所据,本文姑且从其说。另外,对于段玉裁、王念孙的字、号,《索引》所记也同各人《年谱》。可见,《索引》对清人字、号的选择是有所考证的。如此,我们认为"紫蒙"为培翚的号,而非其字。

至于培翚号、别名"竹匡"一说,除了《索引》持其说以外,其馀各家均无此称呼,不知二杨援据何处。既然二杨将其列入"号"与"别名"之中,想必

①陈奂辑,吴格整理:《流翰仰瞻》,《历史文献》(第十辑),第31—75页。
②来新夏:《近三百年人物年谱知见录》,上海人民出版社1983年版,第111页。
③来新夏:《近三百年人物年谱知见录》,第119页。

另有所据。本文暂且依据二杨之书,将"竹匡"列为培翚的号或别名。

今参考上述的考证及诸贤之论,本文认为培翚的字、号应暂作这样称法较为合适:胡培翚,字载屏,号竹村,又号紫蒙、(或别名)竹匡,人称竹村先生。

第二节　胡培翚生平简述

培翚一生,大致可分为三个阶段:嘉庆二十四年(1819)以前,读书求学阶段;嘉庆二十四年(1819)至道光十年(1830),在京做官阶段;道光十一年(1831)以后,讲学、著书阶段。关于胡培翚一生经历,族弟胡培系曾加以概括云:"综念公之生平,少即刻志励学,中年效用于世,晚而著书垂教,为善于乡,虽以中寿告终,而未竟厥施也。"①胡培系的概括是符合实际情况的。至于培翚一生的为人处世,其学生汪士铎也曾加以概括:"窃见故户部主事绩溪胡竹村先生,行为士则,学蔚儒宗,练校足以干事,贞悫足以厉俗,严毅足以正奸,廉介足以风世。"②此概括近是。

一、读书求学阶段(1782—1818)

培翚幼年即从祖父胡匡衷受学,并笃志励学。胡韫玉《胡培翚传》记载:"(培翚)幼颖悟,受经于其祖朴斋先生,即笃志励学。"③胡肇智对叔父培翚幼年所学也曾提及:"先叔父幼受先曾祖父朴斋公庭训,讲求《礼经》。"④乾隆五十九年(1794),培翚年十三,从叔祖胡匡宪受业,且"沐公之教深"⑤,并"益自奋勉,而所学大进"⑥。平时,父亲对其要求极严,常常督其读书,故而培翚"昼夜攻苦,强力不怠,业日进"⑦。可见,培翚幼年即受到良好的家学熏陶。

---

①胡培系:《族兄竹村先生事状》,《胡培翚集》,第20页。

②汪士铎:《上某制府求祀胡竹村先生启》,《汪梅村先生集》卷十一,《续修四库全书》第1531册,第692页。

③胡韫玉:《胡培翚传》,《国粹学报》,第七年第二册(原第76期),1911年2月。

④胡肇智:《仪礼正义书后》,段熙仲点校,胡培翚:《仪礼正义》,第2433页。

⑤胡培翚:《赠奉直大夫叔祖绳轩公行状》,《研六室文钞》卷九,《胡培翚集》,第280页。

⑥胡韫玉:《胡培翚传》,《国粹学报》,第七年第二册(原第76期),1911年2月。

⑦胡培系:《族兄竹村先生事状》,《胡培翚集》,第14页。

嘉庆六年(1801),培翚年二十,与夏銮交游,从此定下长达三十年的师生情谊。约于此时,培翚"于诸经已悉得要领"①。此后,培翚转益多师,不断增进个人的学术修养。嘉庆八年(1803),山阳汪廷珍视学安徽,对培翚文章很赏识,遂以第一名入学,补为县学生,第二年又以一等第一食廪饩。嘉庆十年(1805),夏銮莅任徽州府训导,培翚以师礼事之,时培翚为博士弟子。嘉庆十一年(1806)冬,培翚执弟子礼,师事歙县学者汪莱。

嘉庆十二年(1807),培翚就读歙县城南紫阳书院,师事经学大师凌廷堪,得窥凌氏治礼之途径。此年,培翚举优行。嘉庆十三年(1808),培翚始治《礼经》②。从此,培翚与《仪礼》结下了不解之缘,至死,历四十一年矣。培翚治《仪礼》,"初意专解《丧服》","从丧祭诸礼起手"③。其治《丧服》,"于郑注外,兼存马、王诸家说,至贾疏之可从者,亦多采录焉"④,故其对《仪礼·丧服》篇疏解尤显功力。嘉庆十四年(1809),会考取优咨部。嘉庆十五年(1810)举于乡,"时邑令长白清公欲延致门下,赆以白金三百,公(培翚)曰:'因赠金而师事之,是以金为师也。'不受,亦不往"⑤。来年,培翚即游学京师,与叔父胡秉虔同寓处,"每夜读书,必尽银烛二条,虽日间酬应纷纭,而夜课不减"⑥。

嘉庆十八年(1813),培翚与胡承珙定交于北京,从此结下深厚友情。胡承珙,字景孟,号墨庄,安徽泾县人,嘉庆十年(1805)进士,究心经学,尤专意于《毛诗》,著《毛诗后笺》三十卷,另有《仪礼古今文疏义》十七卷、《小尔雅义证》十三卷、《尔雅古义》二卷等。培翚撰《正义》,于《仪礼》今、古文多取胡承珙《仪礼古今文疏义》之说。此年,培翚撰著《燕寝考》,先撮其大略,就正于山阳汪廷珍。后又请教于高邮王引之,《燕寝考》始定稿。在撰著《燕寝考》过程中,培翚拟就《东房西室疑问》一篇,于本年问质于洪颐煊、张聪咸、胡承珙、包孟开诸人,以书信展开了学术讨论,并结下了深厚情谊,

---

①胡韫玉:《胡培翚传》,《国粹学报》,第七年第二册(原第76期),1911年2月。

②胡培翚《上罗椒生学使书》(《研六室文钞·补遗》)(《胡培翚集》)《研六室文钞》(卷五)称:"忆翚从事《礼经》,自戊辰始,经今四十馀年矣。"见《胡培翚集》第167页。今案:《上罗椒生学使书》原收于《研六室文钞·补遗》中,台北"中研院"出版的《胡培翚集》取消《补遗》,将各文分散收录于他卷之中。现为了保持《研六室文钞》与《胡培翚集》之本来面目,故采取此种注释方法。下同。

③胡肇智《仪礼正义书后》,《仪礼正义》(附录一),段熙仲点校,胡培翚:《仪礼正义》,第2434页。

④段熙仲点校,胡培翚:《仪礼正义》,第1342页。

⑤胡培系:《族兄竹村先生事状》,载《胡培翚集》,第14页。

⑥胡培翚:《从叔父同知公遗书记》,《研六室文钞》卷八,《胡培翚集》,第233页。

于学术也有所增益。嘉庆十九年(1814)甲戌，培翚奉特旨考取国子监学正学录。此年参加会试，落第。逗留北京期间，曾为张阮林《左传杜注辩证》一书校字。至胡承珙处度夏时，成《郑公传考证》一卷。是年七月初五日郑玄生日，培翚与郝懿行、朱珔、胡承珙等九人祀于京师海岱门外之万柳堂，他们"登楼凝眺，怀古思旧，酌蔬赋诗，尽欢而退"①。同年，培翚校刻先祖胡匡衷《仪礼释官》，萌发重疏《仪礼》之志。此后，培翚作《仪礼》新疏从未间断。

嘉庆二十一年(1816)，培翚校毕祖父胡匡衷《仪礼释官》，家刻之。次年，培翚应礼部试时，与方茶山交游，并于此年拣选注册以知县补用。嘉庆二十三年(1818)，胡氏家族修族谱，培翚出任纂修一职。约于是年校补先祖胡仔《孔子编年》五卷，书成后由胡氏家祠耘经堂刊刻成书。在纂修族谱期间，培翚编辑成《胡少师年谱》二卷。

二、在京做官阶段(1819—1830)

嘉庆二十四年(1819)，培翚在京应恩科试，中二甲第二十九名进士，出王引之门下。后授内阁中书，充实录馆详校官。书成，擢户部广东司主事，故时人以"中书胡氏"或"户部胡氏"称之。同年与陈奂定交，并于七月初五日郑玄生日，再次组织蒋廷恩、陈奂等人复祀于海岱门外之万柳堂，事后写成《汉北海郑公生日祀于万柳堂记》一文。是年夏炘进京，培翚曾与夏炘就"东房西室之制"展开讨论。另外，京都绩溪会馆因王照管会馆账目不清，也于是年交培翚经理馆事，培翚倡捐添盖房屋。嘉庆二十五年庚辰(1820)七月初五日郑玄生日，培翚与同人二十三人复祀于陶然亭。

道光三年(1823)，王念孙八十寿辰，培翚上《王石臞先生八十寿序》，称："先生博学以综之，精思以审之，伟识以断之，集诸家之大成，为后学之津导。……盖能会音、形、义三者之大原以言文字，使古籍之传，得存真面目于天壤者，千百年来，先生一人而已。"②道光四年甲申(1824)初冬，乞假归里，与合邑绅士商议，捐输银两，作为宾兴盘费。得银五千馀两，发典生息，每科以息银分给绩溪县应试者旅费。并呈请太守与县宰制其条规，予

①胡培翚：《汉北海郑公生日祀于万柳堂记》，《研六室文钞》卷八，《胡培翚集》，第229页。
②胡培翚：《王石臞先生八十寿序》，《研六室文钞》卷六，《胡培翚集》，第192—193页。

以立案。次年,倡捐创立宾兴文会,作为地方教育经费。道光六年(1826)七月五日,培翚集同人祀郑玄于住所,礼成,绘为卷子。同人歌诗。龚自珍作《祀义》篇质胡培翚。次年,为郝懿行校刻《春秋说略》《春秋比》,并作《刻郝氏春秋二种序》。道光八年(1828)七月五日,再次祀郑玄于万柳堂,绘图征诗。

自中进士后,培翚一直在京谨慎做官。道光八年(1828)十月,培翚充捐纳房差,针对当时书吏舞弊者,与蔡绍江"实能严密稽查,吏咸畏之",当时书吏,背人呼培翚名为"倍晦",以遇之者,技辄穷也。"有捐纳房书吏桑培元,在部年久,素称'积蠹'。(道光)五年,御史刘光三,参奏假照积弊,大学士英和,以桑培元送步军统领衙门。研讯累日,竟逃法网,仍在捐纳房,上下其手。胡君查出弊混数事,将革之,有同人长跪胡君前,求胡君省释,胡君漫应之。忽于除夕,诸同人未至署时,大书:'革出书吏一名桑培元',揭于署外,群吏皆惊。胡君深沉有识,在捐纳房,察出书吏假照,自以本朝定例,司员无奏事之责,乃白上官,与蔡君定章程十一条,自此窜稿之弊遂绝"①。可见培翚为官确能恪尽职守并清明廉政,不愿与人同流合污。此年,培翚又在故乡绩溪东门外大屏山麓创建东山书院,亲自手定规条,对乡人影响极大。道光十年(1830),因京师绩溪会馆年久失修,"倾欹摧朽",培翚乃复建京师绩溪会馆尚义轩,作《绩溪会馆尚义轩记》。

由于培翚为官清廉,不为权贵所容,不幸于道光十年(1830)失察假照,被议镌级。此后虽于道光十三年(1833)可奉旨准捐,官复原位,但以亲老为由,从此绝意仕途。后来,培翚一直以讲学、著书为业。培翚为官清廉,办事认真谨慎。他曾对自己为官态度做过总结:"翚在任,每办一稿,必先核封册籍,稽查例案,然后将书吏拟稿改定,其有事关重大者,则自行起稿。每日进署,与吏为仇,晚则将册籍带回寓内,钩稽查核,夜分而后已。"②《清史列传》也评价说:"居官勤而处事密,时人称其治官如治经,一字不肯放过。绝不受胥吏财贿,而抉隐指弊,胥吏咸惮之。"③可见,培翚不仅为官清廉,而且竭尽职守。后假照案发,司员失察者数十人,惟培翚及蔡绍江无所

---

① 汪喜孙:《书户部主事胡培翚、蔡绍江被议事》,见汪喜孙著,杨晋龙主编:《汪喜孙著作集》,台北"中研院"文哲所 2003 年版,第 508—509 页。
② 胡培翚:《上罗椒生学使书》,《研六室文钞·补遗》,《胡培翚集》(《研六室文钞》卷五),第 167 页。
③ 王钟翰点校:《清史列传》,第 5619 页。

污，然犹以随同画诺而镌级归里。

对于培翚此阶段的主要经历，祁寯藻作《送胡竹村培翚同年归绩溪》进行概括与评价：

> 古人著书不得已，书成身废良可叹。若使勋名照竹帛，何为雕琢愁肺肝？君尝为余述师授，斯语闻之汪文端。因言年少治经义，独于三礼心尤单。瓣香欲祝北海郑，苦读每笑南阳韩。中年通籍习吏事，回翔凤阁迁农官。农官急务在心计，抉剔常恐遭欺谩。既不被议且归去，小谪总荷君恩宽。秋风莼鲈久相待，南国鸣雁何时安？还家一笑奉菽水，赖有文字娱寒酸。君看仕宦得意人，罢官忽若无馀欢。人生得失未可较，海鸥奚事侪鹓鸾。因君致声问匡鼎，说诗之乐何般般！①

此诗作于道光壬辰、癸巳（1832—1833）年间。从所写内容看，当是描写道光十年（1830）至十二年（1832）胡氏失察假照、被议镌级、回归故里时的事情。在诗中，祁氏所述培翚之师授、年少治经义、治学三《礼》、京城做官及被议镌级等是符合实际情况的。难能可贵的是，由祁氏所述可见，培翚失官还家后的心态——不计较人生得失、一笑了之。其益友夏炘也曾述及培翚当时的心态："自是南归，无复有仕进之志矣。"②正是因为有了这种心态，所以在道光十三年（1833）可奉旨准捐、官复原位时，培翚极力推辞，从此绝意仕途。可见，培翚后来绝意仕途非一时之冲动。

三、讲学著书阶段（1831—1849）

自道光十二年（1832）至十三年（1833），应陶澍之邀，培翚承乏南京钟山书院讲席。期间，培翚刻《钟山书院课艺》，并成《钟山书院课艺序》一文，告诫学子为学勿沉溺于时文而荒废实学，为学不应为科举所累。后培翚又重梓钱大昕《学约》，以诒在院之士。自道光十四年（1834）至十七年（1837），培翚主讲泾川书院，曾作《泾川书院志学堂记》，倡导"士子之学，必以通经为先，而志尤不可不立"，认为"士苟有志于经，则必熟其本文，详其

---

① 祁寯藻：《巘九亭集》卷十八《古今体诗五十首》（壬辰、癸巳），《巘九亭集》（三十二卷），清咸丰刻本（南京图书馆藏）。
② 夏炘：《记益友胡竹村先生事》，《景紫堂文集》卷九，沈云龙主编：《近代中国史料丛刊第九十四辑》，台北文海出版社 1973 年版，第 476 页。

注释,深求乎圣贤立言之旨,以得乎修己治人之方。苟读之而茫然无得于心,即或有一知半解,而自矜自是,不知亲贤取友以集其成者,皆志之未立也"。并号召说:"泾之先贤,讲明正学、著为事功者甚多,近日先达诸公,亦多以博学敦行为务,著述斐然,皆诸生所宜法者。"①可见,培翚讲学不仅讲求通经致用,还以博学敦行为务。

培翚主讲泾川书院期间,曾为胡承珙校读《毛诗后笺》一书。道光十七年(1837),培翚付梓《燕寝考》。又于此年自行付梓《研六室文钞》十卷,张舜徽先生认为该书"在清人文集中,最为纯粹"。② 集中之文"古劲闳深,实有汉、唐风味;其解经,不尚新奇,不事穿凿,惟以经证经,心得最多"③,"书中所考订礼制名物,皆深求经注之间,不逞私见,故谨严精核者居多"④。

道光十七年,培翚重修家祠,并捐资创建世泽楼,收藏大批图书,同时捐置义馆、义学,以诒乡学。道光十八年(1838),培翚承乏娄东讲席。次年,主讲云间书院。秋,初会张文虎,一见如故,遂定为忘年交。

道光二十二年(1842),培翚任惜阴书院山长。后因战事和足疾复发,培翚辞却山长一职,临别时作《惜阴书院别诸生文》,认为:"夫经者,制行之准,然非寻章摘句之谓,必体验乎圣贤修己治人之道以淑身心,而求为约,先求为博。"⑤此外还对士子们说了一段语重心长的勉励之语:"自今以往,愿诸生日有就,月有将,无忽乎'惜阴'之称,无昧乎经、史、文之义,无急功名而薄气节,无骛浮华而忘实践。异时羽仪王国,本所学以用于世,俾朝廷收得人之效,与周之治内、治外比烈焉,是则余之所深望也夫!"⑥同时,他还告诫士子要博通经学,学成应为朝廷效力。

道光二十三年(1843),培翚病疽。此时,《仪礼正义》未卒业,便"命从子肇昕手录《士昏》、《乡饮》、《乡射》、《燕礼》、《大射》诸篇,采辑诸说,鳞次排比,授以己意,令附诸后"⑦。道光二十五年(1845),培翚招侄胡肇智南

---

① 胡培翚:《泾川书院志学堂记》,《研六室文钞》卷八,《胡培翚集》,第236—237页。

② 张舜徽:《清人文集别录》,中华书局1963年版,第380页。

③ 胡先翰、胡先频:《研六室文钞序》,《胡培翚集》,第7—8页。

④ 吴枫、宋一夫主编:《中华儒学通典》,第1428页。

⑤ 胡培翚:《惜阴书院别诸生文》,《研六室文钞·补遗》,《胡培翚集》(《研六室文钞》卷八),第243—244页。

⑥ 胡培翚:《惜阴书院别诸生文》,《研六室文钞·补遗》,《胡培翚集》(《研六室文钞》卷八),第245页。

⑦ 金天翮:《胡培翚传》,见钱仲联主编:《广清碑传集》,第703页。

归,时《仪礼正义》之《丧服经传》、《士丧礼》、《既夕礼》、《士虞礼》四篇已成。《特牲馈食礼》、《少牢馈食礼》、《有司彻》诸篇,草稿初具。其馀各篇,皆经考订,尚未排比。是年四月,培翚患风痹,犹力疾从事撰著《仪礼正义》。病中虽右手不能写字,但仍坚持以左手作书,并嘱咐族侄肇昕,留心经学,命助校写①。道光二十六年(1846),培翚得疾归里,以十数年修脯所入,节省赢馀,欲捐置义仓、义学、义田,扶助乡人。道光二十九年(1849),仍极力撰著《仪礼正义》。是年夏,培翚曾寄书胡肇智,曰:"假我数月,全书可成。"②可惜是年七月,背疽复发,不幸弃世,享年六十有八。去世时,《仪礼正义》尚有《士昏礼》、《乡饮酒礼》、《乡射礼》、《燕礼》、《大射仪》等五篇未具。后经族侄胡肇昕与弟子杨大堉在原稿的基础上增补、校勘并加以联缀成篇,从而完成了四十卷的皇皇巨著,为学界提供了一部学术含量极高的经学研究著作。

晚年,培翚曾辗转多处讲学,其主讲之书院,按先后顺序应为:钟山、泾川、娄东、云间、惜阴、泾川。培翚讲学,"士饫其教。讲舍百数十人,服膺归仁,拳拳弗忘"③。史称其教学以"引翼后进为己任",离开泾川书院时,"门人设饮饯者相望于道"④。培翚"以大儒主讲席,学者得其指示,皆能有所表见于世"⑤,故而培养了一大批弟子,可谓桃李满天下。弟子较著者有汪士铎、杨大堉等人。

对于培翚恪守家学、研治《仪礼》等情况,其好友胡承珙曾写诗《赠家竹村培翚孝廉》作过介绍:"何论四海与弥天,独抱冬心守一编。大雅材堪芸阁选,小同经本礼堂传(令祖朴斋先生熟精《三礼》,君具有家学)。公车懒削三千牍,行箧常携十七篇。为问苏湖二斋后,家风谁克继前贤。"⑥此诗可视为对培翚学术生涯最简明的概括。也正是由于培翚平时有着孜孜不倦、专治一经的态度,以及克继家风、替往圣继绝学的决心,因而能够"独抱冬心守一编"、"行箧常携十七篇"。培翚一生可以说是学术研究的一生,是为撰著《仪礼正义》而孜孜不倦的一生。他以著书立说与奖掖后进并举,注

①段熙仲点校,胡培翚:《仪礼正义》,第2434页。
②段熙仲点校,胡培翚:《仪礼正义》,第2434页。
③汪士铎:《户部主事胡先生墓志铭》,载《胡培翚集》,第11页。
④赵尔巽等撰:《清史稿》,第13272页。
⑤胡韫玉:《胡培翚传》,《国粹学报》,第七年第二册(原第76期),1911年2月。
⑥胡承珙:《求是堂诗集》卷十三《道山集》,《续修四库全书》第1500册,第115页。

重友谊,"不忘死友",在当时学界享有较高的声誉。

　　总之,培翚是一位谨严刚正的学者,他为官清廉,不与胥吏为仇;治学不逞私臆断,务求其是。《清史列传》云"时人称其治官如治经,一字不肯放过"①,诚为得情之言。

第三节　胡培翚著述考

一、胡培翚之著述

　　培翚一生致力于经学研究,留下的作品多为经学研究著作。据蒋元卿《皖人书录》②记载,培翚的著作有:

　　1.《研六室文钞》十卷《补遗》一卷。有清道光十七年(1837)泾川书院刊本;清光绪四年(1878)胡氏世泽楼重刊本附行状。

　　2.《研六室杂著》一卷③。有《皇清经解》本;《学海堂经解》本。

　　3.《仪礼正义》四十卷。有清道光二十九年(1849)木樨香馆刊本④;清咸丰二年木樨香馆重刊本;清咸丰扬州汤香苑刊本;清同治七年(1868)苏州刊本;《皇清经解续编》本;《经学辑要》本;《四部备要》本。

　　今案:王锷《三礼研究论著提要》⑤著录此书版本有:(1)清咸丰二年木犀香馆印本(陆健瀛原刻本)。(2)清咸丰二年印本,清谢章铤校并跋。(3)

---

①王钟翰点校:《清史列传》卷六十九,第5519页。

②蒋元卿:《皖人书录》,黄山书社1989年版,第724—725页。

③王锷《三礼研究论著提要》载为10卷,误。在王书中,王锷将《研六室文钞》误作《研六室杂著》,详见王锷著《三礼研究论著提要》,甘肃人民出版社2001年版,第203—204页。王锷之误实源自《续修四库全书总目提要》一书,孙海波撰写《提要》时就写作《研六室杂著》(世泽楼刊本)。其实,当初阮元刻《皇清经解》时取胡培翚8篇说经之文入内,取名《研六室杂著》。后来胡培翚复益以他文,辑成10卷,重新命名为《研六室文钞》,初版于1837年。胡培系也曾谈及此事:"乃广搜群经,旁征众说,为《燕寝考》,与《研六室杂著》均刊入《皇清经解》。后又以《杂著》及他说之文,编为《研六室文钞》。此著书之大旨也。"详见胡培系《族兄竹村先生事状》,载《研六室文钞补遗》,清光绪六年(1880)刻本。今《续修四库全书》所收即为《研六室文钞》10卷附《补遗》1卷。

④《皖人书录》作"道光二十八年(1848)",误。王锷《三礼研究论著提要》认为:此刊本为误载,即指咸丰二年(1852)刊本,盖因书前有道光二十九年(1849)罗惇衍序也。胡氏卒于七月,书尚未完稿,又罗序云:"有好是书而刊布之者,其亦先生之志也。"由是而知,此书道光时绝未刊行也。见王锷《三礼研究论著提要》,第203页。

⑤王锷:《三礼研究论著提要》,第203页。关于《仪礼正义》的版本情况,可参本文第二章第四节"《仪礼正义》成书时间及版本概况"的相关论述,为避免重复,此处不再详谈。

清咸丰二年印本,清陈宝璐校。(4)清咸丰间苏州汤晋苑局刊印本,书前有道光己酉(1849)罗惇衍序,书后无跋及刊书年月。(5)清同治八年(1869)苏州汤晋苑局刊本,书首有罗惇衍序及陆健瀛于咸丰壬子(1852)九月"校刊仪礼正义序",牌记曰"苏州汤晋苑局刊印"八字,书后有同治戊辰(1868)陆光祖序及胡肇智序,后附胡匡衷《仪礼释官》4册,二者合为2函24册,书前有"同治己巳重刊"字样,是知此本为同治八年(1869)重刊本也。(6)《皇清经解续编》本。(7)《四部备要》本。(8)《万有文库》本。(9)《国学基本丛书》本。(10)《国学名著珍本汇刊》本,据《皇清经解续编》本影印。(11)段熙仲点校本。

4.《仪礼宫室定制考》。《皖人书录》案:是书《胡氏书目》不载,《书目答问》云未见传本。

5.《禘祫问答》一卷。有《皇清经解续编》本;《艺海珠尘》本[①];《昭代丛书》本。

今案:关于《禘祫问答》的版本归属问题,后人大致有两种观点:一种观点认为此书是培翚的祖父胡匡衷的作品[②];另一观点认为此书是培翚的作品[③]。清光绪十四年南菁书院刻《皇清经解续编》本《禘祫问答》载胡源瀚之跋语云:

> 《研六室文钞》中《与陈硕甫论禘祫书》有"拙著《禘祫问答》"语,其为竹村先生书无疑。乃家无传稿,子继广文见金山钱氏所刻书目,知此书刊入《艺海珠尘·壬集》。丁亥,来虞山就余,访钱氏书。余案:钱氏所刻《珠尘·壬集》,毁于兵火,馀所未见,此书惟吴江沈氏《昭代丛书》收之,而以与《侯国职官表》同刊,又误为朴斋先生之作。禘祫久为礼家聚讼,竹村先生有此实事求是之谠论,乃以传播未广,几于若存若亡,而钱氏、沈氏之刻,又互异其名,传之后来,将无所传信。余故特命写官竟录,以贻子继,亟谋刊布,并正其为竹村先生之书,以告天下后

---

① 《艺海珠尘》本作《禘祫答问》,见《丛书集成新编》第35册,台北新文丰出版公司1985年版,第411页。

② 《昭代丛书》本《禘祫问答》署名为胡匡衷,见《昭代丛书乙集补》卷一,吴江沈翠岭辑,光绪二年刻,第1页。

③ 《艺海珠尘》本《禘祫问答》署名为胡培翚,并小字注云:"培翚,字载屏,号竹村,绩溪人,嘉庆庚辰进士,历户部广东司主事。著有《仪礼正义》、《燕寝考》、《研六室集》。"见《丛书集成新编》第35册,第411页。此处的庚辰为己卯之误。

世焉。上元宗源瀚。①

据此跋语，今人大都认为《禘祫问答》为培翚作品，本文从之。

6.《燕寝考》二卷②。有《皇清经解》本；《分经合纂》本；《学海堂经解》本。

7.《胡少师年谱》二卷（胡培系补）。有清光绪四年（1878）世泽堂刊本；清光绪十年（1884）重刊本；民国安徽通志馆抄本（安徽省图书馆藏）。

8.《郑公传考证》一卷。

见胡氏《汉北海郑公生日祀于万柳堂记》："培翚春闱报罢，将出都门，墨庄宗兄邀宿斋中度夏，闲暇无事，遂搜取各书，与《后汉书》本传参考，补其缺略，成《郑公传考证》一卷。"③今未见。

9.《孔子编年注》五卷。

见于《清史稿》卷一百四十六、《志》一百二十一之《艺文二》所载④。

10.未成的著作：《仪礼贾疏订疑》、《宫室提纲》、《仪礼释文校补》。

培翚在《上罗椒生学使书》中曾叙及自己打算创作的作品有：《仪礼贾疏订疑》、《宫室提纲》、《仪礼释文校补》等。培翚拟创作此三书之初衷是为扶翼《仪礼正义》，其云：

> 贾氏公彦之疏，或解经而违经旨，或申注而失注意，其书相传已久，不可无辨，《正义》间亦辨及。然必悉加驳正，恐卷帙繁多，有失轻重之宜，因别为《仪礼贾疏订疑》一书。又宫室制度，非讲明有素，则读《仪礼》时，先于行礼方位盲然，安问其他？今以朝制、庙制及寝制为纲，以天子、诸侯、大夫、士为目；又学制则分别庠、序，馆制则分别公馆、私馆，皆先将宫室考定，而以十七篇所行之礼，条系于后，名曰《宫室提纲》，书成，拟冠于《正义》之首。又陆氏《经典释文》，于《仪礼》颇略，今拟取各经音义及《集释》以后各家音切，挨次补录，名曰《仪礼释

---

①胡源瀚《禘祫问答跋》，最早收于清光绪十四年南菁书院刻《皇清经解续编》，台北"中研院"出版的《胡培翚集》亦收此跋，作者"胡源瀚"作"胡源翰"，见该书第423页。

②现传《燕寝考》均为三卷。清人赵之谦的《国朝汉学师承续记》也作三卷。见赵之谦手稿，漆永祥整理：《国朝汉学师承续记》，江藩著，漆永祥笺释：《汉学师承记笺释》，第976页。

③胡培翚：《汉北海郑公生日祀于万柳堂记》，《研六室文钞》卷八，《胡培翚集》，第228页。

④赵尔巽等撰：《清史稿》卷一百四十六，第4283页。

文校补》,草创未就。①

可惜,此三书在培翚有生之年未得以完成②,实属憾事。

培翚著述,尤以《仪礼正义》为最著。该书为清代《仪礼》学研究的集大成之作,赢得了后世学者的普遍赞誉,近人罗振玉对有清一代的《仪礼》学研究概括曰:"本朝治《仪礼》者,始于张尔岐《仪礼郑注句读》,厥后作者林立,蔡德(笔者案:"蔡德"后少"晋"字)《仪礼本义》、沈彤《仪礼小疏》、江永《仪礼释例》、凌廷堪《礼经释例》,并考证精核。至胡培翚《仪礼正义》乃集大成,于《仪礼》之学可谓毫发无遗憾矣。"③

二、著述多关涉经义

胡氏著述,除《胡少师年谱》、《孔子编年》及《郑公传考证》外,馀者多关涉经义。即使像《研六室文钞》这样的文集,也大多谈论经义,具备经学特质,学术价值较高。杨向奎先生曾说:"培翚先生之《研六室文钞》亦多佳品,直可步武王氏四种。"④所言是矣。

《研六室文钞》前身是《研六室杂著》。阮元刻《清经解》时曾将培翚的《大夫二朝考》、《释袜》、《〈仪礼〉姑姊姊妹说》、《校〈仪礼·聘礼〉及郑注脱字》、《〈论语〉称诸异邦曰寡小君辨》、《庪悬浮沉解答马元伯》、《与张孝廉论阃阈橜捆》、《与家墨庄论丰字书》等八篇文章作为一卷收入,取名为《研六室杂著》。后来,培翚在《杂著》的基础上,从其先后三十年间所写的三百馀篇文章中再次挑选七十七篇与《杂著》合为一书,命名《研六室文钞》。培翚结集《文钞》是有标准的,其好友胡承珙之子胡先翰、胡先颎曾撰文交代《文钞》成书之缘起:"翰等间请梓其著述,吾师(笔者案:指胡培翚)谓:'所著书尚须改订,惟说经之文,久思就正四方有道,而苦抄写不及,若以刻代抄,其可。'于是出所作古文,命择其有关经义者,得八十馀篇,编为《研六室文钞》十卷,授之剞劂。其无关经义者,虽已传于外,概命勿付梓,曰:'此自为商

---

①胡培翚:《上罗椒生学使书》,《研六室文钞·补遗》,《胡培翚集》(《研六室文钞》卷五),第166—167页。

②清人赵之谦的《国朝汉学承续记》也云:"《贾疏订疑》、《宫室提纲》、《释文校补》皆未成。"见江藩著,漆永祥笺释:《汉学师承记笺释》,第976页。

③罗振玉:《本朝学术源流概略》,载《民国丛书》编辑委员会编:《民国丛书》第一编第六册,上海书店1989年版,第25—26页。

④杨向奎:《读胡培翚的〈仪礼正义〉》,《孔子研究》,1991年第2期。

质经义计,若以言文,尚须数年后,学力或有进地,再为续钞。'"①可见,《文钞》是按照"择其有关经义者"之标准选文的,此标准显然决定了该书的经学本质。

《文钞》计有十卷《补遗》一卷,内容涉及考释、考辨、书信、序跋、记、行状、墓志等。综观这些文章,多数确实是符合"择其有关经义者"之选文标准的。首先,卷一至卷五为考释、考辨、书信等内容的文章,其内容均为讨论"有关经义者"。卷六至卷十是有关序跋、记、行状、墓志等内容的文章,此类文章虽多数不直接讨论经义,但也间接关涉学术与经义,如卷六所收的《王石臞先生八十寿序》一文,培翚曾于文末解释曰:"古人集中不载寿序,此作私窃以为有关学术,故特存之。"②显然,该篇也与经义相关。

其次,《文钞》论经范围较广,具体涉及到《周易》、《诗经》、《仪礼》、《周礼》、《礼记》、《左传》、《公羊传》、《穀梁传》、《论语》、《尔雅》等儒家经典。当然,《文钞》选文多与礼学相关,如卷一之《东房西室疑问》、《〈仪礼〉为人后者为其本宗服述》、《〈仪礼·士冠礼〉韎韐注正读》、《释韍》、《〈中庸〉旅酬下为上解释疑》、《六经作自周公论》、《井田论》;卷二之《宗庙路寝明堂同制考》、《大夫二朝考》、《东夹西夹考》、《牖考》、《屏考》、《校〈仪礼·聘礼〉及郑注脱字》;卷三之《〈仪礼〉非后人伪撰辨》、《〈礼记〉寝东首于北牖下辨》、《〈仪礼·丧服记〉于所为后之兄弟之子若子解》、《〈周礼〉嫁殇说》、《〈仪礼〉姑姊姊妹说》、《养母不宜服斩衰三年议》、《河南余氏服议》;卷四之《与张阮林论阃阈橜捆书》、《与家墨庄论丰字书》、《与郝农部论庙寝书》、《与洪楷堂论舍采书》、《与费耕亭论继父服书》、《与陈硕甫论禘祫及国语注书》;卷五之《答夏心伯论黼黻书》、《废悬浮沉解答马元伯》、《答洪筠轩论燕寝书》、《答张阮林论燕寝书》、《答家墨庄论燕寝书》、《答包孟开论燕寝书》、《答汤茗孙论本生祖服书》、《答章生遇鸿问韦弁书》;卷六之《读〈仪礼私记〉序》;卷七之《〈仪礼集释〉书后》、《〈仪礼经注校本〉书后》等,这些文章均与礼学相发明,"都属于'三礼'范围。如牖考、屏考、路寝、明堂、东夹、西夹、韎韐、庙寝、禘祫、黼黻、燕寝等,胡氏对这些有关典章制度的专题,做了比较翔实的考释,为后人研究'三礼'、窥探《礼》学这一高深莫测的殿堂,入门问径,

---

①胡先翰、胡先颎:《研六室文钞序》,《胡培翚集》,第7页。
②胡培翚:《王石臞先生八十寿序》,《研六室文钞》卷六,《胡培翚集》,第194页。

提供了很大的方便"①。

由于培翚结集《文钞》标准明确,故今人张舜徽先生认为该书"在清人文集中,最为纯粹"。② 在这部"最为纯粹"的清人文集中,培翚谈经论典、辩论析疑惯用以经证经之法。胡先翰、胡先颎认为《文钞》之文"古劲闳深,实有汉、唐风味;其解经,不尚新奇,不事穿凿,惟以经证经,心得最多"③,此说深得《文钞》之旨。

《文钞》在考释、考辨之类的文章中对礼制名物的阐释颇为注重考据,且"书中所考订礼制名物,皆深求经注之间,不逞私见,故谨严精核者居多"④,特别是对东房西室、牖、屏、祐祫、黼黻、燕寝等礼制的考证,创获颇多。关于该书对礼制考证的总体情况,清代翰林供奉朱琦曾有过评价,他认为此书"释祐祫,论黼黻,考屏牖,解废悬浮沉、阒阈橛梱,大抵皆礼之支流馀裔。君于文,援引赅博而条达明画,疏家拙涩之弊,屏除殆尽,纵遇钩牙,奏刀甚然,罔弗洞彻,是真为好学深思、心知其意者矣"⑤,所言是矣。培翚在《文钞》中常常提出新解,对《礼》学研究贡献较大。

另外,《文钞》中很多考证性质的文章如《〈仪礼·士冠礼〉祐祫注正读》、《大夫二朝考》、《东夹西夹考》、《牖考》、《〈仪礼〉姑姊姊妹说》、《养母不宜服斩衰三年议》等,大都被培翚征引到《仪礼正义》中,成了培翚《礼》学体系中不可分割的一部分。可见《文钞》确实是一部扶翼《仪礼正义》之作,具备经学特质。今人研究培翚及《仪礼正义》,《文钞》是不可或缺的资料。

培翚《燕寝考》专考燕寝之制。燕寝之制,礼家聚讼纷纭,难以定论。胡氏撰《燕寝考》,源于其读《诗·斯干》笺而悟东房西室专为燕寝之制,认为"郑《诗笺》已明言之,当以此为定说",⑥后又参之《礼记·内则》《玉藻》及《仪礼·士昏礼》、《左氏传》、《尚书大传》等著作,知自诸侯以下,其燕寝皆东房西室。东房西室之制,室则东向开户,以达于房;房则南向开户,以达于堂。由堂入房,由房入室,而室之南无户。证之经传,皆合,而作《燕寝考》

①洪湛侯:《徽派朴学》,安徽人民出版社 2005 年版,第 241 页。
②张舜徽:《清人文集别录》,第 380 页。
③胡先翰、胡先颎:《研六室文钞序》,《胡培翚集》,第 7—8 页。
④吴枫、宋一夫主编:《中华儒学通典》,第 1428 页。
⑤朱琦:《研六室文钞序》,《胡培翚集》,第 4—5 页。
⑥胡培翚:《东房西室疑问》,《研六室文钞》卷一,《胡培翚集》,第 23 页。

二卷。撰成后,培翚曾遍质诸人,从而引发一场关于燕寝之制的大讨论①。

　　培翚考证燕寝,用力甚勤,对先贤论燕寝之说,基本搜罗殆尽,曾赢得焦循的夸赞,称其"考订精密"②。培翚所著《燕寝考》,渊源有自,诚如其言:"人君左右房,大夫、士东房西室,说始郑氏,而孔、贾《疏》义成之。宋以后,学者多决其非,如陈氏《礼书》、李氏《仪礼释宫》、敖氏《仪礼集说》、万氏《仪礼商》、江氏《释宫增注》,驳正旧说,皆至确,无以易矣。"③尽管培翚在撰成《燕寝考》之后曾遍质诸人,众人的意见也与他多有不合,"但无论如何,胡培翚之《燕寝考》对先儒之说多有承接与驳正,搜集详备,考证细密,立说亦能自成一家。虽然其某些论点非必确凿,在材料的理解与运用、对材料之间关系的判断以及立说的稳妥性上,亦存在一些问题。但古礼茫茫,难于稽核,胡氏能够钩沉发微,集为专门之考证,对于后人进一步理解考求古制,有其重要作用"④。

　　培翚的《禘祫问答》是答众弟子问"禘祫"而辑成的关于讨论"禘祫"的著作。禘祫本是礼家聚讼已久的问题,诚如毛奇龄所言:"禘祫二名,先儒久相争执,予亦散见其大意于论议间,非一端矣。"⑤嘉庆乙亥、丙子年间,培翚教授徽郡城南紫阳山房,有答众弟子问"禘祫",凡二十四问,二十四答,成《禘祫问答》一卷。该书虽为一时函丈答述之语,但"综核靡遗,读之可见禘祫大略"⑥。培翚回答"禘祫"之问,博稽众家而时有折衷,考证精当,立论有据,体现了实事求是的治学功底。

　　培翚其它著作如《仪礼宫室定制考》、《仪礼贾疏订疑》、《宫室提纲》、《仪礼释文校补》等,虽未见流传,或草创未就,但从书名而言,也皆关涉经义,是围绕《仪礼》某一方面的研究而展开的,皆为扶翼《仪礼正义》之作。

---

① 关于胡培翚与众人讨论燕寝之制,可详参文末所附《胡培翚生平及作品系年考证》之"嘉庆十八年癸酉(1813)"条相关论述。
② 刘建臻整理,焦循辑:《里堂道听录(中)》,广陵书社 2016 年版,第 850 页。
③ 胡培翚:《东房西室疑问》,《研六室文钞》卷一,《胡培翚集》,第 23 页。
④ 程尔奇:《胡培翚〈燕寝考〉考论》,《中国典籍与文化》,2009 年第 2 期,第 85—93 页。
⑤ 毛奇龄:《郊社禘祫问》,《丛书集成新编》第 35 册,台湾新文丰出版公司 1985 年版,第 398 页(上)。
⑥ 胡定飏:《禘祫问答序》,胡培翚:《禘祫问答》,《胡培翚集》,第 375 页。

第二章　胡培翚学术渊源考论

胡培翚为《仪礼》撰新疏,殚精竭虑,尽四十馀年之力而裒然成篇,被清代学者视为引以为豪的群经新疏①之一。培翚在《仪礼》学研究方面之所以能取得如此骄人的成就,除自身不断刻苦学习、追求《礼》学造诣之外,还深受乾嘉汉学传统、家乡的徽文化、深厚的家学渊源及师友间相互砥砺等因素的影响。梁启超曾说:"竹村为胡朴斋匡衷之孙。朴斋著有《仪礼释官》,甚精洽,故《仪礼》实其家学。竹村又受业凌次仲,尽传其礼学,所以著《仪礼》新疏的资格,他总算最适当了。"②梁氏此言实道出培翚习《礼》之渊源。其实,深厚的家学渊源给予培翚专业的熏陶,使得他幼年就能汲取学术营养,为日后的经学研究打下扎实的根柢。师友的砥砺,不仅使得他尽可能汲取众家之长,视野渐趋宽广,更使得他在转益多师的过程中,能从多方面、多角度丰富其学术素养,从而坚定其学术方向,为其日后成为《礼》学名家奠定了坚实的基础,也为其撰著《仪礼正义》奠定了坚实的基础。

第一节　乾嘉汉学传统之承继

乾嘉汉学又称乾嘉朴学,是两汉古文经学之流裔。汉代古文经学家在阐释经典时,学风朴实,实事求是,注重字句训诂与名物考证,由是而有"汉学"之名。汉学解经,实是借助文字训诂、名物考释等手段,阐释文本意义,进而追步古代圣贤之道。

清代汉学之兴起,实肇始于清初顾炎武。顾氏针对明末以来空疏的理学思潮,提出了复兴经学之主张。他"鄙俗学而求六经"③,认为"古之所谓

---

① 清代学者引以为豪的群经新疏共有十二部,分别为:江声《尚书集注音疏》、王鸣盛《尚书后案》、孙星衍《尚书今古文注疏》、陈奂《诗毛氏传疏》、胡培翚《仪礼正义》、刘文淇《左传旧疏考证》、陈立《春秋公羊义疏》、刘宝楠《论语正义》、焦循《孟子正义》、邵晋涵《尔雅正义》、郝懿行《尔雅义疏》、孙诒让《周礼正义》。
② 梁启超:《中国近三百年学术史》,第245页。
③ 顾炎武:《与周籀书书》,《亭林文集》卷四,《顾亭林诗文集》,第90页。

理学,经学也,非数十年不能通也。故曰:'君子之于《春秋》,没身而已矣。'今之所谓理学,禅学也,不取之五经而但资之语录,校诸帖括之文而尤易也"。① 顾氏对汉代经学大师及其训诂之学十分推崇:"六经之所传,训诂为之祖。仲尼贵多闻,汉人犹近古。礼器与声容,习之疑可睹。大哉郑康成,探赜靡不举。六艺既该通,百家亦兼取。至今三《礼》存,其学非小补。"② 为此,顾炎武潜心于经世致用之学,认为:"君子之为学,以明道也,以救世也。"③ 并主张"凡文之不关于六经之指、当世之务者,一切不为"④。此外,顾氏还提出了"读九经自考文始,考文自知音始"⑤ 的治学方法。顾氏的治经主张、治学方法及其博通务实的治学实践,为乾嘉汉学走通经致用、注重考经证史的道路奠定了基础。经顾氏倡导与实践,"学界空气一变,二三百年间跟着他所带的路走去。亭林在清代学术史所以有特殊地位者在此"⑥。

　　汉学经过清初的酝酿、发展,至乾嘉时期逐渐达到极盛,"汉学的极盛阶段,主导形态是乾嘉学派,这是清学中最具特色的学派,……这个时期的汉学有着复杂的构成,学派不少,但最具代表性的是吴派与皖派。乾嘉以后,专门汉学有了新的发展,考据之学与义理之学的有机结合是发展的基础;社会矛盾的激化,是汉学发展的原动力;扬州学派的出现是专门汉学向新汉学的过渡;常州学派的形成,则使新汉学有了较为完整的表现形态"⑦。吴派中高举汉学旗帜的是惠栋,他开创一代学风,解经惟汉是崇,注重文字训诂,固守汉儒经说,他认为"经之义存乎训,识字审音,乃知其义。是故古训不可改也,经师不可废也"⑧。惠栋这种由经书文字、音韵、训诂以寻求义理的主张,一经确立,便成为一代学术之发皇。

　　皖派是与吴派齐名的汉学流派,"皖派的出现,标志着'汉学'进入了它的鼎盛阶段,它也是清代学术发展的高峰"⑨。皖派经学的开导者是江永,

①顾炎武:《与施愚山书》,《亭林文集》卷三,《顾亭林诗文集》,第58页。
②顾炎武:《述古》,《亭林诗集》卷四,《顾亭林诗文集》,第384页。
③顾炎武:《与人书二十五》,《亭林文集》卷四,《顾亭林诗文集》,第98页。
④顾炎武:《与友人书三》,《亭林文集》卷四,《顾亭林诗文集》,第91页。
⑤顾炎武:《答李子德书》,《亭林文集》卷四,《顾亭林诗文集》,第73页。
⑥梁启超:《中国近三百年学术史》,第69页。
⑦章权才:《清代经学史》,广东人民出版社2010年版,第113页。
⑧惠栋:《松崖文钞》卷一《九经古义述首》,《续修四库全书》第1427册,第269页。
⑨吴雁南主编:《清代经学史通论》,云南大学出版社2001年版,第111页。

他"年高学勤,学识广博,征实而有根柢,以考据见长,开皖派经学研究的风气"①。江永乃一代通儒,精于《礼》学与音韵,著述甚丰,影响较大,其治学直接影响了后来的戴震。戴震继承了江永的衣钵,并将汉学发扬光大。故学界通常认为,皖派始于江永,而成于戴震。

戴震治学长于考证,主张通过文字音韵训诂以达义理。他多次提出"由字通词,由词通道"的主张,如:"经之至者道也,所以明道者其词也,所以成词者字也。由字以通其词,由词以通其道,……则知一字之义,当贯群经,本六书,然后为定。"②又如:"经之至者道也,所以明道者其词也,所以成词者未有能外小学文字者也。由文字以通乎语言,由语言以通乎古圣贤之心志,譬之适堂坛之必循其阶,而不可以躐等。"③戴震大力倡导实事求是之学风,致力于文字、音韵、训诂、考据等研究,主张治学"必征之古而靡不条贯,合诸道而不留馀议,钜细毕究,本末兼察",从而达到对圣人之言的"十分之见"④。由此可见,戴震考证的主要特点在于精与博,他曾说:"仆闻事于经学,盖有三难:淹博难,识断难,精审难。……前人之博闻强识,如郑渔仲、杨用修诸君子,著书满家,淹博有之,精审未也。"⑤戴震以实事求是、无征不信的治学态度,将乾嘉汉学推向了高峰。汪中曾对清代朴学进行评论曰:"古学之兴也,顾氏(炎武)始开其端;《河》、《洛》矫诬,至胡氏(渭)而绌;中西推步,至梅氏(文鼎)而精;立攻古文《书》者,阎氏(若璩)也;专言汉儒《易》者,惠氏(栋)也;凡此皆千馀年不传之绝学,及戴氏(震)而出集其成焉。"⑥所言是矣。

在戴震的影响下,皖派经学形成了"综形名,任裁断"⑦的特点,治学讲究博、精。章太炎曾对戴震以来的皖派治学理路进行过总结,其云:"震生休宁,受学婺源江永。治小学、礼经、算术、舆地,皆深通。其乡里同学,有金榜、程瑶田,后有凌廷堪、三胡——三胡者,匡衷、承珙、培翚也,皆善治《礼》。而瑶田兼通水地、声律、工艺、谷食之学。震又教于京师。任大椿、

---

①吴雁南主编:《清代经学史通论》,第112页。
②戴震:《与是仲明论学书》,《戴震文集》卷九,第140页。
③戴震:《古经解钩沈序》,《戴震文集》卷十,第146页。
④戴震:《与姚孝廉姬传书》,《戴震文集》卷九,中华书局1980年版,第141页。
⑤戴震:《与是仲明论学书》,《戴震文集》卷九,第141页。
⑥王文锦点校,凌廷堪:《校礼堂文集》卷三十五《汪容甫墓志铭》,中华书局1998年版,第320页。
⑦章太炎:《訄书·清儒》,见徐复《訄书详注》,上海古籍出版社2000年版,第139页。

卢文弨、孔广森,皆从问业。弟子最知名者,金坛段玉裁、高邮王念孙。玉裁为《六书音韵表》以解《说文》,《说文》明。念孙疏《广雅》,以经传诸子转相证明,诸古书文义诘诎者皆理解。授子引之,为《经传释词》,明三古辞气,汉儒所不能理绎。其小学训诂,自魏以来,未尝有也。近世德清俞樾、瑞安孙诒让,皆承念孙之学。樾为《古书疑义举例》,辨古人称名牴牾者,各从条列,使人无所疑眩,尤微至。世多以段、王、俞、孙为经儒,卒最精者乃在小学,往往近名家者流,非汉世《凡将》、《急就》之俦也。凡戴学数家,分析条理,皆密严瑮,上溯古义,而断以己之律令,与苏州诸学殊矣。"①可见,戴震不愧是皖派的旗手,对乾嘉及之后的学界影响至深。李开先生曾云:"戴震不仅属于皖派,而是属于整个乾嘉学派,并且是超出该学派的卓识大家。"②其言是矣。

在乾嘉汉学由发端而走向隆盛之际,学者们开始致力于群经研究。他们一方面本着实事求是的治学态度,另一方面又遵循着以文字、音韵、训诂以寻求义理的原则,"扶微掇佚,必以汉诂为宗,且义证宏通,注有回穴,辄为理董,斯皆非六朝、唐人所能及"③。乾嘉汉学者研究儒家经典的态度与原则,成为后来汉学家们研究儒家经典、历史、地理、艺术、科学等必须遵循的治学传统。乾嘉学者主实证、重考据,形成了一种独特的治学方法。梁启超先生曾对乾嘉学者的治学方法作过总结,并将其概括为十个方面:

1.凡立一义,必凭证据;无证据而臆度者,在所必摈。

2.选择证据,以古为尚,以汉唐证据难宋明,不以宋明证据难汉唐;据汉魏可以难唐,据汉可以难魏晋,据先秦西汉可以难东汉,以经证经,可以难一切传记。

3.孤证不为定说,其无反证者姑存之;得有续证则渐信之,遇有力之反证则弃之。

4.隐匿证据或曲解证据,皆认为不德。

5.最喜罗列事项之同类者,为比较的研究,而求得其公则。

6.凡采用旧说,必明引之;剿说认为大不德。

①章太炎:《訄书·清儒》,见徐复《訄书详注》,第144—145页。
②李开:《戴震评传》,南京大学出版社1992年版,第162页。
③孙诒让:《刘恭甫墓表》,孙诒让著,许嘉璐主编,雪克点校:《籀庼述林》卷九,中华书局2010年版,第296页。

7.所见不合,则相辩诘,虽弟子驳难本师,亦所不避;受之者从不以为忤。

8.辩诘以本问题为范围,词旨务笃实温厚,虽不肯枉自己意见,同时仍尊重别人意见;有盛气凌轹,或支离牵涉或影射讥笑者,认为不德。

9.喜专治一业,为"窄而深"的研究。

10.文体贵朴实简洁,最忌"言有枝叶"①。

乾嘉学者以朴学为治学风尚,"其学问之中坚,则经学也"②。有清一代,"言经学者,莫盛于义疏,为义疏者,尤莫善于乾嘉诸儒,后有作者,莫能尚已"③。在乾嘉汉学治经风尚的影响下,培翚自觉地承担起疏解《仪礼》之重任。由于"《礼》则去今久远,非寻绎旧注,不能明其制度、器数、废兴、隆杀之故,故治《礼》必详考核"④,所以培翚解经详于考证,他"解经不尚新奇,不事穿凿,惟以经证经,心得最多"⑤。培翚解经惯用的以经证经之法,实为其家学。《清儒学案》论及培翚祖父胡匡衷所开创的家学时说:"朴斋实事求是,以经证经,遂开家学。传及竹村,益以邃密。《仪礼正义》允为集成之书。"⑥培翚所采用的以经证经之法,讲究声音训诂、校勘考证,实为专门朴学。这种以经证经之法与乾嘉汉学的研究方法是一致的。可见,培翚在解经中能自觉地继承乾嘉汉学的基本精神和研究方法。正因为如此,"培翚经学湛深,考据邃密。所论礼制名物,皆直求之经文传注,融会钩稽,实有所得,故精确创辟者为多"⑦。

第二节　徽文化之浸染

培翚出生于徽州绩溪,广博、深邃的徽州文化对其影响甚深。

颜非曾将"徽州文化"的特色和特性概括为三个方面:其一、徽州曾是

①夏晓虹点校,梁启超:《清代学术概论》,中国人民大学出版社2004年版,第173—174页。

②夏晓虹点校,梁启超:《清代学术概论》,第174页。

③孙诒让:《刘恭甫墓表》,孙诒让著,许嘉璐主编,雪克点校:《籀䯞述林》卷九,第296页。

④张舜徽:《广校雠略(附释例三种)》,中华书局,1963年版第136页。

⑤胡先翰、胡先频:《研六室文钞序》,《胡培翚集》,第7—8页。

⑥沈芝盈、梁运华点校,徐世昌等编:《清儒学案》,第3749页。

⑦张舜徽:《清人文集别录》卷十四,中华书局1963年版,第380页。

长期富甲江南的徽商家园，由于财富充足，具有养士兴学的良好条件，自南宋以来徽州籍的大宗师、大学者、大画家、大经济学家、大诗人、忠臣、良相、烈士层出不穷，甚至还有罕见的父子宰相、兄弟状元和红顶商人。诚然是"人杰地灵"。程朱理学、皖派经学、皖派朴学、新安画派、新安医学、徽州建筑、徽派三雕（石雕、砖雕、木雕）、徽派篆刻、徽墨、歙砚、徽剧、徽菜、徽州名茶等等都产生在这里。其二、徽州是程、朱阙里，江、戴桑梓，因而很早以前这里就构成了一套十分严整的封建主义的思想文化体系，特别注重纲常名教。徽州是程、朱、江、戴的祖籍或故乡，是宋明理学的发祥地，是传播孔孟之道的"东南邹鲁"，因而与别的地区比较，传统文化在徽州的积淀更深厚，影响更深刻，所以封建主义的思想文化能够长时期的风行于徽州。其三、"徽州介万山之中，地狭人稠，耕获三不赡一。即丰年亦仰食江楚十居六七，勿论岁饥也"。所以外出经商的人很多。宋室南渡之后，徽浙山水相连，地近京畿，因而徽州黄金时代的帷幕也随着拉开，行商坐贾日益活跃，生意兴隆，财源茂盛，一度"富甲江南"，称雄全国，迅速改变了徽州的面貌。尤其是助长了文教事业的蓬勃发展，"虽十户村落，亦有讽诵之声"，因此昔日的徽州"三贾一儒"，文人很多[①]。颜非对徽州文化特点的概括是符合实际情况的。徽州独特的地理条件和社会环境，特殊的思想环境，特殊的经济结构，孕育出了独特的、富有深厚文化底蕴的徽州文化。"近代以前的徽州素称'文物之邦'，有着深厚的文化底蕴。徽州宗族素有培养子弟业儒的传统，父兄期望子弟读书博取功名，走上仕途，这在客观上为徽州朴学的发展创造了机遇"[②]。胡培翚生活在这样的环境中，无疑会深受影响。

　　徽州文化中，对胡培翚影响较大的当属徽州的学术文化，尤其是徽派朴学。徽派朴学是清学的重要组成部分，发起人主要是徽州的江永、戴震等，他们继承了清初顾炎武所倡导的经世致用、反对空谈的求实学风，并对盛行于徽州大地的新安理学进行了改造，使之成为别具一格的地域文化。徽派朴学治学注重实事求是，不偏主一家，侧重于文字音韵、名物制度的考证，研求贵在专精，讲究言必有据。由于徽派朴学注重考据，徽州学者又长于研治经学，客观上促进了皖派经学的繁荣，并涌现出一批经学大师与经

①颜非：《胡适与徽州文化》，耿云志、闻黎明编：《现代学术史上的胡适》，生活·读书·新知三联书店1993年版，第78—81页。
②洪湛侯：《徽派朴学》，第27页。

学家，"他们把徽州朴学的范围、特色和精神发挥到极致，其科学的考证方法被广泛运用到音韵、训诂、哲学、天文、历算、舆地等各个学术方面，而成为专门化的研究"①。皖派经学的专精研究，以及"综形名，任裁断"、实事求是的治学精神，对徽州籍的经学家胡培翚来说，影响无疑是深刻的。另外，自江永、戴震后，皖派经学名家辈出，人文荟萃，鼎盛期历经乾隆、嘉庆、道光三朝，时间长达百年之久。晚清时期虽有所衰落，但经学研究仍不乏其人。不难看出，徽派朴学对当时学界的影响至为深刻。受地域文化的浸染，胡培翚对皖派经学的治经方法既有继承，也有创新，他以自己卓越的才华，在《仪礼》学研究领域做出了杰出的贡献，把《仪礼》学研究推向了高潮。

在经学研究中，徽州学者是颇为重视礼学研究的。"徽派朴学作为乾嘉时期学术上的一个重要学派，本质上属于经学学派。其对《诗经》、'三礼'及《论语》和《孟子》诸经皆有撰述，于《诗经》、'三礼'两门造诣尤深"②。刘师培曾对清儒的学术统系作过论述，他注意到学术发展区域与学派形成之间的关系，并对清代徽州学者治学途径进行过总结，其云："先是徽、歙之地有汪绂、江永，……又精于三礼，永学犹博，……金榜从永受学，获窥礼堂论赞之绪，学特长于礼。……治三礼者则有凌廷堪及三胡。程瑶田亦深三礼。"③刘师培还认为徽州学派传播扬州，于礼学咸有专书，并举例说："如江永作《礼经纲目》、《周礼疑义举要》、《礼记训义择言》、《释宫补》，戴震作《考工记图》，而金、胡、程、凌于《礼经》咸有著述，此徽州学者通三礼之证也。任大椿作《释缯》、《弁服释例》，阮元作《车制考》，朱彬作《礼记训纂》，此江北学者通三礼之证也。而孔广林亦作《大戴礼补注》。而南方学者鲜精礼学，如惠栋《明堂大道录》、《禘说》，皆信纬书。惠士奇《礼说》，亦多空论。若沈彤《仪礼小疏》、褚寅亮《仪礼管见》、齐召南《周官录田考》、王鸣盛《周礼军赋说》，咸择言促促，秦蕙田《五礼通考》，亦多江、戴之绪言。惟张惠言《仪礼图》颇精，然张氏之学，亦受金榜之传，仍徽州学派也。"④刘氏所言是矣。作为"东南邹鲁"的徽州，这里曾为朱熹的祖籍。由于朱熹在学术

---

①周晓光主编：《徽州文化史》（明清卷），安徽人民出版社 2015 年版，第 307 页。

②洪湛侯：《徽派朴学》，第 161 页。

③刘师培：《近儒学术统系论》，《清儒得失论：刘师培论学杂稿》，中国人民大学出版社 2004 年版，第 277 页。

④刘师培：《南北学派不同论》，《清儒得失论：刘师培论学杂稿》，第 246—247 页。

上的成就和影响,又加上其晚年曾在这里讲过学,因此,朱熹的学术思想对当时徽州学者也产生了深刻的影响。徽州人对朱子理学和朱子家礼都是非常尊崇的,正如钱穆所说:"盖徽歙乃朱子故里,流风未歇,学者固多守朱子圭臬也。"①也正是由于徽州人对朱熹的崇敬,徽学也因此以述朱为正,"徽学原于述朱而为格物,其精在《三礼》"②。徽州人守朱子家礼,宗法结构十分严密,因此徽儒治学重点之一即在《三礼》,当时的徽州学者如姚际恒、江永、戴震、金榜、程瑶田、胡清煦、胡匡衷、胡秉虔、凌廷堪、胡承珙等,都留下了《礼》学研究著作。特别是徽派朴学的奠基者——江永,留下了六部《礼》学研究著作,分别为:《礼书纲目》、《周礼疑义举要》、《仪礼释宫增注》、《仪礼释例》、《礼记训义择言》及《深衣考误》等。由此可见,徽州学者于《礼》学研究确属渊源有自。培翚治《仪礼》也是如此,有学者云:"培翚治学,⋯⋯于徽派朴学,渊源最深。"③胡培翚生活在这样的环境中,于《礼》学研究当有得天独厚的条件,他自觉地接受徽州文化的浸染,专攻《仪礼》,立志撰新疏,终于取得了辉煌成就。

第三节　家学之熏陶

培翚家族是绩溪城内有名的四大"胡氏"④之一的"金紫胡氏",该家族人文蔚起,科第绵延,经学与政事兼有其美,是当时最值得重视的经学世家之一,在经学史上占据很重要的地位,有学者称:"胡氏一门,支撑了绩溪朴学的半壁江山。"⑤诚为得情之言。胡氏家族经学研究,前后经历数世,并因胡匡衷撰著《仪礼释官》、胡培翚撰著《仪礼正义》而显名于世。

金紫胡氏的始祖可溯至唐朝胡宓。胡宓原籍山东,后持节新安(古徽州),卒后葬于绩溪,其后人便居住于此,因胡宓七世孙胡舜陟官封金紫光禄大夫,故后世称此支胡姓为绩溪"金紫胡氏"。胡舜陟(1083—1143),字汝明,号三山老人,北宋名臣,大观三年(1109)进士,曾任山阴主簿,调任会

①钱穆:《中国近三百年学术史》,商务印书馆1997年版,第340页。
②钱穆:《中国近三百年学术史》,第357页。
③洪湛侯:《徽派朴学》,第242页。
④考"绩溪胡氏",学界公认的有"四大胡氏",即通常所说的"金紫胡氏"、"明经胡氏"、"龙川胡氏"、"遵义胡氏(尚书胡氏)"。
⑤周晓光:《徽州传统学术文化地理研究》,安徽人民出版社2006年版,第126页。

州、秀州教谕,后任御史台监察御史等职,曾加封为金紫光禄大夫、明国公。平生为人正直,堪比良臣,著有《奏议文集》、《论语义》、《三山老人语录》等。

当年胡适先生在《胡适口述自传》中,曾纠正蔡元培先生为其《中国古代哲学史》一书作序时的错误提法①,并提及胡培翚的家学,他说:

> 在这里我也顺便更正一项过去的错误记载。前北京大学校长蔡元培先生为拙著《中国哲学史大纲》第一卷所写的序言中,曾误把我家说成是世居绩溪城内胡氏的同宗。蔡先生指出"绩溪胡氏"是有家学渊源的,尤其是十八、九世纪之间满清乾嘉之际,学者如胡培翚(1782—1849)及其先人们,都是知名的学者。这个在十八、九世纪时便以汉学闻名的书香望族,其远祖可直溯至十一世纪《苕溪渔隐丛话》的作者胡仔。②

胡适先生此处所提及的胡仔,即为胡舜陟次子,南宋著名文学家,著有《苕溪渔隐丛话》一百卷,《孔子编年》五卷等。不难看出,培翚家族不仅学术颇有渊源,而且汉学成就也是举世公认的。培翚自己也曾自豪地提起其家族自宋以来的治学情况:"吾胡氏,自宋诚甫公,邃于六经、三史,游太学,为诸生领袖。厥后三山公、苕溪公继之,理学、词章,为世宗仰。"③此句中的三山公及苕溪公,即为胡舜陟和他的儿子胡仔。

"金紫胡氏"治经学历史悠久。俞樾在《春在堂杂文三编》卷二《孙宜人传》中说:"绩溪(金紫)胡氏自明诸生东峰先生以来,以经学世其家。"④在《胡云林西室飞云山授经图记》中说:"惟绩溪胡氏自明诸生东峰先生以来,咸研综典艺,甄极毖维。"⑤俞樾在此提及的明诸生东峰先生,实为培翚在《赠奉直大夫叔祖绳轩公行状》一文中提到的先祖胡永淳。胡永淳是胡舜陟的后代,治《尚书》。传至培翚的高祖胡廷玑,"家学益显",此后培翚的曾祖辈、祖父辈、父辈、同辈、子侄辈等,于经史均颇有研究,而其祖父辈、父

---

① 蔡元培于1918年为胡适《中国古代哲学史》作序时称:"适之先生生于世传'汉学'的绩溪胡氏,禀有'汉学'的遗传性。"(见欧阳哲生编,胡适著:《胡适文集》第六册,北京大学出版社1998年版,第155页。)蔡元培混淆了胡适家族与胡培翚家族,故胡适后来针对此说而有订正。

② 欧阳哲生编,胡适著:《胡适文集》第一册,北京大学出版社1998年版,第180—181页。

③ 胡培翚:《赠奉直大夫叔祖绳轩公行状》,《研六室文钞》卷九,《胡培翚集》,第276页。

④ 俞樾:《春在堂杂文三编》,见沈云龙主编:《近代中国史料丛刊》,台北文海出版社1973年版,第602—603页。

⑤ 俞樾:《宾萌集》,见《春在堂全书》(第五集),清同治十年刊本。

辈、同辈、子侄辈中不乏研究礼学之人。

胡廷玑，字瑜公，以选贡入太学祭酒。后因父母年高，假亲后竟老不就铨，居家课读四子，诸经皆有随笔、集说。休宁赵继序谓其解经独有心得[①]。胡廷玑次子胡清焘，字昭宇，承家学，编有《孝思录》以训后人。胡廷玑三子胡清熙，字思平，岁贡生，幼年随父读书，即知笃志圣贤之道，其学刻苦自励，以致知力行为本，剖析义理不肯苟同[②]。所著有《四书注说参证》、《尚书存真》、《诗经积疑》、《礼经辨误》等。

培翚祖父胡匡衷（1728—1801），字朴斋，胡清焘子，一生"覃研经术，著书满家"[③]，于经学、诸子多有研究。《清儒学案》云："朴斋实事求是，以经证经，遂开家学。"[④]金天翮曾对包括胡匡衷祖孙在内的有清三百年来的家学予以赞扬：

> 三百年来，学士大夫能以经术世其家者可数也。独东吴惠氏四世传经，远与西汉欧阳、夏侯，东汉三国虞，后先辉灼。而三世则推桐城方孔炤、以智、中通等。至于父子方驾，则若余姚之黄，四明之万，阳湖之洪，江都之汪，高邮之王，宝应之刘，侯官之陈，桐城之马，定海之黄。惟是隔代相传，孙祖迭起，独宣城梅氏之天算，与夫匡衷、培翚之于礼耳。箕裘克绍，堂构相承，诒厥孙谋，以燕翼子。斯乃故家之遗泽，儒林之韵事，况乎扶翼正教，明明千秋者哉！[⑤]

金天翮的赞扬是符合实际情况的。胡匡衷一生著述等身，有《周易传义疑参》十二卷、《左传翼服》二卷、《论语古本证异》四卷、《论语补笺》一卷、《庄子集评》、《离骚集注》等。其于《礼》学也颇有研究，著有《三礼札记》、《周礼井田图考》、《井田出赋考》、《仪礼释官》等书。其《仪礼》学研究著作有《仪礼释官》九卷、《郑氏仪礼目录校证》一卷。现《仪礼释官》与《郑氏仪礼目录校证》均收入《续修四库全书》中。在收入过程中，《郑氏仪礼目录校证》被置于《仪礼释官》卷首，两者形成一个整体。其《郑氏仪礼目录校证》，意在

---

①《嘉庆绩溪县志》，《中国地方志集成·安徽府县志辑（54）》，江苏古籍出版社 1998 年版，第 556 页。

②《道光徽州府志（二）》，《中国地方志集成·安徽府县志辑（49）》，江苏古籍出版社 1998 年版，第 302 页。

③胡承珙：《仪礼释官序》，《续修四库全书》第 89 册，上海古籍出版社 2002 年版，第 302 页。

④沈芝盈、梁运华点校，徐世昌等编：《清儒学案》，第 3749 页。

⑤金天翮：《胡培翚传》，钱仲联主编：《广清碑传集》，第 703 页。

汇集散存于《仪礼》注疏中郑玄所撰写的目录，并对其讹字、郑注等进行校正，同时引唐孔颖达、宋朱熹、元敖继公、清张尔岐等人之说附证于后。洪铎云："昔朱子撰《仪礼经传通解》，首辑《目录》一卷，全载郑氏《目录》。惜其书止及《冠》、《昏》、《相见》、《乡饮》、《乡射》五篇，而《燕礼》以下《目录》并阙。今先生是编，亦缵成朱子之志也。"①《仪礼释官》乃胡匡衷《仪礼》学研究之心血所在，《续修四库全书总目提要》评价云："胡氏以《周礼》所纪，皆天子之官，特详考《仪礼》诸篇所见诸侯之官，分别胪列。根据注疏，采摭其他经传，次第诂释，用心殊苦。"②该书"断据精确，足补注疏所未及，诚古来治《仪礼》者未有之作，而实不可少之作也"③。

　　培翚叔祖胡匡宪（1744—1802），字懋中，号绳轩，胡清熙第三子，恩贡生，少承父训，刻志励学，不附流俗，尽通诸经，所著有《毛诗集释》二十卷，《绳轩读经记》十二卷，《读史随笔》六卷，《石经详考》四卷，《绳轩集》三卷，《易》、《书》、《诗》、《礼》、《春秋》及许氏《说文》皆有手抄定本存于家。胡匡宪生平严气正性，言动必以礼法，所交游者多名宿④，授徒以终。

　　培翚叔父胡秉虔（1772—1832），字伯敬，号春乔，胡匡宪子，嘉庆己未（1799）进士。秉虔年少即习闻庭训，未及弱冠即通晓群经大义。后追随方体而入都，肄业成均。居京师久，名公巨儒，咸从受教，故学有根柢。后得朱石君、阮芸台的赏拔，为学益自奋勉。与姚秋农、王伯申、张皋文等人交游，互相砥砺，学乃大进。在京做官期间，治学毫不松懈。胡秉虔也是一位经学大家，其人做官与做学问兼取。赵之谦《国朝汉学师承续记》称他"复官中外二十馀年，屡膺繁剧，未尝一日废学"⑤。胡秉虔学贯群经，晚年研求古韵，自谓有心得。《清史列传》说他：

　　　　尤精于声音训诂，著《古韵论》三卷，辨江、戴、段、孔诸家之说，细入毫芒，确不可易。《说文管见》三卷，发明古音古义，多独得之见，末论二徐书，有灼见语，盖其所致力也。他著有《周易小识》八卷、《尚书

---

①洪铎：《郑氏仪礼目录校证跋》，《续修四库全书》第 89 册，第 315 页。

②《续修四库全书总目提要·经部》（上册），第 504 页。

③汪莱：《仪礼释官序》，《续修四库全书》第 89 册，第 303 页。

④胡培翚：《赠奉直大夫叔祖绳轩公行状》，《研六室文钞》卷九，《胡培翚集》，第 278 页。

⑤赵之谦著，漆永祥整理：《国朝汉学师承续记》，见江藩著，漆永祥笺释：《汉学师承记笺释》，第 964 页。

小识》六卷、《论语小识》八卷、《卦本图考》一卷、《尚书序录》一卷、《汉西京博士考》二卷、《甘州明季成仁录》四卷、《河州景忠录》三卷。又有《经义闻斯录》、《槐南丽泽编》、《月令小识》、《四书释名》、《小学卮言》、《对床夜话》、《惜分斋从录》、《消夏录》、《诗文集》。①

胡秉虔于礼学也颇有研究,他的礼学研究著作有《周礼小识》、《仪礼小识》、《礼记小识》、《月令小识》、《大戴礼记札记》②等。

胡秉虔的弟弟胡秉元,字仲吉,自号云林居士,学者称云林先生。其与兄秉虔幼承庭训,学有原本,并从兄秉虔习《毛诗》及《说文解字》,朝夕研究,尽通其义③。后屡试不第,以授徒而终。

培翚三个族弟——胡绍勋、胡绍煐、胡培系,对经学也颇有研究,并有多种经学著作传世。胡绍勋(1789—1862),字文甫,号让泉,生平精小学,所著有《周易异文疏证》、《春秋异文疏证》,稿毁于兵,惟《四书拾义》五卷《续》一卷刊行。胡绍勋的《四书拾义》,胡培翚曾为之作序,见存于《研六室文钞》卷六,其中有介绍胡绍勋的文字:"族弟绍勋爱尚儒术,潜心笃学,从余读书紫阳山房,……其时同从余学者,有族弟绍煐、胡生定旸、张生遇鸿、葛生英,亦皆分习经注一编,每于食顷,各以疑义相质问,流连岁月,颇增教学之益。……及余归里,而绍勋出是书(《四书拾义》)相质,则已有成帙矣。书内言词审慎,绝无好为攻击驳难之习,虽采录旧注,而不尽从。……吾友长洲陈硕甫见而善之,谓其精核,可接武阎氏《四书释地》。"④胡绍煐(1791—1860),字耀庭,号枕泉,精研《三礼》与声音文字之学,传世有《文选笺证》三十二卷、《蠡说丛钞》十六卷等著作。胡培系(1822—?),字子继,胡匡宪之孙,胡秉元之子,贡生,官宁国府教谕,曾补著《仪礼宫室提纲》,撰《燕寝考补图》,又有《大戴礼记笺证》、《皇朝经世文续钞》等作品传世。

胡氏家学传至培翚的子侄辈有胡肇昕等人。胡肇昕(1799—?),字晓庭,号筱汀,为胡氏家学的后继者,著有《仪礼正义正误》等。综上可知,胡氏家族对经学特别是礼学颇有研究,其以《礼》学传家并自成一派是当之无

---

①王钟翰点校:《清史列传》卷六十九,第5603页。

②详见蒋元卿《皖人书录》,第715—717页。

③赵之谦著,漆永祥整理:《国朝汉学师承续记》,见江藩著,漆永祥笺释:《汉学师承记笺释》,第969页。

④胡培翚:《四书拾义序》,《研六室文钞》卷六,《胡培翚集》,第181—183页。

愧的。

培翚家族治经者如此之多,还得益于家族良好的学术氛围。培翚曾经对自己家族先辈们的治学情况作过描述:

> 培翚生晚,不及见诸伯祖,唯见叔祖别庵公、性山公及吾祖与公(笔者案:此公指胡匡宪。下同。)而已,当时咸授徒城内,以力学相切磋。吾家世居绩溪市东,先祖与别庵公居新巷内,公与性山公居新巷外(性山公后移居巷内)。巷口有楼亭,下可憩息。每于日晡自书塾归,会于巷口,各以所疑所得相质证,一义之异,高声辨论,断断不休,自远闻者,惊以为争,及前,乃知其讲学于此,咸敬异之,一时巷口有齐棘下之目。呜呼! 此培翚儿时,抠衣侧耳所亲炙者,尔时虽不解言中之义,而其景象,至今忆之,犹如目前也。[1]

培翚出生于如此重视学术的门第,从小就深受学术熏陶。其幼年从祖父习经,便笃志励学,立下远大目标。十三岁,从叔祖胡匡宪受学,"沐公之教深",并"益自奋勉,而所学大进",至弱冠时诸经已悉得要领。由于其家族以经学——尤其是礼学传家,故胡匡衷、胡秉虔、胡培翚三人有绩溪"经学三胡"或"礼学三胡"之誉。赵之谦曾对胡氏家学作如此评价:"君承祖朴斋先生之学,复少受业于叔祖绳轩先生,师事汪君孝婴、凌君仲子,会试出高邮王文简公之门,故渊源至粹。其记从叔春乔君遗书,述家学,自东峰君传全君,凡十世。国朝名儒,家法授受,或一传而止,或竟不传,未有历十馀世而守先待后,不为俗学抱惑如此者。溯之汉经师,若汝阳袁氏、会稽窦氏之《易》,鲁夏侯氏、千乘欧阳氏之《书》,亦五世及八世而止,胡氏殆过之也。"[2]赵之谦的评价是符合实际情况的。近人王集成先生也云:"论曰:胡匡衷、胡秉虔、胡培翚,世称绩溪经学三胡,以今观之,匡衷尤精《易》、《礼》,秉虔淹贯六经,培翚则远绍旁征,折中至当,以绍礼家绝业。盖匡衷开之,秉虔宏之,至培翚乃集其成,名岂可幸致哉?"[3]

由此可见,胡氏家学是学界所公认的。深厚的家学渊源奠定了培翚扎

---

[1] 胡培翚:《赠奉直大夫叔祖绳轩公行状》,《研六室文钞》卷九,《胡培翚集》,第 277—278 页。
[2] 赵之谦手稿,漆永祥整理:《国朝汉学师承续记》,见江藩著,漆永祥笺释:《汉学师承记笺释》,第 973 页。
[3] 王集成:《绩溪经学三胡先生(胡匡衷、胡秉虔、胡培翚)传》,《浙江省图书馆馆刊》第 4 卷第 6 期,1935 年 12 月。

实的学术根柢，而家族内部数世辗转相承、自成体系、并视礼经为专门之学的治学传统，更是奠定了培翚的治学方向，为其日后成为《礼》学名家奠定了基础。

第四节　师学之承袭

培翚一生转益多师，师长的教育对其影响不可低估。对胡培翚影响较大的几位老师分别为胡匡衷、胡匡宪、汪莱、凌廷堪、王引之等。胡匡衷、胡匡宪是其治学的启蒙老师和主要引导者，因上节已经谈过，此处从略。本节主要谈谈汪莱、凌廷堪、王引之等人对培翚治学的影响。

汪莱（1768—1813），字孝婴，号衡斋，歙县人。汪莱“学能自辟堂奥，不假师授。……天资敏绝，性能攻坚，凡繁赜幽奥，翻覆不能理其绪者，莱目一二过，默识静会，原根洞彻，条自贯通，是非间隙，毫发无所遁隐”。[1] 著有《禹贡图考》、《十三经注疏正误》、《说文声韵》等。汪莱七岁能诗，十五岁补博士弟子，力学通经史百家，精推步、布算之术。年三十馀，客江淮间，与焦循、江郑堂、李尚之等人论算法，众人皆折服。嘉庆十四年（1809）奉旨修成《天文志》、《时宪志》二书后，被任为石埭县训导。汪莱精通数术，对经书也烂熟于心。培翚云汪莱“经学、小学之书，既未传世，知之者少，然生平用力实深，诸经注疏皆能成诵，贯串在胸，是非得失，无不了彻，汉、唐诸儒疑谬相承之说，一经勘正，焕然冰释。……深于郑氏一家之学，尝曰：‘郑氏《三礼注》，一义必通贯全书，一文必准称千古，诚笃论也’”[2]。嘉庆十五年（1810）春，汪莱莅任石埭县训导一职时，悉心教士，以穷经力行为先务，邑人自是咸知向学。培翚于嘉庆十一年（1806）冬师事汪莱，时培翚正读《周礼疏》，便以所疑之处求教于汪莱，汪莱“为言郑注若何，贾疏若何，不惟详其义，并诵其辞”，培翚初以为“（汪莱）偶熟是条耳”，便又他问，发现“数问皆然”，胡氏便“悚然起敬”，遂经郡学夏銮引导而受学[3]。多年以后，培翚再见汪莱时，仍一再请教。

凌廷堪（1757—1809），字次仲，一字仲子，歙县人。其家世代书香，父

---

① 金天翮：《皖志列传稿》卷四《汪莱传》，苏州利苏印书社1936年版，第324页。

② 胡培翚：《石埭训导汪先生行略》，《研六室文钞》卷九，《胡培翚集》，第254—256页。

③ 胡培翚：《石埭训导汪先生行略》，《研六室文钞》卷九，《胡培翚集》，第251页。

亲凌文焜也曾舞文弄墨,后因家道中落,弃文从商,举家移居江苏海州。廷堪生于海州,六岁而孤,家贫,少时读书不多。二十三岁,始致力于学。三十四岁,中进士。凌廷堪"深通《礼经》,复潜心乐律"①,著有《礼经释例》十三卷、《燕乐考原》六卷、《元遗山年谱》二卷、《校礼堂文集》三十六卷、《校礼堂诗集》十四卷、《梅边吹笛谱》二卷等。学界对其人与《礼经释例》一书评价较高,江藩称其:"学贯天人,博综丘索。继本朝大儒顾、胡之后,集惠、戴之成。精于《三礼》,专治十七篇,著《礼经释例》一书,上绍康成,下接公彦。而《复礼》三篇,则由礼而推之于德性,辟蹈空之蔽,探天命之原,岂非一代之礼宗乎!"②卢文弨评价此书云:"尝撰《礼经释例》一书,凡八类,曰通例,曰饮食之例,曰宾客之例,曰射例,曰变例,曰祭例,曰器服之例,曰杂例,共十三卷。悉以《礼经》为主,间有旁通他经者,则又各为之考,附于所释之后。君此书出,而天下始无有谓其难读者矣。"③钱大昕谓其《礼经释例》"尊制一出,学者得指南车矣"④。《皖志列传稿》云:"治礼之难,由无属辞比事之方,故不能辨类而观其要,自廷堪举其例,武进张氏制以图,礼经之质奥繁迹者,庶几无不宣之蕴矣。"⑤

　　培翚于嘉庆十二年(1807)师事凌廷堪,其《复夏郎斋先生书》称:"今夏,因校先祖《仪礼释官》,取《仪礼》全经复读之,而贾氏之《疏》疏略、失经注意者,视《诗》孔《疏》更甚焉,遂有重疏《仪礼》之志。然此事甚大,非浅学所能任,而以昔日粗闻于先祖,及丁卯、戊辰间从次仲师游,窃窥途径,又有未敢自逮者。伏惟先生教之,俾知从事,幸甚!"⑥张其锦《凌次仲先生年谱》卷四"(嘉庆)十二年丁卯,先生五十一岁"条云:"(凌廷堪)春回歙主讲城南紫阳书院。"⑦"自开课以后,始则大哗,继则信疑各半焉。而先生教思之诚终不稍懈,尝语及门胡进士培翚曰:'仆既抗颜居此席,当思有益于后进,岂忍曲学阿世取悦流俗以误英俊之士乎?'"⑧培翚从廷堪受学两年,收

①沈芝盈、梁运华点校,徐世昌等编:《清儒学案》,第4475页。

②江藩:《校礼堂文集序》,见王文锦点校,凌廷堪:《校礼堂文集》,中华书局1998年版。

③卢文弨:《校礼堂初稿序》,见王文锦点校,凌廷堪:《校礼堂文集》。

④钱大昕:《钱辛楣先生书》,见王文锦点校,凌廷堪:《校礼堂文集》。

⑤金天翮:《皖志列传稿》卷四《凌廷堪传》,第324页。

⑥胡培翚:《复夏郎斋先生书》,《研六室文钞》卷四,《胡培翚集》,第116页。

⑦张其锦辑:《凌次仲先生年谱》,《丛书集成续编》第174册,上海书店1994年版,第446页。

⑧张其锦辑:《凌次仲先生年谱》,《丛书集成续编》第174册,第448页。

获甚丰。廷堪不忍以曲学阿世取悦流俗以误英俊之士的治学态度,对培翚来说,无论是治学还是做人,都产生了深刻的影响。而其对培翚影响最大的莫过于治《仪礼》。廷堪治《礼》强调"复礼",推崇汉学,对戴震推崇备至,曾于私淑弟子自诩。凌氏曾作《复礼》上、中、下三篇,诋訾宋明理学的蹈空之弊,推崇古代礼制,主张"以礼代理",其云:"圣人之道,至平且易也。《论语》记孔子之言备矣,但恒言礼,未尝一言及理也。《记》曰:'道之不行也,我知之矣,知者过之,愚者不及也。道之不明也,我知之矣,贤者过之,不肖者不及也。'彼释氏者流,言心言性,极于幽深微眇,适成其为贤知之过。圣人之道不如是也。其所以节心者,礼焉尔,不远寻夫天地之先也;其所以节性者,亦礼焉尔,不侈谈夫理气之辨也。是故冠昏饮射,有事可循也;揖让升降,有仪可案也;豆笾鼎俎,有物可稽也。使天下之人少而习焉,长而安焉。其秀者有所凭而入于善,顽者有所检束而不敢为恶;上者陶淑而底于成,下者亦渐渍而可以勉而至。圣人之道所以万世不易者,此也;圣人之道所以别于异端者,亦此也。……圣人之道本乎礼而言者也,实有所见也;异端之道外乎礼而言者也,空无所依也。……圣人不求诸理而求诸礼,盖求诸理必至于师心,求诸礼始可以复性也。"故而认为"圣学礼也,不云理也"①。廷堪这种以"礼学"代替"理学"的大胆主张,得到了当时学者的高度评价,阮元称其"说经之文,发古人所未发。其尤卓然可传者,则有《复礼》三篇,唐、宋以来儒者所未有也"②。培翚从学于廷堪时,廷堪已完成《礼经释例》四稿的修订。次年,廷堪完成《礼经释例》五稿的修订并定稿。培翚云其于"丁卯、戊辰间从次仲师游,窃窥途径",当是得知廷堪研治《仪礼》之方法。培翚曾称:"忆翚从事《礼经》,自戊辰始,经今四十馀年矣。"③可见,培翚治《礼经》,始于从学廷堪之时。然培翚虚心向学,"未敢自诿",他"伏惟先生教之,俾知从事",自感"幸甚"。可见廷堪对其影响是深远的。廷堪《礼经释例序》云:

> 《仪礼》十七篇,礼之本经也。其节文威仪,委曲繁重。骤阅之如
> 治丝而棼,细绎之皆有经纬可分也;乍睹之如入山而迷,徐历之皆有途

①王文锦点校,凌廷堪:《校礼堂文集》,第31—32页。
②邓经元点校,阮元:《次仲凌君传》,《揅经室二集》卷四,《揅经室集》,中华书局1993年版,第468页。
③胡培翚:《上罗椒生学使书》,《研六室文钞·补遗》,《胡培翚集》(《研六室文钞》卷五),第167页。

径可跻也。是故不得其经纬途径，虽上哲亦苦其难；苟其得之，中材固可以勉而赴焉。经纬途径之谓何？例而已矣。[①]

这种礼例之归纳，对培翚深有影响。培翚在撰著《仪礼正义》需要解释礼例时，常逐条征引《礼经释例》之例。当然，《正义》中也有培翚自己总结的经例（具体详参第十章第五节相关内容，此处不再赘述）。考这些经例，我们不难发现其与凌氏释例之渊源关系。

王引之（1766—1834），字伯申，号曼卿，与父王念孙一起被称为"高邮二王"。王氏父子在小学领域成就突出，其中《广雅疏证》、《读书杂志》、《经义述闻》、《经传释词》是王氏父子最负盛名的训诂学代表作，史称"高邮王氏四种"，深受当时及后世学者的广泛推崇。杨树达云："凡读书者有二事焉：一曰明训诂，二曰通文法。训诂治其实，文法求其虚。清儒善说经者，首推高邮王氏。"[②]杨先生所言极是。嘉庆二十四年己卯（1819），培翚应恩科会试，王引之为其座师，从此胡培翚以师礼事之。"王氏四种"对培翚有较深的影响，其中《经义述闻》对培翚影响更深。培翚作《正义》，常常逐条征引《经义述闻》中对《仪礼》经义进行阐释的内容。对于王引之的《经传释词》，培翚认为"其为千百年来，绝无仅有之作也"[③]。

除了上述几位老师之外，培翚还对夏銮、姚学塽、章大泽等人以师礼事之。夏銮（1760—1829），字德音，号朗斋，当涂人。他博学笃行，于经史、天文、算学、声音、训诂均有深有研究。夏銮"以阐扬绝学、造就人才为己责"[④]，"务奖植经明行修之士，……绩溪胡培翚之《仪礼》，歙江有诰之音韵，皆受銮教，得名其家"[⑤]，可见夏銮对培翚的影响确实很大。培翚与夏銮交垂三十年，彼此相知相契，培翚曾忆及当年夏銮与其讲论学问时的情景："先生初司铎吾郡时，培翚为博士弟子，而先生略分忘年，引与讲论，自周、秦而下，逮国初诸儒，学术源流、人品邪正，与夫立身治家之要、居官涉世之宜，纵言无不至。厥后虽违讲席，邮函来往，岁无虚月。培翚于先生之

---

①凌廷堪：《礼经释例序》，见王文锦点校，凌廷堪：《校礼堂文集》，第241页。

②杨树达：《词诠·序例》，中华书局1978年版，第5页。

③胡培翚：《〈经传释词〉书后》，《研六室文钞》卷七，《胡培翚集》，第208页。

④夏炘：《景紫堂文集》卷十三，沈云龙主编：《近代中国史料丛刊第九十四辑》，第740页。

⑤金天翮：《皖志列传稿》卷四《夏銮传》，第296页。

学行,饮闻心折久矣。"①夏銮去世后,培翚受托为之作墓志铭,可见二人关系非同一般。

姚学塽(1766—1826),字晋堂,一字镜堂,归安(今湖州)人。清嘉庆元年(1796)进士,官内阁中书,历官兵部郎中,著有《竹素斋集》十卷等。姚学塽为人廉洁淡泊,人称"镜堂先生",笃信宋学。胡培翚在内阁为官时,于其为后进,曾称之为"第一流人",并对其人品与学术进行总结,说他"宗主宋儒,践履笃实,不欲以空言讲学。其教人,以敬恕为要"②。至于章大泽,培翚幼年时曾闻祖父盛赞其孝行与学养,便心重已久。长大后常追随左右,得与其讲论。对于章氏之德行与学养,培翚曾概叹曰:"窃叹先生宅中之厚,不以不肖待人,而其暗然自修于内者,俯仰无愧,在孔门,可附'德行'之科;在《宋史》,堪入《道学》之传。"③

第五节　友人之砥砺与影响

培翚很看重友情,曾被陈奂誉为"不忘死友者"④。培翚一生结交了很多志同道合的朋友,如胡承珙、朱琦、张聪咸、马宗琏、程恩泽、包世荣、汪喜孙、洪颐煊、洪震煊、金鹗、郝懿行、夏炘、陈奂、陈用光、钱仪吉、魏源、张成孙等。培翚和友人交游,与他们在学术上相互砥砺,相互影响,对学问无疑有很大的促进。

培翚与胡承珙交情深厚。胡承珙(1776—1832),少工词章,通籍后,究心经术,于《毛诗》与《仪礼》均有研究。他性耽坟典,博洽群书,留心经世之务,被培翚誉为"邃于儒术者"⑤。培翚与承珙"切磋久,相期者大"⑥,嘉庆十八年癸酉,二人会于京师,从此结为至交。此年,培翚开始撰《燕寝考》。在著书过程中,培翚"熟复各经注,恍然见燕寝之有斯义,遂为《东房西室疑问》一篇,遍质通人"⑦。据《研六室文钞》记载,培翚撰成《东房西室疑问》

①胡培翚:《徽州府训导夏先生墓志铭(节本)》,《研六室文钞》卷十,《胡培翚集》,第293页。
②胡培翚:《姚镜塘先生行略》,《研六室文钞》卷九,《胡培翚集》,第271页。
③胡培翚:《章雷川先生行略》,《研六室文钞》卷九,《胡培翚集》,第275—276页。
④江标署检,陈奂:《师友渊源记》,光绪十二年函雅堂丛书本,第19页。
⑤胡培翚:《送家墨庄之任延建邵道序》,《研六室文钞》卷六,《胡培翚集》,第195页。
⑥胡培翚:《送家墨庄之任延建邵道序》,《研六室文钞》卷六,《胡培翚集》,第195—196页。
⑦胡培翚:《答包孟开论燕寝书》,《研六室文钞》卷五,《胡培翚集》,第160页。

一文后,先后请教于洪颐煊、张聪咸、胡承珙、包孟开等人,与他们就燕寝之制展开反复辩论。其中,培翚与承珙之间的辩论顺序大致是这样的:培翚写成《东房西室考》(今名《东房西室疑问》)后请教于承珙,承珙读后以《复家竹村孝廉燕寝室南无户书》作答。培翚收到承珙复信后,以《答家墨庄论燕寝书》回复承珙。承珙在接到复信后,又以《再复竹村书》作答①。这样的反复辩论与探讨对双方学问的增进无疑都是有益处的。嘉庆甲戌年,培翚在都,馆于承珙邸,草创《仪礼正义》。承珙见郑注中引古今文异字,贾疏多略不及,对培翚说:"吾当专为书,以助子全疏之一矣。"其后承珙在闽、渡台,以书笥累重难携,独携《仪礼》一经,每日公务事毕,则纂一二条,成《仪礼古今文疏义》。培翚没有辜负承珙之盛意,其在撰著《仪礼正义》时,凡涉及古今文字,也大都引用承珙《仪礼古今文疏义》之说。承珙对培翚撰著《仪礼正义》也大加赞扬,曾作诗《赠家竹村培翚孝廉》加以砥砺:"何论四海与弥天,独抱冬心守一编。大雅材堪芸阁选,小同经本礼堂传。公车懒削三千牍,行箧常携十七篇。为问苏湖二斋后,家风谁克继前贤。"②可见,两人在学术上是相互影响、相互砥砺的。

培翚与友人交游会晤,常常以切磋经义为主。其《求是堂文集序》曾记载他与胡承珙、郝懿行、张聪咸等人的交游情况,其云:"自癸酉定交都中,……其时余同年张阮林亦交于君,而君邸舍又与郝丈兰皋近,四人者,盖无旬月不会晤,晤则必谈经义。一夕,饮君邸,酒酣,乘兴步月瑶台,四人相与高谈纵辨于月色空明、莽墟无人之地,可谓意气之盛。"③以切磋经义为主的交游会晤,对各自的治学都会产生影响的。

陈奂(1786—1863),字倬云,号硕甫,晚年又号南园老人。陈奂精通经学,于《毛诗》颇有研究,著有《诗毛氏传疏》等。陈奂与培翚交游,二人常有书信往来,且交情深厚,并保持终老。陈奂"嘉庆戊寅应顺天乡试,在都获

①在胡培翚校梓的胡承珙《求是堂文集》卷二之《复家竹村孝廉燕寝室南无户书》后,胡培翚曾加案语曰:"按此(指《复家竹村孝廉燕寝室南无户书》一文)及后篇(《再复竹村书》)俱嘉庆癸酉岁余撰《燕寝考》时,君与余往复辩论之作也。余答书亦刻在拙著《文钞》中,存以俟通人考定焉。"(见胡承珙:《求是堂文集》,《续修四库全书》第1500册,第237页。)在胡培翚《研六室文钞》中,与胡承珙就燕寝一事进行论辩的书信是《东房西室疑问》(《研六室文钞》卷一)及《答家墨庄论燕寝书》(《研六室文钞》卷五)。

②胡承珙:《求是堂诗集》卷十三《道山集》,《续修四库全书》第1500册,上海古籍出版社2002年版,第115页。

③胡培翚:《求是堂文集序》,《研六室文钞》卷六,《胡培翚集》,第186—187页。

见高邮王观察怀祖,暨其嗣文简公引之,栖霞郝户部懿行,绩溪胡户部培翚,泾县胡观察承珙,临海金贡士鹗,以经术相砥砺,而学乃大进"①。这种在学术上相互切磋、相互砥砺的行为,对众人的影响都是不小的。培翚在与友人的交游中,主要以经术相砥砺。培翚流传于世的作品,几乎都是考证经术的作品。在其《研六室文钞》中,多数是论述经术方面的文章。在这些文章中,不乏与友人论学的文字。他们纵谈经义,反复辩论,有时不免互相诘难,但那只是学术上的辨诘,丝毫不影响他们之间的友情。培翚曾记载张聪咸与他人之间的论辨经义的情形:"君讳聪咸,字阮林,一字小阮。庚午岁,与培翚同举于乡。在京师,以力学相切劘,每有辨论,精悍之色,见于眉宇,虽互相诘难,而论罢相说如初。"②可见,为了学术,这些友人之间常常是互相砥砺,互相促进的。

　　培翚与胡承珙、朱琦、陈奂等人的交游,也影响了他治经的方向。培翚起初的学术方向是专治《诗经》,他病《诗》疏鄙陋,想在此领域有一番作为。后至京师,在与胡承珙等人的先后交往中,发现京师治《毛诗》的人较多,便萌发了弃《毛诗》而专攻《仪礼》之念头。当然,培翚重疏《仪礼》,尽管也有别种原因③,但京师多人治《毛诗》的现实,对其来说不能不是一个重要的影响。

　　总之,培翚之所以能担当起总结《仪礼》学的任务,并由此而成为嘉道年间《礼》学名家,与其学术渊源有很大的关联。培翚学术,渊源至粹。培翚生活于有治《礼》传统的徽州,其幼承庭训,"讲求《礼经》"④,并自觉地继承了乾嘉汉学的基本精神和研究方法。成年以后又频繁地与师友切磋《礼》学,这些都为培翚研究《仪礼》奠定了学术基础,也奠定了其一生的学术取向与治学特色。另外,培翚接触经学的时间很早,其幼年即从祖父胡匡衷受经学。后又从叔祖胡匡宪受学,"沐公之教深",并"益自奋勉,而所学大进"。由于其为学勤奋,天资聪慧,至弱冠时于诸经已悉得要领。因此,从其个人的主观方面来看,培翚也具备了撰著《仪礼》新疏的学养与条

①沈芝盈、梁运华点校,徐世昌等编:《清儒学案》,第5766页。
②胡培翚:《左传杜注辩证书后》,《研六室文钞》卷七,《胡培翚集》,第214页。
③关于胡培翚重疏《仪礼》之原因,第三章第一节将进行详细的探讨,可参。为避免重复,此处不再赘述。
④胡肇智:《仪礼正义书后》,段熙仲点校,胡培翚:《仪礼正义》,第2433页。

件。可见"家学师传,加上本身的努力,造就了这样一位卓越的《仪礼》注解大家"①,所以当年梁启超认为"著《仪礼》新疏的资格",培翚"总算最适当了"②,是真正说到问题的本质上了。可以这样说,培翚撰著《仪礼正义》,与其学术渊源与自身学术选择、学术积累有很大的关联。正因为具备了这些学术条件,培翚后来才敢于选择撰著《仪礼》新疏,并由此而成为一代《礼》学名家。

①洪湛侯:《徽派朴学》,第171页。
②梁启超:《中国近三百年学术史》,第245页。

第三章 《仪礼正义》撰著考论

凭借深厚的家学根柢及后天《礼》学素养的不断累积与提升,培翚才最终选择承担撰著《仪礼》新疏之重任。培翚撰著《正义》,孜孜不倦,殚精竭虑,前后经过四十馀年的不懈努力,至死仅完成十二篇二十八卷的疏解任务;未卒业的五篇十二卷,经族侄胡肇昕与弟子杨大堉在原稿的基础上增补、校勘并加以联缀成篇才得以最终完成。《正义》之撰成,凝聚了两代人的心血。该书不仅是古代《仪礼》学研究成就最高的著作,也是今人研究《仪礼》必备的参考资料。

第一节 《仪礼正义》的撰著背景与原因

一、嘉道年间《仪礼》学研究的学术背景

首先,清代乾、嘉、道时期的学者是喜作新疏的。乾嘉学者认为此前的《十三经注疏》或疏略、或肤浅、或喜以空言,有重疏之必要。有学者认为:"《十三经》者,宋人增补唐人《九经正义》之名也。六朝义疏之学最盛,其师法犹渊源于汉儒。唐人之作《正义》,多取六朝义疏而没其名。然掩复之过与存古之功各不相蔽,其优劣当以所取注为断焉。"①张舜徽先生认为:

> 所谓"其优劣当以所取注为断",意味着他们肯定了时代较早的注本,胜于时代较晚的注本。疏的好坏,是以所采注本的早晚为权衡尺度的。本来,古书的注,好比后世的翻译。时代较早的学者,距离原书的时代较近,闻见亲切,他所作出的翻译,是比较可靠些。所以汉人的注本,胜于魏晋以下的注本,这自然是事实。特别是宋元以来的学者,喜以空言说经,为世诟病。清代诸师,发愤纠正这种偏蔽,提出改作新

---

① 刘寿曾:《十三经注疏优劣考》,《传雅堂文集》卷一,林子雄点校,杨晋龙校订,刘寿曾著:《刘寿曾集》,台北"中央研究院"中国文哲研究所筹备处2001年版,第37页。

疏的任务,也是适应了当时客观的需要。①

从张舜徽的论述中可以看出,诟病宋元学者之空疏,重疏经典,乃是清代学者普遍的学术理想。孙诒让也曾谈到这一问题,他说:

> 群经义疏之学,莫盛于六朝,皇、熊、沈、刘之伦,著录繁伙,至唐孔冲远修订《五经正义》,贾、元、徐、杨诸家,赓续有作,遂遍诸经。百川洄注,潴为渊海,信经学之极轨也。南宋以后,说经者好逞臆说以夺旧诂,义疏之学,旷然中绝者,逾五百年。及圣清御宇,经术大昌,于是鸿达之儒,复理兹学,诸经新疏,更迭而出②。

显然,当年培翚发现《仪礼》"贾氏之《疏》疏略失经、注意者,视《诗》孔《疏》更甚焉,遂有重疏《仪礼》之志"③,与时贤发愿纠正宋元以来学者喜以空言说经的时代风气也相适应。"乾嘉学者的辛勤考辨,深刻广泛地揭示出十三经旧疏的种种失误与缺陷,从而导致了道光时期经学家对旧疏的轻视和不满"④。正因为如此,道光时期的经学家们萌发了撰著群经新疏之宏愿,"从他们主观上分析,当然充盈着立名的渴望,从学术背景上考察,乾嘉经学正是他们坚实的依托。乾嘉及清初经学家对经典的考证,称得上精耕细作,几至'言言有据,字字有考'。道光朝经师作博而不专的考证,势必用工苦而收获寡。着眼于博综性质的专经研究,却可能因变而出其右。由此看来,乾嘉时期经典新疏成者寥寥,而道光朝30年间佳作并出,事非偶然"⑤。

清代是古代学术发展的总结期,也是经学集大成作品频出的时代,《仪礼正义》之成书势在必然。梁启超在《清代学术概论》中论及"时代思潮"时说:"其在我国自秦以后,确能成为时代思潮者,则汉之经学,隋唐之佛学,宋及明之理学,清之考证学,四者而已。"⑥梁氏认为考证学为清之学术思潮,所言是矣。清代考证学源于清初顾炎武,其学术主要特色为:第一,其研究方法,即为归纳的、科学的;第二,以不吸古人之糟粕,而以独创的主张

---

①张舜徽:《清代扬州学记》,上海人民出版社1962年版,第171—172页。

②孙诒让:《刘恭甫墓表》,孙诒让著,许嘉璐主编,雪克点校:《籀庼述林》卷九,中华书局2010年版,第295页。

③胡培翚:《复夏朗斋先生书》,《研六室文钞》卷四,《胡培翚集》,第116页。

④田汉云:《中国近代经学史》,第112页。

⑤田汉云:《中国近代经学史》,第112页。

⑥夏晓虹点校,梁启超:《清代学术概论》,第131页。

为生命;第三,力求研究之所得,可以施于实用,所谓致用之精神。① 顾氏这种归纳的、科学的、独创的、致用的治学精神与方法为后人所继承,从而形成了考证学派,影响了清代学术。清代学术是以经学为代表,经学是以考证为手段。清代是经学发展的高峰期与总结期,有学者称:"及至清代,经学进入昌盛与总结阶段,历史上的三大派别——今文经学、古文经学、宋学都得到一定发展,不论是今文经学,或古文经学,还是宋学,都不是历史上某一学派的简单重复,都是在清朝这一特定历史条件下带有自己的特点。清代经学一方面是宋学、古文经学、今文经学先后复兴,取前此两千多年学术'倒卷而缫演之',出现了历史上经学各派并显于世的局面;另一方面,各派既互相对垒,又相互融合。……反映清代经学已达到总结阶段。"② 这种说法是符合实际情况的。在经学研究进入总结时期的清代,出现了多种集大成形式的经学研究著作,它们是清代学者在唐宋旧疏的基础上重新撰著的,被称为"清人十三经注疏"。这些新疏得到了晚清学者孙诒让的首肯,他认为这些新疏,"或更张旧释,补阙匡违,若邵氏、郝氏之《尔雅》,焦氏之《孟子》,胡氏之《仪礼》,陈氏之《毛诗》,刘氏之《论语》,陈氏之《公羊》是也。或甄撰佚诂,宣究微学,若孙氏之《尚书》是也。或最括古义,疏注兼修,若惠氏之《周易》,江氏之《尚书》是也。诸家之书,例精而义博,往往出皇、孔、贾、元诸旧疏之上"。③ 孙氏之言实不为过。乾嘉诸儒所撰著的诸经新疏,"扶微掇佚,必以汉诂为宗,且义证宏通,注有回穴,辄为理董,斯皆非六朝、唐人所能及。叔明疏陋,邵武诬伪,尤不足论。然则言经学者,莫盛于义疏,为义疏者,尤莫善于乾嘉诸儒,后有作者,莫能尚已"④。梁启超也曾对清代诸经新疏作过评论,其云:

　　　　清学自当以经学为中坚,其最有功于经学者,则诸经殆皆有新疏也。其在《易》,则有惠栋之《周易述》,张惠言之《周易虞氏义》,姚配中之《周易姚氏学》。其在《书》,则有江声之《尚书集注音疏》,孙星衍之《尚书今古文注疏》,段玉裁之《古文尚书撰异》,王鸣盛之《尚书后案》。其在《诗》,则有陈奂之《诗毛氏传疏》,马瑞辰之《毛诗传笺通释》,胡承

①蒋维乔:《中国近三百年哲学史》,新世界出版社2015年版,第69页。
②吴雁南主编:《清代经学史通论》,云南大学出版社2001年版,第22—23页。
③孙诒让:《刘恭甫墓表》,孙诒让著,许嘉璐主编,雪克点校:《籀庼述林》卷九,第295—296页。
④孙诒让:《刘恭甫墓表》,孙诒让著,许嘉璐主编,雪克点校:《籀庼述林》卷九,第296页。

珙之《毛诗后笺》。其在《周官》，有孙诒让之《周礼正义》。其在《仪礼》，有胡承珙之《仪礼今古文疏义》，胡培翚之《仪礼正义》。其在《左传》，有刘文淇《春秋左氏传正义》。其在《公羊传》，有孔广森之《公羊通义》，陈立之《公羊义疏》。其在《论语》，有刘宝楠之《论语正义》。其在《孝经》，有皮锡瑞之《孝经郑注疏》。其在《尔雅》，有邵晋涵之《尔雅正义》，郝懿行之《尔雅义疏》。其在《孟子》，有焦循之《孟子正义》。以上诸书，惟马、胡之于《诗》，非全释经传文，不能直谓之新疏；《易》诸家穿凿汉儒说，非训诂家言；清儒最善言《易》者，惟一焦循，其所著《易通释》《易图略》《易章句》皆洁净精微，但非新疏体例耳；《书》则段、王二家稍粗滥；《公羊》则孔著不通家法；自馀则皆博通精粹，前无古人。……十三经除《礼记》《穀梁》外，馀皆有新疏一种或数种，而《大戴礼记》则有孔广森《补注》、王聘珍《解诂》焉。此诸新疏者，类皆撷取一代经说之菁华，加以别择结撰，殆可谓集大成。[1]

梁氏评价较为公允。这些新疏，"类皆撷取一代经说之菁华，加以别择结撰，殆可谓集大成"。这是清儒对经学的巨大贡献，其质量远迈前人，较唐、宋十三经注疏而后出转精，被梁启超誉为"清代经学的结晶体"[2]。

其次，清人善于寻访《仪礼》善本，为撰著《仪礼》新疏奠定了坚实的基础。先是在乾隆年间官修《四库全书》时，清人从《永乐大典》中辑出宋人张淳《仪礼识误》、李如圭《仪礼集释》与《仪礼释宫》等。由于张、李为南宋人，他们的版本自然比明刻本为好，因而得到了当时学者的重视。嘉庆初，黄丕烈先后发现了《仪礼》单疏本与单注本。经黄丕烈判定，《仪礼》单疏本为宋景德官本《仪礼疏》。而《仪礼》单注本经顾千里、黄丕烈判定，实为宋刻严州单注本。《仪礼》单疏本与单注本的发现，校勘价值非同一般。顾广圻曾称诵此两本书的价值：

> 《仪礼经》郑注、贾疏，前辈每言其文字多误者，予因遍搜各本而参稽之，知经文尚存唐开成石刻，可以取正，注文则明嘉靖时所刻颇完善，其疏文之误，自陈凤梧本以下，约略相同。比从元和顾千里行箧所见所用宋景德官本手校疏，凡正讹补脱，去衍乙错，无虑数千百处，神

---

① 夏晓虹点校，梁启超：《清代学术概论》，第 175—176 页。
② 梁启超：《中国近三百年学术史》，第 251 页。

明焕然，为之改观。千里又用宋严州本校经及注，视嘉靖本尤胜，皆据吴门黄氏家之所藏也。夫二本之在天壤间，为功于此经非浅，而获见者罕，不亦惜哉！①

可见，顾广圻对这两种宋刻本比较看重，故当年有人问顾广圻如何看待张敦仁重刻《仪礼注疏》的价值时，顾氏曾有"本莫善矣"②之评价。后来，清人又求得徐氏《仪礼郑氏注》刻本，俗称徐氏本。叶德辉曾将徐氏本与严州本进行对校，发现徐氏本又有胜于严州本之处，他说："《仪礼》单注本，以宋严州刻小字本为最善，黄丕烈于嘉庆甲戌重模刻于《士礼居丛书》中，后作校录，以张淳《仪礼识误》、李如圭《仪礼集释》二书校勘，多有异同，诚宋刻中之善本也。此为明嘉靖刻《三礼》之一，……士礼居曾刻其《周礼》一种，颇多讹舛，因以宋董氏集古堂本为主，更以各种宋本校正之。此《仪礼》乃独胜于《周礼》，其中与严州本十有八九相合，而严州本多讹字，此本无之。今其合者，不必具论，论其严州本讹而此本不讹者，如……。凡此，皆此本胜于严州本之处。"③这些《仪礼》善本的发现，对《仪礼》经、注的校勘无疑具有很重要的价值，成为当时研治《仪礼》学者之共识。培翚撰《正义》时利用了这些善本，故其版本价值不言而喻。

再次，清代学术发展到乾嘉阶段，随着考据学的发展与兴盛，考据方法也日臻精密完善，经、史、小学等领域丰富的考据成果，为诸经新疏的撰成奠定了坚实的基础。清代学术除经学高度繁荣外，作为经学的附庸——小学、音韵学等，也"久已'蔚为大国'了"④，并成为了专门之学。特别是到了乾嘉阶段，训诂、校勘都得到了前所未有的发展。该时期，"小学研究受到前所未有的重视，对清代考据学也起着导启先路的作用"⑤。另外，"校勘

---

① 王欣夫辑，顾广圻著：《重刻〈仪礼注疏〉序（代张古馀）》，《顾千里集》，中华书局 2007 年版，第130 页。

② 顾广圻《合刻〈仪礼注疏〉五十卷》曾谈及此次对话："或问居士曰：'汲古毛氏刻十三经凡十数年而始成，而居士云非善本也，古馀先生合刻《仪礼注疏》，乃一大经而难读者，仅阅岁而成，而居士云本莫善矣，何谓也？'居士笑曰：'吾语汝乎？夫毛氏仍万历监刻而已，此其所以不能善也，古馀先生以宋本易之，而精校焉，熟雠焉，此其所以善也。'"见王欣夫辑，顾广圻著：《合刻〈仪礼注疏〉五十卷》，《顾千里集》，第 261 页。

③ 叶德辉：《仪礼十七卷（明嘉靖徐氏覆宋刻三礼本）》，《郋园读书题跋》卷一，见叶德辉撰，湖南省图书馆编：《湖南近现代藏书家题跋选》第 1 册，岳麓书社 2011 年版，第 51—55 页。

④ 梁启超：《中国近三百年学术史》，第 253 页。

⑤ 张立文主编，陈其泰、李廷勇：《中国学术通史（清代卷）》，人民出版社 2004 年版，第 246 页。

是考据学家使用的重要方法之一,清代考据学盛行,使校勘成为盛极一时的专门学问,而且成绩斐然"①。由于训诂、校勘等专门之学的高度繁荣,也促进了经学的发展。而经学及小学、音韵等专门之学的高度发展,势必会培养一批通儒硕学,他们会积极行动起来,对经学作最后的总结。因此,一大批通儒硕学对经学的总结,成为清代诸经新疏诞生的重要条件。

最后,清代《仪礼》学发展到嘉道年间,成果十分丰富,为撰著集大成形式的作品奠定了基础。清代是《礼》学研究的高峰期,张寿安认为,十七世纪以降,中国社会思想呈现两股强大走势,其一便是礼学复兴②。林存阳认为清初开风气的代表学派之一的夏峰北学,以其对古礼的践履,揭开了清代复兴礼学的序幕③。正是有孙奇逢等清初诸大儒对礼的躬行践履,作为"三礼"之一的《仪礼》,在清初礼学复兴的大势下,逐渐被学者们纳入自己的研究范围。后来,"随着《大清通礼》、《三礼义疏》的先后成书,以及徐乾学、李光地、方苞诸人礼学专著的结撰,三礼学的研究日益兴盛"④。《仪礼》学发展到嘉道时期,其研究成果不仅丰富,而且涉及到《仪礼》研究的方方面面⑤。众多的《仪礼》学研究成果的出现,为撰著《仪礼》新疏提供了多方面的资料准备。当然,尽管嘉道年间《仪礼》成果种类繁多,不一而足,但它们都仅仅是涉及到《仪礼》学的某一方面,不能代表《仪礼》学综合研究的实际水平,学界正在召唤着《仪礼》学集大成作品的出现。

二、胡培翚撰著《正义》之原因

(一)欲使乡民习礼,推行礼乐教化。培翚"初意专解《丧服》","从丧祭诸礼起手"的主要原因即是欲使乡民习礼,并使其知礼让之风,发挥礼学经世致用的效能。培翚曾提及自己急欲撰著《正义》之原因:"念《仪礼》实为周公所作,有残缺而无伪托,其中冠、昏、丧、祭,切于民用,进退揖让,昭明礼意,若乡邑中得一二讲习之士,使众略知礼让之风,即可消兵刑于未萌,此翚所以急欲成书也。"⑥培翚认为"使众略知礼让之风",就可以"消兵刑

---

① 张立文主编,陈其泰、李廷勇:《中国学术通史(清代卷)》,第244页。
② 张寿安:《自序》,《十八世纪礼学考证的思想活力》,北京大学出版社2005年版。
③ 林存阳:《清初三礼学》,社会科学文献出版社2002年版,第92页。
④ 张立文主编,陈启泰、李廷勇:《中国学术通史(清代卷)》,第220页。
⑤ 关于清代《仪礼》学的研究内容,可参本书"结语"部分相关论述。为避免重复,此处不再赘述。
⑥ 胡培翚:《上罗椒生学使书》,《研六室文钞·补遗》,《胡培翚集》(《研六室文钞》卷五),第168页。

于未萌"，虽有夸大之嫌，但其初衷是好的。毕竟，在世风日下、道德沦丧的社会中推行礼乐教化，不失为一种解决问题的手段。对于切于民用的冠、昏、丧、祭诸礼而言，丧、祭之礼尤关乎民生，故培翚对丧、祭诸礼也格外关注。他认为《丧服》"关系最重"，因此，其"初意专解《丧服》"，"从丧祭诸礼起手"也就在情理之中了。正因为如此，培翚对《丧服》一篇"搜考尤详"，他曾打算于晚年"仿汉儒专注《仪礼·丧服》之例"，将《丧服》之正义提前单独梓行①。

　　培翚欲以推行礼乐教化来解决社会问题的欲望，与其业师凌廷堪不无关系。凌氏认为三代之盛与礼盛有关，因而主张复礼，他说："三代盛王之时，上以礼为教也，下以礼为学也。君子学士冠之礼，自三加以至于受醴，而父子之亲油然矣。学聘觐之礼，自受玉以至于亲劳，而君臣之义秩然矣。学士昏之礼，自亲迎以至于彻馔成礼，而夫妇之别判然矣。学乡饮酒之礼，自始献以至于无算爵，而长幼之序井然矣。学士相见之礼，自初见执贽以至于既见还贽，而朋友之信昭然矣。盖至天下无一人不囿于礼，无一事不依于礼，循循焉日以复其性于礼而不自知也。刘康公曰：'民受天地之中以生，所谓命也。'是以有动作礼义威仪之则以定命也。故曰：'天命之谓性，率性之谓道，修道之谓教。'夫其所谓教者，礼也，即父子有亲，君臣有义，夫妇有别，长幼有序，朋友有信是也。故曰：'学则三代共之，皆是以明人伦也。'"②凌廷堪这种复三代之礼的主张，对培翚有深刻的影响。而培翚的"冠、昏、丧、祭，切于民用；进退、揖让，昭明礼意"的思想，与凌廷堪所谓的礼教思想是相通的，都希望通过习礼而使君臣有序、社会安宁。可见二人都强调经学的经世致用之效能。胡氏"初意专解《丧服》"，"从丧祭诸礼起手"的举动，也正是这种经世致用思想的具体实践。

　　（二）受《仪礼》研究中存在诸多问题的影响。培翚治《仪礼》，对《仪礼》

---

①《流翰仰瞻》第四十函收胡培翚写给陈奂的信曰："硕甫先生经席：顷由张□□寄到手书，得悉近祺佳胜，忻颂无既。弟于三月忽得半身不遂之症，……弟初病时，转侧维艰，服药少效，后得再造丸三四粒，服之始能起床，缓行数步，然至今右手尚未能作字。□著《仪礼正义》，仅止成十分之六，病中思维，手足若不获愈，唯有仿汉儒专注《仪礼·丧服》之例，将此一篇《正义》梓行，盖《丧服》关系最重，而弟于此篇搜考尤详，约有十五六万字，惜天各一方，不能呼助将伯耳。泾川书院久未去，课卷俱托人批阅。泾邑刻字店多是旌德人，闻近年丰熟，刻诸者多，价亦甚昂，写手竟未易觅（似可往金陵觅之），……［愚弟胡培翚］顿首，中秋前三日。"载陈奂辑，吴格整理：《流翰仰瞻》第四十函，见《历史文献》（第十辑），第50页。
②凌廷堪：《复礼上》，《校礼堂文集》，第28—29页。

研究现状有准确的把握。他说:"《仪礼》一经,自汉注、唐疏外,解者甚希。自宋王安石废罢,不立学官,而习者益希。沿及明季,版本传梓,讹文脱字,往往而是。国朝张稷若为《仪礼郑注句读》,始考正石本、监本误字,厥后若吴东壁之《仪礼疑义》、沈冠云之《仪礼小疏》、盛庸三之《仪礼集编》、戴东原之辑《仪礼集释》,皆纠正误字。而其专以校雠名编者,则有金璞园之《正讹》、浦声之之《正字》、卢抱经之《详校》,至制府阮公《校勘记》出,益详且备。"①同时,胡氏又认为《仪礼》本身存在诸多问题:"是经由唐迄明,其颠倒错乱于冥心空腹者之手,视他经尤酷也。"②"夫《三礼》之书,惟《仪礼》最精,自诸侯去籍,而后礼文散逸,五家之传,不绝如线。以为残缺不全,固有之矣"③……

培翚认为《仪礼》研究中所存在的问题,会影响先圣制《礼》之精意,他说:"然十七篇文词古奥,而义例昭显,亲亲尊尊之等杀存焉,未可任其稍有晦塞于其间,以致先圣制作之精意蔑如也。"④培翚不仅认识到《仪礼》本身所存在的问题,也认识到了贾公彦《仪礼疏》的不足之处,他认为"贾氏之《疏》疏略、失经注意者,视《诗》孔《疏》更甚焉"⑤,"至贾公彦之疏,或解经而违经旨,或申注而失注意"⑥。其实贾疏不合经义、违背郑注的地方时有出现,且学界对此书之评价不及贾公彦的另一本《礼》学著作——《周礼疏》⑦。培翚发愿撰著《仪礼》新疏,与他认为"贾氏之《疏》疏略、失经注意者,视《诗》孔疏更甚焉"有很大关系。因此,培翚打算撰著《仪礼》新疏,以解决这些问题。就这样,在嘉庆十九年(1814),培翚校先祖父胡匡衷《仪礼释官》时,"遂有重疏《仪礼》之志"⑧。

今案:日本学者山本正一在其《陈硕甫年谱》之"嘉庆二十四年己卯

① 胡培翚:《仪礼经注校本书后》,《研六室文钞》卷七,《胡培翚集》,第201—202页。
② 胡培翚:《仪礼经注校本书后》,《研六室文钞》卷七,《胡培翚集》,第204页。
③ 胡培翚:《仪礼非后人伪撰辨》,《研六室文钞》卷三,《胡培翚集》,第87页。
④ 胡培翚:《仪礼经注校本书后》,《研六室文钞》卷七,《胡培翚集》,第204页。
⑤ 胡培翚:《复夏朗斋先生书》,《研六室文钞》卷四,《胡培翚集》,第116页。
⑥ 胡培翚:《上罗椒生学使书》,《研六室文钞·补遗》,《胡培翚集》(《研六室文钞》卷五),第166页。
⑦ 如《钦定四库全书总目》评曰:"公彦之疏,亦极博该,足以发挥郑学。《朱子语录》称五经疏中,《周礼疏》最好。"(永瑢等《钦定四库全书总目》(四库全书研究所整理本),中华书局1997年版,第236页。)许嘉璐也认为,贾公彦"解说《仪礼》,本齐黄庆,隋李孟悊二家注,也取郑说,但精审不及《周礼》"(许嘉璐主编:《传统语言学辞典》,河北教育出版社1990年版,第188页)。
⑧ 胡培翚:《复夏郎斋先生书》,《研六室文钞》卷四,《胡培翚集》,第116页。

(1819)三十四岁"条下案语曰：

> 此年胡培翚入都应省试（成进士）。胡氏初治《诗》疏，病其粗陋，
> 欲改订之，专攻《毛诗》。此时京中治此经者颇不乏人，遂改初志而专
> 攻《仪礼》（《研六室文钞》卷四《复夏朗斋先生书》）。在当时训诂学的
> 全盛时期，被认定为最古最精的《毛传》，是多数学者必然研究的对象。
> 此年在公祭郑君的诸人中，如果没有胡承珙、朱琦、徐璈及陈先生这样
> 的治《诗》专家，胡氏可能未必改学。但陈先生在当时确实为最具实力
> 的后起之秀之一。①

　　山本氏的案语有两处瑕疵：山本正一认为培翚"改初志而专攻《仪礼》"
是受胡承珙、朱琦、徐璈及陈奂等人的影响，此话自有其道理。但山本氏忽
视了培翚有"重疏《仪礼》之志"，不仅仅是因为与陈奂等人的交往而致，他
"校先祖《仪礼释官》，取《仪礼》全经复读之，而贾氏之《疏》疏略失经注意
者，视《诗》孔疏更甚"，也是一个至关重要的因素。此其一。其二，山本氏
认为"此年在公祭郑君的诸人中，如果没有胡承珙、朱琦、徐璈及陈先生这
样的治《诗》专家，胡氏可能未必改学"，山本把培翚改志重疏《仪礼》后移至
嘉庆二十四年(1819)公祭郑玄之时，显然与史实不符。

　　（三）受当时多数学者治《诗经》的影响，培翚决定放弃《诗经》而专治
《仪礼》。培翚《复夏朗斋先生书》云："前岁专力《毛诗》，以孔《疏》较他经特
详，然失之繁冗，且有毛、郑大旨本自不异，而疏强生分别者；有申《传》申
《笺》，而不得其意者，读之颇多不安于心。比入都来，见为《毛诗》学者，尚
不乏人，独三《礼》之书，讲求者少。今夏，因校先祖《仪礼释官》，取《仪礼》
全经复读之，而贾氏之《疏》疏略、失经注意者，视《诗》孔《疏》更甚焉，遂有
重疏《仪礼》之志。"②培翚在研治《丧服》篇之后，曾打算改治《诗经》，并专
力于《毛诗》。他在中举后的第二年即嘉庆十六年(1811)游学京师，先后结
交了胡承珙、朱琦、徐璈、陈奂等研治《诗经》的学者。另外，培翚初到京师
时，住在叔父胡秉虔寓所。胡秉虔于《毛诗》成就较高，著有《毛诗序录》四
卷等，培翚对此也知根知底。因这些学者研治《毛诗》并取得较高成就，故

----

① 李寅生译，（日）山本正一：《陈硕甫年谱》，见林庆彰、杨晋龙主编，陈淑谊编辑：《陈奂研究论集》，
　台北"中研院"文哲所筹备处 2000 年版，第 130 页。
② 胡培翚：《复夏郎斋先生书》，《研六室文钞》卷四，《胡培翚集》，第 116 页。

培翚萌生放弃《诗经》而专治《仪礼》之念头。

（四）培翚撰著《正义》，也受到了当时学界涌现出多种集大成形式的群经新疏的影响。在培翚撰著《正义》之前，江声《尚书集注音疏》、王鸣盛《尚书后案》、邵晋涵《尔雅正义》等一批优秀的经典新疏已刊刻成书。在撰著《正义》的过程中，孙星衍《尚书今古文注疏》、郝懿行《尔雅义疏》、陈奂《诗毛氏传疏》也陆续写成并次第付梓。这些经典新疏的诞生，标志着经学研究相关领域的成熟。它一方面促进了学界对其他相关领域的研究进行学术总结，另一方面，也为其他经典研究提供了资料准备。这一部部集大成、高质量的经典新疏陆续诞生，对当时学界无疑产生了深刻的影响，同时也震撼着出身于《礼》学世家的胡培翚。因早期所受的教育与自身学术积累，使他自然而然地成了撰著《仪礼》新疏的不二人选。终于在嘉庆十三年（1808），培翚开始了《仪礼》新疏的撰著，并最终为学界提供了一部学术含量极高的《仪礼》学研究的集大成作品。

第二节 胡培翚研治《仪礼》的精神与态度

《仪礼》繁文缛节，经义古奥，文字诘屈，内容枯燥，向来治经者对其重视不及他经。清代虽是研治《仪礼》的高峰期，但清前、中期的学者们多涉及对《仪礼》某一方面内容的研究，缺少一种能代表清学水准、贯通式的《仪礼》学研究著作。此时，《仪礼》研究中存在的诸多问题也亟需认真清理。正是在这种情况下，培翚勇敢地担当起撰著《仪礼》新疏之重任。在撰著过程中，培翚一直以著述为己任，他常常呕心沥血，殚精竭虑。尽管其初意专治《丧服》，但在最终决定疏解《仪礼》全经之后，志向一直未变，始终以疏《礼》为职责，对《仪礼》进行了全方位的考究。尤其在晚年，培翚更加期望在有生之年能将《仪礼》全经疏解完毕，故而一直坚持不懈，即使在病重期间右手不能写字的情况下，仍坚持以左手进行撰著。

一、刻志励学，以疏《仪礼》为职责

培翚治学刻苦用功，孜孜不倦。他自幼就深受家学熏陶，"笃志向

学"①,并在弱冠之年悉得众经之要领。成年之后,培翚又转益多师。他常常自觉地向诸位师友求教疑难问题,以增长知识,增进自己的学问。这种刻志励学的精神,成了他后来治学的行为准则,也为他日后撰著《仪礼正义》奠定了基础。

培翚治学不仅以刻苦用功自励,而且对他人也常作如此要求,他常常劝诫别人要珍惜光阴,刻苦学习。其益友夏炘《记益友胡竹村先生事》曾记载己巳春培翚在其家授业时说过的话:"人生精力,尽在三十以前,倘至三十经史不能通晓,过此以往,儿女、仕宦之怀,纷错旁午,无复望其有成矣。"当培翚发现夏炘常赴友朋宴会时,劝告其曰:"少年酒食征逐,徒废时耳。"并举《三字经》之"勤有功,戏无益"劝戒之②。道光二十二年(1842),培翚六十一岁,因战事和足疾复发,辞却了惜阴书院山长一职。临别时,曾说过一段语重心长、勉励学子刻苦自励的话:"自今以往,愿诸生日有就,月有将,无忽乎'惜阴'之称,无昧乎经、史、文之义,无急功名而薄气节,无骛浮华而忘实践。"③

自撰著《仪礼》新疏始,培翚就以疏解《仪礼》为己任,努力钻研。嘉庆甲戌(1814)年,培翚来京师,就馆于胡承珙官邸,与承珙昕夕谈论经义④。平时出行时,于行囊中常常携带《仪礼》书稿,以便随时查阅与撰著。胡承珙对此事有过记载,其《赠家竹村培翚孝廉》云:"公车懒削三千牍,行箧常携十七篇。"⑤在撰著过程中,培翚曾多次致信陈奂,谈及自己努力钻研《仪礼》的情况:"承示《礼经》,敢不努力钻研,冀克成书,以时就正。"⑥又说:"惟是连年接奉教言,总以疏《礼》为责。"⑦可见,培翚一直将疏解《仪礼》作为自己的职责。

培翚最终能撰成《正义》,离不开其刻志励学、刻苦用功的治学精神。而其以疏解《仪礼》为职责的态度,也决定了《仪礼正义》是一部高质量的

---

①胡培系:《族兄竹村先生事状》,《胡培翚集》,第14页。

②夏炘:《记益友胡竹村先生事》,《景紫堂文集》卷九,见沈云龙主编:《近代中国史料丛刊》第九十四辑,第475页。

③胡培翚:《惜阴书院别诸生文》,《研六室文钞·补遗》,《胡培翚集》(《研六室文钞》卷八),第245页。

④详见胡培翚《福建台湾道胡君别传》,《研六室文钞》卷十,《胡培翚集》,第288页。

⑤胡承珙:《求是堂诗集》卷十三《道山集》,《续修四库全书》第1500册,第115页。

⑥陈奂辑,吴格整理:《流翰仰瞻》第四十四函,见《历史文献》(第十辑),第53页。

⑦陈奂辑,吴格整理:《流翰仰瞻》第四十六函,《历史文献》(第十辑),第54页。

《仪礼》学研究著作。正因为如此,该书最终得以厕身于清代学者引以为豪的九种十二部著名的新疏之列,备受学界青睐。

二、抱病著述,坚持不辍

培翚撰著《仪礼》新疏,心中时常牵挂其成书。特别是到了晚年,因担心不能完成新疏之撰著而更加牵挂此事。他在写给陈奂的书信中屡屡提及此事,如《流翰仰瞻》第四十一函载:

> 硕甫先生经席:
>
> 　　仲夏……尊札,并先集、《宫词》集句一卷,……想经入览。嗣弟以感受暑热,旋……亦俱退出海口矣。惟拙著《礼疏》……迁延,成书未卜何日,现已作札辞……初稿写毕,方不负知交厚望耳。……愚弟胡培翚顿首,九月廿二日。……①

第四十二函载:

> 硕甫先生经席:
>
> 　　冬初接奉手札,藉稔兴居迪畅为颂。弟自秋间背生一疽,卧床数月,近日始能起坐,然尚未复元。《仪礼疏》稿写出仅止一半,今岁在舍,耽延日多,俗务纷集,又复遭此灾厄,精神顿减,成书未知何日,焦甚。……愚弟胡培翚顿首,十一月廿四日。……②

在此两封信中,培翚都谈到了对《正义》成书之焦虑。在另一次生病时,培翚曾对胡培系说:“脱不幸填沟壑,他无所念,惟《仪礼正义》未成,为可惜耳。”后在胡培系的举荐下,培翚开始让族侄胡肇昕帮忙插手《正义》的编纂工作,让他“采辑诸说,鳞次排比,如有己见,并令附后”③。在去世前夕,培翚对《正义》之成书仍然心存牵挂,不能释怀。他曾于当年夏天寄书侄子胡肇智说:“假我数月,全书可成。”④可惜天不遂人愿,培翚终究未能完成全书之撰著。

正因为心中时常牵挂《正义》之成书,所以培翚一直坚持不懈地撰著

---

①陈奂辑,吴格整理:《流翰仰瞻》第四十一函,《历史文献》(第十辑),第51页。

②陈奂辑,吴格整理:《流翰仰瞻》第四十二函,《历史文献》(第十辑),第51页。

③胡培系:《族兄竹村先生事状》,见胡培翚:《研六室文钞补遗》,清光绪六年刻本。

④胡肇智:《仪礼正义书后》,段熙仲点校,胡培翚:《仪礼正义》,第2434页。

《仪礼正义》，即使生病了，也常常抱病坚持不辍。特别是道光二十五年乙巳(1845)春，培翚患风痹，右手不能握笔，便改用左手坚持撰写。胡肇智《仪礼正义书后》对此事有过记载："是年(乙巳——笔者注)四月①，患风痹，犹力疾从事，左手作书。以族侄肇昕，留心经学，命助校写。"②胡培系《事状》也云："乙巳春，又病偏中，右手不能握管，乃以左手著书。"培翚也曾致书陈奂而谈及此事：

> 硕甫先生经席：
> 　　……弟于三月忽得半身不遂之症，……弟初病时，转侧维艰，服药少效，后得再造丸三四粒，服之始能起床，缓行数步，然至今右手尚未能作字。□著《仪礼正义》，仅止成十分之六，……［愚弟胡培翚］顿首，中秋前三日。……③

患风痹后，培翚右手不能写字，此时《正义》仅"止成十分之六"，其心情沉重是不难理解的。为了使初稿早日写毕，"不负知交厚望"，在"右手尚未能作字"的情况下，开始坚持用左手进行著述，精神尤为感人。此种坚持不懈、持之以恒的疏经态度，反映了一位经学大家高度负责任的精神。

三、不惮其烦，全方位考证《仪礼》

培翚在撰著《仪礼》新疏之前，就已经充分认识到《仪礼》所存在的各种问题。因此，在撰著过程中，不惮其烦，对《仪礼》进行了全方位的考究。

《正义》详于对宫室制度等的考证。培翚曾打算撰著《宫室提纲》一书，他说："宫室制度，非讲明有素，则读《仪礼》时，先于行礼方位盲然，安问其他？"因而他想"以朝制、庙制及寝制为纲，以天子、诸侯、大夫、士为目；又学制则分别庠、序，馆制则分别公馆、私馆，皆先将宫室考定，而以十七篇所行之礼，条系于后，名曰《宫室提纲》，书成，拟冠于《正义》之首。"④可惜此书

---

①此处的"四月"或为"三月"之误。下引胡培翚于本年中秋前三日写给陈奂的信中提及是三月得"半身不遂之症"，既然胡培翚说的是三月，那么胡肇智所说的"四月"应有误。
②段熙仲点校，胡培翚：《仪礼正义》，第2434页。
③陈奂辑，吴格整理：《流瀚仰瞻》第四十函，《历史文献》(第十辑)，第50页。
④胡培翚：《上罗椒生学使书》，《研六室文钞·补遗》，《胡培翚集》(《研六室文钞》卷五)，第166—167页。

未成,但"《仪礼正义》中关于宫室制度的考订却是相当周详的"①,应该可以弥补一些缺憾。培翚对宫室制度的考订,涉及到宫室的前堂、后室、东房、西房、东夹、西夹、厢、个、正寝、燕寝、户、牖等方方面面。特别是培翚提出室"北唯有墉无牖"之说,考论精审,得到了学界的高度评价,彭林认为:"牖、墉二字,刻本往往互误,而古代宫室制度已经湮没无存,考证至为不易。胡培翚细力爬梳,使是非隐现,实属难能。"②培翚的"室北有墉无牖"已成定论。另外,培翚在《研六室文钞》中也写了多篇有关《仪礼》学研究论文,该书"所收考释文章,大都属于'三礼'范围。如牖考、屏考、路寝、明堂、东夹、西夹、袜韐、庙寝、褅袷、黼黻、燕寝等,胡氏对这些有关典章制度的专题,做了比较翔实的考释,为后人研究'三礼'、窥探《礼》学这一高深莫测的殿堂,入门问径,提供了很大的方便"。③《研六室文钞》中的《礼》学考论内容,很多都被《仪礼正义》加以征引。

培翚采用了古文派征信求是的治学方法,对《仪礼》学大大小小的问题一一进行了阐释。他常常是先引诸说,然后断以己见,且论证过程条理清晰,思维严谨,论证有力,新见迭出。特别是在对《仪礼》经、注的校勘方面,培翚不仅善于使用各种善本,而且广泛继承前人优秀的校勘成果,故而使得《仪礼》校勘"落叶尽扫"。除此以外,培翚对贾公彦《仪礼疏》也进行了细致考订,他说:"贾氏公彦之疏,或解经而违经旨,或申注而失注意。此书相传已久,不可无辨,《正义》间亦辨及。然必悉加驳正,恐卷帙繁多,有失轻重之宜,因别为《仪礼贾疏订疑》一书。"④由此可见培翚贾疏的用力程度。在实际撰著过程中,培翚对贾疏时时修正与增补,实现了对贾疏之超越。

培翚对《仪礼》郑注也是下了一番功夫。他围绕郑注创立四例,以例解经。特别是订注之例的运用,凸显了实事求是、推陈出新的解经特色。培翚对郑注、贾疏等相关内容的考订,得到了后世学者的肯定,罗惇衍曾指出:"绩溪户部胡先生,夙承家学,邃精《三礼》。以《仪礼》经为周公作,有残阙而无讹托,郑注而后,惟唐贾氏公彦疏盛行,而贾疏或解经而违经旨,或

---

① 田汉云:《中国近代经学史》,第125页。
② 彭林:《清人的〈仪礼〉研究》,载彭林、郑吉熊主编《清代学术讲论》,广西师范大学出版社2005年版,第35—36页。
③ 洪湛侯:《徽派朴学》,第241页。
④ 胡培翚:《上罗椒生学使书》,《研六室文钞·补遗》,《胡培翚集》(《研六室文钞》卷五),第166页。

申注而失注意,因参稽众说,覃精研思,积四十馀年,成《正义》若干卷。"①
陆健瀛也说:"《仪礼》经文古奥,世所罕习。郑氏以前无注本,其后自贾疏
外,传者甚鲜。盖墨守者多涉穿凿,师心者复病芜陋,古典所存,几成绝学。
绩溪胡农部撰《正义》,以郑注为宗,而萃辑群言,辨析精密,洵足辅翼郑氏,
嘉惠来学。"②林存阳称此乃胡培翚大旨所在③。林氏所言甚是。正是由于
培翚不惮其烦地对《仪礼》展开了全方位的考证,因此,《正义》凸显出一种
集大成的气势。此表现了培翚《仪礼》研究的学术自信,也预示着清代《仪
礼》学鼎盛期的到来

　　总之,培翚之所以能撰成《仪礼正义》,与他的治学精神、治学态度等密不
可分。培翚刻志励学、以疏解《仪礼》为职责,带病坚持著述,对《仪礼》进行全
方位的考究等治学精神与态度,是其撰成《正义》的动力与保障。从中也可以
看出,培翚撰著《正义》,孜孜不倦,殚精竭虑,付出了常人难以想象的艰辛。
同时,此也反映了培翚超常的毅力与坚持不懈的疏经态度。正是因为有了这
种治学精神与疏经态度,《仪礼正义》才能斐然成篇,成为"二千馀岁绝学也"。

第三节　胡培翚撰著之实际

一、胡培翚撰著《仪礼正义》之分期

　　培翚治《仪礼》,前后持续两个阶段。第一个阶段始于嘉庆十三年戊辰
(1808)。培翚年二十七,便以整理《仪礼》自任,始治《仪礼》。此时,培翚
"初意专解《丧服》","从丧祭诸礼起手"④。其治《丧服》,"于郑注外,兼存
马、王诸家说,至贾疏之可从者,亦多采录焉"⑤,故《丧服》一篇尤显功力。
后来,培翚治《仪礼》有短暂的中断,但最终还是选择继续研治《仪礼》。其
研治《仪礼》第二阶段始于嘉庆十九年甲戌(1814)⑥,至道光二十九年己酉

①罗惇衍:《仪礼正义序》,见《仪礼正义》段熙仲点校本卷首。
②陆健瀛:《校刊仪礼正义序》,见《仪礼正义》段熙仲点校本卷首。
③林存阳:《胡培翚与〈仪礼正义〉》,《清史论丛》(2003—2004年号),第202页。
④胡肇智:《仪礼正义书后》,《仪礼正义》(附录一),见《仪礼正义》段熙仲点校本,第2434页。
⑤段熙仲点校,胡培翚:《仪礼正义》,第1342页。
⑥关于胡培翚重疏《仪礼》的时间,可参文末附录《胡培翚生平及作品系年考证》之"嘉庆十九年甲
　戌"条考证。此处不再赘述。

（1849）去世止。培翚治《仪礼》，前后共历经四十一年。

二、胡培翚所著之篇章

关于《正义》的成书情况，培翚侄子胡肇智曾撰文称："道光乙巳，智奉讳南归，见《丧服经传》、《士丧礼》、《既夕礼》、《士虞礼》四篇已成。《特牲馈食礼》、《少牢馈食礼》、《有司彻》诸篇，草稿粗具。其馀各篇，皆经考订，尚未排比。先叔父初意专解《丧服》，故从丧祭诸礼起手也。是年四月，患风痹，犹力疾从事，左手作书。以族侄肇昕，留心经学，命助校写。己酉夏，尝寄智书曰：'假我数月，全书可成。'讵意背疽复发，遽于七月弃世。尚有《士昏礼》、《乡饮酒礼》、《乡射礼》、《燕礼》、《大射仪》五篇未卒业。"[1]胡肇智的这段话，交代了培翚所著各篇及未成篇章的情况。

按照胡肇智的说法，则《仪礼》中的《士冠礼》等十二篇的疏解为培翚生前所完成的，此十二篇在《正义》书中共计二十八卷。另外，从上文的论述中可知《丧服》篇的疏解是培翚最先完成的。培翚也曾打算在晚年将《丧服经传》一篇的疏文单独校梓并先付剞劂，但此想法并未付诸实施。对于培翚是否参与未卒业之《士昏礼》等五篇十二卷的撰著，具体辨正情况详参第四章相关论述。

另外，从上引胡肇智的话还可看出培翚所完成《正义》各篇的先后情况：最先完成《丧服经传》、《士丧礼》、《既夕礼》、《士虞礼》四篇，其次完成《特牲馈食礼》、《少牢馈食礼》、《有司彻》及《士冠礼》、《士相见礼》、《聘礼》、《公食大夫礼》、《觐礼》诸篇。而《士昏礼》、《乡饮酒礼》、《乡射礼》、《燕礼》、《大射仪》等五篇十二卷，培翚在世时未卒业。

第四节 《仪礼正义》成书时间及版本概况

一、《仪礼正义》成书与初刻时间考证

关于《正义》的成书时间，相关史料并无明确记载，只能通过考证得以确定。

---

①段熙仲点校，胡培翚：《仪礼正义》，第 2434 页。

在培翚去世的当年十月，也即在培翚去世的三个月后，顺德罗椒生撰写了《仪礼正义序》。在此《序》中，罗椒生既无片言只语说明培翚死后《正义》的补编情况，也未交待《正义》之书的竣工事宜，这只能说明罗椒生在作该《序》时，《正义》并无成书。

另外，《仪礼正义序》称："今先生亦力疾成书，书甫成而遽归道山。后先之轨，千载同符。然则先生绍业郑君，将于是在。世有好是书而刊布之者，其亦先生之志也夫。道光己酉十月，顺德罗惇衍椒生氏撰。"①不难看出，在罗椒生撰此《序》时，《正义》也尚未付梓。但王文进《文禄堂访书记》记载《仪礼正义》有"道光己酉（1849）木犀香馆刻本"②，蒋元卿的《皖人书录》一书也载《仪礼正义》有"清道光二十九年（1849）木樨香馆刻本"。③ 如果王文进与蒋元卿此条记录不误的话，那么"道光二十九年木樨香馆刻本"也只能出现在是年十月以后，也即在罗椒生撰写《仪礼正义序》之后。但王锷《三礼研究论著提要》认为此刊本"疑为误载，即指咸丰二年（1852）刊本，盖因书前有道光二十九年（1849）罗惇衍序也。胡氏卒于七月，书尚未完稿，又罗序云：'有好是书而刊布之者，其亦先生之志也。'由是而知，此书道光时绝未刊行也"④。其实，王锷的怀疑自有道理。陆光祖《仪礼正义书后》云："道光己酉，先大父持节两江，次年，延长洲陈硕甫先生校勘郝氏《尔雅义疏》、金氏《求古录礼说》、江氏《韵书》三种，为家塾课读，次第刊成。惟胡氏《仪礼正义》卷帙最繁，后付剞劂，工未竣而军事遂起。"⑤培翚学生汪士铎也有同样的记载："《仪礼正义》者，绩溪胡竹村师所撰也。其书自《注》、《疏》外博采宋张氏、黄氏，元敖氏、杨氏以下无虑数十家。原稿已定，编次未完，先生遂归道山。陆立夫尚书属杨君（杨大堉）卒成之，俾陈君硕甫奂刊于姑苏，其板后归先生犹子季临少宰。"⑥汪士铎所提到的陆立夫，即为陆光祖的祖父陆健瀛。陆健瀛曾于道光己酉（1849）持节两江，又于次年延陈奂校勘郝懿行等人之书，并次第刊刻，但《仪礼正义》因卷帙繁富而后付剞劂。这同时也说明了在陆健瀛刻成郝懿行《尔雅义疏》等书时，《仪

---

①罗椒生：《仪礼正义序》，见段熙仲点校，胡培翚《仪礼正义》卷首。
②柳向春标点，王文进著：《文禄堂访书记》，上海古籍出版社2007年版，第22页。
③蒋元卿：《皖人书录》，第724页。
④王锷：《三礼研究论著提要》，第203页。
⑤陆光祖：《仪礼正义书后》，见清王先谦编：《清经解续编》第三册，上海书店1988年版，第820页。
⑥汪士铎：《重刊〈仪礼正义〉序》，《汪梅村先生集》卷七，《续修四库全书》第1531册，第654页。

礼正义》已经撰著完毕,只等校勘付梓了。根据上述推测,则《仪礼正义》最终成书约于道光庚戌(1850)年间或稍后。至于付于剞劂,则为此后之事了。

另外,陆健瀛于咸丰二年壬子(1852)九月曾作《校刊仪礼正义序》,称:"绩溪胡农部撰《正义》,以郑注为宗,而萃辑群言,辨析精密,洵足辅翼郑氏,嘉惠来学。因属陈奂详校授梓,仍依原帙分四十卷。《士昏礼》及《乡饮酒礼》《乡射礼》《燕礼》《大射仪》五篇十二卷,则其门人杨君大堉所补也。至是书之体例,已详椒生侍郎原序中,不复赘论。咸丰壬子九月,沔阳陆健瀛序。"①显然,《正义》是经陈奂的校勘而于咸丰壬子年(1852)付梓的。结合陆健瀛祖孙二人之序,那么,陈奂校梓《正义》大约是在道光三十年(1850)至咸丰二年(1852)间。陈奂于此段时间校梓了多部好友的著作,此种行为正如他评价胡培翚那样:"兰皋、墨庄遗书皆赖紫蒙次第付梓,高义尚忠,不忘死友者也!"②"高义尚忠,不忘死友者也"之颂词,用于陈奂本人亦很恰当。

二、《仪礼正义》版本概况及版本系统梳理

《正义》自成书以后,经历了多次刊刻,并形成了多种版本。其中比较重要的版本有清咸丰年间的木犀香馆刻本、清咸丰年间苏州汤晋苑局刻本、清王先谦编辑的《皇清经解续编》本、民国年间上海中华书局影印的《四部备要》本、民国年间上海商务印书馆编的《万有文库》本、《国学基本丛书》本、1993年段熙仲点校本及《续修四库全书》本。现根据历史文献记载及所见现存本,考辨其版本源流,阐明各本之间的关系,具体按照时代顺序论述如下。

(一)《仪礼正义》版本概况

1.清代的版本

(1)清咸丰年间的版本。由以上分析可知,《仪礼正义》40卷的最早版本应为咸丰二年壬子(1852)刻本。咸丰年间的版本主要有以下几种:

---

①陆健瀛:《校刊仪礼正义序》,《仪礼正义》卷首,陆氏木犀香馆印本(今藏南京图书馆)。
②陈奂:《师友渊源记》,光绪十二年函雅堂丛书本,第19页。

①陆健瀛原刻本。此即为清咸丰壬子二年(1852)木犀香馆刻本,40册,10行22字,小字双行同,白口,左右双边。著者署名为"清胡培翚撰,清杨大堉补"。此刻本前有道光己酉罗惇衍《仪礼正义序》、咸丰壬子陆健瀛《校刊仪礼正义序》。今藏南京图书馆。

②陆健瀛苏州汤晋苑局刻本。此即为清咸丰壬子二年(1852)苏州汤晋苑局刻本,20册,10行22字,小字双行同,白口,双边,单鱼尾。著者署名为"清胡培翚撰"。今藏国家图书馆。国家图书馆还藏有一套16册,亦为此刻本。

③陆健瀛苏州汤晋苑局刊印本。此即为清咸丰年间苏州汤晋苑局印本,20册,10行22字,小字双行同。书前有道光己酉(1849)罗惇衍序,书后无跋及刊书年月,牌记印有"苏州汤晋苑局刊印"字样。此刊印本或据苏州汤晋苑局刻本之祖本而来。今藏陕西省图书馆。

另外,据《中国古籍善本书目(经部)》[1]记载,咸丰二年的刻本还有二:一是清谢章铤校并跋本,今藏武汉图书馆;一是清陈宝璐校本,今藏福建省图书馆。此两本的著者署名均为"清胡培翚撰"。

(2)清同治年间的版本。

①陆光祖苏州汤晋苑局修补递刻本。此即为清同治七年(1868)陆光祖修补递刻陆健瀛原刻本而成,20册(4函),10行22字,小字双行同,白口,左右双边,单鱼尾。著者署名为"清胡培翚撰,清杨大堉补"。是书咸丰二年陆建瀛初刻于苏州,未完而军事起,同治戊辰陆健瀛之孙陆光祖辇其版之京师,始得补刻成帙,同年复归其版于培翚侄肇智。该刻本尾叶镌"苏州汤晋苑局刊印"字样,前有罗惇衍《仪礼正义序》、陆健瀛《校刊仪礼正义序》,后有同治戊辰陆光祖与胡肇智的跋。

②《胡氏仪礼正义》本。此即为清同治七年(1868)苏州汤晋苑苏州书局刻本,24册,10行22字,小字双行同,白口,左右双边,单鱼尾。此书书根题"胡氏仪礼正义"字样,书名为《胡氏仪礼正义》,著者署名为"清胡培翚撰"。今藏国家图书馆。国家图书馆还藏有一套20册,亦为此刻本。

③胡肇智重印本。亦即胡氏研六室印本。此即为清同治八年(1869)胡肇智据同治七年陆氏苏州汤晋苑苏州书局刻本重印,20册,10行22字,

---

①中国古籍善本编辑委员会编:《中国古籍善本书目(经部)》,上海古籍出版社1989年版,第188页。

小字双行同,白口,左右双边,单鱼尾。书前有罗惇衍《仪礼正义序》、陆健瀛《校刊仪礼正义序》,后有同治戊辰陆光祖与胡肇智的跋。胡肇智的跋文交代了从陆氏处得书板的经过。后附胡匡衷《仪礼释官》4 册,二者合为 24 册。书前有"同治己巳重刊"字样,牌记曰"研六堂藏版",可知此书乃胡肇智获取书板后的重印本。

(3)清光绪年间的版本。

①《皇清经解续编》本。亦称南菁书院本。此版本为清王先谦辑,刻成于清光绪十四年(1888)六月。该书是《皇清经解续编》209 部著作中的第 104 部,11 行 24 字,小字双行同,白口,左右双边,单鱼尾。著者署名为"清胡培翚撰,清杨大堉补"。此书前有罗惇衍《仪礼正义序》及目录,后有同治戊辰陆光祖与胡肇智的跋。

②上海蜚英馆缩印《皇清经解续编》本。此版本是光绪十五年(1889)上海蜚英馆据光绪十四年《皇清经解续编》本缩印而成,2 册,一卷之中复分上、中、下 3 栏,栏 33 行,行 24 字,白口,四周单边,单鱼尾。著者署名为"清胡培翚撰,清杨大堉补"。

2.民国时期的版本

(1)四部备要(经部)本。该版本由民国二十五年(1936)上海中华书局据南菁书院《皇清经解续编》本校刊后铅印。此书由桐乡陆费逵总勘,杭县高时显、吴汝霖辑校,杭县丁辅之监造,共 16 册。著者署名为"清胡培翚撰"。书前有顺德罗椒生《仪礼正义序》及《仪礼正义》目录,书后附陆光祖与胡肇智的跋。

(2)四部备要(经部)之清十三经注疏本。上海中华书局曾于 1936 年将上述四部备要(经部)本之《仪礼正义》收入四部备要(经部)之"清十三经注疏"中,简称四部备要(经部)之清十三经注疏本。在印行的过程中,将《仪礼正义》与朱彬的《礼记训纂》合为一册(第九册)。该版本实为影印上述四部备要(经部)本而成。

(3)《万有文库》本。《万有文库》为王云五主编,共 1721 种、4000 册,1929 年至 1937 年上海商务印书馆排印、影印本。《万有文库》分一、二两集,《仪礼正义》收入第一集一千种内,为《国学基本丛书初集》100 种之一,16 册,据咸丰壬子(1852)九月版本重印,上海商务印书馆民国二十二年(1933)十二月出版,属国学基本丛书。该书第一册前有顺德罗椒生的《仪礼正义序》、咸丰壬子九月沔阳陆健瀛《校刊仪礼正义序》，第 16 册后附清同治戊辰（1868）年陆光祖与胡肇智的跋。此版本曾于民国二十三年（1934）上海商务印书馆再版。

（4）《国学基本丛书》本。《国学基本丛书》是商务印书馆在 1934 至 1936 年间编印的一套丛书，第一集 100 种，第二集 300 种，计 400 种。它是根据《书目答问》、《最低限度国学书目》等十三种当是流行的书目筛选而成的。后来此丛书全部被收入《万有文库》中。上海商务印书馆曾于民国二十三年（1934）四月出版兼印行一套《仪礼正义》，3 册，卷首有道光二十九年顺德罗椒生的《仪礼正义序》、咸丰壬子九月沔阳陆健瀛《校刊仪礼正义序》，书属国学基本丛书，现藏上海图书馆。上海图书馆还藏有一套国学基本丛书本的《仪礼正义》，其于民国二十六年（1937）一月出版兼印行，4 册，卷首有道光二十九年顺德罗椒生的《仪礼正义序》、咸丰壬子九月沔阳陆健瀛《校刊仪礼正义序》。

另外，商务印书馆曾于民国二十五年（1936）开始印行一套《国学基本丛书》简编本，50 种。该馆据此简编本于民国二十八年（1939）十二月印行一套《仪礼正义》，16 册，出版地为长沙。今藏上海图书馆。

3.解放以后的版本

（1）《国学基本丛书四百种》重订本。该重订本是王云五先生根据上海商务印书馆 1934 年至 1936 年陆续编辑印行的《国学基本丛书四百种》重订而成，于 1967 年由台北商务印书馆出版。其中胡培翚的《仪礼正义》分为 2 册，上册前有顺德罗椒生的《仪礼正义序》、咸丰壬子九月沔阳陆健瀛《校刊仪礼正义序》、目录、自卷一至卷十八；下册自卷十九至卷四十，附有陆光祖与胡肇智的跋。

（2）《国学名著珍本汇刊》本。此书由杨家骆先生主编，是近三百年经学名著汇刊之一，于 1973 年 5 月由台湾鼎文书局影印出版。其中胡培翚的《仪礼正义》是据《皇清经解续编》本影印而成，著者署名为"清胡培翚撰，清杨大堉补"。

（3）四部备要中华书局辑刊本。此书是北京中华书局据上海中华书局 1936 年版《四部备要》（经部）之清十三经注疏本影印而成，1989 年出版，属"中华书局辑刊"丛编系列之一。在此版本中，胡培翚的《仪礼正义》与朱彬的《礼记训纂》同时被安排于经部第 9 册中。

　　（4）段熙仲点校本。此书于1993年7月由江苏古籍出版社出版，3册，繁体竖排版，使用新式标点。正文中《仪礼》经文文字以大字标出，郑注及胡氏《正义》以小字标出以示区别，且郑注与胡氏《正义》字体一样。该点校本以《皇清经解续编》本为底本，校以四部备要本、苏州陆健瀛刻本。正文前依次附有段熙仲的点校说明、目录、段熙仲《胡氏仪礼正义释例》、陆健瀛《校刊仪礼正义序》、罗惇衍《仪礼正义序》。书后依次附有陆光祖与胡肇智的跋以及段熙仲的三篇文章，依次为《点校者对仪礼的初步认识》、《绩溪胡氏四世仪礼学者集传》、《胡氏仪礼正义引用书目》。该版本尽管在点校方面还存在一定的不足，但非常适合初读，是研究《仪礼》必备的参考书之一。

　　（5）《宋元明清十三经注疏汇要》本。该集由中央党校出版社传统文化研究组编，中央党校出版社1996年出版，集中收录了宋、元、明、清有关注疏或接近注疏本21种，包括宋代3种、元代5种、明代1种、清代12种，其中胡培翚的《仪礼正义》据《皇清经解续编》本影印而成。

　　（6）《清人注疏十三经》本。本书据上海中华书局1936年版《四部备要》本缩印而成。收录惠栋《周易述》（附江藩、李林松《周易述补》）、孙星衍《尚书今古文注疏》、马瑞辰《毛诗传笺通释》、孙诒让《周礼正义》、胡培翚《仪礼正义》、朱彬《礼记训纂》、洪亮吉《春秋左传诂》、陈立《公羊义疏》、钟文烝《穀梁补注》、刘宝楠《论语正义》、焦循《孟子正义》、皮锡瑞《孝经郑注疏》、郝懿行《尔雅义疏》，后附王引之《经义述闻》，是研究经学极为重要的参考资料。该书由北京中华书局1998年出版。

　　（7）《续修四库全书》本。《续修四库全书》是上海古籍出版社2002年出版，其中《仪礼正义》（91、92册）是据南京图书馆藏清木犀香馆本影印而成，牌记曰"木犀香馆家刻藏板"，书前有道光己酉九月罗惇衍的《仪礼正义序》，序后有光绪壬寅（1902）冬十月之望陈作霖识语，其云："江宁杨疋轮明经，道咸间经师也，著述满家，悉付楚矩。惟绩溪胡竹村主政《仪礼正义》内《士昏》、《乡饮酒》、《乡射》、《燕》、《大射》诸篇，为明经所补疏，征引详明，师、弟一轨，吉光片羽，弥足珍已。光绪壬寅冬十月之望陈作霖识于征文考献之室。"该版本无陆健瀛咸丰壬子《校刊仪礼正义序》，书后无跋。

　　（二）《仪礼正义》版本系统归类

　　由以上分析可知，《仪礼正义》在版本方面可归属于以下几种版本系统。

　　1.陆氏刻本。清咸丰、同治年间的《仪礼正义》刻本及后来影印的《续修四库全书》本应属一个版本系统——陆氏刻本。它由陆健瀛初刻于清咸丰壬子二年(1852),最终由陆光祖刻成于清同治七年(1868),中间因战事而陆续停刻,但此间刷印了多次,因而出现了多种刻本。

　　2.南菁书院本。清光绪年间所刻的《皇清经解续编》本以及后期所影印的《四部备要》本、《国学名著珍本汇刊》本、《宋元明清十三经注疏汇要》本均属于该版本系统。

　　3.《万有文库》本。王云五所编的《万有文库》本、《国学基本丛书》本、《国学基本丛书四百种》重订本均属于《万有文库》本。在该版本系统中,《仪礼正义》已出现句读,便于阅读。

　　4.段熙仲点校本。该点校本由于参考了多种版本,并于每卷之后附有详细的校勘记,且使用了新式标点,故该版本应是目前最好的本子。因此,本文的研究也以该版本为主要依据。文中所引《仪礼正义》之例,均出自该版本。由于段熙仲先生在整理时,存在引文未标起讫,书籍未标书名号等现象,本文引用时对其标点有所补充修正,不另行注释。

第四章　《仪礼正义》补纂考论

　　培翚生前并没有完成《仪礼正义》的全部撰著任务,其中《士昏礼》、《乡饮酒礼》、《乡射礼》、《燕礼》、《大射仪》等五篇十二卷疏文,是由其族侄胡肇昕以及学生杨大堉相继参与补纂,才使得该书最终得成完帙。

　　胡肇昕(1799—?),字晓庭,一字筱汀,胡培孝长子,胡秉虔之孙。廪贡生。长于文字学,所撰《斋中读书诗》一卷,录五言古诗十七首,皆说经之作。又有《如不及斋就正草》一卷、《诗续录》一卷①。

　　杨大堉,字雅轮,诸生。江苏江宁人,与汪士铎齐名,笃学寡交,研究经训。初从元和顾广圻、吴县钮树玉游,后从学于胡培翚。著有《说文重文考》、《论语正义》、《毛诗补注》、《三礼义疏辨正》等书,皆佚。

　　《仪礼正义》胡肇昕与杨大堉补纂章节,在解经方面与胡培翚撰著的章节存在差别,二者不可混为一谈。由于二人补纂的卷数占全书卷数之三成,因此完全有必要对胡、杨补纂情况进行研究。而对胡、杨补纂章节的经解情况进行梳理,不仅可以还原胡、杨补纂章节的经解特点,也能看出胡、杨解经与培翚解经之差距。

第一节　胡、杨补纂工作辨析

　　对于培翚未完成的五篇十二卷的著成情况,历来学者对其说法不一。经过梳理,大致有以下四种说法:

　　其一,认为此五篇是培翚的弟子杨大堉续写而成的。如《清儒学案》云:"(胡培翚)尝病《仪礼》贾《疏》多舛,乃有重疏之志。初意专解《丧服》,故从丧祭起手,先成《丧服经传》、《士丧礼》、《既夕礼》、《士虞礼》四篇,次及《特牲馈食礼》、《少牢馈食礼》、《有司彻》诸篇。草稿粗具,及患风痹,犹力疾从事,左手作书,且命族子肇昕助之校写,研精覃思,积四十馀年,成《仪

────────────

①柯愈春:《清人诗文集总目提要》,北京古籍出版社2001年版,第1345页。

礼正义》四十卷。……书中惟《士昏礼》、《乡饮酒礼》、《乡射礼》、《燕礼》、《大射仪》五篇未卒业,弟子杨大堉续成之。"①

　　其二,认为此五篇是培翚弟子杨大堉补编而成的。如陆建瀛在《校刊仪礼正义序》中称:"绩溪胡农部撰正义,以郑注为宗,而萃辑群书,辨析精密,洵足辅翼郑氏,嘉惠来学。因属陈君奂详校授梓,仍依原帙分四十卷。《士昏礼》及《乡饮酒礼》、《乡射礼》、《燕礼》、《大射仪》五篇十二卷,则其门人杨君大堉所补也。"②陈奂《师友渊源记》也称:"《仪礼正义》广采博收,成书最富,业未竟而病卒,《士昏》、《乡饮酒》、《乡射》、《燕》、《大射》五篇,其门人江宁杨大堉□□为之补编,成四十卷。"③《清史列传》承其说,也云:"培翚覃精是书,凡四十馀年。晚岁患风痹,犹力疾从事,尚有《士昏礼》、《乡饮酒礼》、《乡射礼》、《燕礼》、《大射仪》五篇,未卒业而殁。门人江宁杨大堉从学《礼》,为补成之。"④

　　其三,认为此五篇是培翚命族侄胡肇昕手录并授以己意,令附于后,再经弟子杨大堉补纂而成书。这种说法最早源于胡培系《事状》,其称:"乙巳春,(胡培翚)又病偏中,右手不能握管,乃以左手著书。病中尝谓培系曰:'脱不幸填沟壑,他无所恋,惟《仪礼正义》未成,为可惜耳!'培系从容言:'兄盍命子弟辈助兄荟辑众说,以俟折衷,为力较省。'公瞿然曰:'谁可者?'培系以从子肇昕对,公深以为然,乃以《士昏》《乡饮》《乡射》《燕礼》《大射》诸篇授肇昕,命为采辑诸说,鳞次排比,如有己见,并令附后。公易箦时,《正义》尚缺五篇,其后陆笠夫制府为刊于江宁,属公弟子杨君大堉为之补纂,即据肇昕所辑之底本也。"⑤后胡韫玉、金天翮等人承其说。胡韫玉《胡培翚传》云:"先生体素丰硕,精力过人,癸卯病疸后稍衰,尝以《仪礼正义》未卒业为可惜,乃命从子肇昕手录《士昏》、《乡饮》、《乡射》、《燕礼》、《大射》诸篇,采辑诸说,鳞次排比,授以己意,令附诸后。迨易箦时,尚缺五篇。其后陆笠夫制府为刊于江宁,属先生弟子杨大堉为之补纂,即据昕所辑之底本也。"⑥金天翮《胡培翚传》也云:"自癸卯病疸,体稍衰,而《仪礼正义》

①沈芝盈、梁运华点校,徐世昌等编:《清儒学案》,第3789—3790页。
②陆建瀛:《校刊仪礼正义序》,载《仪礼正义》段熙仲点校本卷首。
③江标署检,陈奂著:《师友渊源记》,光绪十二年函雅堂丛书本,第19页。
④王钟翰点校:《清史列传》卷六十九,第5620页。
⑤胡培系:《族兄竹村先生事状》,《胡培翚集》,第19—20页。
⑥胡韫玉:《胡培翚传》,《国粹学报》,第七年第二册(原第76期),1911年2月。

未卒业，乃命从子肇昕手录《士昏》、《乡饮》、《乡射》、《燕礼》、《大射》诸篇，采辑诸说，鳞次排比，授以己意，令附诸后。越六年己酉卒，年六十有八。沔阳陆建瀛督两江，属培翚弟子杨大堉据肇昕所辑本，补纂五篇，成四十卷，刊于金陵。与《燕寝考》二卷、《研六室文钞》十卷，并行于世。"①

其四，认为此五篇是在培翚原稿的基础上，经胡肇昕、杨大堉补缀成编的。此说以胡肇智为代表。胡肇智说："道光乙巳，智奉讳南归，见《丧服经传》、《士丧礼》、《既夕礼》、《士虞礼》四篇已成。《特牲馈食礼》、《少牢馈食礼》、《有司彻》诸篇，草稿粗具。其馀各篇，皆经考订，尚未排比。先叔父初意专解《丧服》，故从丧祭诸礼起手也。是年四月，患风痹，犹力疾从事，左手作书。以族侄肇昕，留心经学，命助校写。己酉夏，尝寄智书曰：'假我数月，全书可成。'讵意背疽复发，遽于七月弃世。尚有《士昏礼》、《乡饮酒礼》、《乡射礼》、《燕礼》、《大射仪》五篇，未卒业。江宁杨明经大堉，昔从先叔父学礼，因为补缀成编。书中有'堉案'及'肇昕云'者，即二君之说。馀皆先叔父原稿。"②

上述四种说法，实可归结为两点，即《士昏礼》等五篇或为杨大堉续写、补编而成的，或为胡肇昕、杨大堉共同补纂的。那么，情况到底如何呢？下面我们结合具体材料加以辨正。

其实，在上述的四种说法中，胡肇智与胡培系二人的说法比较可信。毕竟胡肇智曾于道光乙巳(1845)"奉讳南归"，亲眼见过培翚《仪礼正义》的撰著情况。另外，培翚去世前曾写信给胡肇智，称："假我数月，全书可成。"从这些情况来看，胡肇智上面的说法比较可信。胡培系是培翚从弟，且曾向培翚问学，对培翚撰著《正义》的情况也应比较了解。从上述所引胡培系《事状》中也可看出，培翚曾与培系讨论《士昏礼》等五篇让胡肇昕帮忙"采辑诸说"一事。但胡培系对此五篇的成书之说与胡肇智的说法不一致，这又是为什么呢？我们不妨先分析一下胡培系《事状》的说法。该文称"以《士昏》、《乡饮》、《乡射》、《燕礼》、《大射》诸篇授肇昕，命为采辑诸说，鳞次排比，如有己见，并令附后。公易篑时，《正义》尚缺五篇，其后陆笠夫制府为刊于江宁，属公弟子杨君大堉为之补纂，即据肇昕所辑之底本也"。可

① 金天翮：《胡培翚传》，钱仲联主编：《广清碑传集》，第 703 页。
② 段熙仲点校，胡培翚：《仪礼正义》，第 2434 页。

见,胡、杨二人对此五篇所完成的任务是不一样的。胡肇昕是在培翚授意下"采辑诸说,鳞次排比"的,至于"如有己见,并令附后"的内容,即为定稿中"肇昕云"之语。可见,胡肇昕是遵循培翚的安排而收集材料并加以排比的,因此,这部分的内容完全可视为二人的合作成果,故胡肇智说"馀皆先叔父原稿",也未尝不可。而杨大堉插手《正义》是在培翚去世以后,其任务是在胡肇昕辑本的基础上进行补缀成编,而不是如《清儒学案》所说的续写。这样一来,胡、杨二人的功劳都可看成是"补缀成编",书中"堉案"及"肇昕云"者,实则是二人"补缀"的部分。

对于上述胡肇智的说法,复旦大学柳向春博士曾撰文提出自己的见解,其云:"据此文意,则此五篇胡培翚亦有初稿,胡肇昕、杨大堉仅为增补校正而已。"接着他从文本内证和"堉案"及"肇昕云"两个角度论证,认为:

> 今以《正义》文本证之,如卷三十九《有司一》中,多处可见"馀详《士昏礼》"、"馀详《乡饮礼》"、"注详《乡饮礼》"、"详《士昏礼》"、"详《乡饮酒礼》",卷四十《有司二》中,又可见"义详《乡饮酒礼》"等语,可知此五篇确如肇智所述,在培翚生前已有未竟之稿。再以胡、杨二人在文中表述自己观点所用措辞而言,肇昕作"胡氏肇昕云",而大堉则作"堉案"。肇昕措辞与《正义》中引人姓名之作"某氏某某云"或"某氏某某曰"正同,故肇昕之自视增补《正义》,殆无异议。而"案"则用如断语,学界多以为源于《汉书·贾谊传》:"验之往古,按之当今之务。"后由"审查、考核"等义转为"按语"之义("按"、"案"通用),以此表达勘正、补充之义,为后世作校笺者所习用。大堉自用"案"之形式与上文所言其任校雠之事正相符合,故以大堉之措辞分析,大堉亦仅以校勘者自居而已。由此可证,五篇之中,除"堉案"、"肇昕云"各条之外,全为培翚原稿。故其五篇十二卷之作者署名,或可改题为"绩溪胡培翚学,受业绩溪胡肇昕增补、江宁杨大堉校正。"①

柳向春博士的分析自有道理,但他没有明确指出"胡肇昕增补"的真实情况。其实上文所引《清儒学案》和胡韫玉的《胡培翚传》对胡肇昕的"增

①柳向春:《〈仪礼正义〉成书考》,《文献》,2005年7月第3期,第203页。

补"有明确的说明,前文所提及的《清儒学案》已经说得很明白:胡肇昕是在草稿粗具的基础上帮助培翚校写的。引文中所谓"草稿粗具",是指除《丧服经传》、《士丧礼》、《既夕礼》、《士虞礼》四篇之外其它篇章的撰写情况。因为引文谈到"先成《丧服经传》、《士丧礼》、《既夕礼》、《士虞礼》四篇",既然上述篇章已经完成,就不必说是草稿粗具。那么此处所说的"草稿粗具",就应该是指包括《士昏礼》在内的所有篇章的撰著情况。既然如此,这就说明培翚在世时已有《士昏礼》等五篇之草稿,而此草稿即为培翚命肇昕"采辑诸说,鳞次排比"的材料,这些材料应是培翚安排好的,只是让肇昕校写而已。胡韫玉《胡培翚传》说得也很明确:"乃命从子肇昕手录《士昏》、《乡饮》、《乡射》、《燕礼》、《大射》诸篇,采辑诸说,鳞次排比,授以己意,令附诸后。"既然是"手录",其实就是上文所谈到的校写。不过此处胡韫玉说得更明白:胡肇昕是在培翚的授意下,对《士昏礼》等五篇进行手录的。由此可见,胡肇昕的"增补"实非续写,而是在胡培翚安排好的材料的基础上"如有己见,并令附后"而已。

另外,陈奂与培翚多有交游,并参与《正义》的校梓工作,其对培翚未完成的五篇的写作情况也应当了然于心。因此,对于《士昏礼》等五篇的撰写情况,本文采胡肇智、陈奂等人之说。再考上引胡肇智所说的话,我们也可以看出:道光乙巳(1845),培翚六十四岁,此时已经完成了《丧服经传》、《士丧礼》、《既夕礼》、《士虞礼》四篇的定稿。《特牲馈食礼》、《少牢馈食礼》、《有司彻》诸篇,也已草稿粗具。其馀各篇(包括《士昏礼》等五篇在内),皆经考订,只是尚未排比而已。此后数年,培翚力疾写书,虽患病,但仍不辍劳作。从培翚去世前所说的"假我数月,全书可成"之语可以看出,其所剩的工作不多了。可以这样认为,去世前,培翚在胡肇昕的帮忙下基本完成全书,只是未将《士昏礼》、《乡饮酒礼》、《乡射礼》、《燕礼》、《大射仪》五篇十二卷的疏文作修改、定稿而已。

因此,对于《正义》之成书,我们可以如此结论:培翚生前已基本写定是书。《士昏礼》等五篇在族侄胡肇昕的帮忙下已形成初稿,只是未作最后的校勘与定稿。后杨大堉在胡肇昕初稿的基础上增补、校勘并加以联缀成编,从而完成了《仪礼正义》四十卷的皇皇巨著。

第二节　杨大堉的补纂工作

上文的考辨清楚地告诉我们,胡、杨所做的工作是不一样的。胡肇昕是在叔父胡培翚的邀请下,具体做了"采辑诸说,鳞次排比"的工作,并在排比诸说时如有己见,可以附在诸说之后,如此,在书中留下了"胡氏肇昕云"之内容。至于杨大堉,他是在培翚去世之后,受陆笠夫(陆建瀛)嘱托而参与补纂的,其补纂工作主要是在胡肇昕辑本的基础上进行补缀成编。胡、杨二人在补纂章节中分别留下了"胡氏肇昕云"及"堉案"等解经案语。细检全书,其中所附"胡氏肇昕云"达 160 条之多,所附"堉案"仅有 24 条。再由前文的梳理可知,书中所附这些案语,其实并非二人补纂工作之全部。另外,胡肇昕所做的工作相对来说是清晰的。而杨大堉在补纂时具体做了哪些事,后人又是怎样评价的,学界论述较少。本文通过考证杨大堉的补纂事宜,以补此方面研究之不足。

一、改动胡肇昕案语

杨大堉在补纂时,曾改动胡肇昕案语"胡氏肇昕云"之内容。对此,清人赵之谦有过评价,他在给胡秉虔作传时提及胡肇昕,并称:"肇昕字晓庭,诸生。师事竹村户部,性淡泊,不慕荣利,无竞心。虽处穷困,闭门著书,中怡怡然。户部之撰《仪礼正义》也,未成而感疾,命之补作,及书成,为户部刊之。携摹至江宁,户部弟子杨大堉实任校雠,及刻成,则某窃君按语为己有,君见之夷然不问也。"①赵之谦提及"则某窃君按语为己有"之说,显然是认为杨大堉在补纂时曾剽窃胡肇昕案语为己有,而胡肇昕后来对此事的态度是"夷然不问"。关于杨大堉窃胡肇昕按语为己有,张文博士曾撰文进行论述,他通过罗振玉《雪堂类稿》所收赵之谦致胡培系的手札,分析赵之谦下此结论是与胡培系有关,认为赵之谦是在与胡培系的信件往来中,获知杨大堉在补纂《仪礼正义》时窃胡肇昕按语为己有的事实,所以后来赵之谦在撰写《国朝汉学师承续记》时结论曰"则某窃君按语为己有"。另外,张

---

① 赵之谦手稿,漆永祥整理:《国朝汉学师承续记》,载漆永祥:《汉学师承记笺释》,第 968 页。

文博士根据胡肇昕《〈仪礼正义〉正误》①之内容进行了分析,并认为杨氏袭取之迹有:改窜原稿,将胡肇昕的论说据为己有;抹去胡肇昕之名,巧为掩饰,将胡肇昕之说变为己有等情况,并推测杨大堉袭取胡肇昕之论断而没去其名者定然不少②。张文的分析是有道理的。

下面结合胡肇昕《〈仪礼正义〉正误》之内容,我们来梳理一下杨大堉对胡肇昕案语的改动情况。

据胡肇昕《〈仪礼正义〉正误》,我们知道在《仪礼正义》刊成后,胡肇昕曾对全书进行了校勘,写下了校勘记录,并在有些校勘记录后添加了案语。从其中的一些案语中确实也能看出杨大堉对胡肇昕辑本的改动情况。如胡肇昕在校勘《大射》篇时曾有如下案语:

①十三之二"大射仪":"案末引蔡氏说,当在愚说之中,故末有'是也'二字。今杨君乃以褚说夹于愚说与蔡氏说之中,而末'是也'二字不删,误甚。"

②十三之二十"公降立":"'胡氏肇昕曰'五字当置于'误衍者'下。以自'以下云'皆愚说也,至此处当云'案,卿为上大夫'云云,方合。又'经既云云',下'云'字当作'公'。"

③十五之十七"上射揖":"考《射义》云,'考'字当改'胡氏肇昕曰'五字。以上是愚断语。"

分析以上案语,可以大略窥见杨大堉对"胡氏肇昕云"的改动情况,大致包括三方面:

1.在胡肇昕案语中插入他说,将原案语割裂开来,如例①。杨大堉主要是通过在胡肇昕案语之中插入褚说,而插入的地方恰好选在"己见"及蔡德晋说之间,将原案语分割开来,却未将句末的"是也"二字删去。杨大堉这种做法,很容易让人误解为褚说和蔡说都是胡肇昕案语。杨大堉在此处所插入的褚寅亮说,学界已有人讥之:"然褚氏之说本为申述郑注而发,完全据郑《目录》所言诸侯将祭择士之射为说,与敖氏、盛氏、胡肇昕和蔡德晋诸家之说完全不合,置于此处尤非所宜。而杨大堉既变乱胡肇昕原稿之文,以褚氏之说列之于前,又不删去句末'是也'二字,则似为引据蔡氏之说

①胡肇昕:《〈仪礼正义〉正误》,北京大学图书馆藏民国九年(1920)木活字本。
②详见张文《〈仪礼正义〉补纂问题考论》,《中国典籍与文化》,2014年第2期,第118—129页。

以证褚氏之说，而全然不觉二说之矛盾纷岐，宜乎胡肇昕讥斥其为'误甚'！"①

2.保留胡肇昕案语之部分内容，将其馀内容视为疏文，如例②。卷十三《大射》："公降立于阼阶之东南，南乡。小臣师诏揖诸公卿大夫，诸公卿大夫西面北上，揖大夫，大夫皆少进。"注："诏，告也。变尔言揖，亦以其入庭深也。上言大夫，误衍耳。"《正义》曰：

> 云"上言大夫，误衍耳"者，以下云"揖大夫"，则上止揖公卿，故《燕礼》亦上止言尔卿，无大夫。以彼决此，知上文"公卿"下，两误衍"大夫"字也。郝氏曰："言'揖诸公、卿、大夫'，又言'揖大夫'者，卿为上大夫也。"胡氏肇昕曰："卿为上大夫，经既云公卿，不得复云大夫。盖卿可称上大夫，不得连称卿大夫也。郝说非是。"②

据胡肇昕的校勘案语，则此段疏注之文均为"胡氏肇昕曰"的内容。杨大堉在胡肇昕辑本基础上，擅自将原案语一分为二，只将部分内容视为胡肇昕之案语，抹杀了胡肇昕之功劳。

3.直接去掉"胡氏肇昕曰"字样，将胡肇昕案语均视为疏文，如例③。此处，杨大堉将"胡氏肇昕曰"直接改为"考"，让读者难以裁决考证的作者到底是谁。杨大堉的做法不仅完全抹去了胡肇昕的功劳，也授人以口实，让知情者胡培系直接讥之为剽窃；而且赵之谦得知后也以为不屑，说"某窃君按语为己有"，替胡肇昕鸣不平。

由于胡肇昕《〈仪礼正义〉正误》所保存的校勘案语较少，我们对杨大堉改动胡肇昕案语的情况也只能知道这些了。由杨大堉的改动情况来看，我们认为，一方面他对胡肇昕案语的改动并不仅仅限于这三种情况；另一方面，杨大堉对胡肇昕辑本的其它疏文估计也有不少改动，只是资料有限，难以确考罢了。

二、添加"堉案"

杨大堉补纂时，也增添了自己的见解，这些内容主要以"堉案"的形式列在书中，这样的案语有 24 条。其实，胡、杨补纂的五篇十二卷中标注以

---

① 张文：《〈仪礼正义〉补纂问题考论》，第 123 页。
② 段熙仲点校，胡培翚：《仪礼正义》，第 815—816 页。

"案"的内容,多数也应该属于杨大堉的案语,这可以从这些章节的署名中得以印证。胡、杨补纂章节,最终署名只有杨大堉(受业江宁杨大堉补)。由于杨大堉做了书稿的收尾工作,而他又是受陆建瀛嘱托进行补纂的,因此,杨大堉既可以己意更改胡肇昕之案语,并常将自己的案语置于"胡氏肇昕曰"之前;也可以添加自己的见解。他在添加见解时,分别以"堉案"、"大堉案"、"案"等不同的方式表现出来。

关于"堉案"的内容,张文博士认为这些案语存在严重问题,从内容来源来看,这些案语全部照抄自《仪礼义疏》。他还认为"堉案"从形式上可以分为两类,共计 22 条,皆原原本本钞撮《仪礼义疏》之文,并无杨氏本人的案断之语①。张文的说法是正确的。如他所举的第一个例子:

> 《士昏》:"舅姑共飨妇以一献之礼。舅洗于南洗,姑洗于北洗,奠酬。"正义曰:……堉案:《义疏》云:"舅献姑荐,疏云:'舅献姑酬,共成一献。'下《记》亦云'姑荐',又云'妇酢舅,更爵自荐',则一飨而献酢酬之节皆备也。据《乡饮酒礼》,献宾席前西北面,酬则席前北面,宾酢主人则席前东南面,荐脯醢。此经第言一献。至所谓酬者,考之于礼,主人酬宾则奠于荐右,《乡饮酒礼》'主人奠觯于荐西'是也。宾及主人拜送后,宾乃奠于荐左,彼经所谓'宾北面、奠觯于荐东'是也。此经奠酬当亦合姑与妇言。姑奠在右,妇奠在左。酢则当有舅席,如妇见时所设。妇东南面送爵于舅,姑酬则无酢,故略之。"②

此段案语其实出自于《仪礼义疏》卷四十五,原文是:

> 案:郑注云:"舅献姑荐。"贾疏云:"舅献姑酬,共成一献。"下《记》亦云"姑荐",又云"妇酢舅,更爵自荐",则一飨而献酢酬之节皆备也。据《乡饮酒礼》,献宾席前西北面,酬则席前北面,宾酢主人则席前东南面,荐脯醢。此经第言一献。至所谓酬者,考之于礼,主人酬宾则奠于荐右,《乡饮酒礼》"主人奠觯于荐西"是也。宾及主人拜送后,宾乃奠于荐左,彼经所谓"宾北面、奠觯于荐东"是也。此经奠酬当亦合姑与妇言。姑奠在右,妇奠在左。酢则当有舅席,如妇见时所设。妇东南

---

① 张文:《〈仪礼正义〉补纂问题考论》,第 120—121 页。
② 张文:《〈仪礼正义〉补纂问题考论》,第 120—121 页。例见段熙仲点校,胡培翚:《仪礼正义》,第 197 页。

面送爵于舅,姑酬则无酢,故略之。①

两相比较,杨大堉简直就是原原本本抄袭《仪礼义疏》之文的。此处需要说明的是,"堉案"在多数的情况下虽抄袭《义疏》,但并未标明出处,很容易让人误以为出自杨氏之手。如卷八"司射东面立于三耦之北,搢三而挟一个。"郑注:"为当诱射也,固东面矣。复言之者,明却时还。"此节经、注之疏文末端有"堉案":

> 堉案:司射本位在三耦之东北,至是将诱射,故就射位,立于三耦之北,及射毕,搢扑反位,则反于本位,不复向射位,两位盖各自别。②

其实,此处之"堉案",乃原封不动地抄自《仪礼义疏》卷四十五《礼节图一》中的内容,杨大堉亦未标明出处,很容易让人产生误解。当然,也有极少数"堉案"不是抄自他书的,如卷八《乡射礼一》:"乃纳射器,皆在堂西。宾与大夫之弓,倚于西序,矢在弓下,北括。众弓倚于堂西,矢在其上。"正义曰:

> 敖氏云:此以弓位之上下见尊卑也。下文云东序东,则此序下似脱一"西"字也。序西堂西之弓,其亦皆北上与? 堉案:敖说是也。堂西者,西堂下也。东序东者,东夹之东也。西序西者,西夹之西也。即东垂,西垂。众弓倚于西堂下,而矢在堂廉,宾主人大夫之弓则倚于东西堂廉之上,故下文曰主人堂东袒决遂执弓,宾于堂西亦如之,谓宾主人各在堂下,取弓于堂廉而执之也。卒射,宾序西,主人序东,皆释弓,谓释于故处也。则宾与大夫之弓在西序西明矣。若西序则西夹之墙,不应宾与大夫之弓独在堂,既在堂,宾何以在西堂下执弓? 自唐石本始脱,各本因之。③

这段疏文中的"堉案"非抄自他书,而是杨大堉自己的案语,实际上代表了杨大堉在此书中的解经水平。可惜,这样的"堉案"是很少的。

三、补充疏文

根据"堉案"原原本本钞撮《仪礼义疏》疏文之现象,可以推测出胡、杨

---

① 《钦定仪礼义疏》,《景印文渊阁四库全书》第107册,台湾商务印书馆1986年版,第555页。
② 段熙仲点校,胡培翚:《仪礼正义》,第508页。
③ 段熙仲点校,胡培翚:《仪礼正义》,第501—502页。

补编章节中所引据的《仪礼义疏》之文,很多应是杨大堉后来所增补的,只是未以"堉案"标明而已。这可以从《仪礼正义》全书引用《仪礼义疏》的情况加以证明。通过检索《仪礼正义》全书,标明"《义疏》曰"或"《义疏》云"凡出现56次,占全书十分之三的胡、杨补编章节就出现了50次(其中以"堉案"形式出现的凡8次,直接标明"《义疏》曰"或"《义疏》云"的凡42次),而占全书十分之七的培翚撰著章节仅出现6次。这只能说明杨大堉在补纂时曾直接将《义疏》之文增补到了疏文中,从而使这些章节频繁出现"《义疏》曰"或"《义疏》云"等内容。杨大堉曾著有《三礼义疏辨正》一书,后虽佚,但也能看出他对《仪礼义疏》是下过功夫的。这就能解释他为什么多次引据《仪礼义疏》之文用作"堉案"的了。当然,在补纂章节中,以"堉案"形式引用《仪礼义疏》的凡8次,显然是杨大堉直接补充的。而标明"《义疏》曰"或"《义疏》云"的42次引文,则很难断定是否全为杨大堉所增补,或具体某条为杨大堉所增补。

第三节 胡、杨案语的解经特色

既然胡、杨二人在补纂中都增加了自己的解经案语,使之成为疏文的一部分,那么,就有必要考察这些案语的解经特色。

一、"胡氏肇昕云"的解经特色

由前文可知,胡肇昕所进行的工作主要是采辑、编排"诸说",然后针对某一说解之疏漏或失误的地方发表新见。这些新见具有以下几方面特点:

(一)补他疏之遗缺

胡肇昕在罗列诸说之时,若发现有遗漏的地方,便会详加补释,如卷八《乡射礼一》:"乡射之礼,主人戒宾,宾出迎,再拜,主人答再拜,乃请。"郑注:"……不谋宾者,时不献贤能,事轻也。今郡国行此礼以季春。《周礼》乡老及乡大夫,三年正月,献贤能之书于王,退而以乡射之礼五物询众庶。诸侯之乡大夫既贡士于其君,亦用此礼射而询众庶乎?"《正义》曰:

> 云"不谋宾者,时不献贤能,事轻也"者,郝氏敬云:"射必有宾,教民序也。不谋宾,无介,礼主射,将观德焉,非专礼宾也。"胡氏肇昕曰:

"此宾贤能之后,将习射以合民储材,不能遽绳以观德,故注以不谋宾为事轻也。引《周礼》者,《乡大夫职》文。五物者,一曰和,二曰容,三曰主皮,四曰和容,五曰兴舞。注云:'和载六德,容包六行也。庶民无射礼,因田猎分禽,则有主皮。主皮者,张皮射之,无侯也。主皮、和容、兴舞,则六艺之射及礼乐与? 当射之时,民必观焉,因询之也。'马融《论语》注曰:'一曰和志,言其平心志也。二曰和容,言其和威仪也。三曰主皮,言其审正鹄也。四曰和颂,言其合音节也。五曰兴舞,言其中舞蹈也。'与郑说异。"①

此处对郑注的疏解,《正义》先罗列了郝敬《仪礼节解》之说。郝氏仅对郑注"事轻"进行了解释,其它却未加疏解。在罗列郝敬之说后,胡肇昕添加了己见,不仅对"事轻"一说重新进行了阐释,认为宾贤能之后,不能遽绳以观德,等于是推翻了郝敬"不谋宾,无介,礼主射,将观德焉"的观点;而且弥补了郝敬疏解之遗缺,对其未疏解的内容进行了补充,同时还在疏解中指出了郑玄《周礼》注之"五物"与马融《论语》注所认为的"射有五善"是有差异的。不难看出,胡肇昕此处的疏解确实有弥补遗缺之作用。

(二)评判诸说,断以己见

胡肇昕所附之案语,往往能针对诸说进行评判,如卷八《乡射礼一》:"司射犹挟乘矢,以命三耦,各与其耦,让取弓矢,拾。"《正义》疏曰:

敖氏继公云:"让者,下让其上也。取云拾者,谓更迭而取之也。司射以此二者命之。"韦氏协梦云:"'让'与'至于阶三让'之'让'同,谓上射让下射也。司射既比三耦,三耦上射先行,下射从之。上必让下,敌者之礼也。敖氏谓下让其上,未确。"郝氏敬云:"三耦既比,司射先自射教之。射者,礼仪未闲。司射挟乘矢,命各与其耦揖让,迭取弓矢,勿相杂越,皆司射命也。"姜氏兆锡云:"命各与其耦让者,射以观德,命之揖让,以审其比礼比乐之意,此乡大夫所谓退而以五物询众庶者也。拾取弓矢,亦其中和容之一征,故首命之。"张氏尔岐云:"各与其耦让取弓矢拾,即司射之所以命三耦者。"胡氏肇昕云:"郝氏、姜氏皆于'让'字绝句,张氏于'矢'字绝句,'拾'字别一句,盛氏世佐以郝、姜为得。今案:当以张氏为长。各以其耦让取弓矢,此命其取弓矢之辞。拾者,言其取之有次,不相杂越也。"①

对此段经文之疏解,《正义》先罗列了敖继公、韦协梦、郝敬、姜兆锡、张尔岐诸家之说。其中,对于经文"各与其耦让取弓矢拾"之断句,郝敬与姜兆锡断为"各与其耦让,取弓矢拾",张尔岐断为"各与其耦让取弓矢,拾"。郝、姜的断句得到了盛世佐的赞同,然胡肇昕并没有盲目遵从盛氏等人的观点,而是认为张尔岐的断句更胜一筹,同时给出了自己的观点:"各以其耦让取弓矢,此命其取弓矢之辞。拾者,言其取之有次,不相杂越也。"现代学者在标点此段经文时,都沿用了张尔岐的断句法,如李学勤主持标点的贾公彦《仪礼注疏》②和段熙仲标点的胡培翚《仪礼正义》③都是如此。可见,胡肇昕在评判诸说、断以己见时,还是很有见地的。

在评判诸说时,胡肇昕能指出他说之正误,并附以证据,令人信服。如卷八《乡射礼一》:"不洗,遂献笙于西阶上。"郑注:"不洗者,贱也。众工而不洗矣,而众笙不洗者,笙贱于众工,正君赐之,犹不洗也。"《正义》曰:

> 注"而众笙不洗者",《校勘记》云:"众,徐本作著,与单疏述注合,《通解》作众。"胡氏肇昕云:"敖氏《集说》亦云'乃著笙不洗者',似所据郑注亦作'著'字。然贾疏述注后,又云:'况众笙乎?'又云:'不取众笙,不为洗也。'两出④'众笙'字,正解注之'众笙不洗'也,当以作'众'字为正。"⑤

疏文中所提及的"众笙",有的《仪礼》注本作"著笙",此早已引起《礼》学研究者的关注。阮元《仪礼注疏校勘记》指出朱熹的《仪礼经传通解》作"众笙",其实,《通解》很多版本之间也存有差别,如国家图书馆藏日本宽文九年(1669年)仿宋刻本与华东师范大学图书馆藏清光绪十七年贺瑞麟传经堂刻本均写作"众笙",而台北"中央"图书馆所藏的宋嘉定丁丑刊本却写

---

① 段熙仲点校,胡培翚:《仪礼正义》,第505—506页。
② 详见李学勤主编:《十三经注疏·仪礼注疏》,第195页。
③ 详见段熙仲点校,胡培翚:《仪礼正义》,第505页。
④ 出,当为"处"字之误。
⑤ 段熙仲点校,胡培翚:《仪礼正义》,第487页。

作"著笙"。胡肇昕依照贾公彦《仪礼》疏文"笙人犹不为之洗,况众笙乎?欲取赐笙人不为之洗之意,不取众笙不为洗也"中的两处"众笙",断以"众笙"为正。胡肇昕依据贾疏来案断郑注文字之正误,于情于理是站得住脚的。

（三）不采他说,直接疏之

"胡氏肇昕云"中有不罗列他说而直接附以己见以疏解经、注之例,如卷九《乡射礼二》:"众宾未拾取矢,皆袒决遂,执弓,撎三挟一个,由堂西进,继三耦之南而立,东面北上,大夫之耦为上。"郑注:"言此者,嫌众宾三耦同伦,初时有射者,后乃射有拾取矢,礼也。"胡肇昕在疏解此注时,未采他说,直接以己见附之:

> 云"嫌众宾三耦同伦,初时有射者,后乃射有拾取矢,礼也",胡氏肇昕云:此节贾疏说多未明析,详注意盖以经言"众宾未拾取矢"者,以上言三耦拾取矢,此继言众宾受弓矢事,嫌与三耦同伦,以众宾亦拾取矢也。故经特著之曰:"众宾未拾取矢"。拾取矢之礼,必初时有射者,后乃有此礼,故上有三耦射,后乃有三耦拾取矢之礼。此时众宾未射,故不拾取矢。至第三番众宾射,乃亦有拾取矢之礼也。经文"众宾未拾取矢",对上三耦拾取矢为言,至三射众宾亦拾取矢,是不以其全不拾取矢,故不曰"不"而曰"未",注就本节言之,故转"未"为"不",而下又推言之,以尽其义也。[1]

此处,胡肇昕首先直接指出贾疏"多未明析",然后围绕此节经、注及乡射"拾取矢"之礼对郑注进行了细致的疏解,申注之意明矣。另外,由此段的疏解也能看出,胡肇昕解经注重从整个行礼环节来把握经义。

二、"垱案"的解经特色

（一）袭成说以解经,较少裁断

"垱案"分为两部分,一部分是抄自《仪礼义疏》的,这占绝大多数;另一

部分是出自大堉之手的。抄自《仪礼义疏》的"堉案"，其实就是引据《义疏》疏文以解经而较少裁断。如卷九《乡射礼二》："司射适堂西，命弟子设丰。"《正义》曰：

> 敖氏继公云："命设丰乃不擂扑者，以尊者亦当饮此丰上之觯故也。"褚氏寅亮云："敖说非也。宾主大夫之饮，固执爵者酌授于席前，卒觯而授执爵者也，不在丰。"堉案：设丰不言面位，据《大射仪》司宫士奉丰由西阶升，北面，坐设于西楹西，则此亦北面设之也。①

此处"堉案"实抄自《仪礼义疏》卷四十五。杨大堉解此节经文，先罗列敖继公与褚寅亮两家之说，然后抄撮《义疏》之文以案语的形式附于敖、褚二说之后以完事。释经文时，敖、褚观点并不一致，褚寅亮明确提出敖氏之说不确，而杨大堉在案语中并未对此加以裁断，只是引据《仪礼义疏》之文另立一说敷衍了事。

（二）以己见解经，间有案断

"堉案"中以己见解经的毕竟占少数，但这类"堉案"间有案断。我们不妨先来看一下本章第二节所指出的代表杨大堉解经水平的那条案语。在这条案语中，大堉先对敖继公之说进行案断，紧接着逐一疏解经文及敖说中的"堂西"、"东序"、"西序"，然后集中篇幅疏解"弓位"。释"弓位"时，不仅指明了宾、主人、大夫之弓倚放之位置，也指明了卒射后宾、主人释弓之处。因礼有贵贱，宾主不能相混，历来释礼者都比较重视这一点。杨大堉此段疏解，既有案断，论说也甚为明晰，申述经注之义明矣。

再如卷三《士昏礼》："赞者彻尊幂，举者盥，出除幂，举鼎入，陈于阼阶南，西面北上，匕俎从设。"郑注："执匕者，执俎者，从鼎而入，设之。"《正义》解此注引据吴廷华之说：

> 吴氏廷华云："上尊有幂，彻之，待酌也，设匕俎，待载也，亦彻豆巾。《仪礼》大概，右人于鼎东西面匕，左人于鼎西，俎南北面载。《士虞礼》鼎在西阶下，故匕者东面，而载者则仍北面也。贾疏以《特牲》右人鼎北南面，左人鼎西俎南北面，何也？据《特牲》'加匕'注云'左人北

面',疏亦以为鼎西北面,犹与此疏合也。但彼注又云'加匕东柄',疏亦云然。夫东柄者,以匕者在鼎东西面,故东其柄以便其匕耳。若右人鼎北南面,则当东(笔者案:"东"字误,应为"南")柄,不当东柄也。"①

是"右人西面匕",还是"右人南面匕",吴廷华在疏注时并未进行裁断,杨大堉补纂时注意到了这一问题,他给出了自己的看法:"堉案:贾疏云:右人于鼎北南面匕,左人于鼎西俎南北面载。考《特牲》注,则右人既错,西面俟,左人北面,当是右人西面匕,非南面也。"②杨大堉的此条案语出于己见,非抄袭《仪礼义疏》的。在这条案语中,杨大堉根据《仪礼》贾疏及《特牲》注进行分析后,断为"右人西面匕",显然有理有据。

总之,由于杨大堉多引据成说以解经,这就使得"堉案"的解经特色显得较为单一,缺乏新意。相较于"堉案","胡氏肇昕云"无论从内容还是在疏解方面,都显得远胜一筹了。

第四节　胡、杨补纂章节解经评说

胡、杨所补章节与胡培翚亲自撰著的章节不可同日而语,此也早已引起学界之关注。曹元忠《读胡氏〈仪礼正义〉》认为:"其门人杨大堉所补,非为曲解,即多违失。校之农部《正义》,大相悬绝,读者病焉。加以陈征君奂校刊时,转托他手,殊多脱文讹字,故定海黄元同师曾有校本。"③范文澜《仪礼读法》指出:"若胡培翚《仪礼正义》,虽详而太繁,杨大堉所补,多违古义,与原书不合,不便学者诵习。"④黄侃先生甚至认为此书补纂部分读之无味,据《黄季刚先生年谱》载:一九三二年五月七日,黄侃读《仪礼正义》,觉得"杨大堉于礼学殊疏,未足以补其师书";五月九日连日看杨大堉所补《仪礼正义》,感觉"甚无味"。⑤彭林先生也指出,胡、杨补纂章节"犹如高鹗所续之《红楼梦》,理应区分对待",其"仔细披阅杨、胡之所补,殊觉失

---

① 段熙仲点校,胡培翚:《仪礼正义》,第179—180页。
② 段熙仲点校,胡培翚:《仪礼正义》,第180页。
③ 曹元忠:《笺经室遗集》卷九,民国三十年(1941)王氏学礼斋刊本。
④ 范文澜:《范文澜全集》(第一卷),河北教育出版社2002年版,第201页。
⑤ 黄焯:《黄季刚先生年谱》,载黄侃:《黄侃日记》,江苏教育出版社2001年版,第1142页。

望"①。可见,胡、杨补纂章节在学界并不被看好。正因为如此,一些有识之士有校勘这些章节之举,如前文提及的曹元忠《读胡氏〈仪礼正义〉》曾指出,晚清礼学大师黄以周(黄元同)曾校勘此部分章节。另外,杭州振绮堂藏晚清汪曾唯批注《仪礼正义》本,多对补纂章节下笔着墨,此举"无疑是想补胡培翚未完稿之遗憾,力补杨大堉辑补卷的学力不足、识力之远不及(培翚),努力欲将此清代礼学名著初刊本批注成为精善之本"②。细阅全书,胡、杨补纂章节在解经方面存在以下几方面的不足。

一、引据他书,隐去出处

杨大堉补纂时,引据他书,却往往隐去出处,很容易让读者产生误会,误认为这些内容属于杨大堉本人的见解。就《士昏礼》一卷而言,杨大堉引据其文而隐去出处的就有敖继公《仪礼集说》、张尔岐《仪礼郑注句读》、蔡德晋《礼经本义》、盛世佐《仪礼集编》、韦协梦《仪礼蠡测》、褚寅亮《仪礼管见》、李如圭《仪礼集释》、吴廷华《仪礼章句》以及贾公彦《仪礼疏》等。从具体引文来看,可以分为以下两种情况。

(一)引用一人之说,并隐去出处

《士昏礼》:"妇车亦如之,有裧。"《正义》曰:"妇车,婿家往迎妇之车,亦执烛前马也。裧、襜通,车衣也。"③此节疏文完整地抄录蔡德晋《礼经本义》。

《士昏礼》:"妇馂姑之馔,御赞祭豆、黍、肺,举肺、脊。乃食,卒,姑酳之,妇拜受,姑拜送,坐祭,卒爵,姑受,奠之。"《正义》曰:"《内则》:'子妇佐馂,既食恒馂。'则舅食妇馂,其常也。此辞者,未授使代,尚行宾礼也,然妇则自率其常礼而已。酱为馔本,既经指师,不易则于尊者为亵,故易之,犹《燕礼》不敢亵君爵之义也。舅尊而姑亲则易矣,故特言馂姑之馔以明之。下祭及食,则又合两馔而言也。贾疏谓'不馂舅馀',先儒又谓'易酱为易姑之酱

---

①彭林:《评杨大堉、胡肇昕补〈仪礼正义〉》,《清华大学学报》(哲学社会科学版),2007年第2期,第113页。

②彭令:《谁使振绮堂九野皆知——兼述汪曾唯批注本〈仪礼正义〉四十卷的重要意义》,《收藏家》,2015年第9期,第39—42页。

③段熙仲点校,胡培翚:《仪礼正义》,第171页。

而馂其馔’,并与《内则》之义不符。"①此节疏文基本上是完整地抄录吴廷华《仪礼章句》,只是在抄录时改动了个别字,如"未授使代",原书为"未受室使代";"尚行宾礼也",原书为"尚行宾礼故也"。其它均直接抄录原书。

（二）同时引用多人之说,并隐去出处

《士昏礼》:"主人揖入,宾执雁从,至于庙门。揖入,三揖,至于阶,三让。主人升,西面,宾升,北面奠雁,再拜稽首,降出。妇从,降自西阶,主人不降送。"《正义》曰:

> 奠贽而拜稽首,婿有子道也。案:主人揖入之后,当有每曲揖之节,不言者,文略。主人不降送,父无送女之礼也。注云"礼不参者",据凡行礼者言也。此婿迎女而女从之,是婿女二人为礼矣,故主人不参之。②

此段疏文引录了三家之说,其中,"奠贽而拜稽首,婿有子道也",引自李如圭《仪礼集释》;中间案语部分引自韦协梦《仪礼蠡测》;从"注云"到结尾,引自敖继公《仪礼集说》。杨大堉均未标明出处。

再如《士昏礼》:"请期,用雁。主人辞,宾许,告期,如纳征礼。"《正义》曰:

> 婿家得吉,乃不敢直以告女家而必请之者,示听命于女家,尊之也。案:此递言三礼同节,皆如纳采,惟雁与皮帛为异耳。③

此段疏文,案语之前的内容引自敖继公《仪礼集说》;案语之"递言三礼同节,皆如纳采",引自张尔岐《仪礼郑注句读》;案语之"惟雁与皮帛为异",引自吴廷华《仪礼章句》。杨大堉补纂时仍均未标明出处。

古人引书讲究规范,反对袭他说以为己说,如顾炎武曾说:"凡述古人之言,必当引其立言之人。古人又述古人之言,则两引之,不可袭以为己说也。"④陈醴也说:"前人之文,当明引不当暗袭。《曲礼》所谓‘必则古昔’,

---

①段熙仲点校,胡培翚:《仪礼正义》,第195页。
②段熙仲点校,胡培翚:《仪礼正义》,第176页。
③段熙仲点校,胡培翚:《仪礼正义》,第165页。
④顾炎武:《述古》,《日知录》卷二十,顾炎武著,黄汝成集释,栾保群、吕宗力校点:《日知录集释》,上海古籍出版社2006年版,第1162页。

又所谓'毋勦说'也。明引而不暗袭,则足见其心术之笃实,又足征其见闻之渊博。若暗袭以为己有,则不足见其渊博,且有伤于笃实之道。明引则有两善,暗袭则两善皆失之也。"①而杨大堉引据他说,基本上都是完整地抄录原文,同时均不标明出处。这种行为就是袭他说以为己说,不符合治学之规范。此在《士昏礼》的疏文中显得很普遍,在补纂的其它章节中也有类似情况,只是相对较少罢了。杨大堉这种很不严谨的疏经态度,与其老师胡培翚不可相提并论。

二、剽窃他说,以作案语

前文提及杨大堉补纂《正义》时,多引据《仪礼义疏》之说作"堉案"。其实,杨大堉经常引据他说作为案语,只是这些案语不再以"堉案"的形式出现,而是直接标注为"按"或"案"。如《士昏礼》:"主人玄端,迎于门外,西面再拜。宾东面答拜。"郑注:"宾,婿。"《正义》在引用敖继公之手后下案语曰:

> 案:宾爵弁服,以摄盛故也。主人不必摄盛,故只服玄端。②

此条案语完全抄袭于韦协梦的《仪礼蠡测》。也有案语是抄袭多人之说,乃拼凑而成的,如《士昏礼》:"婿御妇车,授绥,姆辞不受。"郑注:"婿,御者,亲而下之。绥,所以引升车者。《曲礼》曰:'仆人之礼,必授人绥。'"《正义》疏解时,在依次引据李如圭、沈彤、敖继公诸家之说后下案语曰:

> 案:妇不亲辞者,夫妇始接,情有廉耻,姆道其志也。姆既辞则婿当舍绥,姆执绥以授女矣。③

此案语由两句话组成,前一句"妇不亲辞者,夫妇始接,情有廉耻,姆道其志也",抄袭于盛世佐《仪礼集编》;后一句"姆既辞则婿当舍绥,姆执绥以授女矣",抄袭于韦协梦《仪礼蠡测》。

再如《士昏礼》:"妇彻于房中,媵御馂,姑酳之,虽无娣,媵先。于是与始饭之错。"《正义》在疏解时先有一段案语:

①陈澧:《引书法示端溪书院诸生》,陈澧著,黄国声主编:《陈澧集》第六册,上海古籍出版社2008年版,第232页。
②段熙仲点校,胡培翚:《仪礼正义》,第176页。
③段熙仲点校,胡培翚:《仪礼正义》,第177页。

　　案：此当媵御彻之，曰妇者，盖姑亲酳，妇亦亲彻也。其设之当略
　　如同牢礼，御亦得酳，未必甚贱。此酳亦酌外尊。①

　　此条案语拼凑了多人之说，依次为："此当媵御彻之，曰妇者，盖姑亲
酳，妇亦亲彻也"，出自吴廷华《仪礼章句》；"其设之当略如同牢礼"，出自敖
继公《仪礼集说》；"御亦得酳，未必甚贱"，出自褚寅亮《仪礼管见》；"此酳亦
酌外尊"，出自敖继公《仪礼集说》。杨氏罗列诸说、隐去出处，已属不该；而
剽窃他说以作案语，更是让人不齿。

三、罗列他说，失于裁断

　　作为一种集大成形式的研究专著，在疏解时不仅要罗列众说，而且还
应善于折中裁断，正如彭林所说的"凡以《正义》为名者，都有集大成之意，
唐人《五经正义》是如此，清人群经正义更是如此。所谓集大成者，必须汇
集众说，折中裁断。汇集众说是基础，折中裁断是指归。如果仅有前者，便
是罗列资料，而非学术研究"②。纵观胡、杨所补章节，确实没有处理好罗
列众说与折中裁断之关系，以至于常汇集众说而失于裁断，未能形成定论。

　　先看《士昏礼》对"疑立"的疏解。《正义》先引据盛世佐《仪礼集编》之
说："疑，凝通。郑读为'仡然从于赵盾'之'仡'。疑立者，不偏倚不摇动之
意。《玉藻》云'立容德'，是也。立于此者，俟赞者酌醴而出也。立时少久，
故特著其容。"当然，《正义》在引据时，不仅略去了这段话的出处，还对《仪
礼集编》原文有所改动，原文是"郑读为'仡然从于赵盾'之'仡'，非"，补纂
者却略去"非"字。此外，疏文还引用了孔广森《仪礼杂议》中的一段话："当
读如《士相见》篇'不疑君'之'疑'。疑立者，斜向舅姑立也，于君以不敢斜
向为敬。献酢则又必向所与行礼者为敬。若《乡饮酒》'宾西阶上疑立'，是
向主人立也。'主人阼阶东疑立'，是向宾立也。《周礼》曰：'不正其主面，
亦不背客。'此疑立之道乎？大抵足以定位，而面无定瞩，随其所敬转向之，
是之谓疑立。今人行礼时，亦惟习于此节，斯敬宾之意达矣。"③

　　今案：此处，《正义》引用了两家之说来解释"疑立"。首先，两家分别给

出了"疑"字的不同读音。前者认为"疑,凝通",显然是认为"疑"读若"凝",而补纂者在随后的引文中却又略去"非"字,显得文意很不连贯。"疑"还有另一种读法,"郑读为'仡然从于赵盾'之'仡'",其中"仡然从于赵盾",文出于《公羊传·宣公六年》,原文是"仡然从乎赵盾而入",段玉裁《说文解字注》释"仡"为"鱼讫切",读从《公羊》①。可见,郑玄读"疑"为"鱼讫切"。盛世佐认为这种读音是不确的。另外,孔广森认为"疑"读如"不疑君"之"疑"。这样"疑"就有了两种读音,到底哪种读音更切近,补纂者并未进行裁断。

其次,对于"疑立"涵义的疏解,两说也不一致,补纂者也未加以裁断。其实,"疑立"在《仪礼》中曾多次出现,补纂者始终未予裁断。如《士昏礼》"主人受醴,面枋,筵前西北面"节,郑注:"主人西北面疑立,待宾即筵也。"《正义》疏解时引吴廷华之说:"疑立者,无事而立。"②在《乡饮酒礼》"宾西阶上疑立"节,郑注:"疑,'仡然从于赵盾'之'仡'。疑,正立自定之貌。"《正义》疏解时先后引据段玉裁《说文解字注》及胡承珙《仪礼古今文疏义》,认为"疑"作"㐲","疑为㐲之假借,郑读'疑'为'疑然'之'疑'者,恐人误认为'疑惑'之'疑',故读从《公羊》,以明字之假借也"。同时还引据胡承珙案语云:"案:《公羊传》上言'疑然',下言'立',与此经'疑立'同意,亦止立自定之貌。何氏谓'仡然,勇壮貌',《乡射礼》注'疑,止也,有矜庄之色',勇壮与矜庄,义亦相近。"③《乡饮酒礼》"介西阶上立"节,郑玄认为"立"为"疑立",他说:"不言疑者,省文。"补纂者疏解时引李如圭《仪礼集释》云:"凡事未至者皆疑立。案:疑立者,致敬也。宾疑立,介下宾,不得不疑立。"④不难发现,补纂者对"疑立"的疏解,在不同的地方引用了不同的说法,但始终未加以裁断以求得一致。

另外再如卷五对"崇酒"之义的疏解:

> 崇酒之义,说者各异。敖氏云:"崇,重也,谓宾崇重己酒,不嫌其薄而饮之既也,故拜谢之。卒爵乃拜者,若曰已饮之乃知其薄。"熊氏朋来曰:"崇,充也,添酌充满之。"方氏苞云:"《周官·酒正职》:'大祭

---

① 段玉裁:《说文解字注》,第369页。
② 段熙仲点校,胡培翚:《仪礼正义》,第161页。
③ 详见段熙仲点校,胡培翚:《仪礼正义》,第306—307页。
④ 段熙仲点校,胡培翚:《仪礼正义》,第338页。

三贰,中祭再贰,小祭壹贰。'注疏五齐以祭,不敢副益。三酒人所饮,故就其尊而益注之。义取献酢既毕,则尊中酒减,而益注以崇之。惟宾介有崇酒之文,正所谓再贰,盖比于中祭也。宾介献酢,所减无几,而以此为崇酒之节者,旅酬无算爵,皆因宾介而及之耳。"姜氏兆锡云:"此谢宾之酢爵也。崇之言隆,谓之崇酒者,谢宾酢之隆施耳。如以崇酒为谢酒恶,当于献宾宾告旨之时,不当于酢主主不告旨之后。"案:《释诂》崇字三训,"崇,充也",注与熊说本之。"崇,重也",敖氏本之。"崇,高也",姜说近之。郝氏敬讥注说为凿。盛氏世佐云:"详注意盖谓以恶酒充宾腹,故拜以谢也,于经义未为大失。然训崇为充,充字并无酒恶之义,势必添字乃通,固不如敖氏之直截也。"①

为疏解"崇酒"之义,《正义》广存异说,先分别引用了敖继公、熊朋来、方苞、姜兆锡等人的观点。之后,《正义》下案语,据《释诂》"崇"字三训,分别指出了熊朋来、敖继公、姜兆锡等人训"崇"之依据。最后又罗列郝敬、盛世佐之说,可惜案而未断,未成定论。现代学者钱玄等著《三礼辞典》,在解释"崇酒"之义时认为郑说迂曲,同时引《正义》所列姜兆锡之言,并断语曰"姜氏说较明确"。② 钱氏之说,可补胡、杨补纂之不足。

四、不遵体例,失于统一

培翚撰《正义》,自定体例有四,曰:补注、申注、附注、订注③。此体例贯通培翚所撰各篇,是其疏解《仪礼》之纲领。胡、杨补纂章节却常常不遵胡氏既定体例,对郑注时有不疏之处,使全书疏解失于统一。细阅此部分章节,大致存在以下两种情况。

(一)对郑注不置一词。如《燕礼》:"不以乐志。"郑注:"辟不敏也。"《正义》曰:"敖氏曰:'古文志、识通。不以乐志者,言其每发不以乐之节为识,而必欲应之者,此亦优君也。'盛氏曰:'不以乐志者,谓虽不与鼓节相应,亦得释算也。凡射者不鼓不释,而君独否,所以优之也。'"④此段疏解,引敖继公、盛世佐二氏之说全为疏解经文"不以乐志",而忽视了郑注"辟不敏

---

①段熙仲点校,胡培翚:《仪礼正义》,第328页。
②钱玄,钱兴奇:《三礼辞典》,第722页。
③胡培翚自述撰《仪礼正义》之四例,详见本书第七章,此处不再赘述。
④段熙仲点校,胡培翚:《仪礼正义》,第779页。

也",对其不加理会,不作任何解释。

(二)仅疏解郑注中不重要的语句,而忽视其中关键词句。如《士昏礼》:"赞洗爵,酌酳主人,主人拜受。赞户内北面答拜。酳妇,亦如之。皆祭。"郑注:"酳,漱也,酳之言演也,安也。漱,所以洁口,且演安其所食。酳酌内尊。"《正义》曰:

> 贾疏云:"婿拜当东面,妇拜当南面。《少牢》'饎答拜'注云:'在东面,席者东面。拜在西面,席者南面拜。'故知妇南面拜。若赞答妇拜,亦于户内北面也。"敖氏云:"洗爵,洗于庭也。酳之言继也,其字从酉,盖既食之而复继之以酒,取其酒食相续之义也。此拜受者,皆在席户内,户内之西也。祭谓祭酒,凡酳皆坐受爵。"案:注"漱以洁口",盖颐养之道应尔也。[①]

此处仅针对郑注中的"漱,所以洁口"进行了疏解,对"酳,漱也,酳之言演也,安也"及"酳酌内尊"等关键语句,均避而不谈。其实,"酳"在《仪礼》不同篇章中曾反复出现,郑注都是不一样的,如《特牲馈食礼》:"主人洗角,升,酌,酳尸。"郑注:"酳犹衍也,是献尸也。谓之酳者,尸既卒食,又欲颐衍养乐之。"又《少牢馈食礼》云:"主人降,洗爵,升,北面酌酒,乃酳尸。"郑注:"酳犹羡也,既食之而又饮之,所以乐之。"《士虞礼》:"主人洗废爵,酌酒酳尸。"郑注:"酳,安食也。"既然郑玄注"酳"在不同的章节含义不同,那么,补纂者在此处就应该进行疏解,当年贾公彦撰《仪礼疏》时就没有回避这部分郑注。胡、杨补纂不仅忽视了贾疏,对此也不置一词,让人深以为憾。

五、引据疏漏,疏文失当

补纂章节在疏经解注时,常常是该引据的不引据,造成不必要的遗漏,致使疏文失当。如《士昏礼》:"若异邦,则赠丈夫送者以束锦。"郑注:"赠,送也。就宾馆。"《正义》曰:"士卑不嫌外娶,先儒俱有明说。敖氏以此例大夫,泥矣。赠锦又在酬锦外。"[②]其实,此疏解是引用褚寅亮《仪礼管见》的,但补纂者并未指明。此条疏解既然裁断"敖氏以此例大夫,泥矣",那么,补纂者就应该在疏解之前先引据敖氏之说,让读者不仅知道敖氏是如何立说

---

① 段熙仲点校,胡培翚:《仪礼正义》,第185页。
② 段熙仲点校,胡培翚:《仪礼正义》,第199页。

的,也能据此来判断褚寅亮的裁断。可惜,补纂者没有做到这一点,仅以敷衍成文,造成了不必要的疏漏。

再如《士昏礼》:"纳征,玄纁束帛俪皮,如纳吉礼。"郑玄注引《周礼》曰:"凡嫁子取妻入币,纯帛无过五两。"针此注中的"纯"字,补纂者仅以沈彤《仪礼小疏》所引《周礼·媒氏》郑注"纯实缁字,古缁以才为声"为据。其实,后人多认为此注有误,如张尔岐《仪礼郑注句读》认为:"郑注《周礼》以纯为缁,故疏以缁为庶人之礼。陈氏祥道云:《苏秦传》'锦绣千纯',裴骃注曰:'纯,端名。'则《周礼》所云'纯帛'者,匹帛也。郑改纯为缁,误矣。"[①]盛世佐《仪礼集编》:"古纯字多讹为纯,郑注《周礼》改纯为缁,不为无据。"[②]上述二说,均为订郑注之讹的,胡、杨补纂时却无意征引,亦未加以裁断,造成疏漏,致使疏文失当,实属不该。稍后的礼学大家黄以周就曾明确指出:"纯帛之纯,不必改缁。"[③]不难看出,补纂者的学力还是有所欠缺的。

总之,胡、杨补纂章节存在诸多不足,这固然与补纂者自身学力因素有关,同时也与后期仓促成书有关。前文谈及培翚在晚年非常希望能够在有生之年著成《仪礼正义》,为了实现这个愿望,加快著书进度是避免不了的。此时,培翚不仅自己全身心投入到著书中,即使患病,也不辍劳作;而且还邀请胡肇昕参与编纂《士昏礼》等章节,帮助自己早日完成全书的疏解任务。受培翚急于成书思想的影响,胡肇昕所做的工作主要是在培翚初拟草稿的基础上排比诸说,添加己见,没有过多的时间搜集他说并予以甄别、增补。培翚去世后,陆建瀛为刊刻计,又邀杨大堉参与补纂。此时,陆建瀛更希望早日成书,以便早日刊成全书。在这种情况下,杨大堉也不可能花更多的时间与精力来校补《士昏礼》等章节,只能在仓促之中连缀诸说,以完成任务。尽管后来陈奂又做了具体的校梓工作,但因刊刻在即,已不可能完全解决其中诸多失误了。

---

① 张尔岐:《仪礼郑注句读》,载《景印文渊阁四库全书》第 108 册,台湾商务印书馆 1986 年版,第 18 页。
② 盛世佐:《仪礼集编》,载《景印文渊阁四库全书》第 110 册,台湾商务印书馆 1986 年版,第 143 页。
③ 王文锦点校,黄以周:《礼书通故》,第 251 页。

第五章　《仪礼》作者与文本考论

对《仪礼》作者与文本进行考论,是历代《仪礼》学研究的重要内容之一。毕竟在历史上,《仪礼》是一部聚讼纷纭、争议不断的儒家典籍。该书的性质、成书时代、作者、早期的称名等等都是备受争议的话题,历代研治《仪礼》的学者各有各的解释。培翚疏解《仪礼》,也必须面对这些问题,他在撰著《仪礼正义》时,对上述问题都进行了回答,对《仪礼》文本也进行了全方位的考论,其中很多论点,体现了培翚独特的《仪礼》观,反映了他诠释《仪礼》的独特视角。

第一节　《仪礼》作者论

一、断《仪礼》为周公作

培翚治经持古文经学观,认为六经作自周公,是一个典型的古文派经学家。其古文经学观主要体现在《六经作自周公论》一文中,其云:

> "六经传自孔氏,然后之儒者,只言孔子删《诗》、《书》,定《礼》、《乐》,赞《周易》,修《春秋》而已,未尝言作也,然则孔子以前,作之者谁欤?"曰:"周公也。"曰:"《明堂位》言'周公制《礼》作《乐》',《尚书大传》亦云'周公居摄六年,制《礼》作《乐》',周公之作《礼》、《乐》,信有征矣。……设非有周公作之于先,后人安从得其法以垂为经,孔子又安从删之、定之、赞之、修之也哉?孔子曰:'周监于二代,郁郁乎文哉!'又曰:'吾学周礼,今用之,吾从周。'孔子志周公之志,学周公之学,欲以周公之治治天下,故曰:'如有用我者,吾其为东周乎!'及其所如不偶,退而修公之书,则曰:'述而不作,信而好古。'又曰:'甚矣!吾衰也久矣,吾不复梦见周公。'此其证也。"或曰:"张揖谓《尔雅》周公所作,然欤?"曰:"《尔雅》固亦周公作之,而孔氏之徒成

之者也。"①

培翚认定《仪礼》为周公所作,而孔子只是删订六经,"未尝言作"。至于《尔雅》,也是"周公作之,孔氏之徒成之也"。另外,培翚还写有《〈仪礼〉非后人伪撰辨》一文,对《仪礼》经、记、传之作者也有所论,他认为:

> 《仪礼》有经、有记、有传。经制自周公,传之孔子;记与传,则出于孔门七十子之徒之所为。

> 夫《三礼》之书,惟《仪礼》最精。自诸侯去籍,而后礼文散逸,五家之传,(《六艺论》云:'五传弟子,谓高堂生、萧奋、孟卿、后苍及戴德、戴圣也。')不绝如线。以为残缺不全,固有之矣,若以为出后人之撰辑,则未有也,且其书非后人所能撰辑也。②

培翚将《仪礼》经、记、传之作者分别得非常清楚。对于《丧服传》,历史上有人认为其为刘歆、王莽增窜③,培翚引其师凌廷堪之言,认为其说"丧心病狂":

> 今案:经文精微详悉,非周公莫能作。记、传亦皆圣贤之徒为之。但此传为子夏所作与否,似当在阙疑之列。近儒乃谓传文有莽、歆增窜者。《礼经释例》云:"《周官》晚出,故宋人或疑为莽、歆伪撰,若《仪礼》自西汉立学以来,从无有疑及之者。为其论者,自非丧心病狂,不至于此。盖深恶其说之足以害经也。"④

培翚在否认《丧服传》为刘歆、王莽"增窜"的同时,也指出该《传》是否为子夏所作"当在阙疑之列"。可见,培翚对《丧服传》的作者存疑。

二、论周公作《仪礼》

在《正义》中,培翚曾反复指出《仪礼》为周公所作。综合考察培翚的这

① 胡培翚:《六经作自周公论》,《研六室文钞》卷一,《胡培翚集》,第51—52页。
② 胡培翚:《仪礼非后人伪撰辨》,《研六室文钞》卷三,《胡培翚集》,第85—87页。
③ 关于《丧服传》的作者问题,可参丁鼎《〈仪礼·丧服〉考论》第三章第二节的相关论述,此节对历史上学者疑刘歆、王莽增窜《丧服传》一说有所论述。详见丁鼎:《〈仪礼·丧服〉考论》,社会科学文献出版2003年版,第84—97页。
④ 段熙仲点校,胡培翚:《仪礼正义》,第1340页。

种观点,实可分为三个方面。

其一,直接认为《仪礼》为周公所作。如:

> 周公作经,先载行礼节次而以诸辞类载于后,盖欲其仪节易明也。①

> 乃若《仪礼》、《周礼》,皆周公制作时所定,而《乡饮酒义》即《仪礼》之义疏也,亦不容有误。②

> 今案:《文王世子》所记,多文王以前为诸侯事。周公制礼,别立大司乐、乐师,为天子之官,而以乐正为诸侯之职。③

> 注云"必如缫者,先缫后食,如其近者也"者,周公作经有《缫礼》、有《食礼》,缫在先,食在后。④

> 今案:《仪礼经》是周公所作。⑤

> 注云"者者,明为下出也"者,周公作经,上陈其服,下列其人。⑥

> 周公作经,举其大纲,于五服精粗及丧期多寡之数则详之,于变除之节则略之。⑦

> 今案:士丧礼制自周公,至孔子时,虽废不行,而其书尚在,故孔子得以教孺悲,非孔子作之也。万氏据此遂谓十七篇非先王之旧,过矣。至曾子、子游之异议,由当时丧礼久废不讲,非无成书也。然周公制礼,当有天子诸侯大夫之丧礼,今惟士丧礼首末完具,次第井如,而天子诸侯大夫礼,散见于传记者多不全备。故谓士丧礼之书,由孺悲之学而存则可,以士丧礼为非先王之书则不可耳。⑧

> 《仪礼经》是周公作,叙次最完密。《礼记》是后人所记,时有参差。⑨

> 今案:此云某事,而下宿宾又云岁事,可见周公作经,系设言其礼

---

① 段熙仲点校,胡培翚:《仪礼正义》,第120—121页。
② 段熙仲点校,胡培翚:《仪礼正义》,第453页。
③ 段熙仲点校,胡培翚:《仪礼正义》,第724页。
④ 段熙仲点校,胡培翚:《仪礼正义》,第1189页。
⑤ 段熙仲点校,胡培翚:《仪礼正义》,第1308页。
⑥ 段熙仲点校,胡培翚:《仪礼正义》,第1343页。
⑦ 段熙仲点校,胡培翚:《仪礼正义》,第1346页。
⑧ 段熙仲点校,胡培翚:《仪礼正义》,第1640页。
⑨ 段熙仲点校,胡培翚:《仪礼正义》,第1767页。

如此,四时常祭用之,禪月之吉祭亦用之,故经文辞多互见。①

其二,认为《仪礼》"非周公莫能作"、"非圣人不能作"。如:

> 《礼记·明堂位》曰:"周公摄政六年,制礼作乐。"故崔氏灵恩,陆氏德明,孔氏颖达及贾氏皆云:"《仪礼》,周公所作。"韩氏愈云:"文王、周公之法制,具在于是。盖亦以为周公作也。孔子、孟子所云'学礼',即谓此书。"……熊氏朋来云:"……惟《仪礼》为《礼经》之稍完者,先儒谓其文物彬彬,乃周公制作之遗。"今案:据此诸说,《三礼》惟《仪礼》最古,亦惟《仪礼》最醇矣。《仪礼》有经、有记、有传,记、传乃孔门七十子之徒之所为,而经非周公莫能作。②

> 今案:经文精微详悉,非周公莫能作。记、传亦皆圣贤之徒为之。③

卷九还提出"《礼经》非圣人必不能作也"的观点,此"《礼经》"即为《仪礼》,"圣人"即为周公:

> 凡释获者之事,亦统于司射,如视算、献释获者,皆司射之事,而设中、设丰、饮不胜者、退中,亦司射命之也。射礼繁缛,《乡射》、《大射》二篇,司射与司马迭为进退,学者几于心目俱眩,昌黎所以苦《仪礼》难读也。今比其例而观之,虽微文琐节,井井然若网在纲,有条而不紊,始知《礼经》广大精深,非圣人必不能作也。④

从上述引文中不难看出,《正义》不仅认为《仪礼》是周公所作,还认为《仪礼》的传、记乃孔门七十子之所为。这反映了培翚作为一名古文经学家一以贯之的治经主张。

其三,培翚还针对他人认为一些经例是后人为之而非周公所作提出异议,意在《仪礼》只能是周公所作。如卷二"咸加尔服,肴升折俎"之经文疏曰:

> 注云"肴升折俎,亦谓豚"者,敖氏云:"肴谓干肉若豚也。"今案:上文不杀而醮,有干肉折俎。杀而醮云,加俎哜之。是二者皆有俎。郑

恐人疑其肴升折俎，专指不杀者言之，故云亦谓豚，谓兼若杀在内，盖不杀与杀，均用此醮辞也。或谓此醮辞与三百篇文句多相似，乃后人袭《诗》辞为之，非周公作经之旧，不知周公因旧俗而制醮礼，自当有其辞，安知非后之作《诗》者，袭取《礼经》而用之乎？[①]

培翚认为醮辞非后人袭取《诗》辞为之，而是周公作《仪礼》旧有之辞，言下之意在于说明《仪礼》即为周公所作。

总之，培翚在治经过程中始终坚持自己的古文经学观。在清代礼学研究方面，胡培翚和孙诒让堪于比肩，均可视为清代古文派经学大师。培翚《〈仪礼〉非后人伪撰辨》曾得到晚清另一礼学家曹元弼的赞同，曹氏在《礼经学》一书中就完全支持培翚古文经学观[②]。

一直以来，《仪礼》作者是学界争论的焦点。关于此书的作者，学界曾出现过三种典型的观点：古文派学者认为《仪礼》为周公作，今文派学者认为《仪礼》为孔子作，近代疑古派认为《仪礼》成书于战国时期。其实，这三种说法均有偏颇之处。现代学者丁鼎对《仪礼》的作者也有论述，其云："《仪礼》当主要是由孔子根据宗周时代流传下来的一些礼仪规制加以编订整理而纂辑成书，也就是《仪礼》十七篇的编纂权主要应归属孔子。注意这里说的是'编纂权'，而不是'著作权'。它可能是孔子依据前世流传下来的古礼选编整理而成的、用以教授弟子的教本，而前世所流传下来的古礼中自当包括周公制礼作乐的部分内容。其后，七十子后学也有可能续加整理与增益，以致最后形成今本十七篇的样子。"[③]丁氏之论较为中肯。培翚在撰著《仪礼正义》时，屡说《仪礼》乃周公所作，且态度坚决，不容置疑，这只能算是一种盲目的崇信。由于《仪礼》成书较早，又缺乏相应的支撑材料，因此对于此书的作者，我们应该采取审慎的态度，说它可能与周公或孔子有关，而不是断然地认定此书作者就是周公或孔子。

---

① 段熙仲点校，胡培翚：《仪礼正义》，第 127 页。
② 曹元弼在其《礼经学》第五卷《解纷》中首列《胡氏培翚〈仪礼〉非后人伪撰辨》一文，并在篇目下注曰："此篇会通流别通用。"可见曹元弼对胡培翚的《〈仪礼〉非后人伪撰辨》一文的观点是完全赞同的。具体可详参曹元弼《礼经学》，《续修四库全书》第 94 册，第 732—734 页。
③ 丁鼎：《试论〈仪礼〉的作者与撰作时代》，《孔子研究》，2002 年第 6 期，第 18 页。

第二节　《仪礼正义》的篇次排列

一、《仪礼》十七篇篇次概况

在历史上,《仪礼》十七篇曾出现过不同的篇次。该书在汉代流传就有四种版本,即大戴本(戴德本)、小戴本(戴圣本)、庆氏本[①]、刘向《别录》本,各版本的篇次分别如下(表一):

表一[②]

戴德本	戴圣本	庆氏《礼》本(武威木简甲本)	刘向《别录》本
士冠第一	士冠第一	[士冠第一]	士冠第一
昏礼第二	昏礼第二	[昏礼第二]	士昏第二
相见第三	相见第三	士相见之礼第三	士相见第三
士丧第四	乡饮第四	[乡饮酒礼第四]	乡饮酒礼第四
既夕第五	乡射第五	[乡射礼第五]	乡射第五
士虞第六	燕礼第六	[士丧第六]	燕礼第六
特牲第七	大射第七	[既夕第七]	大射第七
少牢第八	士虞第八	服传第八	聘礼第八
有司彻第九	丧服第九	[士虞第九]	公食大夫第九
乡饮酒第十	特牲第十	特牲第十	觐礼第十
乡射第十一	少牢第十一	少牢第十一	丧服第十一
燕礼第十二	有司彻第十二	有司第十二	士丧第十二
大射第十三	士丧第十三	燕礼第十三	士丧下(既夕礼)第十二
聘礼第十四	既夕第十四	泰射第十四	士虞第十四
公食第十五	聘礼第十五	[聘礼第十五]	特牲馈食第十五

①据《武威汉简》称:武威出土的汉简共有三种:甲、木简,字大简宽,凡存七篇,称武威甲本;乙、木简,字小简窄,仅《服传》一篇,称武威乙本;丙、竹简,仅《丧服》一篇,称武威丙本。据研究者考证,武威本《仪礼》最有可能是庆氏《礼》。详见中国科学院考古研究所、甘肃省博物馆编:《武威汉简》,文物出版社1964年版,第13—52页。

②此表《仪礼》各本之篇次及名称参照了《武威汉简》一书的相关内容。详见《武威汉简》第10—11页。

续表

戴德本	戴圣本	庆氏《礼》本（武威木简甲本）	刘向《别录》本
觐礼第十六	公食第十六	［公食第十六］	少牢馈食第十六
丧服第十七	觐礼第十七	［觐礼第十七］	少牢下（有司彻）第十七

对于庆氏《礼》的篇次，后世议论较少。而对于大戴本、小戴本与刘向《别录》本的篇次排列，后人多有议论。早在唐朝，贾公彦曾指出："刘向《别录》，即此十七篇之次是也，皆尊卑吉凶次第伦叙，故郑用之。至于大戴……小戴……皆尊卑吉凶杂乱，故郑玄皆不从之矣。"[1]关于郑玄注《仪礼》用刘向《别录》本之次序，刘师培曾有论述，其云：

> 惟冠、昏二篇必列经首，则三家之目弗殊，故《汉书·匡衡传》载衡疏曰："故《诗》始《国风》，《礼》本冠婚。始乎国风，原性情而明人伦也；本乎冠昏，正兆基而防未然也。"《后汉书·荀爽传》载爽对策亦曰："且《诗》初篇实首《关雎》，《礼》冠、昏先，正夫妇。"又《列女·班昭传》载昭《女诫》云："是以《礼》贵男女之际，《诗》著《关雎》之戒。"均据此言。若郑氏所注十七篇所据今文盖小戴本（《后汉书·儒林传》云："郑玄本习小戴《礼》，后以古经校之，取其义长者，故为郑氏学。"《隋书·经籍志》、《释文·叙录》说同，是其证），其篇次则从《别录》，然《既夕》、《有司彻》二篇，其篇名仍从小戴，不与《别录》相同，魏晋以下惟崇郑本，而三家旧谊遂以不存。[2]

郑玄注《礼》，赢得"礼是郑学"之誉。魏晋以下独尊《仪礼》郑本，即是对郑学之肯定。刘师培《礼经旧说》也曾对大戴本、小戴本、刘向《别录》本之篇次有所论述，其云大戴《礼》之篇次：

> 大戴所次，士礼在前，次以大夫礼，故《特牲》以下，即列《少牢》、《有司彻》二篇。次以《乡饮酒》、《乡射》者，以此二礼，兼有大夫、士。且所行之制，或为大夫、士恒礼所无，故于次大夫礼后（说互详后）。次以《燕》、《大射》、《聘》、《公食》者，均诸侯礼。次以《觐》、《丧服》者，《觐》为天子礼，《丧服》一篇亦兼括天子以下服制也。此盖大戴次篇之

---

[1]李学勤主编：《十三经注疏·仪礼注疏》，第3—4页。
[2]刘师培：《礼经旧说》卷一，《刘申叔遗书》，江苏古籍出版社1997年版，第54页。

义。即《汉书·礼乐》、《艺文》二志所谓"推士礼致之天子者也"。……故凡礼之专属于士者,篇必列前,以章先卑后尊之旨。①

其云小戴《礼》篇次:

若小戴之意,盖以礼经之次应以类区,各记之中有合言冠昏、丧祭、朝聘、射乡者,如《礼运》言:"达于丧祭、射乡、冠昏、朝聘。"又言:"其行之以货力辞让,饮食、冠昏、丧祭、射乡、朝聘。"是也。有析言冠昏、丧祭、朝聘、射乡者,如《昏义》:"始于冠,本于昏,重于丧祭,尊于朝聘,和于乡射。"是也。又《经解》、《礼察》二篇均以婚姻之礼、乡饮酒之礼,与聘觐之礼、丧祭之礼并文。《盛德》一篇亦以丧祭之礼、朝聘之礼,与乡饮酒礼、昏礼并文,……则诸礼之中实区为四类,故其次礼经之目亦均隐,据记文,先以《冠》、《昏》、《相见》者,所以通冠昏为一类也(相见之礼行于既冠后,故附于冠);次以《乡饮酒》、《乡射》、《燕》、《大射》者,所以通射乡为一类也(燕礼亦兼行射,又大射之前亦行燕礼,故居大射前);次以《士虞》、《丧服》、《特牲》、《少牢》、《有司彻》、《士丧》、《既夕》者,所以通丧祭为一类也;终以《聘》、《公食》、《觐》者,所以通朝聘为一类也,小戴之旨盖实如斯。②

其云刘向《别录》本:

若《别录》所次,亦与小戴略同,惟于丧祭一类中先丧后祭,又以朝聘各篇易居丧祭各篇前,故篇目未能尽合,其必易小戴之次者,所以区全经为吉、凶二类也。知者据郑氏《礼记目录》,于《冠义》、《昏义》、《乡饮酒义》、《射义》、《燕义》、《聘义》各篇并云《别录》属吉事。于《曾子问》、《丧服小记》、《杂记》、《丧大记》、《奔丧》、《问丧》、《服问》、《间传》、《三年问》,并云《别录》属丧服。于《郊特牲》、《祭法》、《祭义》、《祭统》诸篇,并云《别录》属祭祀。于《丧服四制》篇亦云此云《别录》旧说属丧服。……援是以推,则《别录》于此经十七篇,亦以《觐礼》以前为一类,统为吉礼;《丧服》以下为一类,统为丧服,即凶礼也;其《士虞》以下则统属祭祀,其礼分属吉、凶之间,故别为一类,以居经末,彼之所据,盖

①刘师培:《礼经旧说》卷一,《刘申叔遗书》,第53页。
②刘师培:《礼经旧说》卷一,《刘申叔遗书》,第53页。

即《丧服四制》篇所谓"吉凶异道，不得相干"也，故第次礼经篇目，非惟迥殊大戴，即于小戴亦不从同。①

刘师培对三者排列次序的解读，大体上是符合实际情况的。对于上述三种篇次，清人曹元弼认为："《别录》篇次、类次皆与《记》合；《大戴》篇次合，类次未合；《小戴》篇、类次皆未合。郑君从《别录》至当。"②可见，曹氏认为刘向《别录》本篇次较大、小戴本为优。

关于郑玄《仪礼注》从《别录》而不从大、小戴的做法，清代经今文学家却不以为然，如邵懿辰就说："案：大戴⋯⋯是一二三篇，冠昏也；四、五、六、七、八、九篇，丧祭也；十、十一、十二、十三篇，射乡也；十四、十五、十六篇，朝聘也；而《丧服》之通乎上下者附焉。小戴次序最为杂乱，《冠》《昏》《相见》而后，继以《乡》《射》四篇，忽继以《士虞》与《丧服》，又继以《特牲》《少牢》《有司》，复继以《士丧》《既夕》，而后以《聘礼》《公食》《觐礼》终焉。今郑、贾注疏所用刘向《别录》次序，则以《丧》《祭》六篇居末，而《丧服》一篇移在《士丧》之前，似依吉凶人神为次。盖向见《记》云'吉凶异道，不得相干'，《荀子》云'吉事尚尊，丧事尚亲'，遂以《冠》《昏》《射》《乡》《朝聘》十篇为吉礼居先，而丧、祭七篇为凶礼居后焉，较小戴稍有条理，而要不若大戴之次合乎礼运。疑自高堂生、后苍以来，而圣门相传篇序固已如此也。"③此处，邵懿辰所论明显以大戴本之篇次为优。

对于以上几种篇次，田汉云师认为："几种篇次都有其结构的系统性。但局部的编排各有优劣，例如关于丧葬祭礼各篇，小戴本篇次略显凌乱。刘向所叙篇次以'成人、成婚到社交活动，从低级富族到高级贵族，从生到死'为线索；（《经书浅谈》，王文锦《仪礼》）大戴本篇次以士成人、成婚到死亡、个人到社会、事生到事死为序，都颇严谨。但是诚如邵氏所论，大戴的篇次更切近儒家的社会结构模式理论。汉朝礼学博士的读本正是依据大戴本的篇次，其深层原因，或许正由于这一点。"还认为："对不同文本的篇次差异进行研究，由此论其优劣得失，对《仪礼》研究是有意义的事。但是很难说这种研究能够揭示本经的原貌。汉儒所叙篇次的分歧，应当说不是

① 刘师培：《礼经旧说》卷一，《刘申叔遗书》，第 53—54 页。
② 曹元弼：《仪礼名目篇次辨》，《礼经学》，《续修四库全书》第 94 册，第 739 页。
③ 邵懿辰：《论礼十七篇当从大戴之次本无阙佚》，《礼经通论》，见《清经解续编》第五册，第 585 页（上、中栏）。

偶然出现的,它所隐含的事实真相是《仪礼》在汉初确已残缺失次。二戴与庆普作为一师之徒而说法不一,足见其师并不了解本经的旧有篇次。假如全书具在,他们作为后学必不至淆乱故典。可见,邵氏关于《仪礼》篇次虽然提出较有价值的见解,其基本结论却大有商榷的馀地。"①先生此论极是。

郑玄注《仪礼》,以刘向《别录》本篇次为主。其《仪礼注》是目前流传于世最早的全面笺释《仪礼》的专著,该书博综兼采,会通今、古文,择优从之,对后世《仪礼》学产生了极大影响。自郑玄注《仪礼》采用《别录》本篇次后,后世治《仪礼》大多依据郑本,较少有例外②。现今通行的宋本《十三经注疏》之《仪礼注疏》,其十七篇的篇目即是采用郑玄《仪礼注》之篇次。

二、《仪礼正义》之篇次安排

培翚治《仪礼》依据郑氏《仪礼注》之篇次,并将《仪礼》十七篇析为四十卷,以篇次分而治之,名曰《仪礼正义》。其具体的卷数依次安排如下:卷一、卷二为《士冠礼》;卷三为《士昏礼》;卷四为《士相见礼》;卷五至卷七为《乡饮酒礼》;卷八至卷十为《乡射礼》;卷十一、卷十二为《燕礼》;卷十三至卷十五为《大射仪》;卷十六至卷十八,为《聘礼》;卷十九为《公食大夫礼》;

①田汉云:《中国近代经学史》,第210页。

②例外的情况也有,如清人刘曾騄的《仪礼可读》一书之篇次安排则遵照戴德本十七篇篇次序划分卷目。另外,清人吴廷华对郑玄《仪礼》之篇次曾提出异议,他撰《仪礼章句》在篇次安排方面虽遵从郑氏《目录》之篇次,但对《仪礼》十七篇之篇次安排却有独特的看法,其云:"按:十七篇次第始于大、小戴及刘向三家,贾疏谓:'其尊卑吉凶杂乱,故郑氏不从。'今第一至第十七,则郑所定也。又据贾云:'《冠》、《昏》、《士相见》为先后者,以二十而冠,三十而娶,四十强而仕,即挚见乡大夫,又与乡大夫州长行乡饮酒、乡射之事已下,先吉后凶,凶尽则行祭祀,吉也。'其说无义可寻。窃谓此经为《周官·大宗伯》'五礼'节目,则当以《大宗伯》五礼之次为准。据《大宗伯职》首曰:'以吉礼事邦国之鬼神示。'此祭礼也。祭有尊卑,则《少牢馈食礼》上篇当第一,下篇第二;《特牲馈食礼》第三;其次曰'以凶礼哀邦国之忧',凶礼之首曰丧,则《丧服》当第四,《士丧礼》上篇第五,下篇第六,《士虞礼》第七;又其次曰'以宾礼亲邦国',则《觐礼》当第八,《聘礼》第九,《士相见礼》第十;又其次曰'以嘉礼亲万民',嘉礼以昏、冠、宾、射、飨、燕为目,则《昏礼》当第十一,《士冠礼》第十二;据《大射》先行燕礼,《乡射》先行乡饮酒礼,则《燕礼》第十三,《大射》第十四,《乡饮酒礼》第十五,《乡射礼》第十六;食礼无文,然与飨、燕并行,则《公食大夫礼》当第十七。今次第姑仍其旧,而附是说以明之。"(详参吴廷华:《仪礼章句》,《景印文渊阁四库全书》第109册,第291页。)对于吴廷华的这种想法,清人于鬯持反对意见,其云:"《仪礼》十七篇叙次自不必更动。吴廷华《章句》据《周礼·大宗伯》'五礼'之次,欲变异旧次,不知彼言国礼,此乃士礼,士礼以一人之身言之,故始于冠,终于丧,丧尽而后祭焉。"(于鬯:《读〈仪礼〉日记》,《续修四库全书》第93册,第345页。)当然,后世治《仪礼》不遵循郑氏《目录》之篇次的情况比较少见。清人治《仪礼》,大多遵循"礼是郑学"之说,他们治《仪礼》在十七篇的篇次方面多遵循郑氏《目录》之篇次。

卷二十为《觐礼》;卷二十一至卷二十五为《丧服》;卷二十六至卷二十八为《士丧礼》;卷二十九至卷三十一为《既夕礼》;卷三十二、卷三十三为《士虞礼》;卷三十四至卷三十六为《特牲馈食礼》;卷三十七、卷三十八为《少牢馈食礼》;卷三十九、卷四十为《有司彻》。另外,在卷二十五《丧服》末附有《附考五服衰冠升数及降正义服》,培翚称其"参稽各家,并下己意,别为图说于后"①而成。

当然,培翚对《正义》之篇次作如上安排,还参照了臧镛堂(臧庸)《仪礼目录》、《隋书·经籍志》及胡匡衷《仪礼目录校证》等书。可以说,《正义》的篇次安排,既是宗守郑注的产物,也代表了《仪礼》学研究的主流方向。

第三节　论《仪礼》性质、内容及其它

一、论《仪礼》性质

培翚治《仪礼》,对《仪礼》性质也有讨论,其云:

> 今案:《三礼》惟《仪礼》最古,亦惟《仪礼》最醇矣。《仪礼》有经、有记、有传,记、传乃孔门七十子之徒之所为,而经非周公莫能作。②

培翚承认《仪礼》有经、有记、有传,意在承认《仪礼》的经典地位。其实,培翚的观点与朱熹相一致。朱熹撰《仪礼经传通解》,即"以《仪礼》为经,而取《礼记》及诸经史杂书所载有及于礼者,皆以附于本经之下"③。朱熹虽然将经、传、注疏杂列,但他肯定了《仪礼》经之地位,视其为《礼》之本经。明郝敬不赞同朱熹之观点,他认为《仪礼》皆"士大夫行礼节目",反对以《仪礼》为经,并说:"朱仲晦欲以《仪礼》为经,夫仪之不可为经,犹经之不可为仪也。经者,万世常行;仪者,随时损益。父子、君臣、夫妇、长幼、朋友,经也;礼仪三百,威仪三千,仪也。"④在郝敬心中,《仪礼》只是"仪",而非"经"。清初姚际恒也是如此,他赞同郝敬之说,并曰:"《仪礼》言仪之书

---

① 段熙仲点校,胡培翚:《仪礼正义》,第 1618 页。
② 段熙仲点校,胡培翚:《仪礼正义》,第 4—5 页。
③ 朱熹:《乞修三礼札子》,《仪礼经传通解》,《景印文渊阁四库全书》第 131 册,第 12 页。
④ 郝敬:《仪礼节解·读仪礼》,《续修四库全书》第 85 册,第 546 页。

也。……仪既非礼，则不得为经也。"①对于郝敬、姚际恒等人的观点，乾嘉时期即有学者予以反驳，他们不仅指出《仪礼》为《礼》之本经，还说明《仪礼》是一部全书，且首尾一贯，条理井然，如凌廷堪说："《仪礼》十七篇，礼之本经也。其节文威仪，委屈繁重。骤阅之如治丝而棼，细绎之皆有经纬可分也；乍睹之如入山而迷，徐历之皆有涂径可跻也。"②这种视《仪礼》为《礼》之本经的观点，对胡培翚是有影响的。

二、论《仪礼》内容

培翚在《正义》书中多次论及《仪礼》之内容，其云：

> 今案：据此诸说，《三礼》惟《仪礼》最古，亦惟《仪礼》最醇矣。《仪礼》有经、有记、有传，记、传乃孔门七十子之徒之所为，而经非周公莫能作，其间器物陈设之多，行礼节次之密，升降揖让裼袭之繁，读之无不条理秩然。每篇自首至尾，一气贯注，有欲增减而不能者。今所存止十七篇，以为残缺不全，固有之矣，若以为出后人之伪撰，则断乎其未有也。彼乐史、徐积之说，昔人已早辨之。③

> 《仪礼》一书，此等至纤细之处，亦精密周匝乃尔。横说竖说，无所不通，信非圣人不能为也，读者幸以是求之。④

> 《乡射》、《大射》二篇，司射与司马迭为进退，学者几于心目俱眩，昌黎所以苦《仪礼》难读也。今比其例而观之，虽微文琐节，井井然若网在纲，有条而不紊，始知《礼经》广大精深，非圣人必不能作也。⑤

> 今案：经文精微详悉，非周公莫能作。记、传亦皆圣贤之徒为之。但此传为子夏所作与否，似当在阙疑之列。近儒乃谓传文有莽、歆增窜者。《礼经释例》云："《周官》晚出，故宋人或疑为莽、歆伪撰，若《仪礼》自西汉立学以来，从无有疑及之者。为此论者，自非丧心病狂，不止于此。盖深恶其说之足以害经也。"⑥

---

①姚际恒：《仪礼通论·仪礼论旨》，《续修四库全书》第86册，第17页。

②凌廷堪：《礼经释例序》，见王文锦点校，凌廷堪：《校礼堂文集》，第241页。

③段熙仲点校，胡培翚：《仪礼正义》，第5页。

④段熙仲点校，胡培翚：《仪礼正义》，第482页。

⑤段熙仲点校，胡培翚：《仪礼正义》，第540页。

⑥段熙仲点校，胡培翚：《仪礼正义》，第1340页。

《仪礼经》是周公作,叙次最完密。[①]

　　培翚《〈仪礼〉非后人伪撰辨》一文对《仪礼》内容也有讨论,其云:"夫《仪礼》之书,叙次繁重,有必详其原委而义始见者,非若他经之可以断章取义也,故各书引其辞者颇少,然其仪文节次,为诸经所称引者多矣。"[②]又说:"夫《三礼》之书,惟《仪礼》最精,自诸侯去籍,而后礼文散逸,五家之传,(《六艺论》云:'五传弟子,谓高堂生、萧奋、孟卿、后苍及戴德、戴圣也。')不绝如线,以为残缺不全,固有之矣,若以为出后人之撰辑,则未有也,且其书亦非后人所能撰辑也。昔朱子尝云:'《仪礼》为礼之根本。'又云:'极细密、极周致,其间曲折难行处,都有个措置得恰好。'敖继公云:'以其书考之,辞意简严,品节详备,非圣人莫能为。'忆培翚初治是经,每于静夜无人时,取各篇熟读之,觉其中器物陈设之多、行礼节次之密、升降揖让裼袭之繁,无不条理秩然,每篇循首至尾,一气贯注,有欲增减一字而不得者。呜呼!此岂后儒所能缀辑也哉?至各篇之记与《礼记》相出入,传与《公》、《穀》相似,亦非七十子之徒莫能为,而谓汉儒能为之耶?夫自昔疑《仪礼》者,如乐史、徐积之说,前人皆已辨之。今顾氏以各经未引及《仪礼》为疑,余恐读是经者少,而耳食附和,贸然不察,致使球图彝器之重,漫与赝鼎同类,而共讥之也,故不可以不辨。"[③]可见,在培翚心目中,《仪礼》内容之精粹非《周礼》、《礼记》所可比拟。《仪礼》广大精深,是"一部缜密绵缀的著作"[④]。与《周礼》、《礼记》相比,《仪礼》内容最古、最醇,此书不仅文字精微详悉、条例秩然,井井然若网在纲,有条而不紊,而且也是一部全书,并非如他人所说的残缺不全,而这样的书亦非后人所能伪撰。培翚对《仪礼》内容的解释,与前引凌廷堪论《仪礼》之内容有着惊人的相似之处。可见凌氏对培翚影响之深。

三、辨"以《周礼》、《仪礼》二礼分别外内"之说

　　对于"以《周礼》、《仪礼》二礼分别外内"之说,培翚有自己的看法,

①段熙仲点校,胡培翚:《仪礼正义》,第 1767 页。
②胡培翚:《仪礼非后人伪撰辨》,《研六室文钞》卷三,《胡培翚集》,第 85 页。
③胡培翚:《仪礼非后人伪撰辨》,《研六室文钞》卷三,《胡培翚集》,第 87—88 页。
④张寿安:《十八世纪礼学考证的思想活力——礼教论争与礼秩重省》,北京大学出版社 2005 年版,第 53 页。

其云：

> 贾疏谓《周礼》是统心，《仪礼》是履践。不知履践必本于心，外之有揖拜辞让之文，内之必有恭敬谦逊之实。故魏氏了翁以为《仪礼》一经，非由外心以生，凡皆人性之固有，天秩之自然。则以二礼分别外内，非矣。①

"以《周礼》、《仪礼》二礼分别外内"之说，始于唐贾公彦《仪礼疏》，其云："至于《周礼》、《仪礼》，发源是一，理有终始，分为二部，并是周公摄政太平之书。《周礼》为末，《仪礼》为本。"②又云："《周礼》是统心，《仪礼》是履践，外内相因，首尾是一。"③贾公彦称《周礼》为末、《仪礼》为本；又称《周礼》是统心，《仪礼》是履践。从贾氏的叙述中可以看出，贾公彦认为《周礼》为外，《仪礼》为内。培翚认为，既然"履践必本于心，外之有揖拜辞让之文，内之必有恭敬谦逊之实"，则《周礼》、《仪礼》应无外、内之分，所以引魏了翁之言以证之。另外，从疏解中可以看出，培翚也赞成贾疏《周礼》是统心，《仪礼》是履践"与二礼"首尾是一"之说，他只是反对"以二礼分别外内"之说而已。培翚这种观点对晚清礼学家曹元弼也有影响，曹氏治《仪礼》就持这种观点，并认为："许、郑以《周官》为《周礼》，贾氏谓《周礼》、《仪礼》首尾是一，皆不易之论。"④

四、辨《仪礼》称名

《正义》就《仪礼》之称名也予以辨正，其云：

> 贾疏又谓《仪礼》亦名《曲礼》，引《礼器》"经礼三百，曲礼三千"为证。今案：《中庸》作"礼仪三百，威仪三千"，《汉书·艺文志》作"礼经三百，威仪三千"，其名大同小异。旧解多以《经礼》为《周礼》，《曲礼》为《仪礼》，然《周礼》三百六十，是官名耳，非礼之条目。王氏应麟云："朱文公从《汉书》臣瓒注，谓《仪礼》乃《经礼》也。《曲礼》皆微文小节，如今《曲礼》、《少仪》、《内则》、《玉藻》、《弟子职》所谓威仪三千也。"后

---

①段熙仲点校，胡培翚：《仪礼正义》，第5页。
②李学勤主编：《十三经注疏·仪礼注疏》，第1页。
③李学勤主编：《十三经注疏·仪礼注疏》，第4页。
④曹元弼：《礼经校释》卷一，《续修四库全书》第94册，第116页。

人多宗朱子之说①。则以《仪礼》为《曲礼》，非矣。张氏淳云："汉时未有《仪礼》之名，岂汉后学者睹十七篇中有仪、有礼，遂合而名之欤？"方氏休云："案《汉·艺文志》曰《礼古经》，《儒林传》曰《士礼》，《六艺论》曰《古文礼》，《论衡》曰《佚礼》，《隋·经籍志》曰《古经》，《释文·序录》曰《古礼》。《仪礼》之名，始见《后汉书·郑康成传》，其为魏晋间人所加可知。"今案：《仪礼》古只谓之《礼》，《汉书·景十三王传》云"河间献王所得书，皆古文先秦旧书，《周官》、《尚书》、《礼》、《礼记》"，所谓《礼》即《仪礼》也。②

关于《仪礼》、《周礼》二经，何者称经礼，何者称曲礼，历史上的看法是不一样的。郑玄注《礼记·礼器》之"《经礼》三百，《曲礼》三千"时曰："《经礼》谓《周礼》也，《周礼》六篇，其官有三百六十。曲犹事也，事礼谓今礼也。礼篇多亡，本数未闻，其中事仪三千。"贾公彦《仪礼疏》认为《仪礼》亦名《曲礼》，其云："《仪礼》亦名《曲礼》，故《礼器》云：'经礼三百，曲礼三千。'郑注云：'曲犹事也，事礼谓今礼也。其中事仪三千。'言仪者，见行事有威仪；言曲者，见行事有屈曲。故有二名也。"③而臣瓒注《汉书·艺文志》"礼经三百，威仪三千"时说："礼经三百，谓冠、昏、吉、凶，《周礼》三百，是官名也。"④由臣瓒注不难看出，臣瓒是赞同《仪礼》为礼经的。朱熹《仪礼经传通解·篇第目录（序题）》注云："臣瓒曰：'《周礼》三百，特官名耳。经礼谓冠、昏、吉、凶。'盖以《仪礼》为经礼也。"他又说："至于《仪礼》，则其中冠、昏、丧、祭、燕、射、朝、聘，自为经礼大目，亦不容专以《曲礼》名之也。"⑤可见朱熹亦赞同《仪礼》为经礼之说。朱氏之说，后世多宗之。培翚也从朱熹之说，并指出后人以《仪礼》为《曲礼》是不确的。另外，培翚认为《汉书·景十三王传》中所云的《礼》即为《仪礼》，这也是正确的。但他认为"《仪礼》古只谓之《礼》"，这种说法颇为牵强。其实《仪礼》在古代的称名比较复杂。

① 《仪礼正义》段熙仲点校本于此处断为逗号。根据上下文之义，此处应断为句号，断为逗号非。王应麟《困学纪闻》的引文至"所谓威仪三千也"止，"后人多宗朱子之说"及"则以《仪礼》为《曲礼》，非矣"为胡培翚之案语。若此处标为逗号，就会让人误会朱子主张《仪礼》为《曲礼》，此与王应麟《困学纪闻》所述"朱文公从《汉书》臣瓒注，谓《仪礼》乃《经礼》也"的观点显然相左。
② 段熙仲点校，胡培翚：《仪礼正义》，第5—6页。
③ 李学勤主编：《十三经注疏·仪礼注疏》，第4页。
④ 陈国庆：《汉书艺文志注释汇编》，第52页。
⑤ 参见朱熹《仪礼经传通解》，《景印文渊阁四库全书》第131册，第3—4页。

据统计,就整个汉代而言,《仪礼》即有《礼》、《士礼》、《礼记》、今《礼》、《礼经》、《曲礼》、《礼古经》、《仪礼》等称名,而且这些称名往往相互混杂使用,让人感觉颇为混乱。关于汉代《仪礼》之称名,可详参拙作《汉代〈仪礼〉称名考略》①一文,此处不再赘述。

五、论《仪礼》十七篇之分类

《正义》对《仪礼》十七篇进行了分类,其云:

> 云"冠礼于五礼属嘉礼"者,五礼,吉、凶、宾、军、嘉是也,皆《周礼》大宗伯掌之。冠属嘉礼者,《大宗伯》云"以嘉礼亲万民",下即云"以昏冠之礼亲成男女",是冠为嘉礼也。王氏应麟《困学纪闻》引《三礼义宗》云:"《仪礼》十七篇,吉礼三,凶礼四,宾礼三,嘉礼七,军礼皆亡。"案:吉礼三,《特牲》、《少牢》、《有司》也。凶礼四,《丧服》、《士丧》、《既夕》、《士虞》也。宾礼三,《士相见》、《聘》、《觐》也。嘉礼七,《士冠》、《士昏》、《乡饮》、《乡射》、《燕》、《大射》、《公食》也。②

对于吉、凶、宾、军、嘉五礼之起源,孔颖达认为"自伏牺以后至黄帝","五礼始具"③。孔氏又云:"'五礼'其文,亦见经也。案《舜典》云'类于上帝',则吉礼也;'百姓如丧考妣',则凶礼也;'群后四朝',则宾礼也;'舜征有苗',则军礼也;'嫔于虞',则嘉礼也。是舜时五礼具备。"④"五礼"其文虽见于《舜典》,但《舜典》并无吉礼、凶礼、宾礼、军礼、嘉礼之名称。关于五礼的名称,学界比较一致的看法是认为其最早出现于《周礼·春官·大宗伯》:"以吉礼事邦国之鬼神示,……以凶礼哀邦国之忧,……以宾礼亲邦国,……以军礼同邦国,……以嘉礼亲万民,……"⑤《大宗伯》虽有吉礼、凶礼、宾礼、军礼、嘉礼之名称,但无"五礼"之称法。将吉礼、凶礼、宾礼、军礼、嘉礼和"五礼"二者并称出现于同一篇章中,大约始于东汉。如郑玄注《仪礼》称"冠礼于五礼属嘉礼者",即是将吉礼、凶礼、宾礼、军礼、嘉礼和

---

①陈功文:《汉代〈仪礼〉称名考略》,《兰台世界》,2010年第6期,第58—59页。

②段熙仲点校,胡培翚:《仪礼正义》,第3页。

③孔颖达称:"自伏牺以后至黄帝,吉、凶、宾、军、嘉五礼始具。"见李学勤主编:《十三经注疏·礼记正义》,第3页。

④孔颖达:《礼记正义序》,见李学勤主编:《十三经注疏·礼记正义》卷首。

⑤李学勤主编:《十三经注疏·周礼注疏》,北京大学出版社1999年版,第450—467页。

"五礼"二者合一之例证。之后,二者合称渐多。

　　培翚对《仪礼》十七篇进行分类,采用了崔灵恩《三礼义宗》之说,将《仪礼》十七篇划分为吉、凶、宾、嘉四礼,无军礼。其中吉礼三篇,分别为《特牲馈食礼》、《少牢馈食礼》、《有司彻》;凶礼四篇,分别为《丧服》、《士丧礼》、《既夕礼》、《士虞礼》;宾礼三篇,分别为《士相见礼》、《聘礼》、《觐礼》;嘉礼七篇,分别为《士冠礼》、《士昏礼》、《乡饮酒礼》、《乡射礼》、《燕礼》、《大射仪》、《公食大夫礼》。其实,崔灵恩的划分方法是继承郑玄《三礼目录》的。郑氏对《仪礼》十七篇之划分与归类,通常为学界所接受,但也有不同的意见,如邵懿辰就认为"《乡射》、《大射》亦寓军礼之意",他说:"军礼非所宜习,抑所谓俎豆之事,尝闻军旅之事未学者也。然《乡射》、《大射》亦寓军礼之意。男子有事,四方桑弧,蓬矢初生,而有志焉。《易》曰:'弦木为弧,剡木为矢,弧矢之利,以威天下。'五兵莫长于弓矢也,故射、御列于六艺。而言聘、射之义者,以为勇敢、强有力,天下无事则用之于礼义,天下有事则用之于战胜。泽宫选士,各射己鹄,有文事必有武备也。而遂以为军礼亡失,亦未识圣人定礼之意也。"①另外,朱熹《仪礼经传通解》对《仪礼》十七篇的归属也与众不同,他将《士冠礼》、《士昏礼》归为家礼;将《士相见礼》、《乡饮酒礼》、《乡射礼》归为乡礼;将《燕礼》、《大射仪》、《聘礼》、《公食大夫礼》归为邦国礼;将《觐礼》归为王朝礼。朱熹的划分法,后世治《仪礼》者多不采之。胡培翚作《正义》,对五礼之归类采《三礼义宗》之说,也是崇郑之表现。

六、论《仪礼》之记

　　培翚论《仪礼》之记曰:

　　　　贾疏云:"凡言记者,皆是记经不备,兼记经外远古之言。"熊氏朋来云:"十七篇惟《士相见》、《大射》、《少牢馈食》、《有司彻》四篇不言记,其有记者,十有三篇。然《冠礼》之记有'孔子曰',其文与《郊特牲》所记《冠义》正同。其馀诸篇,惟《既夕》之记,略见于《丧大记》之首章。《丧服》之传,与《大传》中数语相似,馀记自与《小戴》冠昏等六义不同,何二戴不以《礼经》所有之记文而传之也? 十三篇之记,必出孔子之后,子夏之前。盖孔子定《礼》,而门人记之。故子夏为作《丧服传》而

---

①邵懿辰:《论十七篇中射礼即军礼》,《礼经通论》,见《清经解续编》(第五册),第587页(上栏)。

并其记亦作传焉。"张氏尔岐云:"此记已有'孔子曰',当在孔子后,不知定谁所录。《冠义》又记中小目,馀篇不复言某义者,或欲举一例馀也。又《戴记》亦有《冠义》,又后儒所为,故与此异也。"盛氏云:"凡为记者有三,有记经所未备者,有记礼之变异者,有各记所闻,颇与经义相违者。记经所未备者,周公之徒为之,与经并行者也。记礼之变异,则非周之盛时之书矣。其在春秋之际乎?至于各记所闻者,则七十子后学所记也。"今案:诸家发明记义,各有所见,故并录之。①

培翚认为贾公彦、熊朋来、张尔岐、盛世佐等人讨论《仪礼》之记"各有所见",因而"并录之"。对于《仪礼》之记的作用,培翚赞同其乃"记经不备"。

另外,前文也提到培翚主张《仪礼》之记出于孔门七十子之徒,他说:"《仪礼》有经、有记、有传,记、传乃孔门七十子之徒之所为。"②可见,培翚虽然主张《仪礼》为周公所作,但对于记的作者却主张为孔门七十子之徒。此表明了在培翚的礼学体系中,经与记的地位是有差别的。培翚的观点得到了曹元弼的赞同,曹氏指出:"记出七十子之徒。"③又说:"记是七十子后学所为。"④可见,学术上的传承与影响是深远的。

第四节　论《仪礼》各篇结构与大旨(一)

《仪礼》十七篇主要记述的是我国古代冠、婚、丧、祭、乡、射、朝、聘等礼节仪式。《礼记·昏义》在总结这些礼仪之关系时说:"夫礼始于冠,本于昏,重于丧祭,尊于朝聘,和于射乡。此礼之大体也。"⑤邵懿辰《礼经通论》也云:"冠、昏、丧、祭、射、乡、朝、聘八者,礼之经也。冠以明成人,昏以合男女,丧以仁父子,祭以严鬼神,乡饮以合乡里,燕射以成宾主,聘食以睦邦交,朝觐以辨上下。"⑥《仪礼》主要就是按照这八项礼仪及其相互关系而成

---

①段熙仲点校,胡培翚:《仪礼正义》,第132—133页。
②段熙仲点校,胡培翚:《仪礼正义》,第5页。
③曹元弼:《礼经校释》卷一,《续修四库全书》第94册,第129页。
④曹元弼:《礼经校释》卷十二,《续修四库全书》第94册,第317页。
⑤李学勤主编:《十三经注疏·礼记正义》,第1620页。
⑥邵懿辰:《仪礼十七篇当从大戴之次本无阙佚》,《礼经通论》,《清经解续编》(第1277卷)第五册,第585页(上栏)。

书的。培翚撰著《正义》，对《仪礼》各篇的结构与大旨进行了解读，内容主要散布于各篇的题解之中。下面我们围绕各篇的题解，来分析培翚对《仪礼》各篇结构与大旨的分析。

一、考论《仪礼》嘉礼诸篇

《仪礼》嘉礼凡七篇，分别为《士冠礼》、《士昏礼》、《乡饮酒礼》、《乡射礼》、《燕礼》、《大射仪》、《公食大夫礼》。

1.论士冠礼

《士冠礼》是《仪礼》第一篇。《正义》引《三礼目录》云："童子任职居士位，年二十而冠，主人玄冠朝服，则是仕于诸侯。天子之士，朝服皮弁素积。古者四民世事，士之子恒为士。冠礼于五礼属嘉礼，大、小《戴》及《别录》此皆第一。"①《正义》疏"童子任职居士位，年二十而冠"云：

> 云"童子任职居士位，年二十而冠"者，郑意盖以此为士身加冠也。然下又云："古者四民世事，士之子恒为士。"朱子谓："详郑意，似谓士之子虽未仕，亦得用此礼矣。"《曲礼》："二十曰弱冠，四十曰强而仕。"此常法也。亦容有才质出众，当未冠之时即已居士位者，故郑兼已仕未仕言之。……万氏斯大《仪礼商》云："礼不下庶人，故自士以上，一依乎士礼以为之准，虽天子诸侯之子亦不得异焉。彼诸侯之有冠礼，止惟先君早世，世子年幼为君，如鲁襄、邾隐者乃行之。推此于天子，亦惟幼而即位，如周成王者或有异焉。故曰天子之元子犹士也，则诸侯大夫之子可知。"案此说是也。冠者将以责成人之道，故年必以二十为断，《丧服》十九以下则为殇，以其未成人也。《荀子》谓"十九而冠"，非矣。《曲礼》曰："男子二十冠而字。"《内则》曰："二十而冠，始学礼。"此礼之正也。其有年未及二十而冠者，则皆礼之变，不足引以为此经之证。②

古者重冠，《礼记·冠义》云："凡人之所以为人者，礼义也。礼义之始，在于正容体，齐颜色，顺辞令。容体正，颜色齐，辞令顺，而后礼义备。以正君臣，亲父子，和长幼。君臣正，父子亲，长幼和，而后礼义立。故冠而后服

①段熙仲点校，胡培翚：《仪礼正义》，第1页。
②段熙仲点校，胡培翚：《仪礼正义》，第1—2页。

备，服备而后容体正，颜色齐，辞令顺。故曰'冠者，礼之始也'。是故古者圣王重冠。古者冠礼，筮日、筮宾，所以敬冠事。敬冠事所以重礼，重礼所以为国本也。……已冠而字之，成人之道也。……成人之者，将责成人礼焉也。责成人礼焉者，将责为人子、为人弟、为人臣、为人少者之礼行焉。将责四者之行于人，其礼可不重与？故孝弟忠顺之行立，而后可以为人，可以为人，而后可以治人也。故圣王重礼。故曰'冠者，礼之始也，嘉事之重者也'。是故古者重冠。"①因冠是"礼之始也"，所以古人把行冠礼看成是成人之道，是"嘉事之重者也"，因此，古代社会比较重视冠礼。正因为如此，对冠礼的考证也就成了治《礼》学者必须面对的一个问题。培翚也是如此。考此段所论，实包括两方面内容：其一，讨论行冠礼的对象。其二，讨论行冠礼的年龄。就前者而言，行冠礼的对象主要是指士之子。至于天子、诸侯之子之冠礼，培翚引张尔岐《仪礼郑注句读》云："其云仕于诸侯，明非天子之士，实则天子之士，亦同此礼，唯主人冠服有异。"并下案语曰："今案：冠昏丧祭，切于民用。周公制礼，欲以通行天下，故多就侯国言之。然王朝之与侯国，异冠服不异礼节。张说是也。"②可见，培翚认为天子、诸侯之子之冠礼与士之子之冠礼礼节相同，仅冠服有异罢了。

　　另外，就行冠礼的年龄而言，培翚赞同"年二十而冠"之说，并引《礼记·内则》"二十而冠，始学礼"之言，认为"此礼之正也"。对于年未及二十而冠者，培翚认为"皆礼之变"，故他不赞成《荀子》"十九而冠"之说。另外，培翚赞同"年二十而冠"之说，是就士冠礼而言的。当然，古代也有"天子、诸侯十二而冠"之说，孔颖达疏《礼记·冠义》云："其冠之年，即天子、诸侯十二而冠，故襄九年《左传》云：'国君十五而生子，冠而生子，礼也。'又云'一星终也'。是十二年岁星一终。案文王十五而生武王，尚有兄伯邑考。《金縢》云：'王与大夫尽弁。'时成王十五而著弁，则成王已冠矣。是天子十二而冠，与诸侯同。"③培翚认为此天子、诸侯年十二而冠，也"不足引以为此经之证"，毕竟此非士冠之礼。

　　培翚还将此篇划分为正礼与变礼两部分，其撰《正义》，将《士冠礼》分为两卷，第一卷属正礼，第二卷属变礼。其在疏解第一卷末之经文"宾出，

---

①李学勤主编：《十三经注疏·礼记正义》，第 1614—1615 页。
②段熙仲点校，胡培翚：《仪礼正义》，第 3 页。
③李学勤主编：《十三经注疏·礼记正义》，第 1614 页。

主人送于外门外,再拜,归宾俎”时引朱熹之言曰:“朱子云:‘此章以上,正礼已具,以下皆礼之变。’”①此处培翚未下断语,但他在疏解第二卷卷首之经文“若不醴,则醮用酒”时,案断曰:“朱子谓‘此以下为礼之变’,是也。”②可见,培翚赞同朱熹对本篇之正礼与变礼的划分。

2.论士昏礼

《士昏礼》是《仪礼》第二篇。《正义》引《三礼目录》云:“士娶妻之礼,以昏为期,因而名焉。必以昏者,取其阳往而阴来,日入三商为昏。昏礼于五礼属嘉礼,大、小《戴》及《别录》此皆第二。”③《正义》疏云:

> 郑云“士取妻之礼”者,郑以此篇主言士礼,士二十而冠,冠而后娶,故昏次于冠也。敖氏云:“此篇主言士之適子娶妻之礼。”《仪礼释官》云:“案此篇主言士之昏礼,亦兼已仕未仕者言。大夫无冠礼而有昏礼,郑氏谓大夫或时改娶也。其天子诸侯早娶,亦有其礼,今皆亡耳。”云“以昏为期,因而名焉”者,下经云:“期,初昏,陈三鼎于寝门外。”又记云:“凡行事必用昏昕。”注:“用昕,使者,用昏,婿也。”……必用昕者,贾疏谓“昕即明之始,君子举事尚早”,是也。婿之亲迎则用昏,故注云:“用昏,婿也。”婿亲迎用昏,因名其礼为昏礼。自天子以下,礼之隆杀不同,而其名昏则同。……云“必以昏者,取其阳往而阴来”者,《三礼礼记》云:“昼为阳,夜为阴,昏是阴阳交接之时,故云取其阳往而阴来也。”……褚氏寅亮云:“杜佑谓康成主男必三十娶,女必二十嫁。王肃以为男十六可娶,女十四可嫁。三十、二十,言其极耳。”今案:三十、二十而嫁娶者,《周官》掌万民之判,众庶之礼也。《丧服经》有为夫姊之长殇,士大夫之礼也。《左传》十五而生子,国君之礼也。又郑氏嫁娶必以仲春,王肃以为秋冬嫁娶之时。孙卿曰:“霜降逆女,冰泮杀止。”《家语》:“霜降而妇功成,嫁娶者兴焉,冰泮而农桑起,昏礼杀于此。”束皙云:“春秋二百四十年,天王娶后,鲁女出嫁,夫人来归,大夫逆女,自正月至十二月,悉不以得时失时为褒贬,何限于仲春季秋以相非哉?”《士昏礼》请期辞曰:“惟是三族之不虞。”卜得吉日,便相配

---

① 段熙仲点校,胡培翚:《仪礼正义》,第96页。
② 段熙仲点校,胡培翚:《仪礼正义》,第100页。
③ 段熙仲点校,胡培翚:《仪礼正义》,第146页。

合。先贤以时月为限,恐非至当。说似圆通,然三十娶、二十嫁之文,不特见于《周官》,即《曲礼》《内则》诸文,亦彰彰可据。《白虎通》云:"男三十筋骨坚强,任为人父。女二十肌肤充满,任为人母。合为五十,应大衍之数,生万物也。"是也。①

《礼记·昏义》云:"昏礼者,礼之本与!"又说:"昏礼者,将合二姓之好,上以事宗庙,而下以继后世也,故君子重之。"《礼记·郊特牲》也说:"夫昏礼,万世之始也。"可见婚礼在古代也是十分重要的礼节,婚礼也因此成为研究《礼》学的重要内容之一。考《正义》此段所论,包括四方面内容:

其一,指明本篇所言婚礼的对象是士,乃"士娶妻之礼",不是天子、诸侯娶妻之礼,但自天子至士,皆可以"昏"名者耳。

其二,指明了士昏礼举行的时间。通过引《三礼札记》之说,认为士举行婚礼的时间乃阴阳交接之时。

其三,对士昏之年龄进行辨正。古人对举行婚礼的年龄有所规定,《周礼·地官·媒氏》云:"令男三十而娶,女二十而嫁。"《礼记·曲礼》曰:"三十曰'壮',有室。"《礼记·内则》曰:"三十而有室,始理男事。"《礼记·昏义》疏曰:"其昏之年几,案《异义》:《大戴》说:男三十、女二十有昏娶,合为五十,应大衍之数,自天子达于庶人,同一也。"②可见,古代以男三十娶、女二十嫁为一般通则。刘师培也曾云:"惟其以三十而娶为正礼。"③《正义》认为"三十、二十而嫁娶者",乃"众庶之礼也",即男三十而娶、女二十而嫁,已成社会通则,为大众所接受。所以,《正义》也就顺理成章地支持《白虎通》所云的"男三十筋骨坚强,任为人父。女二十肌肤充满,任为人母。合为五十,应大衍之数,生万物也"之观点。至于《左传》所言"十五而生子",《正义》认为此属"国君之礼也",不属于"众庶之礼"。

其四,对古时嫁娶的时月也有所讨论。先儒对古时嫁娶时月认识不一,众说纷纭,如郑玄认为嫁娶必以仲春,而王肃却以秋冬为嫁娶之时。《正义》征引了荀子、《孔子家语》、束皙、《士昏礼》等说法后认为"先贤以时月为限,恐非至当"。显然,《正义》对古时嫁娶限于时月的说法并不十分

①段熙仲点校,胡培翬:《仪礼正义》,第146—148页。
②孔颖达:《礼记·昏义》,见李学勤主编:《十三经注疏·礼记正义》,第1617—1618页。
③刘师培:《礼经旧说》卷一,《刘申叔遗书》,第55页。

赞同。

3.论乡饮酒礼

《乡饮酒礼》是《仪礼》第四篇。《正义》引《三礼目录》云："诸侯之乡大夫,三年大比,献贤者能者于其君,以礼宾之,与之饮酒,于五礼属嘉礼。《大戴》此乃第十,《小戴》及《别录》,此皆第四。"《正义》疏云:

> 孔氏颖达《礼记正义》曰:"郑云:'乡饮酒有四事,一则三年宾贤能,二则乡大夫饮国中贤者,三则州长习射饮酒,四则党正蜡祭饮酒。'总而言之,皆谓乡饮酒。"……张氏尔岐云:"乡饮有四,此篇所载宾贤之礼,常以正月行之。将射而饮,于春秋行之。党正正齿位于季冬蜡祭。乡大夫饮国中贤者,则无常时。"盛氏世佐云:"此篇所陈,乃侯国乡大夫宾贤之礼。他如党正正齿位,州长春秋习射及乡大夫饮国中贤者,虽亦名乡饮酒,而其礼固不能无异也。"……褚氏寅亮云:"此礼虽主兴贤能,选有德者为宾,介、三宾而馀皆齿序。若有遵者,则席在宾东,而不与乡人齿,是选贤之中,仍寓尚齿贵贵之义。"……《经义闻斯录》曰:"郑氏《三礼目录》于《乡饮酒礼》云:'诸侯之乡大夫三年大比献贤者能者于其君,以礼宾之,与之饮酒。'于《乡饮酒义》云:'记乡大夫饮宾于庠序之礼,尊贤养老之义。'是礼专属宾贤能,而义统释四事为异矣。"……云"于五礼属嘉礼"者,盛氏世佐云:"《乡饮酒义》孔疏云:'案郑《目录》云:"此于《别录》属吉事。"'陆氏释文亦引郑云:'《别录》属吉礼。'则以此为吉礼之说,盖出于刘向,而郑君见之于《礼记目录》,不始于孔氏也。又案:《礼记》冠、昏、乡饮酒、燕、聘诸义,孔疏引郑《目录》皆云:'《别录》属吉事。'惟《乡饮酒》、《射》二义,《释文》引郑云:'《别录》属吉礼。'《释文》'礼'字,盖'事'字之误。郑注《仪礼》于《冠》、《昏》、《乡饮酒》、《射》、《燕》云'嘉',而《聘》云'宾'者,以《周官》五礼言之也。若以'事'言之,则吉者对凶之辞,嘉也,宾也,皆可言吉也,此郑与《礼记目录》所以复存刘说欤?"①

《正义》此处之疏解,虽广征博引,但含义有三:

其一,指出本篇主旨乃侯国乡大夫宾贤之礼。即乡饮酒虽有四事,若

---

①段熙仲点校,胡培翚:《仪礼正义》,第276—279页。

于礼则本篇专属宾贤能,主要讲述的是"诸侯之乡大夫,三年大比,献贤者能者于其君,以礼宾之,与之饮酒"之礼节。今案:《周礼·乡大夫职》云:"三年则大比,考其德行、道艺,而兴贤者、能者。乡老及乡大夫帅其吏与其众寡,以礼礼宾之。"郑玄注云:"贤者,有德行者。能者,有道艺者。众寡,谓乡人之善者无多少也。郑司农云:'兴贤者,谓若今举孝廉。兴能者,谓若今举茂才。宾,敬也。敬所举贤者、能者。'玄谓变举言兴者,谓合众而尊宠之,以乡饮酒之礼,礼而宾之。"①《正义》此处所疏,与《周礼》此节之经、注有相通之妙。

其二,点明了行乡饮酒礼的时间。《正义》引张尔岐之言,认为"此篇所载宾贤之礼,常以正月行之"。可见,此篇所述之礼与"将射而饮,于春秋行之"之礼、"党正正齿位于季冬蜡祭"之礼以及"乡大夫饮国中贤者,则无常时"之礼,是有区别的。

其三,指出嘉礼、宾礼"皆可言吉也",即嘉礼、宾礼皆属吉事。郑玄注《礼记》,依据刘向《别录》,认为《冠义》、《昏义》、《乡饮酒义》、《燕义》、《聘义》均属吉事。而郑玄在注《仪礼》时,又认为《士冠礼》、《士昏礼》、《乡饮酒礼》、《燕礼》等皆属嘉礼,《聘礼》属宾礼。《正义》申述郑玄之意,认为"吉者对凶之辞",故而认为"嘉也,宾也,皆可言吉也"。

4.论乡射礼

《乡射礼》是《仪礼》第五篇。《正义》引《三礼目录》云:"州长春秋以礼会民而射于州序之礼。谓之乡者,州,乡之属,乡大夫或在焉,不改其礼。射礼于五礼属嘉礼。《大戴》十一,《小戴》及《别录》皆第五。"②《正义》疏云:

> 《仪礼释官》曰:"案乡射有二,一是州长会民习射,一是乡大夫贡士后,以此射询众庶。其礼皆先行乡饮酒礼。但诸侯之乡射,乡大夫是大夫,州长是士。……又乡大夫射于庠,州长射于序,为少异耳。"张氏尔岐云:"据注,此州长习射,而云乡射者,《周礼》五州为乡,一乡管五州。乡大夫或宅居一州之内,来临此射礼。又乡大夫比兴贤能讫,而以乡射之礼五物询众庶,亦行此礼,故名《乡射礼》也。"吴氏廷华云:"此当兼乡大夫州长之射言,注、疏各举其一耳。州,乡之属,故亦曰

---

①李学勤主编:《十三经注疏·周礼注疏》,第296页。
②段熙仲点校,胡培翚:《仪礼正义》,第451页。

乡。"敖氏曰:"乡射者,士与其乡之士大夫会聚于学宫饮酒而习射也。此与上篇,大同小异,惟多射一节耳。亦饮酒,而但以射言者,主于射也。"①

按照郑玄《目录》之语,则《乡射礼》主要讲述的是"州长春秋以礼会民而射于州序之礼"。此即孔颖达《礼记正义》所云的"乡饮酒有四"中的第三——州长习射饮酒。也即上述引文中提到的张尔岐所云的"将射而饮,于春秋行之"礼也。

今案:培翚依据其祖胡匡衷《仪礼释官》认为乡射有二,又引吴廷华之言证明《乡射礼》兼乡大夫、州长之射言,此与《礼记·射义》之"卿、大夫、士之射也,必先行乡饮酒之礼"之说合。另外,《正义》引敖继公之言"乡射者,士与其乡之士大夫会聚于学宫饮酒而习射也",则点明了乡射的对象与地点。《正义》赞同《乡饮酒礼》与《乡射礼》大同小异之说,认为本篇"惟多射一节耳。亦饮酒,而但以射言者,主于射也"。其实,乡射礼与乡饮酒礼的行使,很多环节是一样的,只不过乡射礼多出射礼一节。另外,乡饮酒礼主于饮,而乡射礼主于射,这是两者最大的区别。今人沈文倬先生认为《乡饮酒礼》与《乡射礼》之别在于:"前者独详于饮酒,而后者则行乎射者并先举其饮酒焉。以是谓之一礼也可,谓之二礼亦无不可也。"②沈氏之言极是。

5.论燕礼

《燕礼》是《仪礼》第六篇。《正义》引《三礼目录》云:"诸侯无事,若卿大夫有勤劳之功,与群臣燕饮以乐之礼。燕礼于五礼属嘉礼。《大戴》第十二,《小戴》及《别录》皆第六。"③《正义》疏云:

> 贾疏云:"燕有四等。《目录》云:诸侯无事而燕,一也。卿大夫有王事之劳,二也。卿大夫有聘而来还与之燕,三也。四方聘客与之燕,四也。"方氏苞云:"疏所分四类似未安。本国之臣,入贡献功于王朝,出聘于邻国而还,劳之,一也。有大勋劳功伐而特燕赐之,二也。无事而燕群臣,三也。燕聘宾,四也。聘宾则入大门而奏《肆夏》,以主君出

---

① 段熙仲点校,胡培翚:《仪礼正义》,第451页。
② 沈文倬:《菿暗述礼》,王元化主编:《学术集林》卷九,上海远东出版社1996年版,第55页。
③ 段熙仲点校,胡培翚:《仪礼正义》,第665页。

迎于大门之内也。本国之臣入至庭而奏《肆夏》，以君于是时始降阶而揖之也。无事即出聘者，不宜以乐纳。其诸有大勋劳者与？"《仪礼释官》云："《周礼·大宗伯》以飨燕之礼，亲四方之宾客。贾疏：'飨，亨大牢以饮宾，献依命数，在庙行之。燕者，其牲狗，行一献，四举旅，降脱屦升坐，无算爵，以醉为度，行之在寝。'飨礼今亡。此篇所载，是诸侯燕其臣之礼，其天子之燕礼亦亡矣。又有与族人燕及祭毕之燕，皆与此礼别。"褚氏寅亮云："待宾之礼有三，飨也，食也，燕也。飨重于食，食重于燕。飨主于敬，燕主于欢，而食以明善贤之礼。飨则体荐而不食，爵盈而不饮，设几而不倚，致肃敬也。食以饭为主，虽设酒浆，以漱，不以饮，故无献仪。燕以饮为主，有折俎而无饭，行一献之礼，脱屦升坐以尽欢。此三者之别也。飨食于庙，燕则于寝，其处亦不同矣。考之诸经，诸侯于己臣，有燕而无飨食。"……吴氏廷华云："大射亦行燕礼，注遗之耳。……又注、疏以此燕礼兼己臣与聘使言，下记及庭之宾，当亦合己臣及聘使言之。郑以王事之劳为重，故详重而略轻耳。据《郊特牲》疏，亦以己臣及聘宾为说，则二说本无异同也。此疏因此记言及庭，彼言入门，遂断为己臣及聘使之分，不知礼莫重于九夏，既并许其奏《肆夏》，则及庭入门，其轻者耳，而必致辨于其间，恐制礼者不如是之烦也。"①

《礼记·燕义》云："燕礼者，所以明君臣之义也。"可见，古人对燕礼也颇为重视。它主要是指诸侯在闲暇时宴请群臣之礼。此段所论，实包含三个方面：其一，"燕"虽有四等，但本篇所载却是诸侯燕其臣之礼。至于天子之燕礼，今已亡矣。至于"与族人燕及祭毕之燕"，皆与本篇所言之礼有别。

其二，《正义》认为飨礼、食礼、燕礼有别。其引褚寅亮之言，证明飨礼、食礼、燕礼不仅礼节有别，而且轻重程度也有差异。总之，三者之中燕礼最轻，以饮为主，有折俎而无饭，行一献之礼，行礼场所在路寝。

其三，《正义》引吴廷华之言云："大射亦行燕礼，注遗之耳。"今案：盛世佐云："射而燕，主于习礼乐也。"②"射而燕"，即大射亦行燕礼也。

①段熙仲点校，胡培翚：《仪礼正义》，第665—666页。
②盛世佐：《仪礼集编》，《景印文渊阁四库全书》第110册，第471页。

6.论大射仪

《大射仪》是《仪礼》第七篇。《正义》引《三礼目录》云："名曰大射者,诸侯将有祭祀之事,与其群臣射以观其礼。数中者,得与于祭;不数中者,不得与于祭。大射仪于五礼属嘉礼。《大戴》此第十三,《小戴》及《别录》皆第七。"①《正义》疏云:

> 孔氏颖达《礼记正义》曰:"凡天子、诸侯及卿、大夫礼射有三:一为大射,是将祭择士之射;二为宾射,诸侯来朝,天子与之射,或诸侯相朝与之射;三为燕射,谓息燕而与之射。天子、诸侯、大夫,三射皆具。士无大射,其宾射、燕射皆有之。"此三射之外,有乡射,有主皮之射。……又有习武之射,……敖氏曰:"此诸侯与其群臣饮酒而习射之礼也。言大射者,别于宾射、燕射也。"盛氏世佐曰:"《射义》云:'诸侯之射也,必先行燕礼。'又云:'诸侯君臣尽志于射以习礼乐,'此篇所陈是也。盖古者天子以射选诸侯卿大夫士,即有虞氏侯以明之之遗法。……亦曰大射者,别于乡射也,乡大夫与其民习射于乡学,谓之乡射。诸侯与其臣习射于大学,谓之大射。其与宾射、燕射异者,彼是因宾燕而射,射否惟欲,主于序欢情也。此则射而燕,主于习礼乐也。"胡氏肇昕曰:"盛氏之说,分晰明确。考大射之礼,《周礼·司裘职》云:'王大射,则共虎侯、熊侯、豹侯,设其鹄。诸侯则共熊侯、豹侯,卿大夫则共麋侯,皆设其鹄。'是诸侯、卿大夫皆有大射也。此篇所言皆诸侯之礼,诸侯将有祭祀之事,与其群臣习射,此特大射之一事耳。"……此篇郑注所云得与祭者,盖亦指陪位言。敖氏谓诸侯饮酒而习射之礼,则仍是燕射而非大射矣。蔡氏德晋曰:"诸侯凡有朝觐会盟诸大事,亦当与群臣习射,择士以从,不特祭为然。"是也。②

本篇主要讲述的是"诸侯将有祭祀之事,与其群臣射以观其礼。数中者,得与于祭;不数中者,不得与于祭"之礼。此段所论,实包含两方面内容:其一,天子、诸侯、卿大夫之射礼虽有三,但此篇所云是大射之礼,而非

---

①段熙仲点校,胡培翚:《仪礼正义》,第787页。
②段熙仲点校,胡培翚:《仪礼正义》,第787—789页。

宾射、燕射之礼。大射之礼属"将祭择士之射"①，也即郑玄《目录》所云的
"诸侯将有祭祀之事，与其群臣射以观其礼"。另外，《正义》认为敖继公之
说——"此诸侯与其群臣饮酒而习射之礼也"，属燕射而非大射，故他认为
蔡德晋"诸侯凡有朝觐会盟诸大事，亦当与群臣习射，择士以从，不特祭为
然"之说为是。

　　其二，《大射》篇主要陈述的是"诸侯将有祭祀之事，与其群臣射以观其
礼"之礼，故谓之大射。大射与宾射、燕射有别。燕射是"因宾燕而射，射否
惟欲，主于序欢情也"。而大射"则射而燕，主于习礼乐也"。当然，"大射亦
行燕礼"，故《礼记·射义》云："古者诸侯之射也，必先行燕礼。"孔颖达疏
曰："案《仪礼·大射》在未旅之前，燕初似飨，即是先行飨礼。而云'先行燕
礼'者，燕初似飨，正谓其行礼似飨，其馀则燕，故礼其牲狗，及设折俎，行一
献，此等皆燕之法也，故云'先行燕礼'也。"②可见，大射之中虽行燕礼，但
大射与燕礼仍然有别。

　　今案：扬之水先生曾曰："射礼有四：一曰大射，一曰宾射，一曰燕射，一
曰乡射。四者之礼，程序大致相同，不过宾射为重，大射为大，其中燕射、宾
射，未必与燕者人人参射，惟大射则无不与射。但四礼无一例外的，都以燕
礼为开端。《礼记·射义》引诗'曾孙侯氏，四正具举。大夫君子，凡以庶
士，大小莫处，御于君所。以燕以射，则燕则誉'，'以燕以射'，先行燕礼乃
射也。"③杨先生之言可与胡氏此处所论互相印证。另外在古代，射礼、乡
饮酒礼与燕礼常常是联系在一起的，《礼记·射义》云："古者诸侯之射也，
必先行燕礼。卿、大夫、士之射也，必先行乡饮酒之礼。故燕礼者，所以明
君臣之义也。乡饮酒之礼者，所以明长幼之序也。"可见，燕礼乃"明君臣之
义"，乡饮酒礼乃"明长幼之序"，而射礼则是"古者天子以射选诸侯、卿、大

---

①关于"将祭择士之射"，孙诒让曾说："凡大射皆因祭而射，其事有三：一为天子春试邦国之贡士，
　其礼最大，《梓人》所谓'张皮侯而栖鹄，则春以功'是也；二则四时郊庙祭前，择助祭之臣；三则四
　时大田校获，卿大夫相与射，时田有享礿、享烝及方社之献，则亦祭事也。三者皆为祭而举，而以
　能诏事，亦即射行其间，故有择诸侯、卿大夫士及得中为诸侯之说。本原礼意，盖因畿内外诸侯
　与官府学士等，皆本无职事，而来助祭观礼者其人众多，不容尽取，故必射以择之。《汉书·食货
　志》说诸侯贡士于天子，云'行同能偶，别之以射'，将祭择士，亦此意也。"见孙诒让：《周礼正义》
　卷十三，中华书局 1987 年版，第 498—499 页。
②李学勤主编：《十三经注疏·礼记正义》，第 1640—1641 页。
③扬之水：《诗经名物新证》北京古籍出版社 2000 年版，第 225 页。

夫、士"①之礼,由此可见,射礼之目的主要在于选贤。

另外,对于本篇为何称"仪"而不称"礼",《正义》引他说加以解释曰:

> 敖氏曰:"他篇于此言礼,是乃言仪者,以其仪多于他篇,故特显之。礼者总名,仪则其节文也。"郝氏曰:"不曰礼曰仪,射主仪也,射者争之器,行之以揖让,故贵仪。子曰:'射者何以听,何以射? 循声而发,发而不失正,惟贤者乎? 射有仪所以难也。'"盛氏曰:"不曰礼而曰仪,以其威仪之法,比《乡射》尤详也。"②

从上述所引之文可以看出,《大射仪》是主射之礼仪,即在射的过程中,能显现礼仪、节文,故而言"仪"不言"礼"。

7.论公食大夫礼

《公食大夫礼》是《仪礼》第九篇。《正义》引《三礼目录》云:"主国君以礼食小聘大夫之礼也,于五礼属嘉礼。《大戴》第十五,《小戴》第十六,《别录》第九。"③《正义》疏云:

> 公者,五等邦国之通称。大夫谓下大夫,对卿为上大夫也。凡待宾客之礼,有飨、有食、有燕。燕主于酒,而食主于饭,飨则兼之。郑云"主国君以礼食小聘大夫之礼也"者,案:经云"宾朝服即位于大门外,如聘",明先聘后食,此所食之宾即聘宾也。必知为小聘大夫者,小聘使大夫为宾也。……今案:此篇主言食子男小聘大夫,而侯伯大聘使卿为宾,使大夫为上介,亦有食可知。敖氏谓"与前篇互见其礼",是也。据《聘礼》云"宾一食再飨,上介一食一飨",不言士介,此又单言大夫,则士介无食也。《三礼札记》云:"天子有食诸侯之礼。《大行人》云'上公食礼九举,侯伯食礼七举,子男食礼五举',是也。诸侯相朝有相食之礼,《掌客》云'上公三食,侯伯再食,子男一食',是也。诸侯于本国之臣,亦有食礼,《左传》'魏绛和戎,晋侯与之礼食',是也。天子、诸侯养老,亦用食礼,《礼记》'食三老五更于大学',又曰'秋食耆老',是也。此篇是主言诸侯食聘宾及大夫相食之礼,即《聘礼》所云'公于宾壹食再飨,大夫于宾壹飨壹食',是也。今惟此篇礼存,其馀皆不可考

---

①李学勤主编:《十三经注疏·礼记正义》,第1643页。

②段熙仲点校,胡培翚:《仪礼正义》,第789页。

③段熙仲点校,胡培翚:《仪礼正义》,第1184页。

矣。或曰:《乐记》言:'食三老五更,袒而割牲,执酱而馈,执爵而酳,冕而总干。'此不亲割,不设乐,执酱而不执爵,盖食礼之中,亦有隆杀焉。又此篇主于食饭,而无宾主之酬酢。其食饭也,亦止宾一人,而主君不举共食,故无酢席。然而鼎俎具陈,庶羞毕备。其侑劝则皮币咸有,其执事则卿大夫士皆在,其食既也,则卷牲俎以归宾,是亦待宾客之重礼也。"《礼经释例》云:"食重于燕,不独食礼,公自为主人,燕礼,使宰夫为主人之别也。食礼有币,燕礼无币,食行于庙,燕行于寝。食牲用大牢,燕牲用狗,食使大夫戒宾,燕于庭命宾,皆其例矣。万氏斯大乃谓食视燕飨为轻,误甚。飨礼篇亡,不可考,其礼则又重于食焉。"云"于五礼属嘉礼"者,《周礼·大宗伯》:"以嘉礼亲万民。"饮、食、飨、燕,皆属嘉礼,故知食亦属嘉礼也。①

所谓"公"者,《正义》认为是"五等邦国之通称"。所谓"大夫"者,《正义》认为"大夫谓下大夫,对卿为上大夫也"。郑玄《三礼目录》认为本篇主言主国国君"以礼食小聘大夫之礼也",而《正义》认为"此篇主言食子男小聘大夫"。此其一。

其二,食礼的整个过程"主于饭","无宾主之酬酢。其食饭也,亦止宾一人,而主君不举共食,故无酢席"。其与燕礼"主于酒"、飨礼"兼之"不同,但"亦待宾客之重礼也"。在三种待客之礼中,食礼轻于飨礼而重于燕礼。故《正义》指出万氏斯大"为食视燕飨为轻"为误,《正义》之言是也。

再者,《正义》引《礼记·乐记》"食三老五更,袒而割牲,执酱而馈,执爵而酳,冕而总干"②之言后,认为"食礼"之中,亦有隆杀,并认为在食礼的过程中,"侑劝则皮币咸有,其执事则卿大夫士皆在,其食既也,则卷牲俎以归宾,是亦待宾客之重礼也"。

二、考论《仪礼》宾礼诸篇

《仪礼》宾礼凡三篇,分别为《士相见礼》、《聘礼》、《觐礼》。

---

①段熙仲点校,胡培翚:《仪礼正义》,第1184—1185页。
②此处引《乐记》之言有删改,完整的引文是:"食三老、五更于大学,天子袒而割牲,执酱而馈,执爵而酳,冕而总干,所以教诸侯之弟也。"见李学勤主编:《十三经注疏·礼记正义》,第1137页。

1.论士相见礼

《士相见礼》是《仪礼》第三篇。《正义》引《三礼目录》云："士以职位相亲,始承挚相见之礼。《杂记》会葬礼曰:相见也,反哭而退,朋友虞祔而退。士相见于五礼属宾礼。大、小《戴》及《别录》皆第三。"①《正义》疏云:

> 郑云"士以职位相亲,始承挚相见之礼"者,谓始仕为士者,因职位相亲,而始行执挚相见之礼,是郑专指有位之士而言也。然其实未仕之士,以道艺相亲而相见,当亦用此礼。又此篇主言侯国之士,然亦兼天子之士在内。贾疏谓"天子之孤卿、大夫、士,与诸侯之孤卿、大夫、士,执挚既同,礼亦无别",是也。……张氏尔岐云:"经初言士相见礼,次言士见于大夫,又次言大夫相见,又次言士大夫见于君,未及见尊长诸仪,皆自士相见推之,故以士相见名篇。"……云"士相见于五礼属宾礼"者,《周礼·大宗伯》以宾礼亲邦国,其别有八,虽未言相见,然相见亦是宾主相接之法,故郑云属宾礼也。郝氏敬云:"士相见礼,士君子初相接之礼也。古之君子,论行而结交,行苟同矣,未遽合也,必有介以相通,有辞以相命,有挚以相将,有仪以相敬,然后无苟合而免失身之悔。然则《仪礼》一经,特制相见之礼,其以是与?"张氏尔岐云:"经本言士与士相见,递推至见君,见礼已备。凡燕见于君以下,博言、图事、进言、侍坐诸仪法,殆类记文体例矣。"盛氏世佐云:"此篇之经,止士相见一章。自士见于大夫以下,皆记也。其中见大夫、大夫相见、见君三节,文与本篇相似,犹可曰自士相见推之也,至'凡燕见于君'以下,则其体宛似《戴记》,且与彼大同小异者。"今案:自"凡燕见于君"以下,文体与经不相似,非周公作,张氏、盛氏以为记文,说亦有见,今并录存之,以谂来者。②

据郑玄《三礼目录》可知,《士相见礼》主要是说"士以职位相亲,始承挚相见之礼"。《正义》此段疏解,实包含四层涵义:

其一,指明了行相见礼的对象。郑玄作注,认为此篇专指有位之士而言的。《正义》认为"未仕之士,以道艺相亲而相见",亦当用此礼。另外,《正义》还认为此篇兼天子、诸侯之士而言,他们"执挚既同",故"礼亦无

①段熙仲点校,胡培翚:《仪礼正义》,第236页。
②段熙仲点校,胡培翚:《仪礼正义》,第236—237页。

别"。因此,引张尔岐之语曰:"经初言士相见礼,次言士见于大夫,又次言大夫相见,又次言士大夫见于君,未及见尊长诸仪,皆自士相见推之,故以士相见名篇。"可见,本篇所称相见礼的对象,非仅指士而言。段熙仲先生在其点校本《仪礼正义》卷四之《校勘记》中对本篇之命名有所说明,其云:"'士相见之礼',经文首句,非篇题。张氏尔岐云:'经初言士相见礼,次言士见于大夫,又次言大夫相见,又次言士大夫见于君,未及见尊长诸仪,皆自士相见推之。'案此即所谓'推士礼以致于天子',故《王制》言'六礼:冠、昏、丧、祭、乡、相见。'张氏分析此经内容甚详,其结论曰:'故以士相见名篇',则犹隔一层。篇首五字经文,科取以为篇目耳。"①段先生所言甚是。

其二,疏解此篇于五礼属宾礼。《周礼·春官·大宗伯》曰:"宾礼有八:春见曰朝,夏见曰宗,秋见曰觐,冬见曰遇,时见曰会,殷见曰同,时聘曰问,殷覜曰视。"对于前六者,贾公彦《仪礼疏》曰:"是五等诸侯见天子,兼有自相朝觐之礼。"②对于后二者,贾氏《仪礼疏》曰:"是诸侯使臣出聘,天子及自相聘之礼,并执玉帛而行,无执禽挚之法。"③本篇所言,虽非上述八者之一,但其泛指"宾主相接之法",故郑玄言其属宾礼。《正义》于此虽无案断,但申郑注之意明矣。

其三,对士相见礼的解释。胡氏引郝敬之言:"士相见礼,士君子初相接之礼也。古之君子,论行而结交,行苟同矣,未遽合也,必有介以相通,有辞以相命,有挚以相将,有仪以相敬,然后无苟合而免失身之悔。"此与郑玄《三礼目录》之解释为"士以职位相亲,始承挚相见之礼",可相互补充。

其四,指出经文自"凡燕见于君"以下,文体与经不相似,非周公作。张尔岐与盛世佐都认为自"凡燕见于君"以下为记文,胡氏认为此"说亦有见"。

2.论聘礼

《聘礼》是《仪礼》第八篇。《正义》引《三礼目录》云:"大问曰聘。诸侯相于久无事,使卿相问之礼。小聘使大夫。《周礼》曰:'凡诸侯之邦交,岁相问也,殷相聘也,世相朝也。'聘于五礼属宾礼。《大戴》第十四,《小戴》第

---

①段熙仲点校,胡培翚:《仪礼正义》,第274页。
②李学勤主编:《十三经注疏·仪礼注疏》,第110页。
③李学勤主编:《十三经注疏·仪礼注疏》,第110页。

十五,《别录》第八。"①《正义》疏云:

云"大问曰聘"者,聘之与问,对文异,散则通。《诗·采薇》毛传云:"聘,问也。"《白虎通》云:"聘者,问也。"《曲礼》曰:"诸侯使大夫问于诸侯曰聘。"是聘、问义通。郑以此篇是言大聘之礼,故云大问曰聘,对下小聘曰问言也。……今案:《周礼》言殷相聘,与下记"久无事则聘"义合,谓中间久无事,则行聘礼。《尔雅·释言》"殷、齐,中也",故郑、服皆训殷为中。郑注云"又于殷朝者及而相聘也者",谓于朝之中及时相聘也。盖诸侯之相朝,世一行之,聘则无数。故于其中酌择无事之时而行之,使不失之疏,亦不失之数也。若方有盟会之事,而又行聘则数矣。是言"殷相聘",与言"久无事则聘",义正同也。《聘义》曰:"故天子制诸侯,比年小聘,三年大聘。"郑注:"比年小聘,所谓岁相问也,三年大聘,所谓殷相聘也。"……《仪礼》但有诸侯聘诸侯之礼,而无诸侯聘天子及天子聘诸侯之礼,盖皆阙而不存耳。《礼经释例》云:"凡聘、问、觐皆于庙,会同于坛,士相见于寝。案《聘礼》,聘宾至于朝,主人曰:'不腆先君之祧,既拼以俟矣。'祧,始祖庙也。又聘时及庙门,公揖入。又云:'几筵既设,摈者出请命。'注:'有几筵者,以其庙受宜依神也。'聘礼重,故主国之君,受之于始祖庙也。又云:'宾朝服问卿,卿受于祖庙。'问卿,聘宾奉其君命来,其礼亦重,故主国之卿,受之于祖庙也。虽庙受而不几筵,辟君也。《觐礼》:'诸侯前朝皆受舍于朝。'注:'受舍于朝,受次于文王庙门之外。'《曲礼》曰:'天子当依而立,诸侯北面而见天子曰觐'。郑注:'诸侯春见曰朝,受挚于朝,受享于庙。秋见曰觐,一受之于庙。'《周官·大行人》:'公侯伯子男皆庙中将币三享。'亦指朝宗觐遇而言。所谓庙者,皆祧庙也。是聘、问、觐皆受之于庙也。"②

《礼记·聘义》云:"聘、射之礼,至大礼也。"孔颖达疏曰:"'聘、射之礼,至大礼也'者,言此聘之与射,至极繁大之礼,非如冠、昏之属,暂时即毕。"③《聘义》又云:"聘礼:上公七介,侯伯五介,子男三介,所以明贵贱

---

① 段熙仲点校,胡培翚:《仪礼正义》,第 942 页。

② 段熙仲点校,胡培翚:《仪礼正义》,第 942—944 页。

③ 李学勤主编:《十三经注疏·礼记正义》,第 1669 页。

也。"可见古代比较重视聘礼。《聘礼》主要是言诸侯与诸侯间互派使者,互相访问,以通友好。聘是问的意思,有大小之别。《聘礼》曰:"小聘曰问。"郑注《聘义》谓:"比年小聘,所谓岁相问也。"郑玄《仪礼目录》曰:"大问曰聘。"郑注云:"三年大聘,所谓殷相聘也。"胡氏认为:"殷相聘"与"久无事则聘"义合,谓中间久无事,则行聘礼,且聘礼行于庙,而本篇为大聘之礼,是诸侯聘诸侯之礼。

另外,从《正义》所引之《觐礼》、《曲礼》、《周官·大行人》等内容来看,不难发现,"聘礼"之实行,应该包括两种形式:其一为诸侯见天子之礼,此即为《仪礼》之《觐礼》;其二为诸侯见诸侯之礼,此即为本篇所论的《聘礼》。《正义》还认为《聘礼》与《觐礼》皆受之于祖庙。

3.论觐礼

《觐礼》是《仪礼》第十篇。《正义》引《三礼目录》云:"觐,见也,诸侯秋见天子之礼。春见曰朝,夏见曰宗,秋见曰觐,冬见曰遇。朝、宗,礼备,觐、遇,礼省,是以享献不见焉。三时礼亡,唯此存尔。觐礼于五礼属宾礼。《大戴》第十六,《小戴》十七,《别录》第十。"①《正义》疏云:

　　云"三时礼亡,唯此存尔"者,以《仪礼》十七篇中,止有觐礼,无朝、宗、遇礼,故郑注《曲礼》亦云:"觐礼今存,朝、宗、遇礼今亡也。"《五经异义·公羊》说:"诸侯四时见天子及相聘,皆曰朝,以朝时行礼,卒而相逢于路曰遇。古《周礼》说:'春曰朝,夏曰宗,秋曰觐,冬曰遇。'"许慎案:"礼有《觐经》,《诗》曰'韩侯入觐',《书》曰'江汉朝宗于海',知有朝、觐、宗、遇之礼,从《周礼》说。"郑驳之云:"此皆有似,不为古昔。案:《觐礼》曰:'诸侯前朝皆受舍于朝。'朝,通名也。秋之言觐,据时所用礼。"……今案:朝与觐,对文异,散文亦通。此《觐礼》云"诸侯前朝",云"乃朝以瑞玉",则觐亦可名朝。故郑云:"朝,通名也。"至以秋见为觐,则郑与许同。《春秋》隐公四年,秋九月,卫人杀州吁于濮。而传云:"王觐为可。"又云:"朝陈使请。"案左氏于陈言朝,于王言觐,是秋觐之名,至春秋时犹存也。万氏斯大谓"朝觐止是一礼",并疑《周官》春朝、夏宗、秋觐、冬遇之文不足据,非矣。褚氏寅亮云:"此篇分三节,自'至于郊'至'乃归',言在庙受觐正礼。'诸侯觐于天子'以下,言

①段熙仲点校,胡培翚:《仪礼正义》,第1262页。

时会殷同之礼。'祭天'以下,言巡狩而盟之礼。"王氏世让《仪礼纲解》云:"此篇主言庙中特觐之礼甚明。自篇首至飨礼乃归,觐于庙中者也。自诸侯觐于天子至末,复以觐于国外,觐于方岳之礼附焉。所谓觐于方岳者,谓祭天以下,王巡狩,而一方之诸侯皆觐也。"①

《觐礼》记述"诸侯秋见天子之礼"。诸侯朝见天子,在不同的季节有不同的名称。郑玄《三礼目录》云:"春见曰朝,夏见曰宗,秋见曰觐,冬见曰遇。"《礼记·曲礼》云:"天子当依而立,诸侯北面而见天子,曰'觐'。天子当宁而立,诸公东面,诸侯西面,曰'朝'。"郑注云:"诸侯春见曰朝,受挚于朝,受享于庙,生气文也。秋见曰觐,一受之于庙,杀气质也。朝者,位于内朝而序进。觐者,位于庙门外而序入。王南面,立于依宁而受焉。夏宗依春,冬遇依秋。"②现在惟存秋见之礼(觐礼),而春、夏、冬三时朝见之礼均已亡佚。但古人往往又认为朝与觐可通用,如许慎《五经异义》认为:"诸侯四时见天子及相聘,皆曰朝。"郑玄认为:"朝,通名也。秋之言觐,据时所用礼。"故而《正义》认为:"朝与觐,对文异,散文亦通。"从《正义》之言可以看出,朝与觐虽有时可通用,但并非一礼,故《正义》认为万斯大谓朝、觐止是一礼为误。

另外,《正义》引褚寅亮与王世让之言,论及了此篇之礼之分节。虽然培翚在此未进行裁断,但他在随后的疏文中提出了《觐礼》实可分为三节:自篇首至"乃归",言"庙受觐礼"③;自"诸侯觐于天子"至"礼山川丘陵于西门外",为会同之礼;"祭天"而下为巡守之礼。④ 显然,培翚继承了褚寅亮的观点,认为《觐礼》由三部分组成。

第五节　论《仪礼》各篇结构与大旨(二)

一、考论《仪礼》凶礼诸篇

《仪礼》凶礼凡四篇,分别为《丧服》、《士丧礼》、《既夕礼》、《士虞礼》。

①段熙仲点校,胡培翚:《仪礼正义》,第1264页。
②李学勤主编:《十三经注疏·礼记正义》,第137页。
③段熙仲点校,胡培翚:《仪礼正义》,第1310页。
④段熙仲点校,胡培翚:《仪礼正义》,第1311页。

1.论丧服经传

(1)考论《丧服》结构与大旨。《丧服》是《仪礼》第十一篇。《正义》引《三礼目录》云："天子以下,死而相丧,衣服年月亲疏隆杀之礼也。丧必有服,所以为至痛饰也。不忍言死而言丧。丧者,弃亡之辞。若全存于彼焉,已弃亡之耳。《大戴》第十七,《小戴》第九,刘向《别录》第十一。"①《正义》疏云:

> 今案:经文精微详悉,非周公莫能作。记、传亦皆圣贤之徒为之。但此传为子夏所作与否,似当在阙疑之列。近儒乃谓传文有莽、歆增窜者。《礼经释例》云:"《周官》晚出,故宋人或疑为莽、歆伪撰,若《仪礼》自西汉立学以来,从无有疑及之者。为此论者,自非丧心病狂,不至于此。"盖深恶其说之足以害经也。郑云"天子以下,死而相丧,衣服年月亲疏隆杀之礼"也者,此篇言《丧服》,自天子至庶人,总包在内。故云"天(之)〔子〕以下",与《士丧》、《士虞》专言士礼者不同。……今案:敖氏、郝氏有意违郑而不知说之难通,盛氏驳之,是也。死而相丧,衣服,谓斩衰、齐衰、大功、小功、缌麻。年月,谓三年、期年、九月、七月、五月、三月。亲者隆而疏者杀,其礼具存于此也。贾疏谓《丧服》十有一章,从斩至缌麻,升数有异,以下遂极论衰冠升数及降、正、义服,其说多前后牴牾,不详不备,今悉心参考,别为图说,附于本篇记末,而此不具录焉。所谓十有一章者,斩衰,一也;齐衰三年,二也;齐衰杖期,三也;齐衰不杖期,四也;齐衰三月,五也;殇大功,六也;成人大功,七也;繐衰,八也;殇小功,九也;成人小功,十也;缌麻,十一也。……云"刘向《别录》第十一"者,……朱子云:"夏、商而上,大概只是亲亲长长之意,到得周来,则又添得许多贵贵的礼数。如始封之君不臣诸父昆弟,封君之子,不臣诸父而臣昆弟,期之丧天子诸侯绝,大夫降。然诸侯大夫尊同,则亦不绝不降。姊妹嫁诸侯者,则亦不绝不降。此皆贵贵之义。上世想皆简略,到得周公搜剔出来,立为定制,更不可易。"《礼经释例》云:"《礼记·大传》:'服数有六,一曰亲亲,二曰尊尊,三曰名,四曰出入,五曰长幼,六曰从服。'郑注:'术,犹道也。亲亲,父母为首。尊尊,君为首。'《丧服小记》亦云:'亲亲尊尊,人道之大者也。'亲

亲尊尊二者以为之经,其下四者以为之纬也。"今案:孔子云:"亲亲之杀,尊贤之等,礼所生也。"贵贵即尊贤之义。古者丧期无数,《虞书》言:"三载四海遏密八音。"《孟子》言:"尧崩,三年之丧毕。"则三年之丧,自虞已然。但殷以前质,至周更参以贵贵之制,而五服等杀益明。今之律令,言服制必本是篇。古礼之行于今者,此其最著也,后人安可视为无用而忽之哉?①

此篇主要记述天子以下,人死后相互哀丧的礼节、丧期及服饰。《正义》此段所论实包括三个方面的内容:首先,辨作者。本篇旧题作《丧服经传》,是由于除经文之外另有传。关于传的作者,相传为子夏所作,贾公彦疏曰:"传曰者,不知是谁人所作,人皆云孔子弟子卜商字子夏所为。……师徒相习,语势相遵,以弟子却本前师,此传得为子夏所作,是以师师相传,盖不虚也。"②《正义》认为:"(《仪礼》)经文精微详悉,非周公莫能作。记、传亦皆圣贤之徒为之。但此传为子夏所作与否,似当在阙疑之列。"可见,《正义》对《丧服传》的作者存疑。对于近儒认为"传文有莽、歆增窜"者,胡氏引其师凌廷堪《礼经释例》以驳之,认为此种观点"自非丧心病狂,不至于此。盖深恶其说之足以害经也"。《正义》认为《仪礼》经为周公所作,记、传亦皆圣贤之徒为之,表现了作者古文经学观。

其次,培翚认为该篇言《丧服》,"自天子至庶人,总包在内","亲者隆而疏者杀,其礼其存于此也"。对于贾疏言《丧服》,胡氏认为其"从斩至缌麻,升数有异,以下遂极论衰冠升数及降、正、义服,其说多前后牴牾,不详不备",故而别为图说,另论衰冠升数及降、正、义服。

今案:培翚对《丧服》诸篇考证尤详。其治《丧服》,"除郑注外,兼存马、王诸家说,至贾疏之可从者,亦多采录焉"。培翚认为,"贾氏因于疏内极论降、正、义服,其说多遗漏牴牾,难以征信。嗣后,宋勉斋黄氏幹有《服例》,信斋杨氏复有图,皆以分别三者之服,而亦互有同异,良由传记但言降服,未有正、义之名,难于订证也",故他"参稽各家,并下己意",著成《降正义服说》③,附录于《丧服》篇末。

①段熙仲点校,胡培翚:《仪礼正义》,第1339—1342页。
②李学勤主编:《十三经注疏·仪礼注疏》,第540页。
③段熙仲点校,胡培翚:《仪礼正义》,第1618页。

　　再者,培翚引凌廷堪《礼经释例》认为"服术"六者,"亲亲"、"尊尊"为经,"名服"、"出入"、"长幼"、"从服"四者为纬。《正义》的意思很明确:在六种服术之中,"亲亲"、"尊尊"是统纲,其馀四者处于从属地位。培翚的思想与《礼记·丧服小记》所云的"亲亲、尊尊、长长,男女之有别,人道之大者也"是一致的。其实,培翚的"亲亲"、"尊尊"思想,受其师凌廷堪影响不小。凌廷堪曾写有《封建尊尊服制考》一文,反映了他的"五服"制度思想。凌廷堪认为:"亲亲、尊尊二者以为之经也,其下四者以为之纬也。所谓尊尊者,皆封建之服,何休所谓'质家亲亲,文家尊尊'是也。先王制礼,合封建而言之,故亲亲与尊尊并重。封建既废,尊尊之义,六朝诸儒或有能言之者,宋以后儒者因陋生妄,于其所不知,辄以己意衡量圣人,由是说丧服者日益多,而礼意日益晦。心窃惑焉。"①比较培翚与凌廷堪的"五服"制服思想,可以看出其对凌廷堪的继承关系。邓声国认为:"凌氏对'五服'制服原则的重新认知,引发了当时及此后诸多学者的讨论,影响极大。他的制服原则主要观点,后来为其弟子胡培翚所继承。胡氏在《仪礼正义》中,就常常将'封建尊尊服制'及'亲亲服制'作为《丧服》诠释的重要依据,并且取得了不少创获,为其研究的集大成奠定了理论基础。"②邓氏之言自有其道理。今翻阅培翚《丧服》篇之疏文,其运用"亲亲"、"尊尊"之原则进行疏解随处可见,如《丧服传》曰:"君至尊也。"培翚疏曰:"贾疏云:'君者臣之天,故亦同于父为至尊。'今案:《丧服四制》曰:'天无二日,土无二王,国无二君,家无二尊。'故为父、为天子、为君,《传》皆以至尊释之也。"③此处,培翚引《丧服四制》之说,释父、天子、君为至尊,体现的是尊尊原则。再如母之丧,有期与三年之别,也是因为五服"亲亲"、"尊尊"之缘故,培翚认为:"至父在为母期,父卒为母三年,仍服齐不服斩者,则以母之与父,恩无轻重,而分有尊卑,不可以母而并之于父也。"④母之丧,若父在,则为母服丧一年而不能服丧三年;若父卒,则为母服丧三年,但须服齐衰而不能服斩衰。主要是因为"分有尊卑",即《丧服四制》所云的"故父在为母齐衰期者,见无二尊也"。父卒为母服齐衰三年,体现的仍是儒家"尊尊"的礼秩原则。

①凌廷堪:《封建尊尊服制考》,《礼经释例》卷八,《续修四库全书》第90册,第167页。
②邓声国:《清代〈仪礼〉文献研究》,上海古籍出版社2006年版,第189页。
③段熙仲点校,胡培翚:《仪礼正义》,第1365页。
④段熙仲点校,胡培翚:《仪礼正义》,第1386页。

（2）考论"五服"义例。我国古代的丧服制度有所谓的"五服"义例。所谓"五服"义例，邓声国认为"就是指训诂家从《仪礼·丧服》篇所论'五服'制度之中归纳出来的具体规制及其蕴涵的义理原则"①。有关"五服"义例，最早见于郑玄《仪礼注》。如《仪礼·丧服》记云："衰三升，三升有半。其冠六升。以其冠为受，受冠七升。"郑玄注曰："衰，斩衰也。或曰三升半者，义服也。其冠六升，齐衰之下也。斩衰正服，变而受之此服也。三升，三升半，其受冠皆同，以服至尊，宜少差也。"②郑玄所提及的"义服"与"正服"，与《仪礼》中常提及的"降服"一起构成了郑玄三分法之"五服"义例观。郑玄的三分法义例观被唐代贾公彦所继承，用来解释丧服制度。贾公彦之后，历代学者对"五服"义例的看法不一致，其分法也有所不同，进而出现了正服、义服、降服、加服、从服、报服、名服及生服等分法，而且在这些分法之中也常常出现歧异与牴牾之处。可见，治礼学者们对"五服"义例的划分是仁者见仁，莫衷一是。

培翚也提出了自己的"五服"义例观。他在《丧服》篇末附有《附考衰冠升数及降、正、义服图说》一文，对"五服"衰冠升数及义例有详细的划分与评述。其云：

> 斩衰二等，齐衰、大功、小功各三等，而以降、正、义之服分属之，则传记无文，自郑此注始。贾氏因于疏内极论降、正、义服，其说多遗漏牴牾，难以征信。嗣后，宋勉斋黄氏幹有《服例》，信斋杨氏复有图，皆以分别三者之服，而亦互有同异，良由传记但言降服，未有正、义之名，难于订证也。近盛氏世佐撰《仪礼集编》，更定服图。江氏筠撰《读仪礼私记》，著《降、正、义服考定》，其说俱有合有不合，而江氏较为细密。今参稽各家，并下己意，别为图说于后。③

可见培翚是在参稽各家的基础上，采用三分法，划"五服"义例为降、正、义三服。晚清礼学家黄以周对胡氏的"衰冠升数及降、正、义服图说"非常赞同，他认为五服冠衰升数及降、正、义服，以胡氏所考为最精彩④。而黄以

---

①邓声国：《清代〈仪礼〉文献研究》，第 198 页。
②李学勤主编：《十三经注疏·仪礼注疏》，第 653 页。
③段熙仲点校，胡培翚：《仪礼正义》，第 1618 页。
④王文锦点校，黄以周：《礼书通故》，第 405 页。

周《礼书通故》之《器服表》对"五服"义例的划分基本上是承袭胡培翚的划分之法的。

培翚的降、正、义服三分法有自己的特点。其一,培翚是在参稽众家的基础上重新将丧服义例划分为降服、义服、正服三种。培翚的这种划分方法是对黄幹、杨复、盛世佐等人的划分之法有所修订,特别是取消了盛世佐等人的加服、从服、报服、名服及生服等分法,并重新加以归类,同时也取消了每一具体丧服条文兼跨两种义例的情况。培翚的这种划分方法,得到了后人的认可,如吴廷燮称其文"于降服、正服、义服辨析极精"。① 现代学者邓声国也认为:"胡氏对此方面的研究,颇有功于'五服'制度的深入研究。"②

其二,培翚的三分法中的降、正、义服,虽与贾疏三分法名称一致,但由于培翚认为贾说"多遗漏牴牾,难以征信",因此,二人对具体服例的划分存在着不一致的地方,如斩衰"诸侯为天子"、"臣为君"等,贾疏划为义服,清代盛世佐、韦协梦、夏炘等人也都将此划为义服之例,江筠划为降服,培翚却划为正服,并认为:"旧说以臣为君之等为斩衰义服,不知臣之为君,当与子为父同。戴氏震以三升有半之衰,专为公士大夫之臣服其君,较旧说为长。"③由此可见,五服义例的划分存在着较大的分歧。

其三,宗守郑注。培翚依据郑注划分五服义例,如其认为"齐衰三年服"及"繐衰七月服"不应立降、正、义之名,即为如此。"齐衰三年服"自唐开元礼、宋黄幹、杨复至清盛世佐、江筠、夏炘等人均立降、正、义之名,而胡培翚不立,他认为:"以三年之衰冠为降服者固非,而以为正服亦未的。凡言正者,对降与义之名,此《齐衰三年章》,无降服、义服,则亦不必言正,但云'齐衰三年服'以别之,可矣。郑注止云为母服,而不言正、降者,以为正,则降三年而杖期者,亦同衰四升冠七升。以为降,则此三年者实非降服,故空其文。今之称'齐衰三年服'者,本郑义也。"④培翚于"齐衰三年服"不立降、正、义之名,并认为此是本郑玄之义,这也是其宗守郑注的一种表现。至于"繐衰七月服",胡氏认为:"繐衰,郑注无义服字。黄《例》、杨《图》同。

①《续修四库全书总目提要·经部》(上册),第 516 页。

②邓声国:《清代〈仪礼〉文献研究》,第 124 页。

③段熙仲点校,胡培翚:《仪礼正义》,第 1614 页。

④段熙仲点校,胡培翚:《仪礼正义》,第 1619—1620 页。

以服止一等,无庸区别也。贾疏标义服之名,盛氏、江氏仍之,非。"①可见,此处"缌衰七月服",培翚不立义服之名,也是为了宗守郑注。

2.论士丧礼

《士丧礼》是《仪礼》第十二篇。《正义》引《三礼目录》云:"士丧其父母,自始死至于既殡之礼。丧于五礼属凶礼。《大戴》第四,《小戴》第八,《别录》第十二。"②《正义》疏云:

> 此与下《既夕礼》本为一篇,以简册繁重,分而为二。此篇所载至下葬日止,皆在未启殡之先。故郑云"士丧其父母,自始死至于既殡之礼"也。云"士"者,以《礼记·杂记》《丧大记》诸篇所言丧礼,多君、大夫、士并陈。此篇则专言士之丧礼,故以士名篇也。贾疏云:"天子诸侯皆有士,此当诸侯之士。"据郑注《丧大记》,士沐粱及大小敛陈衣,于此异者,每以为天子之士,则郑意以此篇为诸侯之士礼明矣。……云"丧于五礼属凶礼"者,《周礼·大宗伯》云"以凶礼哀邦国之忧",下即云"以丧礼哀死亡",是也。各本"凶"下无"礼"字,据《集释》增。《小戴》第八。先大父朴斋先生《三礼目录校证》云:"据《士冠礼》疏当作第十三,第八乃《士虞礼》。"臧氏庸本径改为《小戴》第十三。《杂记》:"恤由之丧,哀公使孺悲之孔子,学士丧礼,士丧礼于是乎书。"郑注云:"时人转而僭上,士之丧礼已废矣。孔子以教孺悲,国人乃复书而存之。"万氏斯大曰:"前此丧礼已亡,微孺悲之学,几无可考。故当时小敛之奠,曾子云在西方,子游云在东方。未成服而吊,曾子则袭裘,子游则裼裘。负忧之反柩,曾子以为礼,子游以为非。两贤并及圣门,于礼尚未能归一,由无成书可执也。然则《仪礼》十七篇,必谓尽出先王之旧,殆亦不深考也。"今案:士丧礼制自周公,至孔子时,虽废不行,而其书尚在,故孔子得以教孺悲,非孔子作之也。万氏据此遂谓十七篇非先王之旧,过矣。至曾子、子游之异议,由当时丧礼久废不讲,非无成书也。然周公制礼,当有天子、诸侯、大夫之丧礼,今惟士丧礼首末完具,次第井如,而天子诸侯大夫礼,散见于传记者多不全备。故谓士丧礼

---

① 段熙仲点校,胡培翚:《仪礼正义》,第 1623 页。
② 段熙仲点校,胡培翚:《仪礼正义》,第 1639 页。

之书,由孺悲之学而存则可,以士丧礼为非先王之书则不可耳。①

《士丧礼》主要讲的是士丧父母,自始死至于殡之礼。它是专言士阶层之丧礼的,且又为诸侯之士之丧礼,与诸侯、大夫之丧礼有别,故名"士丧礼"。《士丧礼》包括招魂、报丧、设奠、沐浴、饭含、袭尸、小敛、大敛、朝夕哭、筮宅、卜葬日等仪节,主要讲述从死者新亡起至卜择葬日止等未启殡以前的事。历来治《仪礼》者,多认为《士丧礼》与《既夕礼》本属同一篇,因简册繁重,故分为二,培翚治《仪礼》也从之,并指出此礼属凶礼。此其一。

其二,培翚认为《士丧礼》也是周公所作,非孔子所作。《礼记·杂记》所云:"恤由之丧,哀公使孺悲之孔子,学士丧礼,《士丧礼》于是乎书。"郑玄注云:"时人转而僭上,士之丧礼已废矣。孔子以教孺悲,国人乃复书而存之。"为此,万斯大认为《仪礼》十七篇并非尽出先王之旧,胡氏斥之,并云:"士丧礼制自周公,……非孔子作之也。……谓士丧礼之书,由孺悲之学而存则可,以士丧礼为非先王之书则不可耳。"此说也体现了培翚的古文经学观。

3.论既夕礼

《既夕礼》是《仪礼》第十三篇。《正义》引《三礼目录》云:"《士丧礼》之下篇也。既,已也。谓先葬二日,已夕哭时,与葬间一日。凡朝庙日,请启期,必容焉。此诸侯之下士一庙,其上士二庙,则既夕哭先葬前三日也。《大戴》第五,删。②《小戴》第十四,《别录》名《士丧礼》下篇第十三。"③《正义》疏云:

> 《校勘记》云:"案:'既夕',摘取篇首二字为题,与《有司彻》同例,似不必有礼字。旧本俱有,惟单疏标题独无,明刻注、疏因之。"今案:无礼字,是也。但石经旧本如是,郑注《周礼》、《礼记》引,亦称《既夕礼》,张淳《识误》标题亦有礼字,仍之。云"《士丧礼》之下篇也"者,先大父《目录校证》云:"此与《士丧礼》共为一篇,以简册繁重,厘而为二。郑注《周礼》引,亦称'《士丧礼》下篇'。"盛氏世佐云:"《士丧礼》之《既夕》,《少牢馈食礼》之《有司》,本属一礼,厘而为二,取其首二字以名

---

① 段熙仲点校,胡培翚:《仪礼正义》,第 1639—1640 页。
② 今案:"删"字当删。
③ 段熙仲点校,胡培翚:《仪礼正义》,第 1825 页。

篇,非有意于其间也。然则《仪礼》十七篇,其实十五篇耳。敖云'礼更端',世儒又分自'筮宅'以下为《士丧礼》下,皆强作解者。"今案:蔡氏德晋《礼经本义》即自上篇"筮宅冢人营之"起,合此经为一篇。王氏世让谓此篇若从'筮宅'起,更与《士冠》《特牲》诸篇,从筮仪叙起相类。皆未免轻改古本,不可从。又案:以"既夕哭"以下别为一篇,非周公之旧。吴氏廷华疑《大戴》诸家,割经首二字名篇,或然。……云"此诸侯之下士一庙,其上士二庙,则既夕哭先葬前三日"者,贾疏云:"以其一庙则一日朝,二庙则二日朝,故葬前三日,中间容二日。若然,大夫三庙者,葬前四日;诸侯五庙者,葬前六日;天子七庙者,葬前八日。"吴氏绂云:"注疏以每日朝一庙为尊卑,计日之差,殆不其然。《曾子问》:'古者天子诸侯之丧,祝取群庙之主藏诸祖庙,卒哭而后主反其庙。'则无庸越六日、八日而遍历之矣。大夫亦有太祖庙,礼当同之。士无太祖,故二庙以一日而毕朝之。下记朝祢迄而适祖,无厌明之文,是可见也。"今案:吴说甚是。据《曾子问》,主既出庙,则安用分日朝于空庙乎?[1]

《既夕礼》主要讲的是"送形而往",即将死者的形体送到墓地安葬之事。有关此篇之命名,郑玄《三礼目录》云"《别录》名'《士丧礼》下篇',第十三"。贾公彦疏曰:"郑《目录》云'《士丧礼》下篇'者,依《别录》而言,以其记下士之始死,乃记葬时,而总记之,故名《士丧礼》下篇也。"[2]可见,刘向《别录》称名本篇为"《士丧礼》下篇"。后世学者取本篇篇首二字命名,故有《既夕礼》之称。关于此篇之篇题,培翚赞同无"礼"字之说。但由于石经旧本、郑玄注《周礼》《礼记》之称引及张淳《仪礼识误》等都有"礼"字,约定俗成,故而因之。

对于本篇与《士丧礼》之关系,培翚引其祖胡匡衷及盛世佐之言,认为本篇与《士丧礼》本为一篇,因简册繁重,厘而为二,非敖继公所云的"礼更端",也非世儒强分经者之论。对于蔡德晋、王世让之论,培翚认为是轻改古经,不可从。

对于"朝庙日",贾疏有"一日朝一庙"之说,并有计日之法。培翚引吴

---

[1] 段熙仲点校,胡培翚:《仪礼正义》,第1825—1826页。
[2] 李学勤主编:《十三经注疏·仪礼注疏》,第721页。

绂之说论贾疏之失，并加以案断，认为吴绂之说"甚是"。

另外，本篇末附有记文。对于本篇之记，培翚认为：

> 此上下二篇总记也。郝氏敬云："《士丧》、《既夕》本通一篇，故记起自始死。"吴氏廷华云："当曰《士丧礼记》，以为《既夕记》者非。"[①]

培翚观点很明确，他认为《既夕礼》篇末之记文是《士丧礼》与《既夕礼》两篇之总记。从胡氏此处之论也可看出，他是赞同《士丧礼》与《既夕礼》本为一篇之说的。

4.论士虞礼

《士虞礼》是《仪礼》第十四篇。《正义》引《三礼目录》云："虞，犹安也。士既葬其父母，迎精而反，日中而祭之于殡宫以安之之礼。虞于五礼属凶礼。《大戴》第六，《小戴》第十五，《别录》第十四。"[②]《正义》疏云：

> 案：《既夕》"三虞"注云："虞，安也。"《杂记》："报葬者报虞。"郑注："虞，安神也。"何休《公羊传》文二年注："虞，犹安神也。"《释名》："既葬还祭于殡宫曰虞。谓虞乐安神，使还此也。"是虞为安神之祭名。或欲解虞为度，非矣。《问丧》云："送形而往，迎精而反。"下记云："日中而行事。"是郑所本。《杂记》云："士三虞，大夫五，诸侯七。"《公羊》何注云："虞祭，天子九，诸侯七，卿大夫五，士三。其初虞皆与葬同日。"《檀弓》云："既封，主人赠而祝宿虞尸。既反哭，主人与有司视虞牲，有司以几筵舍奠于墓左。反，日中而虞。"又云"葬日虞"，是也。《檀弓》孔疏云："士三虞，卒哭，同在一月。初虞已葬日而用柔，第二虞亦用柔日。假令丁日葬，葬日而虞，则己日二虞，后虞改用刚，则庚日三虞也。故郑注《士虞礼》云'士则庚日三虞'，壬日卒哭也。《士虞礼》云'明日祔于祖父'，则祭明日，祔也。士之三虞用四日，则大夫五虞当八日，诸侯七虞当十二日，天子九虞当十六日。最后一虞，与卒哭例同，用刚日。"今案：此疏言"士之三虞用四日，则大夫五虞当八日"云云，本《异义》古《春秋》左氏说，详后记"三虞卒哭他用刚日"下。又郑知祭于殡宫者，以既夕反哭后，遂适殡宫知之。殡宫即适寝，郑注《丧服小记》云："虞于寝，祔于祖庙。"贾疏："虞卒哭在寝，祔乃在庙。"是也。殡宫

---

① 段熙仲点校，胡培翚：《仪礼正义》，第 1913 页。
② 段熙仲点校，胡培翚：《仪礼正义》，第 1973 页。

亦谓之庙,详下。此篇是士丧父母既葬而虞之正礼也。《丧服小记》:
"父母之丧偕,先葬者不虞,祔,待后事。"郑注:"偕,俱也。谓同月若同
日死也。先葬者,母也。《曾子问》曰:'葬先轻而后重。'又曰:'反葬奠
而后辞于殡,遂修葬事。'其虞也,先重而后轻。待后事,谓如此也。"今
案:先重后轻,谓并有丧,先虞父,后虞母,乃礼之变者。又主兄弟及妇
丧,朋友之丧亦有虞。《杂记》:"凡主兄弟之丧,虽疏亦虞之。"《丧服小
记》:"妇之丧虞卒哭,其夫若子主之。"又:"大功者,主人之丧有三年
者,则必为之再祭,朋友虞祔而已。"是也。①

《士虞礼》之"虞",郑玄曾解释曰:"虞,丧祭名。虞,安也。骨肉归于
土,精气无所不之,孝子为其彷徨,三祭以安之。朝葬,日中而虞,不忍一日
离。"②可见,虞乃安神之义。"士虞礼"即士葬其父母后,迎精而反,日中而
祭之于殡宫(适寝)以安之之礼。这个过程,也称作虞祭。胡培翚认为此篇
是士丧父母既葬而虞之正礼。胡氏之言是也。关于虞日,士为三虞,三虞
用四日,即初虞、二虞用柔日③,且初虞与葬同日。三虞(后虞)用刚日④,卒
哭也用刚日,故曰"士三虞四日",且四日皆在同一月。《礼记·杂记》曰:
"士三月而葬,是月也卒哭。"培翚认为此是士之常礼,葬与虞、卒哭皆在三
月(之内)⑤。另外,培翚认为虞、卒哭在殡宫(适寝),祔在祖庙,则是指明
了虞祭的地点。

对于父母俱丧,则先葬母,后葬父,即葬先轻而后重;至于虞,则先虞
父,后虞母,即虞先重而后轻。对于此,培翚认为是变礼。此变礼之说,则
体现了培翚服术观念中的"亲亲"、"尊尊"之思想。

至于兄弟、朋友及妇之丧,培翚认为也有虞祭。只不过是兄弟、朋友之
丧与主人之丧相比,礼杀。此也反映了培翚服术观念中的"亲亲"、"尊尊"
之思想。

二、考论《仪礼》吉礼诸篇

《仪礼》吉礼凡三篇,分别为《特牲馈食礼》、《少牢馈食礼》、《有司彻》。

---

①段熙仲点校,胡培翚:《仪礼正义》,第1973—1974页。
②段熙仲点校,胡培翚:《仪礼正义》,第1910页。
③柔日:天干为乙、丁、己、辛、癸的日子。
④刚日:天干为甲、丙、戊、庚、壬的日子。
⑤段熙仲点校,胡培翚:《仪礼正义》,第2045页。

1.论特牲馈食礼

《特牲馈食礼》是《仪礼》第十五篇。《正义》引《三礼目录》云："特牲馈食之礼,谓诸侯之士以岁时祭其祖祢之礼,于五礼属吉礼。《大戴》第七,《小戴》第十三,《别录》第十五。"①《正义》疏云:

> 李氏如圭云:"特牲,一豕也。"韦昭曰:"凡牲,一为特,二为牢。"官氏献瑶云:"大夫曰少牢馈食,所以别于天子国君之大牢也。士曰特牲馈食,所以别于卿大夫之少牢也。"……万氏斯大云:"《大传》云:'大夫士有大事,省于其君,干祫及其高祖。'干,求也。祫,合祭也。必求于君而后得祫,则其常时但得特祭,而不得合祭可知。考此《特牲》、《少牢》二篇祝祠及命筮之词,惟及皇祖,而自称孝孙,此常时之祭也,其为特祭昭昭矣。盖举皇祖以为例,其祭高、曾也,以此推之,其祭祢也,亦以此推之。"又云:"先儒谓大夫士惟得祭祖祢,何其泥欤?"今案:此篇所言仪节器物,祭祖与祭祢同,但祭祢则易其皇祖孝孙之词耳。万氏以为常时之特祭,非合祭,又谓举皇祖以为例,其说皆是。惟推之以及高、曾,谓祭祖祢之说为泥,则非。士祭及高、曾,惟祫祭耳。郑注《大传》云:"干,犹空也。空祫谓无庙,祫祭之于坛墠。"盖士止有一庙、二庙,其高、曾则无庙。故郑以为祫祭于坛墠。此篇是言庙祭,则不得推及高、曾,故郑云祭祖祢也。云以岁时祭,则是时享,非祫也。……云"于五礼属吉礼"者,《大宗伯》云"以吉礼事邦国之鬼神示",故知属吉礼也。……今案:《仪礼》全经,当有天子诸侯祭礼,今皆亡,惟此及《少牢篇》仅存大夫士祭礼,则已残阙不完。……吴氏绂云:"古者大夫士,四时之祭,用燕礼则有乐,用食礼则无乐。观《特牲》尸九饭,《少牢》尸十一饭,则用食礼明矣。"②

本篇是祭礼,是诸侯之士用豕(或其他一头牲畜)与其他祭品在宗庙中祭祀先祖之礼,也是士祭祀先祖之常礼。此与卿大夫之少牢馈食礼有别。另外,培翚引官献瑶之语,对"特牲馈食"与"少牢馈食"进行了比较,明确了两种礼制的分别。至于士也有用少牢之礼者,乃盛礼,非常礼也。

另外,培翚赞同万斯大以本篇为常时之特祭而非合祭之说,但他反对

①段熙仲点校,胡培翚:《仪礼正义》,第2079页。
②段熙仲点校,胡培翚:《仪礼正义》,第2079—2080页。

以祭皇祖而推及高、曾，毕竟士祭高、曾为祫祭，非本文所云的岁时祭（庙祭），既然庙祭与祫祭不能等同，则祭高、曾与祭祖祢就不能等同。

至于食礼与燕礼之别，培翚引吴绂之语，认为古者大夫士，四时之祭，用燕礼则有乐，用食礼则无乐，也即《特牲馈食礼》与《少牢馈食礼》在祭祀时无乐。另外，胡氏也从《仪礼》本文出发，认为既然《特牲》尸九饭，《少牢》尸十一饭，那么《特牲》与《少牢》用食礼明矣。

对于"馈食"，胡氏也有自己的看法：

> 注云"祭祀自孰始曰馈食"者，古孰字多作孰。先大父《目录校证》云："《周礼·大宗伯》：'以肆献祼享先王，以馈食享先王。'郑注：'肆者，进所解牲体，谓荐孰时也。献，献醴，谓荐血腥也。祼之言灌，灌以郁鬯，谓始献尸求神时也。'言馈食者，著有黍稷。盖天子诸侯宗庙之祭，先祼献而后荐孰，荐黍稷。大夫士之祭，直自馈孰始，无祼献之礼，故曰馈食。"今案：《司尊彝》云："祼云朝践，朝践即谓荐血腥。"又云："馈献即谓荐孰。"是宗庙之祭，始祼神，次荐腥，次荐孰。故《礼运》曰："腥其俎，孰其殽。"郑注："腥其俎，谓豚解而腥之及血毛，法大古也。孰其殽，谓体解而爓之，法中古也。"《周礼》肆献祼馈食分三节，祼为一节，献为一节，肆与馈食共为一节。以荐孰言曰肆，以荐黍稷言曰馈食，实一时事。故郑云："祭祀自孰始，曰馈食也。"又《周礼·笾人》："有朝事之笾，馈食之笾。"朝事即朝践，郑注："朝事，谓祭宗庙荐血腥之事，馈食，荐孰也"。今吉礼存者，《特牲》、《少牢》，诸侯之大夫士祭礼也。不祼，不荐血腥，而自荐孰始。是以皆云馈食之礼，义与此同也。[①]

由此可知，天子、诸侯宗庙四时之祭与大夫、士之祭是不一样的。天子、诸侯宗庙四时之祭，先祼献而后荐孰，荐黍稷。诸侯之大夫、士之祭，自馈孰始，无祼献之礼，故称馈食。

2.论少牢馈食礼

《少牢馈食礼》是《仪礼》第十六篇。《正义》引《三礼目录》云："诸侯之卿大夫，祭其祖祢于庙之礼。羊豕曰少牢。少牢于五礼属吉礼。《大戴》第

---

① 段熙仲点校，胡培翚：《仪礼正义》，第 2081 页。

八,《小戴》第十一,《别录》第十六。①《正义》疏云:

> 今案:天子、诸侯祭宗庙以大牢,大夫以少牢,士以特牲,此礼之定
> 制也。……《杂记》曰:"上大夫之虞也,少牢;卒哭成事、附,皆大牢。
> 下大夫之虞也,特牲;卒哭成事、附,皆少牢。"大夫卒哭、附,亦用大牢。
> 孔疏谓加一等,此亦如士之丧,遣奠用羊豕,乃是盛礼,非常礼也。郑
> 注《曲礼》"大夫以索牛"云:"索得而用之。"不以大夫用牛为常礼也。
> 《王制》曰:"诸侯无故不杀牛,大夫无故不杀羊,士无故不杀犬豕。"郑
> 注:"故谓祭飨。"尤可证也。此篇及《特牲篇》,《目录》皆云诸侯之卿大
> 夫士者,盖以《仪礼》诸篇,多言侯国之礼,故以诸侯言之,非必谓天子
> 之大夫祭宗庙定用牛,天子之士定用羊豕也。或曰:"大夫为公卿之总
> 称,天子之大夫有三公,前人谓三公立庙,与诸侯同,则亦当用大牢。"
> 然礼文残缺,莫可考见。何氏休注《公羊传》云:"天子诸侯卿大夫,牛
> 羊豕凡三牲,曰大牢。天子元士、诸侯之卿大夫,羊豕凡二牲,曰少
> 牢。"疏家之说,或出于此,郑意未必与何同。至《仪礼》聘、食篇,大夫
> 用牛,乃主国待客之礼,与大夫家祭自异。郝氏因此遂谓非定特牲为
> 士、少牢为大夫,则更谬矣。又高氏谓此与《特牲》皆为常时之特祭,非
> 合祭,其说亦是,详《特牲》。又大夫有三庙,详下。云"羊豕曰少牢"
> 者,凡牲牛羊豕,牛曰大牢,羊豕曰少牢。何注《公羊》,亦与郑同。吴
> 氏廷华云:"谓之少者,杀于大牢也。"云"少牢于五礼属吉礼"者,据《大宗
> 伯》言之。诸侯之卿为上大夫,大夫为下大夫,此篇自筮尸至饎,为卿大
> 夫正祭之礼,下《有司彻》乃言上大夫傧尸,及下大夫不傧尸之礼,与此本
> 为一篇,亦以简册繁重,分为二,如《士丧礼》之别为《既夕礼》也。②

此篇主要言诸侯之卿大夫祭其祖祢于庙之礼,故培翬案语曰:"天子、诸侯
祭宗庙以大牢,大夫以少牢,士以特牲,此礼之定制也。"何谓少牢? 胡氏引
《公羊传》何休注云:"天子诸侯卿大夫,牛羊豕凡三牲,曰大牢。天子元士、
诸侯之卿大夫,羊豕凡二牲,曰少牢。"意即天子元士、诸侯之卿大夫祭祀用
少牢,少牢用羊豕二牲。此相对于天子诸侯卿大夫祭祀用太牢而言的,也
区别于士祭祀用特牲(一牲)之礼。另外,胡氏又引《礼记·杂记》云:"上大

①段熙仲点校,胡培翬:《仪礼正义》,第 2227 页。
②段熙仲点校,胡培翬:《仪礼正义》,第 2227—2228 页。

夫之虞也,少牢;卒哭成事,附,皆大牢。下大夫之虞也,特牲;卒哭成事,附,皆少牢。"孔颖达疏曰:"上大夫平常吉祭,其礼少牢。虞依平常礼,故用少牢也。'卒哭成事,附,皆大牢'者,卒哭谓之成事,成事,成吉事也。故云'卒哭成事'。附,附庙也。此二祭皆大,并加一等,故皆大牢也。"①培翚认为孔疏"加一等",亦如士之丧,遣奠用羊豕,乃是盛礼,非常礼也。

培翚认为此篇为常时之特祭,非合祭。还认为和《士丧礼》与《既夕礼》的关系一样,此篇与下篇《有司彻》本为一篇,因简册繁重,厘而为二。此篇属吉礼,"自筮尸至饎"乃卿大夫正祭之礼。

3.论有司彻

《有司彻》是《仪礼》第十七篇。《正义》引《三礼目录》云:"《少牢》之下篇也。大夫既祭傧尸于堂之礼。祭毕,礼尸于室中。天子、诸侯之祭,明日而绎。有司彻于五礼属吉礼。《大戴》第九,《小戴》第十二。《别录》《少牢》下篇第十七。"②《正义》疏云:

> 云"《少牢》之下篇也"者,敖氏云:"此别为一篇,及其名篇之意,皆与《既夕》同。"先大父《校证》云:"此与《少牢》同为一篇,亦以简册繁重,厘而为二,分'傧尸'以下及'不傧尸'者别为一篇,故云《少牢》之下篇也。"……吴氏廷华云:"据《特牲礼》尸卒食三献后,尚有'献宾众'及'旅酬无算爵'诸节,上篇曾未之及,俱于此篇傧尸、不傧尸详之。故刘向以此为《少牢》之下篇。其别为一篇,而加以'有司彻'之名,当起于两戴,郑氏因之,然刘说是也。"今案:《目录》首云《少牢》之下篇,则亦从刘说矣。就此篇之中,约分为二,自"有司彻扫堂"至"主人退有司彻",皆言上大夫傧尸之事。自"若不傧尸"以下至篇末,则言下大夫不傧尸之事也。③

本篇内容叙"傧尸"之礼,答谢为尸者之辛劳,为既祭而傧尸于堂之礼。此礼在堂上举行,以宾礼事之。胡氏赞同《有司彻》为《少牢馈食礼》之下篇,以简册繁重,厘而为二,与《士丧礼》之别为《既夕礼》同例。本篇也是因首句为"有司彻",故取名《有司彻》。另外,培翚还将此篇划分为两个部分:自

---

①李学勤主编:《十三经注疏·礼记正义》,第1204页。
②段熙仲点校,胡培翚:《仪礼正义》,第2317页。
③段熙仲点校,胡培翚:《仪礼正义》,第2317—2318页。

"有司彻，扫堂"至"主人退，有司彻"，皆言上大夫傧尸之事。自"若不傧尸"以下至篇末，则言下大夫不傧尸之事也。培翚的划分以"上大夫傧尸"与"下大夫不傧尸"为界，实是从文本内容出发的，自有道理。

第六章 《仪礼正义》疏解体例与内涵特性考论

古人解经都有一定的体例可循,"前代名家著作,其能成一家之言而篇帙较多者,往往于全书之中,有系统地自成体例。后学细心寻绎,倘发见其内在规律为当务之急。秩然不紊,通贯全书,一字不苟,足以助后人理解"①。《仪礼正义》体例完善,既有补充、发明、修正郑注的补注、申注、附注、订注之四例,也有贯穿全书的包括外在体制、疏解形式等方面的若干"通例"。这些体例既体现了培翚著书之思想,也奠定了该书的学术价值。《仪礼正义》独具特色,在疏解中体现了一定的内涵特性。梳理《仪礼正义》的疏解体例与内涵特性,对研究此书具有重要意义。

第一节　创立四例　疏经解注

一、《仪礼正义》四例之内涵

《仪礼正义》补充、发明、修正郑注之体例,学界最早提及见于培翚《上罗椒生学使书》。培翚于此文自叙撰著《正义》体例有四,其云:

> 翚撰《正义》,约有四例:一曰补注,二曰申注,三曰附注,四曰订注。何谓补注?郑君康成生于汉世,去古未远,其视经文,多有谓无须注解而明者。然至今日,非注不明,故于经之无注者,一一疏之,疏经即以补注也。何谓申注?郑君之注,通贯全经,囊括众典,文辞简奥,必疏通而证明之,其义乃显。昔人谓读经凭注,读注凭疏,是故疏以申注,乃疏家之正则也。然六朝、唐人之作疏,往往株守注义,不参众说,故有"宁言周、孔误,莫道郑、服非"之谣。又孔冲远作《五经正义》,于《礼》则是郑而非杜,于《左传》则又是杜而非郑,今人靡所适从,岂非疏家之过乎!今惟求之于经,是非得失,一以经为断,勿拘"疏不破注"之

---

①段熙仲:《胡氏〈仪礼正义〉释例》,见段熙仲《仪礼正义》点校本卷首。

例,凡注后各家及近儒之说,虽与注异,而可并存者,则附录之,以待后人之参考,谓之附注。其注义有未尽确者,则或采他说,或下己意以辨正之,必求其是而后已,谓之订注。①

培翚作《上罗椒生学使书》之目的是为了请求罗氏为其《正义》作序。在文中,培翚自叙撰著《正义》体例有四,并逐一进行了阐释。不难看出,其"补注"、"附注"即为解经,而"申注"、"订注"均属疏注。培翚所言之四例,是其撰著《正义》之纲领。后罗椒生在道光己酉(1849)十月作《仪礼正义序》时,也提及胡培翚以四例解经、疏注之事,并对四例进行了简要概括:

　　绩溪户部胡先生,凤承家学,邃精《三礼》。以《仪礼》经为周公作,有残缺而无伪托,郑注而后,惟唐贾氏公彦疏盛行,而贾疏或解经而违经旨,或申注而失注意,因参稽众说,覃精研思,积四十馀年,成《正义》若干卷。先生自述其例有四:曰补注,补郑君注所未备也。曰申注,申郑君注义也。曰附注,近儒所说,虽异郑旨,义可旁通,附而存之,广异闻,佽专己也。曰订注,郑君注义偶有违失,详为辨正,别是非、明折衷也。②

后来,此四例又被引入《清儒学案》中:

　　曰补注。于经之无注者,一一疏之,疏经即以补注也。曰申注。郑君之注,通贯全经,文辞简奥,必疏通而证明之,其义乃显。曰附注。是非得失,以经为断,勿拘疏不破注之例。凡近儒之说,虽与注异,而可并存,则附录之,以待后人之参考。曰订注。郑君注义有未尽确,则或采他说,或下己意,以辨正之,必求其是而后已。③

　　下文结合具体实例,来体会胡氏以四例疏经解注之特色。

（一）补注

　　《仪礼》郑注本身存在有一定的不足,培翚在疏解《仪礼》时,于郑注不足之处常常续补之,是为补注。《正义》补注,可分为二:

---

① 胡培翚:《上罗椒生学使书》,《研六室文钞·补遗》,《胡培翚集》(《研六室文钞》卷五),第165—166页。
② 罗椒生:《仪礼正义序》,见《仪礼正义》段熙仲点校本。
③ 沈芝盈、梁运华点校,徐世昌等编:《清儒学案》,第3789—3790页。

1.补郑注未释之处。培翚所谓"于经之无注者,一一疏之,疏经即以补注也",即是针对郑玄未下注处而给予必要的补充。郑玄注《仪礼》时,并非对所有经文一一下注。培翚疏解时,于郑玄未下注之处,常常疏通而证明之,此即为培翚所说的"补注"。如卷一:"厥明夕,为期于庙门之外,主人立于门东,兄弟在其南,少退,西面北上,有司皆如宿服,立于西方,东面北上。"郑注:"厥,其也。宿服,朝服。"《正义》疏曰:

> "厥明夕"者,谓宿宾赞之明日夕,冠前一日之夕也。"为期",犹言约期也。必"于庙门之外",以冠在庙故也。不于庙内者,别于冠日行冠事时也。"兄弟"兼亲族、姻戚言。"在其南",谓在主人之南,相次而立于下也。"西面"面向西,"东面"面向东,"北上",以北为上,统于庙也。注云"厥,其也"者,《尔雅·释言》文。云"宿服,朝服"者,谓如主人宿宾时所服之朝服也。此宿服指主人言,云有司皆知之,则主人之服可知矣。兄弟不言服,于下"毕袗玄"见之。[1]

郑玄于此处经文仅释"厥"、"宿服",培翚疏解时,增补疏解"厥明夕"、"为期"、"于庙门之外"、"兄弟"、"在其南"、"西面"、"东面"、"北上"等,培翚此举显然是实现了"于经之无注者,一一疏之"之目的,此即为补注。

2.补注义之不足。《仪礼》郑注有不少注释较为简洁,也有一些注释不甚明了,培翚在疏解时常补充以丰富之。这种做法,亦属补注。如卷十六:"公左还北乡。"郑注:"当拜。"郑注之内容显然比较简洁,不利于理解。培翚在疏解时补充了经、注之义,其云:"公自西乡转而北乡,故云左还。凡堂上之拜,以北面为正,故知左还北乡为将拜也。"[2]胡氏的疏解既解经,又解注,补充了郑注之不足。

再如卷二十"事毕",郑注:"三享讫。"此处经文与郑注之内容均简洁,后人理解起来比较困难,培翚在疏解时对"事毕"进行了补注,其曰:"自'奉束帛'至'以马出授人,九马随之',皆言初享用马之仪。其次二享,庭实惟国所有,无定物,故经不言而以事毕括之。又三享物虽不同,其礼则一,即一享可例其馀也。注'三享讫'者,以经云三享皆束帛加璧,则三享实分三度致之,必三享讫,乃可云事毕也。"同时,培翚也纠正了贾疏"一度致之"

①段熙仲点校,胡培翚:《仪礼正义》,第29页。
②段熙仲点校,胡培翚:《仪礼正义》,第1014—1015页。

的错误①。经过培翚之补注,经义甚明矣。

（二）申注

所谓申注,引培翚之语即为:"郑君之注通贯全经,义括众典,文辞简奥,必疏通而证明之,其义乃显。"不难看出,申注其实就是疏通而证明郑注,即申述郑玄注义也。因此,凡文中明确标示"郑说俱允当"、"注说甚精"、"申郑之说也"、"注说为是"、"不如郑说之精也"、"与郑背矣"等字样的疏通例证,均可认为是申注之例。如卷二十"天子衮冕负斧依",郑氏有注:"……缋之,绣之为九章。"对于此处郑玄的"九章"之说,后儒多疑之。培翚引《礼经释例》语"郑说俱允当",是申注矣。接着,培翚以"案语"的形式再一次以申郑注:"今案:陈氏《礼书》亦云:'郑康成谓周服九章,登龙于山,升火于宗彝。观《周礼》称衮冕,《礼记》称天子龙衮,言龙衮而不及山,则升龙于山可知也。《司服》五章之服,则毳冕。毳,毛物,虎蜼也。五章言毳冕,而不言藻,则升火于宗彝可知也。《左传》:"三辰旂旗昭其明也。"'然则冕服止九章,而日月星辰画于旌旗,郑氏之说,当有所受之矣。"②"郑氏之说,当有所受之矣",意即郑玄"九章"之说,并非无根无据。培翚此举即为申注。

又如卷二十四"庶孙之中殇",郑注云:"……又诸言中者,皆连上下矣。"培翚疏此注云:"贾疏云:谓大功之殇中从上,小功之殇中从下,殇之内无单言中殇者,此经单言中殇,故知误,宜为下也。程氏瑶田谓此经始发中从下之例,故特著中殇以明之。以郑注为非。张氏履辨之云:'中殇,非从上,即从下,实无容独见,且见中不见下,惟下从中乃可。若中从下,仍当见下不见中,如前传所云也。'今案:此辨极是。"此处培翚引张履辨程瑶田之说,申郑注也。接着,《正义》又一次进行申注:"马氏云:'祖为孙成人大功,长殇降一等,中下殇降二等,故服缌也。言中则有下,文不备,疏者略耳。'王氏肃云:'此见大夫为孙服之异也。士为庶孙大功,则大夫为之小功,降而小功者,则殇中从上,故举中以见之。'案马氏谓中下殇降二等,已于传大功之殇中从上义不合。王氏以此为大夫为孙服,尤谬,皆不及郑注之精

————————
①段熙仲点校,胡培翚:《仪礼正义》,第1298—1299页。
②段熙仲点校,胡培翚:《仪礼正义》,第1284—1285页。

也。"①此处培翚驳马融、王肃二人之说以申郑注。又如卷三十一"彻亵衣，加新衣"，郑注："故衣垢污，为来人秽恶之。"对于此及上两节注，后人多议之，谓扫除外内，以洁其居，彻去亵衣，以洁其体。义主于正终。郑以宾客言，则舍本而务末矣。培翚反复思考后，还是认为以此注为善，他认为："盖人子之于亲，气息尚存，未有不愿望其生者，若于疾病时，而遽扫除易衣，以为正终计，于心何忍？故不如且从此注之为得也。"②培翚此疏有功于郑注大矣。

另外，对于一些不同于郑注的异说，培翚引录之并加以批驳，其实也可视为申注之例。如《士冠礼》："玄端，玄裳，黄裳，杂裳，可也。缁带，爵韠。"郑注"杂裳"曰："杂裳者，前玄后黄。《易》曰：'夫玄黄者，天地之杂色，天玄而地黄。'"《正义》疏曰：

> 云"杂裳者，前玄而后黄。《易》曰：'夫玄黄者，天地之杂色，天玄而地黄'"者，郑以言杂，必非一色，故知前玄后黄，而引《易》为证也。褚氏云："天玄而地黄，阳前而阴后，故玄必在前，黄必在后，玄之幅必三，黄之幅必四，不可易也。"敖氏乃谓"杂裳，亦可前黄后玄"，谬甚。③

郑玄释"杂裳"为"前玄后黄"，并引《易》说为证。敖继公认为"杂裳，亦可前黄后玄"，显然与郑注有异。《正义》疏解时，一边引褚寅亮之说作附证，一边驳斥敖继公之说。敖氏之言与郑氏相异，培翚驳之，实为申述郑意。

(三)附注

培翚所谓"凡注后各家及近儒之说，虽与注异，而可并存者，则附录之，以待后人之参考，谓之附注"，即是指"援各家之说作郑注的注脚"④。由此可知，凡文中有"存以备参"、"义可存参"等字样的疏解之文，均可视为附注之例。也即培翚认为他说亦有可取之处，均可作为旁通之证，因而并存其说，此即为附注之例。如卷二"若杀，则举鼎陈于门外，直东塾北面"，郑注：

①段熙仲点校，胡培翚：《仪礼正义》，第1557—1558页。
②段熙仲点校，胡培翚：《仪礼正义》，第1916页。
③段熙仲点校，胡培翚：《仪礼正义》，第42—43页。
④田汉云：《中国近代经学史》，第123页。

"孤子得申礼,盛之。父在,有鼎不陈于门外。"培翚认为"或谓冠而杀牲,本为其子,故不陈于门外。孤子自主冠,则陈于门外,示特杀以尽敬于宾,而非为己。说亦可通"[①]此处的"或谓"之例,即为附注。又如卷十七"西夹亦如之。筐及瓮,如上宾",郑注:"……言如上宾者,明此宾客介也。"《正义》并存郝敬、蔡德晋二人之说[②],即为附注。又如卷二十七"熬黍稷各二筐,有鱼腊,馔于西坫南",郑注:"熬所以惑蚍蜉,令不至棺旁也。"《正义》并录敖继公、沈彤二说,认为"敖氏、沈氏之说,亦于理为近,故并录之"[③]。其并录敖、沈二说,即为附注。

另外,对于一些不同于经、注的异说,培翚不加任何评说,只是作引录以并存之。这样的引录异说,也可视作附注之例。如《士冠礼》:"三醮,摄酒如再醮,加俎,哜之,皆如初。哜肺。"郑注:"摄酒如再醮,则再醮亦摄之矣。加俎哜之,哜当为祭字之误也。祭俎如初,如祭脯醢。"《正义》疏曰:

> 云"加俎哜之,哜当为祭字之误也"者,贾疏云:"经有二哜,不破如'初哜'之'哜',唯破'加俎哜'之字者,以祭先之法,祭乃哜之,又不宜有二哜,故破'加俎'之'哜'为祭也。"胡氏承珙云:"郑读经文'加俎,哜之,皆如初'为句,'哜肺'为句,故既破上哜为祭,即云'祭俎如初,如祭脯醢'。则疏当云'不破哜肺'之哜,此乃云'不破如初哜'之哜,转似以'哜肺'与上'皆如初'连文,误矣。"今案:郑破上"哜"为"祭",即云"祭俎如初,如祭脯醢"。是为祭俎言之。其实经云"皆如初",所包尚广,不止祭俎一事也。上章"三醮,有干肉折俎,哜之,其他如初",明折俎不在"如初"中,故别云"其他",谓荐脯醢及降洗升酌至祭酒诸仪也。此经云"皆如初",亦兼荐脯醢及祭脯醢、祭酒等事。加俎虽与初异,而祭之之法,亦与初祭脯醢者同,故统言"皆"以概之。贾疏谓"三醮用再醮之笾豆,再醮不彻荐,唯彻爵而已",乃臆说,不可从,后儒多辨之。又案:朱子不取郑改字之说,谓"上章之俎无肺,而此章有肺,故又特言所哜者肺,而不嫌于复出,则此哜字当从本文为是"。陆氏亦云:"哜读如字。哜肺,释上'哜'之为哜肺也。"说与郑异,今并存之。[④]

①段熙仲点校,胡培翚:《仪礼正义》,第118页。
②段熙仲点校,胡培翚:《仪礼正义》,第1073页。
③段熙仲点校,胡培翚:《仪礼正义》,第1760页。
④段熙仲点校,胡培翚:《仪礼正义》,第112—113页。

郑玄释经,认为"加俎哜之"之"哜",为"祭"字之误。后贾疏所释与郑注有扞格之处,培翚在疏解时,先引据胡承珙之说以驳之,后又下案语指出贾疏不足之处。最后,又列出朱熹与陆德明不改"哜"为"祭"之论,此二说显然与郑注有异,但培翚未作他评,仅云"今并存之"。这样的并存异说之例,也可视为附注。

再者,培翚对于不同于郑注的异说也加以引录,并认为异说"亦是"、"亦通",其实就是引异说以疏通经义。这样的例子也可视作附注之例。如《士冠礼》:"冠者兴,宾揖之,适房,服玄端爵韠,出房,南面。"郑注:"复出房南面者,一加礼成,观众以容体。"《正义》疏曰:

> 云"复出房南面者,一加礼成,观众以容体"者,上"出房,南面",以待加冠,此"复出房南面"者,则以一加礼成,服成人之服,使众观知也。朱子云:"观,示也。《礼记·冠义》曰:'冠而后服备,服备而后容体正,颜色齐,辞令顺。'"吴氏《疑义》云:"出房以待再加,不特观众而已。"今案:吴说亦是。①

培翚和朱熹释"复出房南面",都是围绕郑注而阐释的。而吴廷华《仪礼疑义》所释与郑注不同,但培翚认为"吴说亦是",其实就是引异说以疏通经义。

(四)订注

培翚所谓"其注义有未尽确者,则或采他说,或下己意以辨正之,必求其是而后已,谓之订注",此即"采择各家精义以订郑注之讹"②。其实,在《正义》中,订注有两种表现形式,其一为订后人传写之误,其二为订郑注之讹。

1.订郑注某字为后人传写之误。卷二:"若杀,则特豚,载合升,离肺实于鼎,设扃鼏。"郑注:"特豚,一豚也。凡牲皆用左胖。"培翚疏解此注引用凌廷堪《礼经释例》曰:"凡牲皆用右胖,唯变礼反吉用左胖。……《士冠礼》注'凡牲皆用左胖',当作'右胖','左'字盖传写之误。"③此处,培翚引用

---

①段熙仲点校,胡培翚:《仪礼正义》,第72—73页。
②田汉云:《中国近代经学史》,第124页。
③段熙仲点校,胡培翚:《仪礼正义》,第108—109页。

《礼经释例》之说,说明郑注"左"字乃"右"字传写之误。

通常情况下,培翚为了订郑注某字为后人传写之误,常常参稽群书,旁采众说,一一疏通而证明之。如其订郑注"簠"为"簋"之误,即为如此。卷十六:"夫人使下大夫劳,以二竹簠方,玄被纁里,有盖。"郑注:"竹簠方者,器名也。以竹为之,状如簠而方,如今寒具筥,筥者圜,此方耳。"《正义》疏曰:

> 簠,《校勘记》云:"唐石经、严、徐、聂氏、《集释》、敖氏俱作簠,注同。《释文》作簋,云:'本或作簠。外圆内方曰簠,内圆外方曰簋。'《通解》、杨氏载经、注,《要义》载经,俱作簠。张氏曰:'《释文》明著内外方圆之制,盖辨或本之误也,从《释文》。'案:《冬官·玉人》注、疏及《觐礼》疏引此经,并作簠。《地官·舍人》注云:'方曰簠,圆曰簋。'疏谓皆据外而言,审此,则《释文》之误显然。张氏从之,非也。《说文》曰:'簠,黍稷方器也。簋,黍稷圜器也。'此许君之义,与郑不同。"程氏瑶田《仪礼经注疑直》云:"陆作《释文》时,盖据一本作簋者释之,故云:'簋音甫,或作簠也。'然据郑注本作簠,又郑注《玉人》引《聘礼》作二竹簠方,是簠字,非簋字也。况唐石经作簠。嘉靖本乃从宋元丰本覆刻之,亦作簠。则此字断宜从唐石经及宋椠本,不必因陆氏偶据别本而致疑也。"戴氏震校《集释》亦云:"据郑注,当以作簠为正。"段氏玉裁《仪礼汉读考》云:"贾疏曰:'凡簠皆用木而圆,受斗二升。'用木而圆,本郑《周易》注。受斗二升,依《旅人》'簠实一觳'之云。是贾本作簠也。宋刻单疏本作簠字,四见,不作簋,今本皆改为簋,则受斗二升之云,不可通矣。"又段氏注《说文》簠字云:"许谓簠方簋圆,郑则云簠圆簋方,不同者,师传各异也。《周礼·舍人》郑注:'方曰簋,圆曰簠。'《周易》:'二簋可用享。'郑注:'离为日,日体圆,巽为木,木器圆,簋象。'已上可证郑确谓簋为圆器。"今案:簋圆而竹簠不圆,故云方。若簠本方,则经不必赘言方矣。又郑义既以簋为圆器,倘经本作簋,郑必破簋为簠。今郑不破字,可证旧本相传作簠,后人因《说文》簠方簋圆之训,误改为簋耳。此字当从郑义为长,钟本亦作簠。[1]

---

[1] 段熙仲点校,胡培翚:《仪礼正义》,第985—986页。

培翚为证"籩"为"筐"传写之误,不仅引众家之说为证,也以案语的形式指出其致误之由。可见,培翚为求一字之是,或采他说,或下己意以辨正之,其订注之功大矣。

2.订郑注之讹。《正义》订郑注之讹,"或采他说,或下己意以辨正之",此表现为两种形式:一为采他说订郑注之讹,一为以己意以辨郑注之讹。

先看采他说订郑注之讹之例。如卷一"宾降,直西序东面,主人降,复初位",郑注:"初位,初至阶让升之位。"程瑶田对此注有新解,其云:"案主人初立于阼阶下,直东序,西面,此云复初位,即此位也。宾主阶上立,位于序端,则阶下立,位亦宜直东西序,与宾主位必相对也。且至阶让升处,宾主皆然,非位也。郑注盖误。"培翚裁断曰:"程说是也。张氏惠言亦辨之。"①此处,培翚以程瑶田之说订郑注之讹。

又如卷二十"祭天,燔柴,祭山丘陵,升,祭川,沈,祭地,瘗",郑注:"月者,大阴之精,上为天使,臣道莫贵焉。是王官之伯,会诸侯而盟,其神主月与?"陈祥道、秦蕙田对此注均有新解,陈祥道云:"经言祭天而郑氏言祭日,经言祭地而郑氏言祭月,且方明以象上下四方,而经、传凡言主盟者多称明神,曰司慎司盟,名山名川,群神群祀,先王先公,七姓十二国之祖。《齐语》'桓公与诸侯约誓于上下神祇',则诸侯之盟,非特主山川也。郑氏谓王之盟主日,诸侯主山川,王官之伯主月,其礼无据。"秦蕙田云:"郑氏据《大宗伯》'以实柴祀日月星辰',因谓燔柴祭日,瘗祭月。但《周礼》禋祀、实柴、槱燎三者,自昊天上帝日月星辰司中司命风师雨师皆同之,谓日月皆燔柴则可,谓祭日燔柴祭月瘗则不可。以祭月为瘗者,郑之臆说也。燔柴与瘗,自是巡守告祭天地之礼,非祭日月以为盟神,不得与方明牵合为一。且日月天神,非地示也。祭天可以主日,祭地必不可以主月。据《祭义》:'大报天而主日,配以月。'祭天则日月从祀,故言祭天可以包日月,不得以祭日月而冒天地之称也。"培翚裁断曰:"今案:此节注本支离,陈氏、秦氏驳之,甚是。郑氏之意,盖谓会同巡守必有盟,故前后注多谓日月山川为盟神,以牵合方明。不知会同固有不盟者,至巡守以考制度,颁政教,并非为盟而起,必以盟言之,误矣。"②此处,培翚不仅引陈祥道、秦蕙田二说订郑注之讹,且在

①段熙仲点校,胡培翚:《仪礼正义》,第83页。
②段熙仲点校,胡培翚:《仪礼正义》,第1329—1330页。

案语中也指出郑注致误之由。

再看以己意以辨郑注之讹之例。《正义》订郑注之讹,有时直接以己意辨正之。如《士冠礼》:"兄弟毕袗玄,立于洗东,西面北上。"郑注:"袗,同也。玄者,玄衣玄裳也。缁带韠,位在洗东,退于主人,不爵韠者,降于主人也。"对于此注"袗,同也"的疏解,培翚先引用王应麟、段玉裁二说,二氏均认为经、注中的"袗"字皆"袀"字之误,同时培翚还给出自己的案断:"今案:袗当为袀,王、段说是也,胡氏承珙说亦同。《九经古义》、《礼经释例》亦皆以袗为袀。"①另外,培翚还指出了郑玄训"袗"为"同"是有误的:

> 今案:袗训禅,不训同,经文若作袗,则注义不可通矣,故知为袀之误也。郑兼言"缁带韠"者,缁与玄近,不独衣裳玄,而带韠亦玄,以见上下皆玄之为同玄,义与《昏礼》注正同也。②

此处,培翚以己意断郑玄训"袗"为"同"是错误的。他认为若依郑注,则经文"袗"应为"袀"之误,否则注义不可通,故断袗训禅,而不训同。

又如《既夕礼》:"设床第,当牖,衽,下莞上簟,设枕。"郑注:"病卒之间废床,至是设之。"《正义》疏曰:

> 注云"病卒之间废床,至是设之"者,此据《丧大记》之文。《丧大记》曰:"废床,彻亵衣,加新衣。"郑注:"废,去也。人始生在地,去床,庶其生气反。"案:此时病而未卒,故云"病卒之间"。……蔡氏德晋云:"案:《丧大记》疾病有'废床'一节,殊为非礼。观曾子易箦。反席未安而没。不闻有废床而置于地之事。郑康成谓'病卒之间废床',乃仍《丧大记》之误。"吴氏廷华云:"废床之文,高安朱氏非之,谓垂死之身,方保护之不暇,乃举而委之地。地气清沁,是益之病而速之死也。且断无将死而可藉地气以生之理。信斋杨氏据此记设床迁尸,为《大记》'废床'之证,不知此床为浴及含而设,不足证死者之废床也。"今案:《丧大记》有废床之文,《仪礼》无之。《礼记》汉儒所采集,而《仪礼》之记,则出于周、孔所传,较为可信。郑氏不能据《仪礼》以订《丧大记》之非,而反援以为说,失之。诸儒之辨精矣。③

---

①段熙仲点校,胡培翚:《仪礼正义》,第 55 页。
②段熙仲点校,胡培翚:《仪礼正义》,第 56 页。
③段熙仲点校,胡培翚:《仪礼正义》,第 1920—1921 页。

《丧大记》"废床"一节,诸儒已辨其误。培翚疏解时,也以己意断郑玄之失,认为郑玄未据《仪礼》以订《丧大记》之非,却反援《丧大记》之非以为说,故而是错误的。

培翚以四例解经、疏注,在《正义》中随处可见,有章可循,是我们理解《正义》、掌握培翚治经家法的一把钥匙。通过检阅全书,我们发现,很多时候培翚并非单独使用一种体例疏经解注,而是常常杂糅几种体例,综合运用。如卷二《士冠礼》之"记",郑玄未注,胡氏引贾疏、熊朋来、张尔岐、盛世佐对"记"所阐释的内容以补注;接着,培翚认为:"诸家发明记义,各有所见,故并录之。"也即胡氏并录贾疏、熊朋来、张尔岐、盛世佐各家之说,此又为附注之例。随后,培翚又安排了一个附注之例:"又盛氏谓此篇之经,至'归宾俎'而止矣,自'若不醴则醮用酒'以下,皆记也。以《昏礼》较之,此若不醴及下文若杀,犹《昏礼记》若不亲迎。若孤子,若庶子,及冠者母不在,犹《昏礼记》庶妇及宗子无父之类。屡制一节,亦似《昏礼记》挚不用死,腒必用鲜之类,皆记经所未备。至诸辞则《昏礼》俱属记内,尤为明证。案此经古本相传已久,未可据易,而其说则可存参云。"①可见,这里是将补注、附注之体例交叉使用的。又如卷三十一"乃行祷于五祀",郑注:"……五祀,博言之。士二祀,曰门,曰行。"培翚引吕大临之说,并指出:"此本郑说也。"这是引吕大临之说以申注。接着,胡氏又引陈祥道、《三礼札记》之说,并下断语曰:"案:此二说似与经较合,并录之。"②这是引二说以附注。可见,此处综合使用了申注、附注之例。

总之,援例解经是《正义》一大特点,也是培翚撰著《正义》之总纲。在此纲领指导下,培翚通过旁征博辑众家之说均成了郑注之注脚,或申述郑注之得,或订正郑注之失,或补充郑注之不足,虽内容繁富,却秩然不紊,有章可循。培翚运用补注、申注、附注、订注四例解经,以郑玄《仪礼注》为依据,广采诸家之言,加以补充申说,别是非而明折衷,便于人们对《正义》疏解内容的理解与把握。现代学者彭林先生认为《仪礼正义》之"四例"是胡培翚的主要贡献,他说:"胡培翚的贡献主要有四个方面,一是补充郑注;二是阐发郑注;三是订正郑注;四是兼存异说,即后儒对经义的说解虽不同于

①段熙仲点校,胡培翚:《仪礼正义》,第132—133页。
②段熙仲点校,胡培翚:《仪礼正义》,第1918—1919页。

郑注，但义也可通者，则存而备之。由于他的出色工作，后人研究《仪礼》才有了一个良好的基础，《仪礼正义》则是每个研究《仪礼》的学者所必读的著作。"①彭氏之言极是。

二、疏不破注原则的遵循与突破

培翬以四例解经、疏注，反映了他宗守郑注却不宥郑说的实事求是、推陈出新的解经特色。"胡培翬对郑玄《仪礼注》的研究，其治学态度与方法是严谨的、科学的。他把《仪礼正义》中有关郑注的阐释视为成功之点，这是此书新意所在"②，而其中之订注，则是《正义》一书最大的新意所在。段熙仲对《正义》订注之例有过评价："不以礼许人，亦不以人废言，其谨严如此，新疏之特色也。"③此言是矣。段氏还说："《仪礼》一书，自齐、隋所存义疏，贾疏已有'李之谬在违经，黄之谬在违注'之说。后来学者更滋'注不违经，疏不破注'之戒。释而不敢违经，已嫌泥古；解注而不许违郑，势成佞郑。立宗主而不得立异同，学术何以能发展？择善而从，兼增己意，是胡氏新疏之特点。是是非非，唯其是者是求，为胡氏治经之家法，亦即新疏补注、订注、附注所蕲向。"④《正义》申注之例是宗郑之表现，而补注、附注、订注之例，就是对传统经学疏不破注原则的挑战，同时也充分反映了培翬实事求是的治经态度。

（一）疏不破注之检讨

经学史上有疏不破注之成规，这种成规源自于唐孔颖达等编撰《五经正义》。疏不破注也称疏不驳注，它"实际上是由唐代对经学的要求决定的"，"成为唐代经学家治经的代表性原则。从而也构成了唐代经学的一个显著特点"⑤。"'疏不破注'就是要求编纂者根据先儒注文进行疏解，不能随意发挥，尽力维护注文的思想体系，为士子明经、考试制定一部标准的经学教科书"⑥。因此，"以'疏不驳注'为特色的《五经正义》是一个自我封闭

---

① 彭林注译：《仪礼·前言》，岳麓书社2001年版，第5页。
② 田汉云：《中国近代经学史》，第124页。
③ 段熙仲：《胡氏仪礼正义释例》，见段熙仲《仪礼正义》点校本卷首。
④ 段熙仲：《胡氏仪礼正义释例》，见段熙仲《仪礼正义》点校本卷首。
⑤ 张立文主编，张怀承著：《中国学术通史（隋唐卷）》，人民出版社2004年版，第207页。
⑥ 张立文主编，张怀承著：《中国学术通史（隋唐卷）》，第208页。

的系统"①。疏不破注,其实就是让疏解者盲目、绝对地服从于注。而这种盲目、绝对的服从,既限定了人们对注的诠释,也限定了经学自身的发展。章权才认为对《五经正义》的社会作用应从两个方面分析,其一就是:"注疏之学的特点是注不驳经,疏不驳注,专宗一家,不取异义。'不驳'也就是墨守,也就是盲目继承。经本和经说一旦钦定,人们只能墨守成规,不敢越雷池一步。结果,必然窒息经学的生机,使经学理论难于实现新的发展。"②正因为"疏不破注"存在着负面影响,所以,继《五经正义》之后的解经者对这种盲目、绝对的服从每每提出异议,如中唐时期"疑古惑经"思潮的展开,与此不无关系。而宋明时期对这种守旧的经学观更是加以批判,他们掀起了经学研究的新思潮,其代表人物有刘敞、王安石等人。刘敞著《七经小传》,不仅疑经,而且改经,一反以往祖述注疏的原则。稍后的王安石对刘敞的做法有所继承。朱彝尊《经义考》在论刘敞《七经小传》时分别援引了晁公武、陈振孙、吴曾等人的言论来评述刘敞说经不祖述注疏之行为。晁公武说:"元祐史官谓庆历前学者尚文辞,多守章句注疏之学,至敞始异诸儒之说。后王安石修《经义》,盖本于敞。公武观原甫说:伊尹相汤伐桀升自陑之类,《经义》多剿取之,史官之言不诬。"③陈振孙说:"前世经学,大抵祖述注疏;其以己意言经,著书行世,自敞倡之。"④吴曾说:"庆历以前学者尚文辞,多守章句注疏之学,至刘原甫为《七经小传》,始异诸儒之说,王荆公修《经义》,盖本于原甫云。"⑤三人所论,不约而同。

时至清代,考据学家对"许郑之学"格外钟情,刘宝楠说:"窃谓今之言经学者,以许、郑为宗。"⑥张舜徽亦说:"清代二百六十馀年的学术界,特别是乾、嘉学者,都围绕了'许郑之学'努力用功。凡是探讨文字的,便以许慎的《说文解字》为依据;研究经学的,便奉郑玄的群经注说为宗主。……道、咸以下,治学道路虽已变化,但是宗尚'许郑'的学术气氛,从来没有轻淡

①吴雁南、秦学顾、李禹阶主编:《中国经学史》,福建人民出版社 2001 年版,第 247 页。
②章权才:《宋明经学史》,广东人民出版社 1999 年版,第 16 页。
③游均晶、许维萍、黄智明点校,朱彝尊:《经义考(七)》,台北"中央研究院"中国文哲研究所筹备处 1999 年版,第 363 页。
④朱彝尊:《经义考(七)》,第 363 页。
⑤朱彝尊:《经义考(七)》,第 363 页。
⑥刘宝楠:《问经图序》,《念楼集》卷六,见沈云龙主编:《近代中国史料丛刊续编》第一百五十六辑,台北文海出版社 1975 年版,第 272 页。

过。所以我们说,有清一代的学术界,完全为'许、郑之学'所笼罩了,也不失之夸大! 有些学者自号为'鄦斋',为'汶民',为'郇园';或者自号为'郑盦',为'郑龛',为'仪郑堂',为'许郑学庐';都充分体现了学者们倾慕'许郑'之情。"①蒙文通认为清乾嘉时期,吴、皖各派"家研许、郑氏书,博名物,穷训诂,造述之宏,不可遍计而数也"。②

但清儒在撰著新疏时有突破"疏不破注"之成规,如焦循撰《孟子正义》,虽"惟主赵氏(赵注)",但其"于赵氏之说或有所疑,不惜驳破以相规正。至诸家或申赵义,或与赵殊,或专翼孟,或杂他经,兼存备录,以待参考"③。孙诒让撰《周礼正义》,所定凡例之一就是:"唐疏例不破注,而六朝义疏家则不尽然。(孔氏《礼记正义叙》称皇侃时乖郑义,《左传正义叙》称刘炫习杜义而攻杜氏,是也。)郑学精贯群经,固不容轻破。然三君之义,后郑所赞辨者,本互有是非。乾嘉经儒考释此经,间与郑异,而于古训古制,宣究详确,或胜注义。今疏亦唯以寻绎经文,博稽众家为主,注有牾违,辄为匡纠。凡所发正数十百事,非敢破坏家法,于康成不曲从杜、郑之意,或无悖尔。"④可见,清儒撰新疏时并不都是盲目遵循"疏不破注"之成规,而是根据实际情况,一旦发现旧注或有所疑,"不惜驳破以相规正"。正是由于清儒有这种实事求是的精神,才使得清代考据学独树一帜,使得清儒的群经新疏超越了唐宋旧疏。

（二）实事求是的疏注原则

培翚撰《正义》,没有盲目遵循"疏不破注"之成规,而是遵循实事求是的疏注原则。他在《上罗椒生学使书》中对以往疏家拘泥于"疏不破注"有所批评,并提及自己撰新疏的态度:"然六朝、唐人之作疏,往往株守注义,不参众说,故有'宁言周、孔误,莫道郑、服非'之谣。又孔冲远作《五经正义》,于《礼》则是郑而非杜,于《左传》则又是杜而非郑,今人靡所适从,岂非疏家之过乎! 今惟求之于经,是非得失,一以经为断,勿拘'疏不破注'之例,凡注后各家及近儒之说,虽与注异,而可并存者,则附录之,以待后人之

---

①张舜徽:《前言》,《张舜徽集·郑学丛著》,华中师范大学出版社 2005 年版。
②蒙文通:《议蜀学》,见廖幼平编《廖季平年谱》,巴蜀书社 1985 年版,第 177 页。
③沈文倬点校,焦循:《孟子正义》,中华书局 1987 年版,第 1051 页。
④孙诒让:《周礼正义略例十二凡》,载王文锦、陈玉霞《周礼正义》点校本。

参考,谓之附注。其注义有未尽确者,则或采他说,或下己意以辨正之,必求其是而后已,谓之订注。"①培翚此处言及的附注与订注之例,就是"破注"之例。尤其是书中订注之例的运用,追寻的是"必求其是而后已",则充分反映了培翚宗守郑注却不宥郑说的实事求是的治经态度。另外,培翚对不能论定的异说采用附注的形式"备而存参",兼收并蓄,也反映了他实事求是的治学精神。

对于培翚以四例解经,后世学者多有议论。曹元弼云:"胡氏培翚《仪礼正义》有四例:曰申注、补注、附注、订注。案:胡氏先治《诗》,四例暗合郑笺《诗》之例。《郑志》云:'注《诗》宗毛为主,毛义若隐略,则更表明;如有不同,即下己意。'此郑自述笺《诗》之例。宗毛为主,申《传》也。隐略更表明,补《传》、附《传》也。补者,毛所未释,经旨未显,则补释之。附者,齐、鲁、韩三家义虽不如毛之得其正,然皆有师承不可废,毛但举其本义,而馀义未备,则附载之,仍以毛为主也。下己意,易《传》也。申者,十之四;补者,十之二;附者,十之三;易者,十之一而已。惟易者与毛不同。附则不过兼存异义,仍以《传》为不易之正训。后儒误以附为易,又不考其所附之皆本三家,乃谓《笺》不得《传》意,不知郑与毛未尝歧也。胡氏得其四例,可谓善读《笺》者。然后儒之异于郑者,必不能如三家《诗》之确有师承,则不必附。郑义广大精微,非后人所当轻议,则无容订。"②曹元弼认为培翚研治《仪礼》之四例与郑玄笺《诗》之例暗合,是有一定道理的。但曹氏认为"郑义广大精微,非后人所当轻议,则无容订",即不赞成培翚作订注之例。曹氏又说:"胡氏依注解经,而于《注》之曲寻道意、迥异俗说者,或反以为违失而易之。……皆其千虑之失也。"③曹氏认为胡氏作"订注"之例为"千虑之失",显然是不正确的,也不符合《仪礼》郑注本身的实际情况。可见,曹元弼治《仪礼》严守郑注,不容置疑;而培翚宗守郑注,却不迷信郑注,这是二人最大区别。

当然,后世学者对培翚以四例解经疏注大多持赞同的态度,如钱基博对培翚解经、疏注之例有过评价:"至胡培翚覃精《仪礼》,……虽乖唐贤'疏不破注'之例,要之无所依违,期于大通,斯足以破经生拘虚之见,而祛曲学

---

① 胡培翚:《上罗椒生学使书》,《研六室文钞·补遗》,《胡培翚集》(《研六室文钞》卷五),第166页。
② 曹元弼:《仪礼疏序》,《礼经校释》卷一,《续修四库全书》第94册,第114—115页。
③ 曹元弼:《礼经校释序》,《复礼堂文集》卷四,王有立主编,中华文史丛书之四十六,第421—422页。

专己之私焉。"①他还曾将培翚撰著《仪礼正义》与孙诒让《周礼正义》作过比较："孙诒让专攻《周礼》，别造《正义》，……博稽众家，辄据匡纠，凡所发正后郑数十百事。而拘牵后郑义者，往往又仇王肃。诒让壹无适莫，郊社禘袷则从郑，庙制昏期则从王，于郑注不为曲从。亦犹胡培翚《仪礼正义》订注之例也。至其甄采旧疏，明揭贾义，不如胡培翚《仪礼》之或袭贾释而没不称名，其不攘善之用心，尤有培翚所不逮者焉。独是让清礼学，冠绝前古。正义《仪礼》，前有胡氏；更疏《周官》，别出诒让。更光前人，有功礼学。"②胡培翚"订注"之例，于郑注不曲从，体现出实事求是的治学精神。

　　钱玄也曾对《正义》之四例进行评判："案前人常有'注不违经，疏不破注'之戒，这是十分错误的，释而不许违经，此乃泥古；注而不许违郑，这是佞郑。学术研究如没有异同，没有是非，学术怎能发展？胡氏所立四例，即打破了这既有的戒条，一本实事求是之主旨，这是胡氏《正义》的特点。"③钱氏所言当为的论。邓声国也认为："胡氏广征历代诸儒之说，用以'补注'、'申注'、'附注'、'订注'，与其宗守郑氏家法、沿袭乾嘉学者考据的治学原则表面上似有矛盾，与'疏不破注'的疏解之规相违，然若深究其意，更可见胡氏治学之谨严，并无破坏家法另立新解之雅好。郑氏治礼通贯本经及群经，固不容轻易破之，但毕竟远离先秦时代，缺乏详确的证据，因而有时不免辨解当中是非并现，后人研究郑氏之学自当从事一番订讹补阙、详为疏证之要务。历代经儒考释《仪礼》，间与郑说相异，而于《礼经》古制及古训的训解或有可取胜于郑注之处。胡氏生当清代《仪礼》学兴盛期之后，同时代学者研究精见纷呈而出，胡氏毅然肩负起总结成说之重任，博稽众家之说，甄别、抉择诸家解说之正误，不以礼许人，亦不轻易因人而废一家之言，容有一丝可取之处亦当择入以资借鉴，寻绎经文文例以为匡纠郑注牾违之说，而非一般肤学之所为。总之，在援据诸家解说方面，胡氏引用态度谨严，辨择精善，理据详确，所谓集大成之功乃得各家之精髓，非一般《钦定仪礼义疏》之类纂集体及集解体著作所能比。"④

　　总之，培翚在解经过程中能坚持实事求是、推陈出新的治经态度，他宗

①钱基博：《经学通志》，广西师范大学出版社 2009 年版，第 142—143 页。
②钱基博：《经学通志》，第 143 页。
③钱玄：《三礼通论》，第 68 页
④邓声国：《清代〈仪礼〉文献研究》，第 120 页。

守郑注却不宥郑说,不以礼许人、亦不轻易废一家之言,这决定了《正义》在疏解过程中的求是性,也奠定了《正义》的权威性,难怪钱玄先生会发出这样的感慨:"宜乎今之治《仪礼》者,均以《正义》为最佳之读本。"①钱氏之言是矣。正由于培翚在撰著时坚持实事求是、推陈出新的精神,才成就了这样一部博大精深之著作。

第二节 《仪礼正义》疏解之"通例"

除"四例"之外,《正义》在疏解中还有贯通全书之"通例",主要包括:经注兼释;前文或他篇有解,不重复作释;划分节次;详解篇旨;喜用善本等。因详解篇旨、喜用善本在他章有述,此处仅就前三项进行论述。

一、经注兼释

《仪礼正义》虽名曰"正义",实为义疏之体。义疏之学,起于六朝;而正义之学,名始于唐朝。义疏与正义,虽同属疏一类的解读,但也有差别,丁福保认为:"先已有注,复遂条疏通其义者,谓之疏。疏之属,有义疏,有正义。义疏者,引取众说,以示广闻。历代皆有之,如皇侃《论语义疏》,以及《隋志》著录之《周易》、《尚书》、《毛诗》、三《礼》等各义疏是也。正义者,正前人之疏义,奉诏更裁定名曰正。谓论归一定,无复歧途也。"②由此可见,"正义"主要在于正前人之疏义,统一经说,论归一定,成"至当无偏,明白正大"③之义疏。

正义与义疏虽有差别,但二者在疏经解注方面是一致的,都是为了"系统全面疏解、串讲经书之书"④。唐人云:"昔者,圣人制作谓之为经,传师所说则谓之为传,此则丘明、子夏于《春秋》、《礼经》作《传》是也。近代以来,兼经注而明之则谓之为义疏。"⑤对于经典义疏的疏解顺序,孙诒让曾

①钱玄:《三礼通论》,第68页。
②丁福保:《敬告注佛经之居士》,载太虚大师:《海潮音文库》第3编《论文集下》,新文丰出版公司1985年版,第148—149页。
③舒大刚:《儒学文献通论》,福建人民出版社2012年版,第218页。
④姜光辉:《中国经学思想史》(第二卷),中国社会科学出版社2003年版,第730—731页。
⑤(唐)长孙无忌等撰,刘俊文点校:《唐律疏议》,中华书局1983年版,第2页。

有过概括："凡疏家通例,皆先释经,次述注。"①培翚撰《正义》也是如此。
如卷一:"筵于户西,南面。"郑注:"筵,主人之赞者。户西,室户西。"《正义》
疏曰:

> 此筵为醴子也。冠,醴子筵于户西,与昏之礼,宾筵于户西者同,
> 以其成人尊之。设席南面,以东方为上也。褚氏云:"户西,庙中最尊
> 之位。自尸而外,惟宾居之。故下记云,醮于客位,加有成也。敖谓远
> 避主人,非特失旨,且背记文。"注云"筵,主人之赞者",以上文"筵于东
> 序",经明云"主人之赞者",故知此筵亦同也。云"户西,室户西"者,凡
> 五架之屋,栋北楣下为三间,中为室,东西为房。房之南壁止一户,室
> 则有户,有牖,户在东,牖在西。故户西牖东之地为正中,《尔雅》所谓
> "户牖之间谓之扆",是也。郑恐人疑为房户,故特明之。李氏云:"寝
> 庙以室为主,故室户专得户名。凡言户者皆室户,若房户则兼言房以
> 别之。"②

不难看出,《正义》遵循的是传统的疏经体式,即经、注兼释,且其疏解
的次序是先释经,次述注。另外,还可以看出培翚在疏解过程中,对经文的
疏解往往略于对郑注的疏解。

关于《正义》的疏解方式,邓声国曾说:"胡氏采用疏注体这一传统体
式,既释经文,又释郑注,不过胡氏在唐人《注疏》的基础上又有所变异。众
所周知,唐人经《疏》通例,一般是先释经,次述注。就释经部分而言,若将
胡氏《正义》与贾氏《仪礼注疏》对比,可以发现,贾公彦释经部分往往随文
阐义,所述内容或与郑注相复,而释注转多疏略;而《正义》释经已非主体内
容,所占比例极小,即有注释亦唯崇简要,疏注部分已具者咸从省约。"③当
然,《正义》也存在只疏经文或只疏郑注的例子。只疏经文的,如《士昏礼》:
"席于户牖间。"郑注:"室户西,牖东,南面位。"《正义》曰:"贾疏云:'礼子、
礼妇、礼宾,客皆于此,尊之至也。'"④此处对郑注未作疏解。细阅全书,这
种只疏经不疏注的情况是很少见的。

_____

①孙诒让:《周礼正义略例十二凡》,王文锦、陈玉霞点校,孙诒让:《周礼正义》,中华书局1987年版
　卷首。
②段熙仲点校,胡培翚:《仪礼正义》,第76页。
③邓声国:《清代〈仪礼〉文献研究》,第115—116页。
④段熙仲点校,胡培翚:《仪礼正义》,第192页。

只疏郑注的，如《士冠礼》："宾降，直西序东面，主人降，复初位。"郑注："初位，初至阶让升之位。"《正义》曰：

> 注云"初位，初至阶让升之位"者，程氏瑶田云："案：主人初立于阼阶下，直东序，西面，此云复初位，即其位也。宾主阶上立，位于序端，则阶下立，位亦宜直东西序，与宾主位必相对也。且至阶让升处，宾主皆然，非位也。郑注盖误。"今案：程说是也。张氏惠言亦辨之。①

与只疏经文之例相比较，只疏郑注的例子较多一点。其实，疏注也是为了疏经，毕竟郑注也是疏经的，《正义》围绕郑注而进行阐释，其目的也是为了疏经。

二、前文或他篇有解，不重复作释

在疏解中，遇到前文或他篇有疏解的，《正义》往往用"详见"或"详"某篇、某节的形式进行处理，而不另作疏解，如卷三十八《少牢馈食礼二》："主人出立于阼阶上，西面；祝出立于西阶上，东面，祝告曰：'利成。'"郑注："利，犹养也。成，毕也。孝子之养礼毕。"《正义》疏曰："祝告曰'利成'，乡主人告也。注义俱详见于《士虞礼》。"②此处经文之"祝告曰：'利成'"及郑注之"利，犹养也。成，毕也"，在《士虞礼》中曾出现过。培翚在《士虞礼》篇对郑注有过细致的疏解，既然两处经、注一致，就无重疏之必要，所以培翚采用"注义俱详见于《士虞礼》"的方法，不重复作释。

再如《少牢馈食礼二》："司士乃辩举，赞者皆祭黍，祭举。"郑注："举，举肤。今文辩为徧。"《正义》疏曰："今文辩为徧，详《乡饮酒礼》。"③其实，在《仪礼》中，郑注"今文辩为徧"曾出现五次，第一次见于卷五《乡饮酒礼一》"众宾辩有脯醢"，郑注："今文辩皆作徧。"《正义》在此处给出了详细的疏解④。第二、三次均见于《乡饮酒礼》，出现时均未作任何解释，这与胡、杨补编时的疏忽有关。第四、五次出现时均云"详《乡饮酒礼》"，未作重复疏解。此两例均见于《少牢馈食礼》，上文即为一例。还有一例见于《少牢馈

①段熙仲点校，胡培翚：《仪礼正义》，第83页。
②段熙仲点校，胡培翚：《仪礼正义》，第2308页。
③段熙仲点校，胡培翚：《仪礼正义》，第2311页。
④具体详见段熙仲点校，胡培翚：《仪礼正义》，第345—346页。

食礼》"尸取韭菹，辩换于三豆"，郑注："今文辩为偏。"《正义》疏曰："云今文辩为偏者，详《乡饮酒礼》。"①同样问题，如果反复疏解，就会给人造成冗繁重复之感。培翚这种处理方式，反映了他严谨的治学态度。

三、划分节次

（一）《仪礼》经文之分节

古人解经时，有学者较为重视划分经文节次并总结节义，毕竟"标注段、节，注重从上下文的关联中阐释经传之义，较之以句为单位的孤立解说，层次更清楚，也更有利于章节大义的把握"②。推至《仪礼》，也是如此。

《仪礼》一经，自唐韩愈已苦其难读。朱熹认为造成这种原因，其一在于"经不分章"③。朱熹也曾就此事发过牢骚，认为："其书衮作一片，不成段落，使人难看。"④又认为："前贤常患《仪礼》难读。以今观之，只是经不分章，记不随经，而注、疏各为一书，故使读者不能遽晓。"⑤吴廷华也认为《仪礼》"章次不分，则礼之始终度数与宾尸介绍，冠服玉帛牲牢尊俎之陈，如满屋散钱，毫无条贯"⑥。胡朴安认为《仪礼》难读，也是章句不清之故，他说："《仪礼》一书，学者每苦其难读。其难读之故，由于离章不清。所以礼之始终度数与宾尸介绍冠服、玉帛、牲牢、尊俎之陈，如满屋散钱，毫无条贯。仁和吴廷华著《仪礼章句》，一篇之中画其节目。如《士冠礼》一篇，分为六章。第一章为冠前之礼：一筮日，二戒宿，三为期，四陈设。第二章为正冠之礼：一宾入位，二初加，三再加，四三加。第三章为礼子。第四章为冠毕徐礼：一命字，二宾出就次，三冠者见兄弟诸人，四礼宾。第五章冠礼之变：一用酒，二用牲，三孤子冠等诸杂仪。第六章补上经所不及：一傧辞，

---

①段熙仲点校，胡培翚：《仪礼正义》，第2283—2284页。

②焦桂美：《南北朝经学史》，上海古籍出版社2009年版，第288页。

③朱熹：《答应仁仲》，徐德明、王铁校点，《晦庵先生朱文公文集》卷五四，《朱子全书》第二十三册，第2550页。

④朱熹：《答李季章》，刘永翔、朱幼文校点，《晦庵先生朱文公文集》卷三八，《朱子全书》第二十一册，第1708页。

⑤朱熹：《答应仁仲》徐德明、王铁校点，《晦庵先生朱文公文集》卷五四，《朱子全书》第二十三册，第2550页。

⑥此处所引乃吴廷华之子吴受祺转述其父之语，见吴廷华《仪礼章句》卷首，《皇清经解》卷二百七十一，阮元编：《清经解》（第二册），上海书店1988年版，第339页（中栏）。

二祝辞,三屡制。今展帙者知某事在某礼之前,某事在某礼之后,十七篇节目了如指掌,而《仪礼》始可读矣。"①胡朴安此处所说的"离章",即划分章节。"离章"常与"析句"并用,离章析句属于章句之学。《武威汉简》整理者认为"最早的'章句',是指分篇与分章定句","'篇'之下分为若干'章',章之下分为若干'句',句相当于节。由于汉代经师称某某的章句,故即以句代表小于章的段落"②。

经学史上的章句之学起源较早,学界认为其起源可追溯至汉代。清人刘宝楠著《论语正义》,在《学而第一》"凡十六章"下云:"《释文》旧有此题,其所据即《集解》本。今皇、邢《疏》无'凡几章'之题者,当由所见本已删之也。《汉石经》则每卷后有此题,盖昔章句家所记之数。"③可见,刘宝楠肯定汉代已有章句之学。《武威汉简》整理者根据一九五九年出土的汉代《仪礼》简中有区隔章节的符号而进行推论,也认为汉代已有章句之学,其云:"由于武威竹、木简《仪礼》的出土,我们在摹录以后,考订其编写、标号及其章节的安排时,始知最早的'章句',是指分篇与分章定句。"④

《仪礼》经文之分节,学界认为其肇始于南宋朱熹《仪礼经传通解》,如清人盛世佐曰:"(《仪礼》)分节法昉于《通解》。"⑤其实,这种说法是不准确的,其实唐贾公彦撰《仪礼疏》就有分节之举。贾氏疏《仪礼》经文常称:自此至"□□",此实乃经文分节之标志。如《仪礼疏》卷一:"士冠礼。筮于庙门。"贾公彦疏曰:"释曰:自此至'宗人告事毕'一节,论将行冠礼,先筮取日之事。"⑥可见,贾氏在疏解过程中既对经文进行分节,也顺便概括节义。在贾公彦之前,郑玄注《仪礼》虽未对经文进行分章析句,但他在《有司彻》中屡言"自某句至某句",也可以看作是《仪礼》经文分节之萌芽。陈澧就持此观点,他说:"《有司彻》郑注屡言'自某句至某句',此贾疏分节之法所自出也。"⑦不难发现,郑玄注《仪礼》时已有分节之意识,惜郑玄此举实为有限,未成气候。后贾公彦作注疏,在郑注的基础上奠定章句,条理渐趋明

①胡朴安:《古书校读法》,雪克编校:《胡朴安学术论著》,浙江人民出版社1998年版,第326页。
②中国科学院考古研究所、甘肃省博物馆编:《武威汉简》,文物出版社1964年版,第36页。
③高流水点校,刘宝楠撰:《论语正义》,中华书局1990年版,第1页。
④中国科学院考古研究所、甘肃省博物馆编:《武威汉简》,第36页。
⑤盛世佐:《仪礼集编》之《凡例》,《景印文渊阁四库全书》第110册,第5页。
⑥李学勤主编:《十三经注疏·仪礼注疏》,第5页。
⑦陈澧:《东塾读书记(外一种)》,生活·读书·新知三联书店1998年版,第138页。

晰。陈澧认为"贾疏之分节有尤细密者",他举《聘礼》、《特牲馈食礼》之疏为例,认为:"《有司彻》疏,如此类者最多,不可枚举。其分析细密,使读之者心目俱朗彻矣。"[①]可惜贾疏并未对所有经文进行章句划分,也未如朱熹等人那样专门划分节段并写出节义,因而留下了遗憾。

朱熹撰《仪礼经传通解》,划分节段,表明节义,并在"每一节截断后一行,题云'右某事',较贾疏尤为简明"[②],故朱熹之分法常被后人认为是对《仪礼》经文分节之始。其实,朱熹的分节方法只是在贾公彦《仪礼疏》的基础上,开始了更明确、更细致的划分。至元朝,敖继公作《仪礼集说》,在朱熹的基础上有所更易。至清,张尔岐作《仪礼郑注句读》、吴廷华作《仪礼章句》、胡培翚作《仪礼正义》对《仪礼》经文均有分节,且对所分之节都能概括节义。

(二)《仪礼正义》与他书经文分节之比较

1.《仪礼正义》与他书经文之分节

《正义》经文分节是在参照他书的基础上择优而成的。为便于说明问题,我们不妨以《士冠礼》一篇之分节及其所概括的节义为例,将胡培翚《正义》与朱熹《仪礼经传通解》(《通解》)、敖继公《仪礼集说》(《集说》)、张尔岐《仪礼郑注句读》(《句读》)、吴廷华《仪礼章句》(《章句》)等进行比较如下(表二):

表二

节次与书名	分节起始句	分节结束句	节义
第一节			
《通解》:	士冠礼,筮于庙门	宗人告事毕	筮日
《集说》:	士冠礼,筮于庙门	宗人告事毕	筮日
《句读》:	士冠礼,筮于庙门	宗人告事毕	筮日
《章句》:	士冠礼,筮于庙门	宗人告事毕	筮日

①陈澧:《东塾读书记(外一种)》,第138—139页。
②陈澧:《东塾读书记(外一种)》,第139页。

续表

节次与书名	分节起始句	分节结束句	节义
《正义》：	士冠礼,筮于庙门	宗人告事毕	筮日
第二节			
《通解》：	主人戒宾,宾礼辞许	主人退,宾拜送	戒宾
《集说》：	主人戒宾,宾礼辞许	主人退,宾拜送	戒宾
《句读》：	主人戒宾,宾礼辞许	主人退,宾拜送	戒宾
《章句》：			
《正义》：	主人戒宾,宾礼辞许	主人退,宾拜送	戒宾
第三节			
《通解》：	前期三日,筮宾,如求日之仪		筮宾
《集说》：	前期三日,筮宾,如求日之仪		筮宾
《句读》：	前期三日,筮宾,如求日之仪		筮宾
《章句》：			
《正义》：	前期三日,筮宾,如求日之仪		筮宾
第四节			
《通解》：	乃宿宾	亦如之	宿宾
《集说》：	乃宿宾	亦如之	宿宾
《句读》：	乃宿宾	亦如之	宿宾宿赞冠者
《章句》：	主人戒宾,宾礼辞许	亦如之	戒宿
《正义》：	乃宿宾	亦如之	宿宾宿赞冠者
第五节			
《通解》：	厥明夕	摈者告期于宾之家	为期
《集说》：	厥明夕	摈者告期于宾之家	为期
《句读》：	厥明夕	摈者告期于宾之家	为期
《章句》：	厥明夕	摈者告期于宾之家	为期

续表

节次与书名	分节起始句	分节结束句	节义
《正义》:	厥明夕	摈者告期于宾之家	为期
第六节			
《通解》:	夙兴,设洗	宾升则东面	陈器服
《集说》:	夙兴,设洗	宾升则东面	陈服器
《句读》:	夙兴,设洗	宾升则东面	冠日陈设
《章句》:	夙兴,设洗	宾升则东面	陈服器
《正义》:	夙兴,设洗	宾升则东面	冠日陈设
第七节			
《通解》:	主人玄端爵韠	在房中,南面	即位
《集说》:	主人玄端爵韠	在房中,南面	即位
《句读》:	主人玄端爵韠	立于外门之外	主人与宾各就内外位
《章句》:			
《正义》:	主人玄端爵韠	在房中,南面	主人以下即位
第八节			
《通解》:	宾如主人服	立于房中,西面南上	迎宾
《集说》:	宾如主人服	宾西序,东面	迎宾
《句读》:	宾如主人服	立于房中,西面南上	迎宾及赞冠者入
《章句》:	宾如主人服	将冠者出房,南面	迎宾
《正义》:	宾如主人服	立于房中,西面南上	迎宾及赞冠者入
第九节			
《通解》:	主人之赞者	出房,南面	始加
《集说》:			
《句读》:	主人之赞者	出房,南面	初加

续表

节次与书名	分节起始句	分节结束句	节义
《章句》:	赞者奠纚笄栉于筵南端	出房,南面	始加
《正义》:	主人之赞者	出房,南面	始加
第十节			
《通解》:	宾揖之	容,出房,南面	再加
《集说》:			
《句读》:	宾揖之	容,出房,南面	再加
《章句》:	宾揖之	容,出房,南面	再加
《正义》:	宾揖之	容,出房,南面	再加
第十一节			
《通解》:	宾降三等	彻皮弁冠栉筵入于房	三加
《集说》:	赞者冠于洗西	彻皮弁冠栉筵入于房	冠三加
《句读》:	宾降三等	彻皮弁冠栉筵入于房	三加
《章句》:	宾降三等	彻皮弁冠栉筵入于房	三加
《正义》:	宾降二等	彻皮弁冠栉筵入于房	三加
第十二节			
《通解》:	筵于户西	执觯兴,宾答拜	醴冠者
《集说》:	筵于户西	冠者奠觯于荐东	醴
《句读》:	筵于户西	执觯兴,宾答拜	宾醴冠者
《章句》:			
《正义》:	筵于户西	执觯兴,宾答拜	宾醴冠者
第十三节			
《通解》:	冠者奠觯于荐东	子拜受,母又拜	冠者见母
《集说》:	冠者奠觯于荐东	子拜受,母又拜	见于母

续表

节次与书名	分节起始句	分节结束句	节义
《句读》：	冠者奠觯于荐东	子拜受，母又拜	冠者见于母
《章句》：			
《正义》：	冠者奠觯于荐东	子拜受，母又拜	冠者见于母
第十四节			
《通解》：	宾降，直西序东面	宾字之，冠者对	字冠者
《集说》：	宾降，直西序东面	宾字之，冠者对	字
《句读》：	宾降，直西序东面	宾字之，冠者对	宾字冠者
《章句》：	宾降，直西序东面	宾字之，冠者对	命字
《正义》：	宾降，直西序东面	宾字之，冠者对	宾字冠者
第十五节			
《通解》：	宾出，主人送于庙门外		宾出就次
《集说》：	宾出，主人送于庙门外		宾出就次
《句读》：			
《章句》：	宾出，主人送于庙门外		宾出就次
《正义》：			
第十六节			
《通解》：	冠者见于兄弟	西面拜，亦如之	冠者见兄弟姑姊
《集说》：	冠者见于兄弟	西面拜，亦如之	见兄弟赞者姑姊
《句读》：	宾出，主人送于庙门外	西面拜，亦如之	冠者见兄弟赞者姑姊
《章句》：			
《正义》：	宾出，主人送于庙门外	西面拜，亦如之	冠者见兄弟赞者姑姊
第十七节：			

续表

节次与书名	分节起始句	分节结束句	节义
《通解》:	乃易服	见于乡大夫、乡先生	奠觯于君及乡大夫乡先生
《集说》:	乃易服	见于乡大夫、乡先生	见君卿大夫乡先生
《句读》:	乃易服	见于乡大夫、乡先生	冠者见君与乡大夫先生
《章句》:	冠者见于兄弟	见于乡大夫、乡先生	见兄弟诸人
《正义》:	乃易服	见于乡大夫、乡先生	冠者见君及卿大夫乡先生
第十八节			
《通解》:	乃醴宾以一献之礼	再拜,归宾俎	醴宾
《集说》:	乃醴宾以一献之礼	再拜,归宾俎	醴宾
《句读》:	乃醴宾以一献之礼	赞冠者为介	醴宾
《章句》:	乃醴宾以一献之礼	再拜,归宾俎	醴宾
《正义》:	乃醴宾以一献之礼	赞冠者为介	醴宾
第十九节			
《通解》:			
《集说》:			
《句读》:	宾出,主人送于庙门外,再拜,归宾俎		送宾归俎
《章句》:			
《正义》:	宾出,主人送于庙门外,再拜,归宾俎		送宾归俎
第二十节			
《通解》:	若不醴,则醮用酒	北面取脯,见于母	醮
《集说》:	若不醴,则醮用酒	北面取脯,见于母	醮礼
《句读》:			
《章句》:	若不醴,则醮用酒	北面取脯,见于母	用酒

续表

节次与书名	分节起始句	分节结束句	节 义
《正义》：			
第二十一节			
《通解》：	若杀，则特豚	卒醮取笾脯以降如初	杀
《集说》：	若杀，则特豚	卒醮取笾脯以降如初	杀牲而醮
《句读》：	若不醴，则醮用酒	卒醮取笾脯以降如初	夏殷冠子之法
《章句》：	若杀，则特豚	卒醮取笾脯以降如初	用牲
《正义》：	若不醴，则醮用酒	卒醮取笾脯以降如初	醮用酒之礼
第二十二节			
《通解》：	若孤子	直东塾北面	孤子冠
《集说》：	若孤子	直东塾北面	孤子冠
《句读》：	若孤子	直东塾北面	孤子冠法
《章句》：			
《正义》：	若孤子	直东塾北面	孤子冠
第二十三节			
《通解》：	若庶子则冠于房外南面遂醮焉		庶子冠
《集说》：	若庶子则冠于房外南面遂醮焉		庶子冠
《句读》：	若庶子则冠于房外南面遂醮焉		庶子冠法
《章句》：			
《正义》：	若庶子则冠于房外南面遂醮焉		庶子冠
第二十四节			
《通解》：	冠者母不在则使人受脯于西阶下		母不在①

---

① 朱熹至此分节完。

续表

节次与书名	分节起始句	分节结束句	节义
《集说》:	冠者母不在则使人受脯于西阶下		母不在①
《句读》:	冠者母不在则使人受脯于西阶下		见母权法
《章句》:	若孤子	冠者母不在则使人受脯于西阶下	孤子冠等诸杂仪
《正义》:	冠者母不在则使人受脯于西阶下		见母权法
第二十五节			
《通解》:			
《集说》:			
《句读》:	戒宾	宾对曰:某敢不夙兴	戒宾宿宾之辞
《章句》:			
《正义》:	戒宾	宾对曰:某敢不夙兴	戒宾宿宾之辞
第二十六节			
《通解》:			
《集说》:			
《句读》:	始加,祝曰	受天之庆	加冠祝辞
《章句》:			
《正义》:	始加,祝曰	受天之庆	加冠祝辞
第二十七节			
《通解》:			
《集说》:			
《句读》:	醴辞曰	寿考不忘	醴辞
《章句》:			

---

①敖氏至此分节完。

续表

节次与书名	分节起始句	分节结束句	节义
《正义》:	醴辞曰	寿考不忘	醴辞
第二十八节			
《通解》:			
《集说》:			
《句读》:	醮辞曰	受福无疆	醮辞
《章句》:			
《正义》:	醮辞曰	受福无疆	醮辞
第二十九节			
《通解》:			
《集说》:			
《句读》:	字辞曰	唯其所当	字辞
《章句》:	戒宾	唯其所当	祝辞
《正义》:	字辞曰	唯其所当	字辞
第三十节			
《通解》:			
《集说》:			
《句读》:	屦,夏用葛	不屦繐屦	三服之屦
《章句》:	屦,夏用葛	不屦繐屦	屦制
《正义》:	屦,夏用葛	不屦繐屦	屦

（笔者案：以下为《记》，《句读》及《章句》均未进行分节，只有《正义》划分了节次，分为六节，详下文。）

上面虽选取《士冠礼》一篇为例，但通过比较可以发现，《正义》的经文分节与张尔岐《仪礼郑注句读》之分节最为接近。

2.《仪礼正义》与他书经文分节之比较

其实,《通解》对《仪礼》经文的划分之法一直为后人所沿用。盛世佐《仪礼集编》指出:"分节法昉于《通解》,而后之说《仪礼》者多遵之,以其便于读者也。顾其分合之处,参错不符,人各有见。"①可见,后人在遵袭朱熹分节之法的同时,也有所创新,典型的如清初张尔岐,其作《句读》,全录《仪礼》郑注,并摘取贾疏而以己意断之,又因朱熹之例而为之句读,较朱熹之作而转精密。彭林对此有所评价,其云:"尔岐之书,进一步离析经文,揭示大旨,尔岐分章,后出转精,吸收贾疏朱子之长,而更为细密、合理,故为清儒及后学所遵奉。"②张尔岐经文分节之法为培翚所遵从,其《正义》有时是直接引用《句读》的分节之法的,如《觐礼》:"觐礼,至于郊,王使人皮弁用璧劳。侯氏亦皮弁迎于帷门之外,再拜。"培翚疏曰:"张氏尔岐《仪礼郑注句读》云:'此下言侯氏入觐初至之事,至郊则郊劳,至国则赐舍,凡二节'。"③

当然,《正义》对《句读》的分节之法是有所更易的。培翚曾云:"今案:旧本经不分章,朱子作《经传通解》,始分节以便读者,至张氏尔岐《句读》本,分析尤详。此书分节多依张本,而亦时有更易云。"④培翚此处所言"亦时有更易",说明其在参照张本时有所革新,实非照录。在分节方面,《正义》对《句读》的"更易"情况主要表现在四个方面:

其一,《正义》对《句读》未进行分节的部分也进行了分节,并概括节义。如上文所举《士冠礼》之《记》部分,《句读》未进行分节,而《正义》将该篇之《记》分为六节,并写出了相应的节义⑤。

其二,即使两书分节是一样的,但二人对节义的概括有时却不尽一样。如上文所举的第二十一、三十节,二者的节义是不一样的。而第七、十七、二十二、二十三节之节义也存在着文字上的差异。

其三,《正义》有时将《句读》中的一节拆分成几节,如《士昏礼》篇,《句读》的第一节为"一使兼行纳采、问名二礼及礼使者之仪",《正义》将其分成

---

①盛世佐:《仪礼集编》之《凡例》,《景印文渊阁四库全书》第 110 册,第 5 页。
②彭林:《论张尔岐〈仪礼郑注句读〉》,单周尧主编:《明清学术研究》,中国社会科学出版社 2009 年版,第 35 页。
③段熙仲点校,胡培翚:《仪礼正义》,第 1265 页。
④段熙仲点校,胡培翚:《仪礼正义》,第 6 页。
⑤《仪礼正义》将《士冠礼》之《记》分为六节,具体的节义为:记用缁布冠之义;记重适子之义;记三加及冠字之义;记三代冠之同异;记大夫以上冠皆用士礼之义;记士爵谥今古之异。详情可参段熙仲点校,胡培翚著《仪礼正义》,第 132—144 页。

三节:纳采;问名;醴使者。

其四,《正义》有时将《句读》中的几节合并成一节。如《士丧礼》篇,《正义》将《句读》之"君使人吊记曰尸在室有君命众主人不出"与"君使人襚疏云君襚虽在袭前袭与小敛俱不得用大敛乃用"两节合并成一节为"拜使人吊襚"。当然,培翚在参照张尔岐本时所作的"更易"相对较少,多数情况下,《正义》对经文的分节是依照张本的。

另外,培翚在参照张本时也参照了他人分节之法。我们知道,在张尔岐之后,王文清《仪礼分节句读》也开始对《仪礼》分章节、析句读。张、王二人对《仪礼》之分节被稍后的吴廷华批判地加以继承。吴廷华作《仪礼章句》,"其书以张尔岐《仪礼句读》过于墨守郑注,王文清《仪礼分节句读》,以句读为主,笺注失之太略,因折衷先儒,以补二书所未及。每篇之中,分其节次。每节之内,析其句读。其训释多本郑、贾笺疏,亦间采他说,附'案'以发明之。"①张、吴等人的成果也为胡培翚吸收,只是胡培翚多依张本而已。

3.《仪礼正义》在分节方面优于他书之处

《正义》对经文之分节,有明显优于朱熹等人的地方,如《正义》多在每节首句疏解中指出该节经文的分节情况及节义,他常常用"自此至'□□',言□□之事"或"自此以下,言□□之事"等标示出来,如卷一《士冠礼》开篇"士冠礼,筮于庙门",《正义》疏曰:"自此至'宗人告事毕',言筮日之事。"②培翚这种做法既分节,也概括节义。这在朱熹等人的著作中是没有的。此其一。

其二,《正义》在对某一礼仪进行分节时,常常顺便指出此礼仪的整个行礼过程。如冠礼,《正义》云:"冠至期,先陈设器服,次主人以下即位,次迎宾及赞冠者入,乃行三加之礼。加冠毕,宾醴冠者。冠者见于母,宾字冠者,凡九节而冠礼成,宾出矣。"③《正义》此处所说的九节即为:冠日陈设;主人以下即位;迎宾及赞冠者入;始加;再加;三加;宾醴冠者;冠者见于母;宾字冠者。此九节实为行冠礼完整的九个步骤。这种概括对后人理解行冠礼的过程是很有帮助的。再如卷十九《公食大夫礼》:"上大夫,八豆、八

---

①《钦定四库全书总目》(整理本),第258页。
②段熙仲点校,胡培翚:《仪礼正义》,第6页。
③段熙仲点校,胡培翚:《仪礼正义》,第32页。

簋、六铏、九俎,鱼腊皆二俎。"《正义》疏曰:"此下别言食礼之异者。食上大夫之礼,君不亲食之礼,大夫相食之礼,大夫不亲食之礼,凡四事。"①《正义》将"食上大夫之礼"、"君不亲食之礼"、"大夫相食之礼"及"大夫不亲食之礼"等四礼概括为"食礼之异者",也有助于读者理解经文及整个礼仪环节的变化。培翚这种既分节,又对礼节进行概括的做法,非常有助于初学者对整个礼仪过程的理解与把握。

其三,《正义》除了对《乡射礼》之《记》未划分节段之外,对其馀篇的经、记、传都进行了划分。这也是优于前人的地方,如朱熹、敖继公、张尔岐、吴廷华等人对《记》是不划分节段的。另外,由上文的比较也可看出,《通解》、《集说》、《章句》所划分的节段,明显不及《正义》。就连胡培翚在划分节段时"多依"的张本,也存在整篇不分章节之现象,如其对《丧服》篇就未进行章节划分。培翚依据丧服服制之标准,将此篇经文划分为十一节(章),显然优于张本。

总之,《正义》经文之分节,是在继承前人的基础上择优而从的。经过培翚更为细致、严密的分节,《仪礼》经文层级显得条理更为清晰,便于理解。况且《正义》一书,"培翚毕生心血,凡尽粹于此,其在有清一代治《仪礼》众家中,尤为精要,深为学人推重。今治《仪礼》者,多以其本"②。经过培翚对《仪礼》经文进行分节并概括节义,既保证了《仪礼》经文条达明畅,便于理解,也决定了《正义》在目前及今后相当长一段时间内为《仪礼》研究的最佳版本。

第三节 《仪礼正义》内涵特性

《正义》具有疏通疑义、引录异说、融会参证、辨析源流、善于案断、阙疑不质等内涵特性。由于《正义》引录异说多是围绕郑注进行补充与修正的,此在本章第一节讨论《正义》体例时已作专门讨论。另外,该书融会参证的内涵特性,其实就是指胡培翚在疏解过程中善于广征博引、兼容并蓄的解经特色,这在下文也有专节进行论述。为避免重复,此处仅就疏通疑义、阙

①段熙仲点校,胡培翚:《仪礼正义》,第1238页。
②吴枫、宋一夫主编:《中华儒学通典》,第1265页。

疑不质、辨析源流、善于案断等内涵特性进行阐释。

一、疏通疑义

《正义》在疏解中每遇经文、郑注存有疑义之处，便加以疏通，消除疑义。先看疏通经文有疑义之处，如《士冠礼》："筮人执筴，抽上韇，兼执之，进受命于主人。"郑注："筮人，有司主三《易》者。韇，藏筴之器。今时藏弓矢者谓之韇丸也。兼，并也。进，前也，自西方而前。受命者，当知所筮也。"《正义》疏曰：

> 今案：韇有上下者，下韇向上承之，上韇向下冒之，筴在韇中，执筴即执韇也。必抽上韇见著者，示有事也。《特牲礼》："筮人取筮于西塾，执之，东面受命于主人。"《士丧礼》："筮者东面抽上韇兼执之，南面受命。"此皆士礼，大略相同。惟《士丧》"筮于兆南，南面受命"为异耳。《少牢礼》："史朝服左执筮，右抽上韇，兼与筮执之，东面受命于主人。"彼言左右，此不言，其实一也。①

筮人执筴或执韇，受命于主人，在《仪礼》经文中多次出现。除《士冠礼》"进受命于主人"外，《士丧礼》："筮者东面抽上韇兼执之，南面受命。"《特牲馈食礼》："筮人取筮于西塾，执之，东面受命于主人。"可见，三处之"受命"似有扞格，《正义》以"此皆士礼，大略相同"释之，主要是为了消除疑义。对于《少牢馈食礼》"史朝服左执筮，右抽上韇"，《正义》以"彼言左右，此不言，其实一也"释之，消除了两处经文之疑义。另外，在《特牲馈食礼》中也运用了同样的方法，如《特牲馈食礼》："筮人取筮于西塾，执之，东面受命于主人。"郑注："筮人，官名也。筮，问也。取其所用问神明者，谓蓍也。"《正义》疏曰："筮陈在西塾，故就取之。执之，亦抽上韇兼执之也。《少牢馈食礼》云'东面受命于主人'，与此同。《士冠礼》不言'东面'，省文。"②《士冠礼》言"进受命于主人"，《特牲馈食礼》言"东面受命于主人"，二者之间不一致，《正义》以"不言'东面'，省文"释之，也是为了消除疑义。

再看疏通郑注有疑义之处，如《士冠礼》："不屦繐屦。"郑注："繐屦，丧屦也。"《正义》疏曰：

---

①段熙仲点校，胡培翚：《仪礼正义》，第16—17页。
②段熙仲点校，胡培翚：《仪礼正义》，第2085页。

注云"繐屦,丧屦也"者,李氏云:"《丧服》有繐衰,知繐屦丧屦也。《曾子问》曰:'如将冠子而未及期日,而有齐衰大功之丧,则因丧服而冠,除丧不改冠。'《杂记》曰:'以丧冠者,虽三年之丧可也。大功之末,可以冠子,可以嫁子。父小功之末,可以冠子,可以嫁子,可以取妇。己虽小功,既卒哭,可以冠取妻。下殇之小功则不可。"今案:据《曾子问》有因丧而冠之礼,因丧而冠,可用丧屦。此经所云乃平常冠法,则不得用丧屦也。然考《丧服》繐衰不用繐屦,他亦无繐屦者,则繐屦丧屦之说,似有难明。惟敖氏云:"繐乃布之疏者,以之为屦,则轻凉也。言此者,嫌夏时冠或得用之。繐非吉布,而冠则嘉礼之重者,是以不宜屦此屦也。"此说得之。[1]

冠礼属嘉礼,非因丧服而冠,则不得用丧屦也。这是没有疑义的。但因《丧服》繐衰不用繐屦,其他丧服制度中亦无用繐屦者,所以郑玄释"繐屦"为"丧屦"则义又难通。《正义》认为敖继公之说释此注"得之",就是借敖氏之说消除疑义,以达疏通经义之目的。

二、阙疑不质

清代考据学者能够正确地看待知与不知的问题,如汪中曰:"古之名物制度,不与今同也。古之语,不与今同也。故古之事,不可尽知也。"[2]因此,清儒在治经过程中常常采取实事求是的慎重态度,对于尚未弄清或缺乏佐证的问题常采用阙疑不质的方式来处理,如翁方纲认为:"考订之学,盖出于不得已,事有歧出而后考订之,说有互难而后考订之,义有隐僻而后考订之。《论语》曰多闻、曰阙疑、曰慎言,三者备而考订之,道尽于是矣。"[3]他们反对那种自以为是的做法,如李威曾说:"凡人之才学,自有分量,虽极聪明,加以勤励,未有能无所不知之理。奈何诠释之家,以意卜度,一字不肯放过,自以为完书。而其中舛驳如麻,取讥大雅。独不闻'多闻阙疑,慎言其馀','知之为知之,不知为不知'之训乎? 病在自视不歉然,而出言孔易,求名又太躁,而见事之不明。"[4]张舜徽认为:"昔贤著书,如许慎作

---

①段熙仲点校,胡培翚:《仪礼正义》,第131—132页。
②汪中:《释三九(中)》,田汉云点校:《新编汪中集》,第348页。
③王钟翰点校:《清史列传》卷六十八《翁方纲传》,中华书局1987年版,第5495页。
④李威:《岭云轩琐记》卷三,清同治五年刻本。

《说文解字》,于字形、字音、字义之有未明者,辄云'阙'而不加释;郑玄遍注群经,于名物、礼数、制度之不易解者,辄云'未闻'以存疑,皆不自掩其短。"①培翚疏解《仪礼》也是如此,如《士冠礼》:"宾出,主人送于外门外,再拜,归宾俎。"郑注:"一献之礼,有荐有俎,其牲未闻。使人归诸宾家也。"《正义》疏注"其牲未闻"曰:

> 云"其牲未闻"者,盛氏谓:"此俎以干肉载之,冠子者不杀,礼之正也。"吴氏《疑义》以为:"牲当用豚,如醮子。"沈氏彤则云:"有俎必有特牲。《乡饮》、《乡射》取择人而用狗,此《冠礼》戒宾宿宾,亦有择人之义,当亦用狗。"未知孰是。②

郑玄释经文"归宾俎",认为"其牲未闻"。贾公彦疏解时申述郑注曰:"经有俎必有特牲,但《乡饮酒》、《乡射》取择人而用狗,此《冠礼》无择人之义,则不用狗,但无正文,故云'其牲未闻'也。"后世《仪礼》学研究者对此多持异议,盛世佐认为"此(宾)俎以干肉载之",吴廷华认为"牲当用豚",沈彤认为此俎"当亦用狗"。众说莫衷一是,培翚亦难断孰是孰非,故而说"未知孰是"。培翚采取阙疑不质的方式,表明了他实事求是的治学态度,同时也反映了他能正确地看待知与不知的问题。

再如《既夕礼》:"燕器:杖、笠、翣。"郑注:"燕居安体之器也。笠,竹簜盖也。翣,扇。"《正义》疏曰:

> 云"笠,竹簜盖也"者,钱氏大昕云:"《释文》簜字无音。贾疏释簜为'竹青皮',则簜当为筹字之讹。《说文》无簜字。《五经文字》亦不收,唯《集韵》始收之,盖此注之讹,始于北宋矣。"《经义述闻》云:"簜盖萼之讹。萼之为簜,因与笠竹等字相涉而误。郭璞《尔雅》注:'萼音敷,萼之言皮肤也。'《说文》:'箆,竹肤也。'《众经音义》引《埤仓》曰:'篾,析竹肤也。'肤与敷古同声,《集韵》音敷,即本于《释文》。今本《释文》无音,脱耳。钱氏谓簜当作筹。案:筹与簜字不相似,无缘误为簜也。"《说文》:"簦,笠盖也。笠,簦无柄也。"段氏注云:"郑曰'笠,竹簜盖也',云盖则簦也。"又案:贾云'簜,竹青皮',恐非是。簜疑同箈,竹

---

① 张舜徽:《清人笔记条辨》卷三,中华书局 1986 年版,第 126 页。
② 段熙仲点校,胡培翚:《仪礼正义》,第 96 页。

箸也,今人谓之箬帽。"今案:诸说未知是否,并存之。①

郑玄释"笠"为"竹篛盖",因"篛"字在《说文》、《玉篇》、《广韵》、《五经文字》中未收,《集韵》始收篛字并训为"竹青皮"。钱大昕、王引之、段玉裁等人对篛字的训释也不一致,胡培翚未知诸说孰是孰非,故以阙疑不质的方式并存诸说。

三、辨析源流

《正义》善于对某一正确说法或错误说法进行梳理,辨析其源流。

(一)梳理正确说法,辨析其源流。如卷六《乡饮酒礼》"笙奏三终及献笙"章关于"笙诗有声无辞"的疏解:

> 案:笙诗有声无辞,聚讼纷纷,小序云:"有其义而亡其辞。"郑君《诗》笺与此注皆以为本有辞而亡之。至宋刘氏敞始谓亡其辞者,亡谓本无,非亡逸之亡也。《仪礼》曰笙,曰乐,曰奏,而不言歌,则有声而无辞明矣。朱子《诗经集传》本其说,且云:"意古经篇题之下,必有谱焉,如《投壶》、《鲁鼓》、《薛鼓》之节而亡之耳。"自是习《诗》之家,如李氏樗、董氏逌、王氏质、黄氏震等,习《礼》之家,如张氏尔岐、方氏苞、秦氏蕙田、蔡氏德晋等皆从其说。②

《正义》此处之案语主要是针对《诗小序》"有其义而亡其辞"之"亡"而展开的。郑玄《毛诗笺》认为"亡"为"亡逸"之义,而北宋刘敞始认为"亡"为"无"义。南宋朱熹作《诗经集传》从刘敞之说,此后习《诗》、习《礼》者也多从刘敞之说。今案:关于"笙诗有声无辞"之说,《四库全书》本《仪礼注疏》之《卷五考证》曾评价说:"笙诗有声无辞,朱子及刘敞论之审矣。"③《正义》于此从刘敞与朱子之论,认为"笙诗有声无辞"。《正义》此处之案语,不仅将"笙诗有声无辞"之说溯源至北宋刘敞,指出了此说的最早出处,同时也指出了此说对后世学者的影响情况。

(二)梳理错误说法,辨析其源流。《正义》特别注重梳理错误说法,进而辨析其源流。如卷十七《聘礼二》:"六锵继之,牛,以西羊、豕,豕南,牛,

---

①段熙仲点校,胡培翚:《仪礼正义》,第1861—1862页。
②段熙仲点校,胡培翚:《仪礼正义》,第371页。
③贾公彦:《仪礼注疏》,《景印文渊阁四库全书》第102册,第169页。

以东羊、豕。"《正义》对"铏"器的疏解引用了聂崇义《三礼图》引《旧图》之说，其云："铏受一斗，两耳三足，有盖，士以铁为之，大夫以上，以铜为之，诸侯饰以白金，天子饰以黄金。"聂氏又云："铏是羹器，即铏鼎也，故《周礼·掌客》注云'不杀则无铏鼎'，然则据羹在铏则曰铏羹，据器言之则曰铏鼎，据在正鼎之后设之，则谓之陪鼎，据入庶羞言之，则谓之羞鼎，其实一也。"后来杨复《仪礼图》亦因之。《正义》指出：

> 今案：此说甚误。据此经上云陪鼎当内廉，此堂上又有铏，则铏非陪鼎矣。《周礼·掌客》："公铏三十有八，鼎簋十有二。侯伯铏二十有八，鼎簋十有二，子男铏十有八，鼎簋十有二。"郑注："铏，羹器也。鼎，牲器也。鼎十有二者，正鼎九与陪鼎三。"郑别铏与鼎为二器，甚明。其云"不杀则无铏鼎者"，谓不杀则无铏与鼎，非为一物也。自贾氏《掌客》疏云铏鼎即陪鼎，后人沿其误。盖鼎以盛牲体，铏以盛煮牲肉汁，铏羹亦出于牲，故必杀牲乃有之。[①]

《正义》将历史上误以铏、鼎为一器之说，溯源至贾公彦的《周礼疏》，指出其致误之由，并指出聂崇义《三礼图》及杨复《仪礼图》均沿《周礼疏》而致误。

当然，《正义》辨析误说之源时，偶尔也不指明误说的来源，如卷七《乡饮酒礼三》："宾俎，脊、胁、肩、肺。主人俎，脊、胁、臂、肺。介俎，脊、胁、肫、胳、肺。肺皆离，皆右体，进腠。"《正义》在对"肫、胳"进行校勘后下案语曰：

> 案：注但言膊胳，不云肫胳，使经文为肫字，注必明言肫与膊之为一，其不言则郑所据本，无肫字可知也。别本盖以注之膊胳即肫胳，因加肫字于胳字上，唐石经不察，遂从其本，要当以陆、贾为正。张氏尔岐《郑注句读》仍加肫字，宜为盛氏所讥也。[②]

此处，《正义》只提及"别本盖以注之膊胳即肫胳，因加肫字于胳字上"，后唐石经沿之。至于别本到底为何本，《正义》并未指明。

《正义》辨析误说之源流占较大的比例。在辨析时存在两种方式。其一，在案语中直接进行辨析。如上文对"铏"器的梳理即是。其它再如《士冠礼》篇在对"缺项"进行疏解后，培翚下案语曰：

---

① 段熙仲点校，胡培翚：《仪礼正义》，第1060—1061页。
② 段熙仲点校，胡培翚：《仪礼正义》，第429页。

今案:敖说虽与郑殊,然谓别以缁布一条围冠而后不合,则犹以缺项为固冠之物也。自万氏斯大谓冠后两开不相属为缺项,吴氏廷华、蔡氏德晋、盛氏世佐因之,皆以缺项即冠后,非别有一物,说愈纷而义愈远矣。沈氏彤亦辨万说之误,当以郑注为正。①

所谓"缺项",培翚认为:"皮弁,爵弁有笄,而缁布冠无笄,故于冠武下别制颒,围发际,结于项中,谓之缺项。缺与颒同,其上四隅,缀于武以固冠也。缺项唯缁布冠有之,玄冠则不用,而缨属于武矣。……然则缺项自别为一物,若如后儒解项为冠项,读缺为如字,谓当冠之处有不合者,故名缺项,则缺项即指冠言之,下属于缺者,即属于冠,何以冠在匴而缨在篚乎?其说必不然矣。"②因此,培翚认为"缺项即冠后,非别为一物"之说为误,并指出此误说源自万斯大,同时指出吴廷华、蔡德晋、盛世佐都是因其而致误。培翚对"缺项"的疏解为今人所接受,钱玄先生在《三礼名物通释》一书中对"缺项"的解释即采用培翚等人之说,其云:"案缺项之制,自来说者纷纭,今依胡培翚、黄以周所述:皮弁,爵弁皆有笄,缁布冠无笄。故在冠武之下,另有颒,围发际,结于项。颒,亦名缺项。在颒上四隅有带,缀于冠武。所以固冠。另有缨,属于缺项。缁布冠之冠武与缺项不服用时不相连,为两物。故《士冠礼》缁布冠与爵弁、皮弁各存于匴;而缺项与缁缅等六物共存于篚也。"③可见,钱玄对"缺项"的解释是遵循培翚等人之说而来的。因此,培翚对"缺项"之解释,得到了学界的认可。

其二,引他说进行辨析。这又包括三种情况。第一,在引他说进行辨析时,能进行案断。如卷十六《聘礼一》:"君使士请事,遂以入竟。"培翚疏此经曰:

《经义述闻》云:"'遂以入竟','竟'字因下'入竟'而衍。故郑注曰'遂以入','入'下无竟字。下文'下大夫劳者遂以宾入',与此'遂以入'文同一例。且宾至于竟,则士道之。至于近郊,则下大夫道之,是自近郊以外,为士道之也。士道之,则下文曰入竟,曰及郊,曰及馆,曰至于近郊,皆在'遂以入'三字中,非但道之入竟而已也。然则'遂以

①段熙仲点校,胡培翚:《仪礼正义》,第47页。
②段熙仲点校,胡培翚:《仪礼正义》,第46页。
③钱玄:《三礼名物通释》,第14—15页。

入'下,不当有竟字明矣。《聘义·正义》引此文曰'君使士请事,遂以
入',无'竟'字。自唐石经始衍'竟'字,而各本遂沿其误。"谨案:《述
闻》之言是也。①

王引之《经义述闻》对《仪礼》经文"君使士请事,遂以入竟"的校勘,采
用的是理校法,王氏认为经文中的"竟"字"因下入竟而衍",并将其误溯至
唐石经。培翚引用了王氏的观点,并下案语进行了肯定。其实,由于《经义
述闻》中有关对《仪礼》的校勘常常利用理校法,且有独到的看法,并对一些
错误能指出其致误之源,故培翚常常征引之,并在征引之后多下案语对王
氏之说进行肯定。再如卷三十三《士虞礼二》:"降阶,还,及门,如出户。"郑
注:"……降阶,如升时,将出门,如出户时,皆还乡尸也。"培翚疏曰:

> 降阶,义详上。门,庙门也。《经义述闻》云:"下'降阶'二字,衍
> 文,当以'降阶又乡尸还'六字连读。上文经'尸及阶,祝延尸',贾疏引
> 此已作'降阶还',则其误久矣。敖继公曰:'上降阶者祝也,下降阶者
> 尸也。'案:降阶若分祝与尸,则记当云祝降阶,又乡尸,尸降阶还,文义
> 方明。何得上下两言降阶而不为之区别乎?上文出户过主人,亦是祝
> 先尸后,何以不两言出户,两言过主人乎?敖说非也。又案:注内'降
> 阶如升时'五字,当是后人所加。降阶时,祝在尸前,升阶则祝在尸后,
> 是升之与降,绝不相同,安得曰降阶如升时乎?此必非郑注原文也。"
> 今案:记叠"降阶"二字,即如敖氏说,亦尚可,至注"降阶如升时"五字,
> 则断为衍文无疑。盖降时,祝在尸前,故云降阶又乡尸。若升则祝在
> 尸后,安得乡尸面乎?此必因上经"祝前是出户踊如初",注云"如初
> 者,出初入,降如升",此注又有"将出门如出户"语,浅人遂加"降阶如
> 升时"五字于其上,而贾不察,辄为作疏,沿误至今。《述闻》之辨,为功
> 经义不浅矣。②

《经义述闻》认为本条经文之"降阶"为衍文,并将此误溯之贾公彦的
《仪礼疏》。培翚加"案语",认为该"降阶"若按敖继公的理解亦可。而对于
"降阶如升时"五字,培翚与王引之看法相一致,都认为此五字为衍文,培翚
也将此误溯至贾公彦,并认为《经义述闻》之说"为功经义不浅矣"。

---

①段熙仲点校,胡培翚:《仪礼正义》,第975页。
②段熙仲点校,胡培翚:《仪礼正义》,第2028—2029页。

第二,《正义》在引用他说进行辨析时,也存在案而不断的现象。如卷十七《聘礼二》:"醯醢百瓮,夹碑,十以为列,醯在东。"郑注:"……醯在东,醯、谷,阳也。醢、肉,阴也。"培翚疏曰:

> 云"醯在东,醯、谷,阳也。醢、肉,阴也"者,盖以东为阳方,西为阴方也。敖氏则云:"醯在东,醯为尊也。"褚氏云:"谷阳肉阴而分东西,注义甚精。何取尊卑为义乎?"今案:褚说是也。惠氏云:"醯,酱也。后儒误以为醋,始于《广雅》。古有梅无醋,《离骚》'吴酸',亦非醋也。俟考。"①

此例中,培翚引用惠栋之说,认为后儒将"醯"误以为"醋"是始于《广雅》。培翚虽未对此说进行案断,但他引用惠说之用心明矣。

第三,《正义》在引用他说进行辨析时,也有不加案语进行说明的例子。如卷十八《聘礼三》:"宾既将公事,复见之以其挚。"《正义》疏此经曰:

> "复见之以其挚",之,毛本作"讶"。《校勘记》云:"唐石经、严、徐、《集释》、《要义》、敖氏俱作'之'。《通解》、杨氏俱作'讶'。《石经考文提要》云:'监本作见讶,此因《仪礼经传通解》之误,《通解》引此记与上文"又见之以其挚"不相属,故改为讶,传写者不知其意而沿之。'"②

此处,培翚引《校勘记》之说,而《校勘记》又引彭元瑞的《石经考文提要》,始明他本"之"误作"讶"乃源自朱熹《仪礼经传通解》。阮元《校勘记》论述清晰明了,结论可靠,不需再作阐释,故《正义》于此未添加案语进行补充说明。

《正义》解经注重辨析源流,具有一定意义。首先,它反映了培翚对经学史特别是《仪礼》学史了解透彻。如由前文所引对"笙诗有声无辞"的辩解可以看出,培翚对此聚讼了然于胸。他不仅了解历史上对《诗小序》"有其义而亡其辞"之"亡"的不同理解,而且对"笙诗有声无辞"之说的源与流也有具体细致的梳理。由此不难看出,培翚对某说进行溯源,有时是本着从经学史的角度进行诠释的,并善于从横向的角度梳理出此说在经学史上的接受过程,具有明显的学术史意识,在学术史特别是在《仪礼》学史上具

---

①段熙仲点校,胡培翚:《仪礼正义》,第1064页。
②段熙仲点校,胡培翚:《仪礼正义》,第1148页。

有一定的意义。

其次,《正义》对误说进行溯源,也为后人对他书进行校勘提供了依据。如《正义》在溯源方面常常提及某说之误"源自唐石经"。这就表明唐石经也存在误字、讹字等现象。因此,在对唐石经经文文字的勘正方面,《正义》所提及的结论当是重要的参考资料,具有一定的参考价值。延及他书,也是如此。

四、善于案断

（一）案语的方式与特点

培翚撰《正义》,在博辑众家之说的同时也兼增己意,并善于案断,以此来表达自己对《仪礼》经、注的理解或对前人注释之优劣进行评价。培翚之案语,常常是在引用他说之后出现,或在存有争议的地方出现,时有新见,有较高的学术价值。《正义》之案语形式,可以分为案而无断、案而有断两种,下文分别述之。

1.案而无断。

案而无断,意即虽有案语,但不加评判。《正义》中案而无断表现为以下几种形式。

其一,于他说之后下案语来补充说明自己的见解。如卷一:"前期三日,筮宾,如求日之仪。"郑注:"前期三日,空二日也。筮宾,筮其可使冠子者,贤者恒吉。《冠义》曰:'古者冠礼,筮日筮宾,所以敬冠事,敬冠事所以重礼,重礼所以为国本。'"培翚疏曰:

> 云"筮宾,筮其可使冠子者,贤者恒吉"者,谓必择其贤者筮之乃吉也。王氏世让云:"冠为人道之始,宾必取人伦中有德望者。冠宾乃己之傣友,宜素知之,然不遽自决,又不宜品第其可否以谋于人,故决之鬼神。"今案:注引《冠义》者,证筮宾为敬冠事也。[①]

此案语,目的在于补充说明作者对郑注引用《礼记·冠义》一段话的理解。

其二,在案语中指明郑注或他说之出处。郑玄或后人在注疏《仪礼》

---

①段熙仲点校,胡培翚:《仪礼正义》,第26—27页。

时,很多时候未标注自己注解的出处,培翚疏解时,常常以案语的形式指明其出处。如卷二十六:"明衣不在算。"郑注:"算,数也。"培翚疏解时引张淳《仪礼识误》"据《释文》去在字,以'不数明衣'为句,是读数为上声"后,下案语曰:"今案:注云'算,数也',本《尔雅·释诂》,此数字当读去声。"①再如卷二"记用缁布冠之义"章,在对经文"委貌"的解释时引用了江筠之语,培翚在引用后下案语曰:"江说本《郊特牲》疏。"②

其三,直接以案语的形式来疏经解注。如卷一:"宿赞冠者一人,亦如之。"郑注:"赞冠者,佐宾为冠事者,谓宾若他官之属,中士若下士也。宿之以筮宾之明日。"培翚对"宿之以筮宾之明日"的疏解就是以案语的形式出现的:

> 云"宿之以筮宾之明日"者,案上经云"前期三日筮宾",下经云"厥明夕为期",则宿宾赞明在冠前二日,为筮宾之明日矣,必言于此者,见宿宾与宿赞冠者同日也。③

其四,培翚常常是在对旧说存有异议或需要对他说之结论进行解说时而下案语,表明了他对经典内容的理解,或补他说之不足。如卷十六"薪刍倍禾",郑注:"各四十车,凡此之陈,亦如饔饩。"《正义》疏曰:

> 注云"凡此之陈,亦如饔饩"者,谓薪从米,刍从禾也。郝氏敬云:"供爨曰薪,饲马曰刍。"今案:《说文》:"刍,刈草也,像包束草之形。"又云:"茭,草薪也。"旧说多以刍为养牛马之用,然上经"积唯刍禾",郑但云"禾以秣马",不兼刍言。《诗》:"询于刍荛。"《毛传》云:"刍荛,采薪者。"然则刍以饲牲,亦可供爨,当兼二用也。④

此例中,培翚针对旧说认为"刍为养牛马之用"而下案语,认为刍非一用,而是兼饲牲、供爨之二用。

再如卷十六"厥明,讶宾于馆",培翚引张尔岐之语云:"自此至'宾不顾',皆主国庙中所行之礼。其为公礼者有五:聘一、享一、聘夫人一、享夫人一、若有言者又一。于是主君礼宾。其为私礼者有二:宾私觌一、介私觌

---

①段熙仲点校,胡培翚:《仪礼正义》,第1704页。
②段熙仲点校,胡培翚:《仪礼正义》,第137页。
③段熙仲点校,胡培翚:《仪礼正义》,第28—29页。
④段熙仲点校,胡培翚:《仪礼正义》,第996页。

一。公乃送宾出。又有问君问大夫之仪,此聘之正礼也,分为四节。"针对
"此聘之正礼也,分为四节",培翚案语曰:

> 今案:四节者,一聘享若有言,二主国礼宾,三私觌,四公送宾出问
> 君及大夫。①

培翚此处之疏解,足以补张尔岐所论之不足。

其五,培翚为了阐明自己的《仪礼》学观点或阐述自己疏解《仪礼》时所
遵循的相关原则时,也常下案语。如其谈到《仪礼》经文之分节时,添加案
语曰:

> 今案:旧本经不分章,朱子作《经传通解》,始分节以便读者,至张
> 氏尔岐《句读》本,分析尤详。此书分节多依张本,而亦时有更易云。②

此案语意在说明其在撰著《正义》时,对《仪礼》经文进行分节时所遵循的原
则。再如其疏解《仪礼》时对经、注的取舍情况时进行案语曰:

> 今案:唐石经、严本俱作庙。兹撰《正义》,经文俱从唐石经,注文
> 俱从严本,其或石经、严本有误,则改从他本,并注明于下。③

此案语,目的在于阐述自己疏解《仪礼》时所遵循的相关原则。了解这样的
案语,有助于我们对《正义》疏解体例的把握。

2.案而有断。

《正义》引他说之后多有案断,或直接对某说进行评判;或对某说进行
评判之后,又加以例证;或对他说进行评判之后,指出他说的致误之由④;
或于前人聚讼之处也勇于案断。

其一,以案断的形式直接对某说进行评判。如卷一:"兄弟毕袗玄,立
于洗东,西面北上。"郑注:"袗,同也。玄者,玄衣玄裳也。缁带韠,……不
爵韠者,降于主人也。古文袗为均也。"《正义》疏曰:

> 王氏《困学纪闻》云:"案《后汉书·舆服制》:'秦郊祀之服皆以袀
> 玄。'盖袀字误为袗。《释文》'之忍反',亦误。"段氏云:"案经注袗字皆

①段熙仲点校,胡培翚:《仪礼正义》,第997页。
②段熙仲点校,胡培翚:《仪礼正义》,第6页。
③段熙仲点校,胡培翚:《仪礼正义》,第7页。
④因前文谈到《仪礼正义》以案断的形式指出误说的致误之由,为避免重复,此处不再赘述。

衿字之误，彡与匀篆体易讹。《说文》衣部曰：'衿，玄服也，从衣，匀声。'今本讹为衫，彡声，赖《文选·闲居赋》可证。"今案：衫当为衿，王、段说是也，胡氏承珙说亦同。《九经古义》、《礼经释例》亦皆以衫为衿。①

此例中，培翚在引用王应麟、段玉裁之说后，直接对王、段之说进行案断，同时还指出胡承珙《仪礼古今文疏义》、惠栋《九经古义》、凌廷堪《礼经释例》等与王、段观点一致。考察此案语，不难看出培翚在引用他说之后还对其加以评判，有申说，有评价，态度非常明确。

其二，对他说进行评判之后，又举例予以例证。如前引对"铏"的疏解即为如此：聂崇义《三礼图》引《旧图》认为铏是羹器，并进而认为铏羹、铏鼎、陪鼎、羞鼎都是一样的。胡培翚下"案语"，认为此说"甚误"，并举《周礼·掌客》之郑注，认为铏与鼎非一物，从而证明了聂氏之说不确。培翚此处辨别"铏"、"鼎"为二器之说与王引之之说同，并得到了黄以周与孙诒让等人的认同。黄以周云："郑玄云：'铏，菜和羹之器。'贾公彦云：'据羹在铏，谓之铏羹。据器言之，谓之铏鼎。正鼎之后设之，谓之陪鼎。据入庶羞言之，谓之羞鼎。其实一也。'以周案：归饔之陪鼎臐膮胔，与此庶羞之臐膮胔一也。其在鼎为陪鼎，在豆为庶羞。食礼之庶羞不自鼎升。贾疏甚谬，胡氏已辨之矣。"②晚清孙诒让著《周礼正义》引王引之之说甚详，可参③。孙氏在引王氏之说后下案语曰："案：王说是也。胡培翚说同。"④可见，培翚此处分别铏、鼎之说是得到学界承认的。关于分别铏、鼎之说，孙诒让著《周礼正义》时也有相同的疏解，不妨移录于此作一比较，孙氏云："聂氏《三礼图》引《旧图》云：'铏受一斗，两耳，三足，有盖。士以铁为之，大夫以上以铜为之，诸侯饰以白金，天子饰以黄金。'案：聂引《旧图》说、《毛诗·召南》《释文》引郑说同。聂又别释云：'受一升，口径六寸，足高一寸。'与《旧图》异。黄以周云：'《御览》引《旧图》，铏有足，高一寸。聂氏误以铏为鼎，改云"三足高二寸"以合之，非也。'案：黄说是也。铏形制容实当与豆相近，《聂图》别说近是。《旧图》说两耳三足，所容又太多，皆陪鼎制，非铏制。《诗·

---

①段熙仲点校，胡培翚：《仪礼正义》，第55页。
②王文锦点校，黄以周：《礼书通故》，第992—993页。
③具体详参王文锦、陈玉霞点校，孙诒让：《周礼正义》，第3071—3072页。
④王文锦、陈玉霞点校，孙诒让：《周礼正义》第3072页。

释文》引郑说，盖亦据《礼图》说，郑《三礼注》无是义也。"①两相比较，培翚与孙诒让的眼光都是卓识的。

其三，培翚于前人聚讼之处也勇于案断。如对"握手"的疏解可视为典型之例。卷二十六："握手，用玄，纁里，长尺二寸广五寸，牢中旁寸，著，组系。"此处对"握手"之制的疏解，培翚先后引用了盛世佐、方苞、郝敬、万斯大、沈彤等人之说，并认为"握手之制，自贾疏已误。后世解者虽多，不得其旨"②。可见，对于握手之制的解释，聚讼已久。培翚从《仪礼》中寻找内证并下案语曰：

> 今案：握手用玄纁里，据下记云"里亲肤"，则玄在外矣。长尺二寸，谓从指至臂长尺二寸也。凡言衣袂及手之长短，皆自肩臂至指掌言之，未有横计之者。下记云设握结于掔，则从指至掔，盖尺二寸也。广五寸，乃言其宽。经所云长广，止就一面言。其制用两面逢合如囊，则以玄为表，每面各用玄，长尺二寸，广五寸，以纁为里。亦每面各用纁长尺二寸，广五寸，而缝合其两旁及下端。留上端不缝，以手贯入也。牢中旁寸者，谓削约握上下之中，两旁共一寸，则广四寸矣。所以必削握之中央者，以握之中央，正当指掌之上，臂之下，为手之狭处，故必削约之，而握与手乃固。注"谓削约握之中央以安手"，是也。著，亦谓以絮充入玄表纁里之中，组系亦以为结。注不言者，已详上也。前陈明衣裳及饭含之巾，言用布，掩言用帛，此及幎目不言者，盖亦用帛为之，蒙掩而省也。掩及幎目以裹首，握手以裹手也。③

培翚在案语中对"握手"的解释，是据郑注而释，同时也援引《仪礼》本经作内证，不失为一家之言。今案：对于握手之制，历来聚讼纷纭。晚清礼学大家黄以周曾联系他说并对培翚此段所论有所评价，其云：

> 以周案：长尺二寸以纵言，胡氏谓从指至臂，是也。贾疏、聂图并以为横长，失之。其制，表玄里纁，长尺二寸，广五寸，牢中旁寸，表里并同，贾疏、聂图是也。郝氏谓缝帛如箭，胡氏沿其说，遂谓《经》所云长广止就一面言，大谬。牢中谓削约握之中央，旁寸谓两旁各去一寸，

---

① 王文锦、陈玉霞点校，孙诒让：《周礼正义》，第 3075 页。
② 段熙仲点校，胡培翚：《仪礼正义》，第 1676 页。
③ 段熙仲点校，胡培翚：《仪礼正义》，第 1676—1677 页。

其中央长四寸,广三寸,注疏及聂图所言甚明。张图中央方三寸,两端长各四寸半,胡氏又谓削约两旁共一寸,中央广四寸,亦大谬。握手分作三段,长各四寸;其广,两端各五寸,牢中旁寸,则中央之广三寸也。《传》云"布指知寸",古尺寸以指节为度,指三节,长三寸,以度其广,四指亦三寸也。牢中之广三寸,足以容四指。疏云"四指指一寸",语未核实。握手之法,以下端广五寸裹手表,先结两组于掔,中央广三寸以安指。又以上端广五寸反折手里,其广于牢中旁寸者,所以旁裹食指、小指,其组皆贯中指内钩之。既钩之后,绕手一匝,合系于手表,反结于掔。《经》《记》之意盖如此。注牢读为楼,义训削约,《尔雅》"陕而修曲曰楼",是其义。或改为"㩫",或通为"娄",皆非注意。①

从黄以周这段案语中可以看出,《仪礼》研究者对"握手"之制的解释是众说纷纭的。黄以周对培翚之说肯定与否定参半,并对"握手"之制重新作了疏解。当然,由于《仪礼》描写的是上古仪节,郑注常常用语简约,后世也缺乏足够的材料予以证明,因此对礼制仪规的解释造成聚讼纷纭的现象是不可避免的。对于"握手"之制的疏解也是如此。现代人根据考古资料,在此方面取得了一些比较大的成就。如沈文倬先生根据考古资料,曾于上世纪五十年代撰文认为"握手只有一个,设于左手的",并根据前人的研究成果进行推断,认为:"所谓握手,就是用一块玄色布一块纁色布——长尺二寸,两端的各四寸广五寸,中间的四寸广四寸——缝合起来,玄色作面,纁色作里;二块布中间放着丝绵;两端各有一根带子。"同时,沈先生根据《仪礼·既夕记》"设握,里亲肤,钩中指,结于掔"之语而解释说:"就是把握手的广五寸的一端,覆盖在手背上,绕过来恰巧中间的广四寸覆着在手掌中,再绕过来把广五寸的另一端掩在上面;食指、中指、无名指露在握手外面,于是把两端之带,钩绕中指,缚住握手,回结于手腕。握手玄面向外,纁里覆着在手背手掌,所以称为'里亲肤';而握手的中间四寸握在手掌中,所以要'牢中旁寸',所以《释名》解释握手为'以物着尸手中,使握之也'。"②沈先生所论详矣,对我们理解握手之制极有帮助。另外,今人钱玄、钱兴奇著

①王文锦点校,黄以周:《礼书通故》,第452页。
②沈文倬:《对"士丧礼、既夕礼中所记载的丧葬制度"几点意见》,《考古学报》,1958年第2期,第31页。

《三礼辞典》对"握手"之制也有解释,其云:"按握手之制,自来异说甚多,但诸说均以为握手用以韬手。今据湖北江陵马砖一号战国墓发掘,尸双手中各握有一件长条状之绢巾。绢巾系双层缝制,表褐色,里黄色,卷成筒状,中间裹有丝绵,两端用一带系住。长约 20.6 厘米,握在手中,手外两端各露出寸馀,或即《士丧礼》所说:'牢中旁寸。'则握手并非用以韬手,而为手中握物。《释名·释丧制》:'握,以物著尸手中,使握之也。'此说与江陵马砖一号墓志实物相似。或以时代、地域不同,礼俗亦各随之不同。可存以备考。"①钱氏以出土之物证"握手",理应证据确凿,而钱氏认为此"或以时代、地域不同,礼俗亦各随之不同。可存以备考"。钱氏之论慎矣。伏俊连先生根据二十世纪的田野考古材料认为,"握手"就是死者手中所握之物,其形制多种多样,獐牙、贝壳、玉器、漆棒、钱币、绢帛等,其他易腐烂的东西恐怕也不少,具体情况因时因地因人而有所不同②。

其实,当初胡培翚所认为的握手之制——"其制用两面缝合如囊,则以玄为表,每面各用玄,长尺二寸,广五寸,以纁为里。亦每面各用纁长尺二寸,广五寸,而缝合其两旁及下端。留上端不缝,以手贯入也"——与考古中发现的"把握手的广五寸的一端,覆盖在手背上,绕过来恰巧中间的广四寸覆盖在手掌中,再绕过来把广五寸的另一端掩在上面"虽有所区别,但此观点仍不失为一家之言,毕竟死者手中所握之物及其形制"因时因地因人而有所不同",而这种不同也是"古代文化丰富多彩的表现"③。

(二)案语中颇显功力的地方

《正义》之案语常常是随文而案,内容长短不一。其中,有若干案语,内容详细,颇见功力,足以显示培翚经学之功底。这常常表现在对新见解的疏解上,如上文所引案语对"握手"的疏解即为一例。尽管培翚对"握手"的理解与后人多有不同,但这毕竟是仁者见仁、智者见智的问题,况且,培翚从文本内证出发进行疏解并得出结论,也是合情合理的。

培翚在解经时善于广征博引,其撰《正义》,善引《诗经》以证《礼》,在引用《毛传》、《郑笺》、孔疏等内容时,常添加案语,阐明自己的观点。如果我

---

① 钱玄、钱兴奇:《三礼辞典》,江苏古籍出版社 1998 年版,第 809 页。
② 伏俊连:《释〈仪礼〉"握手"》,《辞书研究》,1999 年第 2 期,第 142 页。
③ 伏俊连:《释〈仪礼〉"握手"》,《辞书研究》,1999 年第 2 期,第 143 页。

们将这些案语与同时代研治《毛诗》的马瑞辰、陈奂、胡承珙等人的《诗经》研究专著中的相关内容进行比较，不难发现培翚的诠释丝毫不逊色于马瑞辰等人。如对《士冠礼》之"靺韐"的疏解，培翚引《诗》并加案语曰：

> 又《诗》："靺韐有奭。"今本《毛传》："靺韐者，茅蒐染草也。一曰靺韐，所以代韠也。"《郑笺》："靺韐者，茅蒐染也，茅蒐，靺韐声也，靺韐祭服之韠，合韦为之。其服爵弁，服纠衣、纁裳也。"今案：《传》草字疑韦之误，靺旁从韦，是以茅蒐染韦之名，非直染草。《说文》云："靺，茅蒐染韦也。"当依彼作韦。孔氏《正义》引定本云："一入曰靺韐。""一"下当依《定本》有"入"字，但以靺为句。《说文》云："一入曰靺。"《左传》疏引贾逵云："一染曰靺。"《国语》注引三君云同。一染即一入，一入曰靺，盖汉儒相传之旧诂。此二句《传》释"靺"字。下云"韐所以代韠也"，释"韐"字。孔疏"靺韐"连读亦误。笺云"靺韐者，茅蒐染也，茅蒐，靺韐声也者"，谓此靺韐以茅蒐染之，故云靺，茅蒐声近靺也，声上"韐"字为衍文。《左传》疏及《国语》注引，皆云"靺声"也，无韐字。茅蒐靺声，韦昭所谓"急疾呼茅蒐成靺"，是也。前人训靺者多举其义，至郑始兼著其声，以为义由声出，与此注"士染以茅蒐，因以名焉。今齐人名倩为靺"者同，皆单释"靺"字。下云"靺韐祭服之韠，合韦为之"，始训韐字。疏连"韐"言声者，皆误衍。[1]

同时代的马瑞辰在《毛诗传笺通释》中对同样的内容作如下解释：

> "靺韐有奭"，《传》："靺韐者，茅蒐染草也，一曰靺。韐，所以代韠也。"《笺》："靺韐者，茅蒐染也。茅蒐，靺韐声也。靺韐，祭服之韠，合韦为之。其服爵弁，服纠衣、纁裳也。"瑞辰案：《说文》："靺，茅蒐染韦也。"《毛传》韐字误衍，染草乃染韦之讹。"一曰靺"，《正义》引定本云"一入曰靺韐"，据《左传正义》引贾逵云"一染曰靺"，《说文》亦云"一入曰靺"，则知毛《传》本作"一入曰靺"，读至"靺"字绝句。今本"一"字下脱"入"字，《正义》又以靺、韐二字连读，误矣。茅蒐之声合为靺，《笺》"茅蒐，靺韐声也"，韐字乃误衍。韦昭《国语注》"急疾呼茅蒐成靺"，《左传正义》引《笺》云"茅蒐，靺声也"，无韐字，（今本《左传正义》引

《笺》脱"茅蒐"二字。)是其证矣。《正义》连輶言声者,亦讹也。①

此例中,"紒鞃有奭"是《诗经·瞻彼洛矣》第一句。从培翚与马瑞辰对"紒鞃"的疏解方式来看,二人都运用了乾嘉学者惯用的考据方法,善于博稽众说,利用《说文》、孔颖达《春秋左传正义》引韦昭《国语注》等材料对《毛传》、《郑笺》中的误字、句读、脱漏等加以考证,可谓证据确凿,实事求是。由二人所引的材料也能反映出他们的共识与卓见,二人均善于引用经典或字书作为例证,从而实现以书证经、以经证经之目的。从疏解的内容来看,二人的结论几乎一致,都指出了《毛传》"染草"乃"染韦"之讹、"一曰紒鞃"乃"一入曰紒鞃"之讹、孔颖达疏以"紒鞃"二字连读为误、孔疏以鞃言声皆误衍等。由此可见,二人的疏解可谓功力相当,结论基本一致。

再如对于《有司彻》之"祊祭"的疏解,培翚引《诗》并加案语曰:

> 今案:《诗·楚茨》曰:"祝祭于祊。"《毛传》:"祊,门内也。"郑笺:"孝子不知神之所在,故使祝博求之,平生门内之旁,待宾客之处。"孔疏引孙炎云:"祊谓庙门也。"知门内者,以正祭之礼不宜出庙门也。祊,《说文》作祊,云:"门内祭先祖所旁皇也。"亦引《诗》"祝祭于祊",又云:"祊或作祊。"是正祭之祊也。《礼器》曰:"为祊乎外。"郑注:"祊祭,明日之绎祭也。"孔疏:"为祊乎外称外,故知明日绎祭也。"《家语》云:"周礼绎祭于祊。"是绎祭之祊也。《郊特牲》:"索祭祝于祊。"郑注:"索,求神也。庙门曰祊,谓之祊者,以于绎祭名也。"孔疏:"此索祭于祊,是正祭日之祊。下云:肸之为言敬也。……是皆据正祭之日,明此祊亦正祭日。"②

同时代的陈奂在《诗毛氏传疏》中对同样的内容作如下疏解:

> 《尔雅》"閎"谓之门,李、孙注并云:"庙门也。门曰閎,门内之祭曰祊。"《说文》:"祊,门内祭,先祖所以傍皇也。"《诗》曰:"祝祭于祊。"或从方作祊,言门内本毛义也。凡祭宗庙之礼,庙主藏于室中,于其祭也,祝以诏告之,所谓直祭祝于主也。庙门之内,皆祖宗、神灵所凭依焉,孝子不知神之所在,于其祭也,祝以博求之,所谓索祭祝于祊也。

①陈金生点校,马瑞辰:《毛诗传笺通释》,中华书局1989年版,第727—728页。
②段熙仲点校,胡培翚:《仪礼正义》,第2320—2321页。

是祓祭当在事尸之前。至绎祭，主未纳室，故无诏室之祭，亦必无索神之祭。郑注《礼记》，以祓为绎，宜于庙门外；笺《诗》，又以门内为大门内，非庙门内。康成初不治《毛诗》，而笺《诗》常自用其《礼》注，孔疏曲为护解。庙门外为绎祭之祓，庙门内为正祭之祓，则《诗》之祓，与《礼记·郊特牲》《礼器》之祓为二祭矣。江都焦循《宫室图》云："绎祭之名，见于诸经者，绝不与祓混。祓皆正祭索神之名，所云为祓于外而出于祓者，皆对室中言，非门外也。"焦说是也。①

此例与上例一样，从形式上来看，二人皆运用考据的方法对"祓祭"进行解析，于诗意也多有附益。培翚诠释"祓祭"，引用了《说文》《孔子家语》《礼记》等；陈奂也引用了《说文》《礼记》等，除此以外，他还引用了焦循之说。可见二人在考证过程中均善于博稽众说。就疏解内容而言，二人所得出的结论基本一致，都认为此"祓祭"为门内之祭祀，"祓"为正祭日。可见二人于"祓祭"之疏解可谓功力相当，难分上下。

总之，培翚在疏解过程中常常折衷旧说，多用案语，时有案断，新见迭出。这与那些简单地罗列旧说的作品有明显的不同。《正义》书中之案语是随疏解内容的需要而添加的，形式不一，特点多样。研究《正义》之案语，不仅有助于我们进一步理解培翚解经疏注之特点，更有助于我们从整体上把握《仪礼正义》。

---

① 陈奂：《诗毛氏传疏》，《续修四库全书》第70册，第274—275页。

第七章 《仪礼正义》对旧疏
承袭、修正与超越考论

在培翚撰著《正义》之前，清代《仪礼》学研究成果已十分丰富①。这些丰富的研究成果，为培翚撰著集大成形式的《仪礼》学著作奠定了坚实的基础。在丰富的《仪礼》学研究成果中，比较重要的要数汉代郑玄《仪礼注》，唐贾公彦《仪礼疏》，宋李如圭《仪礼集释》、张淳《仪礼识误》、魏了翁《仪礼要义》、朱熹《仪礼经传通解》，元敖继公《仪礼集说》，清张尔岐《仪礼郑注句读》、清三礼馆《仪礼义疏》、方苞《仪礼析疑》、吴廷华《仪礼疑义》、蔡德晋《礼经本义》、盛世佐《仪礼集编》、凌廷堪《礼经释例》、胡匡衷《仪礼释官》等。其中，通解《仪礼》且产生较大影响的当属贾公彦《仪礼疏》与清三礼馆《仪礼义疏》。贾公彦《仪礼疏》对汉唐时期《仪礼》学研究成果做了首次总结，是该时期《仪礼》学研究的集大成之作；清三礼馆《仪礼义疏》是清代乾隆皇帝钦定的《三礼义疏》之一，是在封建社会官方意识形态指导下的《仪礼》学研究专著，一定程度上代表了清代前期《仪礼》学研究水平。

培翚撰《正义》，目的在于正前人《仪礼》之疏义，统一《仪礼》经说，论归一定，成"至当无偏，明白正大"之义疏。培翚确实做到了这一点，其所撰著的《仪礼正义》，对贾公彦《仪礼疏》时有补充与修正，对清三礼馆《仪礼义疏》也有超越，代表了古代《仪礼》学研究的最高成就。

第一节 对贾公彦《仪礼疏》的补充与修正

贾公彦《仪礼疏》（以下简称贾疏），是唐人对唐以前的《仪礼》学研究进行总结整理的作品，是"《仪礼》自郑注以后又一部集大成之作"②，在经学史上具有重要地位，颇受历代经学研究者特别是《礼》学研究者的重视。但

①关于清代《仪礼》学研究成果，本书《结语》部分有专论，此处不再赘述。
②王锷：《三礼研究论著提要》，第145页。

由于贾疏成书时间早,且在疏解过程中多依据且只能依据齐黄庆、隋李孟悊二家之说,疏解内容相对简单,并存在一定的讹误。时至清代,该书已不能代表《仪礼》学研究的实际成就,学界也需要一部新疏对《仪礼》学研究重新进行总结。在这种情况下,《仪礼正义》产生了。培翚《正义》对贾疏的态度总体上是一分为二的,其对贾疏正确的说法予以承袭,对贾疏错误的地方给予了必要的修订,对贾疏不充分的地方进行了必要的补充。

一、对贾疏之承袭

培翚撰《正义》,对贾疏正确的疏解常常加以承袭。如《丧服》:"传曰:何以期也?《传》曰:'夫死,妻稚,子幼,子无大功之亲,与之适人。而所适者,亦无大功之亲,所适者以其货财为之筑宫庙,岁时使之祀焉,妻不敢与焉。'若是,则继父之道也。同居则服齐衰期,异居则服齐衰三月也。必尝同居,然后为异居,未尝同居,则不为异居。"贾公彦在疏解"未尝同居,则不为异居"时云:"谓子初与母往继父家时,或继父有大功内亲,或己有大功内亲,或继父不为己筑宫庙,三者一事阙,虽同在继父家,全不服之矣。"培翚认为贾氏此疏细密:"今案:马以子不随母往为未尝同居,贾则以初随母往时,三者有一阙,即为未尝同居。以此传及《小记》之文考之,则贾说为细密。"[1]再如《丧服》:"大夫、公之昆弟、大夫之子,于兄弟降一等。"郑注:"兄弟,犹言族亲也。凡不见者,以此求之。"贾公彦疏"兄弟,犹言族亲也"时云:"下云'小功'以下为兄弟,恐此兄弟亦据小功以下得降,故曰犹族亲也。则此兄弟及下文为人后者为兄弟,皆非小功以下也。"培翚认为"贾氏此辨甚确"[2]。当然,在《正义》书中,凡培翚认为贾疏"细密"、贾氏辩论"甚确"、"贾疏是也"、"贾说是矣"、"贾氏推究颇详"、"贾疏甚明析"等字样,都是表示对贾公彦疏解之认可。这样的例子在书中还有很多,恕不赘述。

另外,《正义》有时对《仪礼》经文、郑注的疏解是完全录用贾疏的,尽管没有添加案语予以标明,但也可视为对贾疏之承袭。此常常表现为《正义》对该条经文或郑注的疏解只引用贾疏。如卷三:"舅姑共飨妇以一献之礼。舅洗于南洗,姑洗于北洗,奠酬。"《正义》疏曰:贾疏云:"'共飨妇以一献之

礼'者,案下记云:'飨妇,姑荐焉。'注云:'舅姑共飨妇,舅献爵,姑荐脯醢。'但荐脯醢,无盥洗之事。今设北洗,为妇人不下堂也。云'姑洗于北洗',洗者,洗爵,则是舅献姑酬,共成一献,仍无妨姑荐脯醢也。"①这是只引贾疏以解经文。此外,对于郑注的疏解也存在这种情况。如卷三:"宾即筵坐,左执觯,祭脯醢,以柶祭醴三,西阶上北面坐,啐醴,建柶,兴,坐奠觯,遂拜。主人答拜。"郑注:"凡祭于脯醢之豆间。"《正义》疏曰:"注云'凡祭于脯醢之豆间'者,贾疏谓祭脯醢,置之皆于豆间,此及《冠礼》、《乡饮酒》、《乡射》、《燕礼》、《大射》皆有脯醢,则在笾豆之间,此注不言笾者,文省耳。"②又如同卷"赞者酌醴"节,《正义》疏曰:"注云'变于丈夫始冠成人之礼'者,贾疏云:'《冠礼》礼子,与此礼妇俱在宾位。彼礼子南面受醴,此则东面,不同。彼南面者,以向宾拜。此东面者,以舅姑在东,亦东面拜之也。'"③由此可知,《正义》引贾疏内容就是将它们作为疏经解注之依据,此也表明了作者对贾疏的赞同与承袭。

二、对贾疏之修正

由于贾疏成书于唐代前期,该书也出于众人之手④,再加上各人的学养有所不同,此决定了该书疏解内容在质量上势必会出现良莠不齐的现象。事实上也是如此,如阮元在《仪礼注疏校勘记序》中指出:"《仪礼》最为难读。昔顾炎武以唐石刻《九经》校明监本,惟《仪礼》讹脱尤甚,经文且然,况注疏乎?贾疏文笔冗蔓,词意郁轖,不若孔氏《五经正义》之畅。"⑤可见,《仪礼疏》在义疏方面确实存在优劣相参的现象。培翚也认识到贾疏的不足之处,前文曾提到其重疏《仪礼》的原因之一,就是认为贾疏存在诸多失误与不足,他认为"贾氏之疏疏略失经注意者,视《诗》孔《疏》更甚焉"。他还说:"贾氏公彦之疏,或解经而违经旨,或申注而失注意,其书相传已久,

---

① 段熙仲点校,胡培翚:《仪礼正义》,第196—197页。
② 段熙仲点校,胡培翚:《仪礼正义》,第162页。
③ 段熙仲点校,胡培翚:《仪礼正义》,第192页。
④ 关于《仪礼疏》的作者问题,从该书前署名"唐朝散大夫行太学博士弘文馆学士臣贾公彦等撰"等字样可以看出,《仪礼疏》并非贾公彦独撰,当是贾公彦主撰的。
⑤ 阮元:《仪礼注疏校勘记序》,《十三经注疏(附校勘记)》,中华书局1980年版,第942页。

不可无辨。"①为此,他曾打算撰著《仪礼贾疏订疑》一书,对贾疏之误"悉加驳正"②,可惜此书未成。但培翚对贾疏仍然用功甚深。今考察《正义》全书,培翚常常在文字校勘、句读、对郑注的理解及对经文的疏解等方面,对贾疏进行了有价值的修订与匡正。

(一)对贾疏文字、句读等方面进行勘正

关于这部分内容,本书第八章相关部分有详细论述,可参。为避免重复,此处不再赘述。

(二)修正贾疏有违郑注之处

贾疏有违郑注之处,《正义》在疏解时常常予以指出并加以修订,且常以"贾疏与郑背矣"、"错会注意"、"失注意矣"、"误会注意"、"贾氏未达郑意"等字样作标示。如《士冠礼》:"乃宿宾。宾如主人服,出门左,西面再拜。主人东面答拜。"郑注:"其不宿者为众宾,或悉来或否。"对于此注,《正义》疏解时先引朱熹之语曰:"郑注本谓正宾或时不来,则将不得成礼,故虽已戒之而又宿之,欲其必来。其非正宾则不更宿,盖但使为众宾,虽不悉来,亦无阙事也。"③紧接着下案语曰:"今案:郑意众宾不宿者,原不必其悉来,贾则谓众宾容有不来者故不宿,与郑背矣。"④其实培翚此条案语是承袭朱熹之语而来的,二人都认为"众宾不宿"与"不悉来"无关,此与郑注正合。而贾公彦在疏解时认为:"此决宾与赞冠者戒而又宿,不得不米,众宾主来观礼,非要须来,容有不来者,故直戒不宿也。"⑤可见,贾疏与郑注不一致。培翚认为贾疏"与郑背矣",是符合实际情况的。再如《公食大夫礼》:"受侑币,再拜稽首。主人送币,亦然。"郑注:"敌也。"《正义》疏此注曰:"注云'敌也'者,系解经亦然之义。以宾主人俱是大夫,体敌,故宾受币再拜稽首,主人送币亦再拜稽首也。贾谓'虽敌亦稽首',失注意矣。"⑥贾公彦疏此注云:"今言敌而'稽首'者,以食礼相尊敬,虽敌亦稽首,与臣拜君

_____

① 胡培翚:《上罗椒生学使书》,《研六室文钞·补遗》,《胡培翚集》(《研六室文钞》卷五),第 166 页。
② 胡培翚:《上罗椒生学使书》,《研六室文钞·补遗》,《胡培翚集》(《研六室文钞》卷五),第 166 页。
③ 段熙仲点校,胡培翚:《仪礼正义》,第 27 页。
④ 段熙仲点校,胡培翚:《仪礼正义》,第 27—28 页。
⑤ 李学勤主编:《十三经注疏·仪礼注疏》,第 16 页。
⑥ 段熙仲点校,胡培翚:《仪礼正义》,第 1246 页。

同故也。"①培翚认为贾疏与郑注不合,并重新提出自己的见解,认为郑注"敌也"是解释经文"亦然"之义,意即主人送币也再拜稽首,而非如贾疏所言"虽敌也稽首",修正了贾疏之误。

(三)修正贾疏有失经义之处

贾疏对《仪礼》经义的疏解,常存在失误之处,《正义》也予以指出并加以修订。如《聘礼》:"有大客后至,则先客不飧食,致之。"贾公彦疏此经云:"此据《聘礼》而言,则无君朝之事。若然,则前有小国之卿大夫来聘,将行飧食,有大国卿大夫来聘,则废小国飧食之礼,以其卑不与尊齐礼并行之。"②培翚认为贾氏释"大客"为"大国之卿"为不确,他说:"大客,敖氏以为朝君,贾疏以为大国之卿。案《三礼札记》云:《周礼》:'大行人掌大宾之礼,及大客之仪。'郑注:'大宾,要服以内诸侯。大客,谓其孤卿。'据此则大宾、大客是对要服以外言之,其要服以内宾客,不分大小也。况上经言飧食有定礼,不分别大小国。《左传》昭元年:赵孟、叔孙豹、曹大夫入于郑,郑伯兼享之。曹是小国,而其大夫得与赵孟、叔孙豹同享,岂以大国之卿后至,而遂废小国之卿飧食之礼乎?贾说非矣。"③。紧接着,培翚又认为:"《司仪职》虽以诸侯相朝为宾,大夫来聘为客,然对文异,散则通。此篇宾客多通称,则大客即谓诸侯。其先至之大夫,自不得与诸侯齐礼也。当从敖说。"④此处,培翚通过多次引用他说证贾疏之误,则其所得出的结论是令人信服的。

贾疏对《仪礼》经、传文句的判断有时会出错,因而其疏解也会跟着出错,《正义》在疏解之时也予以指出,并加以纠正。如《丧服》:"传曰:出妻之子为母期,则为外祖父母无服。传曰:'绝族无施服,亲者属。'出妻之子为父后者,则为出母无服。传曰:'与尊者为一体,不敢服其私亲也。'"贾公彦疏解此段传文,是将其归属一条加以疏解的。培翚认为此段传文应分为两条,并采程瑶田、褚寅亮等人之说加以疏证:

　　案此传因经而推言之,见其异于见在之母者。有此二义,以补经

---

①李学勤主编:《十三经注疏·仪礼注疏》,第501页。
②李学勤主编:《十三经注疏·仪礼注疏》,第472—473页。
③段熙仲点校,胡培翚:《仪礼正义》,第1178页。
④段熙仲点校,胡培翚:《仪礼正义》,第1178—1179页。

所未及也。当以"出妻之子为母期"至"亲者属"为一条,"出妻之子为父后者"至"不敢服其私亲也"为一条。程氏瑶田云:"据两'出妻之子'文法,则两条皆为子夏传。别出两'传曰',皆为引旧传,证成己义也。贾以后'出妻之子'二句,承'亲者属'句为文,遂以为旧传释为父后者不合为出母服,而以末一'传曰'为子夏释旧传意,大误。"褚氏云:"经所言皆指有服者,传则有明其无服者。此'出妻之子为父后者,则为出母无服'二句传也。顾氏炎武以下有'传曰'二字,遂指为经文,谬甚。"今案:程氏、褚氏之说是也。①

培翚引程、褚二氏之说,目的在于引他说以修正贾疏之误。

(四)修正贾疏释词之误

《正义》对贾疏中有关词语的误释也进行了修正。如对于"绤布"的疏解,贾疏云:"绤绤以葛为之,布则以麻为之。今绤布并言,则此麻葛杂,故有两号,是以郑云葛属也。"②贾疏以"麻葛杂"释"绤布"。对此,《正义》分别引用吴廷华与王引之之说以辨之,其云:

> 吴氏廷华《疑义》云:"绤亦可言布,何必以麻为说?"王尚书《经义述闻》云:"幂用绤布者,夏用绤,冬用布也。《燕礼》:'幂用绤若锡。'郑彼注曰:'冬夏异也。'疏曰:'夏宜用绤,冬宜用锡。'《大射仪》:'幂用锡若绤。'注曰:'锡,细布也。绤,细葛也。'以此例之,幂用绤布,犹言幂用绤若布耳。绤用于夏,布用于冬,不同物也。《少牢礼》'日用丁巳',亦是或丁或巳,唯其所用,与此幂用绤布,文义正同。郑合绤布为一物,非也。"

培翚在引用吴、王二说后添加案语曰:"今案:贾以绤布为麻葛杂,说无所据,吴氏驳之,是矣。至《述闻》分绤布为二物,似得之。"③培翚引吴、王二说以修正贾疏释词之误,既指明了绤布与麻无关,也指明了绤与布非一物。

---

①段熙仲点校,胡培翚:《仪礼正义》,第1403页。
②李学勤主编:《十三经注疏·仪礼注疏》,第797页。
③详见段熙仲点校,胡培翚:《仪礼正义》,第1977—1978页。

三、对贾疏之补充

《正义》对贾疏疏解不充分、内容不具体的地方常进行补充,具体表现在以下几个方面。

(一)对贾疏之简明进行补充解说

贾疏内容有时过于简明,不便于理解,《正义》往往对此进行一定的补充解说,使内容更完善。如卷二:"爵弁纁屦,黑绚繶纯,纯博寸。"郑注:"爵弁屦以黑为饰,爵弁尊,其屦饰以缋次。"培翚疏此注引贾疏云:"(贾疏谓)对方为缋次,比方为绣次。"此处之"对方"与"比方"、"缋次"与"绣次"是何义,贾疏未作解释,培翚疏解时对此作了补充说明:"案对方者,谓青与白,赤与黑,玄与黄也。比方者,谓青与赤,赤与白,白与黑,黑与青也。上黑屦以青为饰,白屦以缁为饰,如绣次,则纁屦当以白为饰,而乃以黑为饰者,尊爵弁,故饰屦如加缋次,与舄同也。"①通过培翚的补充说明,不仅使得贾疏之义清晰明了,而且也便于我们理解郑注之义。

再如卷十八:"既致饔,旬而稍,宰夫始归乘禽,日如其饔饩之数。"郑注:"乘禽,乘行之禽也。"培翚疏此注引贾疏云:"别言此者,欲见此乘非物四曰乘。"培翚认为贾氏此疏"语意未详",因此引他说弥补贾说之不足:"《周礼·掌客》郑注:'乘禽,乘行群处之禽,谓雉雁之属,于礼以双为数。'方氏苞云:'曰乘禽以其雄雌相乘而为偶也,故致之亦以双,然则乘禽即谓鸟之雄雌并行者矣。'"②贾疏仅对"乘"之义进行解释,对理解郑注显然不够充分。培翚在贾疏的基础上又引用《周礼·掌客》之郑注与方苞之说解"乘禽",不仅语意详备,而且有功于郑注矣。

(二)补贾疏之片面,使之全面

贾疏内容往往有失片面,因而在疏经解注方面存有不足之处,培翚《正义》常常补其不足,使疏解内容更全面、更完善。如《士相见礼》:"若他邦之人,则使摈者还其挚,曰:寡君使某还挚。宾对曰:君不有其外臣,臣不敢

①段熙仲点校,胡培翚:《仪礼正义》,第131页。
②段熙仲点校,胡培翚:《仪礼正义》,第1168页。

辞。再拜稽首受。"《正义》在疏解时先引贾疏曰："凡臣无境外之交,今得以挚执见他邦君者,谓他国之君来朝,此国之臣因见之,谓若《掌客》卿皆见以羔之类,是也。"《正义》认为贾疏不够全面,补充曰："然不尽此,凡他邦之臣出亡来此国者,亦当以挚见。又定八年《左传》:'公会晋师于瓦,范献子执羔,赵简子、中行文子皆执雁。'亦是他邦臣来见也。篇末他国之人,则曰外臣,故此称外臣也。敖氏云:'不有,言外之也。不敢辞,尊君也。再拜稽首受,亦若受于君前然也。'今案:此与尝为大夫臣者使摈还挚略同。然彼则受而后还,此则不言受,但言还。彼还挚,宾三辞乃受,此则不辞而受者。《仪礼纲解》云:'礼无受他臣挚法,故奠即还之,亦无抗礼于他君法,故辞即受之也。'"①此处,培翚在贾疏的基础上补充了"他邦之臣来见"的另外两个方面,从而使疏解更全面,内容更完善。

再如卷三十二:"主人及兄弟如葬服,宾执事者如吊服,皆即位于门外,如朝夕临位。妇人及内兄弟,服即位于堂,亦如之。"郑注:"宾执事者,宾客来执事也。"培翚疏解此注认为贾疏仅以"僚友"释"宾",意有不足。为此,他引万斯大、吴廷华之言云:"万氏斯大云:'考《既夕礼》,既葬反哭,宾致吊,即降出,主人送于门外,是宾已退矣。此虞礼即行于送宾之后,别无宿宾、迎宾之事,而即位献爵复有宾执事,何欤?案:《杂记》云:相见也,反哭而退。朋友,虞祔而退。是反哭之后,相见之宾已退,朋友之宾尚留,故得即与于执事,不俟更宿也。'吴氏《疑义》云:'宾来执事,即《曾子问》所谓'士则朋友奠'也。朋友不足,虽取于大功上下,然此言吊服,则第言朋友可知。如《曲礼》僚友、执友、交游,皆友也,即皆宾也。'今案:万氏、吴氏申宾义甚详,贾疏仅以僚友言,狭矣。"②"宾"之义包括"僚友"、"执友"、"交游"等,而贾疏仅以"僚友"释之,故培翚认为贾疏之义"狭矣",因而补充疏文,使之全面。

（三）补贾疏未疏之处

贾疏简略,其对经、注常有未疏之处。培翚作《正义》,于贾疏未疏之处亦进行疏解。如《聘礼》:"小聘曰问。不享,有献,不及夫人。主人不筵几,

①段熙仲点校,胡培翚:《仪礼正义》,第253页。
②段熙仲点校,胡培翚:《仪礼正义》,第1983页。

不礼。面不升,不郊劳。"此经文中的"小聘曰问",郑注及贾疏均未对其释义,而培翚《正义》对此有疏解:"小聘不曰聘而曰问者,《周礼·大行人》:'凡诸侯之邦交,岁相问也,殷相聘也。'岁相问即谓小聘。"①再如对"雍正"的疏解也是如此。《特牲馈食礼》:"宗人视牲,告充。雍正作豕。"郑注:"雍正,官名也。"贾疏对"雍正"未作解释,培翚作《正义》引其祖胡匡衷《仪礼释官》云:"雍正,私臣,掌割亨者,雍正即雍人也。《少牢》有雍人,又有雍正,故雍正为雍人之长,此士之官,当止一人也。"②郑注"雍正",只说官名,而贾疏未加解释,读者难以理解此"雍正"是何职官。培翚引其祖父胡匡衷之说,对"雍正"进行了疏解,经义自明。培翚祖孙此处之解释,得到了现代学者的认可,钱玄等编著的《三礼辞典》对"雍正"一词的解释即采培翚之说的。③

（四）补充说明贾疏疏解之根据

如卷四:"凡执币者,不趋,容弥蹙以为仪。"郑注:"不趋,主慎也。"培翚疏此注引贾疏云:"贾疏据《玉藻》谓趋有疾趋、徐趋二种,此经不趋者,谓不为疾趋,故云主慎也。又谓徐趋则下文'唯舒举前曳踵'是也。此不为疾趋,亦不为徐趋,但徐疾之间为之。"引贾疏之后,培翚下案语云:"案《玉藻》曰:'圈豚行,不举足,齐如流。'又曰:'执龟玉,举前曳踵,缩缩如也。'郑注:皆以为徐趋之事。贾说本此。"④此处,培翚指出贾疏是据《礼记·玉藻》"圈豚行,不举足,齐如流"与"执龟、玉,举前曳踵,缩缩如也"之郑注而来的。培翚之言是矣。

再如卷三十八"三饭"节,培翚在疏解后案语曰:"今案:下经'尸又三饭',注云:'尸十一饭,下人君也。'《有司彻》:'不傧尸者,尸又三饭。'注云:'士九饭,大夫十一饭,其馀有十三饭、十五饭。'贾疏云:'士大夫既不分命数为尊卑,则五等诸侯同十三饭,天子十五饭可知。'据注以大夫十一饭为下人君,则贾疏之说,当为郑义。意当如贾所云也。"⑤培翚在此处以案语的形式指出贾公彦《有司彻》"不傧尸者,尸又三饭"⑥之疏"士大夫既不分

①段熙仲点校,胡培翚:《仪礼正义》,第1131页。
②段熙仲点校,胡培翚:《仪礼正义》,第2102—2103页。
③详见钱玄、钱兴奇编著《三礼辞典》,第971页。
④段熙仲点校,胡培翚:《仪礼正义》,第270页。
⑤段熙仲点校,胡培翚:《仪礼正义》,第2287页。
⑥此处之经文应为"尸不饭,告饱。主人拜侑,不言。尸又三饭",胡氏引文有误。

命数为尊卑,则五等诸侯同十三饭,天子十五饭可知",是本郑玄《少牢馈食礼》与《有司彻》两处之注义的。

总而言之,《仪礼正义》是继贾疏之后的又一部《仪礼》学研究的集大成之作。此书对待贾疏的态度非常明朗,贾疏是,则承袭之;贾疏误,则纠正之;贾疏不完善,则补充之。不管是援引、纠正还是补充,培翚都审慎求实,不作凿空之论。特别是对待贾疏的误解误释,培翚能从实际出发,或引他说进行辨正,或以己意断之,真正起到了"裨贾疏之遗阙"的作用,后人也屡屡称赞《正义》之精博在贾疏之上,如章太炎认为:"三礼郑注之后,孔贾之疏已为尽善,清人以贾疏尚有未尽,胡培翚作《仪礼正义》,孙诒让作《周礼正义》。由今观之,新疏自比贾疏更精。"①邓实认为:"自惠、戴以来,诸儒治经,各守其家法,别为义疏,其裒然成书,专门名家者……《仪礼》有胡培翚《正义》,……皆一代之绝作,旷古所仅见者也。余读诸经,新疏较之旧释,盖有进矣。"②由此可见,《正义》之精博在贾疏之上,是得到学界认可的。《正义》择善而从、遇非而辨,补贾疏之遗阙,不仅使该书的训释水平远远超越了汉唐旧疏,也更加有利于我们准确理解《仪礼》经、注之义。

第二节 对《钦定仪礼义疏》承袭与超越

在培翚开始撰著《正义》的六十年前③,乾隆皇帝下谕命纂的《钦定仪礼义疏》(以下简称《义疏》)已经初刻完毕。这是一部由皇帝命纂、多位儒生共同参与纂修的《仪礼》学研究著作,代表了当时官方的意识形态,应该说是一部较为成功的著作。那么,培翚为什么要在《义疏》成书六十年后另撰《仪礼》新疏呢?此新疏与《义疏》又有哪些不同呢?这些问题都值得深入探讨。在比较《正义》与《义疏》的内容后,不难发现《正义》在疏解方面实现了对《义疏》的超越。本节我们将通过探讨《义疏》之成书、撰著理念及对郑注的处理等,来讨论《正义》对《义疏》之超越。

①章太炎:《经学略说》,《章太炎讲国学》,华文出版社 2009 年版,第 193 页。
②邓实:《国学今论》,见桑兵等编:《国学的历史》,国家图书馆出版社 2010 年版,第 47 页(原载《国粹学报》第 4、5 号,1905 年 5、6 月)。
③由前文可知,胡培翚撰著《仪礼正义》始于嘉庆十三年(1808),距离清乾隆十三年(1748)刚好六十年。

一、《仪礼义疏》之撰著

作为清代官修的《三礼》义疏之一，《仪礼义疏》与《周礼义疏》、《礼记义疏》一样，都是清高宗乾隆皇帝在即位之初以颁发圣谕的形式命纂的。乾隆自登基起便下谕命纂《三礼义疏》，其谕曰：

> 昔我皇祖圣祖仁皇帝，阐明经学，嘉惠万世，以《大全》诸书，驳杂不纯，特命大臣等纂集《易》、《书》、《诗》、《春秋》四经传说，亲加折衷，存其精粹，去其枝蔓，颁行学校，昭示来兹。而《礼记》一书，尚未修纂。《仪礼》、《周礼》二经，学者以无关科举，多未寓目。朕思《五经》乃政教之原，而《礼经》更切于人伦日用，传所谓"经纬万端、规矩无所不贯"者也。昔朱子请修《三礼》，当时未见施行，数百年间，学者深以为憾。应取汉、唐、宋、元以来注疏诠解，精研详订，发其义蕴，编辑成书，俾与《易》、《书》、《诗》、《春秋》四经，并垂永久。其开馆纂修事宜，大学士会同该部，定议聚奏。①

可见，乾隆下谕命纂《三礼义疏》，一方面考虑到"《五经》乃政教之原，而《礼经》更切于人伦日用"；另一方面以补数百年来学者之憾，使《礼经》与《易》、《书》、《诗》、《春秋》四经一样，并垂永久。其实，这只是乾隆冠冕堂皇之词，而其真正目的则是"透过整全的《五经》而显示强大的皇权"，"完整的《五经》即是皇权的重要象征，乾隆似乎急于为自己在祖父神圣的光影下树立自我的形象和权威，在'经学'这观念上找到立足点"。② 为达此目的，乾隆下谕大学士，编纂《三礼义疏》取汉、唐、宋、元以来注疏诠解，精研详订，发其义蕴。可以说，强调政教，以礼为治，树立皇权，是清廷官修《三礼义疏》的根本理念。

乾隆此次下谕后不久，三礼馆开馆。经过十一年的努力，乾隆十一年(1746)完稿奏进，乾隆十三年(1748)初步刻成《钦定三礼义疏》③。其中《义

①《清高宗实录》卷21，"乾隆元年丙辰六月己卯"条。见《清实录》第九册，中华书局1985年版，第501页。

②邓国光：《康熙与乾隆的"皇极"汉、宋义的抉择及其实践——清代帝王经学初探》，载彭林编：《清代经学与文化》，北京大学出版社2005年版，第132页。

③《钦定三礼义疏》初稿成于乾隆十年(1745)十二月。稿成之后又"互加校正"，至乾隆十一年(1746)三月由张廷玉将修稿进呈高宗御览，至此，纂修工作初步完稿。后又经过两年多的相互参订，至十三年(1748)年九月已成初刻本。具体详见林存阳《三礼馆：清代学术与政治互动的链环》，社会科学文献出版社2008年版，第49—53页。而张涛撰《乾隆三礼馆史论》认为《三礼义疏》刊成于乾隆十九年而非十三年。具体详见张涛《乾隆三礼馆史论》，第183—185页。

疏》四十八卷,分经文为四十卷,冠以《纲领》一卷、《释宫》一卷,不入正文卷数;殿以《礼器图》四卷、《仪节图》四卷,实为五十卷。

《义疏》先由内阁学士王兰生主纂,惜王氏于乾隆二年(1737)五月发病离世,后遂由周学健主纂。周氏通晓《三礼》,于乾隆四年正月充三礼馆纂修,负责《义疏》的纂修。随后周学健又升任三礼馆副总裁。在《义疏》纂修之前,三礼馆副总裁方苞针对纂修《三礼义疏》曾制定过凡例,称:

> 臣等审思详议,拟分为六类,各注本节、本注之下。一曰正义:乃直诂经义,确然无疑者。二曰辨正:乃后儒驳正旧说,至当不易者。三曰通论:或以本节本句参证他篇,比类以测义;或引他经与此经互相发明。四曰馀论:虽非正解,而依附经义,于事物之理有所发明,如程子《易传》、胡氏《春秋传》之类。五曰存疑:各持一说,义皆可通,不宜偏废。六曰存异:如《易》之取象,《诗》之比兴,后儒务为新奇而可欺惑愚众者,存尔驳之,使学者不迷于所从。庶几经之大义,开卷了然,而又可旁推交通,以曲尽其义类。[1]

方苞所议基本上得到了三礼馆诸总裁的认可,后稍加修改,增列"总论",以《拟定纂修三礼条例》上奏乾隆,并得到认可。该《条例》遂成为纂修《三礼义疏》的纲领性文件。后来纂修《仪礼义疏》,在《拟定纂修三礼条例》的基础上,又制定出《钦定仪礼义疏凡例》十二条,此十二条反映出《仪礼义疏》以元敖继公《仪礼集说》为宗,并"参核诸家以补正其舛漏,至于今文、古文之同异,则全采郑注,而移附音切之下。经文、记文之次第,则一从古本,而不用割附之说。所分章段,则多从朱子《仪礼经传通解》,而以杨复、敖继公之说互相参校。《释宫》则用朱子点定李如圭本,《礼器》则用聂崇义《三礼图》本,《礼节》则用杨复《仪礼》图本,而一一刊其讹谬,拾其疏脱"[2]。

在乾隆十三年(1848)《三礼义疏》初稿告竣之时,乾隆欣然创作《三礼义疏序》,称:

> 《三礼》之传远矣,《周礼》"六官"河间献王上之,《仪礼》十七篇、《礼记》四十九篇,高堂生、戴圣传之。汉唐以来,笺疏训释,无虑数十家,考其义或相牴牾,先儒尝讥其聚讼;要其掇拾灰烬之馀,传先王制

---

[1]刘季高校点,方苞:《方苞集》,上海古籍出版社2008年版,第565页。
[2]《钦定四库全书总目》(整理本),第255页。

作之旧,得什一于千百,好古者所为郑重而爱惜之也。我皇祖圣祖仁皇帝表章群经,既御纂《周易折中》,而《诗》、《书》、《春秋》则以分授儒臣,纂辑义疏,颁布海内,惟《三礼》未就。朕御极之初,儒臣上言:"今当经学昌明、礼备乐和之会,宜纂辑《三礼》,以藏《五经》之全。"爰允其请,开馆编校,越十有一年冬告竣。夫礼之所为,本于天,殽于地,达之人伦日用,行于君臣、父子、兄弟、夫妇、朋友之间,斯须不可去者。天不变,道亦不变,此其本也。其制度、品节、服物、采章,随时损益,屡变以适其宜者,礼之文也。三代去今数千年矣,修其教而教明,循其道而道行,谓三代至今存可也。何则?其本得也。若其用之朝廷、邦国,名物、器数之具,周旋、进退之仪,虽先王处此,必将变通以适其宜,而不泥于其迹。故言礼者,惟求其修道设教之由,以得夫礼之意而已。顾其教之不泯,道之所由传,未尝不赖于经。……刻既成,为之叙论,以发其端,俾隆礼者有所考云。①

乾隆此序与上引之圣谕内容大体一致,对此次纂修《三礼义疏》的原因及理念均有所交代。

《三礼义疏》自成书后,学界对其学术地位多有评价,有学者称:"乾隆十三年编纂的《钦定三礼义疏》……对自古以来有关著述博征约取,认真考订,不偏主一家,在古代典制、名物、礼仪等问题上考误订讹,解说力求持平,具有一定的学术性。"②林存阳就此书前所附的凡例十二条,认为该书的主要学术取向有以下几个方面:一是篇次依循郑玄所据刘向《别录》之旧;二是章段以朱子《仪礼经传通解》为主;三是解诂以元敖继公之说为主要依据;四是经自为经,记自为记,各不相混;五是对古今文取舍较为审慎;六是注重礼图的考辨。凡此,皆彰显出《仪礼义疏》重实而不务空发议论的总体特征③。林氏所言近是。

当然,《三礼义疏》形成于清廷提倡宋学时期,当时汉学并未兴盛④,因

---

①乾隆:《御制三礼义疏序》,《钦定周官义疏》,《景印文渊阁四库全书》第98册,第1—2页。

②张国刚,乔治忠:《中国学术史》,东方出版中心2002年版,第549页。

③林存阳:《三礼馆:清代学术与政治互动的链环》,第126页。

④张涛著《乾隆三礼馆史论》认为:"乾嘉汉学考据典范之成立,仍当以两事为关键点:一为乾隆十九年(1754)甲戌科会试王鸣盛、纪昀、王昶、朱筠、钱大昕等人高中进士及戴震入都,此为汉学学风侵入京城之标志,二为乾隆三十八年(1773)开四库全书馆,汉学家大本营就此成立,并反哺地方私学发展。而三礼馆书成撤馆前后,恰与前一时间点较重合,可知三礼馆接近闭馆时,汉学方起于青萍之末。"(载张涛:《乾隆三礼馆史论》,第285页。)

此,《三礼义疏》可视为清代《礼》学研究的过渡性作品。《义疏》之成书是在乾隆皇帝的旨意下被提上议程的,虽是集体智慧的结晶,但它代表了当时统治阶级官方的修书理想,是一部集最高统治者之意愿与上层文人学术思想于一体的礼学研究著作。自《义疏》纂成之后,清代的《仪礼》学研究逐渐兴盛起来,并最终形成繁荣的局面。

二、对《仪礼义疏》之承袭

《正义》对《义疏》之承袭,主要表现在胡、杨补编章节对《义疏》的广泛征引上[①]。在这些补纂章节中,杨大堉常常是直接抄录《义疏》之文以释经,表明了他对《义疏》之膜拜。前文曾提及,杨大堉在抄录《义疏》之文时,或标明"《义疏》云"字样,或直接略去出处。杨大堉的这种做法,其实就是对《义疏》疏文之承袭。

培翚撰著的章节也曾 6 次征引《义疏》之文,相较于补纂章节,培翚征引的次数虽然很少,但在征引时或有案断,此与补纂章节直接抄录、不加案断的做法是不同的。如卷四十:"宰夫赞主人酌,若是以辩。"郑注:"主人每献一人,奠空爵于椸,宰夫酌授于尊南。今文若为如,辩皆为徧。"培翚疏解此经注引《义疏》云:

> 《义疏》云:"上篇司宫尊两甒于房户之间,同椸。椸以庋尊,非奠爵之具也。且椸在北,主人献于西阶上,若一一奠于椸而受于尊南,则其劳弥甚,何用赞酌矣?盖主人立于西阶上,宰夫既酌于尊,乃就而授之。"今案:《义疏》说似可从。[②]

培翚引录之后又进行案断,远远胜于杨大堉抄录之后不作任何裁断的做法,同时也反映了培翚善于裁断而又审慎的疏经态度。

三、对《仪礼义疏》之超越

对于乾隆立三礼馆修纂《礼经》,邓国光认为,这"根本是一场闹剧"。他通过研究指出,在纂修《三礼》期间,"乾隆没有在意'三礼馆'的运作,十年之间,'总裁屡易';即使曾任总裁的张廷玉,亦未曾积极其事,迨完稿后

---

①相较而言,胡培翚撰著的章节较少征引《仪礼义疏》的内容。
②段熙仲点校,胡培翚:《仪礼正义》,第 2379 页。

才要求发还修改;可见'三礼馆'的性质形同衙门,缺乏应有的专司,统领混乱;于这类衙门型的背景下进行如此大规模的学术整理工程,根本难寄厚望,即使向善于观察风向的张廷玉也提出修改要求,亦足以显示稿本'牴牾驳杂'的严重程度。然不足一年,'三礼馆'在张廷玉的监督下完成了定本,《三礼义疏》终于告成"①。正因为如此,《义疏》疏漏之处在所难免。尽管逮《三礼义疏》编纂大体完工后,乾隆皇帝曾敦促馆臣用心校勘②,但书中仍存有诸多不足之处,而且一些不足在当时也是很难避免的。况且在乾嘉后期,随着学界对敖继公评价的转变及郑玄经师地位的上升③,《义疏》以敖继公《仪礼集说》为主要依据且不全录郑注的做法,已经难以为学界研究《仪礼》的主流所接受。又因为《义疏》是乾隆皇帝下谕命纂的,这也使得当时的学者很少有人愿意对此书进行评头论足。正如张涛所说的那样:"盖《义疏》刊布以后,乾嘉经师汉学倾向已成风气,自然不会将《义疏》这一充满过渡色彩的经解作品放在眼里,况且《义疏》由时王钦定,与其轻易置评,横招祸端,不如沉默。"④随着汉学的兴盛,《仪礼》学研究者对这种过渡时期的《礼》学著作较少征引或者干脆不征引,但"清人礼书中不乏暗驳《义疏》观点者,特隐其名而已。此类尽管数量不多,却不容否认"⑤。如此,在乾嘉汉学兴盛及清人喜为群经作新疏的背景下,重新正定《仪礼》、统一《仪礼》经说也势在必行。正是在这种情况下,培翚《正义》出现了,此书实现了这一目的,并在疏解体例、对待《仪礼》郑注、训诂、校勘以及内容的疏解等方面,实现了对《义疏》之超越。

（一）疏解体例之超越

培翚撰《正义》,围绕郑注而制定体例,以四例解经疏注。当然,《义疏》

---

① 邓国光:《康熙与乾隆的"皇极"汉、宋义的抉择及其实践——清代帝王经学初探》,载彭林编:《清代经学与文化》,第132—134页。

② 乾隆十三年九月初八日,文颖馆校对《皇清文颖》,进呈。乾隆阅后下谕三礼馆馆臣:"文颖馆所进刻本,就朕御制诗中,偶一披阅,讹缪甚多。御制尚然,不知该馆所称校对者何事,虽鲁鱼亥豕不能必无,而累牍连篇,岂宜屡见? 书馆事例,几如套写之讥,翰苑声华,总无校雠之实。惟迟其事,鲜赴厥功,编纂冀久餍餐钱,告竣复冒叨议叙。鱼雅诸臣,宁不自愧耶? 总裁官张廷玉、梁诗正、汪由敦并编校人等,著交部议处。嗣后各馆有错谬失于勘正者,视此。"(清官修:《高宗实录》卷324,《清实录》,中华书局1986—1987年版,第345页。)

③ 具体详参彭林:《清人的〈仪礼〉研究》,彭林、郑吉熊主编:《清代学术讲论》,第37—43页。

④ 张涛:《乾隆三礼馆史论》,第239页。

⑤ 张涛:《乾隆三礼馆史论》,第240页。

也注重以例解经。此书前列凡例十二条,第五条云:"兹故特起义例,分为七类,俾大义分明,而后兼综众说。一曰正义:乃直解经义,确然无疑者。二曰辨正:乃后儒驳正旧说,至当不易者。三曰通论:或以本节本句,参证他篇,比类以测义;或引他经,与此经互相发明。四曰馀论:虽非正解,而依附经义,于事物之理有所推阐。五曰存疑:各持一说,义亦可通;又或已经驳论,而持此者多,未敢偏废。六曰存异:名物象数,久远无传,难得其真;或创立一说,虽未惬人心,而不得不姑存之,以资考辨。七曰总论:本节之义,已经训解,又合数节而论之,合全篇而论之。以此七类,叙次排纂,庶几大指,开卷了然,而旁推交通,义类可曲尽也。"[1]可见,《义疏》在解经方面特起七类义例,具体包括正义、辨正、通论、馀论、存疑、存异与总论七个方面,此书之疏解就是按照这七个方面展开的,并遵循着上述的先后顺序。通过对《正义》与《义疏》体例之比较,可见《正义》之四例以郑注为中心,显得"清通简要,而《义疏》七类条例,无不囊括其中,省其繁秒而得其精髓。……(《正义》)虽无正义、辨正、存疑云云之名,而功用不减,精神实质与《义疏》绝异"[2]。

在实际疏解过程中,《正义》是按照经—注—疏三级体式来编排的,这也是乾嘉以后清儒为群经撰新疏而普遍采用的体式。《义疏》则未采用这种经—注—疏三级体式,而是将郑注、贾疏及后世之说,"全部拆开散入七类体例之中,任由馆臣凭己见取舍,直接解释经文,为皇权垄断经义。……实则就帝王创制而言,《义疏》体式情有可原;若纯从学术着眼,则破坏旧章,变乱层级,叠床架屋,界画不清,有失妥当"[3]。不难看出,就疏解体例而言,《义疏》确实不及《正义》。正因为如此,后世学者撰群经新疏,全弃《义疏》之体例而不用。

(二)对待郑注之超越

《正义》与《义疏》在对待郑注方面是不一样的,其最大差别就是《义疏》在经文之后不全录郑注,而《正义》则全录郑注。《义疏》主要是在经文后面

---

①《钦定仪礼义疏》,《景印文渊阁四库全书》第 106 册,第 2 页。
②张涛:《乾隆三礼馆史论》,第 242—243 页。
③张涛:《乾隆三礼馆史论》,第 242 页。

录用郑注中的今古文用字情况,并以小字注明而"移附音切之下"①,若经文用的是今文,则用小字标明古文某为某;若经文用的是古文,则用小字标明今文某为某。至于郑注的其馀部分,《义疏》常将其放在义疏中作为"正义"的形式而加以征引,并标示"郑氏康成曰"以示区别。如卷一《士冠礼》:"筮与席所卦者,具馔于西塾。"《义疏》疏曰:"正义:郑氏康成曰:'筮,谓蓍也。具,俱也。馔,陈也。西塾,门外西堂也。'"②"正义"所引"郑氏康成曰"的内容,其实就是此条经文之郑注的一部分,原注是:"筮,所以问吉凶,谓蓍也。所卦者,所以画地记爻。《易》曰:'六画而成卦。'馔,陈也。具,俱也。西塾,门外西堂也。"可见,《义疏》引用郑注是有所节略的,并非如饶益波所说的"《仪礼义疏》对郑注几乎进行了全文征引"③。

《义疏》对待郑注的做法,与清初《仪礼》学研究的旨趣相一致。"清初的《仪礼》学者几乎都生活在敖继公的影子之下,姚际恒的《仪礼通论》、方苞的《仪礼析疑》、蔡德晋的《礼经本义》等,都是以传播敖继公之说、批判郑注为主要内容"④。《义疏》也是如此。《义疏》书前所列《凡例》第九条云:"《仪礼》自注疏而外,前人解诂颇少,即经籍、艺文偶有其目,而书或不传,间见一二,亦多摭取注疏删改成文,罕有自出心裁者。惟元儒敖继公《集说》细心密理,抉摘阐发,颇能得经之曲折,其偶驳正注疏,亦词气安和。兹编所采特多,其有未是者,仍加驳论。"⑤由此可见,《义疏》是宗敖的,该书基本上"是《仪礼集说》的翻版,在《仪礼》研究上几乎没有多大的推动"⑥。由于敖氏此书是以宋学观点阐释《仪礼》的,因此,《义疏》宗敖的观点,决定了该书在对礼义的阐释方面是偏重于宋学的。事实上也是如此,《义疏》于经文之下常录敖氏之说,且常常视敖说为"正义"之例加以引用。其实,"疏解经籍而名'正义'者,乃是以考求经义之正解为标榜"⑦,故"正义"之例乃

---

①《钦定四库全书总目》(整理本),第 255 页。
②《钦定仪礼义疏》,《景印文渊阁四库全书》第 106 册,第 68 页。
③饶益波:《〈仪礼义疏〉引书考论》,《图书馆工作与研究》,2016 年第 10 期,第 85 页。
④彭林:《清人的〈仪礼〉研究》,彭林、郑吉熊主编:《清代学术讲论》,第 37 页。
⑤引自《钦定仪礼义疏凡例》,见《钦定仪礼义疏》卷首,《景印文渊阁四库全书》第 106 册,第 3 页。
⑥彭林:《清人的〈仪礼〉研究》,见彭林、郑吉雄主编:《清代学术讲论》,第 38 页。
⑦彭林:《评杨大堉、胡肇昕补〈仪礼正义〉》,《清华大学学报》(哲学社会科学版),2007 年第 2 期,第 117 页。

被视为"直解经义,确然无疑者"①之论,由此可见《义疏》对敖说之看重。除此以外,《义疏》还经常引用朱熹、杨复、李如圭、郝敬等宋学派的言论。因此,《义疏》偏重于宋学。

《义疏》宗敖及不全录郑注的做法,在乾嘉时期就引起了学者们的不满。据彭林先生研究,对敖继公的评价发生转变,是从乾嘉时期的吴廷华开始的,而主要推动者则是褚寅亮和凌廷堪等几位学者②。褚寅亮、凌廷堪之后,研究《仪礼》渐成风气。乾嘉以后的学者,对敖继公的批评愈积愈多,对《仪礼》的研究不断走向精审繁密的方向。在反复比较郑、敖二氏之说的过程中,学者们"确知郑义之必可从而敖说之无据","经与注相辅而行,破注者荒经之渐也"③。乾嘉学者对郑、敖二氏之评价的转变,对胡培翚也有一定的影响。培翚研治《仪礼》,承继了乾嘉学者的治《礼》风气,以宗郑为主。他撰《正义》另立解经之例,就是围绕郑注而展开的。其《正义》是全录郑注的,并按照经—注—疏三级体式来疏解的,显得层级分明,条理清晰。

另外,在疏解过程中,《义疏》对每条经文的疏解并非都严格按照上述七个条例而展开的。它常常只是用到其中的一例或几例,随文而疏,不拘一格。其中用的最多的义例是"正义"之例,且在"正义"之例中引用较多的是郑玄之说,也即郑玄《仪礼注》之内容。当然,《义疏》在引用郑玄之说时已经对此进行了删改,已非郑注之原貌。《义疏》的这种先对郑注进行删改,后再加以引用的做法在书中是较为常见的。由此可见,《义疏》所用到的七种凡例,主要是引用各家之说作为经文的注脚,此与《正义》引各家之说作为郑注之注脚的做法是不一样的。

再者,在对待郑注之今、古文字的处理方面,两书也存在差异。《义疏》对于郑注之今、古文用字情况基本上是不予疏解的。而《正义》常征引胡承珙《仪礼古今文疏义》、段玉裁《仪礼汉读考》、《说文解字注》、惠栋《礼经古义》、方体《古文考误》等书之内容,对《仪礼》今、古文字进行了细致的梳理,补充了《义疏》之不足,实现了对《义疏》之超越。

---

①《钦定仪礼义疏》,《景印文渊阁四库全书》第106册,第2页。
②彭林:《清人的〈仪礼〉研究》,见彭林、郑吉雄主编:《清代学术讲论》,第38页。
③彭林:《清人的〈仪礼〉研究》,见彭林、郑吉雄主编:《清代学术讲论》,第41页。

（三）训诂之超越

《义疏》对经文文字的训诂较为重视，它常引他说实现训诂之目的，如对《士冠礼》"布席于门中，阖西阈外，西面"的疏解即是。其疏解云："正义：郑氏康成曰：'阖，门橜也。阈，阈也。'（贾疏："《曲礼》：'外言不入于阃。'阃，门限也。"）邢氏昺曰：'阈，谓门下横木，为内外之限也。其门之两旁木则谓之枨，枨阖之间则谓之中门。'李氏如圭曰：'阖，门中央所竖短木也。'敖氏继公曰：'阖西，东西节也。阈外，南北节也。此席西于阖，乃云门中，则二扉之间惟有一阖，明矣。'案：布席将坐以筮也。前馈于西塾，至此乃布之此席其北上与？"①今案：此段之疏解，主要是围绕对"阖"、"阈"之训释而展开的。

《正义》也注重训诂，但《正义》与《义疏》在训诂方面是不同的，其表现在两个方面：其一，《正义》在引用他说进行训释之后，常常加案语进行案断。如上例，《正义》对此节经文的疏解，也重在训释"阖"、"阈"之义。但培翚在引用李如圭、程瑶田、邢昺等人之说后，加案语认为"阖为中央竖木无疑也"、"阈为门下横木无疑也"②。这种"案断"的方式在《义疏》中是很少出现的。此其一。

其二，《正义》在对经文训释后，往往又要对郑注展开训释。如对上引经文之"阖"、"阈"的训释后，培翚又开始就郑注之"阖，门橜也。阈，阈也"的内容展开训释，对阖、阈、橜、阃的区分非常细致，其云：

> 今案：以经考之，《玉藻》曰："公事自阖西，私事自阖东。"《曲礼》曰："由阖右。"阖有东西左右之称，则阖之为中央竖木无疑也。《曲礼》曰："不践阈。"《玉藻》曰："不履阈。"阈言践履，则阈之为门下横木无疑也。《尔雅》曰："橜谓之阖。"则橜与阖为一物亦无疑也。惟阃之为阈，经无明征。然《曲礼》曰："外言不入于阃，内言不出于阃。"阃言不出不入，是有限域之义，故郑解阃为门限，与阈同也。程氏又云："《说文》则曰：'阖，门阃也。''阃，门橜也。''橜，弋也，一曰门梱。''弋，橜也。'是不谓阃为门限之横者，而以阖之植于两扉间者，亦呼之为阃也。至解

'阃'字,则曰:'阃,梱也。梱,限也。'是固明知阃之与阈,两不相混,所异者移阈之名梱者,以名其阃尔,然而梱之名断在于阈,则《说文》之云为所闻异辞者也。《广韵》于阈字,不曰门闻,而曰门闻中,是谓阈安门闻之中,不谓阈即闻也。于阈字、闻字,则皆曰门限也。可谓能别白黑而定之者矣。"①

由此可见,《正义》在训诂内容方面是详于《义疏》的。

（四）校勘之超越

《义疏》涉及校勘之例较少。在校勘方面,该书主要是对《仪礼》经文文字的校勘,且所据校勘版本也非常少,主要以唐石经、敖继公《仪礼集说》、监本、朱熹《仪礼经传通解》等,如卷一对"捷柶"的校勘即为如此。此处,《义疏》于经文写作"捷柶",并出校曰:"捷,初洽反,又作锸,又作扱,石经、敖本并作建。"②这样的校勘文字,《义疏》则是以小字的形式附在经文之后的,而不是放在疏解中以义例的形式出现的。本条校勘,其书所引的参本只有唐石经与敖本两家。对于同样的内容,在《正义》中,培翚是这样进行校勘的(培翚于经文写作"建柶"):

> "建柶",唐石经、严、徐、《集释》、敖氏俱作"建",注"建柶"同。《通解》、毛本,"建"俱作"捷",盖因《释文》而误改。钱氏大昕云:"《士昏礼》'妇受醴',亦有'坐啐醴建柶'之文,则作'建'为是。"《礼经释例》云:"《士昏》《聘礼》,皆云'建柶',当从石经也。注'扱柶于醴中',扱,《释文》作捷,云:'本又作插,亦作扱。'"今案:严本及各本多作扱,盖用《释文》亦作之本也。戴氏震校《集释》云:"唐初已非一本,毋庸改扱为捷。"卢氏文弨云:"《释文》云云,正指注言,后人误会,乃改经之'建柶'为'捷柶',失之矣。"《校勘记》云:"案《集释》云:'建,陆作捷。'盖其误自李氏始。"③

《正义》此处之校勘,分别引用了唐石经、严本、徐本、李如圭《仪礼集释》、敖继公《仪礼集说》、朱熹《仪礼经传通解》、毛本及钱大昕、胡承珙、戴震、卢文

①段熙仲点校,胡培翚:《仪礼正义》,第14—15页。
②《钦定仪礼义疏》,《景印文渊阁四库全书》第106册,第94页。
③段熙仲点校,胡培翚:《仪礼正义》,第79页。

弨、阮元《仪礼注疏校勘记》等诸家之说,所用参本不可谓不丰富。且在校勘中,培翚不忘折衷裁断,这是《义疏》所远不及的。通过培翚此番校勘,则此处之"建柶"不作"捷柶"明矣。

其实,两书在校勘方面的差别,既与两书的学术取向相关,也与清代校勘学的发展趋势相关。《义疏》是不注重校勘的,它注重的是引用诸家之说,偏重于对经典义理的阐释,而对汉学家惯用的训诂、校勘等方法有所废弃。《正义》却不同,它非常重视校勘,校勘方法多样,校勘内容丰富,并善于裁断,为《仪礼》文字的勘正做出了很大的贡献。此其一。

其二,就校勘方法、内容而言,两书也存在差别。在校勘方法上,《义疏》在对经文的校勘主要运用的对校法,该书以唐石经、敖继公《仪礼集说》、监本、朱熹《仪礼经传通解》等为参本,罗列各本文字之异同。而《正义》在校勘方法的选择上,不仅使用了对校法,还使用了本校法、他校法、理校法等,有时甚至综合多种校勘方法,为扫清《仪礼》经、注文字做出了较大的贡献。就校勘内容而言,《义疏》主要是对《仪礼》经文进行校勘,而《正义》除了对经文的校勘外,还涉及对郑注、贾疏等方面的校勘。

其三,在善本的选择上,《正义》也超越了《义疏》。《仪礼》向称难读,原因之一在于自北宋废罢《仪礼》之后,《仪礼》传习善本较少。在乾隆元年官修《义疏》时,可供参考的《仪礼》资料极度匮乏。据全祖望说:"方京师开《三礼》书局,同馆诸公,皆苦《仪礼》传注寥寥。予谓侍郎桐城方公、詹事临川李公曰:'《永乐大典》中有永嘉张氏《正误》、庐陵李氏《集释》。'二公喜,亟抄之,虽其中有残缺,然要可贵也。"[①]由于起初可资参考的经学文献较少,以至于后来听说《永乐大典》中存有南宋张淳《仪礼识误》、李如圭《仪礼集释》,尽管书有残缺,但也如获至宝。可见当时《仪礼》善本之稀缺。

其实,清初学者就开始关注到《仪礼》经注文字的错讹现象,便开始不遗馀力地搜求《仪礼》善本。据彭林先生研究,"清人寻访《仪礼》版本,不遗馀力,所得亦丰。以嘉庆为界,可约略分为两段。嘉庆以前,所获以《仪礼》研究之宋元旧籍为主;嘉庆以后,始得宋椠《仪礼》单注、单疏善本。乾隆四年,清廷重雕《十三经注疏》。乾隆九年,于敏中编纂《天禄琳

---

①全祖望:《仪礼戴记附注跋》,《鲒埼亭集外编》卷二十七,载全祖望撰,朱铸禹汇校集注:《全祖望集汇校集注》,上海古籍出版社 2000 年版,第 1279 页。

琅书目》。乾隆卅七年,官修《四库全书》。由此,内廷与民间大批宋元旧籍得以面世,南宋张淳《仪礼识误》、李如圭《仪礼集释》及《仪礼释宫》等,久佚于世,此时亦从《永乐大典》中辑出。可资参校者,多达十馀种。主校本则有朱熹《仪礼经传通解》、杨复《仪礼图》、李如圭《仪礼集释》、魏了翁《仪礼要义》、敖继公《仪礼集说》等"。[1] 由于《仪礼》宋、元旧籍在乾隆年间陆续被发现,所以当初在撰著《义疏》时,可资参考的《仪礼》宋、元旧籍是十分有限的。

另外,在撰著《义疏》之时,清代的校勘学还未繁荣。众所周知,校勘学在清代非常繁荣,但繁荣并不是一蹴而就的。清初自顾炎武始,学者们就开始注重对古籍的校勘,在戴震、段玉裁、阮元、王念孙等学者的努力下,至乾嘉时期校勘学才得到鼎盛阶段,此时"上自巨卿名儒,下逮博士学究,无不通知其义"[2]。在乾隆朝前期撰著《义疏》之时,校勘学虽有所发展,但并没有形成大势,有关《仪礼》经、注方面的讹误还没有引起当时《仪礼》学研究者的足够重视,而他们可以利用的《仪礼》经、注的校勘资料也非常有限。至胡培翚时,清代的校勘学早已达到鼎盛阶段,有关《仪礼》经、注方面的校勘成果也日臻丰富,特别是嘉庆年间所寻得的宋椠《仪礼》单注、单疏善本以及后来阮元《仪礼注疏校勘记》的出现,逐渐将清代的《仪礼》校勘推向鼎盛。此时,培翚可资利用的《仪礼》校勘成果是非常丰富的,他在书中广泛涉及校勘之例也是很正常的,并由此而实现了对《义疏》在文字校勘方面的超越。

(五)疏解内容之超越

《正义》与《义疏》内容的繁与简,主要是由两书征引文献的多与寡所决定的。《义疏》虽然是由乾隆皇帝钦定并经多位儒者共同参与编纂成书的,但由于其成书时间较早,征引有限,该书只征引了自周代至明末196家之言,其中宋以前95家,宋至明101家,对清代前期的《仪礼》学研究成果不予征引。这样的征引范围表明,在乾嘉《仪礼》学研究十分兴盛的情势下,《义疏》已不能代表当时《仪礼》学研究的实际成就。

---

①彭林:《论清人〈仪礼〉校勘之特色》,《中国史研究》,1998年第1期,第29页。
②李兆洛:《养一斋文集》卷十一,光绪四年(1878)阳湖李氏重刻本。

　　另外,《义疏》在征引文献方面是"博征约取"[①]的,在征引每家之言时,都是简约引用之。这是因为它追求的是对礼义的解释,只求解释清楚即可,不注重对每家之说的案断与评释,故而该书常能惜墨如金。当然,《义疏》的"博征约取"与《正义》广征博引的是有所区别的。培翚生活在乾嘉后期,对乾嘉考证之学非常熟悉,并在注疏中能自觉地加以运用。因此,为求确诂,培翚不仅不厌其烦地引用诸家之言,而且对各家之言常加以案断、评释。如上引对《士冠礼》"布席于门中,闑西阈外,西面"的疏解,《义疏》只用了 138 个字,而《正义》却用了 1355 个字,将近是《义疏》的 10 倍。

　　再者,《正义》所征引的文献较《义疏》而言,不仅数量多,而且范围广。《义疏》仅征引了清代以前学者之言,且多限于儒生说经之论,征引范围较窄。且其对于清代前期重要的《仪礼》学研究成果,如张尔岐的《仪礼郑注句读》、《仪礼监本正误》、《仪礼唐石经正误》,万斯大的《仪礼商》等一律不予采用,这是该书的一大不足,或许此也是培翚重撰新疏的原因之一。《正义》在创作过程中改变了这种不足,此书广征博辑,自周至清道光年间,举凡能用得到的书籍,培翚均加以征引,丰富了《正义》的疏解内容。特别是胡培翚对于经、史、子、集、字书、类书全方位的征引,以及对乾嘉考证学优秀成果的继承,从而使《正义》的疏证内容比《义疏》更丰富,结论更可信。这是当初乾隆命纂《三礼义疏》时所始料未及的。因此,《正义》被后人誉为清代《仪礼》学研究的集大成之作,绝非溢美之词。

　　综上所述,由于《义疏》出现于清代汉学未盛之时,它在对待《仪礼》经文、郑注的训诂以及校勘等方面所存在的缺憾,再加上此书在征引文献方面的先天不足,在乾嘉汉学考证之风强盛势力影响下的嘉道年间,它已经不能代表当时《仪礼》学研究的实际成就,也不能代表清学的实际水准。因此,对《仪礼》进行重疏也势在必行。所以,《正义》的出现,是适应当时《仪礼》学发展的必然趋势。培翚撰《正义》,以郑注为宗,创立四例解经疏注,以朴学的方法考证礼制名物及礼俗仪规,注重对经文文字的训诂与校勘,

---

[①] 如张国刚与乔治忠合著的《中国学术史》称:"乾隆十三年编纂的《钦定三礼义疏》分为《周官义疏》、《仪礼义疏》、《礼记义疏》三部,对自古以来有关著述博征约取,认真考订,不偏主一家,在古代典制、礼仪、名物等问题上考误订讹,解说力求持平,具有一定的学术性。"见张国刚,乔治忠:《中国学术史》,第 549 页。阮元《拟国史儒林传序》也称:"御纂诸经,兼收历代之说。"见阮元《揅经室一集卷二》,载邓经元点校,阮元撰:《揅经室集》,第 37 页。

广泛征引当代学人的《仪礼》学研究成果，并在解经过程中善于揭示礼义，"芟敫氏之杂纽，网罗放失、荟萃精凿"①，这些都在不同程度上实现了对《义疏》之超越。由此可见，《正义》之成书，在辨正贾疏之失的同时，也弥补了《义疏》的一些缺憾，成为《仪礼》学研究的集大成之作，真正代表了古代《仪礼》学研究的最高成就。

第三节　勇于创新，集其大成：超越之关键

在《仪礼》研究史上，贾公彦《仪礼疏》与清三礼馆《仪礼义疏》都是值得重视的学术著作，前者代表了唐及唐以前的《仪礼》学研究成就，也是当时汉学解经的集大成之作；后者代表了清代前期的《仪礼》学研究成就，是清前期《仪礼》宋学研究的集大成之作。因此，两书的学术成就均不可小觑。但由于贾疏成书时间久远，且疏解内容"失经、注意者"较多；而《仪礼义疏》又以宋学解经，不能体现清代汉学的实际成就，正因为如此，在乾嘉汉学如日中天的时期，《仪礼疏》与《仪礼义疏》所存在的诸多不足，成了培翚撰著《仪礼》新疏的诱因之一。因此，弥补《仪礼疏》与《仪礼义疏》之不足，重新撰著真正能代表古代《仪礼》学实际成就的集大成之作，成了培翚之宏愿。

作为义疏体，《正义》真正实现了对贾公彦《仪礼疏》、清三礼馆《仪礼义疏》等《仪礼》旧疏之超越，实现了统一《仪礼》经说、论归一定的义疏之旨，凸显了集大成的气魄，"胡培翚的《仪礼正义》，是清代《仪礼》研究的集大成者"②，《仪礼正义》"洵可谓集《仪礼》研究之大成。……就大体而言，自贾疏后，尚无如此博大精深之书，确治《仪礼》之杰作也"③。

作为《仪礼》新疏，《正义》之所以能裨贾疏之遗阙，超越《仪礼义疏》等《仪礼》学研究作品，成为《仪礼》研究的集大成之作，关键在于培翚在撰著时勇于创新。

首先，《正义》的勇于创新，在于其能创新体例。创新体例，主要表现为

①汪士铎：《上某制府求祀胡竹村先生启》，《汪梅村先生集》卷十，《续修四库全书》第1531册，第692页。

②彭林：《〈三礼〉与礼学研究》，载清华大学历史系，生活・读书・新知三联书店编辑部合编：《清华历史讲堂续编》，生活・读书・新知三联书店2008年版，第98页。

③王锷：《三礼研究论著提要》，第203页。

创立四例，以例解经，这是《正义》所拥有的一以贯之的思想体系。培翚在撰著之初，就已经确立了疏解的指导思想，那就是前文所提及的培翚所创立"四例"——补注、申注、附注、订注以疏经解注。其中的"补注"、"附注"、"订注"之例，就是培翚的创新之举，是对传统经学"疏不破注"原则的挑战，充分体现了清学实事求是的精神。创新体例是《正义》破旧立新的前提，也是该书超越其它《仪礼》旧疏的根本所在。在"四例"解经思想的指导下，培翚不像其他疏解者那样将迂腐的见解冷饭重炒，而是敢于创新，以严谨的、实事求是的态度疏经解注，这样不仅将该书与其它的《仪礼》旧疏区别开来，而且也使得该书拥有较高的学术价值，成为后世《仪礼》研究的必备的参考书。

其次，《正义》的勇于创新，在于其能摈弃门户之见，汉学、宋学兼采。在疏经解注的过程中，培翚不仅广泛参考历代专门训释《仪礼》的著作，也广泛征引历代关于礼仪名物制度的考释类文献，而且还征引经、史、子、集、类书、字书等大量著作。它表现为，不仅在全书的疏解中善于征引各种文献作为佐证，就是在对具体的经、注进行疏解中，也善于博辑众家之说。在撰著过程中，作者摈弃了门户之见，凡是有益于疏解《仪礼》的，无不采录。所以，该书"所参考文献之多，清代治礼学者罕有能与之匹敌"[1]。《正义》的集大成，并不是简单机械地对各种材料的罗列与拼凑，而是博而不杂，它系统地对前人《仪礼》学成果进行甄别、概括与总结、综合与融合，以成一家之言，重新梳理出《仪礼》注疏的完整体系。在疏解时，培翚采用古文经学派征信求是的学风，对《仪礼》学史上大大小小的问题一一进行阐释。在撰著过程中，培翚能做到述作结合，他常常是先引诸说，然后凭借学识断以己见，且论证过程条理清晰，思维严谨，考证精审，新见迭出。正是由于培翚能够对历代研究《仪礼》的众家之说加以荟萃折衷，汲取诸家经说之菁华，所以《正义》远非那些引而不断的疏解类作品能堪与比肩。经过破旧立新、发挥与融合，《正义》集百家疏解于一体，融历代《仪礼》研究成果的细碎珍珠于一帙，成了一个完整的经、注、疏相结合的有机体，解决了《仪礼》研究的历史遗留问题，使疑难不解之处得以通晓，代表了古代《仪礼》学研究的最高成就，凸显出一种集大成的气魄。

---

[1] 舒大刚：《儒学文献通论》(中)，福建人民出版社 2012 年版，第 853 页。

再次，《正义》的勇于创新，在于其能选用善本。"善本指珍贵难得的古籍刻本、写本，其具有历史文物性、学术资料性、艺术代表性或某一方面的特殊价值。不仅原本或接近原本的版本可称善本，大凡经过名家精校过的版本都可视为善本"。[①] 清代张之洞《蝤轩语·语学》云："善本非纸白、版新之谓，谓其为前辈通人用古刻数本精校细勘付刊、不伪不阙之本也。"又云："善本之义有三：一足本，（无阙卷，无删削。）二精本，（一精校、一精注。）三旧本。（一旧刻、一旧钞。）"[②]善本常与书籍校勘相关，张之洞认为读书先宜校书，他说："校者，以善本与俗本对勘，正其讹脱也。"[③]清代《仪礼》研究者非常注重《仪礼》善本的价值，前文提及这些学者曾不遗馀力地搜寻《仪礼》善本，经过他们的不断努力，大批宋元《仪礼》善本相继面世，为《仪礼》研究提供了很多较好的可资参考的版本。正是有了这些《仪礼》善本作支撑，培翚开始撰著《正义》[④]。在撰著过程中，培翚又得见徐氏刻《仪礼郑氏注》，再加上其能广泛继承前人优秀的校勘成果，所以该书"其校弥精，校勘精则注释、考辨益密"[⑤]，远远超过了以往任何一部《仪礼》研究著作。

总之，《正义》融合了作者本人的思想与个性，集中了考据学的种种优点，体现了在乾嘉考据学影响下的善于使用善本，追求名物训诂、校勘的突破为主要特色，取材广泛，博采众说，择善而从，且不乏个人论断。作者以严谨的态度著成新疏，"撷取一代经说之菁华"，汇集了历代优秀的学术成果，顺应了清代学术发展的潮流和社会的客观需要。因此，从这些方面来说，《正义》称得上是完备的《仪礼》注解了，是真正意义上的《仪礼》研究的集大成之作，实现了对《仪礼》旧疏之超越。《正义》之撰成，表现了培翚《仪礼》学研究的自信，也预示着清代《仪礼》学鼎盛期的到来，同时也推动了清代《周礼》、《礼记》学研究特别是《周礼》学研究之进程。

---

①张三夕主编：《中国古典文献学》，华中师范大学出版社 2007 年版，第 110 页。
②司马朝军点校，张之洞：《蝤轩语详注》，华东师范大学出版社 2010 年版，第 134—135 页。
③司马朝军点校，张之洞：《蝤轩语详注》，第 135 页。
④有关《仪礼正义》选用善本的情况，详见第八章相关论述，此处不再赘述。
⑤彭林：《论清人〈仪礼〉校勘之特色》，《中国史研究》，1998 年第 1 期，第 31 页。

第八章 《仪礼正义》校勘考论

《仪礼》在流传过程中，由于受传抄、刻写、废经等多因素的影响，其经文、郑注存在的讹误较多。历代研治《仪礼》的学者大都比较重视对其经、注文字的勘正，并由此而形成了《仪礼》校勘学史。与以往朝代相比，清代学者尤其注重对《仪礼》经、注的校勘，培翚撰著《正义》也是如此。邓声国认为"从《正义》的著书内容看，综其要亦无非校、释两端"[1]。可见《正义》对校勘之重视。

《正义》虽非《仪礼》校勘方面的专著，但受"正义"体制的影响，该书涉及很多校勘内容，具体包括对《仪礼》经文、郑注、贾疏、阮元《仪礼注疏校勘记》等内容的校勘。《正义》在校勘方面使用了详载各本经、注异同法，《仪礼》经、注内证法，他书互勘法，综合法等多种校勘方法。该书善于继承《仪礼》校勘的优秀成果，并选用唐石经及严本作为《仪礼》经、注的校勘底本，同时选用多种古本、善本作为参本，在校勘方面取得了较大的成就，非一般的《仪礼》校勘之作所能媲美。

第一节 所依据的校勘版本及校勘原则

培翚非常重视校勘之役，他曾说："读书校订之功，不容少也。"[2]在撰著《正义》时，培翚不仅重视对《仪礼》经、注的校勘，而且还善于选用《仪礼》古本、善本，为《仪礼》经、注文字之勘正作出了很大的贡献。

一、所依据的校勘版本

专书校勘的起始工作是尽可能多地占有不同版本，并选择其中一种版本作为校勘底本，馀者作为参本。清代学者章学诚曾说："校书宜广储副

---

① 邓声国：《清代〈仪礼〉文献研究》，第 115 页。
② 段熙仲点校，胡培翚：《仪礼正义》，第 1326 页。

本，……夫博求诸本，乃得雠正一书，则副本固将广储以待质也。"①章氏此处所说的"广储副本"，其实就是广储众本作参本的意思。学者校书对广储众本比较看重，如著名学者胡朴安曾说："惟其校雠也，必须备有众本，彼此互相钩稽，较量其异同，慎审其得失，始能辨别，而有所折衷，抉择去取，虽不能得古书底本之真，亦可以比较而得近是矣。盖一书之中有错误，有羡夺，使无有他本与之相勘，则并不知其错误、羡夺也。只知其文义难明，索解不得而已，及与他本相勘，而知其有错误、羡夺也。然他本亦未必果为古书之真本，或者不讹误、羡夺于此，而讹误、羡夺于彼。何取何去，莫有准绳。惟有兼备众本，其众本悉同者，可据以决为定本；其有不同者，亦可择善而从。此校雠备众本之必要也。"②此言道出了校勘过程中广备参本的重要性。培翚撰著《正义》，也是广备参本，择善而从，扫清了《仪礼》经、注中的诸多讹误。

（一）选用的校勘底本。培翚撰《正义》，"经文俱从唐石经，注文则从严本，其或石经、严本有误，则改从它本，并注明于下"③，"经从石经，注从严本可也"④，"宋严州单注本，为宋本之最佳者，现已重刻行世，悉据录焉"⑤。《正义》所选用《仪礼》经、注的底本分别为唐石经及嘉庆年间黄丕烈士礼居重刻宋严州单注本，它们均为当时所见的最早、最佳的本子。从培翚所选的《仪礼》经文之底本——唐石经来看，其选择是富有卓见的。我们知道，清代学者颇为看重唐石经。早在清初，顾炎武就非常重视唐石经并以此作为校勘底本，"顾炎武根据开成石经校订经文，最早发现了《仪礼》版本中许多重大的错误，引起了学术界的震惊"，"开成石经与最早的《九经》版本有直接的关系，可以说是最早的版本，它在校勘学上的价值不难想见"⑥。因顾炎武于清初首开以唐石经校《仪礼》之睿识，对清代《仪礼》学影响较大。此后，利用唐开成石经校《仪礼》，成了清代学者之共识，如张尔岐、彭元瑞、严可均、阮元等都曾以唐石经校《仪礼》，且都取得了不小的成绩。培翚撰《正义》也以唐石经作底本，则反映了他的卓识。

①章学诚：《校雠通义·校雠条理第七》（王重民《通解》本），上海古籍出版社1987年版，第37页。
②雪克编校：《胡朴安学术论著》，浙江人民出版社1998年版，第279—280页
③段熙仲点校，胡培翚：《仪礼正义》，第7页。
④段熙仲点校，胡培翚：《仪礼正义》，第12页。
⑤段熙仲点校，胡培翚：《仪礼正义》，第1页。
⑥彭林：《清人的〈仪礼〉研究》，见彭林、郑吉雄主编：《清代学术讲论》，第23页。

　　另外,培翚以严本作为《仪礼》郑注的底本,同样也反映了他的卓识。严本是嘉庆年间黄丕烈从嘉定状元王敬铭处访得的。后经顾千里、黄丕烈的判定,断为宋刻《仪礼》严州单注本,此"是清人第一次见到的宋刻《仪礼》单注本,其校勘价值,自不待言"[①]。该版本在嘉庆年间经黄丕烈重刻行世,对研究《仪礼》功莫大矣。

　　由于唐石经与严本皆属善本、"古书精本",以之作底本,校勘效果不言自明。故培翚在校勘之始追求的就是精校,这也为他统一《仪礼》经注文字、论归一定奠定了基础。另外,从上述所引培翚所云"其或石经、严本有误,则改从它本,并注明于下"的话语中也可看出,培翚虽然追崇善本,但并不盲从善本,此也反映了他审慎的校勘态度。

　　(二)选用的校勘参本。培翚所选用的《仪礼》校勘参本,计有涵芬楼影印徐氏仿宋《仪礼》单注本(徐氏真本),汪世钟重刻单疏(贾疏)本,阮元校刊十三经注疏本,陈凤梧篆书本,明国子监刊注疏本(北监本),汲古阁毛氏刊注疏本(毛本,实为翻刻明北监本),李元阳注疏本(闽本),葛氏刊本,清国子监重修注疏本,张敦仁刊注疏本,汉石经残字(张国淦藏本),欧阳修《集古录》(据校汉碑数种),谢子祥《三礼图》及张参《五经文字》,唐玄度《九经字样》,《石经考文提要》,张淳《仪礼识误》(戴震校),张尔岐《仪礼监本正误》,卢文弨《仪礼注疏详校》,金曰追《仪礼正讹》,浦镗《仪礼正字》,胡承珙《仪礼古今文疏义》,阮元《仪礼注疏校勘记》,贾公彦《仪礼注疏》,李如圭《仪礼集释》(戴震校),朱熹《仪礼经传通解》,杨复《仪礼图》,魏了翁《仪礼要义》,敖继公《仪礼集说》,郑玄《仪礼目录》,臧庸《仪礼目录》,胡匡衷《仪礼目录校证》等。培翚所选用的参本,多为善本,如:涵芬楼影印徐氏仿宋《仪礼》单注本,汪世钟重刻单疏本,陈凤梧篆书本,明国子监刊注疏本,汲古阁毛氏刊注疏本,李元阳注疏本,葛氏刊本,清国子监重修注疏本,张敦仁刊注疏本,汉石经残字等。这些善本的使用,使得其书校勘精核,特别是使用徐氏本,有学者称此书"校勘弥精,使落叶尽扫"[②]。培翚校勘唯善本是从的做法,同样也说明了《正义》之校勘追求的是博考精校。

　　总之,《正义》在底本与参本的选择上是择善而从的。在具体的校勘实

①彭林:《清人的〈仪礼〉研究》,见彭林、郑吉雄主编:《清代学术讲论》,第30页。
②彭林:《清人的〈仪礼〉研究》,见彭林、郑吉雄主编:《清代学术讲论》,第31页。

践中,《正义》"旁征旧籍,分别异同"①,通过博稽参本,进一步处理《仪礼》经、注之异文,为正定《仪礼》经、注文字做出了贡献。培翚这种做法,在《仪礼》校勘学史上具有十分重要的意义。

二、校勘原则

培翚曾云:"仪征大学士阮公撰《十三经注疏校勘记》,于《仪礼》尤详。其自序云:'郑氏叠古今文,最为详核,语助多寡,靡不悉纪。今校是经,宁详无略,用郑氏家法也。'培翚撰正义,一遵其说,详载各本经注异同。"②可见,培翚撰《正义》遵循了阮元校勘《十三经注疏》之"宁详无略,用郑氏家法"、"详载各本经注异同"之原则。这种校勘原则,决定了《仪礼正义》之校勘和阮元《十三经注疏校勘记》一样,都是集大成的。

胡朴安曾说:"盖校书有三要:一密,二精,三虚。众本互勘者,密之事也;本诸诂训求之声音者,精之事也;不以他书改本书者,虚之事也。"③《正义》之校勘也是如此。此书在校勘方面最大特点就是广采善本、古本,博稽众家之说并"详载各本经注异同"。广采善本、古本,目的在于求真、求精;博稽众家之说并"详载各本经注异同",目的在于求密、求虚。由此可见,《正义》的校勘成就不容低估。

第二节　校勘方法

《正义》的校勘方法,归纳起来有详载各本经、注异同法,《仪礼》经、注内证法,他书互勘法、综合法等。下文分别叙之。

一、详载各本经、注异同法

详载各本经、注异同之法,在《正义》中使用最为广泛,是该书最重要的校勘方法。其实这种校勘方法,就是我们通常所说的对校法。培翚在使用这种方法时,特别善于使用所能见到的《仪礼》经、注各种版本作为参本,并详细罗列各本之异同。如卷十八"出如舒雁"。郑注:"威严自然而有行列。

①段熙仲:《胡氏仪礼正义释例》,见《仪礼正义》段熙仲点校本书前。
②段熙仲点校,胡培翚:《仪礼正义》,第1页。
③胡朴安:《古书校读法》,雪克编校:《胡朴安学术论著》,第285页。

舒雁,鹅。"《正义》疏曰:

> 注"舒雁,鹅",《释文》"鹅"下有"也"字,张氏从之。严、徐本俱无"也"字。①

培翚在使用这种方法时,常逐条征引阮元《仪礼注疏校勘记》(以下简称《校勘记》)中的内容,但他在征引时,又常常增加新的参本,并将这些参本以"置前"或"置后"的方式罗列出来。"置前"的例子如卷十八"宾既将公事,复见之以其挚",《正义》疏曰:

> "复见之以其挚","之",毛本作"讶"。《校勘记》云:"唐石经、严、徐、《集释》、《要义》、敖氏俱作'之'。《通解》、杨氏俱作'讶'。《石经考文提要》云:'监本作"见讶",此因《仪礼经传通解》之误,《通解》引此记与上文'又见之以其挚'不相属,故改为'讶',传写者不知其意而沿之。'"②

"置后"的例子也有很多,且其校勘内容常以"今案"的形式被罗列出来。如卷十八"宾入门皇,升堂,让,将授,志趋"。郑注:"……鞠躬如也。"《正义》疏曰:

> 《校勘记》云:"注'鞠躬如也','躬',《释文》作'穷',云:'刘音弓,本亦作躬。'《集释》亦作'穷'。张氏曰:'《尔雅》云:鞠究,穷也。鞠穷盖复语。自《论语》作鞠躬,学者遂不复致思于其间,安知非鞠穷若踧踖之谓者乎? 如是,则刘音亦误矣。从《释文》。……'"今案:《释文》载作躬之本,则唐初已然。严本亦作躬,今从之。③

培翚在撰著《正义》时,阮元《校勘记》之文选楼刻本已刊成,因此,培翚在对《仪礼》经文及郑注进行校勘时,常常参考《校勘记》中的校勘内容。在对《正义》及《校勘记》进行比较后发现,《正义》有时是直接转引《校勘记》的校勘内容,有时是节用其校勘内容,但不管是直接转引还是节用,"凡阮《记》所未录严本及黄丕烈《校录》,往往补列于徐氏之上,杨补惜但从阮

---

①段熙仲点校,胡培翚:《仪礼正义》,第1154页。
②段熙仲点校,胡培翚:《仪礼正义》,第1148页。
③段熙仲点校,胡培翚:《仪礼正义》,第1151页。

《记》而已".①

另外,由于以往的对校法通常是在有可供比较的不同版本的情况下比较异同,因此多数学者在校勘时只校异同,不校是非。但《正义》却不一样,该书在详载各本经、注异同之时,更注重对异文加以裁断,校其是非。这是该书在校勘方面的一大特点,非常值得关注。这样的校勘例子有很多,如卷三十"主人哭,拜稽颡。宾升,实币于盖。降,主人拜送,复位,杖,乃行"。郑注:"升柩车之前,实其币于棺盖之柳中,若亲授之然。复位,反柩车后。"《正义》疏曰:

> 《校勘记》云:"注'授',严、徐、陈本、《通解》、杨氏俱作'受'。《通典》、《集释》、敖氏俱作'授'。"今案:作"授",是也。②

总之,培翚采用详载各本经、注异同的校勘方法,善求异文,几乎将《仪礼》经、注的相关异文搜罗殆尽,使得《正义》的校勘比以往更为彻底,基本上使《仪礼》经、注文字"落叶尽扫"。因此,《正义》的校勘价值非一般《仪礼》校勘书籍堪于比肩。

二、《仪礼》经、注内证法

《仪礼》经、注内证法,其实就是从《仪礼》经、注中寻找内证,以实现校勘之目的。《正义》有很多是依据《仪礼》经、注之上下文前后互证来完成校勘的例子,如卷三十九"司马羞羊肉湆,缩执俎,尸坐奠爵,兴,取肺,坐绝祭,啐之,兴,反加于俎。司马缩奠俎于羊湆俎南,乃载于羊俎,卒载,俎缩执俎以降。"《正义》疏曰:

> 《校勘记》云:"周学健云:'石经"载"下无"俎"字。'案:今本石经'载'、'缩'二字已坏,《补缺》误补'俎'字,遂脱'缩'字。周所据犹未坏本也。又戴校《集释》,谓唐石经'执'下无俎字,亦不然。"今案:下"羞羊燔"节云:"宾缩执俎以降。""尸酢主人"节云:"卒载缩执虚俎以降。""主妇献侑"及"尸作三献之爵"节,皆云:"卒乃缩执俎以降。"据此则"载"下无"俎"字,"执"下有"俎"字,明矣。③

---

①段熙仲:《胡氏仪礼正义释例》,见《仪礼正义》段熙仲点校本卷首,第6页。
②段熙仲点校,胡培翚:《仪礼正义》,第1898页。
③段熙仲点校,胡培翚:《仪礼正义》,第2354页。

此处,培翚根据《仪礼》经文"宾缩执俎以降"、"卒载缩执虚俎以降"及"卒乃缩执俎以降"等,而求得内证,认为此例经文"载"下无"俎"字,"执"下有"俎"字。如此,则经文"卒载,俎缩执俎以降",前"俎"为衍文明矣。

《正义》在使用《仪礼》经、注内证法时,善于从《仪礼》经、注本身出发来寻找前后矛盾之处或不合逻辑之处,进而断定孰是孰非,实现校勘之目的。如卷二十:"天子使大夫戒,曰:某日,伯父帅乃初事。"郑注:"……古①文帅作率。"《正义》疏曰:

> "今文帅作率","今",严本作"古"。今案:《聘礼》"帅众介夕","帅大夫以入"。郑两注皆云'古文帅作率',则此注他本作今文,误也,当从严本。"②

此处,培翚从《仪礼·聘礼》之郑注中找到两条"内证"(两处郑注皆云"古文帅作率"),以此类推,则此处郑注"今文帅作率"也应为"古文帅作率"。再如卷七:"宾介不与。"郑注:"礼渎则变。古文与为预。"《正义》疏曰:

> "古文与为预",详《士昏礼》"我与在"下。案《士昏礼》、《乡射礼》、《聘礼》、《公食大夫礼》、《士虞礼》注皆云"古文与为豫",则此亦当作"豫",作"预",误也。③

此处,培翚依据《士昏礼》、《乡射礼》、《聘礼》、《公食大夫礼》、《士虞礼》等篇之注"古文与为豫",从而断定此处之"预"应为"豫",作"预",实误。这也是从本书中寻找内证而完成校勘的,结论当然公允可靠。

三、他书互勘法

他书互勘法,其实就是平常所说的他校法。在《正义》书中,就是指出《仪礼》经、注之文字在别的资料中写作某字,并常用"某本作某"的形式被提及出来。这种校勘方法在书中运用较为广泛。如:

> 卷一"冠者兴,宾揖之,适房,服玄端爵韠,出房,南面"。郑注:"复

---

① 此"古"字,从胡培翚的疏解来看,应为"今"之误。
② 段熙仲点校,胡培翚:《仪礼正义》,第 1271—1272 页。
③ 段熙仲点校,胡培翚:《仪礼正义》,第 423 页。

出房南面者,一加礼成,观众以容体。"《正义》疏曰:"……注'容体',《通典》'体'作'仪'。"①

卷二"始加,祝曰:令月吉日,始加元服"。郑注:"令、吉,皆善也。元,首也。"《正义》疏曰:"……注'首也','首',《通典》作'长'。"②

培翚善于使用清代以前的文献进行他书互勘,此处运用《通典》进行校勘即为如此。我们知道,唐杜佑《通典》包括"食货典"、"选举典"、"职官典"、"礼典"、"乐典"、"兵典"、"刑典"、"州郡典"、"边防典"等九部分③,涉及众多礼仪方面的内容。是书共二百卷,其中"礼典"一百卷,占全书一半篇幅,内容分为吉、凶、军、宾、嘉五种。该书对古代礼制的描述尤详,有关古代《三礼》的材料是相当丰富的。由于该书所选内容上自黄帝,迄于唐天宝年间,凡历代制度沿革废置,粲然可考;在礼制方面,该书也是贯通古今,保留了大量上古时代的礼制、礼仪,而其中很多就是抄录古代《仪礼》之内容。因此,援据《通典》对《仪礼》经、注进行校勘不失为一种行之有效的途径。故黄侃先生云:"治《丧服》须参稽杜佑《通典》,此书集唐以前论礼之菁英,有助于解经。"④钱玄先生亦云:"是以《通典》议礼之文,为历来治三礼学者所重视。"⑤黄侃、钱玄先生之言是矣。

此外,培翚也常引唐陆德明《经典释文》进行《仪礼》校勘,如卷三"妇彻,设席前如初,西上,妇馂,舅辞,易酱"。郑注:"……辞易酱者,嫌淬污。"《正义》疏曰:

《释文》:"淬,本或作染。"⑥

《经典释文》在保存古字、古音方面有很大的贡献,清代学者吴大澂《窸

---

①段熙仲点校,胡培翚:《仪礼正义》,第72页。

②段熙仲点校,胡培翚:《仪礼正义》,第122页。

③《通典》二百卷,马端临《文献通考·经籍考》云:"晁氏曰:唐宰相杜佑撰。先是,刘秩采经史,自黄帝迄天宝末,制度沿革废置,议论得失,仿《周礼》六官法,为《政典》三十五篇。房琯称才过刘向。佑以为未尽,因广之,参以新礼,为二百篇。以《食货》、《选举》、《职官》、《礼》、《乐》、《刑法》、《州郡》、《边防》八门分类叙载,世推该洽。"(见(元)马端临:《文献通考》,中华书局1986年版,第1681页。)《文献通考》所引晁氏之言云《通典》按八门分类叙载有误,缺《兵》,应为九门。

④此语转引自钱玄《记蕲春黄先生讲三礼》,见程千帆、唐文:《量守庐学记:黄侃的生平与学术》,生活·读书·新知三联书店1985年版,第154页。

⑤钱玄:《三礼通论》,第60页。

⑥段熙仲点校,胡培翚:《仪礼正义》,第195页。

斋集古录序》说:"人生秦燔千数百年之后,何以能识三代文字? 曰:幸有钟鼎彝器款识,皆秦以前物也。人生周、孔千数百年之后,何以能读周、孔钟鼎彝器? 曰:幸有《经典释文》,多古书字为之证也。……故求之《说文》而不可通者,往往于《经典释文》得之。……凡彝器中古字,见之《释文》者甚多。然则谓陆德明为古籀之功臣,可也。"①不仅如此,《经典释文》也是"六朝以前经文之渊海"②。它包括《仪礼音义》一卷,摘录了大量的《仪礼》经文之字"为音"。《经典释文》之《序录·条例》曾提到除《孝经》、《老子》外其馀各经均"摘字为音"之说,其云:"先儒旧音,多不音注。然注既释经,经由注显,若读注不晓,则经义难明。混而音之,寻讨未易。今以墨书经本,朱字辩注,用相分别,使较然可求。旧音皆录经文全句,徒烦翰墨,今则各标篇章于上,摘字为音,虑有相乱,方复具录;唯《孝经》童蒙始学,《老子》众本多乖,是以二书特纪全句。"③既然《经典释文》于《仪礼》是"摘字为音",则其中保留的就是当时《仪礼》之文字,因此,该书可作为校勘《仪礼》经文之参本,故钱玄先生云:"读三礼者,应先辨音、义,则此书为必览之书。"④另据彭林先生研究,最早将《释文》用于《仪礼》校勘的,是南宋学者张淳,他在此方面取得了一定的成绩。清人非常重视张淳用《释文》校《仪礼》的成绩,校勘者每每引及⑤。培翚《正义》也常引《经典释文》以校勘,并取得了诸多成就。

　　对于当代学者的研究成果,如段玉裁《说文解字注》、王引之《经义述闻》等,培翚也常常引用。《说文解字注》对经典用字之例有所总结,于《仪礼》也是如此,其中涉及诸多《仪礼》经、注校勘的例子,《正义》常征引之。如卷二十:"飨礼,乃归。"郑注:"……略言飨礼,互文也。《掌客职》曰:'上公三飨三食三燕,侯伯再飨再食再燕,子男一飨一食一燕。'"《正义》疏曰:

　　　　《校勘记》云:"注'略言飨礼',杨氏作'享',下并同。"又"三飨"、"再飨"、"一飨",毛本俱作"享"。《校勘记》云:"严、徐、陈、闽、葛本、

---

①吴大澂:《愙斋集古录》(二十六册),上海商务印书馆涵芬楼影印,1917 年版。

②叶德辉:《郋园读书志》卷二,见程仁桃选编:《清末民国古籍书目题跋七种》(第三册),国家图书馆出版社 2009 年版,第 188 页。

③吴承仕:《经典释文序录疏证》,中华书局 1984 年版,第 5 页。

④钱玄:《三礼通论》,第 60 页。

⑤彭林:《清人的〈仪礼〉研究》,见彭林、郑吉雄主编:《清代学术讲论》,第 32 页。

《集释》、《通解》、敖氏俱作'飨'。"段氏玉裁注《说文》"享"字,云:"案《周礼》用字之例,凡祭享用享字,凡飨燕用飨字。如《大宗伯》'吉礼'下,六言'享','先王嘉礼'下,言'以飨燕之礼亲四方宾客',尤其明证也。《礼经》十七篇用字之例:《聘礼》'内臣享君',字作享。《士虞礼》、《少牢礼》'尚飨',字作飨。《小戴记》用字之例:凡'祭享'、'飨燕'皆作飨,无作享者。《左传》则皆作享,无作飨者。毛《诗》之例:则献于神曰享,神食其所享曰飨,如《楚茨》'以享以祀'下云:'神保是飨。'《周颂》"我将我享"下云:'既右飨之。'《鲁颂》'享祀不忒'、'享以骍牺'下云:'是飨是宜。'《商颂》'以假以享'下云:'来假来飨。'皆明其证也。鬼神来食曰飨,即《礼经》'尚飨'之例也。献于神曰享,即《周礼》'祭享'作'享'之例也。"今案:段氏之说详矣,而《礼经》飨燕字作飨,尚未言及。《仪礼·聘礼》"臣享君"字作享,《觐礼》亦然。至"飨燕"之飨,则《聘礼》、《公食大夫礼》、《觐礼》字皆作飨。此注引《掌客职》"三飨"、"再飨"、"一飨",《周礼》本作飨,《仪礼》各本亦皆作飨,惟毛本作享,误矣。[①]

此例中,《正义》引《说文解字注》对《周礼》、《礼记》、《左传》、《诗经》等经典之"享"、"飨"用字之例进行了总结。另外,培翚又在段氏的基础上,指出《觐礼》"飨燕"之"飨"应作"飨",不作"享",同时指出毛本作"享"为误。此处,培翚不仅引用他说以校勘,更注重对他说之不足进行补充。培翚所补,是就《三礼》中"飨"、"享"用字情况进行总结,并指出了他本之误,可谓善解经矣。

《正义》引《经义述闻》作他校的例子也有很多,如卷十九《公食大夫礼》:"公当楣北乡,至再拜,宾降也,公再拜。"《正义》疏曰:

《经义述闻》云:"'至再拜','再'当为'壹',因下'公再拜'而误也。'至壹拜'者,宾至阶上,公侧一拜也。先言壹拜,后言再拜,序也。《聘礼》及此篇下文先言'公壹拜,宾降,公再拜',此不当有异。郑注《聘礼》下文'公壹拜宾降',皆云不俟公再拜,而此独无之,则所据本已误作'至再拜'矣。敖继公《集说》谓'宾降'之上,脱'公壹拜'之文,此说

① 段熙仲点校,胡培翚:《仪礼正义》,第1308—1309页。

尤非也。‘至再拜’即‘至壹拜’之讹，何须又言公之壹拜乎？若谓‘至再拜为总括下文之词，公壹拜，宾降也，公再拜，乃申言上文之再拜’，则十七篇无此重沓之文。《聘礼》及此篇下文‘公壹拜之’，何不闻总括其词曰‘再拜’乎？"今案：《述闻》之说是矣，但经文相传已久，未敢遽改，而存其说于此。①

《经义述闻》，"即熔小学、校勘、经学为一炉之佳制也"②。叶德辉曾称此书为"经神学海"③。梁启超认为该书"读起来，没有一条不是涣然冰释，怡然理顺，而且可以学得许多归纳研究方法，真是益人神智的名著了"④。此书"凡古儒所误解者，无不旁征曲喻而得其本义之所在，使古圣贤见之，必解颐曰：‘吾言固如是，数千年误解之，今得明矣’"。⑤《经义述闻》凡二十八卷，是一部偏重于训诂、校勘的经学研究专著，其"最精彩之处在于以小学知识纠正误字"⑥。该书收《仪礼》述闻 74 条，其中不乏对《仪礼》经文进行校勘的例子，而这些例子皆是王氏父子"治经经验之总结"⑦，因而参考价值较大。培翚撰《正义》，于《经义述闻》之《仪礼》条多录之。可见，培翚在选择他校时，是择善而从的。培翚引《经义述闻》作校勘，不仅丰富了该书的校勘内容，而且也为《仪礼》经、注之文字的勘正做出了较大贡献。

四、综合法

综合法，就是综合运用上述两种或多种方法进行校勘。这种方法的运用，使该书校勘过程慎密精核，校勘结论详实可靠。如卷二："周弁，殷冔，夏收。"郑注："……其制之异亦未闻。"《正义》疏曰：

> "其制之异亦未闻"，严、徐、《集释》俱有亦字，今本无。"异"，葛本误作毕。"异"下，敖氏有"同亦"二字。卢氏云："《郊特牲》疏引此注有

---

① 段熙仲点校，胡培翚：《仪礼正义》，第 1196—1197 页。
② 许嘉璐：《弁言》，见王引之：《经义述闻》，江苏古籍出版社 2000 年版卷首。
③ 叶德辉：《郋园读书志》卷二，见程仁桃选编：《清末民国古籍书目题跋七种》第三册，国家图书馆出版社 2009 年版，第 198 页。
④ 梁启超：《中国近三百年学术史》，第 264 页。
⑤ 阮元：《经义述闻序》，见王引之：《经义述闻》，江苏古籍出版社 2000 年版。
⑥ 沈玉成、刘宁：《春秋左传学史稿》，江苏古籍出版社 1992 年版，第 299 页。
⑦ 许嘉璐：《弁言》，见王引之：《经义述闻》，江苏古籍出版社 2000 年版。

'亦'字,当补正。"今案:《王制》疏引亦有"亦"字。①

此例中,培翚先运用详载各本经、注异同法,后又引卢文弨之说进行他校。两种校法运用自如,步骤分明。

《正义》在使用综合法进行校勘时常常广征博引,在充分梳理资料的过程中完成校勘任务,实现校勘目的。由于这种方法常常是广泛地占有资料,因此,其结论也常常令人信服。如:卷一:"乃易服,服玄冠玄端爵韠,奠挚见于君,遂以挚见于乡大夫,乡先生。"《正义》疏曰:

> "乡大夫",乡,当作卿。唐石经、严本俱作乡。刘端临《遗书》云:"陆德明《释文》乡字无音,至《礼记·冠义》则云'乡大夫'、'乡先生',并音香。自此以后,《仪礼》、《礼记》各本皆作乡,即石经亦然。由今考之,此经及《冠义》皆当作卿大夫,作乡,误也。卿大夫谓见为卿大夫者。乡先生谓已为卿大夫而致仕者。见君之次,遍见卿大夫,如《国语》'赵文子冠,遍见六卿',是也。贾疏释注云'乡先生,乡中老人为卿大夫致仕者',先生亦有士,郑不言者,经云卿大夫,不言士,故先生亦略不言。据此知贾所见《仪礼》本作卿大夫也。孔疏云:'见于卿大夫,谓在朝之卿大夫也。'是孔所见《礼记》本亦作卿大夫。孔以在朝对致仕者,文义甚明,而今本《正义》亦并改作乡。"今案:刘氏从贾、孔作卿。段氏玉裁、张氏敦仁、顾氏广圻及《校勘记》俱从陆作乡。《经义述闻》以刘为是,云:"宋明道本《国语》韦注引《礼》'既冠奠挚于君,遂于挚见卿大夫',其字正作卿。则韦所见《仪礼》、《礼记》皆作卿大夫,不作乡可知。此足正陆氏《释文》之误。"又云:"《初学记》礼部下引《仪礼》,正作卿大夫,则唐时固有不误者,不独贾、孔也。"案:《述闻》证据甚确,其段、张、顾说,《述闻》悉加注辨之,详彼书内,不具录焉。又卢氏文弨、程氏瑶田、朱氏大韶,皆断从刘说,字当作卿无疑。《石经考文提要》已定作卿,今从之。②

此例使用了详载各本经、注异同法和他书互勘法。至于《仪礼》、《礼记》中的"乡大夫"是否为"卿大夫",历来治《礼》者聚讼纷纭。此例中,培翚遵循

---

① 段熙仲点校,胡培翚:《仪礼正义》,第 138 页。
② 段熙仲点校,胡培翚:《仪礼正义》,第 86—87 页。

刘端临之说,认为"乡大夫"实为"卿大夫"之误(形误)。为此,他广征博引,依次罗列了《刘端临先生遗书》、《经义述闻》、《石经考文提要》等书,从这些材料中梳理出唐代众多书籍皆作"卿大夫"之证据,从而认为"乡"字当作"卿"无疑。从培翚的疏解及引用诸说来看,"乡大夫"为"卿大夫"之误已成定论。彭林先生也支持此说,他说:"卢文弨、程瑶田等也认为当作'卿'。后来徐氏本出,果然是作'卿',刘说遂成定谳。"①培翚从他说断定"乡大夫"为"卿大夫",反映了培翚之卓见。

另外,从此例也可看出,培翚在校勘过程中并未完全迷信唐石经与严本,尽管其治《仪礼》坚持"经文俱从唐石经,注文则从严本"之原则,但他并非一味如此,而是择善而从。可见,培翚在校勘方面常常尊重事实,因此,其结论是令人信服的。

第三节　校勘内容

《正义》校勘内容丰富多样,具体涉及对《仪礼》经文、郑注、贾疏、阮元《校勘记》等内容的校勘。在具体的校勘实践中,又包括对经、注之讹舛、衍文、脱漏、倒乙、句读等内容的校勘,对有的经文条目也予以勘正。

一、对《仪礼》经文之校勘

(一)校经文之讹舛

由于抄写、传刻等多方面原因,《仪礼》经文文字时有讹舛。《正义》对经文文字讹舛的校勘,包括以下几方面内容。

首先,对讹字的勘正。《正义》对经文讹字的勘正,常常指出某字之误。如:

> 卷四:"执玉者则唯舒武,举前曳踵。"《正义》疏曰:"曳加点,非。"②
> 卷二十七:"缁衾,赪里,无纮。"《正义》疏曰:"……纮,右旁加

①彭林:《清人的〈仪礼〉研究》,《清代学术讲论》,第31页。
②段熙仲点校,胡培翚:《仪礼正义》,第270页。

点,误。"①

这是从形体上辨字之误。《正义》在辨析因形近而致讹之字时,有时能从形近字的音、形、义出发,指出某本某字为误。如卷二十六:"设决,丽于掔,自饭持之,设握,乃连掔。"《正义》疏曰:

> 《校勘记》云:"掔,唐石经、严、徐、《集释》俱作'掔',下及注同。钟本误作'掔',《通解》作掔。案:掔、掔二字,形近易讹,及《说文》掔字注中,已误作'掔'矣。"今案:《说文》:"掔,手掔也,从手,臤声,乌贯切。""掔,固也,从手,臤声,若闲切。"二字形、音、义俱别,杨、敖、毛本俱沿《通解》之误。②

此例中,《正义》在《校勘记》的基础上,再根据《说文解字》判断出"掔"、"掔"二字形、音、义俱别,从而肯定了此处经文应为"掔",非"掔"。

通常情况下,《正义》在校勘讹字时,或引他说,或断以己见,指出某字某本误作某。如:

> 卷三:"父送女,命之曰:戒之敬之,夙夜毋违命。"《正义》疏曰:"毋,陈、闽、监本俱误作'母'。凡他篇'毋'字,此本亦有误作'母'者,可以义求之。"③
>
> 卷十四:"司射适次,袒决遂,执弓,挟乘矢于弓外,见镞于衍,右巨指钩弦。"《正义》疏曰:"《校勘记》曰:'袒决遂,袒,唐石经作袒,误。'"④

《正义》指出某字某本误作某,实为对校法。这种对校法的运用,实际上就是考订《仪礼》经文各种版本之异文。《正义》在处理有争议的经文文字时,在取舍上多依唐石经。如:

> 卷一:"士冠礼,筮于庙门。"《正义》疏曰:"张氏淳《仪礼识误》云:'《士冠礼·释文》云:庙,刘昌宗音廟。案:庙,古廟字,引此以证经注不当复有从"朝"者。《冠礼》一卷,经注皆一,自《昏礼》而下,稍稍从"朝",是盖后之抄写校勘者,失于不审而已。今悉改作庙,从《释文》。'

---

①段熙仲点校,胡培翚:《仪礼正义》,第1717页。
②段熙仲点校,胡培翚:《仪礼正义》,第1705页。
③段熙仲点校,胡培翚:《仪礼正义》,第221页。
④段熙仲点校,胡培翚:《仪礼正义》,第848页。

今案：唐石经、严本俱作"庙"。兹撰《正义》，经文俱从唐石经，注文俱从严本，其或石经、严本有误，则改从他本，并注明于下。"①

卷二十九："甕三、醯、醢、屑，幂用疏布。"《正义》疏曰："《校勘记》云：'甕，《释文》、聂氏俱作甀。幂，《通典》作鼏，注及下同。《释文》作幂，云"本又作鼏"。'今案：唐石经及各本俱作'甕'、作'幂'，从之。"②

《正义》在经文的取舍上多从唐石经，对正定《仪礼》经文文字功莫大焉。

其次，《正义》对于《仪礼》中有关经、记讹舛等现象也给予梳理，具体包括以下几方面内容。

其一，经、记讹舛，校经为记。如卷二十："诸侯觐于天子，为宫方三百步，四门，坛十有二寻，深四尺，加方明于其上。"《正义》疏曰：

张氏尔岐云："自此至篇末，皆言时会殷同，及王巡守为坛而见诸侯之事。"今案：据郑注则自此以下至"礼山川丘陵于西门外"为会同之礼，"祭天"而下为巡守之礼也。方氏苞云："'记'字宜冠此节之首。"又云："方明者木也。自为注释，通经所无，记文多此类。"吴氏廷华云："上'侯氏裨冕'，疏谓《白虎通》引《礼记》'天子乘龙，载大旆，象日月升龙'，其文与下节略同，则汉人固以此数节为记也。考十七篇中，有有记者，有无记者，独此篇记只三语，又与诸经不同，则此节以下，其为记说无疑。盛氏亦以为'详其文体，有似乎记'"。今案："四传宾"下注云："王受玉抚玉，降拜于下等，及请事、劳，皆如觐礼，是以记之觐云。"据此则郑注固明以此数节为记矣。方氏、吴氏说可从。③

此例中，《正义》先引方苞、吴廷华、盛世佐之说，后断以己见，认为自此节经文始至以下数节，是记文误作经文。

其二，经、记讹舛，校记为经。如卷二十五："记。"《正义》疏曰：

吴氏廷华《疑义》云："案记不应有传，此自'公子为其母'至'恶笄有首布总'以上，疑为经文。'凡衰外削幅'以下，则记文也。"今案："凡衰外削幅"以下无传，故吴氏云然，盖亦泥于子夏作《传》之说也。④

①段熙仲点校，胡培翚：《仪礼正义》，第6—7页。
②段熙仲点校，胡培翚：《仪礼正义》，第1857—1858页。
③段熙仲点校，胡培翚：《仪礼正义》，第1310—1311页。
④段熙仲点校，胡培翚：《仪礼正义》，第1579页。

此例中,《正义》仅对吴廷华所提及的"'凡衰外削幅'以下,则记文也"提出了自己的看法,那么,《正义》对吴氏所言的此自"公子为其母"至"恶笄有首布总"为经文之说,则是认同的。

其三,经、注羼入,依校当去。如卷三十一:"御者四人,皆坐持体。"郑注:"为不能自转侧。御者,今时侍从之人。"《正义》疏曰:

> 卢氏文弨云:"此记下今本有'男女改服'四大字、注'为宾客来问病亦朝服主人深衣'十三字。考石经无'男女改服'之文,李本并无十三字之注,钟本同,当尽去之。"《石经考文提要》云:"监本此下,衍'男女改服'一节。案此引《通解》而误。盖《通解》于《士丧礼》杂附本经、记及《丧大记》之文,此节乃《丧大记》误入《仪礼》。又此记五节与《丧大记》同。郑两注各异,独此节注不异,明系移彼注此。又因与《士丧礼》不合,妄改庶人为主人。又彼注上文有'新朝服',故曰'亦朝服',此上文无'朝服'字,何以云'亦',足证羼入。"《校勘记》云:"此节经、注,唐石经及严、徐、《集释》、敖氏俱无,《通解》、杨氏俱有。《通解》'庶'字尚未改,杨氏始改'庶人'为'主人'。"今案:下"主人啼"节,注云"于是始去冠而笄,缅服深衣",则不得于属纩前改服深衣也。此节经、注羼入无疑。此亦其一证。毛本有之,盖沿监本之误。据《提要》所见宋本经、注,亦无此节。戴氏震校《集释》,金氏曰追著《仪礼正讹》,皆辨其误。今从唐石经及严本。①

对于经、注羼入其它文字,《正义》也时常予以梳理、校勘。此节经、注文字是否讹舛,众本不一。培翚博采众说,又从上下文中寻出"内证",足以证明此节经、注为他文之讹舛。

其四,传、注错简,辨清旧读。如卷二十三"传曰:嫁者,其嫁于大夫者也。未嫁者,成人而未嫁者也。何以大功也? 妾为君之党服,得与女君同。下言为世父母叔父母姑姊妹者,谓妾自服其私亲也"。《正义》疏曰:

> 今案:"下言"以下二十一字,诸家辨为注文,确不可易。秦氏蕙田、孔氏广森、胡氏承珙亦同此说。金氏榜、江氏筠又谓此传唯"何以大功也妾为君之党服得与女君同"为传文,馀皆属注文。以"嫁者其嫁

于大夫者也未嫁者成人而未嫁者也"为注,引《齐衰三月章》传文,以明旧读者之意。其说未然。盖"嫁者"以下十九字,为此经之传,"何以大功也"十六字,为上经之传,因脱烂在此,旧读遂误合为一。若如金氏、江氏谓注引前传文以明旧读者之意,则当有驳语,何以注末反为"成人而未嫁者"申明其义,是其说必不然矣。郑与旧读异,而传文不异,必须将传注混淆之处辨清,然后经义可解。考此注但辨旧读之误,而不言传误,则"下言"二十一字,断非传文无疑。且以通篇传文考之,辞句简古,亦无此"下言"等文法,则断为注文,又何疑也。[①]

此节传文,旧读错乱无致,难以卒读。它不仅在本传之内发生传、注错简,还与上节经文错乱,并且此错乱自唐石经始各本皆如此。历来治《仪礼》者均有所辨正,特别是清儒辨之最为得力。培翚广采诸家之说,对其误辨正甚确。他认为:"郑氏之注,乃驳旧读,非驳传文。传虽有错简,而解经固自无误,由后人分制郑注,又误注入传,遂使此经之义,瞀乱难明,今虽不敢遽易旧本,而传注混淆,有必不容不辨者,因考定重列于下。"[②]为此,培翚将此节传、注与上两节经文及郑注重新排列,以还旧貌,列于本节注疏之后[③]。

(二)校经文之衍文

《仪礼》经文之衍文现象比较严重,《正义》注重对其进行校勘,具体有以下几方面内容。首先,明确指出经文中某字或某句为衍文。如卷三十九:"主人其祭糗修,祭铏,祭酒,受豕匕湆,拜啐酒,皆如尸礼。尝铏不拜。"《正义》疏曰:

　　"啐酒"上,唐石经有"拜"字。贾疏两解亦谓衍字。敖氏去"拜"字,云"从疏之所谓或本者"。《校勘记》云:"案:贾疏云:'或此经啐酒之上无拜文,有者,衍字也。或者,疑而不定之辞。'敖氏以为或本,非也。经文'拜',疑当作'坐'。"盛氏世佐云:"经云'尝铏不拜',著其异于尸者耳,其他则皆如尸受主妇献之礼也。今以上文考之,彼于主妇设二铏二笾之下,即云:'尸坐,左执爵,祭糗修,同祭于豆祭。'即此所

①段熙仲点校,胡培翚:《仪礼正义》,第1507—1509页。
②段熙仲点校,胡培翚:《仪礼正义》,第1512页。
③段熙仲点校,胡培翚:《仪礼正义》,第1512—1513页。

谓共祭糗修也。又云：'以羊铏之柶挹羊铏，遂以挹豕铏，祭于豆祭，祭酒。'即此所谓祭铏祭酒也。又云：'次宾羞豕匕湆，如羊匕湆之礼，尸坐啐酒。'即此所谓'受豕匕湆祭酒'也。'受豕匕湆'与'啐酒'之间，绝无所谓拜者，则此经'拜'字之为衍文，信矣。彼又云：'左执爵尝上铏执爵以兴。'即此所谓尝铏也。但彼于执爵兴之后，复坐奠爵拜，而此则否，是其异也。尝铏而拜，重其礼也，主人之不拜，下尸也。正祭时，尸尝铏啐酒皆不拜，尸尊也。至是以宾礼待尸，尸于主人之献啐酒则拜，于主妇之献尝铏则又拜，尸益卑也。其于主妇之献，拜铏而不拜酒者，以铏是主妇所亲设，而酒则与主人所献同出一尊，向已告旨讫，故于是略之也。……注乃以'不告旨'释'不拜'，失经意矣。"今案：盛氏释经甚详明。"啐酒"上"拜"字，定为衍字。①

此例，培翚根据盛世佐之说，明确指出经文"拜啐酒"之"拜"为衍文。

《正义》在校勘衍文时，常引他说以完成校勘任务，如上例即是。同时，由上例可知，《正义》在引他说校衍文时，常进行案断。再如：

卷四："若君赐之食，则君祭先饭，遍尝膳，饮而俟，君命之食然后食。"《正义》疏曰："今案：盛氏疑'君命之食然后食'七字为衍文，非矣。"②

卷十八："使者既受行日，朝同位。"《正义》疏曰："《校勘记》云：'唐石经无"既"字。案：疏有"既"字。戴校《集释》据石经删"既"。'今案：'既'字因上节而衍，删之是也。"③

《正义》在以案断的形式判断他说之是非的时候，有时能举出令人信服的证据证明之，使其结论令人信服。如卷二十六："夏葛屦，冬白屦，皆繶缁绚纯，组綦系于踵。"《正义》疏曰：

戴校《集释》以"缁"下"绚"字为衍，与张说同。今案：唐石经有绚字，各家据《释文》及《屦人》注引无绚字，以为衍文。然先郑《屦人》注引此经"冬白屦作冬皮屦"，或先郑所见本与后郑异。后郑《屦人》注云："乌屦有绚，有繶，有纯者，饰也。"又云："言繶必有绚纯，言绚亦有

①段熙仲点校，胡培翚：《仪礼正义》，第2366—2367页。
②段熙仲点校，胡培翚：《仪礼正义》，第262页。
③段熙仲点校，胡培翚：《仪礼正义》，第1136页。

缋纯,三者相将,则有缋纯必有绚。"下云"綦结于跗连绚"可证也。又后郑《屦人》注云:"绚缋纯同色"。盛氏世佐云:"案皆,皆冬夏也。皮葛虽异,其制则同。言缁于缋与绚纯之间,明此三者皆缁也。"①

此例中,培翚先举戴震所校之《仪礼集释》以"绚"字为衍。后以案断的形式罗列各家之说,并引郑玄(后郑)《屦人》注证明"绚"字非衍。培翚此处以郑玄之注及唐石经有"绚"字,证戴震之误,言之有理,持之有据。

另外,《正义》也常引他人之说来断某说之是非,如卷九:"三耦拾取矢,皆袒决遂,执弓,进立于司马之西南。"《正义》疏曰:

> 朱子曰:"此'拾取矢'疑衍。"王氏引之云:"上文既云'命三耦拾取矢',则自皆袒决遂,以下皆言三耦拾取矢之事,故承上文以起下文,曰'三耦拾取矢',言三耦之拾取矢也。始而袒决遂,执弓以待拾取矢。既而上耦拾取矢,既而中下二耦相继拾取矢,是之谓'三耦拾取矢'矣。'三耦拾取矢'五字之意,直贯至下文'三耦拾取矢亦如之'句,非特为'皆袒决遂'三句而设也。皆袒决遂之时,尚未拾取矢也,而其事归于拾取矢,则统谓之三耦拾取矢,且下文'众宾未拾取矢,皆袒决遂,执弓',与此'三耦拾取矢,皆袒决遂,执弓',相对为文,不得以为衍字。"②

此处引王引之说来判断朱熹"疑衍"之说。王引之从上下文以及训诂等角度认为"拾取矢"不得以为衍字,此说立论充分,论证严密,让人信服。

其次,指出经文文字是涉郑注而误衍。如卷七:"明日,宾服乡服以拜赐。"郑注:"乡服,昨日与乡大夫饮酒之朝服也。……今文曰宾服乡服。"《正义》疏曰:

> 云"今文曰宾服乡服"者,郑以乡射明日,宾朝服以拜赐于门外决之。故从古文无上"服"字,今本经文亦作"乡服",殆涉注文而误衍。③

此例中,培翚依据郑注指出经文"宾服"之"服"乃涉郑注而误衍。有时,培翚借他说指出经文文字是郑注而误衍。如卷十八:"辞曰:非礼也,敢。对曰:非礼也,敢。"郑注:"辞,不受也。对,答问也。二者皆卒曰敢,言不敢。"

---

①段熙仲点校,胡培翚:《仪礼正义》,第1685页。
②段熙仲点校,胡培翚:《仪礼正义》,第545—546页。
③段熙仲点校,胡培翚:《仪礼正义》,第416—418页。

《正义》疏曰：

> 《校勘记》云："下句末，唐石经、严、徐俱有'辞'字，《集释》、《通解》、《要义》、杨、敖俱无。张氏曰：'经曰："辞曰：非礼也，敢。对曰：非礼也，敢辞。"注曰："辞，不受也。对，答问也。二者皆卒曰敢，言不敢。"又贾疏云："辞谓宾辞主人，答谓宾答主人，介则在旁曰：非礼也敢。"以注及疏文义考之，下羡一'辞'字，审矣。又尝疑注'辞不受也'之句，上更有一'辞'字，传写者误以注文作经文，今减经以还注，《石经考文提要》从唐石经。'案：张说是也。"①

阮元《校勘记》以为"张说是也"，也即遵从张说，认为注"不受也"前之"辞"为注文，不属经文。唐石经、严本、徐本句末有"辞"字，是误以注文为经文。《石经考文提要》从唐石经，亦误。

再次，对待某些经文是否为衍文，态度较为谨慎，常常以"似衍"、"疑衍"、"未必衍"等来处理。如：

> 卷四："非以君命使，则不称寡。大夫士，则曰寡君之老。"《正义》疏曰："……戴氏震校《集释》云：'《玉藻》篇：上大夫曰下臣，摈者曰寡者之老，下大夫自名，摈者曰寡大夫。大夫私事使，私人摈，则称名。公士摈，则曰寡大夫、寡君之老。是上大夫自称下臣，下大夫自名摈者。称上大夫曰寡君之老，称下大夫曰寡大夫。然必公士摈乃得称之。此文当云"非以君命使，则不称寡大夫、寡君之老"，正与《玉藻》"公士摈则曰寡大夫、寡君之老"互相为义，衍"士则曰"三字耳。'《经义述闻》以戴说为是，云：'据贾疏，大夫下本无士字。经文士字，后人所加。'又云：'则曰二字，因下文士大夫则曰下臣而衍也。'今案：卢氏文弨、朱氏大韶亦俱从戴说，然唐石经及各本皆有'士则曰'三字，未可必其为衍也。汪氏中校本改士为使，云'据郑注，读经"不称寡为句"'，又云'其使则皆曰寡君之某'，可证矣。"②

> 卷十四："负侯许诺，如初去侯，皆执旌以负其侯而俟。"《正义》疏曰："今案：'去侯'二字似衍，下第二次射云：'司马命去侯，负侯许诺如初。司马命取矢，负侯许诺以旌，负侯如初。'盖未射则负侯者执旌，负

①段熙仲点校，胡培翚：《仪礼正义》，第1143—1144页。
②段熙仲点校，胡培翚：《仪礼正义》，第268—269页。

其侯而侯,将射则去侯取矢,又执旌以负侯。三番射皆然。上文司马命去侯,负侯皆许诺,以宫趋,直西,及乏南,又诺以商,至乏声止。授获者退立于西方。此既射,司马命取矢,负侯者从乏西进,而负侯以侯,不得云‘去侯’,故疑为衍。”①

第一例中,培翚据唐石经及各本皆有“士则曰”三字,认为其“未可必其为衍也”,并举汪中之说为证。第二例中,培翚认为“去侯”二字“似衍”,并从上下文中找出证据以证明之。以上两说皆能自成一家之言。培翚并未武断下结论,而是以存疑的方式处理之,反映了审慎的治经态度。

(三)校经文之倒乙

《正义》对《仪礼》经文倒乙现象也予以校勘,如卷三:“对曰:某得以为昏姻之故,不敢固辞,敢不从。”《正义》疏曰:

> 《校勘记》曰:“‘以得’,唐石经、徐本、《通解》、杨氏、敖氏俱作‘得以’。”②

《正义》有时指出某本因注文而误倒,如卷三十一:“亦张可也。”郑注:“亦使可张。”《正义》疏曰:

> “张可”,《校勘记》云:“唐石经、严、徐、《集释》、杨、敖俱如此。《通解》与今本作‘可张’。《石经考文提要》云:‘监本沿《通解》之误。’……”今案:张氏《监本正误》引吴本,亦作“张可”,《通解》盖因注文而误。张,张弓也。此入圹之弓,功虽粗略,亦使可张,但不可射耳。③

此处,培翚先引阮元《校勘记》之说,指出《通解》、今本、监本将经文“张可”误倒作“可张”,后又以“今案”的形式指出《通解》“盖因注文而误”。这样的推断合情合理。

(四)校经文之脱漏

《仪礼》经文脱漏现象比较普遍,历来研究《仪礼》的学者都比较注重对

①段熙仲点校,胡培翚:《仪礼正义》,第 865—866 页。
②段熙仲点校,胡培翚:《仪礼正义》,第 227 页。
③段熙仲点校,胡培翚:《仪礼正义》,第 1966 页。

此进行校勘。《正义》对《仪礼》经文脱漏的校勘,包括以下几方面内容:其一,《正义》在校勘脱漏经文时,常顺带谈及郑注之脱漏,并以"今本经注俱脱"、"此节经注,今本并脱"等字样以表示。如卷三:"婿授绥,姆辞曰:未教,不足与礼也。"郑注:"姆,教人者。"《正义》疏曰:

> 经文十四字,唐石经、徐本、《集释》、《通解》皆有。注四字,徐本、《集释》、《通解》、杨氏皆有,今本经注俱脱。[1]

这种经、注俱脱的现象,在《仪礼》中往往表现为该节之经、注一并脱漏。在《仪礼》之记中也有这种现象。如卷十:"士鹿中,翭旌以获。"郑注:"谓小国之州长也。用翭为旌以获,无物也。古文无以获。"《正义》疏曰:

> 《校勘记》云:"记七字,唐石经、徐本、《通典》、《通解》、杨氏、敖氏字俱有,今本并脱。注二十一字,今本俱脱。徐本、《通解》俱有。"[2]

其二,《正义》有时引他说校经文之脱漏。如卷十八:"所以朝天子,圭与缫皆九寸,剡上寸半,厚半寸,博三寸,缫三采六等,朱白仓,朱白仓。"《正义》疏曰:

> 《杂记》孔疏引此记作"缫三采六等,朱白苍,朱白苍"。朱子云:"记只有'朱白苍'三字,而《杂记》疏所引,乃重有之,不知何时传写之误,失此三字。"今案:朱白苍,三采为六等,必重言之义始明也,今从之。又案:唐石经亦失此三字。[3]

《正义》对于经文脱漏的校勘,常常与经文讹误的校勘连在一起,如卷四:"凡自称于君,士大夫则曰下臣。"《正义》疏曰:

> 戴氏云:"经当作'上大夫'。唐石经'上'字摩灭,各本讹作'士'。考前疏云:《玉藻》'上大夫曰下臣'与此同也。"卢氏云:"石经'士'字甚清楚,不如戴说。"今案:自称于君,何以但言上大夫,而不及下大夫与士? 如戴说则此节有脱误矣。各本作士,仍之。"[4]

---

[1] 段熙仲点校,胡培翚:《仪礼正义》,第 223 页。
[2] 段熙仲点校,胡培翚:《仪礼正义》,第 660 页。
[3] 段熙仲点校,胡培翚:《仪礼正义》,第 1138—1139 页。
[4] 段熙仲点校,胡培翚:《仪礼正义》,第 271 页。

（五）校经文之分节

《正义》对《仪礼》经文分节的校勘，往往指出某些经文条目应合并为一条。如卷二十四："孙适人者。"郑注："孙者，子之子，女孙在室，亦大功也。"《正义》疏曰：

> 《尔雅》："子之子为孙。"上《大功章》"庶孙"，郑注云"男女皆是"，故此云"女孙在室，亦大功也"。马氏云："祖为女孙适人者降一等，故小功也。"义与郑同。案经"孙"不言"女"者，敖氏云："适人则为女孙无嫌，故不必言女。"又云："三者适人，其服同。谓此姊妹孙三者，在室大功，适人，皆降小功也。"方氏苞、蔡氏德晋说亦同。程氏瑶田云："'适人者'三字，总承'从父姊妹孙'，知必承'从父姊妹者'，'以姊妹适人者'，在《大功章》，'从祖姊妹适人者'，在《缌麻章》，比例而知之也。"今案：此说最确。郑注《大功章》"从父昆弟"云："其姊妹在室亦如之。"是郑以此章"从父姊妹"为指适人者言明甚。郑本不误，贾自误耳。以此断之，则"从父姊妹"、"孙适人者"，当合为一节无疑矣。[①]

今案：此例中，培翚所提及的"从父姊妹"，原属上一节经文。按照培翚等人的推断，郑玄对于此章之"从父姊妹"，实指"适人者"而言，非指"在室者"。由此，则上节经文"从父姊妹"与此节经文"孙适人者"当合为一节，于此则意义明矣。培翚等人的推断合乎情理，不失为一家之言。

（六）校经文之重字

《正义》对《仪礼》经文重字进行校勘，指出其非为衍文。如卷三十五："主妇设两敦黍稷于俎南，西上，及两铏铏芼设于豆南，南陈。"《正义》疏曰：

> 《校勘记》云："唐石经重铏字。张氏曰：'监本云："及两铏铏芼"，多一铏字，从诸本。'"《经义述闻》云："作'两铏铏芼'者，是也。上铏是盛羹之器，下铏即羹也。铏，所以盛羹，故因谓羹芼为铏芼。'尸祭铏尝之'，注云：'铏，肉味之有菜和者，引《曲礼》客絮羹，主人辞不能亨。'然则'两铏铏芼'，犹言两铏羹芼，必重一铏字而义始明。若云'两铏

芺’，则是两铡中有芺而无虋，于文为不备矣。《召南·采蘩正义》引此，亦作‘两铡铡芺’，是唐人所见本皆重一铡字，当从唐石经。”谨案：《述闻》之说是也。①

王引之《经义述闻》先分析两铡字的意义，进而认为“必重一铡字而义始明”。后又举证《召南·采蘩正义》引此亦作“两铡铡芺”，故而断定“唐人所见本皆重一铡字，当从唐石经”。培翚遵循《经义述闻》之说，认为唐石经重铡字为是，非衍一铡字。

二、对《仪礼》郑注之校勘

（一）校郑注之讹字

《正义》对郑注讹字的校勘，包括以下几方面内容。首先，指出某字某本误作某。如卷一：“赞者洗于房中，侧酌醴，加柶，覆之，面叶。”郑注：“古文叶为擖。”《正义》疏曰：

> 注“古文叶为擖”，陈、闽、监、葛，“擖”俱误作“揭”。②

《正义》在校勘时，有时也引他说对讹字进行考辨，从理校的角度校其为讹字。如卷四：“宾对曰：某不敢为仪，固以请。”郑注：“言如故请终赐见也，今文不为非。”《正义》疏曰：

> 注“言如故”，《集释》作“故”，严本及各本俱讹作“固”。程氏瑶田云：“案上注云‘固，如故也’，今解此固字，即承用‘如故’二字，若作‘固’，则如字不可通也。今从《集释》。”③

其次，《正义》常引他说校郑注之讹字。如卷八：“主人阼阶上再拜，宾西阶上答再拜，皆揖就席。”郑注：“为己安也。今文揖为升。”《正义》疏曰：

> 注云“今文揖为升”者，胡氏承珙《古今文疏义》云：“案上文云‘宾升席，主人升席’，言升则不言就，言就则亦不必言升。又云‘大夫及众

①段熙仲点校，胡培翚：《仪礼正义》，第2119页。
②段熙仲点校，胡培翚：《仪礼正义》，第76页。
③段熙仲点校，胡培翚：《仪礼正义》，第240页。

宾皆升就席者,谓自堂下升也'。此宾、主皆在皆上,不必言升,今文盖涉上'主人升就席'而误,故郑从古文。"胡氏肇昕云:"《乡饮酒礼》皆揖复席,注不云'今文揖为升',则《乡饮》今文也作'揖'可知,此作'升',乃字之误也,故郑不从之。"①

校勘讹字时,引他说后常进行案断。如卷三十三:"其他如馈食。"郑注:"今此如馈食,则尸俎,胏俎,皆有肩臂,岂复用虞臂乎? 其不然明矣。"《正义》疏曰:

> 云"今此如馈食,则尸俎,胏俎,皆有肩臂,岂复用虞臂乎? 其不然明矣"者,李氏云:"《特牲馈食礼》,尸俎右臂,阼俎臂用左。阼俎,主人俎也。今阼作胏,非。"《经义述闻》云:"注'胏俎'当为阼俎,今作'胏俎'者,涉上注而误。胏俎心舌,安得有臂乎? ……"今案:李氏及《述闻》之说,是也。郑以如馈食,则尸俎,阼俎,皆有臂,岂复取虞祭之臂而用之乎? 此以决其不然也。②

此例中,培翚引李氏及《经义述闻》之说,认为郑注之"胏俎"为"阼俎"之误。其引李氏之说,实采用本校法,通过检阅《特牲馈食礼》之尸俎、阼俎之用法,证郑注之"胏俎"应为"阼俎",证据充分。其引王氏《经义述闻》之说,实采用本校与理校相结合的方法,指出其误有二:一为涉上注而误;一为胏俎用法之误。《述闻》之说,证据也很充分。如此,则郑注"胏俎"应为"阼俎",明矣。

再如卷三十六:"壶,棜禁,馔于东序,南顺,覆两壶焉。盖在南。明日卒奠,幂用绤,即位而彻之,加勺。"郑注:"覆壶者,盉沥水,且为其不宜尘。幂用绤,以其坚洁。禁言棜者,祭尚厌饫,得与大夫同器,不为神戒也。"《正义》疏曰:

> 盖禁之名,所以为生人饮酒戒,若丧祭用以奠神,不取禁戒之义,故大夫承尊之器本名棜,《少牢》祭祀仍其本名,而于《乡饮》、《乡射》饮酒时则变名斯禁,兼存戒义。然不专以禁名,示别于士之用禁也。士承尊之器本名禁,《士冠》、《士昏》、《饮酒》仍其本名。而于《特牲》祭祀

---

① 段熙仲点校,胡培翚:《仪礼正义》,第 491 页。
② 段熙仲点校,胡培翚:《仪礼正义》,第 2067—2068 页。

时则变为椸禁，示不为戒，然仍存禁之名，以别于大夫之名椸也。此篇经云"壶、禁在东序"，则仍名禁，记兼言椸，明其实也。此《仪礼》诸篇称名之异，乃其义之至精者。《玉藻》："大夫侧尊用棜，士侧尊用禁。"即本《礼经》言之也。《礼器》："有以下为贵者，天子诸侯之尊废禁，大夫士棜禁。"郑注："废，犹去也。棜，斯禁也。谓之棜者，无足，有似于棜，或因名云耳。大夫用斯禁，士用禁，禁如今方案，隋长局足高三寸。"孔疏："棜长四尺，广二尺四寸，深五寸，无足，赤中，画青云气菱苕华为饰。禁长四尺，广二尺四寸，通局足高三寸，漆赤中，青云气菱苕华为饰，刻其足为褒帷之形也。云'禁如今方案，隋长局足高三寸'者，据《汉礼器制度》而知，是棜无足，禁有足也。《礼器》注，今本多作'士用棜禁'，不叠禁字。"张氏敦仁《礼记郑注考异》云："案《正义》解经云：'大夫士棜禁者，谓大夫用棜，士用禁'，解注云：'《玉藻》云士用禁。'又《士冠礼》、《士昏礼》承尊借用禁，是士用禁也。据此则其本注作'士用禁'，无棜字，而贾氏《乡饮》疏引仍作'士用棜禁'，且云'故《礼器》大夫士总名为棜禁'云云，是贾本有棜字也。盖当时两本并行耳。"今案：张氏谓孔《正义》本作"士用禁"无棜字，是矣。但据《正义》出注云"禁如今方案，隋长局足高三寸"，则"士用禁"下，当叠禁字。此注孔本是而贾本非。[1]

今案：贾公彦《仪礼注疏》卷八《乡饮酒礼第四》于经文"尊两壶于房户间，斯禁。有玄酒，在西。设篚于禁南，东肆，加二勺于两壶"条下，疏云："《礼器》云'大夫士棜禁'，注云：'棜，斯禁也。谓之棜者，无足，有似于棜，或因名云耳。大夫用斯禁，士用棜禁。'然则禁是定名，言棜者是其义称。故《礼器》大夫士总名为棜禁。"[2]此处，贾疏引《礼器》注实作"士用棜禁"。而孔颖达《礼记正义》卷二十三《礼器第十》于经文"有以高为贵者。天子之堂九尺，诸侯七尺，大夫五尺，士三尺。天子诸侯台门。此以高为贵也。有以下为贵者。至敬不坛，埽地而祭。天子、诸侯之尊废禁，大夫、士棜禁。此以下为贵也"条下，引郑注云："……棜，斯禁也。谓之棜者，无足，有似于

---

① 段熙仲点校，胡培翚：《仪礼正义》，第 2203—2204 页。
② 李学勤主编：《十三经注疏·仪礼注疏》，第 130—131 页。

棳，或因名云耳。大夫用斯禁，士用棳禁。"①可见，孔颖达《礼记正义》所引
郑注也作"士用棳禁"。而孔颖达疏则略去"棳"字，称"士用禁"："'大夫、士
棳禁'者，谓大夫用棳，士用禁。"②故培翚此处之案语所指"孔本《正义》"，
实指《礼记正义》之孔疏。因此，培翚所云"此注孔本是而贾本非"实有误，
应改为："此孔本疏是而贾、孔本注非。"

　　（二）校郑注之衍文

　　首先，《正义》直接指出郑注中某字为衍文或指出某本衍某字。如卷三
十三："尸出，执几从，席从。"郑注："祝入亦告利成。入前尸，尸乃出。几
席，素几苇席也。以几席从，执事也。"《正义》疏曰：

　　　　注云"祝入亦告利成。入前尸，尸乃出"者，上"入"字是衍文。③

　　其次，借他说校衍文。如卷九："获者负侯，北面拜受爵，司马西面拜送
爵。"郑注："古文曰再拜受爵。"《正义》疏曰：

　　　　云"古文曰再拜受爵"者，胡氏承珙《古今文疏义》曰："案《大射仪》
　　'献服不'，云'服不，侯西北三步，北面拜受爵'，与此献获者事同，知古
　　文'再'字衍也。"④

　　《正义》借他说校郑注衍文时，常对他说进行案断。如卷九："司马由司
射之南退，释弓于堂西，袭，反位。"郑注："上既言袭矣，复言之者，嫌有事即
袒也。凡事升堂乃袒。"《正义》疏曰：

　　　　云"上既言袭矣，复言之者，嫌有事即袒也"者，敖氏云："司马是时
　　不执弓，无嫌于不袭，此袭字盖衍。"胡氏肇昕云："上袭以命弟子设楅，
　　退而释弓，是无事即袭也。此进则有事矣，而云袭者，以在堂下也，故
　　曰嫌有事即袒也。经文所以详言之。敖氏谓为衍文，非是。"⑤

　　再次，对待一些难以确定是否为衍文的郑注文字，《正义》常常以"疑

①此处"士用棳禁"，李学勤主编之《十三经注疏》本据阮校删"棳"字。见李学勤主编：《十三经注
　疏·礼记正义》，第730页。
②李学勤主编：《十三经注疏·礼记正义》，第730页。
③段熙仲点校，胡培翚：《仪礼正义》，第2051页。
④段熙仲点校，胡培翚：《仪礼正义》，第582—583页。
⑤段熙仲点校，胡培翚：《仪礼正义》，第535—536页。

衍"加以界定。如卷十八："三献。"郑注："室老亚献,士三献也。每献奠,辄取爵酌主人,自酢也。"《正义》疏曰:

> 云"每献奠,辄取爵酌主人,自酢也"者,褚氏云:"'主人自酢也'句,似赘。"张氏尔岐言:"当以'辄取爵酌主人'为句,'自酢也'为句,言室老士酌主人,因自酢也。如此则颇似《特牲》、《少牢》致爵主人之意,亦通。"今案:"主人"二字疑衍。正祭每献讫,尸酢之,此无尸,故皆自酢。但主人自酢,已详上注,此言"每献奠,辄取爵酌,自酢"者,指亚献、三献言之也,不当有"主人"二字。贾疏举前包后之说,固为迂曲,张说亦未的当。①

复次,对于将贾疏误为郑注的,《正义》也予以勘正。如卷十九:"先者反之,由门入,升自西阶。"郑注:"庶众多,羞人不足,则相授于阶上,复出取也。"《正义》疏曰:

> "先者反之"下,毛本有注云:"释曰反之者,以其庶羞十六豆,羞人不足,故先至者反取之。"下文云:"先者一人升,设于稻南,其人不反。"则此云"先者反之",谓第二以下为先者也。《校勘记》云:"此'释曰'以下五十五字,是疏,误作注。《通解》载此疏于下节注下。"盛氏云:"此节疏监本误作注,置诸'先者反之'下。"今案:首有"释曰"二字,为疏文无疑。严本及陈单注本俱无此注,从之。②

(三)校郑注之倒乙

《正义》对《仪礼》郑注倒乙的校勘,常指出某本某字句之误倒。如卷十八:"既致饔,旬而稍,宰夫始归,乘禽,日如其饔饩之数。"郑注:"古文既为饩。"《正义》疏曰:

> 今案:古文既为饩,胡氏承珙《古今文疏义》作"古文饩为既",云:"十行本作'古文既为饩',毛本同。盖皆传写误倒,今更正。案:此'饩为既'者,以饩为经内'饔饩'之饩,非'既致饔'之既也,若以为'既致饔'之既,则既训已,与饩义绝不相通,无缘致误。疏义说似是。然严

---

① 段熙仲点校,胡培翚:《仪礼正义》,第1115—1116页。
② 段熙仲点校,胡培翚:《仪礼正义》,第1221页。

本及各本俱与十行本同,兹仍之而附其说于后焉。"①

（四）校郑注之脱漏

首先,《正义》指出某本脱某字,如卷四:"宾对曰:某也既得见矣。敢辞。"郑注:"辞君还其挚也,今文无也。"《正义》疏曰:

> 注末,《集释》、《通解》、毛本俱作"今文无也",严、徐俱作"今文无",脱"也"字。②

《正义》在校勘脱漏时,还提出具体的证据,让人信服。如卷二十六:"为铭,各以其物,亡则以缁。长半幅,赪末,长终幅,广三寸。书铭于末,曰:某氏某之柩。"郑注:"大夫士之所建也,以死者为不可别,故以其旗识识之,爱之斯录之矣。"《正义》疏曰:

> 注"大夫士之所建也",严本脱"士"字,据《周礼·司常》云"大夫士建物",当有"士"字。"故以其旗识识之",严本脱"以"字。据《檀弓》原文当有。③

此例中,培翚先指出严本郑注脱字,然后再据《周礼·司常》及《礼记·檀弓》等文证明其确实当有所脱之字。今案:《周礼·司常》云:"孤卿建旃,大夫士建物。"④实有"士"字。严本无,实脱。另,此例之郑注"以死者为不可别,故以其旗识识之,爱之斯录之矣",实引自《礼记·檀弓》之文,原文为:"以死者为不可别已,故以其旗识之,爱之,斯录之矣。"⑤可见《檀弓》原文有"以"字。严本无,实脱。

其次,《正义》常引他说校勘某本郑注之脱漏。如卷十八:"又拜送。"郑注:"拜送宾也。其辞盖云:子将有行,寡君敢拜送。自拜聘享至此,亦非其次,宜承上君馆之下。"《正义》疏曰:

> 《校勘记》又云:"注'自拜聘享至此,亦非其次,宜承上君馆之下'

---

① 段熙仲点校,胡培翚:《仪礼正义》,第 1168 页。
② 段熙仲点校,胡培翚:《仪礼正义》,第 247 页。
③ 段熙仲点校,胡培翚:《仪礼正义》,第 1664 页。
④ 李学勤主编:《十三经注疏·周礼注疏》,第 732—733 页。
⑤ 李学勤主编:《十三经注疏·礼记正义》,第 266 页。

共十七字,严、徐、《集释》俱如是。今本作'此宜承上君馆之下',脱九字,《通解》只有下七字。"①

再次,对某本误断郑注之脱漏也予以辩驳。如卷四十:"主人出立于阼阶上,西面,祝出立于西阶上,东面。"郑注:"自主人出至此,与宾杂者也。"《正义》疏曰:

> 注云"自主人出至此,与傧杂者也"者,贾疏谓"有同有不同,故云杂"。今案:自"主人出"至"祝反,复位于堂中",与傧略同,唯《少牢》言尸谡在主人降之前,为稍异耳。又"祝反,复位于室中"下,《少牢》有"主人入室复位"之文,《特牲》亦有之,此无者,文偶不具耳。敖氏以为脱,非也。②

三、对《仪礼》贾疏之校勘

《正义》对《仪礼》贾疏也进行校勘,如上文提到的对毛本将贾疏误作郑注进行校勘即为一例。贾疏的疏漏之处存在于多方面,本节从校勘的角度谈谈《正义》对贾疏之勘正。

首先,校贾疏之讹字。《正义》常常是随着对经、注的疏解而顺便提出贾疏某字作某为误,如《士冠礼》:"主人玄冠,朝服,缁带,素韠,即位于门东,西面。"郑注:"主人,将冠者之父兄也。……凡染黑,五入为緅,七入为缁,玄则六入与?"贾公彦疏注云:"案《尔雅》'一染谓之縓,再染谓之赪,三染谓之纁。'此三者皆是染赤法。《周礼·钟氏》染鸟羽云:'三入为纁,五入为緅,七入为缁。'此是染黑法,故云凡染黑也。但《尔雅》及《周礼》无四入与六入之文,《礼》有色朱玄之色,故注此玄则六入,下经注云朱则四入,无正文,故皆云'与'以疑之。但《论语》有绀緅连文,绀又在緅上,则以纁入赤为朱,若以纁入黑则为绀。故《淮南子》云:'以涅染绀,则黑于涅。'又以绀入黑汁则为緅,故绀緅连言也。若然,玄为六入,缁为七入,深浅不同。而郑以衣与冠同,以缁与玄同色者,大同小异,皆是黑色,故云同也。"③培翚对贾疏校勘曰:"又案:《淮南子·俶真训》云:'以涅染缁,则黑于涅。'贾疏

---

①段熙仲点校,胡培翚:《仪礼正义》,第1176页。
②段熙仲点校,胡培翚:《仪礼正义》,第2425页。
③李学勤主编:《十三经注疏·仪礼注疏》,第8页。

引作'以涅染绀',误。"①

再如《士昏礼》:"御衽于奥,媵衽良席在东,皆有枕,北止。"郑注:"衽,卧席也。妇人称夫曰良。《孟子》曰:'将瞯良人之所之。'止,足也。古文止作趾。"对于此注所引《孟子》之语"将瞯良人之所之"中的"瞯",贾疏引作"见",《正义》认为:"此《仪礼》注当从《释文》作'覸',贾疏作'见',非也。"②

其次,校贾疏误释郑注为衍文。如卷九:"若右胜,则曰右贤于左,若左胜,则曰左贤于右。以纯数告。若有奇者,亦曰奇。"郑注:"贤,犹胜也。言贤者,射之以中为隽也。假如右胜,告曰右胜于左若干纯,若干奇。"《正义》疏曰:

> 贾疏云:"若干者,数不定之辞。凡数法一,一已上,得称若干,奇则一也,一外无若干,郑亦言'若干'者,因纯有若干,奇亦言'若干',奇言'若干'者,衍字也。……"胡氏肇昕云:"《投壶》'某党贤于某党若干纯',奇则曰'奇',纯言'若干',奇不言'若干'者,承'纯'而省之也。盖所馀之算,尽纯数则曰'若干纯',若有奇数则不除其纯数,而唯曰'若干奇'也。贾疏疑为衍文,非是。"③

贾疏以为郑注"若干奇"之"若干"为衍文。胡肇昕补《正义》则依据《礼记·投壶》之"卒投,司射执算曰:'左右卒投,请数。'二算为纯,一纯以取,一算为奇。遂以奇算告,曰:'某贤于某若干纯。'奇则曰'奇',均则曰'左右钧'"④,认为贾疏衍文之说非是。

再次,对贾疏的矛盾之处进行校勘。贾疏在上下文中明显存在有矛盾之处,培翚在疏解中也予以指出,并勘正其错误。如卷十八:

> 贾疏云:"郑作《论语序》云:'《易》、《诗》、《书》、《礼》、《乐》、《春秋》,策皆二尺四寸,《孝经》谦半之,《论语》八寸策者,三分居一又谦焉。'是其策之长短。郑注《尚书》:'三十字,一简之文。'服虔注《左氏》云:'古文篆书,一简八字。'是一简容字多少者。"今案:贾疏原文作"《春秋》策皆尺二寸",据《校勘记》改"二尺四寸",下云"《孝经》谦半

①段熙仲点校,胡培翚:《仪礼正义》,第11页。
②段熙仲点校,胡培翚:《仪礼正义》,第187页。
③段熙仲点校,胡培翚:《仪礼正义》,第572—573页。
④李学勤主编:《十三经注疏·礼记正义》,第1570页。

之",乃一尺二寸也。①

贾疏认为"《易》、《诗》、《书》、《礼》、《乐》、《春秋》,策皆尺二寸"②,又认为"《论语》八寸策者,三分居一又谦焉",显然前后矛盾。阮元作《校勘记》依据《春秋序》所疏"郑玄注《论语序》以《钩命诀》云'《春秋》以二尺四寸书之,《孝经》一尺二寸书之'",断定"六经之策皆称长'二尺四寸'"③。故阮氏将其改为"《易》、《诗》、《书》、《礼》、《乐》、《春秋》,策皆二尺四寸",培翚作《正义》因之。

第四,对贾疏误分经文进行校勘。如《正义》卷二十四疏曰:

> 程氏瑶田云:"'适人者'三字,总承'从父姊妹孙',知必承'从父姊妹者','以姊妹适人者',在《大功章》,'从祖姊妹适人者',在《缌麻章》,比例而知之也。"今案:此说最确。郑注《大功章》"从父昆弟"云:"其姊妹在室亦如之。"是郑以此章"从父姊妹"为指适人者言明甚。郑本不误,贾自误耳。以此断之,则"从父姊妹"、"孙适人者",当合为一节无疑矣。④

贾疏将经文"从父姊妹孙适人者"分为"从父姊妹"、"孙适人者"两节。培翚在疏解时引用程瑶田之言,并认为程氏之言最确。后又下案语,指出贾疏之误,并断定经文"从父姊妹"、"孙适人者"应合为一节。

第五,对贾疏句读进行校勘。有关此方面内容详参本书第十章第一节相关论述,此处不再赘述。

当然,《正义》对贾疏的校勘并不十分常见。尽管文中频繁提及"贾疏误"等字样,其实大多是针对贾公彦对《仪礼》经、注的疏解内容之正误而言的,非专指对贾氏疏文之校勘,这是我们必须要弄清楚的,不能混为一谈。

四、对阮元《仪礼注疏校勘记》之校勘

《正义》对阮元《仪礼注疏校勘记》(以下简称《校勘记》)也进行校勘,表现为在征引阮元《校勘记》之后,对该书中错误的校勘内容也给予纠正,常常以

---

①段熙仲点校,胡培翚:《仪礼正义》,第1133—1134页。
②李学勤主编:《十三经注疏·仪礼注疏》,第450页。
③阮元校刻:《十三经注疏(附校勘记)》(全二册),中华书局1980年版,第1076页。
④段熙仲点校,胡培翚:《仪礼正义》,第1532页。

"案语"的形式表现出来。具体校勘内容详见下节相关论述，此处不再赘述。

第四节　《仪礼正义》与《仪礼注疏校勘记》校勘之比较

《正义》除《丧服》、《士丧礼》、《士虞礼》、《特牲馈食礼》等部分章节外，其馀篇章在校勘内容方面基本上逐条征引了《校勘记》中关于《仪礼》经、注的校勘内容，并在征引过程中常标示"《校勘记》云"以明之，可谓是充分吸收了《校勘记》的校勘成果①。但《正义》在校勘方面与《校勘记》又有诸多不同之处。为了全面深入地了解《正义》的校勘成就及其在《仪礼》校勘学史上的地位，本节专门讨论《正义》与《校勘记》在校勘方面的异同，并进而比较两者在《仪礼》校勘学史上的地位。

一、两书校勘之异同

（一）两书校勘的相同之处

《正义》在校勘中，广泛征引了《校勘记》的校勘内容。其引《校勘记》有两种方式，一明引，一暗引。明引时，则直接说明"《校勘记》云"，所引内容与《校勘记》校勘内容一致。如《丧服》"传曰：缌衰者何？以小功之缕也"。郑注："而成布四升半。"《正义》疏曰："《校勘记》云：徐本'布'下有'尊'字。"②此条校勘内容就是直接引用《校勘记》的。（笔者按：本文此处所引《仪礼注疏校勘记》为《续修四库全书》影印文选楼刻本，载《续修四库全书》第 181 册，上海古籍出版社 2002 年版。为便于复案，以下所引该书例证均随文标注页码，不另行注释。）

暗引时，则省去"《校勘记》云"字样，直接进行校勘，但其校勘的部分内容与《校勘记》内容一致。《正义》这部分的校勘内容，常常是在《校勘记》的校勘内容之前添加《校勘记》未录之参本，如《士相见礼》"在野，则曰草茅之臣"。《正义》疏曰："毛本草作艸。唐石经、严、徐、闽本、《释文》、《集释》、

---

① 经笔者考证，《仪礼正义》一书所引《校勘记》的版本即为文选楼刻本，具体详参拙作《〈仪礼正义〉所引〈仪礼注疏校勘记〉之版本考》一文，载《大学图书情报学刊》2011 年第 2 期。
② 段熙仲点校，胡培翚：《仪礼正义》，第 1520 页。

《通解》、《要义》、敖氏俱作草。"①而《校勘记》于此条校云:"艸,唐石经、徐、闽、《释文》、《集释》、《通解》、《要义》、敖氏俱作草。"(324页)两相比较,可知《正义》比《校勘记》增加了其未录的毛本及严本,其馀内容一致。这种暗引《校勘记》的校勘形式在胡、杨补编的五篇十二卷中较为常见,而在培翚亲手撰著的篇章中,则主要采用了明引的方式。由于《正义》善于征引《校勘记》的校勘内容,因而两书在校勘内容方面有很多是一致的。此其一。

其二,两者选用的校勘底本相同。阮元在《校勘记》之序中说:"大约经、注则以唐石经及宋严州单注本为主。"(第287页)前文谈到《正义》所选用的《仪礼》经、注的校勘底本也是如此。可见二人所选用的校勘底本是一样的。二人选择唐石经及严本分别作为《仪礼》经文与郑注的校勘底本,说明了他们的眼光是一致的,同样富有卓见。

其三,两者选用的参本,有很多也是一样的,且都善于选用善本。《校勘记》书首有"引据各本目录"(第287—288页),详细记载了该书所用到的参校版本,计有:翻刻宋单注本、明钟人傑单注本、明永怀堂单注本、宋单疏本、李元阳注疏本(闽本)、国子监注疏本、汲古阁注疏本、清朝重修国子监注疏本、《经典释文》、《仪礼识误》、《仪礼集释》、《仪礼经传通解》、《仪礼要义》抄本、《仪礼图》、《仪礼集说》、浦镗《仪礼正字》、《仪礼详校》、《九经误字》、《石经考文提要》。《校勘记》所选用的这些参本大都是善本,如翻刻宋单注本简称徐本,则是清人访得的《仪礼郑氏注》刻本,是明徐氏翻刻于嘉靖年间。据清人研究,此书"又有胜于严州本之处"②。对于这些善本,《正义》也都一一选用。特别是二人使用徐氏本进行参校,有学者称其"校勘弥精,使落叶尽扫"。③ 可见,两书在《仪礼》学校勘学史上都具有重要的价值。

第四,在校勘原则上,《正义》也是遵循《校勘记》的。阮元曾在《校勘记》之序中说:"今校是经,宁详毋略,用郑氏家法也。"(287页)培翚撰《正义》,遵循了《校勘记》的校勘原则,并详载各本经、注之异同。可见二人的

---

①段熙仲点校,胡培翚:《仪礼正义》,第271页。

②彭林:《清人的〈仪礼〉研究》,彭林、郑吉雄主编:《清代学术讲论》,第31页。

③彭林先生认为:"胡培翚撰《仪礼正义》时,又得见徐氏本,故校勘弥精,使落叶尽扫。"见彭林:《清人的〈仪礼〉研究》,参彭林、郑吉雄主编:《清代学术讲论》,第31页。其实,阮元《仪礼注疏校勘记》也引用徐氏本进行参校。在《仪礼注疏校勘记》书首之"引据各条目录"中的"翻刻宋单注本"下注曰:"明徐姓翻刻于嘉靖时,祖严本而稍异。《记》中凡与严州及钟人傑本合者,则称徐本。"足以证明《仪礼注疏校勘记》也以徐氏本为参本。因此,此话也可用来概括二人的校勘成就。

校经思想、校经原则是一致的。

（二）两书校勘的不同之处

1. 两者选用的参本不尽相同。《正义》在《校勘记》的基础上，又增加了一些校勘参本，如：张敦仁刊注疏本，汉石经残字（张国淦藏本），欧阳修《集古录》（据校汉碑数种）、谢子祥《三礼图》、张参《五经文字》，唐玄度《九经字样》，张尔岐《仪礼监本正误》，金曰追《仪礼经注疏正讹》，胡承珙《仪礼古今文疏义》，惠栋《仪礼古义》、阮元《仪礼注疏校勘记》，郑玄《仪礼目录》，臧庸《仪礼目录》，胡匡衷《仪礼目录校证》等。在这些参本中，张敦仁刊注疏本与汉石经残字（张国淦藏本）都为难得的善本，如张敦仁合刻的《仪礼注疏》，顾广圻曾对其有"本莫善矣"之评价。培翚用之，甚为难得。

2. 两者所进行的校勘内容不尽相同。

（1）《校勘记》所校内容主要针对《仪礼》经、注及贾疏，且对贾疏的校勘所占比例较大。《正义》则主要偏重于对《仪礼》经、注的校勘，只是偶尔涉及对贾疏的校勘。当然，《正义》对《校勘记》的校勘结果也进行校勘。这是两书在校勘内容上的最大不同。

（2）有的内容，《校勘记》进行了校勘，而《正义》未出校。

《正义》对《仪礼》经、注的校勘，常常是逐条征引《校勘记》的校勘内容，但有时也出现不出校的现象，对《仪礼》经文的校勘，《丧服》篇："传曰：斩者何？不缉也。苴绖者，麻之有蕡者也。"《校勘记》对此校勘曰："此传三节，徐本、《释文》、《集释》、《要义》俱合为一节，注总在传后，与疏合。《通解》、杨氏俱与今本同。"（434 页）而《正义》于此条则未出校。

再如《丧服》篇："传曰：何以期也？……特重于大宗者。"《校勘记》曰："特，唐石经、徐、陈、《通典》、《集释》、《通解》、《要义》、杨氏、敖氏俱作'持'。"（442 页）《正义》于此则直接写作"持"[1]，没有出校。此节经文还有："适人不得后大宗。"《校勘记》曰："人，唐石经、徐、陈、闽、葛、《通典》、《集释》、《通解》、《要义》、杨氏、敖氏俱作'子'。"（442 页）《正义》于此也直接写作"子"[2]，未出校。

---

[1] 段熙仲点校，胡培翚：《仪礼正义》，第 1423 页。
[2] 段熙仲点校，胡培翚：《仪礼正义》，第 1423 页。

　　另外,对郑注的校勘也存在这种现象,如《聘礼》篇:"至于阶,让,大夫先升一等。"郑注:"不可以不下主人也。"《校勘记》对郑注进行校勘曰:"人,陈本误作'古'。"(399页)在《正义》中,此条经、注见于卷十七《聘礼二》①,培翚亦未出校。

　　从上面所举经文校勘的例子来看,培翚未出校的经、注大都集中在《丧服》等篇中。在对《正义》之《丧服》篇进行考察后发现,培翚在此篇中所进行校勘的内容本来就少,这与他在其它篇章中逐条征引《校勘记》是明显不同的。细究其因,约略有二:培翚从嘉庆十三年戊辰(1808)27岁时始治《礼经》,其"初意专解《丧服》","从丧祭诸礼起手",可见其著《丧服》的时间早于著其它篇章的时间。另据孙殿起《贩书偶记》记载:"《十三经注疏校勘记》并《释文校勘记》二百四十五卷,扬州阮元恭撰,嘉庆戊辰(1808)扬州阮氏文选楼刊。"②由此可见,培翚始治《丧服》时,阮元《十三经注疏校勘记》才于此年刚刚刊成。也就是说,培翚在一开始疏解《丧服》篇时,是没有机会见到《校勘记》的,因而在《丧服》篇的疏文中就不会征引《校勘记》的内容。后来,随着《校勘记》的刊行,培翚才有机会见到《校勘记》,此后便开始在其它篇章的疏解中大量征引《校勘记》的内容了。此其一。

　　其二,培翚撰著《丧服》等篇,其经文多依唐石经、注依严本等作自行改正,不作校勘说明,在行文中也就省去校勘一环。培翚在《正义》卷一中曾作过说明:"兹撰《正义》,经文俱从唐石经,注文则从严本,其或石经、严本有误,则改从它本,并注明于下。"③如此,在始治《丧服》等篇时,培翚常依唐石经、严本直接改字,不作校勘说明。当然,这种情况在该书的整个校勘环节中是不常见的。

　　(3)有的内容,《正义》进行了校勘,而《校勘记》未出校。

　　如对经文的校勘,《丧服》:"疏衰裳齐,牡麻绖,冠布缨,削杖,布带,疏屦,三月者。"《正义》疏曰:"《说文》'齐'作斋,经典通作齐。"④而《校勘记》于此条未出校。又如《丧服》:"传曰:何以期也?报之也。"培翚疏解时引其祖胡匡衷之说以校勘,其曰:"先大父曰:上'世父母叔父母'传明云:'昆弟

①段熙仲点校,胡培翚:《仪礼正义》,第1069—1070页。
②孙殿起:《贩书偶记》,上海古籍出版社1999年版,第73页。
③段熙仲点校,胡培翚:《仪礼正义》,第7页。
④段熙仲点校,胡培翚:《仪礼正义》,第1383页。

之子何以亦期也？旁尊也。不足以加尊焉，故报之也。'则义已见于彼，此不当重出。然则此'传曰何以期也报之也'九字，疑后人因'夫之昆弟之子'传文而误衍耳。至贾疏谓'引同己子，故不言报'，亦非。盖报义已见前传，无烦重出耳。"①《校勘记》于此条未出校。

再如对郑注的校勘，《公食大夫礼》："祭饮酒于上豆之间，鱼腊酱湆不祭。"郑注："不祭者，非事物之盛者。"《正义》疏曰："注末，《集释》有'也'字，严本及各本俱无。"②而《校勘记》于此条未出校。再如同卷："旁四列，西北上。"郑注云："不统于正馔者，虽加，自是一礼，是所谓羹藏中别。"《正义》出校曰："注'一礼'，《集释》作'一体'。"③而《校勘记》于此条亦未出校。

总之，由于《正义》成书时间晚于《校勘记》，且其所用来参校的版本也多于《校勘记》，因此，对于《仪礼》经、注之校勘，《正义》比《校勘记》增加了一些校勘内容，也是自然的事。上文所举引胡匡衷之说以校勘，是《校勘记》所不曾有的，而这样的例子在《正义》书中还有很多，如该书引胡承珙《仪礼古今文疏义》以校勘等，都是《校勘记》所未曾涉及的。因此，《正义》在对《仪礼》经、注的校勘内容方面往往多于《校勘记》。

（4）有的校勘内容，《正义》是化用《校勘记》的。《正义》化用《校勘记》的校勘内容有以下两种情形。

①明着化用。即《正义》在化用过程中，明确指出引用《校勘记》，但所引用的内容与《校勘记》相比，往往省去了一些内容。如《聘礼》："宾三拜乘禽于朝，讶听之。"郑注："发去乃拜乘禽，明己受赐，大小无不识。"对此注"己"字的校勘，《校勘记》曰："张曰：'监本己作已，从诸本。'案：刻本己、已二字不甚有别，大抵皆作已。张所说恐亦未能审谛。"（403页）《正义》出校曰："《校勘记》云：……'己'字，张氏曰：'监本己作已，从诸本。'今案：此为'人己'之己，不当作'已'。"④两相比较，《正义》省去了《校勘记》后面的案语，却又加上自己的案语。

②暗地化用。即《正义》在化用过程中，没有明确指出引用《校勘记》。但我们如果仔细比较两者同一条校勘内容，就会发现《正义》是化用《校勘

---

① 段熙仲点校，胡培翚：《仪礼正义》，第1418页。
② 段熙仲点校，胡培翚：《仪礼正义》，第1217页。
③ 段熙仲点校，胡培翚：《仪礼正义》，第1222页。
④ 段熙仲点校，胡培翚：《仪礼正义》，第1104页。

记》的。如《公食大夫礼》："宾坐席末,取粱及稻,祭于酱湆间。"郑注:"祭加宜于加。"《正义》出校曰:"'祭加宜于加',严本、《集释》、《通解》、杨氏俱同。徐本加、宜二字误倒。陈本脱宜字。"①再看《校勘记》对此经、注的校勘:"加、宜二字,徐本倒,陈本无宜字,《集释》、《通解》、杨氏俱同今本。"(420页)两相比较,内容并无二致,有明显化用的痕迹。

3.两者的校勘形式不尽相同。

(1)在校勘时,《正义》常常指出具体的校勘版本,而《校勘记》只指出所校内容,却未指出校勘版本。如《聘礼》:"公侧授宰玉。"《校勘记》出校曰:"授误作受。"(392页)《正义》出校曰:"授,毛本误受。"②再如《聘礼》:"介升,大夫再拜受。"郑注:"亦于楹间南面而受。"《校勘记》于此条"郑注"出校曰:"于误作如。"(401页)而《正义》出校曰:"注'亦于楹间',毛本于误作如。"③比较上述两例,不难发现,《正义》对《仪礼》经、注的校勘能指出具体的校勘版本,这样的校勘效果明显优于《校勘记》。

(2)同一条校勘内容,《正义》比《校勘记》选用更多的参本。如对经文的校勘,《聘礼》:"宾既将公事,复见之以其挚。"《正义》出校曰:"'复见之以其挚',之,毛本作'讶'。《校勘记》云:'唐石经、严、徐、《集释》、《要义》、敖氏俱作"之"。《通解》、杨氏俱作"讶"。《石经考文提要》云:监本作'见讶',此因《仪礼经传通解》之误,《通解》引此记与上文'又见之以其挚'不相属,故改为讶,传写者不知其意而沿之。'"④此处,《正义》在《校勘记》基础上增加毛本作参本。

再如对郑注的校勘,《觐礼》:"侯氏乃止使者,使者乃入,侯氏与之让升,侯氏先升,授几,侯氏拜送几,使者设几,答拜。"郑注:"侯氏先升,宾礼统焉。几者,安宾,所以崇优厚也。上介出止使者,则已布席也。"《正义》出校曰:"注'出止使者',毛本'出'误'正'。《校勘记》云:'张氏曰:注曰"则已布席也",案杭本己作已,从杭本。案严、徐、钟本、《集释》俱作已。'"⑤此处,《正义》在《校勘记》基础上增加毛本作参本。

---

①段熙仲点校,胡培翚:《仪礼正义》,第1226页。
②段熙仲点校,胡培翚:《仪礼正义》,第1018页。
③段熙仲点校,胡培翚:《仪礼正义》,第1080页。
④段熙仲点校,胡培翚:《仪礼正义》,第1148页。
⑤段熙仲点校,胡培翚:《仪礼正义》,第1268页。

由于《正义》成书时间比《校勘记》要晚得多,因此它所利用的参本也相应地全面一些。毕竟,学术研究后出转精是自然之事,《正义》比《校勘记》选用更多的参本也在情理之中。另外,对于《校勘记》未录之参本,培翚也有自己的处理方法:"凡阮《记》所未录严本及黄丕烈《校录》,往往补列于徐氏之上"。① 如《士相见礼》:"主人对曰:某不敢为仪,固请吾子之就家也,某将走见。"郑注:"……古文云'固以请'也。"《校勘记》曰:"'请'下,徐本、《通解》俱有'也'字,《集释》无。张氏云:疏无'也'字。"(321 页)《正义》校勘曰:"严、徐、《通解》俱有'也'字,《集释》与毛本无。"②此处,《正义》将《校勘记》未录之严本放在徐本前,这样的例子有很多,恕不赘举。此其一。

其二,《正义》常用置前或置后的方式处理《校勘记》未录之参本。如前文提及的《正义》在《校勘记》的基础上增加毛本作为参本,就是将毛本放在《校勘记》之前的。也有将未录之参本放在《校勘记》之后的,如《聘礼》"多货则伤于德"。郑注:"多之,则是主于货,伤败其为德。"《正义》出校曰:"注'伤败',《校勘记》云:'徐本、集释具无败字,通解、杨氏俱有。'今案:严本有败字,从之。"③此处通过案语的形式,在《校勘记》之后,增添严本作参本。

(3)《正义》常对《校勘记》校勘内容进行案断,指出其说之是非。《校勘记》常用对校法,不参以己见,不校其是非;而《正义》在使用对校法之后,常常参以己见,校其是非。这是《正义》校勘的一大特点。如《士丧礼》:"士丧礼,死于适室,帻用敛衾。"郑注:"适室,正寝之室也。疾者齐,故于正寝焉。疾时处北墉下,死而迁之当牖下,有床笫。"《正义》出校曰:

> 注"疾时处北墉下",陆氏《释文》作"庸",云"墙也,本亦作墉"。张氏《识误》从《释文》作"庸",李氏《集释》同。宋严州刻本、明徐本、敖氏、《通典》、《通解》俱作"墉"。毛本误"牖"。又注"死而迁之当牖下",严本、徐本、《释文》、《通典》、《集释》、《通解》、杨氏、敖氏俱作"当",毛本误"南"。阮氏《校勘记》云:"据疏内称北牖南牖者非一,似可两通。"今案:《校勘记》之说非也。下篇记云:"寝东首于北墉下。"又云:"设床笫当牖。"郑俱本此为说,知作"墉"、作"当"者是。④

再如《特牲馈食礼》："祝命挼祭，尸左执觯，右取菹，擩于醢，祭于豆间。"郑注："命，诏尸也。挼祭，祭神食也。《士虞礼》古文曰：祝命佐食堕祭。《周礼》曰：既祭则藏其堕。堕与挼读同耳。今文改挼皆为绥，古文此皆为挼祭也。挼醢者，染于醢。"《正义》出校曰：

> 注"士虞礼"，"士"字，毛本误"古"。"隋祭"，严本及各本皆作"堕"，唯《集释》作"隋"，下同。张氏《识误》云："案《释文》释'挼祭'云：'音堕。后隋祭、挼祭皆放此。'后《少牢馈食礼》，经曰'堕祭尔敦'。案：《释文》亦作隋，许规反，下同。注又曰'挼读为堕'。案：《释文》音绥字，注云'隋'，亦放此。《有司》注曰：'挼，读为"藏其堕"之堕。'案：《释文》音绥字。注云并注"挼"及"隋"皆许恚反，后放此。然则三篇之"堕"，皆"隋"字也，与《周礼·守祧》之文合。至于《士虞礼》之'堕祭'，与举《周礼》之文，《释文》于彼自作'堕'。并从《释文》。"《校勘记》云："案堕祭，当概作'隋祭'，《释文》字例杂糅。张氏曲从之，非是。"今案：《校勘记》之说是也。①

4.两者的校勘方法不尽相同。

《校勘记》主要使用了对校法，该书基本上将当时所能见到的《仪礼》古本、善本搜罗殆尽，并在校勘中广泛罗列各本经、注之异同，详细地保留了《仪礼》经文、郑注、贾疏各版本之异文。而《正义》除详载各本经、注异同之外，又广泛地使用了《仪礼》经、注内证法，他书互勘法等，既广泛地保留了《仪礼》经、注各版本之异文，又厘清了一些《仪礼》经、注等方面聚讼已久的公案，为《仪礼》经、注的勘正做出了很大的贡献。

二、两书校勘成就及地位之比较

阮元《校勘记》，是其巡抚浙江时属诂经精舍高才生徐养原所撰，后阮元又"以官事之暇，篝灯燃烛，订其是非……犁然悉当，成此巨编"②。阮元《校勘记》广采善本，记其异同，正其是非，是《仪礼》校勘学集大成之作，也是我们研究《仪礼》必备的参考资料。近代学者胡朴安先生对阮元其人其

---

① 段熙仲点校，胡培翚：《仪礼正义》，第2125页。
② 段玉裁：《十三经注疏校勘记序》，见阮元：《宋本十三经注疏并经典释文校勘记》，《续修四库全书》第180册，第286页。

书作过总结,其云:"自刘向以后,为校书之事业者,无不赖有众本之互勘,而清阮氏元所成之事业为尤巨。其校勘遍于《十三经》,其所据之本有《唐石经》,有《南宋石经》,有《孟蜀石经》,有古本,有岳本,有葛本,有宋本,有闽本,有影宋钞本,有明监本,有毛本,其他尚有多本,不悉载。阮氏备有众本,属元和李锐校《易经》及《春秋公羊传》与《孟子》,德清徐养原校《尚书》及《仪礼》,……各人分校其异同,阮氏自正其是非。即众本之咸备,又群才之协力。所以阮氏之《十三经校勘记》,为后人读经者参考之善本也。"①"阮氏校书之能集众本,视刘向更有过之。而其校雠之方法,亦视刘向为密。刘向众本互勘,而定其去取;阮氏则众本互勘,而记其异同。"②"互勘各本记其异同,本诸诂训求之声音,明本字借字之例,知正字俗字之殊,而又不以他书改本书,而本书之真皆可以确然而定。盖校书有三要:一密,二精,三虚。众本互勘者,密之事也;本诸诂训求之声音者,精之事也;不以他书改本书者,虚之事也。校书如此,斯为尽美,阮氏庶几近之矣。"③胡朴安之言是矣。阮元曾校勘过《仪礼》石经,对《仪礼》中文字脱漏讹残有明确认识,他认为:"《仪礼》汉《石经》仅有残字,难校全经。自郑康成作注,参用今、古文,后至隋末陆德明始作《释文》,校其同异。今《释文》本又多为唐宋人所乱。唐开成《石经》所校未尽精审,且多朱梁补刻及明人补字之讹。宋张淳校刻浙本,去取复据臆见。"④为了解决《仪礼》经注文字所存在的诸多问题,阮元特嘱咐徐养原撰《校勘记》,后又亲自订其是非,犁然悉当而成完帙,因此《校勘记》的校勘质量非比寻常,故有学者称:"《十三经校勘记》无论从规模、利用的版本等各方面来说,后来者都似乎难以为继。"⑤此说是矣。

《正义》虽非《仪礼》校勘专著,但由于此书不仅善于吸收《校勘记》校勘成果,而且还善于搜罗《校勘记》未搜集的以及后出的《仪礼》校勘学优秀成果,基本上将《仪礼》优秀的校勘成果网罗殆尽,弥补了《校勘记》之不足。这是该书在《仪礼》经、注校勘方面的巨大贡献。《正义》之校勘,在继承前

---

① 胡朴安:《古书校读法》,雪克编校:《胡朴安学术论著》,第281页。
② 胡朴安:《古书校读法》,雪克编校:《胡朴安学术论著》,第281页。
③ 胡朴安:《古书校读法》,雪克编校:《胡朴安学术论著》,第285页。
④ 邓经元点校,阮元:《仪礼石经校勘记序》,《揅经室一集卷二》,《揅经室集》,第40—41页。
⑤ 沈玉成、刘宁:《春秋左传学史稿》,第306页。

贤的基础上,不仅有创新,而且还纠正他说,形成己见,因而,该书在《仪礼》校勘学史上占据重要的地位。

三、对两书校勘进行比较的目的与意义

由于《校勘记》与《正义》在校勘方面都取得了较大成就,因此,对两书之校勘进行比较无疑具有重要意义。

首先,比较两者校勘之异同,对研究《仪礼》及探讨《仪礼》经、注之异文有着十分重要的意义。由于校勘"是古籍整理的一项基本工作,它通过搜集版本,分析异文,审定是非来探明古籍在历史流传过程中发生的种种文字和内容上的讹误,目的在于恢复古书的原貌"[1],为了能恢复《仪礼》古本之原貌,《校勘记》在校勘时详载各本经、注之异同,而《正义》在《校勘记》的基础上又增加了新的参本。可见《正义》后出转精,基本上将《仪礼》经、注之异文罗列殆尽,对研究《仪礼》而言,意义非同凡响。另外,通过比较我们发现,在《仪礼》经、注的校勘方面,《正义》所取得的成就高于《校勘记》,这也说明了《正义》的校勘成就是非常高的,实能代表《仪礼》经、注之文字校勘方面的最高成就。彭林评价该书的校勘"使落叶尽扫",是符合实际情况的。

其次,比较两者校勘之异同,在研究《仪礼》校勘理论与实践方面也具有重要价值。《正义》在校勘方面不仅澄清了许多讹误,而且在校勘实践中常常并用多种校勘方法,促进了《仪礼》经、注的校勘及校勘学理论的总结。可见,《正义》在校勘方面虽不能取代《校勘记》,但此书的校勘成就应引起学界之共识。

当然,就《正义》所取得的校勘成就而言,只能说明胡培翚在校勘《仪礼》时,有更多的参本可资利用。但我们不能因为《正义》在校勘方面所取得的成就,就断言《正义》能取代《校勘记》。虽说两者都是《仪礼》学研究的集大成之作,但两者毕竟不是同一性质的著作,《校勘记》专以校勘名篇,而《正义》以解经为主,辅以校勘。另外,两者所进行的校勘范围也不尽相同,况且学术研究中的后出转精,也是自然的事情。因此,从校勘的角度而言,《正义》虽然胜于《校勘记》,但不能因此而取代《校勘记》。

---

[1]沈玉成、刘宁:《春秋左传学史稿》,第291页。

第五节　《仪礼正义》与《仪礼注疏校记》校勘之比较

清末朴学大师孙诒让也有一部校勘《十三经注疏》的著作——《十三经注疏校记》。孙诒让(1848—1908),字仲荣,号籀庼,浙江瑞安人。孙氏有较为深厚的小学功底,治学勤于校勘,长于训诂,著有《周礼正义》、《札迻》、《墨子间诂》等著作。章炳麟曾对孙氏的学术成就作过评价:"治六艺,旁理墨氏,其精专足以摩揓姬、汉,三百年绝等双矣。"[①]孙诒让被公认为清代考据学的殿军。

《十三经注疏校记》原先只是孙氏的手稿,后经雪克先生在手稿本的基础上辑纂而成,并定为现名。该书对十三部儒家经典均有所校勘,是继阮元《十三经注疏校勘记》(以下简称阮《记》)之后又一部通校《十三经》的学术成果,在《十三经》校勘学史上占据一定的地位。《仪礼注疏校记》就是这部著作中的一部分,它对《仪礼》经文、郑注、贾疏、阮《记》等均有校勘,在研究《仪礼》校勘方面不容忽视。因此,本章专辟一节来讨论《仪礼正义》与《仪礼注疏校记》的校勘内容方面的差异,并进而分析两者在《仪礼》校勘史上的成就与地位。

一、两书校勘内容之比较

众所周知,《十三经注疏校记》中的《周礼注疏校记》之校勘内容颇详,"篇幅几占全书之半"[②]。由此可见其馀十二经校勘内容之少,《仪礼》也是如此。据统计,《仪礼注疏校记》(以下简称《校记》)中的校勘内容只有191条,足见校勘内容之单薄。孙诒让曾于《周礼正义》书前列《凡例》十二条,其一云:"至版本文字异同,或形体讹别,既无关义训,且已详阮、黄两记,今并不载,以祛繁冗。"[③]可见,孙氏作《周礼正义》,对于文字校勘也遵循一定的原则,那就是不载阮元《周礼注疏校勘记》及黄丕烈《周礼札记》中的相关校勘内容的。延及他经,也是如此。孙氏曾认为"胡培翚《仪礼正义》、阮福《孝经义疏补》、陈立《公羊传义疏》,并全录阮记,俗本讹文,尘秽

---

①章炳麟:《孙诒让传》,《太炎文录初编》(卷二),《章太炎全集》(四),上海人民出版社1985年版,第213页。

②雪克:《辑校说明》,雪克辑校,孙诒让:《十三经注疏校记》,中华书局2009年版。

③孙诒让:《周礼正义略例十二凡》,王文锦,陈玉霞点校,孙诒让:《周礼正义》卷首。

简牍,非例也"①。可见,孙诒让不赞成胡培翚、阮福、陈立那样在著作中全录阮《记》的做法。因此,孙诒让作《校记》,对于阮《记》中的校勘内容一律不予录入。这是两人最大的不同。此其一。

其二,既然孙氏不照录阮《记》,若从校勘数目而言,则《校记》的校勘内容就不会像《正义》那样具体而微了。事实上也是如此,《校记》在校勘数目上是远远落后于《正义》的。为了便于说明问题,现将两书中对《仪礼》经、注所进行校勘的数目列表如下(见表三)。

表三

《仪礼》篇次	《正义》校勘数目②	《校记》校勘数目③
士冠礼第一	17	10(其中经文 0 条,郑注 0 条)
士昏礼第二	58	9(其中记文 1 条,郑注 0 条)
士相见礼第三	33	3(其中经文 0 条,郑注 0 条)
乡饮酒礼第四	56	6(其中经文 0 条,郑注 0 条)
乡射礼第五	100	19(其中经文 0 条,郑注 2 条)
燕礼第六	60	3(其中经文 0 条,郑注 0 条)
大射仪第七	117	10(其中经文 0 条,郑注 2 条)
聘礼第八	162	22(其中经文 0 条,郑注 0 条)
公食大夫礼第九	58	45(其中经文 1 条,郑注 1 条)
觐礼第十	70	13(其中经文 0 条,郑注 0 条)
丧服第十一	11	11(其中经文 0 条,郑注 0 条)
士丧礼第十二	5	16(其中经文 0 条,郑注 0 条)
既夕礼第十三	55	9(其中经文 0 条,郑注 2 条)
士虞礼第十四	1	3(其中经文 1 条,郑注 0 条)
特牲馈食礼第十五	7	6(其中经文 0 条,郑注 1 条)
少牢馈食礼第十六	31	4(其中经文 0 条,郑注 1 条)
有司彻第十七	16	2(其中经文 0 条,郑注 0 条)

---

①孙诒让:《周礼正义略例十二凡》,王文锦、陈玉霞点校,孙诒让:《周礼正义》卷首。
②表内《仪礼正义》的校勘数目是按照胡培翚直接或间接引用阮元《仪礼注疏校勘记》中的对经、郑注进行校勘而统计得来的。
③《校记》的校勘数目包括经文、郑注、贾疏、阮《记》之和。

从上表中不难发现两书在校勘数目方面的巨大差异了。

其三,《校记》在校勘内容方面涉及对《仪礼》经文、郑注、贾疏、阮《记》四个方面的校勘,这与《正义》主要对《仪礼》经文、郑注进行校勘也是不同的。从上表所列的对《仪礼》经(记)文、郑注进行校勘的数目而言,《正义》有 857 条,《校记》有 12 条①,两者相距甚远。

其四,在具体的校勘内容上,两者几乎没有重合的内容。这也是两者的不同。

二、两书校勘成就之比较

首先,若从校勘原则(体例)之角度来论各自校勘成就的话,两书各有千秋。但相较而言,《正义》的校勘成就在《校记》之上。前文谈到培翚校勘是遵循着"宁详无略,用郑氏家法"、"详载各本经注异同"的校勘原则的,因此,《正义》在校勘内容上注重"密",故其校勘内容就比较繁多,同时也决定此书校勘的集大成性质。而《校记》的校勘原则是"至版本文字异同,或形体讹别,既无关义训,且已详阮、黄两记,今并不载,以祛繁冗",由于《校记》在校勘内容上追求与阮、黄两记不重复,这就决定了该书在校勘方面追求独立的发现,因此该书在校勘上也具有较强的参考价值。由此可见,《校记》与《正义》的校勘成就都不容忽视。但相较而言,《校记》只能算是一种读书札记类的校勘心得,不仅校勘内容少,而且所据的校勘版本也极其有限,若从整个《仪礼》校勘学史的角度而言,《校记》的校勘应是对包括《校勘记》、《正义》等在内的清代《仪礼》学校勘成果的补充,可惜的是《校记》却未

①邓声国《清代〈仪礼〉文献研究》认为:"从校勘对象角度来看,与其他《注疏》类校勘著作不同的是,孙诒让之作并不对《仪礼》经文本身进行校勘。孙氏的《仪礼》文献校勘只针对贾疏本身,纠正其中的文字讹误及其他某些相关方面,不过有时亦兼及对郑注的校勘。"(见邓声国:《清代〈仪礼〉文献研究》,第 383—384 页。)邓氏之言不实。细查孙诒让《仪礼注疏校记》一书,可以发现孙诒让对《记》文有一处校勘,对经文有两处校勘,它们分别是:1.《士昏礼》之《记》"母施衿结帨,曰:'勉之敬之,夙夜无违宫事。'"孙诒让校勘曰:"《内宰》注引《昏礼》'无'亦作'毋'。"(《校记》,第 362 页。)2.《公食大夫礼》之经文"介逆出,宾出。公逆于大门内,再拜,宾不顾。"《校记》写作"介逆出,宾出。公(逆)〔送〕于大门内,再拜,宾不顾",并出校记曰:"曹据严本正。"(《校记》,第 385 页。)3.《士虞礼》经文"祝迎尸。一人衰绖奉篚,哭从尸。"孙诒让出校记曰:"《释文》:篚本亦作筐。按《丧大记》'士不虞筐',疑即谓筐也。后注谓篚犹言祭之肵俎,《少牢》、《特牲》肵俎皆主人亲设,而虞礼从者错俎,故云不虞筐。若然,大夫以上虞,主人亲设筐与?"(《校记》,第 398 页。)以上《校记》例出孙诒让《十三经注疏校记》,雪克辑校,中华书局 2009 年版。由此可见,邓氏所论有误。

能做到这一点。这与集大成性质的《正义》之校勘而言,不可同日而语。《正义》在校勘方面不仅注重众版本之互勘,而且善于吸收当代优秀的校勘成果,因此,该书的校勘成就非一般校勘札记类的作品所可比拟。上文提到胡朴安先生评价阮元校勘之语:"校书如此,斯为尽美,阮氏庶几近之矣。"此语若用来评价培翚之校书,一点也不过分。因此,从此角度而言,《正义》的校勘成就应在《校记》之上。

其次,从对《仪礼》经文、郑注、阮《记》之校勘内容而言,《正义》的校勘成就也在《校记》之上。《校记》的校勘范围虽然涉及《仪礼》经文、郑注、贾疏、阮《记》,但其具体的校勘内容实包括三个方面:一是阮《记》与《正义》校勘时不曾收录的内容;二是对阮《记》进行勘正的内容;三是阮《记》与《正义》之后的校勘成果。这些校勘内容,不仅有孙氏自己的校勘心得,也有他人如曹元弼《礼经校释》中的校勘成果等,其中对曹书的校勘成果多有吸收。正是因为这样的校勘内容,决定了《校记》不是一种集大成性质的校勘作品。虽然此书"'裨补遗阙'之功极大"[1],但也只能算是继阮《记》及《仪礼正义》之后,对《仪礼》校勘成果进行补充与修正性质的成果。尽管如此,该书对阮《记》的勘正,还是受到了学界的肯定,雪克曾云:"有了《校记》稿中校正各家(包括阮校)的各条,正可以帮助我们认识阮《记》的得失了。"[2]雪克所言诚为得情之论。孙氏对阮《记》时时加以修正,不仅说明了阮《记》存有不足之处,同时也反映了孙诒让扎实的朴学功底与过硬的治学能力。

《校记》对阮《记》有校正,《正义》同样也是如此,前文已经谈及,此节不再赘述。此处,我们只想就上文孙诒让提到的"胡培翚《仪礼正义》……并全录阮记,俗本讹文,尘秽简牍,非例也"这一说法展开论述。其实,孙氏的这种认识有失偏颇。我们知道,《正义》的撰著并非培翚一人完成的。在胡、杨所补的五篇十二卷中,对于阮《记》常常是照单全收,这与胡、杨二人仓促成书及二人的学力等分不开。而在培翚亲手完成的十二篇二十八卷之中,对阮《记》内容的引用多数并非全录,它不仅比《校勘记》增加了参本,而且还以案断的形式对《校勘记》之说进行评判。因此,孙诒让讥嘲培翚全录阮《记》的做法就有失公允。此处,我们不妨以培翚亲手撰著的《士相见

①邓声国:《清代〈仪礼〉文献研究》,第 387 页。
②雪克:《辑校说明》,载雪克辑校,孙诒让《十三经注疏校记》,第 5 页。

礼》一篇为例,来比较一下《正义》与《校记》对阮《记》的校正情况。遍查该篇,所涉及对《仪礼》经、注的校勘计有 33 条,其中 23 条校勘内容同阮《记》,5 条基本接近阮《记》,剩下 5 条比阮《记》增加了校勘底本,其中有 2 条培翚还添加了"案语",对阮《记》进行了案断。而《校记》对于同一篇的校勘只有 3 条,其中经文 0 条,郑注 0 条,贾疏 2 条,阮《记》1 条。两相比较,结果不言自明。如果仅对阮《记》的校正而言,《仪礼正义》有 5 条,《校记》只有 1 条。这样的结果也是不言自明的。在培翚所撰的其它篇章中,情况也是如此。段熙仲先生曾对此作过总结:"《正义》于文字亦详载各本异同,胡氏一字不苟,其及身已成诸篇悉用此例。凡阮《记》所未录严本及黄丕烈《校录》,往往补列于徐氏之上,杨补惜但从阮《记》而已。"①可见培翚并非只录阮《记》。而培翚"旁征旧籍,分别异同"②的做法,也使得该书在校勘方面,非一般校记性质的作品能堪于比肩。由此可见,《正义》的校勘成就显然在《校记》之上。

另外,由于《十三经注疏校记》中的《周礼注疏校记》之校勘"篇幅几占全书之半",那么,《仪礼注疏校记》等其它十二经之校勘内容就显得不丰富了。这也说明了《仪礼》经、注、贾疏到孙诒让时所存在的讹误已经被减少到最小程度了,不再像清前、中期那样存在着严重的讹脱乙错等现象。这当然要归功于阮元、胡培翚等人的努力,才使得孙诒让在校勘《仪礼》时仅留下 191 条校勘内容。从此角度而言,《正义》的校勘成就亦不容忽视。

第六节　《仪礼正义》在《仪礼》校勘学史上的地位

一、《仪礼》校勘学简史

儒家经典,最初是由师生口耳相授,没有统一的文字标准。《仪礼》也是如此。《仪礼》在汉代又遭遇今、古文之问题,"今、古文在文字及经义上每有违拗之处"。③ 东汉郑玄作《仪礼注》,面对今、古文字之别,采用了折衷的方式,他参用今、古文二本,保留了今、古文字,其"从今文者,则今文在

①段熙仲:《胡氏仪礼正义释例》,见《仪礼正义》段熙仲点校本卷首。
②段熙仲:《胡氏仪礼正义释例》,见《仪礼正义》段熙仲点校本卷首。
③彭林注译:《仪礼·前言》,岳麓书社 2001 年版。

经,古文出注。从古文者,则古文在经,今文出注。然有不言今古文,但云某或作某者,殆当时行用更有别本。此十七篇文字异同之由,而今文、古文所以流传也"。① "其从今文而不从古文者,则今文大书,古文附注,《士冠礼》'阈西阈外'句注'古文阈为蹙,阈为蹙'是也。从古文而不从今文者,则古文大书,今文附注,《士冠礼》醴辞'孝友时格'句注'今文格为嘏'是也"②。郑玄的做法,也即皮锡瑞所称的"(郑玄)注《仪礼》并存今古文;从今文则注内叠出古文,从古文则注内叠出今文"③。其实郑玄的这种做法,也就是在对《仪礼》文字进行校勘。

在郑玄对《仪礼》文字进行校勘的同时,东汉灵帝熹平四年,蔡邕"以经籍去圣久远,文字多谬,俗儒穿凿,贻误后学",遂"与五官中郎将堂谿典、光禄大夫杨赐、谏议大夫马日磾、议郎张驯、韩说、太史令单飏等,奏求正定《六经》文字。灵帝许之,邕乃自书丹于碑,使工镌刻立于太学门外。于是后儒晚学,咸取正焉。及碑始立,其观视及摹写者,车乘日千馀辆,填塞街陌"。④ 此石经,史称"熹平石经",上刻六经,分别为:《周易》、《鲁诗》、《小夏侯尚书》、《仪礼》⑤、《鲁论语》、《公羊春秋》。蔡邕等要求立石经的动机即为"正定《六经》文字",也是从校勘、正定经文的角度出发的。《六经》包括《仪礼》,可见"熹平石经"的刻成对《仪礼》经文的正定起到了推动作用。

从熹平石经刻成后的情况来看,当时的影响也是很大的。惜战火无情,后来熹平石经仅存零星残石,对后世影响了了。但东汉立石经以正定经典文字之举,对后代还是深有影响的。此后,中国历史上又先后出现了三国魏正始石经、唐开成石经、后蜀石经、宋开封府石经、宋高宗御书石经、清石经等。这些石经的刊立,对儒家经典文字的正定之功不可没。可惜的是,如今这些石经大都残失殆尽,惟唐石经、清乾隆石经得以幸存下来。唐石经始刻于唐文宗大和七年(833),于开成二年(837)刻成,故又称"唐开成石经"。唐石经刻成后立于长安国子监太学,今存西安碑林,包括《周易》、《尚书》、《毛诗》、《周礼》、《仪礼》、《礼记》、《春秋左传》、《公羊传》、《榖梁

①段熙仲点校,胡培翚:《仪礼正义》,第15—16页。
②《钦定四库全书总目》(整理本),第249页。
③皮锡瑞:《经学历史》,第142页。
④范晔撰,李贤等注:《蔡邕列传》,《后汉书》(卷六十下),第1990页。
⑤当时名为《礼记》。关于此条内容的考证,请详参本文第三章有关内容,此处不再赘述。

传》、《孝经》、《论语》、《尔雅》等十二经。史载唐石经刻成后数十年,由于多种原因,"名儒皆不窥之,以为芜累甚矣"①。尽管唐石经在唐朝并不受儒者重视,但由于其去古未远,它的存在还是引起了后世学者的足够重视,并成了研究经书及考订文字的重要材料,对后世特别是清代学者校订经典文字起到了很大的作用。

《仪礼》自北宋王安石之后,遂不为世人所重,诵习者渐少,且版刻甚稀,讹误严重,以致至清初已无善本可参,张尔岐曾在《仪礼监本正误序》中感叹道:"《易》、《书》、《诗》、《春秋》、《论语》、《孟子》、《礼记》充满天下,固不容或误。《周礼》、《孝经》、《尔雅》、《三传》,人间犹多善本,即有误,亦易见。《仪礼》既不显用于世,所赖以不至坠地者,独此本(明北监本)尚在学宫耳,顾不免脱误至此。坊间所刻,如《三礼解诂》之类,皆踵袭其讹,无所是正。而补石经阙字者,不知以彼正此,反以此本为据。"②张氏此处所提到的"明北监本",顾炎武认为此书"校勘不精,讹舛弥甚,且有不知而妄改者"③。可以想见《仪礼》善本在清初之稀有程度。所幸的是,顾炎武根据唐开成石经校订经文,发现了《仪礼》版本中许多重大的错误,引起了学术界的震惊。随后,唐石经的价值也随之提高,利用唐石经校《仪礼》,便成了清代学者之共识,并由此而出现了一批校勘成果,如张尔岐《石经正误》一卷(附《仪礼郑注句读》后),阮元《仪礼石经校勘记》四卷等,为《仪礼》经文的勘正做出了很大的贡献。

有清一代,学者们普遍重视对古籍的校勘。梁启超认为:"清儒之有功于史学者,更一端焉,则校勘也。"并解释曰:"古书传习愈希者,其传抄踵刻,讹谬愈甚,驯至不可读,而其书以废。清儒则博征善本以校雠之,校勘遂成一专门学。"④梁启超又认为:"校勘之学,为清儒所特擅,其得力处真能发蒙振落。"⑤梁启超所言极是。孙诒让曾对清代的校勘之学进行概括说:"近代巨儒,修学好古,校刊旧籍,率有记述,而王怀祖观察,及子伯申尚

---

①刘昫等撰:《旧唐书·文宗本纪下》,中华书局1975年版,第571页。

②张尔岐:《仪礼监本正误序》,《仪礼监本正误》,《景印文渊阁四库全书》本第108册,第244页。

③顾炎武:《监本二十一史》,《日知录》卷十八。见(清)顾炎武著,陈垣校注:《日知录校注》,安徽大学出版社2007年版,第998页。

④梁启超:《清代学术概论》,见朱维铮校注:《梁启超论清学史二种》,复旦大学出版社1985年版,第49页。

⑤梁启超:《中国近三百年学术史》,第277页。

书,卢绍弓学士,孙渊如观察,顾涧薲文学,洪筠轩州倅,严铁桥文学,顾尚之明经,及年丈俞荫甫编修,所论著尤众。风尚大昌,覃及异域,若安井衡、蒲阪圆所笺校,虽疏浅亦资考证。综论厥善,大氏以旧刊精校为据依,而究其微旨,通其大例,精研博考,不参成见。其谓正文字讹舛,或求之于本书,或旁证之它籍,及援引之类书,而以声类通转为之锢键,故能发疑正读,奄若合符。及其蔽也,则或穿穴形声,掠掘新异,冯臆改易,以是为非。乾、嘉大师,唯王氏父子郅为精博,凡举一谊,皆确凿不刊。其馀诸家,得失间出,然其稽核异同,启发隐滞,咸足饷遗来学,沾溉不穷。"①延及《仪礼》,也是如此。清代《仪礼》学者对《仪礼》经、注的校勘也非常重视,且取得了较大成就,涌现出多部《仪礼》校勘性质的作品,如张尔岐《仪礼监本正误》、《仪礼石本误字》、《吴氏仪礼考注订误》,周学健、李清植《仪礼注疏考证》,卢文弨《仪礼注疏详校》,金曰追《仪礼经注疏正讹》,戴震《仪礼正误》,阮元《仪礼石经校勘记》、《仪礼注疏校勘记》,张光谠《仪礼正讹》,曹元弼《礼经校释》,孙诒让《仪礼注疏校记》等。在这些作品中,阮元《仪礼注疏校勘记》算是对《仪礼》经文、郑注、贾疏等进行校勘的集大成之作。

对于清代的《仪礼》校勘,胡培翚也曾做过总结,其云:"《仪礼》一经,自汉注、唐疏外,解者甚希。自宋王安石废罢,不立学官,而习者益希。沿及明季,版本传梓,讹文脱字,往往而是。国朝张稷若为《仪礼郑注句读》,始考正石本、监本误字,厥后若吴东壁之《仪礼疑义》、沈冠云之《仪礼小疏》、盛庸三之《仪礼集编》、戴东原之辑《仪礼集释》,皆纠正误字。而其专以校雠名篇者,则有金璞园之《正讹》、浦声之之《正字》、卢抱经之《详校》,至制府阮公《校勘记》出,益详且备。"②可见,在培翚撰著《正义》之时,清代的《仪礼》校勘学已经取得了丰硕的成果。这些成果,为培翚撰著《正义》正定文字奠定了坚实的基础,特别是阮元的《仪礼注疏校勘记》,更是"益详且备"的《仪礼》学校勘之作,故而培翚在《正义》中屡屡征引之。正因为如此,后来张锡恭认为《仪礼正义》一书,称其所长者约有四端,其一便是校订精,并将《正义》校勘与他书进行了比较:"近儒校勘礼经者,如卢抱经之《详校》,金朴③园之《正讹》,浦声之之《正字》,而阮文达公《校勘记》尤详,此书

---

①梁运华点校,孙诒让:《〈札迻〉自序》,《札迻》,中华书局 1989 年版。
②胡培翚:《〈仪礼经注校本〉书后》,《研六室文钞》卷七,《胡培翚集》,第 201—202 页。
③"朴"应为"璞"字之误。

既备录之。而阮氏作《校勘记》，未见严本原书，仅据顾千里校录于钟本简端者采入，此书则以黄荛圃重刊严本一一核之，而阮氏所未见者，若汪容甫之《经注校本》，黄荛圃之《校议》，亦皆采录。此校订为不可及也"①。可见，《正义》之校勘委实后出而转精。

二、《仪礼正义》在《仪礼》校勘学史上的地位

《正义》虽非专门的《仪礼》校勘性质的著作，但由于该书涉及众多《仪礼》经、注的校勘内容，故其校勘价值不容忽视。邓声国在《清代〈仪礼〉文献研究》中曾将《仪礼正义》的校勘特点归纳为四个方面：一是在底本的选择上，培翚依据善本，择善而从；二是校勘经、《注》，文字异同详核完备；三是广纳前贤时哲的校勘成果，择取其中之可信者入《正义》之中；四是旁征旧籍，分别异同。② 邓氏所言是符合该书实际情况的。《正义》在校勘方面可以说是充分吸收了以往及当代优秀的《仪礼》学校勘成果，特别是其选择唐石经及严本作底本，并选择了众多参本，完全实现了众本之互勘，视阮氏《校勘记》等书为"密"。在校书之"精"、"虚"等方面与阮氏《校勘记》等相较也有过之而无不及。因此，就《仪礼》经、注的校勘而言，《仪礼正义》实能与《仪礼注疏校勘记》堪于比肩，称得上是《仪礼》校勘学史上的双璧。

《正义》在校勘过程中厘清了许多聚讼已久的问题，如断"士用梜禁"为"士用禁"、断"胏俎"为"胙俎"、断"乡大夫"为"卿大夫"、断"飨燕"不作"享燕"、断"堕祭"为"隋祭"、断"北牖"为"北墉"等。这些论断，尽管有的是对前人研究成果的继承，有的是培翚独到的发现，但很多都已成定谳，为学界普遍接受。因此，《正义》的校勘成就不容忽视。

当然，《正义》在校勘方面也存在着一些不足之处。首先，《正义》在部分篇章中对《仪礼》经、注的校勘基本上是照录阮《记》的，缺少了创新，也给后人留下讥诮的把柄③。其次，《正义》在有些篇章特别是《丧服》篇中对经、注的校勘较少，这与其它篇章校勘之"密"相比，显得不太相称，给人一

---

① 张锡恭：《读胡氏仪礼正义一》，《茹荼轩文集》卷九，民国十二年华亭封氏赟进斋刻本，第 111 页。
② 邓声国：《清代〈仪礼〉文献研究》，第 423—424 页。
③ 如前文所引孙诒让之语曰："胡培翚《仪礼正义》、阮福《孝经义疏补》、陈立《公羊传义疏》，并全录阮记，俗本讹文，尘秽简牍，非例也。"孙氏认为胡培翚全录阮元《仪礼注疏校勘记》之内容，不符合校勘之例也。

种校勘用力不均的感觉。不过,《正义》在校勘方面的不足,与其校勘成就相比,是微乎其微的。

总之,《正义》的校勘成就是值得肯定的。培翚在校勘实践中,能充分继承前人的校勘成果与经验,并善于利用前人的校勘方法,每校一例,常常广泛参照异本,较其优劣,以便对校。在校勘过程中,培翚又善于采择诸家之说,并辨其优劣,断以己见,较旧说有诸多胜处。对于那些前贤未曾注意的地方,培翚也常常潜心整理,使《仪礼》经、注积尘尽去。可以这样说,在《仪礼》经、注的校勘方面,《正义》虽然存在一定的不足,但由于培翚广采群籍,相互钩稽,所校之例视阮元《校勘记》为多;并时下己意,得古书之真,精谨详核,所校之例视阮元《校勘记》为精。因而该书校勘弥精,暂无其它同类性质的《仪礼》著作能超越之。培翚通过辛勤的校勘工作,为正定《仪礼》经、注文字做出了较大的贡献。此举诚可谓功在当代,利在千秋。

第九章 《仪礼正义》训诂考论

作为义疏性质的经学研究著作,《正义》对《仪礼》经、注的疏解是该书的重要内容。在疏解过程中,培翚不仅勤于正定文字、统一经说,而且精于训诂,注重对《仪礼》经、注文字以及礼制、名物等的梳理与解释。杨向奎先生曾认为:"通过胡培翚的《仪礼正义》,我们可以弄清中国古代礼乐制度中的许多具体内容。"[①]其实,杨先生这句话主要是针对《正义》训诂学成就而言的。在训诂方面,《正义》广征博引,兼容并蓄,并时下断语,折衷至当,解决了一些聚讼已久的问题,取得了非凡的成就,为《正义》超越其它《仪礼》旧疏奠定了基础。

第一节 清代训诂学学术背景

作为一门学问,训诂学起源较早。对于早期的训诂学,陆宗达等人认为,它附丽于经学,是专为解经而设的实用语文学[②]。汉代经学兴盛,为训诂学的兴盛提供了温床。汉代的《毛诗故训传》中就出现了"训诂"一词,当时称为"诂训"。关于"诂训"的涵义,唐代孔颖达在《毛诗正义》中曾作如此解释:"独云诂、训者,诂者古也,古今异言,通之使人知也;训者道也,道物之貌,以告人也。……然则'诂训'者,通古今之异辞,辨物之形貌,则解释之义尽归于此。"[③]这或许就是对"训诂"一词的最早解释。

清代,随着朴学思潮的兴起,朴学家们对训诂学格外重视,致使清代训诂学大兴。清初,在顾炎武所提出的"读九经自考文始,考文自知音始"[④]思想的影响下,清儒开始以实学代替明末的空疏之学,他们"好研究训诂名

---

①杨向奎:《读胡培翚的〈仪礼正义〉》,《孔子研究》,1991年第2期,第126页。
②陆宗达,王宁:《训诂与训诂学》,山西教育出版社1994年版,第313页。
③李学勤主编:《十三经注疏·毛诗正义》,第2页。
④华忱之点校,顾炎武:《答李子德书》,《顾亭林诗文集》,中华书局1983年版,第73页。

物典章制度诸学,而从事考证"①,将文字训诂比作探求圣人之道的门径。如吴派创始人惠士奇认为:"经之义存乎训,识字审音,乃知其义,故古训不可改也。"②惠士奇之子惠栋也曾说过同样的话:"经之义存乎训,识字审音,乃知其义,是故古训不可改也,经师不可废也。"③惠氏父子"经之义存乎训"的观点,得到戴震的认可:

> 惟空凭胸臆之卒无当于贤人圣人之理义,然后求之古《经》;求之古《经》而遗文垂绝、今古县隔也,然后求之故训。故训明则古《经》明,古《经》明则贤人圣人之理义明,而我心之所同然者,乃因之而明。……松崖先生之为经也,欲学者事于汉经师之故训,以博稽三古典章制度,由是推求理义,确有据依。④

戴震又说:"故训明,六经乃可明。"⑤还说:"《经》之至者道也,所以明道者其词也,所以成词者字也。由字以通其词,由词以通其道,必有渐。"⑥他在另一篇文章中又说:"《经》之至者道也,所以明道者其词也,所以成词者未有能外小学文字者也。由文字以通乎语言,由语言能通乎古圣贤之心志,譬之适堂坛之必循其阶,而不可以躐等。"⑦可见戴震对训诂学之看重。刘宝楠也强调经学义理与训诂之间的关系,他认为"欲治圣经,先通小学",并说:

> 窃谓今之言经学者,以许、郑为宗。许氏明于六书,郑氏精通《三礼》。然郑氏注经,于《毛诗》、《礼记》则云:某字作杲,某读曰某。于《周礼》载故书;于《仪礼》载今文、古文;是郑氏固精于小学也。魏晋以降,迄于宋明,张氏揖、陆氏德明、李氏善及徐氏兄弟外,鲜知精究小学。故郑氏既微,而许氏之学几绝。国朝经学昌明,过于汉唐。由训诂声音以求义理,复由仓颉作书之旨以求其本义及其通假,而经学盖以大明。虽佶屈不可句读之书,无不晓畅明白。然则欲治圣经,先通

① 支伟成:《清代朴学大师列传》,第1页。
② 江藩:《国朝汉学师承记》卷二《惠士奇》,载漆永祥笺释:《汉学师承记笺释》,第157页。
③ 惠栋:《九经古义原序》,《九经古义》,《景印文渊阁四库全书》第191册,第362页。
④ 戴震:《题惠定宇先生授经图》,《戴震文集》卷十一,第168页。
⑤ 戴震:《六书音均表序》,《戴震文集》卷十,第153页。
⑥ 戴震:《与是仲明论学书》,《戴震文集》卷九,第140页。
⑦ 戴震:《古经解钩沈序》,《戴震文集》卷十,第146页。

小学。世有薄小学为不足道者,非真能治经者也。①

此处所指的"圣经",即为儒家经典。阮元也说:

> 圣人之道,譬若宫墙,文字训诂,其门径也。门径苟误,跬步皆歧,
> 安能升堂入室乎?学人求道太高,卑视章句,譬犹天际之翔,出于丰屋
> 之上,高则高矣,户奥之间未实窥也。或者但求名物,不论圣道,又若
> 终年寝馈于门庑之间,无复知有堂室矣。是故正衣尊视,恶难从易,但
> 立宗旨,即居大名,此一蔽也。精校博考,经义确然,虽不逾闲,德便出
> 入,此又一蔽也。②

可见,清代的汉学家都重视文字训诂,并将其看作是探求圣人之道的门径。
正是在这些经学家的倡导下,"清儒接过明末学者'古今音异'的钥匙,打通
了训诂学的许多关节,以致'训诂明而小学明,小学明而经学明'(王念孙
语),所向披靡,大有创获,进而影响到文字学、词汇学、语法学,互相推动,
相得益彰"③。清代学者在训诂学领域取得了巨大成就,无论是注释古书,
还是编纂工具书,都超轶前代。清儒对古代文献的注释,秉承"因声求义"
之法,并继承汉学传统,注重考据。他们方法科学,多发前人所未发。同
时,他们还编纂了大量的训诂学工具书,如《康熙字典》、《佩文韵府》、《经籍
纂诂》等,为训诂学研究提供了参考资料。

　　清代训诂学的复兴,成就了一大批训诂学家。清初由顾炎武所奠基,
掀起了训诂新风。至乾嘉吴、皖两派的兴起,训诂学发展至鼎盛时期,此时
的汉学家几乎都是训诂学家,如惠栋、戴震、江声、王鸣盛、钱大昕、刘台拱、
汪中、江藩、卢文弨、邵晋涵、程瑶田、段玉裁、王念孙、王引之、孔广森、孙星
衍、阮元、洪亮吉、桂馥、王筠、朱骏声、焦循、胡承珙、马瑞辰、陈寿祺、郝懿
行、陈奂、刘文淇等。他们不仅是乾嘉时期经学大师,也是当时首屈一指的
训诂学名家。如戴震著有《方言疏证》,段玉裁师从戴震,训诂学成就后出
转精。王氏父子著有"王氏四种",可以说是其训诂学成果的杰出代表。学
界历来对王氏父子的训诂学成就评价较高,如段玉裁评价王念孙的训诂学

①刘宝楠:《问经图序》,《念楼集》卷六。沈云龙主编:《近代中国史料丛刊续编》第一百五十六辑,
　台北文海出版社1975年版,第272—273页。
②邓经元点校,阮元:《拟国史儒林传序》,《揅经室一集》卷二,《揅经室集》,第37—38页。
③路广正:《训诂学通论》,天津古籍出版社1996年版,第394页。

成就时曾说:"小学有形、有音、有义,三者互相求,举一可得其二;有古形,有今形,有古音,有今音,有古义,有今义,六者互相求,举一可得其五。……怀祖氏能以三者互求,以六者互求,尤能以古音得经义,盖天下一人而已矣。"①阮元也曾经对王引之的《经义述闻》给予较高的评价:"著《经义述闻》一书,凡古儒所误解者,无不旁征曲喻而得其本义之所在,使古圣贤见之,必解颐曰:吾言固如是,数千年误解之,今得明也。"②所言是矣。

冯浩菲认为清代的训诂学体系在训诂体式、训诂方面、训诂方法、训诂理论等方面都有发展。他认为,随着训诂学的空前繁荣与发展,训诂体式的应用出现了集大成的局面,同时也增加了不少新有的体式。清代在训诂方面虽未有增加,但清人的训诂,对历代积累下来的十多个方面都涉及到了。清儒在训诂方法上也有自己的特点:能够历史地看问题,注重证据,注重科学分析,处处应用归纳演绎方法,抽举条例,推广训释效果。使用最频繁、效果最显著的训法主要有考辨法、考证法、以声通义法、揭明正借法、论述法、校勘法、疏证法、图解法、辨析词义法、连类广训法等。清代由于诸多因素的影响,共同促进了该阶段训诂学理论的广泛深入发展,几乎每个训诂方面都有理论可据,或有原则可循,这种状况是前所未有的。清代向来被称为训诂学的鼎盛时期,根据以上情况看,实非过誉③。

生活于嘉、道年间的胡培翚,对时人的训诂理论、训诂方法是比较了解的。培翚与乾嘉训诂大师王引之有师生之缘。王引之曾是培翚座师,并由此结下了深厚的师生情谊。培翚对王念孙、王引之父了的训诂学成果是熟悉的,道光三年三月王念孙八十寿辰,培翚进《王石臞先生八十寿序》,称王念孙"博学以综之,精思以审之,伟识以断之,集诸家之大成,为后学之津导。……盖能会音、形、义三者之大原以言文字,使古籍之传,得存真面目于天壤者,千百年来,先生一人而已"。④ 培翚的评价,就是针对王念孙小学成就而言的。培翚还作有《〈经传释词〉书后》一文,对王引之《经传释词》的训诂学成就也给予充分肯定:

> 吾师王伯申先生,恐人之昧于此,而经义动多扞格也,于是撰《经

---

① 段玉裁:《广雅疏证序》,见王念孙:《广雅疏证》,江苏古籍出版社 2000 年版,第 2 页。
② 阮元:《经义述闻序》,见王引之:《经义述闻》,江苏古籍出版社 2000 年版,第 1 页。
③ 冯浩菲:《中国训诂学》,山东大学出版社 1995 年版,第 67—70 页。
④ 胡培翚:《王石臞先生八十寿序》,《研六室文钞》卷六,《胡培翚集》,第 192—193 页。

传释词》一书,专取语词虚字释之,……是书条分缕析,于虚字之一字
或数用,或十数用者,罔不备列,综括靡遗。……不惮详悉指示,则转
注、假借之义亦具于其中。非博综乎周、秦、两汉之书,洞悉乎声音、文
字、训诂之原,岂易为此? 信乎其为千百年来,绝无仅有之作也。……
其所著《经义述闻》,久已传布艺林,海内宗仰。是书专释语词虚字,辟
前古未有之涂径,荟萃众解,津逮后人,足补《尔雅》之阙。学者诚能即
是书,熟复而详考之,则于经义必无扞格,而读史、读子、读古书,无不
迎刃以解矣,其功不与《尔雅》并传也哉?①

培翚对王氏父子的训诂学成就之评价不可谓不高。从评价中可以看出,培
翚对"王氏四种"了然于胸,对王氏的训诂学内容也深有认知。因此我们可
以这样说,培翚直接继承了乾嘉以来训诂学的优秀成果。这不仅奠定了他
扎实的小学功底,也为他撰写《正义》扫清了训诂学方面的障碍。

第二节　多样化的训诂方法

传统的训诂与经学关系十分密切,顾炎武曾说:"六艺之所传,训诂为
之祖。"②可见训诂在经典诠释中的重要性。培翚撰《正义》,在训诂学方面
也取得了较大成就。就训诂方法而言,他不仅对乾嘉以来之清儒所惯用的
训诂方法了解透彻,而且在继承前贤训诂方法的基础上,形成了一套自己
的训诂学方法。在《正义》书中,所涉及到的训诂方法概括起来,大致有以
下数端。

一、注重音、形、义三者互求

王念孙《广雅疏证自序》云:"就古音以求古义,引申触类,不限形
体。"③王氏所言即是强调在训诂过程中注重音、形、义三者互求。这种训
诂方法在《正义》中也得到了运用,具体表现为因声求义法与以形索义法两
种方式。

---

①胡培翚:《〈经传释词〉书后》,《研六室文钞》卷七,《胡培翚集》,第 206—208 页。
②顾炎武:《亭林诗集》卷四,《顾亭林诗文集》,第 384 页。
③王念孙:《广雅疏证自序》,《广雅疏证》,江苏古籍出版社 2000 年版,第 1 页。

（一）因声求义法。"因声求义"是训诂学常用方法，讲究的就是注重音、义互求而得训诂。它是"通过文字的声音线索，利用语言的内在形式——语音，揭示出语词声音和意义之间的各种关系"①。戴震就曾明确提出"义由声出"、"因声而知义"的训诂原则，他在《六书音均表序》中提出了"故训音声，相为表里"之说，认为："故训音声，相为表里，故训明，六经乃可明。后儒语言文字未知，而轻凭臆解以诬圣乱经，吾惧焉！"②他还说："字书主于故训，韵书主于音声，然二者恒相因。音声有不随故训变者，则一声或数义。音声有随故训而变者，则一字或数音。大致一字既定其本义，则外此音义引申，咸六书之假借。"③段玉裁《广雅疏证序》也说："学者之考字，因形以得其音，因音以得其义；治经莫重于得义，得义莫切于得音。"④段氏还说："小学有形、有音、有义，三者互相求，举一可得其二；有古形，有今形，有古音，有今音，有古义，有今义，六者互相求，举一可得其五。"⑤戴、段二人所言就是"因声求义"的训诂方法。王念孙对这种训诂方法之作用进行了总结，并在实践中加以运用，他说："窃以训诂之旨本于声音，故有声同字异，声近义同，虽或类聚群分，实亦同条共贯。譬如振裘必提其领，举网必挈其纲。故曰'本立而道生'，'知天下之至啧而不可乱也'。此之不寤，则有字别为音、音别为义，或望文虚造而违古义，或墨守成训而鲜会通，易简之理即失，而大道多歧矣。今则就古音以求古义，引伸触类，不限形体。"⑥这种方法成了乾嘉训诂学家的一面旗帜，颇受当时学者效法，并作为文字训诂的一种常用手段而传承下来。培翚对乾嘉大儒惯用的"因声求义"之法甚有了解，并在《正义》中广泛加以运用，如书中"轸与紾音义同"⑦；"幞、帗、幭、襐，字异，而音义皆同"⑧；"酳与酌同音义近"⑨等，均是采用了因声求义法。因下文"以古音释《仪礼》"一节会作详细讨论，此处不再赘述。

①邓声国：《清代〈仪礼〉文献研究》，第 303 页。
②戴震：《六书音均表序》，《戴震文集》卷十，第 153 页。
③戴震：《论韵书中字义答秦尚书田（癸未）》，《戴震文集》卷三，第 48 页。
④段玉裁：《广雅疏证序》，见王念孙《广雅疏证》，第 2 页。
⑤段玉裁：《广雅疏证序》，见王念孙：《广雅疏证》，第 2 页。
⑥王念孙：《广雅疏证序》，见王念孙《广雅疏证》，第 2 页。
⑦段熙仲点校，胡培翚：《仪礼正义》，第 316 页。
⑧段熙仲点校，胡培翚：《仪礼正义》，第 1940 页。
⑨段熙仲点校，胡培翚：《仪礼正义》，第 2137 页。

（二）以形索义法。顾名思义，以形索义法就是根据字形而探求字义，也即我们常说的形训，这样的例子在《正义》中也有不少，如对"午"字的训释即为如此：

> 云"一纵一横曰午"者，《史记·律书》云："午者，阴阳交，故曰午。"是午为阴阳交互，因之纵横交互，亦谓之午也。午与五声同，古相通用。《周礼·壶涿氏》："则以牡橭午贯象齿而沈之。"注："故书午为五。"又《左氏》成十七年传"晋夷羊五"，《晋语》作"夷羊午"，故五亦有交午之义。《说文》："五，五行也。从二，阴阳在天地间交午也。"五字古文作"乂"，象阴阳交午之形，"一纵一横曰午"，正五字古文之形也。古之物象，盖取诸此。说者谓若十字形，非是。①

午为阴阳交互，但从字形上来说，"因之纵横交互"，故而也谓之午。此乃从字形上释义。

二、以古释古

所谓以古释古，就是通过引证《说文》、《尔雅》及先秦汉唐等古训的来解释《仪礼》中的文字、名物制度等。由于《说文》、《尔雅》及先秦汉唐等古训去古未远，用它们来解释《仪礼》中的文字、名物制度，能得其真。所以，《正义》在训诂中善于以古释古，具体内容包括以古字释《仪礼》、以古音释《仪礼》、以古义释《仪礼》、以古制释《仪礼》四个方面。张舜徽先生曾说："培翚经学湛深，考据邃密。所论礼制名物，皆直求之经文传注，融会钩稽，实有所得，故精确创辟者为多。"②《正义》以古释古，确实收到了很好的效果。

（一）以古字释《仪礼》。此处所说的古字，在《正义》中，常常是以古今字的形式出现，有时也以假借字的形式出现，作者通过考究古今字或假借字来考证字之本原，为准确理解经典提供确诂。如卷一："布席于门中，闑西阈外，西面。"郑注："闑，门橜也。阈，阃也。古文闑为槷，阈为蹙。"《正义》疏曰：

> 此节今文作闑、阈，古文作槷、蹙，郑于经用今文之本，而注明古文

---

① 段熙仲点校，胡培翚：《仪礼正义》，第 852—853 页。
② 张舜徽：《清人文集别录》卷十四，第 380 页。

作某于下,使后人有所稽考。乃解经慎重之意。然郑从阃、阈不从槷、蹙者,则以阃、阈为正字,人所易晓也。其注《周礼·匠人》云:"槷,古文臬假借字。"此古文之"槷"亦是假借,而义又殊。《周礼·匠人》之"槷",与《尔雅》在地之"臬"同,谓于平地中树八尺之表,以规识日景,非门中之阃。郑注《考工记》甚明。《尔雅》既云"在地者谓之臬",又云"橜谓之阃",是臬与阃殊。郭氏以门橜释臬,则缪矣。《说文》"槷"作槸,本义训为"木相摩"。《周礼》假槷为臬,《仪礼》古文及《穀梁传》置斿以为槷,皆假槷为阃耳。蹙字各本皆同。段氏玉裁《仪礼汉读考》以蹙为戚,谓汉人无蹙字,只用戚字。又谓汉人多谓门限为门切,门切即阈也,亦谓之戚。言其界画谓之阈,言其迫切谓之戚。胡氏承珙则以戚为城,引《文选·西京赋》"右平左城"薛综注"城,限也"为证。亦皆阈之假借也。[①]

此处,胡培翚对"阃阈"、"槷蹙"之今、古文问题的疏解至为详细。另外,胡培翚曾作《与张阮林论"阃阈橜梱"书》,对"阃阈"、"槷蹙"的讨论也较为详细,其云:

> 窃疑阃、阈二者,古人得通称梱,许、郑各述所传,原可并存,但郑氏之说,尤与经合也。至《仪礼》古文之"槷"与《周礼·匠人》之"槷",皆为假借字,而义则殊。《周礼·匠人》之"槷",与《尔雅》在地之"臬"同,谓于平地中树八尺之臬,以规识日景,非门中之阃。郑氏《考工记注》甚明。《尔雅》既云"在地者谓之臬",又云"橜谓之阃",是臬与阃殊。郭氏以门橜释臬,则谬矣。《说文》"槷"字,本义训为"木相摩",《周礼》假槷为臬,而《仪礼》古文及《穀梁传》,又假为门阃字,郑以《仪礼》今文作阃,其义较显,故注经从正字,不从假字。《说文》"阈"字,古文从沝作"閾",盖古字多假借,如《毛诗》"筑城伊淢",假"淢"为"沝",是其证。《仪礼》古文以阈为"蹙",亦是假借字,郑故从阈,不从蹙也。[②]

两相印证,也可互补。再如卷十"楅髹,横而奉之,南面坐而奠之,南北当洗"。郑注云:"髹,赤黑漆也。"《正义》疏曰:

---

①段熙仲点校,胡培翚:《仪礼正义》,第16页。
②胡培翚:《与张阮林论"阃阈橜梱"书》,《研六室文钞》卷四,《胡培翚集》,第119—120页。

注云"髹,赤黑漆也"者,案髹之本字作髤,云髤,桼也。段氏玉裁注曰:"韦昭曰:'刷桼曰髤。'师古曰:'以桼桼物谓之髤。'今关东俗谓之捎桼,捎及髤声之转耳。以桼桼物皆谓之髤,不限何色也。《乡射礼》注云'赤黑桼也',《巾车》注云'髤谓赤多黑少之色韦也',《汉书》'中庭彤朱,殿上髤桼',《西都赋》谓之'彤庭玄墀',然则或赤或黑,或赤黑兼,或赤多黑少,皆得云髤。"张氏尔岐云:"福用漆为饰,设之者横而奉之,南面坐奠中庭,其南北与洗相直。"①

(二)以古音释《仪礼》。这种训释方法,在《正义》中常常是将字音与字义联系在一起,通过"因声求义"而探寻字义。此处我们重点从古音假借、同源通用两个方面来探讨。

1.古音假借。王引之《经义述闻序》云:"故训之旨,存乎声音。字之声同、声近者,经传往往假借。学者以声求义,破其假借之字,而读以本字,则涣然冰释。"②可见明古音假借之重要性。《正义》所用到的假借之例有很多,作者的处理手段也是多样的。有时直接说明某某为假借,或某为假字,或某为借字;有时是间接地通过某某通、某某声通、某与某通、某读为(读若、当读)某等形式来说明他们之间的假借关系。直接说明为假借关系的,如:

> 云"干读为豻,豻侯者,豻鹄豻饰也"者,射人以三耦射豻侯,注《大射礼》豻作干,读为"宜豻宜狱"之豻。豻,胡犬也,士与士射则以豻皮饰侯。盖豻正字,干假借字,郑以《周礼》决之,故读干为豻。③

对于同音假借,《正义》赞同段玉裁的"异物同音相假借"④之说。上述之例也是如此。另外,《正义》处理假借关系,有时是间接说明的,如:

> 今案:以白黑文绣斧形于依上,故字作黼,又作黼。……是二字得通用。又依《书·顾命》及《尔雅》作扆,《三礼》多作依,扆有依倚义,古

---

①段熙仲点校,胡培翚:《仪礼正义》,第645页。

②王引之:《经义述闻序》,《经义述闻》,江苏古籍出版社2000年版,第2页。

③段熙仲点校,胡培翚:《仪礼正义》,第794—795页。

④胡培翚引文及案语为:"段氏玉裁云:'……寻古文用字之例,假股为膉,正与假脾为髀,假胮膊为膞,假胳为髂,假头为脰,皆以异物同音相假借,……今案:段说是也。"见段熙仲点校本,胡培翚:《仪礼正义》,第2022—2023页。

字亦得通用也。①

此例中"斧"、"黼"共用"父（甫）"声，"扆"、"依"共用"衣"声，均属于同声假借。有时，《正义》点明了一些字为"古声通"，即意味着这些字为假借字。如：

> 案：挺、膱皆有直义，《尔雅·释诂》云："挺，直也。"《乡射记》注云："古文膱为戴，今文或作植。"戴、直古声通，故戴或通作埴，横或通作膱，皆此类也。脯干则直，因谓之挺，或谓之膱，其义一也。②

此处明确地说明了膱、戴、戴、膱、植、直、埴均互为通假字。

2.同源通用。"凡同源字，因其意义相近或相承，声音又相同或相似，因而时常有互相通用的现象"。③ 上例中的膱、戴、戴、膱、植、直、埴声通且义近，属于一组同源字，它们可以互相通用。在《正义》中，同源字（词）例有很多，再如：

> 云"幦，覆笭也"者，《周礼·巾车》"木车犬幦"，字作幦。先郑亦以"覆笭"解之。《诗·韩奕》："鞹鞃浅幭。"《毛传》云："幭，覆式也。"字作幭。《曲礼》"大夫士去国素幦"，又作幦。《玉藻》"君羔幦虎犆"，《少仪》"拖诸幦"，皆作幦。郑注并云"覆笭也"。何注《公羊》亦训幦为"覆笭"。考"覆笭"与"覆式"同义。《释名》云："笭，横在车前，织竹为之，孔笭笭也。"式亦在车前，故毛传又谓之"覆式"，是幦、幦、幭、幦，字异，而音义皆同。覆笭或作"覆軨"者，軨亦车前木也。笭字从竹，《礼记》注"俗本从艸，作苓"，误。④

《正义》通过广征博引古经典后认为："幦、幦、幭、幦，字异，而音义皆同。"同样说明了幦、幦、幭、幦是一组同源字，可以互相通用。

（三）以古义释《仪礼》。即通过引证《说文》、《尔雅》及先秦汉唐等古训来解释《仪礼》，如其释"舍采"：

> 注云"释采者，祝为君礼门神也"者，案此经作采，而《丧大记》两言

---

①段熙仲点校，胡培翚：《仪礼正义》，第1282页。
②段熙仲点校，胡培翚：《仪礼正义》，第428页。
③王宁：《训诂学原理》，中国国际广播出版社1996年版，第124页。
④段熙仲点校，胡培翚：《仪礼正义》，第1940页。

"君释菜",字俱作菜。故郑解为"礼门神",与彼同也。云"祝为君"者,以祝主接神,此经祝代巫先,故知祝为君礼门神也。《礼记·月令》、《文王世子》,俱有释菜之文。而《周礼·大胥》云"舍采",郑注:"舍,即释也,采读为菜;始入学必释菜,礼先师也。菜,苹蘩之属。"《占梦》"乃舍萌于四方",郑注:"舍萌,犹释菜也。"此郑解"采"为"菜"之义。注不破"采"为"菜"者,以《丧大记》作菜人,所习知也。引《礼运》者,证无故不来之义。《丧大记》注亦云:"礼,君非问疾吊丧,不入诸臣之家也。"万氏斯大以释采为"释去吉衣",其言曰:"以君之尊而下临臣丧,必礼其门神而后入,窃疑于礼未安。盖先儒缘《丧大记》讹'释采'为'释菜',遂以为礼门神。《丧大记》后人所述,因古有释奠释菜之礼,遂讹'释采'为'释'。不知采与菜不同。释菜者,祭礼之细。释采者,释去吉衣也。《服问》云:'公为卿大夫锡衰以居。'此指成服后言。大敛时未成服,君未锡衰,吉服而来,不可即以吉服入,故释而去之,以著其哀也。岂礼门神之谓哉?"今案:《周礼·大胥》注引或说云:"学者皆人君卿大夫之子,衣服采饰。舍采者,减损解释盛服,以下其师也。"又《吕氏春秋》"仲春入舞舍采",高诱注云:"舍,犹置也。初入学必礼先师,置采帛于前以贽神也。"此皆不以采为菜,与郑异。又《夏小正》"万用入学",《传》云:"大舍采。"洪氏震煊欲解舍采为"解释采衣"。培翚尝诒书洪氏,谓"入学舍采",当从康成作"释菜"解,以《学记》"皮弁祭菜",明云祭,则其为祭先师之礼无疑也。若此经释采,万氏说似亦可从,《玉藻》:"非列采不入公门。"郑注:"列采,正服。"《杂记》:"麻不加于采。"郑注:"采,玄纁之衣。"古时冕服皆玄上纁下,朝服亦玄冠玄衣,皆吉服。此时大敛,主人虽未成服,然亦不可以吉服临之,故释采而后入门。窃以为万氏说于经亦合,故并录之。①

培翚对"舍采"的解释引用了《礼记》、《周礼》、《吕氏春秋》等诸家之说,"舍采"之义始明。另外,培翚利用《礼记·玉藻》、《杂记》之郑注,认为万斯大释"舍采"为"释去吉衣"之义与《仪礼》经义亦合。培翚对"舍采"的解释,被今人钱玄先生接受,其在《三礼辞典》中对"舍采"的释义即采用培翚的

①段熙仲点校,胡培翚:《仪礼正义》,第1783—1784页。

说法①。

（四）以古制释《仪礼》。这种方法主要是利用古训来训释《仪礼》中所涉及的礼制。如其释"庠序"制度：

> 又案：庠序之说，经传各异。《乡饮酒义》"主人拜迎宾于庠门之外"，则庠为乡学也。《周礼》"州长春秋以礼会民而射于州序，党正国索鬼神而祭祀，则以礼属民，而饮酒于序"，则序为州党学矣。郑说盖本诸此。又《学记》云："党有庠，术有序。"术，郑读为遂。孔疏云："此盖乡之所居，党为乡学之庠，不别立序。凡六乡之内，州学以下皆为庠。六遂之内，县学之下皆为序也。"又云："庾氏云'党有庠，谓夏、殷礼，非周法'，义或然也。"《孟子》则谓夏曰校，殷曰序，周曰庠，学则三代共之。夫乡学之设，但闻乡党殊名，不闻殷、周异号。且《王制》云："有虞氏养国老于上庠，养庶老于下庠。夏后氏养国老于东序，养庶老于西序。殷人养国老于右学，养庶老于左学。周人养国老于东胶，养庶老于虞庠。"《明堂位》亦云："鲁之米廪，有虞氏之庠也。序，夏后氏之序也。瞽宗，殷学也。頖宫，周学也。"然则国学之名，亦代不相袭矣，乃云三代共之，此皆不可晓。朱子《通解·学制》篇既并列诸说，而断之曰："《孟子》说与上下数条皆不合，未详其故。"又云："古者教人，其立法大意皆万世通行，不可得而变革。若其名号位置节文之详，则自经言之外，出于诸儒之所记者，今皆无以考其实矣。然不敢有所取舍，姑悉存之，读者亦不必深究也。"斯言真得阙疑之旨矣。然以诸说之时世先后考之，窃谓当以《乡饮酒义》及《周礼》之礼为正。②

庠序之制，因年代久远，众说不一，难以定论。《正义》分别罗列了《周礼》、《礼记》之《乡饮酒义》、《学记》、《王制》、《明堂位》及孔颖达《礼记正义》、朱熹等对"庠序"的训释，梳理细致详密，并断以己见，认为《乡饮酒义》与《周礼》之说为正，即认为"庠"为乡学、"序"为州党学。《正义》利用古训来训释"庠序"之制，是合理的。其观点被现代人所继承，钱玄《三礼辞典》将"庠"

①详参钱玄、钱兴奇：《三礼辞典》，第 1260 页。
②段熙仲点校，胡培翚：《仪礼正义》，第 452 页。

解释为"乡学之名"①,将"序"解释为"州党之学"②,显然与《正义》的结论相一致。培翚罗列诸家之说,通过细致详密的梳理而断以己见,使得结论令人信服。

三、以今释古

"疏家体例,凡注中名物、制度、古事、古言,皆当博考而证明之"③,培翚撰《正义》也是如此。为了更好地疏解《仪礼》经、注中的名物、制度、古事、古言,《正义》也采用了以今释古的方法,以便读者更容易理解古代的礼制名物。其实,广泛使用以今释古的训释方法,较早可以追溯至郑玄。作为一代经学大师,郑玄注儒家经典时,善于用汉代的方言俗语或通用语去解释经典中的词汇。这种训释词汇的方法,就叫做以今语解释古语,简称以今释古。据张能甫先生研究,郑玄注释中,共使用了二百多条当代的方言俗语和有"今"字标志的汉代通用语。这些词语在同代的语料中有相当一部分难以找到证据,与此同时,它们当中也有很多被《汉语大词典》和《辞源》作为始见书的例证,由此可见其重要价值④。

郑玄注《仪礼》时,多次使用以今释古的训释方法,并常用"今之"、"若今"、"如今"等标志性词语。如《士冠礼》:"缁布冠,缺项,青组缨,属于缺。缁纚,广终幅,长六尺。皮弁笄,爵弁笄,缁组纮,纁边。同箧。"郑注:"缺读如'有頍者弁'之頍。缁布冠无笄者,著頍,围发际,结项中,隅为四缀,以固冠也。项中有𦁠,亦由固頍为之耳。今未冠笄者著卷帻,頍象之所生也。滕、薛名簂为頍。属犹著。𦁠,今之帻梁也。终,充也。纚一幅,长六尺,足以韬发而结之矣。笄,今之簪。有笄者,屈组为纮,垂为饰。无笄者,缨而结其绦。纁边,组侧赤也。同箧,谓此上凡六物。隋方曰箧。"⑤此例中的"𦁠,今之帻梁也"与"笄,今之簪",就是以今释古的训释方法。再如《大射仪》:"司射适次,袒决遂,执弓,挟乘矢于弓外,见镞于弣,右巨指钩弦。"郑

---

①钱玄,钱兴奇:《三礼辞典》,第552页。

②钱玄,钱兴奇:《三礼辞典》,第396页。

③桂文灿《孟子赵注考证》卷首《序》,《续修四库全书》第159册,第63页。

④张能甫:《论郑玄注释中的以今释古》,见四川大学汉语研究所编:《汉语史研究辑刊》第一辑(上册),巴蜀书社1998年版,第265—266页。

⑤段熙仲点校,胡培翚:《仪礼正义》,第45页。

注:"司射,射人也。次,若今时更衣处,张帏席为之。"①此例释"次",也是用到了以今释古的训释方法。

培翚撰《正义》,也用到了以今释古的训释方法。当然,《正义》所运用到的以今释古的训释之例,属于培翚自己训释的,数量较少。培翚进行训释,主要是以今物释古物,并用"今之"作为标志性提示语,如《士丧礼》释"鬠"时,培翚认为"紒"即今之"髻":

> 今案:……要之,此注云"鬠,露紒也",实为定诂。盖吉时以缅韬发,丧则去缅,去缅则紒露,紒与结同,即今之髻。②

其实,《正义》书中存在的"以今释古"之例,多为引用他说进行训释的,具体包括以下几方面的内容。

(一)以今物释古物

以今物释古物,其实就是以当今之名物来解释古代之名物。如《乡射礼》"袒决遂",郑注:"决,犹闾也,以象骨为之,著右大擘指,以钩弦闾体也。"《正义》释"决"时,胡肇昕补编时曾引用段玉裁等人之说:

> 胡氏肇昕云:"……又案:段氏玉裁云:'决,即今人之扳指也。'胡氏承珙云:'《毛传》:"鞢,玦也,今之扳指,如环无端。"古之玦,则如环而缺,其缺处当联以韦系,所以著指,亦可以佩。'"③

段玉裁释"决"为"今人之扳指",胡承珙引《毛传》释"鞢"为"玦也,今之扳指",用的都是以今物释古物的训释方法。

再如《公食大夫礼》:"铏芼,牛藿、羊苦、豕薇、皆有滑。"《正义》释"薇"引用了段玉裁之说:

> 薇,注无释。案:薇亦藋类也。《说文》:"薇,菜也,似藋。"段氏注云:"谓似豆叶也。陆玑《诗》疏曰:'薇,山菜也。茎叶皆似小豆,蔓生,其味亦如小豆,藋可作羹,亦可生食。今官园种之,以供宗庙祭祀。'项安世曰:'薇,今之野豌豆也。'"《尔雅·释草》:"薇,垂水。"郭注:"生于

---

① 段熙仲点校,胡培翚:《仪礼正义》,第848页。
② 段熙仲点校,胡培翚:《仪礼正义》,第1376页。
③ 段熙仲点校,胡培翚:《仪礼正义》,第498页。

水边。"段氏云:"薇,采于山,野生者也。《释草》云'垂水',乃薇之俗名耳。不当以生于水边释之。"①

段玉裁释"薇"引项安世之说,也是以今物释古物之例。

(二)以今制释古制

以今制释古制,就是以当今制度来解释古代制度。如《既夕礼》"皆木桁",郑注:"桁,所以庪苞筲甕甒也。"《正义》引聂崇义《三礼图》云:

聂氏云:"阮氏梁正等《图》云:'桁制,若今之几,狭而长,以承藏具。'"②

《士昏礼》:"笲,缁被纁里,加于桥。舅答拜,宰彻笲。"郑注释"桥"曰:"桥,所以庪笲,其制未闻。今文桥为镐。"《正义》借盛世佐之语引聂《图》释"桥"曰:

盛氏世佐云:"桥制,汉时已不可考,无论后世。聂《图》云:'旧《图》云:读如桥举之桥,以木为之,似今之步案,高五尺,下跗午贯,举笲处亦午为之。'此则汉法也。"③

《既夕礼》"缀足用燕几",《正义》引刘绩语云:

今案:刘氏绩云:"古几犹今道家之几,形如半环三足,坐则曲向身,可以凭。以曲者两端著地,故缀足,御者一人坐持正足也。"④

《士冠礼》"赞者坐",《正义》释"坐"引朱熹之语曰:

朱子云:"古人坐法,以膝著地,两蹠向后,如今之跪。经凡言'坐',皆然。"⑤

由于古今礼俗规范、制度的变化,不能完全以当今之制度来训释古代的制度,所以学者们在训释时都喜用"若今"、"犹今"、"如今"等非十分肯定性的词语。培翚多次引用这些带有非肯定性词语的说法,显示了他审慎的

---

①段熙仲点校,胡培翚:《仪礼正义》,第1253—1254页。
②段熙仲点校,胡培翚:《仪礼正义》,第1858—1859页。
③段熙仲点校,胡培翚:《仪礼正义》,第210页。
④段熙仲点校,胡培翚:《仪礼正义》,第1923页。
⑤段熙仲点校,胡培翚:《仪礼正义》,第68页。

疏经态度。

（三）以今语释古语

以今语释古语，就是用当今的词语来解释古语。如《士虞礼》："三虞，卒哭。他，用刚日，亦如初，曰哀荐成事。"郑注："他，谓不及时而葬者，《丧服小记》曰：报葬者报虞，三月而后卒哭。然则虞卒哭之间，有祭事者，亦用刚日，其祭无名。谓之他者，假设言之。"《正义》引敖继公之言曰：

> 他者，变易之辞，犹今言别也。不用柔日而用刚日，故云他也。[1]

（四）以今字释古字

以今字释古字，是从古今字的角度来训释字义的。段玉裁云："凡读经传者不可不知古今字，古今无定时，……随时异用者谓之古今字。"[2]《正义》多是引他说来释古今字的，如《士昏礼》："主人彻几改筵。"郑注："彻几改筵者，乡为神，今为人。"《正义》引《校勘记》之语曰：

> 《校勘记》云："陆氏云：'乡，本又作鄕'。案：鄕，正字。乡，今之向字。"[3]

《特牲馈食礼》："特牲馈食之礼，不诹日。"郑注："今文诹皆为诅。"《正义》引胡承珙之语曰：

> 云"今文诹皆为诅"者，胡氏承珙云："《说文》：诹，聚谋也。诅，诃也。诃，诅也。诃即今之呪字。诅、诃互训。与诹义别。"今案：今文殆假诅为诹，故郑不从。皆者，皆下诹此某事也。[4]

四、修辞手段的运用

培翚撰《正义》，也将文学中常用的修辞手段引进来，作为训诂方法。在《正义》中，这种修辞方式常常以"互文"、"文互见"或"互文见义"等提示

---

①段熙仲点校，胡培翚：《仪礼正义》，第 2045 页。
②段玉裁：《说文解字注》，上海古籍出版社 1981 年版，第 94 页。
③段熙仲点校，胡培翚：《仪礼正义》，第 158 页。
④段熙仲点校，胡培翚：《仪礼正义》，第 2082 页。

语作标志。其实,"互文"、"文互见"或"互文见义"意义一样,就是参互见义,它是"两种事物在意境上或上下文中互相体现,互相渗透,互相补充"①。例如:

> 今案:遂醮焉者,谓冠于房外,醮亦于房外也。敖氏云:"若不醮而醴,其位亦如之。"此说甚是。周公制礼,以醴为正,醮则因其旧俗而行之。经因上醴醮并言,故随举醮言之,与言醮与客位者同,互文耳。②
>
> 于歌与管,但言篇名,于笙言三成,文互见也。③
>
> 注云"异其文"者,以互文见义也。④

培翚将"互文"等修辞方式引入训诂,并非他的创造。早在汉代,经师就开始使用这种方法,如郑玄注《礼》时,就曾运用到"互文"这一术语,他在《周礼·大府》"大府掌九贡、九赋、九功之贰,以受其货贿之入,颁其货于受藏之府,颁其贿于受用之府"之下注曰:"凡货贿皆藏以给用耳,良者以给王之用,其馀以给国之用。或言受藏,或言受用,又杂言货贿,皆互文。"⑤据郑玄之注,则藏与用、货与贿,为两组互文之词。在郑玄的影响下,经师在注疏古经时,常常归纳出经典中的"互文"现象,如唐贾公彦在疏解《周礼》、《仪礼》时,不仅常常归纳"互文"之例,还对"互文"一词作过解释,其云:"凡言互文者,各举一事,一事自周,是互文。"⑥他还说:"凡言互文者,是二物各举一边而省文,故曰互文。"⑦这或许是对"互文"一词最早的解释了。培翚在书中广泛使用各种修辞方法,当是对传统解经方法的继承。

第三节　全面、丰富的训诂内容

《仪礼正义》训诂学内容,概而言之,约有以下数端:1.释名物制度;2.释官司职守;3.释风俗;4.释同义词、近义词;5.释正字、假借字;6.释俗字;7.释

①赵振铎:《训诂学纲要》(修订本),巴蜀书社 2003 年版,第 282 页。
②段熙仲点校,胡培翚:《仪礼正义》,第 119 页。
③段熙仲点校,胡培翚:《仪礼正义》,第 773 页。
④段熙仲点校,胡培翚:《仪礼正义》,第 811 页。
⑤王文锦、陈玉霞点校,孙诒让:《周礼正义》,第 444 页。
⑥李学勤主编:《十三经注疏·仪礼注疏》,第 225 页。
⑦李学勤主编:《十三经注疏·仪礼注疏》,第 751 页。

引申义;8.释文句等。而上述诸端概括起来实为考订文字,解释词义,疏通
文句,考证礼制名物等方面。

一、考订文字

《正义》对文字的考订,主要是从字形和声音两方面展开的,包括考订
字形、揭示声音两种。

(一)考订字形。

《正义》对文字的考订,目的在于对《仪礼》经、注中存在的误字、俗字、
俗体字、或体字、省变字、古今字等进行梳理,为全面疏解《仪礼》奠定基础。
《正义》在考订字形方面,表现为以下数端。

1.字误例。如:

> 今案:衫训禅,不训同,经文若作衫,则注义不可通矣,故知为袗之
> 误也。[1]

> 今案:训当作扬,由扬讹咏,由咏复讹训,始则声误,终则字误耳。[2]

2.亦作例。如:

> 嘉亦作家。[3]

3.俗体、俗字。如:

> 疑捂即牾之俗体。[4]

> 云"曏,曩也"者,《说文》云:"曏,不久也。"又云:"曩,曏也。"是二
> 字通。《庄子》曰:"曩子行,今子止。"以曩对今,则曩为前时也。此经
> 作曏为正字,或作乡,作鄕,作向,皆古字通用。作晌,则俗字也。[5]

4.或体。如:

> 赪为䞓之或体。[6]

---

①段熙仲点校,胡培翚:《仪礼正义》,第 56 页。
②段熙仲点校,胡培翚:《仪礼正义》,第 695 页。
③段熙仲点校,胡培翚:《仪礼正义》,第 128 页。
④段熙仲点校,胡培翚:《仪礼正义》,第 160 页。
⑤段熙仲点校,胡培翚:《仪礼正义》,第 243—244 页。
⑥段熙仲点校,胡培翚:《仪礼正义》,第 1717 页。

5.省作、某之省。如：

　　　　曻，《字林》作曻。经典相承，律省作曻。①

　　　　今案：……歙，古吹字，即籥之省。②

6.讹作。如：

　　　　今案：众字古有终音，故古文讹作终。③

7.当作。用训诂术语"当作"指出文字错误，如：

　　　　铭当作名。④

　　　　今案：上识字当作帜解，识，古帜字。……下识字音式，则当作知识解，谓以其旗帜知之也。若音志，则当作识记解，谓以其旗帜记之也。二义并通。⑤

8.古今文字。

由于郑玄兼通今古文，所以他在注《礼》时，常注明某字今文作某，古文作某。《仪礼正义》宗守郑注，其对古今字的揭示较多，有时明确指出郑玄之注对今古文字的处理情况，如：

　　　　案扃鼏二字，古文当为扃密，今文当为幂幎。郑于上字从古，下字从今。⑥

　　　　云"今文伦或作论"者，伦、论皆从仑声，此篇古文作伦，今文作论。《少牢》则作伦，不作论，故郑从古文也。⑦

多数情况下，胡培翚只是简单地说明今文某作某，古文某作某。如：

　　　　古文甒皆作庑。⑧

　　　　今案：燅，古文作寻。《左传》以寻对寒言，是燅为温也。⑨

----

① 段熙仲点校，胡培翚：《仪礼正义》，第 138 页。
② 段熙仲点校，胡培翚：《仪礼正义》，第 1816 页。
③ 段熙仲点校，胡培翚：《仪礼正义》，第 258 页。
④ 段熙仲点校，胡培翚：《仪礼正义》，第 1664 页。
⑤ 段熙仲点校，胡培翚：《仪礼正义》，第 1664 页。
⑥ 段熙仲点校，胡培翚：《仪礼正义》，第 166 页。
⑦ 段熙仲点校，胡培翚：《仪礼正义》，第 1204 页。
⑧ 段熙仲点校，胡培翚：《仪礼正义》，第 1858 页。
⑨ 段熙仲点校，胡培翚：《仪礼正义》，第 2323 页。

（二）揭示声音。

《正义》常常从读如、读为、读若、当读、声同、声近、声通、音义同、某某字通、古字通、古音通等方面来梳理文字关系。

1.读如、读为、读若、当读、读作。如：

> 瑱，读如綦。綦，结也。皮弁之缝中，每贯结五采玉十二，以为饰，谓之綦。①

> 案：古而与如通用，如犹若也，故如、而或读为若。郑以为声之误，则古读而如若也。②

培翚曾引段玉裁《周礼汉读考》之言对"读如"、"读为"的训诂情况进行了总结，其云："案：段氏《周礼汉读考》云：'注、经之例，凡言读如者，拟其音，读为者，易其字，此皆不用其本字，如祝读如注、联读为连，是也。凡有言读如、读为而仍用本字者，如"利"读如"上思利民"之利，"斿"读为"囿斿"之斿，此盖一字有数音数义，故云读如、读为以别之也。'"③其实，从上述所引之例来看，《正义》在训诂实践中已经涉及到了段玉裁所提及的两方面。

2.声同。如：

> 毋、牟、无，三字声同。④
> 肤与敷古同声。⑤

3.声近。如：

> 古音弁与槃，罩与怃相近，故取声近之字解之。⑥

4.声通。如：

> 又与侑，古音相近，通用。⑦

---

①段熙仲点校，胡培翚：《仪礼正义》，第53页。
②段熙仲点校，胡培翚：《仪礼正义》，第413页。
③段熙仲点校，胡培翚：《仪礼正义》，第2183页。
④段熙仲点校，胡培翚：《仪礼正义》，第137页。
⑤段熙仲点校，胡培翚：《仪礼正义》，第1861页。
⑥段熙仲点校，胡培翚：《仪礼正义》，第139页。
⑦段熙仲点校，胡培翚：《仪礼正义》，第742页。

5.同、音义同。如：

> 案阖与开同，决钩弦以利发，故云犹阖也。①
> 道与导同。②

6.字通。如：

> 今案：纤训为诎，诎与屈通。③
> 今案：《说文》："昃，日在西方时厕也。"是侧与昃通。④

7.古字通用。如：

> 古柎、付、附，三字通用。⑤
> 今案：以白黑文绣斧形于依上，古文字作黼，又作黼。……是二字得通用。又依《书·顾命》及《尔雅》作扆，《三礼》多作依，扆有依倚义，古字亦得通用也。⑥

8.古音通。如：

> 遐、胡互训，古音通。⑦

9.文字互训。如：

> 云"輈，辕也"者，《说文》："辕，輈也。輈，辕也。"二字互训。⑧

10.注明音读。《正义》注明音读有以下几种情况：

(1)以直音言之。即直接标明某字之音。如：《士冠礼》"承天之庆，受福无疆"，培翚释"庆"音曰："庆音羌。"⑨

(2)标示反切。如《既夕礼》"商祝免袒，执功布入，升自西阶，尽阶不升堂，声三，启三，命哭"，郑玄注"功布"云："功布，灰治之布也，执之，以接神

---

①段熙仲点校，胡培翚：《仪礼正义》，第 497 页。
②段熙仲点校，胡培翚：《仪礼正义》，第 968 页。
③段熙仲点校，胡培翚：《仪礼正义》，第 1671 页。
④段熙仲点校，胡培翚：《仪礼正义》，第 1846 页。
⑤段熙仲点校，胡培翚：《仪礼正义》，第 131 页。
⑥段熙仲点校，胡培翚：《仪礼正义》，第 1282 页。
⑦段熙仲点校，胡培翚：《仪礼正义》，第 123 页。
⑧段熙仲点校，胡培翚：《仪礼正义》，第 1842 页。
⑨段熙仲点校，胡培翚：《仪礼正义》，第 127 页。

为有所拂扔也。"培翚释"拂扔"云："云拂扔，本又作佛仿，上芳昧反，下芳丈反。"①

（3）标明声调。如《丧服》篇郑玄《目录》云："天子以下，死而相丧。"培翚释"丧"音曰："《贾疏》云：'丧字，去声，人或以平声读之，义亦通。'吴氏《章句》云：'人死曰丧，丧，去声，此谓生人丧之，丧平声。'今案：《郑目录》云'死而相丧'，亦据生人言之。《释文》丧字无音，则读平声，是也。"②

二、解释词义

《正义》对词义的解释包括直训、同义词、近义词、引申义、假借与假借义、义本相成、义通等方面。

（一）直训。

直训，顾名思义，就是直接进行训诂，也就是对某字、某词直接进行解释。它常常以"某，某某也"等形式表示出来。如：

> 韠，蔽膝也。冕服谓之韍，其他服谓之韠，皆以韦为之。③
> 凡物十曰束，束帛、束锦、束修，皆以十为数也。④

（二）同义词与近义词。如：

> 案：挺、膱皆有直义，《尔雅·释诂》云："挺，直也。"《乡射记》注云："古文膱为戠，今文或作植。"戠、直古声通，故戠或通作埴，橄或通作膱，皆此类也。脯干则直，凶谓之挺，或谓之膱，其义一也。⑤
> 瘱埋，郭注云："既祭，埋藏之。"此但言"瘱"者，郑注《礼》云"埋牲曰瘱"，是瘱与埋义一耳。⑥

在对同义词、近义词进行训诂时，培翚还注意了"字异义同"、"名异实同"等现象。如：

> 《说文》："旦，明也，旦日谓明日也。"《少牢礼》云："旦明行事。"注

---

①段熙仲点校，胡培翚：《仪礼正义》，第1832页。
②段熙仲点校，胡培翚：《仪礼正义》，第1341页。
③段熙仲点校，胡培翚：《仪礼正义》，第10页。
④段熙仲点校，胡培翚：《仪礼正义》，第92页。
⑤段熙仲点校，胡培翚：《仪礼正义》，第428页。
⑥段熙仲点校，胡培翚：《仪礼正义》，第1328页。

盖本此。段氏云:"《说文》日部'晢'字下曰:'昭晰,明也,从日折声。'《礼》曰:'晰明行事。'案《说文》凡言《礼》,皆谓《仪礼》,是郑本作'质',许本作'晰'也。"今案:字异义同。①

其实长子众子与适子庶子,名异实同。②

这些字异义同、名异实同的词语,其实就是一组同义或近义词。

在辨别同义词、近义词时,培翚常常使用一些传统的训诂术语,如"对文"、"散文"等。"对文"、"散文"作为训诂术语,实源于唐孔颖达《五经正义》,"就训诂而言,《(五经)正义》发明甚多,其一便是它创造性地运用'对文''散文'等一类术语来分析经传中同义词之间的同与异、通与别,开启了对同义词进行综合训诂的先河"③。孔颖达在《尚书正义序》中说:"若其言必托数,经悉对文,斯乃鼓怒浪于平流,震惊飙于静树,使教者烦而多惑,学者劳而少功,过犹不及,良为此也。"④此处所言的"对文",就是说《尚书》经文中使用对文,即两两相对,互相对应成文。刘勰在《文心雕龙》中也提及骈文相对成文之论,其《文心雕龙·丽辞》云:"造化赋形,支体必双,神理为用,事不孤立。夫心生文辞,运裁百虑,高下相须,自然成对。"⑤刘勰此处所云"自然成对",是指骈文语句之对偶情况而言的。

而本文所言的"对文",是与"散文"配合使用的训诂学术语,它与骈文那种要求严格的对偶、对比的句式是不尽相同的。在训诂学上,"对文"主要是指一组意义相同(含相近)的词语在经注中相对举、相对比、相对待地成文。"散文"主要是指一组同义词的一个在经文中单独成文,上下文中没有与之相对举、相对比、相对待的词语。⑥"对文"重在辨其异,即这些对应成文的词语往往存在着差异;"散文"重在求其同,即用在散文中相对应的词语往往相同或相通。"对文"与"散文","二者旨在辨别外延相同而内涵

---

①段熙仲点校,胡培翚:《仪礼正义》,第31—32页。

②段熙仲点校,胡培翚:《仪礼正义》,第1417页。

③钟明立:《训诂术语"对/散""对言/散言""浑/析"——兼谈综合分析同义词之术语的演变》,《杭州师范学院学报》,1999年第1期,第60页。

④孔颖达:《尚书正义序》,见李学勤主编:《十三经注疏·尚书正义》,北京大学出版社1999年版。

⑤刘勰,周振甫译注:《〈文心雕龙〉译注》(修订本),江苏教育出版社2006年版,第499页。

⑥参钟明立:《训诂术语"对/散""对言/散言""浑/析"——兼谈综合分析同义词之术语的演变》,《杭州师范学院学报》,1999年第1期,第60—61页。

有别的概念之间的差异"①。《正义》涉及到此方面的训诂之例如:

> 云"膳为进庶羞"者,此云"遍尝膳",《玉藻》云"辩尝膳",知膳即羞也。然《周礼·膳夫》注云:"膳,牲肉也。羞,有滋味者。"是二字对文异,散则通。遍正字,辩假字也。②

> 注云"上既言爵矣,复言觚者,嫌易之也"者,以主人献宾云"取觚",注云"奠觚",至将酢主人,云"宾以虚爵降",嫌爵与觚异,故此经又云"坐奠觚",见觚、爵对文则异,而散文相通也。③

除了"对文"、"散文"外,《正义》还用到了"析言"、"分言"与"统言"、"浑言"等训诂术语,如:

> 拼是假借字。案:析言之,则拼是扫席前之名;浑言之,则凡扫皆可云拼也。④

> 窃尝考之:东夹在堂东序之东,西夹在堂西序之西,东夹之北为东房,西夹之北为西房,中有墉隔之,与房不相通。东夹、西夹,一名东箱、西箱。又名左个、右个,左达、右达。左即东也,右即西也。夹也,箱也,个也,达也,异名而同实。统言之为东夹、西夹,分言之则夹之近北者为室,近南者为堂,故有夹室与东堂、西堂之称。⑤

> 今案:腵亦作段,又作锻,段、锻皆取捶治之意。郑注《周礼·腊人》"干肉"有脯,注云:"薄析曰脯,捶之而施姜、桂曰腵修。"下云妇献尸,"取糗与腵修"注亦云:"腵修,捣肉之脯。"是析言之,脯与腵修微有异,统言之则皆脯也。⑥

在《正义》中,培翚使用"对文"、"散文"、"析言"、"分言"、"统言"、"浑言"等训诂术语,是继承了孔颖达《五经正义》及段玉裁《说文解字注》之训诂方法并加以综合运用,是训诂学史上一件大事,对后代训诂学、尤其是对孙诒让《周礼正义》的训诂产生了较大的影响,孙氏之书就使用了大量的有关"对

---

①宋子然:《训诂理论与应用》,巴蜀书社 2002 年版,第 110 页。
②段熙仲点校,胡培翚:《仪礼正义》,第 263 页。
③段熙仲点校,胡培翚:《仪礼正义》,第 689 页。
④段熙仲点校,胡培翚:《仪礼正义》,第 988 页。
⑤段熙仲点校,胡培翚:《仪礼正义》,第 994 页。
⑥段熙仲点校,胡培翚:《仪礼正义》,第 2339 页。

文"、"散文"的训诂之例。

（三）假借与假借义。如：

> 云"古文眉作麋"者，……今案：眉正字，麋借字，故郑从今文。①

> 案：此经之相，注云"主人家臣"，司正作相为之，司马、司正为之，
> 是三官一人兼也。惟《司射》注云："主人之吏。"今有司请射，为司射告
> 宾之词，其非司射为之明也。州长为司马官，则司正所作之司马，亦假
> 借之称。②

（四）义本相成。

《正义》还运用了"义本相成"之训诂手段：

> 案：此说是也。《说文》挩、帨异义，帅为佩巾之本字，帨为帅之或
> 体。许君于《礼经》多用今文，此据《礼经》今文佩巾字用帨从之也。
> 许、郑此条同解，浅人疑于帨为佩巾，不得训拭，尽该经、注帨字为挩，
> 不知挩巾亦无拭义，且以帨拭手谓之帨，犹以巾拭手谓之巾，义本相成
> 也。训诂中此例甚多，如幎之本义为幔，而以帷幔覆物即谓之幎，帖之
> 本义为帛书署，而以帛书相附，即谓之帖，皆此类也。③

无独有偶，胡肇昕在补疏"古文贯作关者"时，也提出"义本相成"之说：

> "古文贯作关"者，……胡氏肇昕云："字有正义，有借义，有引申之
> 义，而皆以声为主，声近而义亦随之也。古音贯与关相近，满张弓谓之
> 贯，亦谓之关，因之而张弓中革谓之贯，亦谓之关，义本相成。"④

可见，"义本相成"、"声近而义亦随之"也是古代训诂学家常用的训诂手段。

（五）引申义。如：

> 是定、成、孰，三字同义，故曰"定犹孰也"。案：汉儒训诂，凡云
> "犹"者，皆通其引申之义也。定训为"成"，成训为"孰"，孰与定义稍
> 隔，故云犹以通之也。⑤

> 案："劳也"之劳，读如"劳来"之劳。息有止义，劳而止息谓之息。

---

① 段熙仲点校，胡培翚：《仪礼正义》，第123页。
② 段熙仲点校，胡培翚：《仪礼正义》，第496页。
③ 段熙仲点校，胡培翚：《仪礼正义》，第318页。
④ 段熙仲点校，胡培翚：《仪礼正义》，第562页。
⑤ 段熙仲点校，胡培翚：《仪礼正义》，第293页。

《梓人》"则王以息燕",注:"息者,休农,息老物也。"《礼记·乐记》:"息焉游焉。"注:"息谓作劳休止之息。"《淮南·精神训》:"曷能久熏劳而不息乎?"高诱注:"息,止也,劳而止息谓之息。"故息其劳而劳之,亦谓之息。此一义之引申也。[①]

《正义》有时用"凡……皆曰(亦曰)……"的形式来表示某字的引申义,如《士丧礼》:"为铭,各以其物,亡则以缁,长半幅,赪末,长终幅,广三寸,书铭于末,曰:'某氏某之柩。'"郑玄注"末"曰:"末为旆也。"培翚疏曰:"'末为旆'者,《尔雅》:'继旐曰旆。'郭注:'帛续旐末为燕尾者。'《释名》云:'旆以帛继旐末也。'《说文》:'旆,继旐之旗也,沛然而垂。'是旆本旐末之垂者。引申为凡垂之称。《小雅·出车》传曰:'旆,垂旒貌。'又引申之,凡垂末者亦谓之旆。此铭旐之末,如旗旐之末,故今文得假旆为末。郑用其正字,故从古文。"[②]此处由引证《尔雅》、《释名》、《说文》等字书,得出"是旆本旐末之垂者。引申为凡垂之称"。后又征引《诗经·小雅·出车》毛传之解,得出"又引申之,凡垂末者亦谓之旆"的结论。不难发现,培翚在疏解"末为旆也"时,不仅指出"旆"引申义为"垂",而且还指出了词义引申的线索,给出了引申的理据,以为佐证,令人信服。

(六)义通。如:

今案:《士虞礼》注云:"馈,犹归也。"是二字义本通。[③]

注云"因,犹亲也"者,盛氏云:"因,犹依也。《诗》云:'靡依匪母。'故亲母曰'因母'。"今案:《诗·皇矣》:"因心则友。"《毛传》:"因,亲也。"《论语·学而》篇集解引孔注同,是因与亲古义通,故郑云"因,犹亲也"。[④]

(七)揭示一字多训或多字一训。

《正义》书中存在有一字多训或多字一训等情况,也即通常所说的一字多义或多字一义。如:

今案:《燕义》本释《燕礼》之事。《燕礼》有"庶子执烛及献庶子"之

①段熙仲点校,胡培翚:《仪礼正义》,第 420 页。
②段熙仲点校,胡培翚:《仪礼正义》,第 1666 页。
③段熙仲点校,胡培翚:《仪礼正义》,第 1054 页。
④段熙仲点校,胡培翚:《仪礼正义》,第 1387 页。

文，记人欲释其义，故取天子诸子职解庶子。诸、庶训皆为众。①

云"复，报也"者，上文又见之以其挚，注训"又"为"复"，盖取"重"义、"继"义，谓既将公命而又见之也。此不训"复"为"又"而训为"报"者，盖取"酬报"之义，谓宾之见讶，报其来见之礼也。②

三、疏通文句

《正义》对典籍的注释也包括对文句的疏通，主要体现在以下四个方面。

（一）在对经文文句的疏通中，常常指出经文文句中的省文、文互见等情况。如卷一："主人升，立于序端，西面，宾西序，东面。"郑注云："主人、宾俱升，立相乡。"《正义》疏曰：

序端，序头。宾不言升，省文。注云"主人、宾俱升，立相乡"者，以经云"西面"、"东面"知之也。"俱升"义详上节。敖氏云："主人立于序端，北当序也。宾在西序，负序也。主人不立于东序者，辟子之坐，且不参冠礼也。"褚氏云："宾盖在西序端也，文省耳。此非昏礼之宾，安得在主人北？敖氏盖欲破注'相乡'之说而误。"盛氏云："序端不言东，西序不言端，文互见也。"今案：盛氏"文互见"一语最明。下经云："筵于东序少北。"注云："少北辟主人，则序端之位。"安得云辟子乎？敖说非。③

此例之经文，由于字少及省文等情况，初读时难以读懂其意。通过胡培翚的疏解，此句经文补充完整后为："主人升，立于（东）序端，西面，宾（升，立于）西序（端），东面。"如此一来，《仪礼》经文当不难读也。

（二）《正义》对文句的疏解，也包括划分经文之层次。划分经文层次，实际上是对经文进行逻辑上的分层，让经文的文义较准确地展现出来。如卷四"凡燕见于君，必辩君之南面，若不得，则正方，不疑君"，《正义》疏曰：

以下杂记诸仪，分为六节。燕见于君，一也。进言，二也。侍坐，

①段熙仲点校，胡培翚：《仪礼正义》，第753页。
②段熙仲点校，胡培翚：《仪礼正义》，第1148页。
③段熙仲点校，胡培翚：《仪礼正义》，第65页。

三也。赐食、赐饮,四也。先生异爵者见士,五也。广言称谓及执币玉之仪,六也。①

此例中对经文的分节,实指将自此至篇末的经文,划分为六个层次②。再如卷四十:"主人降,南面拜众宾于门东,三拜,众宾门东北面,皆答一拜。"《正义》疏曰:

自此至"主人就筵",皆均神惠之事,凡七节。献长宾,一也。献众宾,二也。主人自酢于长宾,三也。酬长宾,四也。献兄弟,五也。献内宾,六也。献私人,七也。③

(三)《正义》对文句的疏解,还包括总结概括句旨,讨论上下文句之间的关系。如卷四"若父,则游目,毋上于面,毋下于带",《正义》疏曰:

今案:上节云"凡与大人言",此云"若父",紧承上说,则敖以此为与父言之时,是矣。④

(四)《正义》对文句的疏解,常常用到"犹"、"犹言"、"谓"、"言"等术语。如卷一:

云"先裳后衣者,欲令下近缁,明衣与带同色"者,言衣当在裳先,此退在裳后者,欲令与缁带连文,见衣与带同缁色,非尊裳而抑衣也。⑤

云"缁布冠无笄者,著颊,围发际,结项中,隔为四缀,以固冠也"者,皮弁,爵弁有笄,而缁布冠无笄,故于冠武下别制颊,围发际,结于项中,谓之缺项。⑥

注云"中,犹间也",谓间隔也。云"禫,祭名也。与大祥间一月。自丧至此,凡二十七月"者,禫,大祥后除服祭名。三年之丧,二十五月而大祥,二十七月而禫。犹期之丧,十三月而大祥,十五月而禫。皆与大祥间隔一月。故云自丧至此,凡二十七月也。⑦

---

① 段熙仲点校,胡培翚:《仪礼正义》,第253—254页。
② 段熙仲点校,胡培翚:《仪礼正义》,第253—273页。
③ 段熙仲点校,胡培翚:《仪礼正义》,第2376页。
④ 段熙仲点校,胡培翚:《仪礼正义》,第258页。
⑤ 段熙仲点校,胡培翚:《仪礼正义》,第38页。
⑥ 段熙仲点校,胡培翚:《仪礼正义》,第46页。
⑦ 段熙仲点校,胡培翚:《仪礼正义》,第2073页。

综上所述,《正义》是精于训诂的。培翬在训诂实践中,或直接用训,或广征博引,或创造性地使用一些训诂术语、训诂手段,使得该书的训诂方式不拘一格,训诂内容丰富而全面。与清代其他汉学派经学家一样,培翬在书中采用训诂的主要目的也是以训诂而直通经义,并在训诂实践中取得了诸多成就,其"释'袜韐'、论'黼黻'、考'屏庸'、解'庪悬浮沉'、'阃阈橛柣',大抵皆礼之支流、馀裔,援引赅博,而条达明画,疏家拙涩之弊,屏除殆尽"[①]。要之,培翬在名物、字义训释方面是下了大工夫的,这也体现了作者扎实的小学功底,因而所取得的训诂成就也较大,在研究过程中不可忽视。

第四节　《仪礼正义》训诂学特色

《正义》在解经过程中不仅精于训诂,而且也形成了自己的训诂学特色。

一、训释多据经传或字书

《正义》在训释字词的时候,多据经传、字书以立说。此说明了《正义》在训释词语时,主要依据经典、字书作为理论根据,以古训而求字义,以得确诂。如《士冠礼》对"韠"的训释:

> 云"素韠,白韦韠"者,韠,蔽膝也。冕服谓之韍,其他服谓之韠,皆以韦为之。《字林》云:"韦,柔皮也。"郑注《乾凿度》云:"古者田渔而食,因衣其皮,先知蔽前,后知蔽后。后王易之以布帛,而独存其蔽前者,重古道,不忘本也。凡韠皆同裳色,其韍则有山、火、龙章之饰焉,此韍与韠之分也。韠以白韦为之者,朝服之韠也。若士玄端服之韠,则以爵韦为之。"《玉藻》曰:"韠,君朱,大夫素,士爵韦。"郑注:"此玄端服之韠也。凡韠必象裳色,则天子、诸侯玄端朱裳,大夫素裳。唯士玄裳、黄裳、杂裳也。皮弁服皆素韠。"今案:皮弁服用素韠,自天子至士皆然,故云皆也。其朝服,自上至下,亦皆素韠。其玄端服,则唯大夫

---

①胡韫玉:《胡培翚传》,《国粹学报》,第七年第二册(原第76期),1911年2月。

用素幹耳。①

此处释"幹",《正义》援引《字林》、郑玄注《乾凿度》以及《礼记·玉藻》与郑注等经典作为依据,并在此基础上进行案断,提出自己的看法,体现了其结论的科学性。

再如《士冠礼》:"屦,夏用葛,玄端黑屦。"《正义》疏曰:

左氏暄云:"《周礼·屦人》注:'禅下曰屦,复下曰舄。'《古今注》:'以木置履下,干腊,不畏泥湿,故曰舄。'以是知履、舄,屦之异名也,但有禅下、复下用木之异耳。"今案:屦与舄异,而履为通名。《说文》云:"履,足所依也。"又云:"屦,履也。"《韵会》云:"舄,履也。"是屦、舄皆可称履矣。经不叙屦于三服后者,一以屦贱,宜别言之。一以屦制繁,若并言之,恐失轻重之义,故退在篇末也。经言"夏用葛",则冬用皮可知,故下经又言"冬皮屦可也"。贾氏谓"春则从冬,秋则从夏"。张氏尔岐谓"春秋热则从夏,寒则从冬"。张说较胜。《葛屦》见《诗》,亦见《周礼·屦人》,据郑注,《屦人》谓天子诸侯吉事皆舄,其馀惟服冕衣翟著舄耳。然则士无冕,亦无舄矣。此玄端黑屦,初加缁布冠时所用之屦也。②

此处释"屦",《正义》先引左暄之说,而左暄立说是以经典为依据的。《正义》在左暄之说的基础上进行案断,并引《说文》、《韵会》、《诗》、《周礼》等经典、字书以立说。像这样依据古训而求字义,所得的结论当然是接近本义的。

二、训释常作归类总结

《正义》常对于《礼》书中多次出现的某一礼制、礼俗或某一字进行归类集中训释,总结不同类别,为后人理解礼俗仪规提供了便捷。如《士冠礼》训"坫":

云"坫在堂角"者,《礼》坫有四。《尔雅》:"垝,谓之坫。"郭注"在堂隅",与此注"坫在堂角"者同。《既夕记》曰:"设棜于东堂下,南顺,齐于坫。"据此则坫当在东西堂之隅。盖统一堂而论之,必以东堂尽东,

---

①段熙仲点校,胡培翚:《仪礼正义》,第10—11页。
②段熙仲点校,胡培翚:《仪礼正义》,第129—130页。

西堂尽西之处为隅。《仪礼》凡言坫者,皆谓堂隅之坫,一也。《明堂位》曰:"反坫出尊。"此反爵之坫,二也。又曰:"崇坫康圭。"此亢圭之坫,三也。《内则》曰:"士于坫一。"此庋食之坫,四也。反坫、崇坫,皆在庙中两楹之间。贾氏释《士丧礼》云:"堂隅有坫,以土为之。"又云:"或谓堂隅为坫。"则其说不能定矣。江氏永云:"堂之四隅即为坫,非别有土为之也。反坫以反爵,崇坫以康圭,乃是烧土为之。"案:《论语》皇疏云:"反坫,筑土为之,形如土堆。"《礼记》疏略同,江说是矣。庋食之坫,在寝内,亦当以土若木为之。①

《正义》将《礼》书之"坫"归为堂隅之坫、反坫、崇坫、庋食之坫四类,因"反坫、崇坫,皆在庙中两楹之间",所以从训诂的角度而言,则"坫"之义有三:堂隅之坫,一也;庙中两楹之间的反坫、崇坫,二也;寝内庋食之坫,三也。胡培翚对"坫"的归类训释,为现代学者所遵从,如钱玄、钱兴奇编著的《三礼辞典》对"坫"的解释,就是采用培翚之说的②。

此外,《正义》对礼制的训释,常据《仪礼》本经而总结出某一礼制的具体情况,便于后人理解。如《士冠礼》训"塾",根据《仪礼》经文总结出门两侧共有四塾的结论。《士冠礼》:"筮与席所卦者,具馔于西塾。"郑玄注:"西塾,门外西堂也。"《正义》疏曰:

> 云"西塾,门外西堂也"者,以筮在门外,故知为门外西塾也。必陈于西塾者,以筮在阃西,近其事也。李氏如圭《仪礼释官》云:"夹门之堂谓之塾。《尔雅》曰:'门侧之堂谓之塾。'郭氏曰:'夹,门堂也。'门之内外,其东西皆有塾。一门而塾四,其外塾南乡。案《士虞礼》'陈鼎在门外之右,匕俎在西塾之西',注曰:'塾有西者,是室南乡。'又案《士冠礼》'摈者负东塾',注曰:'东塾,门内东堂,负之北面。'则内塾北乡也。"今案:此云"具馔于西塾",为门外西塾。又下经曰"举鼎陈于门外,直东塾",是门外有东西两塾也。又此篇云"摈者负东塾",为内东塾。《士虞礼》曰"羞燔俎在内西塾上",是门内有东西两塾也,所谓一

---

① 段熙仲点校,胡培翚:《仪礼正义》,第53—54页。
② 《三礼辞典》认为"坫"义有三:(一)在堂之四隅,以土为之。(二)在堂上两楹之间,以置爵,所谓反坫。又有置圭之坫。(三)房中置食物之坫。具体详见钱玄、钱兴奇编著的《三礼辞典》,第461—462页。

门而塾四也。《聘礼》曰"宾立接西塾",为门外西塾。又"聘毕摈者负东塾",为门内东塾,则人君之门亦有四塾也。①

塾,寝庙门两侧之堂,因东西塾均分内外,故门两侧共有四堂,即"一门而塾四"。李如圭《仪礼释宫》提出"一门而塾四"之说,但他没有指出四塾的具体情况。培翚在李如圭之说的基础上,据《仪礼》经文而总结出一门四塾分别为:门外东西两塾、门内东西两塾。同时,还据《聘礼》总结出"人君之门亦有四塾"之结论。培翚的疏解,既补充了李如圭之不足,同时通过归类作结,也让后人对上古"塾"制有了更为清晰的了解。培翚对"塾"的训释也得到了考古的印证:"根据二里头早商宫廷复原图和陕西凤雏西周建筑复原图表明,'塾'位于大门的两侧,称东塾与西塾;而以内外区别,则有东内塾与东外塾,以及西内塾与西外塾。"②由此可见培翚之卓识。

三、详审考订,以求确诂

在训诂实践中,培翚对文字、词语的解释,主张以理服人,以事实服人。他常常通过实证来解读文献,还历史之原貌。因此,培翚在下结论之前,往往旁征博引,详审考订,以寻求确诂。如对"殷相聘"的解释即如此,《正义》疏曰:

> 今案:《周礼》言殷相聘,与下记"久无事则聘"义合,谓中间久无事,则行聘礼。《尔雅·释言》"殷、齐,中也",故郑、服皆训"殷"为"中"。郑注云"又于殷朝者及而相聘也者",谓于朝之中及时相聘也。盖诸侯之相朝,世一行之,聘则无数。故于其中酌择无事之时而行之,使不失之疏,亦不失之数也。若方有盟会之事,而又行聘则数矣。是言"殷相聘",与言"久无事则聘",义正同也。③

再如对"夹"制的训释也是如此,其云:

> 今案:郑氏注《礼》,以人君左右房,大夫士东房西室,故于此经东房,解为房中之东。然笺《诗》,以东房西室,为燕寝之制,则大夫士宗庙正寝,亦有东房、西房矣。说详《大射仪》。此注解东房未的,而言夹

---

① 段熙仲点校,胡培翚:《仪礼正义》,第 13 页。
② 李剑平:《中国古建筑名词图解辞典》,陕西科学技术出版社 2011 年版,第 360 页。
③ 段熙仲点校,胡培翚:《仪礼正义》,第 943 页。

制甚精。《释名》云："夹室在堂两头，故曰夹。"夹之在正堂东西，此定论也。宋杨氏《仪礼图》，始图夹室于东房之东，西房之西，与房室并列。说者谓其误始于崔灵恩《三礼义宗》。然《礼记·内则》疏引崔氏云："宫室之制，中央为正室，正室左右为房，房外有序，序外有夹室。"夫房外有序，谓房之南外也。序外有夹室，谓堂之东西序外也。崔氏言房外有序，序外有夹室，而不言房之左右为夹，则固不以夹与房平列矣。古人谓房之南为房外，《士昏礼》"席于房外南面"，注："房外，房户外之西。"又云"母南面于房外"，可证也。堂上之东西序，墙在房南，故云"房外有序"。近人论夹室以杨《图》为据，多由误读崔氏"房外"一语耳。云"西堂，西夹之前近南耳"者，案下记："其馀在东堂。"注亦云："东堂，东夹之前近南。"盖夹有室，有堂，夹是总名。近北为室，近南为堂。此二注最精。尝考东夹西夹之制，东夹在堂东序之东，西夹在堂西序之西，皆南向。其北有墉，接东房西房。东夹之东，西夹之西，亦皆有墉。东夹、西夹，一名东箱、西箱。又名左个、右个，左达、右达。左即东也，右即西也。夹也，箱也，个也，达也，异名而同实。统言之为东夹西夹，分言之则夹之近北者为室，近南者为堂，故有夹室与东堂、西堂之称。①

上述两例，《正义》都是通过详审考订之后，才得出的结论，这样的结论当然比较可靠。戴震曾归纳解经之方法："然寻求而获，有十分之见，有未至十分之见。所谓十分之见，必征之古而靡不条贯，合诸道而不留馀议，巨细必究，本末兼察。"②《正义》的博稽综考与戴震所说的方法，其实质是一样的，也是为了寻求十分之见，故而旁征博引，详审考订，此也反映了培翚作为一名朴学家严谨治学的态度。

四、纠谬补缺，细微洞察

《正义》在训释过程中，对诸家之说常进行纠谬补缺，从而细微洞察，不留馀议。如《正义》对"用柔日"的疏解即是。《士虞礼》："始虞，用柔日。"郑注："葬之日，日中虞，欲安之，柔日阴，阴取其静。"《正义》疏曰：

---

①段熙仲点校，胡培翚：《仪礼正义》，第2099页。
②戴震：《与姚孝廉姬传书》，《戴震文集》卷九，第141页。

敖氏云："柔日,乙、丁、己、辛、癸也。柔日言用,则固非葬日矣。"蔡氏德晋云："葬以柔日,即于葬日始虞。而言'用柔日'者,对下'三虞,卒哭,用刚日'也。"江氏筠云："此言'用'者,乃对下'用刚日'立文。敖以其言用而谓非葬日,误矣。"今案:蔡氏、江氏之说是也。张氏尔岐云："古人葬日,例用柔日。"今案:"葬之日,日中虞",是始虞用柔日也。[①]

敖继公释"用柔日",认为"柔日言用,则固非葬日矣";蔡德晋与江筠则认为"用柔日"与"用刚日"相对,显然与敖继公之说是对立的。《正义》面对歧说,细微洞察,不仅指出蔡德晋与江筠之说是正确的,纠正了敖说之缪;同时还从郑注"葬之日,日中虞"出发,指出"始虞用柔日",补充了诸说之缺。培翚此处之训释,得到了黄以周的认可,后来黄以周对"用柔日"的训释,就是承袭了《正义》之说[②]。

再如《士冠礼》中释"袗"也是如此。《士冠礼》:"兄弟毕袗玄,立于洗东,西面北上。"郑注:"袗,同也。……古文袗为均也。"《正义》疏曰:

王氏《困学纪闻》云："案《后汉书·舆服制》:'秦郊祀之服皆以袀玄。'盖袀字误为袗。《释文》之忍反,亦误。"段氏云："案经注'袗'字皆'袀'字之误,㐱与匀,篆体易讹。《说文》衣部曰:'袀,玄服也,从衣,匀声。'今本讹为袗,㐱声,赖《文选·闲居赋》可证。"今案:袗当为袀,王、段说是也,胡氏承珙说亦同。《九经古义》、《礼经释例》亦皆以"袗"为"袀"。注云"兄弟,主人亲戚也"者,谓亲族姻戚也。……云"袀,同也。玄者,玄衣玄裳也,缁带韠",又云"古文袀为均也"者,……今案:袗训禅,不训同,经文若作"袗",则注义不可通矣,故知为"袀"之误也。郑兼言"缁带韠"者,缁与玄近,不独衣裳玄,而带韠亦玄,以见上下皆玄之为同玄,义与《昏礼》注正同也。……云"不爵韠者,降于主人也"者,上文"主人玄端爵韠"。今兄弟不爵韠而缁韠,是降于主人也。《礼经释例》云:"玄端用爵韠。若缁韠,则谓之袀玄,其服又次于玄端矣。"程氏恂云:"经特起袀玄之文,为不爵韠言之。犹《昏礼》女从者毕袀玄,为不纁祎言之也。"方氏苞云:"《玉藻》'无君者不贰采',谓未仕及去位

---

① 段熙仲点校,胡培翚:《仪礼正义》,第 2036—2037 页。
② 具体详见黄以周《礼书通故》,第 576 页。

者,衣裳上下同色也。此兄弟,盖未仕者。袗玄,即所谓不贰采也。众皆袗玄,即间有已仕者,亦降服以从同,故曰毕也。敖氏谓尽服玄端,则经文宜曰毕玄端,此经于主人摈者之中,特揭袗玄,而《昏礼》于从者曰'毕玄端',于女从者曰'毕袗玄',则异制明矣。"今案:敖氏之说,沈氏彤、褚氏寅亮亦皆驳之,是也。至"不贰采"之义,周氏学健及沈氏说,俱与方同,可备一解,惟皆不知"袗"为"纯"之误耳。[1]

培翚先引诸说以证明"袗"为"纯"之误字,然后从字义训诂上进行验证,认为:"袗训禅,不训同,经文若作袗,则注义不可通矣,故知为纯之误也。"同时又引诸家训释"纯玄"之说,并指出方苞、周学健、沈彤等人"皆不知袗为纯之误"。其纠谬补缺,细微洞察,由此可见一斑。

总之,作为一名汉学经师,培翚撰《正义》非常重视礼制名物的训诂,且此书训诂内容全面,训诂方法多样、不拘一格。考察《正义》的训诂实践,可以看出培翚能熟练运用多种训诂学方法,并善于通过训诂而直通经义。另外,《正义》在训诂时常常旁征博引,覃精研思,于聚讼之处也多有论证,并常有启人心智者。培翚训释经典,能本着实事求是的态度,是者从之,误者纠之,疑者存之。这种实事求是的训释态度,为《正义》超越贾疏等《仪礼》学研究著作奠定了基础。所以,《仪礼正义》的训诂学成就应引起学界的重视。

---

① 段熙仲点校,胡培翚:《仪礼正义》,第55—56页。

第十章 《仪礼正义》考释论

对《仪礼》经、注的考释,是《正义》十分重要的内容,此在书中占据了很大的比例。该书考释内容主要包括对《仪礼》经、注句读的论考,对礼制名物的考证,对礼俗仪规的考察,对礼例的总结阐释等。培翚对《仪礼》经、注的考释,体现出皖派经学"综形名,任裁断"[①]的解经特色。

第一节 论考句读,辨明经、注

汉唐以来注经者大都比较重视梳理经、注之句读,毕竟有了正确的句读才能够准确地理解经义。当年四库馆臣给张尔岐《仪礼郑注句读》撰提要时下案语曰:"案《礼记》曰:'一年视离经辨志。'注曰:'离经,断句绝也。'则句读为讲经之先务。"[②]可见,明句读是读懂经文的起点。《左传·昭十六年》云:"侨闻为国,非不能事大字小之难,无礼以定其位之患。"服虔断"字小之难"以下为义,孔颖达撰《春秋左传正义》就此斥责其"尚未能离经辨句,复何须注述大典?"[③]不难看出,学者们在疏经、解注时非常看重对经、注句读的论考。

《仪礼》向称难读,韩愈《读仪礼》云:"余尝苦《仪礼》难读,又其行于今者盖寡,沿袭不同,复之无由,考于今,诚无所用之,然文王周公之法制粗在于是。"[④]自韩愈苦其难读之后,向来研习《仪礼》者愈少,而《仪礼》传刻之讹亦愈甚。至清初,张尔岐欲读《仪礼》,但"读莫能通,旁无师友可以质问,偶于众中言及,或阻且笑之。闻有朱子《经传通解》,无从得其传本,坊刻、考注、解诂之类,皆无所是正,且多谬误"[⑤]。嘉道年间,培翚也深感《仪礼》

---

① 章太炎:《訄书》,见徐复《訄书详注》,上海古籍出版社 2000 年版,第 139 页。
② 《钦定四库全书总目》(整理本),第 255 页。
③ 李学勤主编:《春秋左传正义》,北京大学出版社 2000 年版,第 1557 页
④ 马其昶校注,马茂元整理,韩愈撰:《韩昌黎文集校注》,上海古籍出版社 1986 年版,第 39 页。
⑤ 张尔岐《仪礼郑注句读序》,《仪礼郑注句读》,《景印文渊阁四库全书》第 108 册,第 3 页。

存在诸多问题,他认为:"是经由唐迄明,其颠倒错乱于冥心空腹者之手,视他经尤酷也。"①可见,《仪礼》所存在的诸多"颠倒错乱"之处,已引起众学者的关注,而其经、注句读常常成为学者优先关注的对象。

培翚撰《正义》,非常重视梳理《仪礼》经、注之句读,尤其对那些存在争议的地方,常常不厌其烦地进行论考,以明其句读。培翚论考句读,目的在于通过辨明《仪礼》经、注,进而揭示《仪礼》经义。

一、论考经文之句读

(一)直接进行断句。如卷三十:"商祝执功布以御柩。执批。"《正义》疏曰:

> 自此至"杖乃行",言柩车发行及在道君赠之事。经文当以"商祝执功布以御柩"为句,"执批"又为一句。②

(二)引他说对经文句读进行论断。如卷十八"宾入门皇,升堂,让,将授,志趋。授如争承,下如送,君还而后退。"《正义》疏曰:

> 李氏云:"授如争承,谓授玉时。"褚氏云:"《集说》读'争'字绝句,如此则授受时成何威仪?"秦氏蕙田云:"敖继公以'授如争'为句,'承下如送'为句。郝敬则以'将授志'为句,'趋授如争'为句,皆非。"③

此处经文之断句,敖继公与郝敬观点不一。可见,对《仪礼》经文进行断句并非易事。《正义》引李如圭、褚寅亮、秦蕙田等人之说,断"授如争承"为句,并指出敖继公与郝敬的断句皆误。

在引他说考论经文句读时,《正义》时常引别人之说来辨他说之是非。如卷四:"始见于君,执挚,至下,容弥蹙。"《正义》疏曰:

> 盛氏云:"'此当以"执挚"为句,云'始见于君,执挚'者,见挚唯新臣有之,常朝及燕见则不用也。旧以"执挚至下"四字为句,非。'"④

《正义》在引别人之说来辨他说时,常加以案断。如《既夕礼》之记"卒

①胡培翚:《〈仪礼经注校本〉书后》,《研六室文钞》卷七,《胡培翚集》,第 204 页。
②段熙仲点校,胡培翚:《仪礼正义》,第 1895 页。
③段熙仲点校,胡培翚:《仪礼正义》,第 1152 页。
④段熙仲点校,胡培翚:《仪礼正义》,第 251 页。

束前而降奠,席于柩西",历来有两种断句法,培翚疏解时先罗列诸家之说,后加以案断云:

> 今案:将载而先举奠者,以柩从西阶降,而奠设于柩西,故举以辟之也,辟之而举奠之人立于户西,南面东上,则在柩北矣。"卒束前而降,奠席于柩西",此有数说。敖氏云:"'卒束前',卒束之前也。束未毕而先降,奠席,为卒束即奠故也。"郝氏敬云:"束载毕,执奠者乃前以奠降。此以前为前行也。"张氏尔岐云:"'卒束前而降',谓举奠者当束柩于车,将毕之前即降也。"盛氏云:"柩之载于车也,前后各有束。其法盖先束前乃束后,故举奠者之降,以'卒束前'为节。此当于'奠'字绝句。"惠氏栋云:"俗读'卒束前而降'者,非也。经云'降奠'当前束,初奠在堂上,今降而下之,是谓'降奠'。"今案:"前"字之义,当如盛解。其句读,当以"卒束前而降奠"为句,"降奠"之义与经同。"席于柩西",亦与经"设于柩西"同,但经所言是堂上柩西,此记所言,则在堂下柩西耳。注云"将于柩西当前束设之"者,此释记"席于柩西"之义,谓将于柩西当前束设奠,故先于柩西设席也。经言降奠当前束,未言柩西,故注兼明之。①

"卒束前而降奠席于柩西"之句读,敖继公、郝敬、张尔岐等人断为:"卒束前而降,奠席于柩西。"即"奠"字属下读。盛世佐、惠栋等人则断为:"卒束前而降奠,席于柩西。"即"奠"字属上读。培翚根据经义,同意盛世佐、惠栋等人的观点,断"奠"字属上读。培翚之观点与其老师凌廷堪是一致的,凌廷堪《礼经释例》卷八有礼例"凡奠,席皆东面设之;无席之奠,则统于户",并云:"《既夕记》'降奠,席于柩西',不云何面,当亦东面。"②不难看出,凌廷堪也断"奠"字属上读。

再如卷三十三:"有干肉折俎,二尹缩,祭半尹,在西塾。"《正义》疏曰:

> 李氏云:"从置'半尹'于上以为祭。"敖氏云:"'二尹'云'缩',则'祭半尹',横矣。"是李读"缩"字属下为句,敖读属上为句。今案:据《乡饮记》云:"荐脯五挺,横祭于其上。"《乡射记》云:"荐脯用笾,五膱,祭半膱,横于上。"横皆指祭言之,则此"缩"亦指祭言明矣。盖"二尹"

---

①段熙仲点校,胡培翚:《仪礼正义》,第1956页。
②凌廷堪:《礼经释例》,《续修四库全书》第90册,第156页。

者,正体二方,无所谓横纵也。"缩祭半尹"者,又截正体之半以备授祭,而"缩"置于其上也。若如敖读,则记文为不辞矣。[①]

此条经文,存在两种读法,李如圭读"缩"字属下为句,敖继公读"缩"字属上为句。面对歧说,为寻找确解,培翚从《乡饮记》及《乡射记》中寻找内证,认为:"盖'二尹'者,正体二方,无所谓横纵也。'缩祭半尹'者,又截正体之半以备授祭,而'缩'置于其上也。"通过辨正得出结论:"若如敖读,则记文为不辞矣。"可见,培翚是赞同李如圭读"缩"字属下为句的。段熙仲先生点校此节经文时,"缩"字依敖氏读法,未得培翚之旨矣。

再如卷二十七:"陈三鼎于门外,北上。豚合升,鱼鲋鲋九,腊左胖,髀不升,其他皆如初。"《正义》疏曰:

> 王尚书《经义述闻》云:"'鱼鲋鲋九'者,或用鲋,或用鲋,其数皆九也。当以'鱼鲋鲋'为一句,'九'为一句。《士虞礼记》'升鱼鲋鲋九',当以'升鱼鲋鲋'为一句,'九'为一句。鱼鼎或鲋或鲋,而兼言鲋鲋,犹幂尊或绤或布,而兼言绤布也。否则鲋鲋并用,而欲合其数为九,孰多孰少乎?"谨案:《述闻》之说是也。[②]

王引之《经义述闻》认为"'鱼鲋鲋九'者,或用鲋,或用鲋,其数皆九也";对于《士虞礼记》中"升鱼鲋鲋九",王氏也认为"鱼鼎或鲋或鲋,而兼言鲋鲋,犹幂尊或绤或布,而兼言绤布也。否则鲋鲋并用,而欲合其数为九,孰多孰少乎?"按照王氏的理解,此处经文句读应该为:"陈三鼎于门外,北上。豚合升,鱼鲋、鲋,九,腊左胖,髀不升,其他皆如初。"培翚赞成此说。

(三)《正义》还善于通过对郑注句读的论考,来判断经文之句读。如卷四:"执玉者则唯舒武,举前曳踵。"郑注:"唯舒者,重玉器,尤慎也。武,迹也。"《正义》疏曰:

> 注"唯舒"下,敖氏有"武"字,严本及各本俱无。朱子云:"案注疏以'舒'字绝句,陆佃曰'容弥蹙同,唯武则舒',然则读'武'字绝句矣。其说近是。"今案:注摘"唯舒"二字为训,非以"武"字属下读也。卢氏云:"上'凡执币'节,疏明以'舒武'连读。"《校勘记》云:"注疏实不以

'舒字'绝句",是也。案《玉藻》曰:"君与尸行接武,大夫继武,士中武。"皆以"武"字为句。①

对于此处经文之句读,如果仅参照郑注,则以"舒"字绝句。培翚在疏解时参稽群书,通过论考,认为郑注乃"摘'唯舒'二字为训,非以'武'字属下读也",并引用卢文弨、阮元《校勘记》及《礼记·玉藻》之说,进一步断定"武"字应属上读。通过考证郑注"武"字属上读,则经文"执玉者则唯舒武举前曳踵"之句读则自明。

二、论考郑注之句读

《正义》对郑注句读的论考数量相对较少。其对郑注句读的论考,也常常引用他说,并善于案断。如卷十六:"上介出请入告,宾礼辞,迎于舍门之外,再拜。"郑注:"出请,出门西面,请所以来事也。入告,入北面告宾也。每所及至,皆有舍。其有来者与? 皆出请入告,于此言之者,宾弥尊,事弥录。"《正义》疏曰:

> 注"者与",今注疏本作"与"。《校勘记》云:"徐本、《集释》、杨氏俱无'与'字,与疏合,严本'与'作'者'。张氏曰:'注曰"其有来者者",巾箱、杭本同,监本无一"者"字。案《释文》云:"'者与'音'馀',盖传写者误以'与'字作'者'尔。"监本以其重复,遂去其一,尤非也。从《释文》。'"朱子曰:"此非疑词,不当音'馀',复出'者'字,亦无义理,窃疑本'介'字也。"今案:褚氏云:"'与'字连上读,乃起下之辞,非误。"今仍之。②

《正义》论考郑注之句读,常常从经文之逻辑出发来进行判断。如卷三十:"彻者入,丈夫踊,设于西北,妇人踊。"郑注:"……自重北西面而彻,设于柩车西北,亦犹序西南。"《正义》疏曰:

> 云"自重北西面而彻,设于柩车西北"者,此当作一句读,谓自重北西面而以所彻者改设于柩车西北,非谓自重北西面而来彻也。祖奠设于柩车东,彻者由东而西,改设之重北,亦谓明器北。③

---

①段熙仲点校,胡培翚:《仪礼正义》,第270页。
②段熙仲点校,胡培翚:《仪礼正义》,第981—982页。
③段熙仲点校,胡培翚:《仪礼正义》,第1886页。

另外,《正义》还对郑玄《仪礼目录》之句读进行了论考。如《士冠礼》之郑《目录》云:"童子任职居士位,年二十而冠,主人玄冠朝服,则是仕于诸侯。天子之士,朝服皮弁素积。"培翚疏解时进行断句云:

> 云"主人玄冠朝服,则是仕于诸侯。天子之士,朝服皮弁素积"者,此当以"仕于诸侯"绝句。朱子云:"诸侯朝服以日视朝,天子皮弁以日视朝,皆君臣同服,故言此篇言'主人玄冠朝服,则是仕于诸侯'。而为士者,若天子之士,则其朝服当用皮弁素积,不得言玄冠朝服也。"张氏尔岐《仪礼郑注句读》云:"其云'仕于诸侯',明非天子之士,实则天子之士,亦同此礼,唯主人冠服有异。"今案:冠、昏、丧、祭,切于民用。周公制《礼》,欲以通行天下,故多就侯国言之。然王朝之与侯国,异冠服不异礼节,张说是也。①

三、论考贾疏之句读

《正义》还通过对贾疏句读之论考,以便进一步弄清《仪礼》经文之句读。如卷二:"三醮,摄酒如再醮,加俎,哜之,皆如初,哜肺。"郑注:"加俎哜之,哜当为祭,字之误也。"《正义》疏曰:

> 云"加俎哜之,哜当为祭,字之误也"者,贾疏云:"经有二哜,不破'如初哜'之'哜',唯破'加俎哜'之字者,以祭先之法,祭乃哜之,又不宜有二哜,故破'加俎'之'哜'为'祭'也。"胡氏承珙云:"郑读经文'加俎哜之皆如初'为句,'哜肺'为句,故既破上'哜'为'祭',即云'祭俎如初,如祭脯醢'。则疏当云'不破"哜肺"之"哜"',此乃云'不破"如初哜"之"哜"',转似以'哜肺'与上'皆如初'连文,误矣。"②

《正义》引胡承珙之说,认为贾疏将"皆如初"与"哜肺"连读是错误的,如此,则经文"皆如初"与"哜肺"不当连读。

再如卷三:"纳吉,曰:吾子有贶命,某加诸卜,占曰吉,使某也敢告。"《正义》疏曰:

盛氏世佐云：“贾疏于‘觊’字绝句，非。”①

贾公彦《仪礼疏》释曰：“知某是婿父名者，以其云‘命某加诸卜’是婿父卜，故知某是婿父名。”可知贾疏将经文“吾子有觊命某加诸卜”断句为：“吾子有觊，命某加诸卜。”《正义》引盛世佐之说，指出贾疏断句不确。培翚之目的是为了借辨贾疏之断句而明经文之句读。其实，贾公彦梳理此句经文亦未深究郑注之旨。郑注此节经文云：“觊，赐也。赐命，谓许以女名也。”郑注“赐命”连读，即明确指出经文“觊命”应连读，贾疏于“觊”字绝句，显然有违郑注之意。

东汉何休《春秋公羊传解诂序》称：“传《春秋》者非一，本据乱而作。其中多非常异义可怪之论……是以讲诵师言至于百万犹有不解，时加让嘲辞，援引他经失其句读，以无为有，甚可闵笑者，不可胜记也。”②可见，研究古经若“失其句读”，不仅经义不明，甚至会招致闵笑。因此，读经明其句读十分重要，而解经厘清句读则是准确把握经义的前提与关键。《正义》论考《仪礼》经、注及贾疏之句读，目的在于通过明其句读，断其文句，以至于辨明《仪礼》经、注之原貌，扫清《仪礼》研究之障碍，使各种歧说涣然冰释，从而明确《仪礼》经、注之意，有助于后人更好地理解与掌握。

第二节　考证宫室器物，新见胜义纷呈

“《礼》则去今久远，非寻绎旧注，不能明其制度、器数、废兴、隆杀之故，故治《礼》必详考核”③。《正义》详于对宫室器物的考订，在考证过程中，新见迭出，胜义纷呈。张锡恭认为“胡氏之于礼经，尤究心于宫室，故其订注诸条，以订房室之说为最详”④，所言是有道理的。

一、梳理宫室，细致详密

《正义》对寝庙之制的考证细致详密，如其对“东房西室”的诠释便是如此。卷三：“妇洗在北堂，直室东隅，篚在东，北面盥。”郑注：“洗在北堂，所

①段熙仲点校，胡培翚：《仪礼正义》，第 216 页。
②李学勤主编：《春秋公羊传注疏》，北京大学出版社 2000 年版，第 3—6 页。
③张舜徽：《广校雠略（附释例三种）》，中华书局 1963 年版，第 136 页。
④张锡恭：《读胡氏仪礼正义三》，《茹荼轩文集》卷九，民国十二年华亭封氏簑进斋刻本，第 113 页。

谓北洗。北堂,房中半以北。洗南北直室东隅,东西直房户与隅间。"《正义》疏曰:

> 贾疏云:"房与室相连为之房,无北壁,故得北堂之名。"……盛氏世佐曰:"古宫庙之制,杨氏《仪礼旁通图》最分明,惟北堂之说略焉。今以礼家言,惟大夫、士屋皆两下五架,正中曰栋,栋南两架为楣、为庪,皆堂也。栋北两架,西为室,东为房。室与房之南皆有壁,有户,有牖,室北有墙,谓之北墉。房北无墙,故名其半以北曰北堂,……"云"直室东隅"者,明其在房之西偏也。谓天子诸侯有左右房,大夫士惟有东房西室者,此郑义也。陈氏祥道谓"大夫士之房室,与天子诸侯相同",非也。①

此处,《正义》对郑玄之"天子诸侯有左右房,大夫士惟有东房西室"之说,未作详细讨论,只是指出了大夫、士之房、室与天子、诸侯不同。此处未作详细论说,当与胡、杨补纂有关。而培翚撰《正义》时,在卷十九中进行了细致的梳理,其云:

> 云"天子诸侯左右房"者,贾疏云:"以其言东房,对西房,若大夫士直有东房而已。"又《大射仪》:"宰胥荐脯醢由左房。"注云:"左房,东房也,人君左右房。"又《礼记·礼器》:"君在阼,夫人在房"。注云:"天子诸侯有左右房。"《丧大记》:"妇人髽带麻于房中。"注云:"妇人之髽带麻于房中,则西房也。天子诸侯有左右房。"案:郑氏释经,屡以此为说。盖谓天子诸侯之宗庙、路寝、射宫,皆有东房、西房。大夫士无西房,唯有东房、西室而已。然其说考之于经,实不合,故后儒多驳之。陈氏祥道《礼书》云:"《乡饮酒记》'荐出自左房',《乡射记》'出自东房',与《大射》'诸侯择士之宫','宰胥荐脯醢由左房',其言相类。盖言左以有右,言东以有西,则大夫士之房室,与天子诸侯同可知。郑氏谓'大夫士无西房',误矣。"李氏如圭《仪礼释宫》云:"《聘礼》:'宾馆于大夫士,君使卿还玉于馆,宾退负右房。'则大夫亦有右房矣。"敖氏继公《仪礼集说》同。万氏斯大《仪礼商》云:"余于《乡饮酒》谓大夫士若无右房,则宾坐西北,已逼西序,不容众宾之席,以为必有西房。兹于

---

① 段熙仲点校,胡培翚:《仪礼正义》,第211页。

《聘礼》还玉,宾升自西阶,受圭,退负右房而立,则明言有右房矣。"江氏永《释宫增注》云:"案堂后室居中,左右有房,上下之制宜皆同。若东房西室,则室户牖偏西,堂上设席行礼,皆不得居中,疑古制不如此。"据此诸说,则以大夫士宗庙正寝学制为无西房者,诚误也。然东房西室,乃诸侯以下燕寝之制。又天子宗庙、路寝、明堂,三者同制,有五室,无左右房。诸侯以下至士宗庙正寝,皆有左右房。郑以天子诸侯统言之,与《诗·斯干》笺、《礼记·玉藻》注不合,盖未及追改。[①]

此处,培翚指出了郑玄之"天子诸侯有左右房,大夫士惟有东房西室"之说"于经实不合","后儒多驳之"。他征引了陈祥道《礼书》、李如圭《仪礼释宫》、敖继公《仪礼集说》、万斯大《仪礼商》、江永《仪礼释宫增注》诸家之说,认为他们"驳正旧说,皆致确,无以易矣"[②]。培翚此处之贡献,就是在诸家之说的基础上归纳出"东房西室,乃诸侯以下燕寝之制",也即是说诸侯大夫之燕寝皆东房西室,无左右房。此说与郑玄笺《诗·斯干》的说法是一致的。其实,当初培翚读《诗·斯干》郑笺,"乃悟东房西室专为燕寝之制"[③],便开始创作《燕寝考》。《燕寝考》创作未就,培翚便先成《东房西室疑问》一文,并请谒汪廷珍、王引之等人,王引之"见而喜之"[④],赞许有加,培翚遂继续撰著《燕寝考》。在《东房西室疑问》这篇文章中,胡培翚通过对郑玄《诗·斯干》笺的分析后认为:"盖郑义以天子正寝如明堂,为五室之制,燕寝为左右房之制;诸侯以下之正寝,亦为左右房,燕寝则为东房西室。"[⑤]此说与上述引文"然东房西室,乃诸侯以卜燕寝之制。又天子宗庙、路寝、明堂,三者同制,有五室,无左右房。诸侯以下至士宗庙正寝,皆有左右房"结论一样。这是培翚对"东房西室"之制的新解。培翚《东房西室疑问》一文,对天子、诸侯之正寝、燕寝之制作了详细的考证,勾画出一幅古代天子、诸侯、士大夫寝制之图。文成之后,曾与胡承珙、洪颐煊、张阮林、包孟开等人展开了多次讨论交流,留下了一段佳话。后在此文的基础上,成《燕寝考》三卷,风行一时。培翚对此书也颇为自负,认为其考燕寝"东向开户,南向

---

① 段熙仲点校,胡培翚:《仪礼正义》,第 1251—1252 页。
② 胡培翚:《东房西室疑问》,《研六室文钞》卷一,《胡培翚集》,第 23 页。
③ 张文虎:《燕寝考序》,见胡培翚:《燕寝考》,《胡培翚集》,第 311 页。
④ 赵尔巽等:《清史稿》,第 13272 页。
⑤ 胡培翚:《东房西室疑问》,《研六室文钞》卷一,《胡培翚集》,第 24 页。

无户"之论实"为千百年来说经者所未及"①。曹元弼也认为"胡氏又据《斯干》笺谓诸侯燕寝为东房西室,亦发千古所未发"②。后世学者也认为"其考燕寝谓诸侯大夫皆东房西室,无左右房;又室中惟东向开户,南向无户,力申其说,与同时诸经生反复论辨,至数十万言。又谓庙寝之室,止有一牖在室之南,其北无牖。燕寝则有北出小牖,《诗》所云塞向之向者是也。皆独创之论。"③培翚也因此得到时人的好评:"阐明古义,可为高密功臣矣。"④总之,"古礼茫茫,难于稽核,胡氏能够钩沉发微,集为专门之考证,对于后人进一步理解考求古制,有其重要作用"⑤。

二、梳理器物,辨证精微

《正义》梳理器物,本着实事求是的态度,对各家之解说是者从之,疑者存之,误者驳之。尤其在对误说批驳的时候能做到辨证精微,令人信服。如其对"椸"、"禁"之器的考证便是如此。卷三十六:"壶,椸禁,馔于东序,南顺,覆两壶焉。盖在南。明日卒奠,幂用绤,即位而彻之,加勺。"培翚在疏解此条经文时指出了《仪礼·乡饮酒礼》贾疏引作"士用椸禁"之说为误,他先对"椸"、"禁"之器进行疏解:

> 《玉藻》:"大夫侧尊用椸,士侧尊用禁。"郑注:"椸,斯禁也,无足,有似于椸,是以言椸。"据此则椸即斯禁,椸无足,禁有足,二者别也。《仪礼》诸篇,承尊之器,或言椸与斯禁,或言禁,义各不同。……是士承尊之器,无名椸者,此记独名椸禁,……故大夫承尊之器本名椸,《少牢》祭祀仍其本名,而于《乡饮》、《乡射》饮酒时则变名斯禁,兼存戒义。然不专以禁名,示别于士之用禁也。⑥

此处疏解,表明了《乡饮酒》中,大夫承尊之器为"椸",士则为"禁"。而贾疏却引作"士用椸禁",显然有误。为此,《正义》曾多次进行细致的辨伪,如:

> 注云"禁,斯禁,禁切地无足"者,吴氏廷华云:"贾疏引《玉藻》'大

①胡培翚:《答家墨庄论燕寝书》,《研六室文钞》卷五,《胡培翚集》,第153页。
②曹元弼:《礼经校释》卷四,《续修四库全书》第94册,第156页。
③由云龙辑、李慈铭:《越缦堂读书记》,上海书店2000年版,第1118页。
④钱熙祚:《燕寝考跋》,见《胡培翚集》,第370页。
⑤程尔奇:《胡培翚〈燕寝考〉考论》,《中国典籍与文化》,2009年第2期,第93页。
⑥段熙仲点校,胡培翚:《仪礼正义》,第2203页。

夫侧尊用椸，士侧尊用禁'，注以'椸'为'斯禁'，引《礼器》注，又以斯禁无足似椸，即所谓'渐尽'之名，故知切地无足。据此则斯禁即椸，本大夫器。注以士所用之禁，解大夫之斯禁，则似同一无足矣。疏谓郑以大夫、士双言之者，此也。据《特牲礼》曰'壶禁'，是禁也。记则曰'椸禁'，则又是斯禁，两说不符。故彼注谓：'祭尚燕饮，得与大夫同器，不为神戒也。'"愚案：《礼器》云："礼有以下为贵者，天子之尊废禁，大夫士椸禁。"所谓废禁者，盖合禁与斯禁并废，是尊为最下。椸虽无足，然尊之下尚有椸，比废禁者为稍上，故大夫用之。禁有足，则又上矣，故士用之。所谓"以下为贵也"。若如此疏同名椸禁之说，则混椸、禁而一之，既与《玉藻》"大夫士"之说不符，又与《礼器》"以下为贵"说不符。若以《礼器》、《玉藻》为不足据，则《少牢礼》曰"椸"，《特牲礼》曰"禁"，此则经之可据者，不得因《特牲记》"椸禁"说，遂谓《礼器》亦同名"椸禁"也。况据《少牢》疏谓"特牲用椸，仍云禁"，盖因彼记与经不符，故曲为合一之解。若谓彼经所谓禁者，其名曰"禁"者，其实用椸，记所谓"椸禁"者，其实亦用椸，而名之为"禁"，其说本属牵合，然可见彼记所谓"椸禁"者，特名"椸"为"禁"，然同名"椸禁"之谓，则其说，《礼器》者谬矣。[1]

再如：

《礼器》注，今本多作"士用椸禁"，不叠禁字。张氏敦仁《礼记郑注考异》云："案《正义》解经云：'大夫士椸禁者，谓大夫用椸，士用禁。'解注云：'《玉藻》云士用禁。又《士冠礼》、《士昏礼》承尊皆用禁，是士用禁也。'据此则其本注作'士用禁'，无'椸'字，而贾氏《乡饮》疏引作'士用椸禁'，且云'故《礼器》大夫士总名为椸禁'云云，是贾本有'椸'字也。盖当时两本并行耳。"今案：张氏谓孔氏《正义》本作"士用禁"，无"椸"字，是矣。但据《正义》出注云"禁，如方今案，隋长局足，高三寸"，则"士用禁"下，当叠"禁"字。此注孔本是而贾本非。《礼器》本云"以下为贵"，天子诸侯之尊去禁，下矣。大夫用椸，较之去禁者已高，然犹无足也。士用禁有足，则又高矣。若如贾云"大夫士总名为椸禁"，是

---

[1] 段熙仲点校，胡培翚：《仪礼正义》，第 291—292 页。

高下不分，非经意也。且《玉藻》明云："大夫侧尊用椸，士侧尊用禁。"
若云"士用椸禁"，不与《玉藻》之文显背乎？又郑注明云"椸无足"，若
作"士用椸禁"，则所云"局足，高三寸"者，不与"椸无足"之说自相戾
乎？又郑注云"椸，斯禁也"，若作"椸禁"，则与"斯禁"为一物，郑何必
分别大夫士之用乎？盖注"士用椸禁"，"椸"字，本为"禁"字之讹。郑
云"大夫用斯禁，士用禁"，下叠"禁"字，乃言禁之形制与斯禁异耳。若
不叠"禁"字，则注不可读矣。贾疏因此记有"椸禁"之名，遂承用讹本，
以为士用椸禁，不知《士冠》《士昏》诸篇，但言禁，不言椸也。又贾《乡
饮》疏谓"禁是定名，言椸者，是其义称"。又谓："不敢与大夫同名斯
禁，作记解注，故云'士用椸禁'。"种种谬说，违背经、注，贻误后人，不
可以不辨。①

关于"椸"、"禁"，《礼记·玉藻》云："大夫侧尊，用椸；士侧尊，用禁。"郑
注："椸，斯禁也。无足，有似于椸，是以言椸。"孔颖达疏《礼记·礼器》云：
"椸长四尺，广二尺四寸，深五寸，无足，赤中，画青云气，菱苕华为饰。禁长
四尺，广二尺四寸，通局足高三寸，漆赤中，画青云气，菱苕华为饰，刻其足
为褰帷之形也。"②据此，则"椸"与"禁"有别："椸"无足，"禁"有足。至于
椸、椸禁、斯禁，钱玄先生通过考证，认为此三者为同一物③，所言极是。由
此，则禁与椸禁非同一物。贾公彦《仪礼·乡饮酒礼》疏引作"士用椸禁"，
没有分别二者之别，故误。培翚通过细致的考证，不仅指出了贾疏之误，也
指出了贾疏致误之由，如此则"椸"、"禁"之别甚为清晰明了。培翚治经，真
可谓"一字不肯放过"④啊。

三、考辨器物陈设，尽力做到循器明礼

《礼记·礼运》云："故玄酒在室，醴盏在户，粢醍在堂，澄酒在下。陈其
牺牲，备其鼎俎，列其琴、瑟、管、磬、钟、鼓，修其祝、嘏，以降上神与其先祖，
以正君臣，以笃父子，以睦兄弟，以齐上下，夫妇有所。是谓承天之祜。"⑤

---

①段熙仲点校，胡培翚：《仪礼正义》，第2204—2205页。
②李学勤主编：《十三经注疏·礼记正义》，第730—731页。
③钱玄：《三礼名物通释》，江苏古籍出版社1987年版，第75页。
④赵尔巽等：《清史稿》，第13272页。
⑤李学勤主编：《十三经注疏·礼记正义》，第670页。

可见,古人认为陈列礼器祭品,能够彰显礼意,从而收到礼之教化的作用。其实,在森严的等级社会中,一些用于宴饮、庆祝、丧葬或祭祀的器物均按爵命等级陈列,且被赋予一定意义,成为礼制的体现,传达着礼义的信息,这被古人称作"藏礼于器"。由于这些器物具备了礼的规定性,因而被称为礼器,象征着使用者的身份、地位和权力,也成为了人们行为规范的制度性符号,蕴涵着精微的礼意,正如凌廷堪所说的那样:"是故礼也者,……即一器数之微,一仪节之细,莫不各有精义弥纶于其间。"[①]正因为如此,凡研究《礼》书者,都善于详考礼器,尽力做到循器明礼。

《仪礼》中涉及很多礼器,其种类繁多,主要包括盛放食物的食器,如簋、俎、笾等;盛酒的酒器,如爵、觚等;盥洗的水器,如盘、匜等。对于这些礼器,培翚在疏解时都能详查细考,细致地揭示出礼器中所蕴涵的尊卑、亲疏、贵贱之意。

培翚在考查礼器时,其特点之一便是释礼器能考虑到不同质地的同一礼器的使用场合或用途。如卷三十七释"敦"便是如此。《少牢馈食礼》:"廪人概甑甗匕与敦于廪爨,廪爨在雍爨之北。"郑注:"廪人,掌米入之藏者。甗如甑,一孔。匕,所以匕黍稷者也。古文甑为烝。"培翚疏解时在征引凌廷堪《礼经释例》、王念孙《广雅疏证》以及聂崇义《三礼图》等说后,下案语曰:

> 今案:据此,则惟《周礼》之玉敦,用以盛血。《士丧礼》之废敦,用以盛含米,其馀皆用以盛黍稷如簋也。聂氏《三礼图》云:"敦与簠簋,容受并同,上下内外皆圆为异。"《考工记》:"旊人为簋。"贾疏:"祭宗庙皆用木簋,今此用瓦簋,据祭天地及外神尚质,器用陶匏之类也。"然则祭宗庙之敦,亦当以木为之。所云金敦、玉敦,盖皆木器而饰以金、玉也。《士丧礼》用瓦敦者,丧事无饰,取质素之意。至此篇言金敦,《士昏》、《特牲》诸篇但言敦,不言金,则不必有金饰之。殆大夫礼与士异。[②]

敦有金敦、玉敦、瓦敦之别,各自的使用场合与用途也是不同的。《正义》辨明金敦、玉敦、瓦敦之别,并兼及各自的使用场合或用途,目的在于循

---

① 凌廷堪:《校礼堂文集》,中华书局 1998 年版,第 30 页。
② 段熙仲点校,胡培翚:《仪礼正义》,第 2250 页。

器明礼。

特点之二,《正义》能于细微之处辨别多个礼器之异同,从而指出它们所蕴涵的礼意之别。如卷七:"献用爵,其他用觯。"郑注:"爵尊,不亵用之。"《正义》疏解时引凌廷堪《礼经释例》曰:

> 凡酌酒而饮之器曰爵。爵者,实酒之器之统名。其别曰爵、曰觚、曰觯、曰角、曰散。《士冠礼》疏:"《韩诗外传》曰:一升曰爵,二升曰觚,三升曰觯,四升曰角,五升曰散。相对爵觯有异,散文则通,皆曰爵也。"……经云"长兄弟洗觚为加爵",则众宾为加爵,亦当用觚。注说是也。觚卑于爵,觯卑于觚,角、散又卑于觯,故代君为主人之献、酢用觚,杀于正主之献、酢用爵也。酬、旅酬、无算爵用觯,又杀于献、酬用爵、觚也。若夫醴用觯而不用爵、觚者,醴事质,故也。①

其实,爵、觚、觯、角、散统名为酒器,皆曰爵,但其实它们还是有差别的。《正义》引《礼经释例》之言,不仅从细微处指出了这些酒器之别,也辨别了它们之尊卑,而且还指明了这些酒器所适用的场合。培翚这种做法,其实也是在于循器明礼。

由于《正义》能于细微之处辨明礼器之别,所以,该书对前人混淆礼器也极力辨析,如前文曾指出聂崇义《三礼图》认为铏即铏鼎一说,《正义》认为此说甚误,并指明铏、鼎为二器,"鼎以盛牲体,铏以盛煮牲肉汁,铏羹亦出于牲,故必杀牲乃有之"。《正义》辨明铏、鼎为二器,目的在于辨明二者所蕴涵的礼意之别。聂氏认为:"铏是羹器,即铏鼎也,故《周礼·掌客》注云'不杀则无铏鼎',然则据羹在铏则曰铏羹,据器言之则曰铏鼎,据在正鼎之后设之,则谓之陪鼎,据入庶羞言之,则谓之羞鼎,其实一也。"《正义》据《仪礼》经云"陪鼎当内廉",认为堂上有铏,故"铏非陪鼎矣"②。其实,郑玄《周礼·掌客》注早已明确指出:"铏,羹器也。鼎,牲器也。"铏、鼎用途不同,其实非一矣。《正义》辨二者之别,也是循器明礼之举。

特点之三,《正义》在论考礼器时,考证精到,常能纠正《仪礼》经文中的原谬。如前引卷十六:"夫人使下大夫劳,以二竹簠方,玄被纁里,有盖。"郑注:"竹簠方者,器名也。以竹为之,状如簠而方,如今寒具筥,筥者圜,此方

---

① 段熙仲点校,胡培翚:《仪礼正义》,第426—427页。
② 段熙仲点校,胡培翚:《仪礼正义》,第1060—1061页。

耳。"此处经注中的"簠",《正义》认为是"簋"之误,在引用阮元《校勘记》、程瑶田《仪礼经注疑直》、戴震校《仪礼集释》及段玉裁《仪礼汉读考》后,下案语曰:

> 今案:簋圆而竹簠不圆,故云方。若簋本方,则经不必赘言方矣。又郑义既以簋为圆器,倘经本作簠,郑必破簠为簋。今郑不破字,可证旧本相传作簋,后人因《说文》簠方簋圆之训,误改为簠耳。此字当从郑义为长,钟本亦作簋。[1]

关于簠、簋的形制,目前考古出土的实物资料已经证实簠为上下方器,簋多为圆器。[2]《正义》经过广征博引而断经文之"簠"为"簋"之误,同时指出簋是圆形的,这与考古出土的簋之形状吻合。此处之考证,则充分反映了培翚之学力。

特点之四,《正义》考先秦礼器常参照周代、汉代礼制。如卷三十七:"廩人概甑甗匕与敦于廩爨,廩爨在雍爨之北。"《正义》释"敦"曰:"今案:……敦,盛黍稷器。周制,诸侯以上,盛黍稷之器曰簋,大夫士曰敦。"[3]再如卷二十六:"士有冰,用夷槃可也。"郑注:"夷槃,承尸之槃。"培翚疏曰:"云'夷槃,承尸之槃'者,……《汉礼器制度》'大槃广八尺,长丈二尺,深三尺,漆赤中',是夷槃为承尸之槃也。"[4]《正义》这种做法,目的使考据内容具有可信性。

第三节　梳理服饰,探求礼意

在古代,人们通过服饰能直观地区分尊卑贵贱。钟敬文认为:"中国自周代以来,强调以礼治国,礼的本质是'别',别君臣父子男女,别亲疏贵贱。服饰是人们日常交往中最直观的表征,因而它成为区别性别、年龄、身份、

---

[1] 段熙仲点校,胡培翚:《仪礼正义》,第986页。

[2] 《汉语大字典》云:"出土青铜簠呈长方形,器与盖形状相同。"见《汉语大字典》第二版,崇文书局、四川辞书出版社,2010年版,第3215页。《汉语大字典》认为簋"形状不一,一般为圆腹,侈口,圈足"。见《汉语大字典》第二版,第3212页。陈至立主编的《大辞海》认为:"考古出土的簋……,其形式大多是敞口、束颈、腹稍鼓、矮圈足。……商代晚期,……并出现了方座簋。"见陈至立主编:《大辞海·美术卷》,上海辞书出版社2012年版,第381—382页。

[3] 段熙仲点校,胡培翚:《仪礼正义》,第2249页。

[4] 段熙仲点校,胡培翚:《仪礼正义》,第1692页。

等级、贵贱、职业的重要标志。所以中国的服饰从周代开始,日趋复杂,祭礼有祭服,上朝有朝服,节庆有盛装,日常有便服。出生、成年、婚礼、丧礼等四大礼仪,各有专用服装。"① 可见,服饰成了各种礼仪最直观的表现。《仪礼》中不仅记载了大量的服饰,而且涉及的种类也较为繁多,王关仕《仪礼服饰考辨》一书将《仪礼》服饰划分为首服,如缁布冠、缺项、玄冠、冕等;衣裳,如采衣、玄端、玄裳、皮弁服、素积等;带韠,如缁带、素韠、爵韠、韎韐等;屦,如葛屦、麻屦等;佩杖,如缨、衿、帨、磬等。② 培翚撰《正义》,对这些服饰进行了细致梳理,目的在于通过辨尊卑、别礼制,从而探求古人制礼之本意。

一、指出相关服饰的尊卑之序

如《士冠礼》言冠日陈设时,提及爵弁服、皮弁服与玄端之陈设,《正义》疏解时指出了它们的陈设方位与尊卑之序:"爵弁为士服之最尊者,三加时服之"③;"皮弁卑于爵弁,陈之在爵弁服南,再加时所服也"④;"玄端又卑于皮弁,陈之在皮弁服南,初加时所服也"⑤;"云'冠服后加益尊'者,谓始加缁布冠,次加皮弁,皮弁尊于缁布冠,三加爵弁,爵弁又尊于皮弁,是益尊也"⑥。不难看出,《正义》不仅指出了冠礼三加之服的尊卑之序,也指出了三加之冠的尊卑之序。

另外,《仪礼》提及三加时宾降等也是不一样的,而这也体现出缁布冠、皮弁、爵弁的尊卑。据《士冠礼》,初加时,宾"降西阶一等";再加时,宾"降二等,受皮弁";三加时,"宾降三等,受爵弁"。《正义》疏曰:"降二等,受皮弁,降三等,受爵弁,高氏愈谓'其服弥尊,其敬弥至',是也。"⑦《正义》引高愈之说,并进行案断,其实也是为了说明缁布冠、皮弁、爵弁尊卑有别。

---

① 钟敬文:《民俗学概论》,上海文艺出版社 1998 年版,第 91 页。
② 王关仕:《仪礼服饰考辨》,台北文史哲出版社 1977 年版,第 7—60 页。
③ 段熙仲点校,胡培翚:《仪礼正义》,第 36 页。
④ 段熙仲点校,胡培翚:《仪礼正义》,第 41 页。
⑤ 段熙仲点校,胡培翚:《仪礼正义》,第 42 页。
⑥ 段熙仲点校,胡培翚:《仪礼正义》,第 136 页。
⑦ 段熙仲点校,胡培翚:《仪礼正义》,第 74 页。

二、辨别服饰使用范围

由于礼有尊卑、轻重之别,相应的服饰也有一定的使用范围,《正义》常常予以梳理辨析。如髺,郑玄注《士丧礼》"妇人髺于室"时云:"齐衰以上,至笄犹髺。"对于此注,沈彤认为:"小敛之节,五服亲属,无有不髺者。"孔颖达疏《丧服小记》认为:"大功以下无髺。"二说言髺之使用范围不一。培翚案语曰:

> 今案:上言"主人髺发袒,众主人免于房"。此云"妇人髺于室"。妇人之髺,犹男子之髺发,则髺亦妇人服之重者,岂可概施于五服?且不独妇人髺为齐衰以上者,即众主人免亦齐衰以上者,下云:"男女奉尸侇于堂。"又云:"男女如室位踊无算。"此男女即谓上"主人"、"众主人"及"妇人",盖皆死者之妻、妾、子、妇、孙、曾子姓也。郑注专以斩衰、齐衰言之,是已。①

培翚依据经、注,对沈氏之言进行了批驳,进一步明确了髺的使用范围。培翚之论鞭辟入里,极为雄辩。后来黄以周也谈到这一问题,他认为宜从孔疏,同时认为,《丧服经记》言髺,皆据斩齐而言,不及大功。《小记》言"男子免而妇人髺",亦承上斩齐为文,非统言五服亲属,沈氏盖误解《小记》文也。② 可见黄氏观点与培翚是一致的。另外,培翚在释"齐衰以上,至笄犹髺"之注时又云:

> 云"齐衰以上至笄犹髺"者,亦是举齐衰以该斩衰,非与齐衰以下为对也。据《丧服》经、记,无齐衰以下之髺。《丧服》经云:"箭笄髺,衰三年。"此斩衰之髺也。记云:"恶笄有首以髺。"此齐衰之髺也。彼注云:"言以髺,则髺有著笄者明矣。"即此注"至笄犹髺"之义也。陈氏祥道云:"小敛之髺,不言笄,则未成服之髺无笄矣。女子子适人者为其父母,妇为舅姑,恶笄有首以髺。孔子言髺而继之以榛笄,则成服之髺有笄矣。《小记》言齐衰恶笄以终丧,则斩衰齐衰之髺皆终丧矣。髺不及于大功者,以髺不特对免而上同于括发,故也。"此说是也。③

---

①段熙仲点校,胡培翚:《仪礼正义》,第 1735 页。
②王文锦点校,黄以周:《礼书通故》,第 383 页。
③段熙仲点校,胡培翚:《仪礼正义》,第 1736 页。

此处，培翚再一次论证了鬊的使用范围，即只有斩衰之鬊与齐衰之鬊。

《正义》在辨别服饰的使用范围时，常指出同一服饰在不同的礼仪场合中，其材质、颜色、形制等方面的不同，以显示礼仪之轻重。再以鬊为例，郑玄注《仪礼》释鬊为"露纷也，犹男子之括发"，贾疏认为鬊有二种："一是未成服之鬊，即《士丧礼》所云者是也，将斩衰者用麻，将齐衰者用布；二者成服之后露纷之鬊，即此经注是也。"此后，治《仪礼》者释鬊，众说纷纭。培翚经过梳理后认为：

> 皇氏谓有三鬊，分麻与布为二。贾疏谓鬊有二种，合麻与布为一，而以成服未成服言之，其说与皇似异而实同。孔疏既引皇说，而又驳去成服后之鬊，谓止有麻布二鬊，其说疏矣。沈氏、程氏又分成服后之鬊为二，以布总箭笄为斩衰之鬊，布总榛笄为齐衰之鬊，其说益细。要之，此注云"鬊，露纷也"，实为定诂。盖吉时以缅韬发，丧则去缅，去缅则纷露，纷与结同，即今之髻。故郑注《士丧礼》及《礼记》，皆以去缅而纷言之，此无论未成服已成服之鬊，皆为露纷，唯未成服时无笄，总以麻若布，自项而前，交于额上，与男子之髺发免同，虽绕纷而不覆纷，故纷仍露于外。郑注《士丧礼》云："髺发者，去笄缅而纷。"是男子之髺发，亦露纷，与鬊同。但男子成服后，则去髺发免，而冠丧冠。妇人成服后，去麻若布，服总与笄，而其为露纷自若，故仍谓之鬊。皇氏、贾氏专以露纷为成服后之鬊，而不知未成服以前之鬊亦露纷，其说犹未善也。[1]

鬊乃古代妇人之丧髻[2]。经过梳理，培翚认为，不管是未成服之鬊，还是成服之鬊，皆露纷。同时还认为鬊有未成服、成服之别，未成服时无笄，故也称去笄之鬊；成服后，服总与笄，故也称著笄之鬊。当然，由于丧笄有两种，一为箭笄，二为恶笄（也称榛笄），箭笄用于斩衰服，恶笄用于齐衰服。为了说明问题，培翚引沈彤之说后案语曰：

> 沈说是也。马氏融云："鬊，屈布为巾，高四寸，著于额上。"此说《左传》孔疏已辨之。……注引《小记》者，证笄与鬊之用也。男子冠而妇人笄者，孔疏云："吉时男首有吉冠，女首有吉笄。若亲始死，男去

冠,女则去笄。若成服,为父,男则六升布为冠,女则箭篠为笄。为母,男则七升布为冠,女则榛木为笄。"是冠与笄相对也。"男子免而妇人髽"者,当袭敛之节,男子著免,妇人著髽,是免与髽相对也。但齐衰之男子以布为免,妇人以布为髽。斩衰之男子以麻为髺发,妇人以麻为髽,是髽兼对免与髺发。而记但举免言之,故贾疏云:"男子阳,多变,斩衰名髺发,齐衰以下名免耳。妇人阴,少变,故齐、斩同名髽也。"①

妇人为父服斩衰,故以箭篠为笄,以麻为髽;为母服齐衰,故以榛木为笄,以布为髽。此礼之别也。如此,则成服之髽又有麻髽、布髽之别,而这正是由丧服礼之轻重所造成的。

三、辨服饰形制之尺寸

王关仕认为:"古今度量不一,尺寸之名目虽同,其实有异。服饰之形制或类,麻缕之粗细有间,质料非一。"②因古今度量不一,《仪礼》经注中的服饰形制尺寸常常成为释《礼》者所关注的对象。如《士冠礼》"爵弁服",郑注:"爵弁者,冕之次,……其布三十升。"培翚疏曰:

> 云"其布三十升"者,《论语》"麻冕"孔注:"绩麻三十升布以为之。"郑意爵弁与冕同,故云"其布三十升"也。江氏永辨之云:"三十升之说非是。古布幅阔二尺二寸,当今尺一尺三寸七分半,若容三十升之缕二千四百,则今尺一分之地,几容一十八缕,此必不能为者也。孔意盖谓古者朝服十五升,冠当倍于衣。不知冠升倍衣,唯《丧服》斩衰三升,冠六升则然,自齐衰以下,则非倍半之数矣。《礼》无冠倍于衣之例,孔误释耳。麻冕之布,亦不过十五升,如今尺之一分,容九缕已是细密难成矣。"③

冕之尺寸是否为"布三十升",历来聚讼纷纭,赞同与反对之声同时存在。上引江永就持反对之声,另一清儒俞正燮却赞同"三十升之说",他说:"案,三十升之说是也。升即稯,《说文》'稯'云:'布之八十缕为稯。'《史记·孝景纪》云'令徒隶衣七稯布',即稯字,是五百六十缕为粗恶也。《晏

子春秋》云'十总之布,一豆之食',亦即稯字,是八百缕为粗恶也。缁布冠
当有二千四百缕,缕细布密,若抽其半则似今之纱矣。吴仁杰《两汉刊误补
遗》言宋时织箴用六成至十五成,成四十齿,两缕共一齿,是八十缕为成,即
升,即稯也。宋时十五成为常麻布,则三十升之缁布。惟周时冕用之,孔子
亦以为不俭。孔安国以纯丝易成,本谓麻三十升难成也。不必疑。"①王关
仕先生比较二说,认为:"江氏之言是矣。俞氏言宋时有三十升麻布,然宋
尺非周尺,宋布一幅,是否即周布一幅之宽? 江氏据实际而言,若今约五十
公分之长,容二千四百缕,即一公分须纳四十八缕左右,殊不可致。疑三十
升乃二十升之误。"②培翚在疏解时,引江永《乡党图考》之言以辨冕之尺
寸,目的在于辨明冕制,以探求古人制礼之本意。

四、分辨时段,以考服制

这在《丧服》篇的疏解中表现得较为明显。下面不妨以该篇的疏解为
例,来说明这一问题。如前文所举髽有未成服之髽与成服之髽之别,培翚
在梳理时,就是分未成服与成服两个时段进行的。他首先认为:"妇人之
髽,则有三别,其麻髽之形与括发如一,其著之,以对男子括发时也。前云
'斩衰括发以麻',则妇人于时,髽亦用麻也。何以知然? 案《丧服》:'女子
子在室为父,髽,衰,三年。'郑云:'髽,露纴也。犹男子之括发。'既云犹男子
括发,男子括发,先去冠,继用麻,妇人亦去笄,继用麻,故云犹也。以此
证据,则知有麻髽以对男括发时也。"在此基础上,培翚又认为:"又知有布
髽者,案此云男子免对妇人髽,男免既用布,则妇人髽不容用麻也。是知男
子为母免时,则妇人布髽也。"③此麻髽、布髽皆为未成服之髽,亦即去笄
之髽。

接着,培翚讨论成服之髽。他从《丧服传》云"布总,箭笄,髽,衰,三年"
出发,认为:"明知此服并以三年,三年之内,男不恒免,则妇人不用布髽。
故知恒露纴也。"所以,培翚又认为:"郑注《丧服》云:'髽,露纴也。'且《丧
服》所明,皆是成服后,不论未成服麻布髽也。"接着,培翚又阐释了原因:
"《丧服》既不论男子之括免,则不容说女服之未成义也。既言髽衰三年,益

---

①俞正燮:《癸巳存稿》,辽宁教育出版社 2003 年版,第 52 页。
②王关仕:《仪礼服饰考辨》,第 5 页。
③段熙仲点校,胡培翚:《仪礼正义》第 1375 页。

知恒髽是露纷也。然露纷恒居之髽,则有笄,此三髽之殊,是皇氏之说。"经过考校经文,培翚引沈彤语,认为"三髽之说,发于皇氏,颇得经意。"同时引程瑶田之说:"髽,妇人丧结去缅之通名,有去笄之髽,有著笄之髽。去笄之髽,犹男子之髻发免,未成服时之制也。著笄之髽,犹男子之冠缨,既成服时之制也。是故布总箭笄之髽,斩衰之髽也,于男子则冠绳缨也。《丧服》所谓'布总箭笄髽衰',是也。布总榛笄之髽,齐衰之髽也,于男子则冠布缨也。《檀弓》记夫子诲南宫绍之妻丧姑之髽,所谓榛以为笄,《丧服记》所谓恶笄有首以髽,是也。皆既成服时之髽也。"培翚认为沈氏、程氏"其说益细"①。至此,成服之髽(著笄之髽)明矣。

再如《丧服》"齐衰三年"章之"父卒则为母",历来疏《礼》者有两种说法。贾疏认为:"云'则'者,欲见父卒三年之内而母卒,仍服期,要父服除后,而母死乃得伸三年。"②敖继公《仪礼集说》云:"父在为母期,父卒则三年。云'则'者,对'父在'而立文也。其女子子在室者,为此服,亦惟笄总髽衰异尔。……案:注云'尊得伸'者,谓至尊不在,则无所屈而得伸其私尊也。"③培翚《正义》认为敖氏此处"释经注最明"④,同时认为贾疏乃曲说,其案语曰:

> 今案:则字,古与即通,言父卒即为母三年也。《广雅》云:"则,即也。"可证贾疏之谬。诸儒论之甚详,兹不备录。其所引《内则》"有故二十三年而嫁",《间传》"为母既虞卒哭,衰七升"及《服问》沣"为母既葬,衰八升"诸文,皆无父服除后为母三年之义。贾之曲说,亦不足辨。至父在为母期,父卒为母三年,仍服齐不服斩者,则以母之与父,恩无轻重,而分有尊卑,不可以母而并之于父也。⑤

贾疏释"父卒则为母"而生"父服除"与"父服未除"两个时段,因《丧服》规定为父服乃服斩衰三年,则"父服除"即父卒三年后母丧,为母服齐衰三年;"父服未除",即父卒三年内母丧,为母服期。贾疏以两种时段释之,其实是依时段而分"父卒则为母"为两种服制。培翚先从训诂入手,指出"父

---

① 段熙仲点校,胡培翚:《仪礼正义》,第1375—1376页。
② 李学勤主编:《十三经注疏·仪礼注疏》,第564页。
③ 敖继公:《仪礼集说》,《景印文渊阁四库全书》第105册,第389页(上栏)。
④ 段熙仲点校,胡培翚:《仪礼正义》,第1385页。
⑤ 段熙仲点校,胡培翚:《仪礼正义》,第1386页。

卒则为母"实为"父卒即为母",无时段之分别;同时又考之经传,再次指出贾疏以两种时段分别释之而不确。培翚否定以时段之别来释"父卒则为母",其实就是从礼仪制度上辨明了父卒为母服当为齐衰三年,不存在其它服制。

第四节　考察礼俗仪规,梳理行礼图卷

礼,最初与祭祀鬼神有关。《说文解字》释"礼"曰:"履也。所以事神致福也。"《礼记·礼运》也曰:"夫礼之初,始诸饮食,其燔黍捭豚,污尊而抔饮,蒉桴而土鼓,犹若可以致其敬于鬼神。"①宗教祭祀活动常伴随着一定的风俗。起初,这样的风俗是零散的。进入阶级社会以后,在统治者的推动和思想家的倡导下,一些"不同俗"的风俗经过演变并逐渐被规范化,从而成为社会实践中共同遵守的"一国之俗"、"天下之俗":"所谓礼俗也,百里不同风,千里不同俗。俗不同,而一之以礼,则无不同。……俗言天命者性,师教者习,因习而俗成焉。……有一家之俗,有一国之俗,有天下之俗。一家之俗,大夫主之;一国之俗,诸侯主之;天下之俗,天子主之,而皆以一人为转移。故天下、国家、远近、大小虽殊,莫不有祖宗家法。"②如此,风俗被规范化成了礼俗。

后来,出于统治需要,统治者开始对礼俗作出统一的规定,使之规范化、制度化、程式化,并上升为国家的典章制度。就这样,礼俗开始演变成礼制,上升为国家层面上的制度体系:"圣王之治,天下本俗以安之,礼俗以成之,修其教不易其俗,一道德以同俗。其移风易俗以乐,其化民成俗以学。修其孝悌忠信,维以礼义廉耻。士有常心,民有定志。殷之衰也,遗俗犹存周之季也。"③此时,"夫礼,先王以承天之道,以治人之情,故失之者死,得之者生。……是故夫礼必本于天,殽于地,列于鬼神。达于丧、祭、射、御、冠、昏、朝、聘。故圣人以礼示之,故天下国家可得而正也"。④同时,"民之所由生,礼为大,非礼无以节事天地之神也,非礼无以辨君臣、上

①李学勤主编:《十三经注疏·礼记正义》,第666页。
②惠士奇:《礼说》卷一,载《景印文渊阁四库全书》第101册,第389—390页。
③王应麟:《通鉴答问》卷四《徐乐上书》,《景印文渊阁四库全书》第686册,第688页。
④李学勤主编:《十三经注疏·礼记正义》,第662页。

下、长幼之位也，非礼无以别男女、父子、兄弟之亲，昏姻疏数之交也"。①礼不仅关乎百姓的日常生活，而且礼制的确立，也成了维护等级制度、"国家可得而正"的得力工具。

礼有形式与内容之分。《礼记·郊特牲》云："礼之所尊，尊其义也。失其义，陈其数，祝史之事也。故其数可陈也，其义难知也。知其义而敬守之，天子之所以治天下也。"②其中，"仪"与"数"属于礼之形式，"礼"与"义"属于礼之内容。《仪礼》十七篇，记载的就是关于古代贵族各阶层冠、昏、丧、祭、乡、射、朝、聘等礼仪制度，表现的是礼之形式与礼之规范。正因为如此，《仪礼》中的各种礼仪受到了统治阶层的重视。历代统治者制定礼典，多以《仪礼》为依据，他们不断对礼仪、礼俗进行损益修订，并加以强化，使之融入到人们的日常生活中去，成为世人立身处世的行为规范，从而有利于对民众的统治③。此外，学者们在日常生活中对各种礼仪规范也加以倡导，如孔子曾教导其子伯鱼曰："不学礼，无以立。"④刘向《说苑》也记载了相似的内容："孔子曰：'鲤，君子不可以不学，见人不可以不饰，不饰则无根，无根则失理，失理则不忠，不忠则失礼，失礼则不立。夫远而有光者饰也，近而逾明者学也。譬之如污池，水潦注焉，菅蒲生之，从上观之，谁知其非源也。'"⑤此处所提到的礼，指的就是礼仪。在统治者的强化及学者们的倡导下，社会上践行礼仪之风不断。当礼仪与民间习俗融合时，由此而逐渐形成各种礼俗。"种种礼俗一旦形成，就具有了无形的道义力量，成为人们判断是非的标准，起着不成文法律的作用"⑥。由此可见，践行礼仪，强化礼俗，既能维护社会秩序，也能帮助人们立身行事。

在礼制的规范下，各种礼俗仪规逐渐形成系统的、完备的体系，而这些礼俗仪规中的一部分就保存在今本《仪礼》之中。今本《仪礼》保存了西周"五礼"中除军礼之外的吉礼、凶礼、宾礼和嘉礼，是西周礼仪的汇编。历代研究《仪礼》的学者，大多较为注重梳理其中的礼俗仪规，胡培翚也不例外。嘉道年间，在社会危机四伏的情况下，一些有识之士萌生了忧患意识，积极

---

①李学勤主编：《十三经注疏·礼记正义》，第 1373 页。

②李学勤主编：《十三经注疏·礼记正义》，第 811 页。

③《周礼·大宰》云："六曰礼俗，以驭其民。"可见，统治者损益修订礼俗，主要目的在于驭民。

④刘宝楠：《论语正义》，第 668 页。

⑤向宗鲁校证，刘向撰：《说苑校证》，中华书局，1987 年版，第 68 页。

⑥王炜民：《中国古代礼俗》，商务印书馆 1997 年版，第 14 页。

提倡经世致用之学，以改革当前危机。作为一名出身于经学世家的学者，培翬选择疏解《仪礼》，为此书作《正义》，其"追索阐论巨细无遗，使读者可以想见古代礼仪的施行情况"①。培翬疏解《仪礼》时，精心考辨各种礼仪规范，旨在将简括繁重的《仪礼》条文转化为鲜活详赡、具体而微的古代行礼图卷，便于人们实践，以收到经世致用之效。论其覃精研思、精思所至，大致有如下数端。

一、归纳整个行礼仪节，方便读者理解与把握

关于《仪礼》经文的分节问题，前文已经谈及。其实，胡培翬在给《仪礼》经文分节之馀，也时常归纳某个行礼仪节的整个过程，使其清晰地展现出来，便于读者掌握。如《士冠礼》："夙兴，设洗，直于东荣，南北以堂深，水在洗东。"《正义》疏曰：

> 冠至期，先陈设器服，次主人以下即位，次迎宾及赞冠者入，乃行三加之礼。加冠毕，宾醴冠者。冠者见于母，宾字冠者，凡九节而冠礼成，宾出矣。②

此处，培翬将冠礼从"为期"至"冠礼成"的整个行礼仪节归纳出来，于细密之中显示简明扼要，使行礼次序更加清晰，条理更为分明，便于读者对整个行冠礼环节的把握。培翬的这种做法，真正实现了将繁文缛节的《仪礼》条文演化为具体而微的行礼程式。

再如对"聘之正礼"的归纳也是如此。《聘礼》："厥明，讶宾于馆。"培翬疏解此经文时，先引张尔岐之说提出"聘之正礼，分为四节"之说，然后在张说的基础上进行案断，指出"正礼"之四节：

> 今案：四节者，一聘享若有言，二主国礼宾，三私觌，四公送宾出问君及大夫。③

"聘之正礼"之四节，是四个相连的行礼节段。培翬在张尔岐的基础上对"聘之正礼"的整个行礼仪节进行归纳，这种做法，比起简单的划分节次或孤立的理解这四个节段，更能让读者对整个行礼环节的理解与把握。

---

①田汉云：《中国近代经学史》，第 124 页。
②段熙仲点校，胡培翬：《仪礼正义》，第 32 页。
③段熙仲点校，胡培翬：《仪礼正义》，第 997 页。

二、梳理升降揖让，于细微处辨明礼仪

由于《仪礼》书中记载了冠、昏、丧、祭、乡、射、朝、聘等具体礼仪，所以研究《仪礼》必须注重重视其中的升降、揖让等内容。但历史上一些研治《礼》学者"以进退揖让为末节，薄之不讲"，清代学者阮元认为这种做法必然会导致"言朝则昧于三朝三门，言庙则暗于门揖曲揖，言寝则眩于房室阶夹，言堂则误于楹间阶上"。阮元还认为，如果对进退揖让"辨之不精"，则"仪节皆由之舛错而不可究"[1]。培翚撰《正义》，在精心梳理升降、揖让等繁琐礼仪之时，非常注重于细微处辨明行礼仪节。如《仪礼》中关于行走的礼仪有进容、趋、翔等，培翚在梳理时均能辨明这些仪节，让读者感受到每种行走礼仪的具体情况。如《士冠礼》释"进容"，经文云："宾右手执项，左手执前，进容，乃祝，坐如初。乃冠，兴，复位，赞者卒。"郑注"进容"曰："进容者，行翔而前，鸧焉，至则立祝。"《正义》疏曰：

> 注"行翔而前，鸧焉"，鸧，《通典》作"锵"。云"进容者，行翔而前，鸧焉"者，翔谓行而张拱，鸧谓容貌舒扬，鸧与跄同，详《聘礼记》。此谓宾追至筵前，特正其容仪，为冠者取法也。[2]

郑玄释"进容"为"行翔而前，鸧焉"，义并不十分清晰。培翚释此注，指出了"进容"之礼仪包括行走姿态与面部表情两个方面，即行走姿态为"行而张拱"，行走时的面部表情为容貌舒扬。这样的疏解，便于读者把握仪节的细微之处，从而能真正地理解与掌握整个行礼程式。再如《士相见礼》对"趋"的疏解，经文云："凡执币者不趋，容弥蹙以为仪。"郑注："不趋，主慎也。以进而益恭为威仪耳。"《正义》疏曰：

> 注云"不趋，主慎也"者，贾疏据《玉藻》谓趋有疾趋、徐趋二种，"此经'不趋'者，谓不为疾趋，故云'主慎也'。"又谓"徐趋则下文'唯舒举前曳踵'是也"。此不为疾趋，亦不为徐趋，但徐、疾之间为之。案《玉藻》曰："圈豚行不举足齐如流。"又曰："执龟玉举前曳踵，缩缩如也。"郑注皆以为徐趋之事。贾说本此。云"以进而益恭为威仪耳"者，案进

---

①阮元：《仪礼图序》，载张惠言《仪礼图》卷首，同治九年楚北（湖北）崇文书局重雕本。
②段熙仲点校，胡培翚：《仪礼正义》，第 72 页。

而益恭,释经容弥蹙之义也。①

　　既然趋有疾趋、徐趋二种,那么,"不趋"者,是谓不为疾趋,还是不为徐趋,对其应该有所裁断。培翚疏解时,指出此处之"不趋"者,"不为疾趋,亦不为徐趋,但徐、疾之间为之"。此亦是于细微处辨明礼仪。其实,培翚的这种做法,目的就在于通过对各种礼仪的细致梳理,推求出其中所蕴涵的礼意,方便读者领会。

三、梳理行礼方位,补无图解之憾

　　作为义疏体,《正义》主要以疏释经、注为旨归,没有附加各种行礼图案。虽然如此,但《正义》在疏经解注时,实能详细地梳理各种行礼方位,以补无图之憾。如《公食大夫礼》言"食上大夫之礼":"上大夫,八豆、八簋、六铏、九俎,鱼腊皆二俎。"郑注:"记公食上大夫,异于下大夫之数。豆加葵菹蜗醢,四四为列,俎加鲜鱼鲜腊,三三为列,无特。"《正义》疏解时引褚寅亮之说,指明了公食上大夫时八豆、八簋、六铏、九俎的排列之次:

　　　　褚氏云:"九俎馔法,当依注为是,不当如敖氏'四四为列而特鲜兽'之说。盖三俎、五俎、七俎,不得方,故须特。三三为列,则正方矣,何反用特乎?其馔法则北二列仍如七俎,而鲜鱼则加在鱼南,鲜腊则加在腊南,移肤于肠胃南也。八豆之次,则韭菹以东,醓醢、昌本、麋臡,臡南菁菹,以西鹿臡、葵菹、蜗醢。八簋之次,则六簋仍旧,加黍于稷南,稷于黍南。六铏之次,则牛以西羊豕,豕南牛,牛以东羊豕。"今案:褚说俱是也。②

　　《正义》引褚寅亮之说,既辨明了敖继公之说为误,又通过对各种礼器方位排列的细致描述,使八豆、八簋、六铏、九俎的排列之次十分清晰地展示在读者面前,虽无绘图,但确实收到了图解《仪礼》之效。

　　《正义》在梳理行礼方位时,也能注意到同一礼仪随礼节的变化其行礼方位也会发生变化。如《士冠礼》"冠日陈设"节有"设洗"一环,经文指出"水在洗东",培翚疏解时,就注意到吉礼与凶礼两种不同的礼节中"水"与

"洗"的方位变化,他在引《礼经释例》后添加案语曰:

> 今案:《士冠礼》设洗不言阼阶东南者,省文也。《乡饮酒义》云:
> "洗之在阼,其水在洗东,祖天地之左海也。"此洗与水设于东方之义
> 也。《少牢》云"有枓"者,据郑注,凡设水必用罍,沃盥必用枓。此不言
> 者,文不具也。吉礼水在洗东,篚在洗西;凶礼反吉,则水在西,篚在
> 东。此不言篚者,以《冠礼》醴觶俱在房,不洗爵于此,故无篚也。《大
> 射》献获者,则设洗于获者之尊西北。《士虞》卒哭饯尸,则设洗在庙门
> 外尊东南者,异于常礼也。又有内洗设于北堂,亦名北洗,详《士昏
> 礼》。①

《士冠礼》属嘉礼,此篇设洗,"直于东荣,南北以堂深,水在洗东"。在
吉礼中,设洗,水也在洗东;而在凶礼中,水则在洗西。可见,培翚在疏解
"设洗"这一礼仪时,注意到水与洗的方位在不同礼节中的变化。另外,培
翚还注意到在不同的礼节中,不仅设洗的位置是不同的,如《士冠礼》"设
洗,直于东荣",《士昏礼》设洗于北堂;而且设洗的方向也有变化,如《大射》
献获者设洗于获者之尊西北,《士虞》卒哭饯尸,设洗在庙门外尊东南。培
翚辨析同一礼仪在不同礼节中行礼方位的变化,既有梳理、总结礼例之力,
又能让人们清晰地感受到同一礼仪在各个不同礼节中的鲜活详赡、具体而
微的行礼图卷。

第五节　总结礼例,考经求礼

一、《仪礼》学史上发凡起例之梳理

所谓"例",即为义例、凡例。古人研究经学,善于发凡言例,进而据例
以通经。杜预《春秋左氏传序》云:"其发凡以言例,皆经国之常制,周公之
垂法,史书之旧章。仲尼从而修之,以成一经之通体。其微显阐幽,裁成义
类者,皆据旧例而发义,指行事以正褒贬。诸称'书'、'不书'、'先书'、'故
书'、'不言'、'不称'、'书曰'之类,皆所以起新旧,发大义,谓之变例。"②可

---

①段熙仲点校,胡培翚:《仪礼正义》,第34页。
②李学勤主编:《十三经注疏·春秋左传正义》,第14—16页。

见,据经总结凡例,能帮助人们更好地理解经义。《仪礼》十七篇委曲繁重,不得其例,则难读也。前引皮锡瑞《三礼通论》言读《仪礼》有三法,得其三法,则《仪礼》不难读也。其三法,就包括总结礼例。可见治《仪礼》,总结礼例是非常重要的。

就《仪礼》而言,《仪礼》经文、记文已有礼例,黄侃云:"发凡言例,本《礼经》之旧法。"①如《士冠礼》:"凡拜,北面于阼阶上。宾亦北面于西阶上答拜。"再如《士昏礼》:"士昏礼,凡行事,必用昏昕。"当然,在《仪礼》中,"经文言凡者,尚稀;至《记》之言凡者,则不可胜数"②。就《士昏礼》一篇而言,言"凡"者计有三处,皆为记文。郑玄注《仪礼》,亦常发凡言例,如《士冠礼》:"主人玄冠,朝服,缁带,素韠,即位于门东,西面。"郑玄注云:"凡染黑,五入为缅,七入为缁,玄则六入与?"关于《仪礼》经、记及郑注之发凡言例,清代学者陈澧说得较为详细,其云:"《仪礼》有凡例,作记者已发之矣。……郑注发凡者数十条。……其馀诸篇注皆有之,若抄出之,即可为《仪礼凡例》矣。"③

后贾公彦疏《仪礼》也时常总结礼例。当然,贾公彦在郑玄发凡言例的基础上有继承,也有变化:"有郑注发凡,贾疏辨其同异者。……有郑注不云'凡',而与发凡无异,贾疏申明为凡例者。……有郑注不发凡而贾疏发凡者。"④郑注与贾疏的发凡言例,是有功于《仪礼》学的,陈澧评价云:"郑、贾熟于《礼经》之例,乃能作注作疏。注精而简,疏则详而密。分析常例变例,究其因由,且经有不具者,亦可以例补之。朱子云《仪礼》'虽难读,然却多是重复。伦类若通,则其先后彼此,展转参照,足以互相发明'(《答陈才卿书》)。此所谓'伦类',即凡例也。"⑤

贾公彦之后,研究《仪礼》者,或多或少都有总结礼例之举,如李如圭《仪礼集释》、敖继公《仪礼集说》、方苞《仪礼析疑》等,均勤于纷繁错杂的仪节中归纳条例,有功于后学。也有专门研究《仪礼》凡例的,如皖派学者江永与凌廷堪。二人均撰有以"释例"命名的礼学专著。江永的《仪礼释例》

①黄侃:《礼学略说》,《黄侃论学杂著》,中华书局,1964年版,第458页。
②黄侃:《礼学略说》,《黄侃论学杂著》,第459页。
③陈澧:《东塾读书记》(外一种)八《仪礼》,第143页。
④陈澧:《东塾读书记》(外一种)八《仪礼》,第144—145页。
⑤陈澧:《东塾读书记》(外一种)八《仪礼》,第147页。

实止《释服》一类,未成体系。总结礼例荦荦大者,当属凌廷堪的《礼经释例》。《礼经释例》是清代《仪礼》学研究的杰出之作。凌廷堪撰此书,前后五易其稿。初始于乾隆五十二年(1787),是年凌氏三十一岁。初撰此稿时,乃仿《尔雅》为之,取名《礼经释名》。后渐觉《仪礼》非他经可比,认为"其宏纲细目必以例为主,有非诂训名物所能赅者","《仪礼》十七篇,礼之本经也。其节文威仪,委曲繁重。骤阅之如治丝而棼,细绎之皆有经纬可分也;乍睹之如入山而迷,徐历之皆有途径可跻也。是故不得其经纬途径,虽上哲亦苦其难;苟其得之,中材固可以勉而赴焉。经纬途径之谓何?例而已矣"。[①] 于是在乾隆壬子年(1792)着手修改《仪礼释名》,他将《仪礼》内容打乱,重新归纳整理,"删芜就简",仿杜预《春秋释例》,将《礼经释名》定为《礼经释例》。后来,凌氏对此书又进行多次修改,直至嘉庆十三年(1808)才最终卒业,前后历经二十二年。是书十三卷,归纳礼例八类凡二百四十六例,其中通例四十、饮食例五十六、宾客例十八、射例二十、变例(丧例)二十一、祭例三十、器服例四十、杂例二十一。至于宫室之例,因李如圭已有《仪礼释宫》,因而不再专门列出。

凌氏释例的最大特点,在于能于礼例之间求得贯通,他说:"不会通其例一以贯之,只厌其胶葛重复而已耳。乌睹所谓经纬途径者哉!"[②]凌氏释例的贯通之处表现在两方面,其一是能指出不同礼节中的相同或相通之处,如他指出《乡饮酒》、《乡射》、《燕礼》、《大射》、《特牲少牢》、《有司彻》中的"丈夫之拜"之例相同。再如他认为《乡饮酒》、《乡射》、《燕礼》、《大射》中的"献酢酬旅酬无算爵"之例完全相通。其二是在一条凡例之后能罗列出符合凡例(或不符合凡例)的所有经文与郑注[③]。

凌氏归纳条例,以例释礼,是《仪礼》学史上的一大贡献,对研究《仪礼》极有帮助。历来学界对《礼经释例》评价较高,梁启超认为:"凌次仲的《礼经释例》十三卷,将全部《仪礼》拆散了重新比较整理贯通一番,发现出若干原则。其方法最为科学的,实经学界一大创作也。"[④]钱大昕认为:"《礼经》

---

①凌廷堪:《礼经释例序》,王文锦点校,凌廷堪:《校礼堂文集》,中华书局,1998年版,第241—242页。

②凌廷堪:《礼经释例序》,王文锦点校,凌廷堪:《校礼堂文集》,第242页。

③具体详参拙作《〈礼经释例〉撰著、版本及学术价值考论》,《图书馆理论与实践》,2013年第5期,第60页。

④梁启超:《中国近三百年学术史》,第211页。

十七篇，以朴学人不能读，故郑君之学独尊。然自敖继公以来，异说渐滋，尊制一出，学者得指南车矣！"①

二、《仪礼正义》总结礼例、考经求礼之表现

作为一种义疏体，《正义》也比较注重归纳礼之凡例。观其全书，《正义》一方面广泛征引他书之礼例，凡涉及到古代礼例的，《正义》均加以征引。另一方面，《正义》在前人的基础上，发凡言例，新增礼例。据统计，《正义》增加礼之凡例约有116条，具体言之，包括通例、器服之例、宫室之例、饮酒之例、饮食之例、陈设之例、盥洗之例、宾客之例、授受之例、射例、祭例、丧例等。下文就《正义》新增礼例展开论述。

1. 通例

主人之属，凡有事于冠者，皆得与于饮酒也。（《士冠礼》）

凡飨皆就馆。（《士昏礼》）

凡从行之人，皆得与于献。（《聘礼》）

凡割而不断曰离。（《公食大夫礼》）

凡让而先升者，敌礼。（《觐礼》）

凡经皆言昆弟，不言兄弟。

凡妾为私兄弟，皆以族亲解之。（以上《丧服》）

凡吉礼谓水为玄酒。

凡祝辞，称尔为亲辞。（以上《士虞礼》）

凡释辞皆摈者事。

凡妇人入庙，位在房。

凡导引者必在前。（以上《特牲馈食礼》）

凡升羊皆司马，升豕皆司士。（《有司彻》）

2. 器服之例

凡言衣袂及手之长短，皆自肩臂至指掌言之，未有横计之者。

凡禅衣，必有裳乃成。

凡布幅，广二尺二寸，广袤等，则方矣。（以上《士丧礼》）

凡服，衣上裳下，有裳以蔽下体，故衣不至膝。（《既夕礼》）

---

①钱大昕：《钱辛楣先生书》，王文锦点校，凌廷堪：《校礼堂文集》卷首。

凡言侈袂者，皆谓衣同，而欲有以别之。(《少牢馈食礼》)

棺柩及凡送葬之物有毁败者，皆改设之如葬时。(《丧服》)

3.宫室之例

凡庙，有室，有堂，有庭，有门。

凡室中、房中与夹之墙，则谓之墉；堂上之墙，则谓之序；堂下之墙，则谓之壁；其实一也。

《仪礼》凡言坫者，皆谓堂隅之坫。

凡五架之屋，栋北楣下为三间，中为室，东西为房。房之南壁止一户，室则有户、有牖，户在东，牖在西，故户西牖东之地为正中。(以上《士冠礼》)

庙后有寝，凡庙皆然。(《聘礼》)

此经内谓堂室，外谓堂室以外，凡庭院及寝门外大门外皆是。(《既夕礼》)

凡门皆有塾，庙门则名塾，又名祊耳。(《有司彻》)

4.饮酒之例

凡酢者，皆承献爵而答之也。

凡醴必用笾、豆。

凡糟醴不卒爵。(以上《士冠礼》)

凡燕饮之法，皆先献而后荐。(《聘礼》)

5.饮食之例

凡饮食，无论酒与币，皆宾先拜受，而后主人拜送，无送后复拜谢之礼。

凡肺有举肺，有祭肺。

离肺即举肺，凡祭，离肺必绝其中央少许以祭。

正馔之设凡七，而宾祭者五，菹醢一也，黍稷二也，肺三也，铏四也，饮酒五也。(以上《公食大夫礼》)

凡牲体，前为肩，后为髀。析言之，则肩下有臂臑，髀下有骼胳。(《士丧礼》)

凡尸所食，皆实于筐；卒食，亦实肺脊于筐，与肵俎同。

凡正俎横执，羞俎缩执。

凡以羞俎降者，皆是虚俎，肝不应仍加其上。(以上《士虞礼》)

对馂之事，凡士礼二人，大夫礼四人。

凡胏俎，皆先载心舌于其上。

胏俎专为尸设，凡尸胏食肺脊之属，皆加其上。

《礼经》凡言牲觳，俱指后足言之。（以上《特牲馈食礼》）

凡牲体，半为胖，全为纯。（《少牢馈食礼》）

凡尸所食，皆加于胏俎。

荐俎及主妇荐俎，凡羞陈之物，皆统之矣。（《有司彻》）

6.陈设之例

凡设洗必设水。（《士冠礼》）

凡馔之数同于宾者，皆以尊介也。

凡设席，为神西上，为人东上。（以上《聘礼》）

凡布席于堂上，皆南面；布席于室中，则东面。（《公食大夫礼》）

《仪礼》凡为神设几，右之。

凡设几必先布席。（以上《觐礼》）

《仪礼》凡陈器物，多言馔。

凡为神设席于室中者，皆东面。（以上《士丧礼》）

凡笾豆，谓凡小敛大敛之笾豆也。实具设皆巾之，此举大敛之笾豆皆巾，以见小敛之笾豆不皆巾也。（《既夕礼》）

凡陈列，吉祭在东。（《士虞礼》）

凡堂上设尊，多在房户之间。

凡布席于奥者，东面。

凡庭中之事，皆宗人指画之。（以上《特牲馈食礼》）

凡两甒，皆有玄酒。玄酒，明水也。

凡铏、豆、笾、涪、肴、燔，皆于傧尸时进之也。

凡席于奥，皆东面也。（《少牢馈食礼》）

凡载俎，皆就鼎载之。

凡馈于尸者皆是，如菹醢四豆也，五俎也，四敦也，两铏也，四瓦豆也，酌奠之觯也，皆正祭时陈于室中者也。（以上《有司彻》）

7.盥洗之例

凡洗爵必先盥手。（《士冠礼》）

凡行礼，宾至敌者，皆盥于洗，公尊则不就洗，故特设盘匜以待之。

祭祀，尸尊，亦不就洗。（《公食大夫礼》）

凡祝所淅之潘，管人所煮之沐，其相授皆以盆盛之。（《士丧礼》）

8.宾客之例

凡主于宾，不出迎，不出送。

凡送宾，无论尊卑，皆再拜，惟丧礼之送宾也，一拜。

凡不答者，不受挚。

凡他邦之臣出亡来此国者，亦当以挚见。（以上《士相见礼》）

凡待宾客之礼，有飨、有食、有燕，燕主于酒，而食主于饭，飨则兼之。（《公食大夫礼》）

凡堂上之拜，以北面为正。

凡聘觐，皆行享礼。（以上《聘礼》）

凡诸侯朝觐之礼，皆天子命之。

凡臣礼之异于客礼者有三：入门右也，拜下也，奠而不授也。（以上《觐礼》）

凡迎送之礼，迎于外门外者，送亦于外门外。（《士丧礼》）

凡送宾之法，送者必俟退者之远去而后入。（《特牲馈食礼》）

凡献宾、兄弟、私人之等，皆以得献位乃定。（《有司彻》）

9.授受之例

《仪礼》凡受藏者，皆在东，宾自碑内至阼阶东授上介，上介又转授之贾人，斯时贾人盖在阼阶东。

凡授受之礼，授由其右，受由其左，则授者宜在受者之右。（《聘礼》）

凡卑见尊，奠而不授，宾客则亲相授受。（《觐礼》）

10.射例

凡侯之名曰躬，曰左右舌，上舌，下舌。（《乡射礼》）

凡射时著于手者有三：一曰决，著于右巨指。……一曰极，著右食指，将指，无名指。……一曰拾，著于左臂。（《士丧礼》）

《乡射》、《大射》，凡释获者，皆言坐。（《既夕礼》）

11.祭例

凡卜时，先以明火爇燋，乃吹燋之火以燃楚焞，是其次第也。

凡《士虞》、《特牲》祭皆用两笾、两豆。（《士丧礼》）

凡朝夕哭,丈夫皆先即位于门外,而后入门。(《士虞礼》)

凡吉祭,神俎牲用右胖。

(祭时)门外之位,则但有宾主两行,凡非子姓兄弟皆列宾行,公有司私臣当在宾之下,与宾同东面。

凡祭皆质明行事。

凡先期豫戒者为宿。

礼之大例,先戒后宿。(以上《特牲馈食礼》)

凡牲牛羊豕,牛曰大牢,羊豕曰少牢。

凡祭祀、筮日,皆以此月之下旬,并来月之上旬。或以来月之上旬,筮来月之中旬。

凡主人主妇受尸酢,皆授祭。

凡筮,必指定某日筮之。

牢肝,羊、豕肝也。羞牢肝,即所谓以肝从也。凡主人、主妇、宾长献皆有从。

凡肺祭讫,哜之,加于俎。(以上《少牢馈食礼》)

凡祭哜肺者,必绝祭。绝祭,故须捝手。(《有司彻》)

12.丧例

丧服一经,凡所服者同,而服之者有异,则兼言服之之人;若服之者亦同,则不必言服之之人。

子之于父,无论適庶,其服并同。

凡为之臣者,皆服斩衰也。

凡父皆得为长子三年。

凡適子之妻为长子三年,其妾从服三年。

凡子孙于一本之亲,虽有远近之不同,而其奉为至尊,则一以统绪所自来也。

凡庶昆弟,为世子期。

凡丧,皆既葬后以轻服易重服,谓之受。

有適子者,无適孙。適子在,则凡孙皆为庶孙也。孙于祖父母服期,祖父母于庶孙,以尊加之,故不为报服,而服大功也。若適子先死,则为適孙一人期。

服之,则凡臣妾不得而同矣。

凡旁亲期功以下皆是(降一等也)。(以上《丧服》)

凡于襚者出,即令有司彻之。

凡君使人吊襚赗,无不拜稽颡,成踊。(以上《士丧礼》)

凡奠旨升自阼阶,降自西阶。

凡踊无不袒者。(以上《既夕礼》)

凡则举鼎、载俎等事,皆宗人诏也。

拾踊凡三次。(以上《士虞礼》)

黄侃曾对郑玄注《礼》发凡言例作过评价,其云:"郑君注《礼》,大抵先就经以求例,复据例以通经,故经文所无,往往据例以补之;经文之误,往往据例以正之。"[1]《正义》发凡言例亦是如此。

先看就经以求例之例。如《正义》饮酒之例有"凡醴必用笾、豆",所依据的经文有:其一,"公侧受醴。宾不降,壹拜,进筵前受醴,复位,公拜送醴。宰夫荐笾豆脯醢,宾升筵,摈者退负东塾"(《聘礼》);其二,"执醴酒,北面西上,豆错,俎错于豆东,立于俎北,西上。醴酒错于豆南";其三,"东方之馔,两瓦甒,其实醴、酒。角觯木柶。髹豆两,其实葵菹芋,蠃醢。两笾无縢,布巾";其四,"醴酒位如初,执事豆北南面";其五,"祝执醴如初,酒豆笾俎从";其六,"醴酒北面,设豆,右菹。菹南栗,栗东脯,豚当豆,鱼次,腊特于俎北。醴酒在笾南,巾如初";其七,"祝取醴,北面,取酒立于其东,取豆笾俎,南面西上";其八,"醴酒北面西上,豆西面错,立于豆北,南面。笾俎既错,立于执豆之西,东上"(以上《士丧礼》);其九,"东方之馔,四豆:脾析、蜱醢、葵菹、蠃醢。四笾:枣、糗、栗、脯。醴、酒,陈器";其十,"醴酒在笾西北上"(以上《既夕礼》)。以上经文,言醴时,均涉及笾、豆这两种器物。所以,《正义》就经以求例曰:"凡醴必用笾、豆。"

再看据例以通经之例。《士冠礼》:"乃醴宾以壹献之礼。"郑注:"礼宾不用柶者,泲其醴。《内则》曰:'饮重醴清糟,稻醴清糟,黍醴清糟,粱醴清糟。'凡醴事,质者用糟,文者用清。"《正义》疏云:"云'礼宾不用柶者,泲其醴'者,《郊特牲》曰:'缩酌用茅,明酌也。'郑注谓'和之以明酌,泲之以茅,缩去滓也',即此注言'泲'之义。郑以此经无用柶之文,故知此醴为已泲之醴也。凡糟醴不卒爵,此一献之礼,有酢有酬,须卒爵,故用已泲之醴,不用

---

[1] 黄侃:《礼学略说》,《黄侃论学杂著》,第 459 页。

糟也。云'《内则》曰:饮重醴清糟,稻醴清糟,黍醴清糟,粱醴清糟'者,此郑引以证醴有清有糟,清是已沛者,糟是未沛者。彼注云:'重,陪也,陪设之也。糟,醇也;清,沛也。致饮有醇者有沛者',是也。云'凡醴事,质者用糟,文者用清'者,谓若冠醴子无献酬,是质,故用糟。此礼宾,有献有酢有酬,是文,故用清也。"①醴有清、糟之别,不能混淆。此处经文"醴宾"之醴,到底是清,还是糟,《正义》在疏解时,便是依据礼例而释的。此处所用到的礼例有二:一者,"凡糟醴不卒爵";二者,"凡醴事,质者用糟,文者用清"。在礼例之下,则此处经文之醴用清而不用糟,便涣然冰释矣。

再看经文所无、据例以补之之例。《聘礼》:"公左还北乡。"郑注:"当拜。"《正义》疏曰:"公自西乡转而北乡,故云左还。凡堂上之拜,以北面为正,故知左还北乡为将拜也。堂上之拜皆北面,详《士冠礼》'宿宾'下。"②此处经文"公左还北乡",经义未明。郑玄注此经文曰"当拜",亦显得有点突兀。《正义》疏解时以礼例"凡堂上之拜,以北面为正"解之,不仅补经之缺,亦释注之突兀。

再看经文或郑注之误、据例以正之之例。《士冠礼》:"若杀,则特豚,载合升,离肺实于鼎,设扃鼏。"郑注:"特豚,一豚也。凡牲皆用左胖。"培翚疏解时引凌廷堪《礼经释例》曰:"凡牲皆用右胖,唯变礼反吉用左胖。……《士冠礼》注'凡牲皆用左胖',当作'右胖','左'字盖传写之误。"③此处,培翚引用凌廷堪《礼经释例》"凡牲皆用右胖"之例,说明郑注"左"字应为"右"。

总之,"发凡言例,本《礼经》之旧法"④,也是治《礼》之通例,已成为礼家之通识。《正义》在继承前贤的基础上,对礼例又进行了归纳总结,形成了若干凡例。培翚这种做法,其目的在于更好地考经求礼,疏通礼意,确保礼意解释的正确性。

当然,《正义》除了对礼例进行归纳之外,对贾疏等礼学著作妄生礼例也有所批驳。如《丧服》:"父卒则为母。"贾疏归纳礼例云:"父卒三年之内而母卒,仍服期。"针对贾公彦此处所归纳的礼例,《正义》在疏解时先引马

---

①段熙仲点校,胡培翚:《仪礼正义》,第89—90页。

②段熙仲点校,胡培翚:《仪礼正义》,第1014—1015页。

③段熙仲点校,胡培翚:《仪礼正义》,第108—109页。

④黄侃:《礼学略说》,《黄侃论学杂著》,第458页。

融、《礼记·杂记》孔疏及《丧服·齐衰三年章》等,认为:"父卒即得为母三年。"可见,贾疏之说与马融、孔疏等有别。《正义》又引徐乾学、姜兆锡等人之说,认为"贾氏之妄无待论者"、"疏乃以臆乱经,此大惑也"①。培翚在引众说后又下案语曰:"今案:则字,古与即通,言父卒即为母三年也。"②显然,培翚也不赞同贾疏所归纳的礼例。后来,在疏解"传曰:何以期也? 从服也。父母、长子,君服斩。妻,则小君也。父卒,然后为祖后者服斩"时,胡培翚又下案语,再一次指出贾公彦此处所归纳的礼例"父卒三年之内而母卒,仍服期"为谬,其云:"今案:承重之服,经无专条,此传所云'为祖后者服斩',即適孙承重之通例也。贺、徐之说,正与贾疏谓'父三年内母卒仍服期'者,同一谬妄,汪氏驳之,是矣。"③贾氏妄生礼例,自有其失;培翚纠正其谬,彰显礼之真意。

---

①段熙仲点校,胡培翚:《仪礼正义》,第1385页。
②段熙仲点校,胡培翚:《仪礼正义》,第1386页。
③段熙仲点校,胡培翚:《仪礼正义》,第1440页。

第十一章　《仪礼正义》征引文献考论

　　《仪礼正义》皇皇四十卷，一百多万字，卷帙繁富，内容充实，这与作者在撰著过程中善于广泛征引前人时贤的著作分不开。清代学者在治学过程中所形成的广征博引之风源于清初，赵尔巽《清史稿》云：“清兴，崇宋学之性道，而以汉儒经义实之。御纂诸经，兼收历代之说；四库馆开，风气益精博矣。”①培翚撰著《正义》自然也顺应了这种潮流，他兼采众家之长，在疏解过程中以广征博引为务，精审细择，时下断语，融汇成一部自成体系的《仪礼》学研究的“极佳新疏”②。这是一部集诸家之大成、融会贯通的《仪礼》学研究的总结性成果，在清代经学史上占据十分重要的地位。

第一节　《仪礼正义》引述典籍之梳理

　　段熙仲先生曾对《正义》书中所征引的书目进行了专门统计，成《胡氏仪礼正义引用书目》③（以下简称《书目》）附于其点校本《仪礼正义》书后。段氏对《正义》引用书目分类细致，为今天的研究工作提供了极大的便利。可惜，段先生的统计仍有疏漏。本文在段先生《书目》的基础上，对《正义》所引典籍重新进行了梳理。

　　段氏将《正义》所引书目具体分为两大类：一是“原疏注明所引书名，或未注而检得其书名者”；二是“其原疏引其语言说解而未注明出处但记姓氏者”。在第一大类中，段先生将培翚所引用的书目细分为十六个小类，现将其具体分法及引用书目数量列表如下（表四）：

---

①赵尔巽：《清史稿》，第 13099—13100 页。
②梁启超：《中国近三百年学术史》，第 234 页。
③段熙仲点校，胡培翚：《仪礼正义》，第 2469—2478 页。

表 四

书目类名	作者及书名	引用书目数量
《仪礼》正文	黄丕烈士礼居重刻宋严州单注本（附录校记）；涵芬楼影印徐氏仿宋《仪礼》单注本（徐氏真本）；汪世钟重刻单疏本（贾疏）；阮元校刊十三经注疏本；陈凤梧篆书本；明国子监刊注疏本；汲古阁毛氏刊注疏本；李元阳闽本；葛氏刊本；清国子监重修本；张敦仁刊注疏本；唐开成石经（顾炎武、张尔岐据校《仪礼》；汉石经残字（张国淦藏本）；欧阳修《集古录》（据校汉碑数种）；谢子祥《三礼图》（见《五礼通考》引）	15
目录	郑玄《仪礼目录》；戴德本、戴圣本、刘向别录本三种篇次；臧镛（即臧庸）《仪礼目录》；《隋书·经籍志》；胡匡衷《仪礼目录校证》	7
释文音义	陆德明《仪礼释文音义》（有《经典释文》序、郑玄音、李轨音、卢文弨《释文考证》）	1
节次章句	张尔岐《仪礼句读》；吴廷华《仪礼章句》	2
校刊文字、辨别今古文	张参《五经文字》；唐玄度《九经字样》、《石经考文提要》；张淳《仪礼识误》（戴震校）；卢文弨《仪礼详校》①；金曰追《仪礼正讹》②；浦镗《仪礼正字》（李刊误、汪中校本、方体古元考证）；胡承珙③《仪礼古今文疏义》；阮元《仪礼校勘记》	9
通解《仪礼》全书	贾公彦《仪礼正义》（旧疏）；李如圭《仪礼集释》（戴震校）；朱熹《仪礼经传通解》；魏了翁《仪礼要义》；敖继公《仪礼集说》；清三礼馆纂修《仪礼义疏》	6
有关《仪礼》专著	凌廷堪《礼经释例》；胡匡衷《仪礼释官》；江永《仪礼释宫增注》；李如圭《仪礼释宫》；朱熹《仪礼释宫》（清义疏附刻）；洪颐煊《礼经宫室答问》④；沈彤《仪礼小疏》；褚寅亮《仪礼管见》；盛世佐《仪礼集编》；蔡德晋《礼经本义》；王士让《仪礼绅解》；万斯大《仪礼商》；江筠《读仪礼私记》；金榜《礼笺》；张惠言《读仪礼记》；姜兆锡《仪礼经传》内外篇；郝敬《仪礼节解》⑤；方苞《仪礼析疑》；王志长《仪礼注疏删翼》；段玉裁《仪礼汉读考》；程瑶田《仪礼经注疑直》；吴廷华《仪礼疑义》；焦以恕《仪礼汇说》；韦协梦《礼记蠡测》；任启运《馈食礼》；章平《礼温故》；汪克宽《经礼补逸》；朱轼《仪礼节略》；金鹗《求古录礼说》；王聘珍《仪礼学》；夏炘《学礼管释》；戴德《丧服变除》；黄幹《服例》；万斯同《丧服》；蔡德晋《补丧服》；程瑶田《丧服文足征记》；张履《丧服足征记辨误》；徐骏《五服集证》；汪士铎⑥《礼服记》、《服带考》；崔凯《丧服驳义》；韩愈《改葬服议》；程大昌《辨袒免》	43

———————————

① 实为《仪礼注疏详校》。

② 段熙仲点校本误作"金曰追《仪礼正伪》"。

③ 段熙仲点校本误作吴承琪。

④ 段熙仲点校本误作洪颐煊《宫室答问》。

⑤ 段熙仲点校本误作郝经。

⑥ 段熙仲点校本误作汪士锋。

续表

书目类名	作者及书名	引用书目数量
图说	杨复《仪礼图》；聂崇义《三礼图》、引《旧图》六家；刘绩《三礼图说》；张惠言《仪礼宫室图》、《冕弁冠服图》；万斯大《宫室图》；焦循《群经宫室图》；杨垂《大唐丧服图说》；杨复《仪礼变通图》；陆佃《礼象》（见《直斋书录解题》）；林希逸《考工图》；张镒《三礼图》	12
通考通志礼仪名物制度	杜佑《通典》；马端临《文献通考》；郑樵《乡饮礼》（见《直斋书录解题》）；陈祥道《礼书》（附陈旸《乐书》）；叔孙通《礼器制度》；徐乾学《读礼通考》；秦蕙田《五礼通考》；司马彪《续汉志礼仪舆服刘昭注补》；《晋书·礼志》；《开元礼义鉴》；《旧唐书·礼义志》；《唐会要》；《宋史·礼志》；刘岳《书仪》；司马光《书仪》；程氏《祭仪》；朱熹《家礼》；诸锦《缫礼补亡》；任启运《宫室考》；汪士铎《礼服记》①	19
群经传疏	《周礼》贾公彦疏；郑玄引旧说（杜子春、郑兴、郑众、贾逵、马融、王肃等解诂）。 《礼记》孔颖达正义；徐邈、成伯瑜《礼记外传》；《大戴礼》（卢辩注、又《朝贡礼》）。 崔灵恩《三礼义宗》；吴澄《三礼考注》；胡镐《补义》；胡匡衷《三礼札记》；李黼《三礼集解》；刘敞《七经小传》；凌廷堪《补觐记》；惠士奇《礼说》；惠栋《九经古义》；汪莱《十三经注疏正误》；卫湜《礼记集说》；孔广森《礼学卮言》；张敦仁《礼记郑注考异》；瞿中溶《三礼石经辨正》 《诗》毛氏传；孔颖达《毛诗正义》；郑玄《诗笺》；陈启源《毛诗稽古编》；陈奂《毛诗传疏》；陆玑《诗鸟兽草木虫鱼疏》；《韩诗说》；《韩诗薛君章句》；《韩诗外传》；汪龙《毛诗异义》；朱熹《诗集传》；胡承珙《毛诗后笺》；董逌《广川诗故》；严虞惇《读诗质疑》；姜炳璋《诗序补义》；范家相《诗沈》 伏生《尚书大传》；《尚书》蔡氏传；王鸣盛《尚书后案》；陈栎《书集传纂疏》 荀爽《易》；《九家易》；张惠言《周易郑氏义》； 服虔《左传注》；杜预《春秋左传集解》；刘炫《规过》 董仲舒《春秋繁露》；何休《公羊解诂》；范宁《穀梁传集解》 黄侃《论语义疏》；邢昺《论语疏》；江永《乡党图考》；胡匡衷《论语补笺》 赵岐《孟子注》 郭璞《尔雅注》；邵晋涵《尔雅正义》；郝懿行《尔雅义疏》	56

---

① 汪士铎的《礼服记》在"《仪礼》专著类"已出现，此处重复，不应记入总数。

书目类名	作者及书名	引用书目数量
诸子	《管子》；《荀子》；《司马法》；《庄子释文》；《列子》殷景顺音义；《韩非子》；《吕氏春秋》（高诱注）；淮南子》（高诱注）；《贾谊新书》；《孔丛子》；杨雄《法言》（李轨注）；王充《论衡》；蔡邕《独断》；《神农本草》；崔寔《四民月令》；《齐民要术》；《九章算草》；《梅氏古算器考》；《颜氏家训》；《公是先生弟子记》；《风土记》；《异物记》	22
史地书	《逸周书》；《竹书纪年》；《穆天子传》（郭璞注）；《国语》（韦昭注）；《吴越春秋》；谯周《古史考》①；《战国策》；《孔子家语》（王肃注）；司马迁《史记》（裴骃集解、司马贞索引、张守节正义）；班固《汉书》（应劭、晋灼、孟康、苏林、萧该、颜师古等音注）；范晔《后汉书》；陈寿《三国志》（裴松之注）；《晋书》；魏收《魏书》；《梁书·朱异传》；《南史》；《旧唐书》；《宋史》；李心传《建炎以来朝野杂记》；《山海经》郭璞注；刘向《说苑》、《列女传》；《洛阳伽蓝记》；刘欣期《交州记》	24
小学书	许慎《说文解字》；徐锴《说文系传》；段玉裁《说文解字注》；史游《急就章》（颜师古注）；吕忱《字林》；陆佃《埤雅》；《仓颉篇》；顾野王《玉篇》；戴侗《六书故》；《一切经音义》（玄应）；《华严音义》；杨雄《方言》；刘熙《释名》；《小尔雅义证》（胡承珙著）；《广雅》；王念孙《广雅疏证》；《篆文》；《通俗篇》；颜氏《匡谬正俗》；李登《声类》；丁度《集韵》；《韵集》；黄公绍《韵会》②；顾炎武《唐韵正》、《诗本音》；贾昌朝《群经音辨》；王引之《经传释词》（附《正字通》）	27
儒生治经札记答问考订之书	王应麟《困学纪闻》；顾炎武《日知录》；卢文弨《群书拾补》；刘台拱《端临遗书》；钱大昕《十驾斋养新录》、《潜研堂答问》；段玉裁《经韵楼集》；毛奇龄《经问》；王引之《经义述闻》；王懋竑《白田草堂存稿》；臧琳《经义杂记》；江永《群经补义》；胡匡宪《绳轩读经记》；胡秉虔《经义闻斯录》；许宗彦《鉴止水斋集》；朱大韶《实事求是斋经记》；臧庸《拜经日记》；程瑶田《通艺录》、《九谷考》；《朱子语类》；程大昌《演繁露》	21
集部别集及总集名注	王逸《楚辞注》；萧统《文选》；《文选》旧注及六臣注；《夏竦文集》；《苏舜钦集》	6
类书	《艺文类聚》；《初学记》；《太平御览》；王应麟《玉海》	4

　　段氏搜罗之功甚大，但还是遗漏了一些著作，此乃百密一疏。若按段熙仲先生的分类，遗漏的著作分别是：

———————

①段熙仲点校本作《谯周古史考》，误。

②段熙仲点校本误作许公绍。

《仪礼》正文类:《仪礼》坊本;成都石经。

目录类:宋本贾疏标目。

释文音义类:叶石君刻宋本《经典释文》;段玉裁《周礼汉读考》;卢文弨《释文考证》。

校刊文字、辨别今古文类:惠栋《仪礼校本》;段玉裁《仪礼校本》;胡培翚《仪礼贾疏订疑》;方体《古文考误》;张尔岐《监本正误》;黄丕烈《仪礼校录》;李涪《丧服刊误》;江永《深衣考误》;《石经补缺》。

有关《仪礼》专著类:贺循《丧服要记》;《丧服变除》;黄氏《补服》。

图说类:戴震《考工记图注》;杨复《仪礼旁通图》。

通考通志礼仪名物制度类:《汉礼》;《唐礼书》;宋《服制》;《政和礼》;戴震《三朝三门考》;《吕刑》。

群经传疏类:《礼纬》;《乾凿度》;徐仙民《礼记》;《孝经》;《孝经说》;成伯瑜《礼记外传》;许慎《五经异义》;郑玄《驳五经异义》;陈寿祺《五经异义疏证》;《六经奥论》。

诸子类:《韩非子》;《列子》;郑玄《箴膏肓》;《风俗通》;《竹书纪年》;《春秋感精符》;《郑志》;《古今人表》。

儒生治经札记答问考订之书类:《白虎通》;《石渠论》;韩愈《改葬服议》;程瑶田《翦屏柱楣说》、《疏食素食说》;刘敞《补士相见义》、《补公食大夫义》;金鹗《庙在中门内说》;《天子五门议》;韩敕《修孔庙后碑》;焦循《答郑柿里舍人问夹南夹北书》;万斯大《承重妻从服说》;朱熹《厦屋说》;顾湄《返哭不于庙辨》;凌廷堪《射礼数获即古算位说》。

在第二大类中,段氏《书目》检得104人。现按原文次序将人名列表如下(表五)。

表　五

卷次	姓名	数量
卷一	吕叔玉,虙氏,熊朋来,项安世,辅广,贺玚,程恂,汪启濩	8
卷二	左暄,周学健	2
卷三	束皙,罗有高,堉(杨大堉)	3
卷四	王昭禹,雷次宗,陈澔	3
卷五	吕大临	1

续表

卷次	姓名	数量
卷六	炅楗,李樗,王质,黄震	4
卷七	范镇	1
卷八	庾蔚之	1
卷九	胡肇昕,张镒,张逸	3
卷十一	李徵之(李心传),翁方纲	2
卷十三	崔凯	1
卷十八	姚范,方观承,熊安生,周章成	4
卷十九	孔君(孔安国),汪钢,徐卓,谢子材,官献瑶	5
卷二十	齐仆,汪克宽	2
卷二十一	陈铨,孔伦,裴松之,刘道拔,周续之,蔡超,田俊之,卢植,贺循,方慤,王俭,闻人通,张震晏,虞喜,吴商,许孟,汪琬,刘智	18
卷二十二	卢履冰,华学泉,时慈,徐邈,甘纳,皇密,阎若璩,刘玢,张湛,范汪,田琼,徐坚,李苕,王锡阐	14
卷二十三	范宁,沈括,范祖禹,何晏	4
卷二十四	湛若水,汪均之,韦述,凌曙	4
卷二十五	沈大成,邵宝,蔡谟	3
卷二十六	应铺,李穆亭,吕坤,黄叔旸,陈锋	5
卷二十九	焦乔	1
卷三十	顾湄	1
卷三十一	阮湛,张聪咸①	2
卷三十二	王怿	1
卷三十三	汪衡斋(汪莱),何克思,王劭,廖氏,陆九渊,陆九龄	6
卷三十四	张横渠(张载)	1
卷三十五	徐铃民	1
卷三十七	马晞孟	1
卷四十	陆绩,姚信	2

①段熙仲点校本误作张聪成。

其实,段熙仲先生的统计仍不完全,遗漏了一些人名。另外,段先生的分卷统计姓名的做法也不科学,如他将杨大堉列于卷三,胡肇昕列于卷九,显然与事实不符。杨大堉首现于卷三,但卷八、九、十一、十二、十四、十六等均有其名。胡肇昕首现于卷八,并非仅见于卷九,在卷八、九、十、十一、十二、十三、十四、十五也均有其名。基于段先生的疏漏之处,本文通过对全书的重新检索,并根据段先生的"其原疏引其语言说解而未注明出处但记姓氏者"以及本文只统计直接引用的作者姓氏、不包括被转引的作者姓氏之标准,现将被引者姓名及被引次数列表如下(表六)①:

表　六

被引者姓名	被引次数	被引者姓名	被引次数	被引者姓名	被引次数	被引者姓名	被引次数
朱　熹	106	程　恂	4	焦　循	4	许　慎	1
崔灵恩	2	汪　琬	13	凌廷堪	10	马　融	113
陆德明	3	金曰追	5	罗有高	1	欧阳修	1
孔颖达	9	王　氏	2	顾炎武	23	金　鹗	1
韩　愈	4	徐　广	2	吴草庐	1	萧　统	1
张　淳	8	周学健	11	杨大堉	24	瞿祖丁	1
虞　氏	1	郝懿行	1	臧　琳	8	孟　康	1
皇　侃	6	卢　植	2	瞿中溶	5	姚　范	2
熊朋来	13	万斯同	2	方　舟	1	方观承	2
王应麟	2	王士让	124	孔广森	12	李心传	3
方　体	2	谯　周	6	胡匡衷	3	汪士铎	3
卢文弨	46	戴　震	33	顾　氏	4	魏了翁	3
孙星衍	1	朱大韶	18	王引之	8	汪　钢	2
张尔岐	586	浦　镗	9	张　氏	66	惠士奇	3
郭　璞	2	郑司农	30	方　悫	5	叶梦得	1
李如圭	567	陈　澔	7	郑　玄	2	崔　氏	1

① 本表中的统计数字不包括被转引的次数,只包括直接引用的次数。另外,凡是出现了被引者姓名而其后没有直接注明出处的均统计在内,不包括引其语言说解而注明出处的。

续表

被引者姓名	被引次数	被引者姓名	被引次数	被引者姓名	被引次数	被引者姓名	被引次数
沈彤	115	钱大昕	6	章平	21	徐卓	1
褚寅亮	536	郝敬	238	李绂	1	官献瑶	34
张惠言	52	张敦仁	1	雷次宗	30	项安世	1
程瑶田	57	陆氏	30	夏炘	2	汪克宽	1
张晏	1	秦蕙田	75	吕大临	4	臧庸（镛）	4
阎若璩	1	刘敞	5	吴澄	6	孔从伯	1
王懋竑	1	吴绂	87	高愈	87	孔子	1
蔡德晋	206	惠栋	48	李光地	1	王肃	22
黄幹	16	陈祥道	33	焦以恕	27	杜元凯	1
江筠	106	王念孙	2	李樗	1	徐乾学	39
盛世佐	827	左暄	2	董迪	1	贺循	8
段玉裁	96	颜师古	2	王质	1	虞喜	2
敖继公	1957	杨复	59	黄震	1	庾蔚之	12
顾广圻	2	陈奂	1	吕叔玉	2	陈铨	25
方苞	466	姜兆锡	83	张载	3	崔凯	1
江永	36	李善	1	马端临	1	华学泉	8
聂崇义	12	徐铉	1	庾氏	1	萧太傅	2
应劭	1	徐师曾	1	胡肇昕	160	韦玄成	1
宋衷	1	汪肇漋	1	刘氏	1	张履	11
金榜	18	荀子	1	戚学标	1	范祖禹	1
黄丕烈	19	束皙	2	张镒	1	范汪	2
胡承珙	250	毛奇龄	2	许宗彦	7	王志长	2
万斯大	30	孟子	1	杜子春	1	王锡阐	1
吴廷华	329	韦协梦	152	李微之	1	郑昕	1
戴圣	2	程易田	15	陈沈洙	1	沈括	1
射慈	3	黄乾行	1	汪均之	1	戴德	4
晋邵戬	1	湛若水	2	车垓	2	孔冲达	1

续表

被引者姓名	被引次数	被引者姓名	被引次数	被引者姓名	被引次数	被引者姓名	被引次数
成　氏	1	朱　轼	4	徐　整	2	吕　坤	3
凌　曙	2	程　子	4	邵　宝	1	沈　垚	1
王廷相	1	沈大成	3	李穆亭	1	任启运	1
杜子春	7	应　镛	1	汪　中	1	吕　忱	1
胡　镐	1	陆陇其	1	杜　佑	4	刘　绩	2
吴文正公	1	殷敬顺	1	刘台拱	19	吕与叔	1
黄叔旸	1	徐厚一	1	何东山	1	洪震煊	1
李　巡	1	应　劭	2	徐德晋	1	崔灵恩	2
张聪咸	1	崔　寔	1	孙　炎	1	阮　湛	1
汪　莱	3	汪　龙	1	陆子静	1	苏　轼	1
徐秉义	1	廖　氏	1	徐龄(铃)民	3	马晞孟	1
韦　昭	1	任大椿	1				

　　因段先生的统计(表五)中有许多人是在胡培翚的间接转引中出现的,故表六未作统计。另外,按照段先生的"其原疏引其语言说解而未注明出处但记姓氏者"之标准,表六中又增加了一些人。其实,表六中的一些人,培翚在引其"语言说解"而虽未注明其出处,但我们是可以断定其来源的,如引敖氏之说,当出自《仪礼集说》;引胡承珙之说,是《仪礼》学研究的,当出自《仪礼古今文疏义》等;是《诗经》学研究的,当出自《毛诗后笺》。

第二节　《仪礼正义》引书特点

　　《正义》引书众多,繁而不乱,自成体系,体现了专书性质,这不仅要归功于培翚在撰著过程中的融会贯通之功,同时也与《正义》引书特点有关。

一、征引广博性

　　戴震曾云:"《经》之至者道也,所以明道者其词也,所以成词者字也。由字以通其词,由词以通其道,……则知一字之义,当贯群《经》,本六书,然后为定。"①戴氏之言其实就是点明了清人解经善于广征博引。《正义》也不例外。该书在引书方面的最大特色就是引书广博，举凡能涉及到的经、史、子、集及字书、韵书、类书等，莫不搜讨征引，尤其是清代学者的《仪礼》学研究著作，更是被广泛钩稽引证。该书征引的广博性主要体现在以下几方面。

（一）引书范围广泛、全面。经统计，《正义》所引用的典籍（包括单篇学术论文）共有 339 种，如果包括那些"只记姓氏而未注明出处者"，全书所引用的典籍将不少于 440 种。可见，《正义》引书是非常广泛的。

《正义》所引书籍的范围，按段先生的分类，涉及《仪礼》正文类；《仪礼》目录类；《仪礼》释文、音义类；《仪礼》节次、章句类；《仪礼》校刊文字、辨别古今文类；通解《仪礼》全书类；《仪礼》专著类；图说类，通考、通志、《仪礼》名物制度类；群经传疏类；诸子类；史地书类；小学书类；儒生治经札记、答问、考订之书类；集部、别集及总集名注类；类书类，等等。除此以外，该书所引书籍还包括段先生未统计在内的纬书类及论《礼》的单篇论文等。由此可见，《正义》引书十分广泛，可以说是一部包罗万象、内容宏博、汇聚众家《仪礼》学研究于一体的集大成之作。

（二）引书不避古今，时间跨度长。《正义》引书不避古今，举凡从先秦至清代的各类著作，只要是所需要的材料，培翚往往信手拈来，为其所用。《正义》所征引最古的文献有先秦的《春秋》及三《传》、《诗经》、《礼记》、《周礼》、《尚书》、《周易》、《论语》、《孟子》等儒家经典及《庄子》、《荀子》等诸子之书。所引用最近的材料，不仅有与培翚生活在同一时代人的作品，如郝懿行《尔雅义疏》，陈奂《诗毛氏传疏》，胡承珙《仪礼古今文疏义》、《小尔雅义证》，王引之《经义述闻》等；而且还有学界晚辈的学术见解，如该书多次引用其学生汪士铎的治经观点等。由此可见，培翚在引书的过程中，没有贵古贱今或贵今贱古的思想，凡是有益于解经的，都在其征引范围之内。

（三）具体疏解过程中兼采众家之说。《正义》在具体的疏解过程中，为了说清事理，往往兼采众家之说，不论是古代圣贤之作，还是当代研究者的作品；不论是经书，还是子书；不论是小学著作，还是类书，都在征引之内。如卷一："缁布冠，缺项，青组缨，属于缺。缁𥿄，广终幅，长六尺。皮弁笄，

---

① 戴震：《与是仲明论学书》，《戴震文集》卷九，第 140 页。

爵弁笄,缁组纮,纁边,同篋。"郑注:"今未冠笄者著卷帻,颊象之所生也。"
《正义》疏曰:

> 云"今未冠笄者著卷帻,颊象之所生也"者,是举汉法为况。《广
> 雅》:"䌈,帉帻也。䌈与卷同。"《释名》云:"帻,赜也,下齐眉赜然也。"
> 《急就篇》注云:"帻常在冠下,或单著之。"《独断》云:"帻者,古之卑贱
> 执事不冠者之所服也。"《续汉书·舆服志》云:"未入学小童帻句卷屋
> 者,示尚幼小也。"王石臞先生(讳念孙)《广雅疏证》云:"卷与颊,一声
> 之转也。"胡氏承珙云:"《舆服志》云:'古者有冠无帻,其戴也,加首有
> 颊,所以安物。'此亦以颊为固冠之物名也。"①

此例中,培翚疏解此条郑注就引用了《广雅》、《释名》、《急就》、《独断》、《后
汉书》等书及王念孙、胡承珙诸家之说,可谓善于征引。

对于培翚引书之广博性,罗惇衍有过精彩之论,其云:"是非旁搜博考,
神与古会,念释所在,回翔反复,即器数以考谊理之存,使精融形释,若亲接
古人而与之进退、酬酢于其间,亦安能抉经之心,析异同之见,以折衷一是
哉? 余于兹识先生为之之勤,研之之久,而益信其所择者精,所成者大也。
昔郑君自以年老,乞于礼堂写定经说,后遂梦征'起起',岁阨龙蛇。今先生
亦力疾成书,书甫成而遽归道山。后先之轨,千载同符。然则先生绍业郑
君,将于是在。"②吴廷燮亦云:"搜采之博,鉴核之精,论说之持平,诂解之
求是,实为治《仪礼》家所罕觏。……胡氏广罗古今治《仪礼》者言,兹不备
列。洵可谓集是经诂研考之大成;而求圣作明述之精意,有功文教,殊匪
浅鲜。……但就大体而论,自贾疏而后,尚无如是书之博大精深者,洵治礼
家之杰作也。"③罗、吴二氏之论近是。《正义》广征博引的特点,也与"正
义"这种疏体的性质有关,"'疏体'经学专著要求在解经过程中,释词申义
细大不捐。所以,综合、总结古今各家经说总是必不可避免的"④。这也是
《正义》引书之广博性的根本所在。

---

① 段熙仲点校,胡培翚:《仪礼正义》,第46页。
② 罗惇衍:《仪礼正义序》,胡培翚:《仪礼正义》卷首。
③ 吴廷燮:《仪礼正义提要》,《续修四库全书总目提要·经部》(上册),第516页。
④ 田汉云:《中国近代经学史》,第157页。

二、征引针对性

《正义》引书具有较强的针对性。首先,《正义》引书多针对经部著作,体现了该书的经学特性。《正义》虽然广泛征引了迄培翚生活时代为止的经、史、子、集、小学、类书等各个门类的著作,但从其所征引文献的种类和频率来看,经部著作凡 189 种,占整个门类总数的 56％,被征引的次数为 10154[①] 次,占总频率的 87.3％;而史部、子部、集部、小学、类书等加在一起所占比例为 44％,被引频率为 12.7％。这些数据可以充分证明《正义》引书的经学性质。培翚疏解经传,阐发义理,主要就是"以经证经"。这与培翚家学传统是一致的,也与历史上的注经传统相一致。

其次,《正义》引书多针对经部中的《礼》学著作,体现了该书的礼学特性。《正义》在引用经部著作中,特别热衷于《三礼》学研究著作。如培翚征引《周礼》贾公彦疏 1030 次、郑玄注 300 次,《礼记》孔颖达正义原文 2910 次,两者共被征引 4240 次,占总频率的 36.5％。如果加上《仪礼》学研究著作被征引的次数在内的话,那么,本书所征引的《三礼》学著作计有 136 种,占经部总数 72％,占所有总数 40％。征引的次数达 9157 次,占经部频率 90％,占总频率 78.7％。可见,《正义》引书主要偏重于《礼》学著作。

再次,《正义》引书多针对《三礼》中的《仪礼》学研究著作,体现了它的《仪礼》学研究的专书性质。经统计,在征引的 189 部经部著作中,《仪礼》类著作 117 种,占经部总数的 62％。征引的次数达 4824 次,占总频率的 41.5％。在这些《仪礼》学研究著作中,培翚较多地征引了以下作品,分别是陆德明《仪礼释文音义》、贾公彦《仪礼疏》、敖继公《仪礼集说》、张淳《仪礼识误》、朱熹《仪礼经传通解》、李如圭《仪礼集释》、魏了翁《仪礼要义》、聂崇义《三礼图》、张尔岐《仪礼郑注句读》、吴廷华《仪礼章句》、《仪礼疑义》、胡承珙《仪礼古今文疏义》、凌廷堪《礼经释例》、阮元《仪礼注疏校勘记》、卢文弨《仪礼详校》、王士让《仪礼绌解》、沈彤《仪礼小疏》、褚寅亮《仪礼管见》、郝敬《仪礼节解》、张惠言《仪礼宫室图》、程瑶田《丧服文足征记》、《仪礼经注疑直》、蔡德晋《礼经本义》、秦蕙田《五礼通考》、江筠《读仪礼私记》、

---

① 此数字不包括被转引的次数,只包括直接引用的次数,即注明所引书名的次数,对于间接引用的著作或未标明作品名称的次数,均不计算在内。下同。

盛世佐《仪礼集编》、段玉裁《仪礼汉读考》、姜兆锡《仪礼经传内编外编》、清三礼馆纂修的《仪礼义疏》、方苞《仪礼析疑》、胡匡衷《三礼札记》、《仪礼释官》、黄丕烈士礼居重刻宋严州《仪礼》单注本、涵芬楼影印徐氏仿宋《仪礼》单注本、明国子监刊《仪礼》注疏本、汲古阁毛氏刊《仪礼》注疏本、《仪礼》李元阳闽本、《仪礼》葛氏刊本、唐开成石经(顾炎武、张尔岐据校《仪礼》)等。其中吴廷华《仪礼章句》、《仪礼疑义》、张淳《仪礼识误》、胡承珙《仪礼古今文疏义》、阮元《仪礼注疏校勘记》、魏了翁《仪礼要义》、敖继公《仪礼集说》、李如圭《仪礼集释》、凌廷堪《礼经释例》、胡匡衷《仪礼释官》、王士让《仪礼紃解》、聂崇义《三礼图》等著作,都是培翚《正义》广泛征引的作品,有的甚至引用达千次以上,如贾公彦《仪礼疏》、敖继公《仪礼集说》,都是引用较多的作品。可见,《正义》之引书,对《仪礼》学著作是非常热衷的。

三、直接引用与间接转引的相互依存性

《正义》在引述他书内容时,有直接引用原书的,也有间接转引他书的,表现为引书的直接性与间接性相互依存。培翚对当时能够见到的文献、尤其是当代人的《仪礼》学研究著作,多采用直接引用的方式。在直接引用时,有时会逐条征引他书,如在征引《礼经释例》、《仪礼释官》、《仪礼古今文疏义》等书都是如此。

古人引书在直接引用时有两种方式,一者"引古必用原文"①,一者"略其文而用其意"②。培翚引书也是如此。如其在解释《仪礼》今、古文问题时,就是逐条征引了胡承珙《仪礼古今文疏义》之内容的。其征引时,有引录原文的,有稍稍改动个别字句的,也有摘录部分内容的。其中,后二者属于"略其文而用其意"的引书方式。照录原文的,如《乡射礼》"司射释弓视算如初",郑注云:"今文曰视数也。"胡承珙疏曰:

案《说文》云:"算长六尺,计历数者,从竹从弄,言常弄乃不误也。算,数也,从竹,具声,读若筭。"是二字音同而义别。《礼经》"执筭"、"受筭"之类,当作"筭"。"无算爵"、"无算乐"之类当作"算",然经典每

---

①顾炎武:《引古必用原文》,《日知录》卷二十,顾炎武著,黄汝成集释,栾保群、吕宗力校点:《日知录集释》,第1162页。

②顾炎武:《引书用意》,《日知录》卷二十,顾炎武著,黄汝成集释,栾保群、吕宗力校点:《日知录集释》,第1163页。

多错出,筭是计数之物,虽亦可通为数义,究不得即以数字代筭字。郑此注云:"筭,获筭也,今文视筭作视数。"则是以训诂字代经文者,故不用与。①

《正义》引录时,即是原封不动照录胡承珙上述疏解内容的②。多数情况下,培翚在照录时会改动个别字句,如《乡射礼》"侯道五十弓,弓二寸,以为侯中",郑注云:"今文改弓为肱。"胡承珙疏曰:

> 案古肱字本作厷,与弓字为同音假借,故馯臂子弓,馯姓,臂名,当字厷而作子弓。《左传》"邾黑肱",《公羊》作"黑弓",皆此例。郑云"量侯道以狸步",而云"弓"者,侯之所取数宜用射器,故不从今文改作肱也。③

培翚在引用此内容时,少了原文中"量侯道以狸步,而云弓者"等字,而且还把"故不从今文改作肱也"改作"故不从古文改作肱也"④。另外,培翚在征引过程中,也有摘录部分内容的,如《燕礼》"主人降,宾洗南坐奠觚,少进辞降,主人东面对",郑注云:"今文从此以下,觚皆为爵。"胡承珙疏曰:

> 注云"上既言爵矣,复言觚者,嫌易之也。"疏云:"上文主人洗觚献宾,云'宾以虚爵降',此经又云'坐奠觚',中间言爵者,欲见对文。一升曰爵,二升曰觚,散文即通。觚,亦称爵。以此言之,此觚即前爵。周公作经,嫌易之,故复言觚也。"承珙案:爵者,饮酒之器之总名,今文从散文之通称,郑所不用。⑤

培翚在疏解此条经、注而转引胡承珙的疏解内容时,仅取胡承珙之案语,外皆不取⑥。

古人在直接征引时,有时引文会出现文字改动,此被称为意引。《正义》中也存在这种情况,如卷一引贾疏云:"遭秦燔灭典籍,汉兴,求录遗文之后,有古文、今文。"⑦而贾公彦《仪礼疏》实为:"遭于暴秦,燔灭典籍,汉

①胡承珙:《仪礼古今文疏义》,《续修四库全书》第91册,第523页。
②段熙仲点校,胡培翚:《仪礼正义》,第599页。
③胡承珙:《仪礼古今文疏义》,《续修四库全书》第91册,第525页。
④段熙仲点校,胡培翚:《仪礼正义》,第654页。
⑤胡承珙:《仪礼古今文疏义》,《续修四库全书》第91册,第527页。
⑥段熙仲点校,胡培翚:《仪礼正义》,第689—690页。
⑦段熙仲点校,胡培翚:《仪礼正义》,第15页。

兴,求录遗文之后,有古书、今文。"①此处引文出现两处文字改动情况,尤其是第一处的文字改动较大,使引文与原文有一定的差异。

对那些早已亡佚了的或不常见的书籍,培翬则采用间接转引的方式。而这种间接征引,很多也是利用他书所转引的,如卷一:"《经典释文》引《六艺论》云"②;"《三礼图》引《旧图》云"③;"《一切经音义》三引《风土记》云"④;"《五经通考》引《五经名义》云"⑤等。

纵观《正义》全书,培翬所采用直接引书之频率明显高于间接引书之频率。这主要是因为《正义》之引书多针对于《仪礼》学研究著作,而《仪礼》学研究在清代特别繁荣,据王锷统计,有清一代的《仪礼》学研究著作计有225部⑥,占整个古代《仪礼》学研究总数的 45.2%。因此,培翬在撰著《正义》之时有大量可供参考的《仪礼》研究资料,故其在征引当代学者的《仪礼》学研究资料时,都采用直接引用的方式。而对于那些不常见的或早已散佚的书籍,只是在不得已的情况下才采用间接引用的方式。这说明了培翬所征引的大多是第一手资料,不仅增强了疏解的可信度,而且也反映了其严谨治学的态度。

四、精核引证内容,注重求实性

《正义》之引书,并非一味地对某一本书或某一个人的观点持赞成或否定态度。该书往往从实际出发,根据疏解内容的需要决定取舍材料。在疏解过程中,培翬能对前贤时人的《仪礼》学研究观点进行求真辨谬、择善而从,体现了引书过程中的求实性,最典型的莫过于对敖继公《仪礼集说》内容的引用。培翬引用《仪礼集说》,往往是则从之,非则驳之,表现很明显。对敖氏之论进行肯定的,如卷二十一"父卒则为母"条下引敖氏云:"父在为母期,父卒则三年。云'则'者,对父在而立文也。其女子子在室者,为此服,亦惟笄总髽衰异尔,下及后章放此。"又云:"案注云'尊得伸'者,谓至尊

①李学勤主编:《十三经注疏·仪礼注疏》,第10页。
②段熙仲点校,胡培翬:《仪礼正义》,第15页。
③段熙仲点校,胡培翬:《仪礼正义》,第50页。
④段熙仲点校,胡培翬:《仪礼正义》,第53页。
⑤段熙仲点校,胡培翬:《仪礼正义》,第75页。
⑥王锷:《三礼研究论著提要》,第179—212页。

不在,则无所屈而得伸其私尊也。"培翚案语曰:"今案:敖氏释经注最明。"①对敖氏之论进行否定的,如卷十六《聘礼一》"朝服,无主,无执也",郑注:"徒习其威仪而已。"《正义》引敖氏云:"无执,不执玉帛也。无主则无授受之仪,故不必执之。"培翚案语曰:"今案:下云习享,则此专习聘可知,郑言玉不言帛者,聘时圭特故也。敖说未的。"②

敖继公其书由于浸染南宋末年治经"务诋汉儒之馀习"③,再加上书前自序称:"此书旧有郑康成注,然其间疵多而醇少。"因此,敖氏在撰著《仪礼集说》时,删去其认为郑说之不合经者,而更为之说,其云:"予今辄删其不合于经者,而存其不谬者,意义有未足,则取疏、记或先儒之说以补之;又未足,则附以一得之见焉。"④敖氏此举颇受汉学家的排斥,如清人曹元弼就曾对此人此书不甚赞同,说此人与明郝敬为"两妄人"⑤,并说"至继公、敬,则离经叛道,丧心病狂,其是者,皆隐窃注疏之义。其非者,至于改经、诋经而无忌惮,学者所当鸣鼓而攻屏之"⑥。曹元弼以近乎谩骂的口吻诋毁敖继公,可见学者们对敖继公的成见之深。可贵的是,培翚并非如此,他引敖氏之论,"亦所平心持择"⑦,是则从之,非则驳之,疑则存之,实事求是,公正、客观,无出言不逊的言语攻击,体现了严谨求实的治经态度。

五、引书方式的多样性

《正义》引书方式具有多样性,具体表现为:

1.作者—书名—篇名式。如卷八引:"刘熙《释名·释州国》云:⋯⋯"⑧

2.作者—书名式。如卷一引:"吴氏廷华《仪礼疑义》云:⋯⋯"⑨

3.书名—注者式。如卷二引:"《吕览》高注亦云:⋯⋯"⑩

①段熙仲点校,胡培翚:《仪礼正义》,第 1385 页。
②段熙仲点校,胡培翚:《仪礼正义》,第 972 页。
③《钦定四库全书总目》(整理本),第 254 页。
④敖继公:《仪礼集说序》,《仪礼集说》,《景印文渊阁四库全书》第 105 册,第 36 页。
⑤曹元弼:《礼经校释序》,见《复礼堂文集》(卷四),王有立主编,中华文史丛书之四十六,第 422 页。
⑥曹元弼:《礼经纂疏序》,见《复礼堂文集》(卷四),王有立主编,中华文史丛书之四十六,第 463 页。
⑦钱基博:《古籍举要》,广西师范大学出版社 2009 年版,第 50 页。
⑧段熙仲点校,胡培翚:《仪礼正义》,第 463 页。
⑨段熙仲点校,胡培翚:《仪礼正义》,第 2 页。
⑩段熙仲点校,胡培翚:《仪礼正义》,第 136 页。

4.书名—篇名式。如卷一引:"《礼记·明堂位》曰:……"①

5.书名—篇名—注者式。如卷二引:"《周礼·屦人》郑注:……"②

6.注者—书名—篇名式。如卷一引:"郑注《周礼·司几筵》云:……"③

7.只引书名式。如卷一引:"《荀子》谓:……"④

8.书名简省式。如卷一引:"《释例》又云:……"⑤

9.作者—书名简省式。如卷七引:"凌氏《释例》云:……"⑥

10.只有篇名式。如卷一引:"《明堂位》曰:……"⑦

11.某书引某书式。如卷一引:"《经典释文》引《六艺论》云:……"⑧

12.作者—某书引某书式。如卷一引:"王氏应麟《困学纪闻》引《三礼义宗》云:……"⑨

13.只引作者式。如卷一引:"褚氏云:……"⑩

14.只引某本式。这种引书方式在本书的文字校勘中很常见,如卷一引:"注'古者冠礼',《校勘记》云:'者,严、钟本俱作日,误。'今案:严本作'者'不误,盖作《校勘记》时,未见原书,系据顾广圻校录于钟本简端者采入,故有此讹。"⑪

由此可见,培翚在《正义》中的引书形式是多样的。即使是同一本书,培翚先后所引的形式也不尽相同,如引《左传》就有以下几种不同的引书方式:《左传》云"⑫、"定八年《左传》云"⑬、"《春秋》隐五年《左传》云"⑭等。

---

①段熙仲点校,胡培翚:《仪礼正义》,第4页。
②段熙仲点校,胡培翚:《仪礼正义》,第130页。
③段熙仲点校,胡培翚:《仪礼正义》,第48页。
④段熙仲点校,胡培翚:《仪礼正义》,第2页。
⑤段熙仲点校,胡培翚:《仪礼正义》,第63页。
⑥段熙仲点校,胡培翚:《仪礼正义》,第429页。
⑦段熙仲点校,胡培翚:《仪礼正义》,第54页。
⑧段熙仲点校,胡培翚:《仪礼正义》,第15页。
⑨段熙仲点校,胡培翚:《仪礼正义》,第3页。
⑩段熙仲点校,胡培翚:《仪礼正义》,第20页。
⑪段熙仲点校,胡培翚:《仪礼正义》,第26页。
⑫段熙仲点校,胡培翚:《仪礼正义》,第265页。
⑬段熙仲点校,胡培翚:《仪礼正义》,第253页。
⑭段熙仲点校,胡培翚:《仪礼正义》,第833页。

第三节 由引书看胡培翚的治学特点及诠释方法

一、治学特点

首先，《正义》引书反映了培翚治学的博通性。《正义》引书不仅遍及经、史、子、集四部，而且涉及纬书、类书、字书等，可见培翚治学范围之广博。由此也反映了培翚是一位名副其实的通儒。培翚治学的博通表现在以下几个方面。

1.淹通群经。培翚治《仪礼》，不仅邃于《三礼》，且对《诗经》、《左传》等其它经书也谙熟于胸。他早年曾专力于《诗经》，几欲为《诗经》撰著新疏。基于《诗经》方面的深厚造诣，他在研治《仪礼》时，对《仪礼》经、注中有关《诗经》语句的疏解驾轻就熟，得心应手，创获颇多。另外，从培翚文集《研六室文钞》中也可看出，其对十三经及《大戴礼记》均有研究，其中不乏诸多独创之论。正是由于培翚能淹通群经，因此在疏解《仪礼》过程中常常对他经能做到随事征引。

2.会通经子。《正义》广泛征引诸子之书，如《荀子》、《庄子》、《管子》、《列子》、《韩非子》、《吕氏春秋》、《淮南子》等。虽然培翚无诸子研究方面的著作，但从培翚善引诸子之书来看，其在治学方面确能融通经子，善于将子书作为其疏经解注之注脚。另外，据不完全统计，在其所征引的诸子之书中，征引最多的是《荀子》。由于《荀子》对上古之"礼"有深刻的论述，故而培翚常常征引之，实现以子证经之目的。

3.贯通经史。《正义》也广泛征引《战国策》、《国语》、《史记》、《汉书》、《后汉书》、《魏书》、《晋书》、《南史》、《宋史》、《梁书》、《旧唐书》等多种史书。培翚广泛征引各类史书材料，足以表明培翚治学确能贯通经史。

4.融通古今。前文提到《正义》引书不避古今，时间跨度长，可见培翚治学能融通古今。从《正义》的疏解内容来看，培翚对从古至今各种经学的研究内容、经学源流都非常熟悉，对各家的经学研究著作也熟稔于胸。正是由于他能胸装众书，故而能成就一本集大成形式的《仪礼》学研究著作。

其次，《正义》引书的针对性，反映了培翚治学之专精。此也说明了培翚是一位精通三《礼》的礼学大家，其在疏解《仪礼》时对前人时贤的《仪礼》

学研究著作进行广泛搜求并给予重视,对《周礼》、《礼记》等礼学著作也有所偏重,奠定了《正义》的专书性质与学术价值。

再次,《正义》引书注重求实性,反映了培翚治学的求是精神。求是是学者必备的素质,特别是作为通儒的学者更应具备实事求是之精神。钱大昕云:"通儒之学,必自实事求是始。"①清朝的考证之学,其学术宗旨就在于求是,梁启超对此有过论述,其云:"本朝学者以实事求是为学鹄,颇饶有科学的精神,而更辅以分业的组织,惜乎其用不广,而仅寄诸琐琐之考据。所谓科学的精神何也? 善怀疑,善询问,不肯妄徇古人之成说、一己之臆见,而必力求真是真非之所存,一也;既治一科,则原始要终,纵说横说,务尽其条理,而备其左证,二也;其学之发达,如一有机体,善能增高继长,前人之发明者,启其端绪,虽或有未尽,而能使后人因其所启者而竟其业,三也;善用比较法,胪举多数之异说,而下正确之折衷,四也。凡此诸端,皆近世各种科学所以成立之由,而本朝之汉学家皆备之,故曰其精神近于科学。……夫本朝考据学之支离破碎,汩没性灵,此吾侪十年来所排斥不遗馀力者也。虽然,平心论之,其研究之方法,实有不能不指为学界进化之一征兆者。"②梁氏此处论清代考据学尽管存在偏颇之处,但其关于"本朝学者以实事求是为学鹄,颇饶有科学的精神"、"凡此诸端,皆近世各种科学所以成立之由,而本朝治汉学家皆备之,故曰其精神近乎科学"之论,还是公允的。作为一名通儒,胡培翚治学也是如此。他在疏解过程中,希望通过客观严谨的考证,以恢复古代礼仪制度的真实面貌,所以他能精核引证内容。而这正体现了他的严谨求是的治学精神。

二、诠释方法

胡培翚对《仪礼》的诠释,方法多样,具体涉及以经证经,以子证经,以史证经,以通考、通志类书籍证经,以字书、辞书证经,以文集证经,以石经证经,综合群书证经等。

(一)以经证经。古人治经,惯用以经证经之法。以经证经,顾名思义,就是在对经典的注解或阐释的过程中,利用本经或他经来证明、疏解本经。

---

① 钱大昕:《潜研堂文集》,上海古籍出版社1989年版,第421页。
② 梁启超:《论中国学术思想变迁之大势》,《饮冰室合集》(第一册,文集七),中华书局1989年版,第87页。

昔人云:"不通群经,不能治一经。"此治经之要义也。以经证经之法的使用,较早可追溯至东汉郑玄。郑玄注三《礼》,常引《诗经》以证《礼》,或三《礼》互证,此即为以经证经之法。

清人自顾炎武始,在解经中就惯用"以经证经"之法。顾炎武继承了晚明焦竑、陈第等人所确立的以"本证"与"旁证"相结合的考据方法,"并加以发展,从而确立起以本证和旁证为主、以参伍推论的理证为辅的考据方法"①。这种本证与旁证相结合的考据方法,若是据经典以解释经典,就是以经证经之法。这种方法被清儒广泛继承,并发扬光大,形成了乾嘉考据学的特色之一。梁启超在总结乾嘉考据学有十大特色时,就曾说过"以经证经,可以难一切传记"②的话。可见,清代学者在解经过程中将以经证经之法看得非常重要。培翚也是如此,其在《正义》中广泛运用以经证经之法,或采用《仪礼》本经证《仪礼》,或采用他经证《仪礼》,或两者兼用,均能做到随事征引,收到了良好的效果。

1.采用《仪礼》本经证《仪礼》。如卷十六:"释币,制玄纁束,奠于几下,出。"郑注:"祝释之也。凡物十曰束。玄纁之率,玄居三,纁居二。"《正义》疏曰:

> 云"玄纁之率,玄居三,纁居二"者,《仪礼·士昏礼》曰:"纳征,玄纁束帛。"此云"释币,制玄纁束"。《既夕礼》曰:"公赗玄纁束。"又曰:"至于邦门,公使宰夫赠玄纁束。"又曰:"赠用制币玄纁束。"凡用玄纁者,皆玄三纁二,故云"玄纁之率,玄居三,纁居二"也。③

此处,培翚分别引用了《士昏礼》、《既夕礼》等相关内容以疏解郑注,目的在于通过《仪礼》本经以寻得证据,从而实现解经之目的。

2.采用他经证《仪礼》。如卷六:"作相为司正,司正礼辞,许诺,主人拜,司正答拜。"郑注:"礼乐之正既成,将留宾,为有懈惰,立司正以监之。"《正义》疏此注引《诗》曰:

> 《诗·宾之初筵》云:"既立之监,或佐之史。"盖古人饮酒之法,必

---

① 许苏民:《顾炎武评传》,南京大学出版社 2006 年版,第 288 页。
② 夏晓虹点校,梁启超:《清代学术概论》,第 173 页。
③ 段熙仲点校,胡培翚:《仪礼正义》,第 957 页。

　　立监佐史以察其礼仪也。①

此处借《诗经》之句,来说明古人饮酒之时,旁边立有监佐史以观察饮酒者之礼仪。其实,由于《诗》、《礼》关系密切,所以古人证《礼》常引《诗》为证,《正义》也是如此②。

　　3.兼用《仪礼》本经及他经证《仪礼》。如卷一:"爵弁、皮弁、缁布冠各一匴,执以待于西坫南,南面,东上。宾升则东面。"郑注有云:"坫在堂角。"《正义》疏曰:

　　　　云"坫在堂角"者,《礼》坫有四。《尔雅》:"垝,谓之坫。"郭注"在堂隅",与此注"坫在堂角"者同。《既夕记》曰:"设棜于东堂下,南顺,齐于坫。"据此则坫当在东西堂之隅。盖统一堂而论之,必以东堂尽东,西堂尽西之处为隅。《仪礼》凡言坫者,皆谓堂隅之坫,一也。《明堂位》曰:"反坫出尊。"此反爵之坫,二也。又曰:"崇坫康圭。"此亢圭之坫,三也。《内则》曰:"士于坫一。"此庋食之坫,四也。反坫、崇坫,皆在庙中两楹之间。贾氏释《士丧礼》云:"堂隅有坫,以土为之。"又云:"或谓堂隅为坫。"则其说不能定矣。江氏永云:"堂之四隅即为坫,非别有土为之也。反坫以反爵,崇坫以康圭,乃是烧土为之。"案《论语》皇疏云:"反坫,筑土为之,形如土堆。"《礼记》疏略同,江说是矣。庋食之坫,在寝内,亦当以土若木为之。③

培翚此处所疏,引用到《尔雅》、《仪礼》、《论语》、《礼记》等经典,层层展开,举例不可谓不详。但其目的只有一个,那就是通过《仪礼》本经与他经对"坫"的理解来解释此处郑注"坫在堂角"之语,可谓用心良苦。如此疏解,"坫"之位置也就清晰了,其结果也让人信服。

　　《正义》所采用的经证经之法,除了受乾嘉学者的影响之外,也受到胡氏家学的影响。培翚家学因其祖父匡衷所开创并自成一派,后世称该学派为"朴斋学派"。《清儒学案》云:"朴斋实事求是,以经证经,遂开家学。"④

---

①段熙仲点校,胡培翚:《仪礼正义》,第380—381页。
②有关《仪礼正义》引《诗》证《礼》的情况,可详参拙作《胡培翚〈仪礼正义〉引〈诗〉探析》一文,载《安徽大学学报》(哲学社会科学版)2011年第2期。此处不再赘述。
③段熙仲点校,胡培翚:《仪礼正义》,第53—54页。
④沈芝盈、梁运华点校,徐世昌等编:《清儒学案》,第3749页。

王集成也云："其(胡匡衷)著书以经证经,不苟与先儒异同。"①胡氏祖孙以《礼》传家,并以"以经证经"作为解经之家法,在《礼》学领域取得了辉煌成就,赢得了世人的推崇。

(二)以子证经。《正义》善引诸子之书以证经。如卷七:"乃息司正。"郑注:"息,劳也。劳赐昨日赞执事者,独云司正,司正,庭长也。"《正义》疏曰:

> 敖氏云:"息,疑即燕之异名。《考工记》云'张兽侯则王以息燕',是也。此礼亦于学宫行之。必息司正者,以昨日劳之,而待之之礼又杀于宾党故也。释服乃息之者,此无所放,故服其正服也。"案:"劳也"之劳,读如"劳来"之劳。息有止义,劳而止息谓之息。《梓人》:"则王以息燕。"注:"息者,休农,息老物也。"《礼记·乐记》:"息焉游焉。"注:"息谓作劳休止之息。"《淮南·精神训》:"曷能久熏劳而不息乎?"高诱注:"息,止也,劳而止息谓之息。"故息其劳而劳之,亦谓之息。此一义之引伸也。②

"息"之义,郑玄有训释。培翚认为郑注之"息",还有"止"义,并曰:"劳而止息谓之息。"为此,他除了引《周礼》、《礼记》等经学文献进行例证外,还引《淮南子》高诱注为证,实现解经之目的。

(三)以史证经。《正义》也善于以史料解释经义,实现以史证经之目的。如卷二十对"方明"形制的疏解即是如此:

> 此节详方明之形制。案,《竹书纪年》:"大甲十年,大飨于大庙,初祀方明。"《汉书·律历志》:"《伊训篇》曰:'伊尹祀于先王,诞资有牧方明。'"则祀方明之礼,殷已有之矣。方明以方四尺之木为之,上下四方,共有六面。设六色者,每面各设一色,以象其神。设六玉者,每面各设一玉,以为之饰。方明不必定指日月山川,盖言上下四方,而六合以内之神悉该之矣。会同特加于坛而祀焉,其典至重,其物至贵,饰以玉焉,宜也。孟康《汉书音义》曰:"方明者,神明之象也。以木为之,画

---

①王集成:《绩溪经学三胡先生(胡匡衷、胡秉虔、胡培翚)传》,《浙江省图书馆馆刊》第4卷第6期,1935年12月。
②段熙仲点校,胡培翚:《仪礼正义》,第419—420页。

六采。"然则六色画之于木钬?①

此例中,为解释"方明"之制,培翚引用了《竹书纪年》、《汉书》以及孟康《汉书音义》等材料,实现解经之目的。

(四)以通考、通志类书籍证经。《正义》善于引用杜佑《通典》、马端临《文献通考》、陈祥道《礼书》、叔孙通《礼器制度》、徐乾学《读礼通考》、秦蕙田《五礼通考》等书籍以证经。《正义》特别善于引用《白虎通》、《通典》以证经,由于二书保存了汉、唐时期著名学者论礼的言论,因此,以《白虎通》、《通典》证《仪礼》,不失为明智之举。如卷二十二《丧服传》曰:"适子不得后大宗。"《正义》疏曰:

> 适子不得后大宗,谓适子自当主小宗之事。然此论其常耳,若同宗无支子,则适子亦当后大宗。《白虎通》云:"小宗可以绝,大宗不可绝,故舍己之后,往为后于大宗,所以尊祖重,不绝大宗也。"《通典》载戴圣云:"大宗不可绝,言适子不为后者,不得先庶耳。族无庶子,则当绝父以后大宗。"范汪云:"废小宗,昭穆不乱,废大宗,昭穆乱矣,先王所以重大宗也。岂得不废小宗以继大宗乎?"方氏观承云:"适子不得后大宗,正以申言支子为后之义,非谓大宗可绝也。敖氏'大宗有时而绝之'说,非矣。"今案:戴、范之论甚正,据前传云:"何如而可以为人后,支子可也。"玩"可也"语气,非执定之辞,自是有支子,当以支子为之,不得以适子后人耳。非谓无支子,即可听其绝也。敖说害理,方驳之极是。《通典》又载刘得问:"同宗无支子,唯有长子,长子不后人,则大宗绝后则违礼,如之何?"田琼答曰:"以长子后大宗,则成宗子,礼,诸父无后,祭于宗家,后以其庶子还承其父。"案此论正足济礼之穷也。②

适子不得后大宗、大宗不可绝,体现了宗法制度下大宗的尊之统。培翚引《白虎通》、《通典》载戴圣言等,既梳理了历史上学者们对此问题的看法,又实现了以通考、通志类书籍解《仪礼》之目的。

(五)以字书、辞书证经。也即是以小学治经。清代学者治经善于"以

---

①段熙仲点校,胡培翚:《仪礼正义》,第 1315 页。
②段熙仲点校,胡培翚:《仪礼正义》,第 1425—1426 页。

小学为治经之涂径",并"嗜之甚笃"①,他们"用小学说经,用小学校经",取得了较大成就。《正义》在解经方面所用到的字书、辞书种类较多,相对而言,经常引用的如许慎《说文解字》、段玉裁《说文解字注》、吕忱《字林》、顾野王《玉篇》、戴侗《六书故》、杨雄《方言》、刘熙《释名》、胡承珙《小尔雅义证》、《广雅》、王念孙《广雅疏证》、丁度《集韵》、王引之《经传释词》等。《正义》在以字书、辞书证经时,常常联合引用多种字书以证经,如卷二十四释"缌"云:

> 案《说文》云:"缌,细疏布也。"段氏注云:"案小功十升若十一升成布,而此用小功之缕四升半成布,是为缕细而布疏。其名曰缌者,布本有一种细而疏者曰缌,但不若缌衰之大疏,而缌衰之名缌,实用其意。故郑举凡布以明之。《释名》说缌衰,亦曰'细而疏如缌也'。"今案:《释名·释采帛》又云:"缌,惠也。齐人谓凉为惠,言服之轻细凉惠也。"盖缕细而布疏,故轻凉。②

培翚对"缌"的疏解分别引用了《说文》、段注及《释名》等材料,可谓证据充分,清晰明了。

（六）以文集证经。《正义》也善于引用文集特别是前人时贤的治经文集以证经。如卷二十五之"公子为其母"之传文,培翚疏解引钱大昕《潜研堂答问》曰:

> 问:"'王子有其母死者,其傅为之请数月之丧'。陈氏旸谓王子所生之母死,厌于嫡母而不敢终丧,古人之于嫡庶,若是其严乎?"曰:"陈氏之说,本于赵邠卿,谓王之庶夫人死,迫于嫡夫人,不得行其丧亲之数。其实不然也。礼家无二尊,故有厌降之义。父卒为母齐衰三年,而父在则期,厌于父也。礼尊君而卑臣,亦有厌降之义。天子诸侯绝旁期,大夫降。故大夫之庶子,父在为其母大功,公子父在,为其母无服,厌于尊也。"③

钱大昕《潜研堂答问》通过问答的方式,将"公子为其母"之服解释得十分清

---

①夏晓虹点校,梁启超:《清代学术概论》,第176页。
②段熙仲点校,胡培翚:《仪礼正义》,第1521页。
③段熙仲点校,胡培翚:《仪礼正义》,第1582页。

楚,培翚引之,有助于对传文的理解。

(七)以石经证经。《正义》常引唐石经、《五经文字》、《石经补缺》、《石经考文提要》等材料来证《仪礼》之文字。如卷二十五:"为人后者,于兄弟降一等,报。于所为后之兄弟之子若子。"培翚疏曰:

> 《校勘记》云:"'于兄弟'之'于',《要义》作'为',与上疏合。"案各本皆作'于',今从于。又"于所为后之兄弟之子若子",自唐石经至今,相传各版本皆如是。敖氏疑"之子"二字为衍。近金氏《礼笺》,据《通典》载贺循为后议,引作"于所为后之子兄弟若子",遂改其文。于是戴氏校《仪礼集释》,程氏撰《丧服足征记》因之。虽其说不同,而皆以石经为误。凌先生云:"记文本明,近儒据《通典》改作'于所为后之子兄弟若子',好奇者多从其说。窃谓《仪礼》有开成石刻可凭。《通典》传刻易淆,未可据以改经也。"今案:卢氏《详校》、阮氏《校勘记》,皆从金、戴之说,非。当以唐石经为正。……"于所为后之兄弟之子若子",为所后旁亲之服也。①

此例之经文"于所为后之兄弟之子若子",唐石经如是。后敖继公怀疑"之子"二字为衍,金鹗依据《通典》遂改其文。后来,戴震、程瑶田等人因之,而培翚之师凌廷堪认为唐石经之说可凭。培翚作《正义》,经文多依唐石经,此处亦是。

(八)综合群书证经。《正义》在利用文献互证时,常常综合经书、子书、字书等以证经。如卷三十九:"乃熬尸,俎。"郑注:"古文熬皆作寻,记或作焊。"培翚疏此注曰:

> 今案:今本《郊特牲》注云"焰或为膈"②,贾所见本盖作焊耳。但膈与熬、焊通。《广雅》:"焊、膈俱训爩。"是也。焊亦与燀通,《集韵》:"燀同焊。"《礼记·内则》:"五日则燀汤请浴。"《释文》:"燀,温也。"《广雅·释诂》:"温、燀,煐也。"是也。③

为了疏解此注,培翚综合引用了《礼记》、《广雅》、《集韵》、《经典释文》等经书、字书、辞书、《释文》等材料。此番疏解,证据充分,郑注也得以

---

① 段熙仲点校,胡培翚:《仪礼正义》,第1583—1584页。
② 段熙仲点校本作"膈",误。
③ 段熙仲点校,胡培翚:《仪礼正义》,第2323页。

显明。

　　总之，培翚撰《正义》，每立一说，必引书广泛，取证详博。他汇通诸经传、诸史、诸子、通志、通考、字书、辞书类等书籍，参通诸说，取舍折衷，惟求其是，实现以多种方法证经。此与清初顾炎武治学特点是一脉相承的。当初，顾氏学生潘末曾评价顾炎武的治学特点："有一疑义，反复参考，必归于至当。有一独见，援古证今，必畅其说而后止。"[①]若以此评价培翚撰著《正义》，也深为至当。

第四节　《仪礼正义》征引文献之评价

一、征引文献之失误

　　《正义》在征引文献时也出现了一些失误，如：

　　其一，《正义》在引用他书内容时，偶尔会将所引篇目弄错。如对《诗经》的引用上，《正义》曾将《诗·公刘》误题为《诗·笃公刘》[②]，将《诗》之"载橐弓矢"的题目《时迈》误为《我将》[③]。当然，《正义》的这种缺失只能算是失误，且这样的失误在《正义》中也是比较少见的。

　　其二，胡、杨补纂章节在征引他书（他说）时常常是不加校对就直接引用，如此，则他说中存在的错误有时也会被引用到书中来。如卷五《乡饮酒礼》："士人坐取爵，兴，适洗，南面坐奠爵于篚下，盥洗。"《正义》疏解时引王引之《经义述闻》之语曰："注不言篚下为何所，敖继公以为篚南，其说曰：'南面坐于洗北，乃奠爵于篚南，不敢由便也。'案：如敖说，主人在洗北，因不敢由便，而奠爵于篚南，宾在洗东，亦当不敢由便而奠爵于篚北。而《燕礼》、《大射仪》[④]并云：'宾洗南坐奠觚于篚下。'郑注：'篚下，篚南。'宾在篚南，而奠觚即于篚南，彼又何以由便乎？宾敢由便，而主又何以不敢由便乎？"[⑤]此例中，王引之所引《燕礼》、《大射仪》之经文"宾洗南坐奠觚于篚

①潘末：《日知录序》，栾保群、吕宗力点校，黄汝成集释，顾炎武著：《日知录集释》（卷首）。
②段熙仲点校，胡培翚：《仪礼正义》，第1860页。
③段熙仲点校，胡培翚：《仪礼正义》，第1707页。
④段熙仲点校本"仪"误作"义"，今依《清经解续编》本及王引之《经义述闻》改正。
⑤段熙仲点校，胡培翚：《仪礼正义》，第302页。

下"是错误的,考此两篇,此处之经文应为"宾坐取觚,奠于篚下"。王氏作《经义述闻》时弄错了,《正义》在引用时未作考证便直接加以征引,造成不必要的失误。

必须注意的是,前文论及胡、杨补纂章节在解经时引据他书,常隐去出处,这是《正义》补纂章节征引文献的不足之处,与此处所论的失误不可混为一谈。

其三,征引诸家之说时,或引出书名,或引出姓氏,前后不一。即使是引用同一本书,前后也不一致,如其征引胡承珙《仪礼古今文疏义》时,或称书名,或称"胡氏曰"。培翚自己也认识到这些问题,他曾写信给陈奂谈及此事:"拙《疏》内引诸家之说甚多,或引出姓名,或引出书名,似宜画一。又引家大父及先师之说,宜作何称,均祈教示。"①可惜未等成书,培翚即已去世,其在信中所谈及的问题终未得以解决,实属憾事。

当然,就《正义》全书而言,引书失误的次数是很少的,就全书征引文献的次数而言,完全可以忽略不计,也不会影响该书的学术价值。

二、征引文献之意义

首先,《正义》之引书,体现了胡培翚的撰著理念。《正义》征引文献是极其丰富的。培翚广泛征引他书,主要目的在于将各种有用的见解、论点纳入其中,作为其疏经解注之依据。该书尤其注重吸纳自古至今几乎所有的《仪礼》学研究成果,精心构筑一个集大成的《仪礼》学研究体系。在征引的过程中,该书注重纠正前人之论以统一《仪礼》经说,从而实现论归一定,树立起《仪礼》学研究之权威。

其次,《正义》征引文献,对传世文本的差别研究有一定意义。该书曾频繁征引《礼经释例》、《仪礼释官》、《仪礼古今文疏义序》、《仪礼集说》、《仪礼注疏校勘记》等书,其中所引用的少数文字与传世文本有一定的差异,如卷一引胡承珙《仪礼古今文疏义序》云:"《后汉书·儒林传》云:'《前书》鲁高堂生传《礼》十七篇,至梁人戴德及德兄子圣,于是德为《大戴礼》,圣为《小戴礼》。'又云:'郑玄本习《小戴礼》,后以古经校之,取其义长者顺故为

①陈奂辑,吴格整理:《流翰仰瞻》第四十二函,《历史文献》(第十辑),第51页。

郑氏学。'"①此引文中的"取其义长者顺故为郑氏学",今中华书局本及文渊阁《四库全书》本之《后汉书》的原句都是："取其义长者,故为郑氏学。"可见胡承珙所引本与传世本有别。胡承珙所引衍"顺"字,当年胡培翚撰《正义》时直接引用,段熙仲在点校时未加以校勘。经考证,后世引用此句历来有两种表达方式,《通志》卷一百七十二、《东汉会要》卷十二、《册府元龟》卷五百九十八、六百五、《群书考索》卷七、《五礼通考》卷首第二等书在引用此句时均无"顺"字,而《经典释文》卷一、《仪礼集编》卷首上引用此句均衍"顺"字。那么,胡承珙所引衍"顺"字,要么是直接转引自《经典释文》或《仪礼集编》,要么是引自与今传中华书局本、文渊阁《四库全书》本不同的《后汉书》本。如果是后者,对研究《后汉书》之版本,则具有一定的文献学意义。

再次,通过《正义》可以帮助我们了解那些失传文献之概貌。张锡恭认为培翚《正义》"称其所长,约有四端",其中之一即为"存秘逸"②,就是指此书有保存遗说之功。如培翚祖父胡匡衷《三礼札记》早已失传,由于培翚在《正义》中引用了该书15条内容,通过这些引文,我们可知胡匡衷《三礼札记》的内容主要有二:其一为疏解《三礼》经文,如卷十八:"有大客后至,则先客不飨食,致之"郑注:"卑不与尊齐礼。"培翚疏此注引《三礼札记》曰:"《周礼》大行人掌大宾之礼,及大客之仪。郑注:'大宾,要服以内诸侯,大客谓其孤卿。'据此则大宾、大客是对要服以外言之,其要服以内宾客,不分大小也。况上经言飨食有定礼,不分别大小国。《左传》昭元年:'赵孟、叔孙豹、曹大夫入于郑,郑伯兼享之。'曹是小国,而其大夫得与赵孟、叔孙豹同享,岂以大国之卿后至,而遂废小国之卿飨食之礼乎? 贾说非矣。《司仪职》虽以诸侯相朝为宾,大夫来聘为客,然对文异,散则通。此篇宾客多通称,则大客即谓诸侯。其先至之大夫,自不得与诸侯齐礼也。"③

其二为校勘《三礼》文字,如卷二十九:"迁于祖用轴。"郑注:"大夫诸侯以上,有四周,谓之辁。"培翚疏此注引《三礼札记》曰:"注'大夫'二字,疑是衍文。《檀弓》颜柳曰:'天子龙辁而椁帱,诸侯辁而设帱。'盖天子、诸侯殡用辁车,故迁祖亦用辁车也。又曰:'三臣者废辁而设拨,窃礼之不中者

①段熙仲点校,胡培翚:《仪礼正义》,第15页。
②张锡恭:《读胡氏仪礼正义一》,《茹荼轩文集》卷九,第111页。
③段熙仲点校,胡培翚:《仪礼正义》,第1178—1179页。

也。'郑注:'三臣于礼去辂,今有绋,是用辂僭礼也。'故其注《丧大记》'君大夫葬用辂,士丧用国车'云:'大夫废辂,此言辂,非也。辂皆当为载以辁车之轮,声之误也。辁字或作团,是以又误为国。'据此二注,则郑固不谓大夫有辂也。且大夫即有辂,当云'大夫以上'可矣,何必连言诸侯,以是知'大夫'二字,后人妄加之耳。"①

通过上述两则引文,我们还能知道胡匡衷在解经时,善于使用以经证经之法,通过引用经典以实现解经之目的。可见,通过培翬《正义》,不仅有利于帮助我们了解那些失传文献之内容,而且还能帮助我们了解经学文献的解经方法等。不难发现,《正义》在保存文献方面具有一定的价值。

总之,《正义》征引文献是极丰富的,体现出集大成的特征。该书突破门户之见,偏重于征引《礼》学文献及小学著作等,并以此对《仪礼》进行文字校勘、训诂,进而解释经义、统一经说,所有这些,决定了该书的经学特征以及论归一定的"正义"本质。

---

①段熙仲点校,胡培翬:《仪礼正义》,第 1836 页。

第十二章　胡培翚礼学思想特征考论

《仪礼正义》是培翚倾注四十馀年心血撰著而成的,书中体现了作者的礼学思想与撰著理念。考察《正义》全书,胡培翚的礼学思想主要包括古今兼容、汉宋兼采、经世意识等方面。

第一节　古今兼容

培翚虽然主张《仪礼》为周公作,是一位古文派经学家,但他在撰著《正义》时兼存今古文字、兼采今文家之言,做到古、今兼容。

一、疏解《仪礼》兼存今、古文字

《仪礼》本为今文经,东汉郑玄注《仪礼》时,混淆经学家法,博综兼采,会通今、古文,"其从今文而不从古文者,则今文大书,古文附注,《士冠礼》'阈西阈外'句注,古文'阈'为'槷','阈'为'蹙'是也。从古文而不从今文者,则古文大书,今文附注,《士冠礼》醴辞'孝友时格'句注,今文'格'为'嘏'是也"。^① 培翚撰《正义》,在《仪礼》经文后全录郑注,在疏解《仪礼》时,凡《仪礼》经、注所使用的是今(古)文,就按今(古)文进行疏解。如《士冠礼》:"冠者即筵坐,左执觯,右祭脯醢,以柶祭醴三。兴,筵末坐啐醴,建柶兴。降筵,坐奠觯拜。执觯兴,宾答拜。"郑注:"建柶,扱柶于醴中。其拜皆如初。古文啐为呼。"此处郑玄用的是今文,培翚则按今文进行疏解:

> 啐,尝也。祭则坐于筵中,啐则坐于筵末,拜则降筵也,……云"古文啐为呼"者,段氏云:"案呼与啐音义皆隔,必是误字,当是古文啐为嘬之误,如古文醮作酺,今《礼》酺皆误酺也。"^②

再如《士冠礼》:"加皮弁,如初仪,再醮,摄酒,其他皆如初。"郑注:"摄,

---

①永瑢等:《钦定四库全书总目》(四库全书研究所整理本),第249页。
②段熙仲点校,胡培翚:《仪礼正义》,第79—80页。

犹整也。整酒,谓挠之。今文摄为聂。"此处郑玄用的是古文,培翚则按古文进行疏解:

> 注云"摄,犹整也。整酒,谓挠之"者,胡氏承珙云:"《说文》:'摄,引持也。'引持亦整理之义,故郑君训摄为整。"惠氏栋云:"《汉书·匈奴传》:'单于以径路刀金留犂挠酒。'应劭曰:'挠,和也。'郑以摄酒有搅挠之事,故举汉法以明之。"今案:《有司彻》:"司官摄酒。"注云:"更挠益整顿之。"贾疏云:"因前正祭之酒,更挠搅添益整新之也。"然则此摄酒,亦谓因始醮之酒,挠益整顿之,示新也。此经再醮言摄酒,三醮不言摄。下"若杀"章,再醮不言摄,三醮言摄酒,皆省文互见。其实再醮、三醮,皆摄酒也。云"今文摄为聂"者,胡氏云:"摄,正字,今文省作聂,犹《尔雅》'櫾虎櫐',《释文》云'櫾又作聂',是也。"①

不难看出,培翚在疏解过程中是古今兼容的。培翚这种做法,其实与郑玄当年会通今、古文是一脉相承的。当然,此种做法也可视为宗守郑注之表现。

二、征引文献兼采今、古文家之说

作为古文派经学家,培翚在疏解《仪礼》时也常常采用今文家言,如其征引《诗经》之说时,除了毛《传》、郑《笺》之外,也常引用《韩诗》、《鲁诗》等今文《诗》学作为例证。《正义》引用毛《传》的如:

> 云"荣,屋翼也"者,《诗·斯干》:"如鸟斯革。"《毛传》:"革,翼也。荣在屋两头,如鸟之张其两翼,故谓荣为屋翼。"②

> 云"烛,燋也"者,……《诗》:"庭燎之光。"《传》云:"庭燎,大烛也。"《笺》云:"于庭设大烛。……在庭故称庭,《诗》及《司烜》'庭燎'是也。"③

引用《韩诗》的如:

> 《大雅·皇矣》:"其菑其翳。"《释文》:"翳,韩《诗》作'殪'。"④

---

①段熙仲点校,胡培翚:《仪礼正义》,第107页。
②段熙仲点校,胡培翚:《仪礼正义》,第34页。
③段熙仲点校,胡培翚:《仪礼正义》,第760—761页。
④段熙仲点校,胡培翚:《仪礼正义》,第1330页。

今案：……据《韩诗》说，爵、觚、觯、角、散，总名曰爵。[1]

引用《鲁诗》的如：

胡氏肇昕云："《周礼·钟师》疏引《异义》：'今《诗》韩、鲁说，驺虞，天子掌鸟兽官。'《文选·魏都赋》注引《鲁诗传》云：'古有梁驺。梁驺者，天子之田也。'贾谊《新书·礼篇》云：'驺者，天子之囿也，虞者，囿之司兽者也。'凡此诸说皆与《毛诗》异，而与《射义》合。"[2]

在《正义》书中，引用鲁《诗》、韩《诗》的数量虽远远小于引用毛《传》的数量，但他在书中能同时兼采毛、韩、鲁三家《诗》，这也足以说明了他疏解《仪礼》是古今兼容的。

另外，对于春秋三《传》而言，《正义》也是兼容的。据统计，《正义》征引今文经《公羊传》70次，何休注30次；征引今文经《穀梁传》29次，范宁注1次；征引古文经《左传》前后达243次。除此以外，《正义》还曾引用过京氏《易》、伏生的《尚书大传》等今文家之言。由此可见，《正义》在征引古文家之言时，没有回避今文家之言，真正做到古今兼容。

《正义》兼采今、古文，主要是为了疏解的需要。它或引今文家言以校勘，如前引"《释文》：斝，韩《诗》作瘕"；或引今文家言以训诂，如前引"据《韩诗》说，爵、觚、觯、角、散，总名曰爵"等。《正义》这种做法，反映了培翚在疏解《仪礼》时惟求其是、不拘一格的治经态度。

第二节　汉宋兼采

一、汉宋兼采的治经主张

王集成在《绩溪经学三胡先生（胡匡衷、胡秉虔、胡培翚）传》中说："是时海内学者，率宗汉学；培翚不宥于时习，泯除门户，于乡先正朱子之说，采辑特多。"又说："当乾嘉时，海内学者，以音训之学，驰骋当世，争一字之短长，业亦精矣；而其所著书，如惠栋之于《周易》，江声、王鸣盛、孙星衍之于

《尚书》,陈奂之于《毛诗》,均于宋人所言,一字不录。培翚独泯除门户,《仪礼正义》仍郑注古今文并录之例,于朱子、李如圭、杨复之说,采辑特多。千馀年来,继郑君而发嗣响,其钜识宏量,固有非惠、陈诸人之所以敢望尘矣。"①王集成说培翚能"泯除门户"、"于朱子、李如圭、杨复之说,采辑特多",其实就是说明了培翚治学能"汉宋兼采"。

培翚"汉宋兼采"的治经主张,具体体现在其《答赵生炳文论汉学宋学书》一文中。他指出:

> 人之言曰:"汉学详于训诂、名物,宋学详于义理。"以是歧汉、宋而二之,非也。汉之儒者,未尝不讲求义理;宋之儒者,未尝不讲求训诂、名物。义理即从训诂、名物而出者也,特汉承秦焚书之后,典籍散亡,老师宿儒之传,不绝如线,汉儒网罗搜讨,务期博采而兼收之,故于名物、训诂特详。宋承五代之弊,人心盲昧,正学不明,故宋儒以言心言性为急,此亦运会使然,非其有偏重也。考据之学,至今特盛者,宋之大儒研求性命精微之旨,先其大者,而亦不遗乎小,后人得其糟粕耳食,空谈一切,儒先古谊,轻于背弃,以致声音、训诂之不详,而讹文脱字日多,制度名物之不讲,而蔑古荒经者众。②

因此,培翚强调:

> 以孔门之教论之,汉儒先博学致知,而不废躬行;宋儒重躬行,而亦必本于博学;考据之学,则又兼博学、审问、慎思、明辨,以求致知者也。以汉学为难,得其门径亦非难;以宋学为易,则诚有非易者。③

在另一篇《国朝诂经文钞序》中,培翚又指出:

> 汉儒说经,各有家法,不为向壁虚造之谈,历魏、晋至隋、唐,遵循勿失。宋时周、程、张、朱诸子,讲明义理,而名物、制度,犹必以汉儒为宗。逮至元、明,讲章时文之习胜,率多高心空腹,束书不观,而经术日衰矣。④

---

① 王集成:《绩溪经学三胡先生(胡匡衷、胡秉虔、胡培翚)传》,《浙江省图书馆馆刊》第4卷第6期,1935年12月。今案:原文中无书名号,引文中的书名号为笔者所加。
② 胡培翚:《答赵生炳文论汉学宋学书》,《研六室文钞》卷五,《胡培翚集》,第164页。
③ 胡培翚:《答赵生炳文论汉学宋学书》,《研六室文钞》卷五,《胡培翚集》,第164—165页。
④ 胡培翚:《国朝诂经文钞序》,《研六室文钞》卷六,《胡培翚集》,第169页。

由于培翚为学不废汉、宋,故其治经"能综汉、宋学之得失而持其平"①。胡
韫玉曾针对培翚治经持汉宋兼采之论而发出感叹:"观先生此论,以视墨守
门户之见,视宋学空疏为无用者别矣。此先生之所以大也。"②胡韫玉之言
是矣。

二、治经兼采汉宋之原因

培翚益友夏炘曾说:"炘平生酷嗜朱子之学,先生不以为迂,反奖励之。
然先生性情终与汉学最近。"③培翚治学"终与汉学最近",实是以朴学为主
的汉宋兼采。培翚采用"兼采"宋学的治学态度,细究起来,有以下几个方
面的原因。

何谓"汉宋兼采"? 陈居渊认为:"'汉宋兼采',顾名思义,即指学术研
究之中,'汉学'与'宋学'并重。"④陈先生还对清代"汉宋兼采"的治学理路
进行了溯源与总结,他说:"所谓'汉学'、'宋学',那是清代学者习用的两种
迥然不同的概念和学术取向。前者在理论上崇尚原始儒学和盛行于东汉
的古文经学。治学方式提倡'实事求是',取证特重汉儒经注。作为学术流
派,它萌发于明清之际,极盛于乾嘉,衰退于道咸。后者奉程朱为圭臬,尤
其是朱熹个人的学说,以主观意愿诠释儒家经典,使经学理学化,其治学方
式专主空谈心性,经学一出臆断。朱学虽为清代官方确认的学术正统,但
一直为在野的非正统的'汉学'所蔑视。'汉'、'宋'作为对立的两个学术流
派,它们之间'崇汉'与'尊宋'的分辨,由清初发展至清道咸年间才为'汉宋
兼采'所取代。"⑤其实,作为一种学术思潮,"汉宋兼采"在嘉庆朝渐成气
候,至道咸之际已形成共识。生活于清嘉道年间的培翚,其主张"汉宋兼
采"的治经方法与当时的时代发展潮流是一致的。此其一。

其二,培翚"兼采"宋学的治经方法,也与生他、养他的故乡——徽州有
关。徽州是宋代理学大师朱熹的祖籍,由于朱熹在学术上的成就和影响,

---

①胡韫玉:《胡培翚传》,《国粹学报》,第七年第二册(原第76期),1911年2月。

②胡韫玉:《胡培翚传》,《国粹学报》,第七年第二册(原第76期),1911年2月。

③夏炘:《记益友胡竹村先生事》,《景紫堂文集》卷九,见沈云龙主编:《近代中国史料丛刊第九十四辑》,第476页。

④陈居渊:《论晚清儒学的"汉宋兼采"》,《孔子研究》,1997年第3期,第40页。

⑤陈居渊:《论晚清儒学的"汉宋兼采"》,《孔子研究》,1997年第3期,第40页。

又加上晚年的他曾在这里讲过学①,因此,朱熹的学术思想对当时徽州学术思想产生了深刻的影响,并由此形成了著名的新安理学。新安理学与程朱理学是一脉相承的,他们将"理"、"礼"上升到本体论的高度,认为"视听言动,非理不为,即是礼,礼即是理也。"②"礼即理也,但谓之理,则疑若未有形迹之可言;制而为礼,则有品节文章之可见矣③";"礼者,天理之节文,人事之仪则"④;"这个礼,是那天理节文,教人有准则处"⑤。由于徽州是朱熹的故里,理学在徽州这块大地上免不了根深蒂固且影响深远,即使到了清代中叶,"尽管理学已在全国范围内走了下坡路,尽管皖派汉学已兴起于徽州,但在悠久的理学传统的制约下,徽州仍是古风犹存,理学甚盛"⑥。整个徽州笼罩在理学氛围中,即使在乾嘉时期,由徽州婺源人江永和休宁戴震所倡导的新安朴学逐渐兴起并走向兴盛,但那根深蒂固的理学思想仍根植于人们的观念之中,学者们在生活中或治学中仍免不了受其影响。

　　其实朱熹虽然重视理学,但在治经方面是主张汉宋兼采的。他认为治经要以训诂为基础,否则就是"坐谈空妙",他说:"尝窃谓秦汉以来,圣学不传,儒者惟知章句训诂之为事,而不知复求圣人之意,以明夫道德性命之归。至于近世,先知先觉之士始发明之,则学者既有以知夫前日之为陋矣。然或乃徒诵其言以为高,而又初不知深求其意。甚者遂至于脱略章句,陵籍训诂,坐谈空妙,展转相迷,而其为患反有甚于前日之为陋者。"⑦可见,朱熹认为懂得章句训诂与探求圣人之意是同样重要的,二者不可偏废。朱熹的这种观点显然表明了他虽注重义理之学,但也不废汉学。朱熹曾说:

---

①朱熹曾于庆元二年(1196)第三次归里省墓。此次归里,朱熹年届 67 岁,且遭削官,但他在此次回乡之际仍不忘讲学,而且志念弥坚,对乡里学人影响深远。此次从学之人达三十馀。其中学行最优,且有记载传世的,就有婺源李季札、滕璘、滕玶、程洵、程楀、汪清卿、汪瑞雄、歙县祝穆、祝癸、吴昶、程实之、休宁程先、程永奇、汪楚材、许文蔚、祁门谢琎等人。这些人成了朱子学新安分支的先导人物。参见刘秉铮:《漫话徽州书院与学术之关系》,《中国典籍与文化》,1997 年第 2 期,第 103 页。
②《河南程氏遗书》卷十五,见王孝鱼点校,(宋)程颢、程颐著:《二程集》,中华书局 1981 年版,第 144 页。
③朱熹:《答曾择之》,《晦庵先生朱文公文集(四)》卷六十,《朱子全书》(第 23 册),第 2893 页。
④朱熹:《答曾择之》,《晦庵先生朱文公文集(四)》卷六十,《朱子全书》(第 23 册),第 2894 页。
⑤黎靖德编,王星贤点校,朱熹:《朱子语类》,中华书局 1986 年版,第 1048 页。
⑥龚书铎主编,李帆著:《清代理学史》(中卷),广东教育出版社 2007 年版,第 341 页。
⑦朱熹:《中庸集解序》,《晦庵先生朱文公文集(四)》卷七十五,《朱子全书》(第 24 册),第 3640 页。

"汉、魏诸儒正音读、通训诂、考制度、辨名物,其功博矣。"①蔡方鹿就认为朱熹在治经方面能做到兼采汉宋,并认为:"虽然说朱熹兼采汉宋两家之说,但需指出,朱熹经学并不是把汉学与宋学杂糅相兼,混合而成,而是站在宋学的立场,从具有时代特色的义理思想出发,来吸取汉学训诂考释之长,即把义理的阐发建立在对经书文字和经文本义训诂考释的基础上。朱熹重训诂注疏,以传注解经,修正宋儒轻视注疏,凭己意解经,而缺乏依据的流弊,其目的是为了通经。而通经的目的是为了求理。在训解、通经、得理三者关系上,朱熹提出训解是为了通经,通经是为了得理的治经学指导思想,强调治经的最终目的乃在'借经以通乎理',也就是为了得理而通经。得理须以通经为前提,而通经则须以训解为前提。虽然训解是为了通经,但经通以后则可不必去训解;虽然通经是为了得理,但理得之后则可不必再理会经。可见朱熹是把训解和通经作为手段,其最终目的是为了得理。"②所言是矣。如朱熹在撰《仪礼经传通解》时,就运用了汉宋兼采的手段来诠释经典,先看《乡射》篇:"上射揖进,坐,横弓,却手自弓下取一个,兼诸弣,顺羽且兴,执弦而左还,退反位,东面揖。"郑注:"不言毋周,在阼非君,周可也。"《通解》疏此注时案语曰:"今案:《燕礼》云'司正右还',疏云以右手向外者,以奠觯处为内而言也。《乡射》云'三耦左还',疏云以左手向外者,以所立处为内而言也。《大射》云'毋周'者,既以左手向外,绕其所立之处,及至将匜之时,乃复以右手向外而转身也。《乡射》注云'周可也',则以左手向外绕其立处,以至于匜,乃不复以右手向外,而即便转身也。《燕礼》则右还而未至于匜,故不言周与不周也。"③这样的案语显然表明了朱熹在解经过程中运用了汉学的方法。而其以宋学阐释经典义理的解经方法在《通解》中也较常见,如其在疏解《乡射》篇所引"《驺虞》"时下案语曰:"今案:……驺虞则为仁兽之名,以庶类蕃殖,美国君之仁如之也。"④

　　另外,徽州也是清代皖派朴学大师江永、戴震的故乡。江永论学并未完全摆脱宋学,实汉宋兼采者。培翚曾提及夏銮曾与他论及"近儒学术",

①朱熹:《语孟集义序》,《晦庵先生朱文公文集(四)》卷七十五,《朱子全书》(第24册),第3631页。
②蔡方鹿:《朱熹经学对中国经学发展的影响》,《江南大学学报》(人文社会科学版),2003年第3期,第35—36页。
③朱熹:《仪礼经传通解》卷八,《朱子全书》第2册,第345页。
④朱熹:《仪礼经传通解》卷八,《朱子全书》第2册,第360页。

谓"兼汉学、宋学者,惟江慎修。江氏书无不读。人知其邃于《三礼》,而不知其《近思录集注》,实撷宋学之精"。① 至于戴震,其在治学方面亦未完全摆脱宋学。有学者云:"乾嘉时期,汉学鼎盛,'汉学'家中戴震、汪中一派人物,除考证外,亦言义理。"②刘师培也曾说戴震"以汉学之性理易宋学之空言,推扫廓清,厥功甚茂"③,也即戴震摆脱的是宋学中的空疏之言,代之而起的是汉学的性理,此也是义理之学(宋学)的一种表现形式。其实,早年的戴震也曾说过:"圣人之道在《六经》,汉儒得其制数,失其义理;宋儒得其义理,失其制数。"④显然,戴震早年的治学思想,其实就是主张"汉宋兼采"的。在晚年,戴震又推出一部力作——《孟子字义疏证》,该书虽批判程朱理学"以理杀人",但却是以揭示义理之学为手段的。对于江、戴二人的治学思想,章太炎先生认为:"若夫汉宋兼采者,亦不止浙粤为然。宝应刘台拱、朱彬二家皆兼宋学意味,而朱之《礼记》为甚。即皖学大师江、戴二公亦然。(江本兼谈宋学,戴氏《孟子字义疏证》力与宋学相攻。而说经实兼采宋学,惟小学、音韵、历算、地理,不涉宋学耳。)"⑤由此可见,即使像江永、戴震这样的汉学家,在其一生中也并不是时时抵制宋学的。江、戴二人的这种汉宋兼采的治经理念,对于汉学家来说不能没有影响。和培翚同一时代的焦循与阮元,他们的治经方法与精神和戴震的治学思想有相近之处,主张以训诂发明义理,不持门户之见。刘师培曾指出:"自汉学风靡天下,大江以北治经者,以十百计。或守一先生之言,累世不能殚其业;或缘词生训,歧惑学者。惟焦、阮二公,力持学术之平,不主门户之见。"⑥由于阮元当时在政治上炙手可热,学术上屡有建树,他的"力持学术之平,不主门户之见"学术思想对当时的学术界肯定会产生很大的影响。

　　其三,培翚治经兼采宋学,也受到了师友的影响。培翚业师凌廷堪虽是一位资深的汉学家,但其在治学方面也并未彻底摆脱宋学。廷堪治学深受戴震的影响,曾以戴震私淑弟子自诩,并继承和发展了戴震的义理思想,其云:"先生则谓理义不可舍经而空凭胸臆,必求之于古经。……故训明则

---

①胡培翚:《徽州府训导夏先生墓志铭》,《研六室文钞》卷十,《胡培翚集》,第295页。
②吴雁南主编:《清代经学史通论》,云南大学出版社2001年版,第23页。
③刘师培:《近儒学案序》,《左庵外集》卷十七,《刘申叔遗书》,第1754页。
④戴震:《与方希原书》,《戴震文集》卷九,第144页。
⑤章炳麟:《太炎先生论订书》,见支伟成《清代朴学大师列传》卷首,第3页。
⑥刘师培:《扬州前哲画像记》,《左庵外集》卷二十,《刘申叔遗书》,第1896页。

古经明，古经明则贤人圣人之理义明，而我心之所同然者乃因之而明。理义非他，存乎典章制度者也。……理义不存乎典章制度，势必流入于异学曲说而不自知。"①"《原善》三篇，《孟子字义疏证》三卷，皆标举古义，以刊正宋儒，所谓由故训而明理义者，盖先生至道之书也"。② 廷堪曾提出"以礼代理"的治学主张，诋訾宋学，推崇汉学，但他"却能跳出汉学窠臼，以学者的眼光审视千百年来的学术流变，试图综合汉学、宋学之长，走出一条'由字以通其词，由词以通其道'的途径。……力图扬汉学之长而避其短，取宋学之精而弃其弊，在精研《仪礼》，考证古代典章制度的基础上，提出了颇具特色的义理之说，成为继戴震之后一位既有相当学术成就，又有一定思想深度的学者"。③ 罗检秋也说："凌廷堪以礼学排斥宋学，而伦理观念又显然认同于宋学。"④凌氏的治《礼》主张对培翚有一定的影响。培翚治学采用以朴学为主的"汉宋兼采"，当是对前贤治学风格继承的结果。

　　另外，与培翚有过密切交往的安徽泾县学者胡承珙治经也主张汉宋兼采，他说："治经之法，义理非训诂则不明，训诂非义理则不当。二者实相资而不可偏废。自有谓汉学详于训诂、宋学晰于义理者，遂若判为两涂。而于是讲训诂者拘于墟，谈义理者奋其臆，沿流而失源，骛末而忘本，党同伐异，入主出奴，护前争胜之习兴，几至以门户祸经术，而横流不知其所纪极。吾则谓治经无训诂、义理之分，惟求其是者而已；为学亦无汉宋之分，惟取其是之多者而已。"⑤师友们的治经风尚对培翚治经的影响是深刻的。

　　其四，培翚治经兼采宋学，也受当时理学在清朝处于正统的、合法的主导地位的影响。清朝在立国之初，激烈的社会动荡使国民经济与社会伦理纲常等遭遇灭顶之灾，人心不古，伦理道德缺失，传统礼制崩坏，礼乐教化丧失殆尽，全国各地呈现出一片凋敝的景象。针对这样的变故，一批汉族士人开始了对历史与现状的反思，而此时"理学就成为知识界一批有影响的代表人物的理论旗帜，成为他们致力于道德重建的思想武器"⑥。经过

①凌廷堪：《戴东原先生事略状》，王文锦点校，凌廷堪著：《校礼堂文集》（卷三十五），第312页。
②凌廷堪：《戴东原先生事略状》，王文锦点校，凌廷堪著：《校礼堂文集》（卷三十五），第316页。
③黄爱平：《凌廷堪学术述论》，见王俊义、黄爱平著：《清代学术文化史论》，台北文津出版社1999年版，第189—190页。
④罗检秋：《学术调融与晚清礼学的思想活力》，《近代史研究》，2007年第5期。
⑤胡承珙：《四书管窥序》，《求是堂文集》卷四，《续修四库全书》第1500册，第273页。
⑥高翔：《清初理学与政治》，《清史论丛》（2002年号），中国广播出版社2002年版，第179页。

孙奇逢、陆世仪、颜元、李塨等在野人士及熊赐履、魏裔介、陆陇其、魏象枢、汤斌、李光地等理学名臣的共同努力,年轻的康熙最终接受了程朱理学,并使程朱理学"在朝廷政治生活中获得了正统的,而且是合法的主导地位"①。清初复兴的理学成了官方之学,其兴盛一直持续到乾嘉时期。随着乾嘉汉学的日益鼎盛,理学也就渐渐衰弱了,但"理学一直高踞庙堂,形式上占据着学术思想界的统治地位,得到统治者的提倡"②。

嘉道年间,中国封建社会正逐步走向衰败,各种社会矛盾已经充分暴露出来,社会危机日益加重,内忧外患交织在一起,人民群众生活在水深火热之中。在各种社会矛盾层出不穷、日益激荡的关口,在各种批评之声纷至沓来之际,封建统治阶级和一些朝廷士大夫们也开始反思,他们把社会衰败、民生凋零归结为长期不讲理学的结果。于是,朝野上下纷纷出现要求振兴理学的呼声。此时的理学复兴已经有了广泛的社会基础。为了摆脱政治统治中出现的危机,嘉庆、道光两代皇帝均提倡以理学为正学,他们表彰了一大批理学名臣。封建统治阶级的推波助澜,为晚清理学的复兴创造了条件。学者潘德舆说:"程朱二子之学,今之宗之者罕矣。其宗之者率七八十年以前之人,近则目为迂疏空滞而薄之,人心风俗之患不可不察也。夫程朱二子,学圣人而思得其全体,所谓德行、言语、政事、文学,殆无一不取而则效之。……而七八十年来,学者崇汉唐之解经与百家之杂说,转视二子为不足道,无怪其制行之日趋于功利邪癖,而不自知也。"③在潘德舆看来,"欲救人事,恃人才;欲救人才,恃人心;欲救人心,则必恃学术"。④所谓"恃学术",指的是依靠程朱理学来挽救封建社会存在的弊病和危机。在这种情况下,作为一个在事业上有抱负的学者来说,培翚接受宋学也在情理之中。

其五,培翚治经兼采宋学,也是对家学继承的结果。培翚祖上几代治经,祖父胡匡衷是家学的开创人物,他治经不持门户之见。作为皖派朴学家,匡衷也不废宋学。徐世昌等编的《清儒学案》认为:"(胡匡衷)幼读《易》,受之庭训,因著《周易传义疑参》十二卷,发明宋学,谓先天图非经所

———————————

①高翔:《清初理学与政治》,《清史论丛》(2002年号),第192页。
②张立文主编,陈其泰、李廷勇著:《中国学术通史(清代卷)》,人民出版社2004年版,第203页。
③潘德舆:《任东涧先生集序》,《养一斋集》卷一八,《续修四库全书》第1511册,第100页。
④潘德舆:《与鲁通甫书》,《养一斋集》卷二二,《续修四库全书》第1511册,第131页。

有,不敢信也。"①培翚叔父胡秉虔也是如此,胡韫玉《胡秉虔传》称:"先生之学,虽守汉儒家法,而于宋儒之是者,又未尝不并取之,以视世之说经者确守门户之见,不许一语之出入于宋人者不同。"②可见,培翚家族治经虽守汉学家法,却也不废宋学,主张汉宋兼采。作为家族的后学,培翚治经兼采汉宋,也是对家学的继承与张扬。

总之,培翚治经持汉宋兼采的治学主张是有学术渊源的。培翚善于继承先儒及家族的治学经验,力持学术之平,折衷汉宋,补偏救弊,走的是以朴学为主的汉宋兼采之路,避免了乾嘉汉学家只知有汉、过于胶执的考据习气与狭隘的门户之见。

三、《仪礼正义》汉宋兼采之表现

培翚以朴学为主的"汉宋兼采"之治经实践,在《正义》中是有迹可循的。《正义》在注疏方式上采取以传统的校勘、训诂等汉学方法为主,同时也辅以义理的阐释。

（一）疏解以朴学为主

首先,《正义》集汉学家注《仪礼》之大成。培翚在继承郑玄《仪礼注》的基础上,以朴学为主,对贾疏删繁就要、去芜存精,并广泛吸取历代学者的研究成果对旧注加以疏通、补充与订正,力图全面而深入地疏解《仪礼》。最主要的是,培翚在疏解之时,非常注重吸收当时乾嘉学者的最新考据成果,以训诂、校勘为主,勘正原文和郑注、贾疏之失误。培翚采纳了百馀位先儒时贤的观点,尤其是清代考据大家,如顾炎武、江永、戴震、朱轼、金榜、惠栋、臧琳、王懋竑、李惇、邵晋涵、王念孙、王引之、刘台拱、程瑶田、卢文弨、钱大昕、段玉裁、胡匡衷、胡秉虔、凌廷堪、胡承珙、金曰追、阮元、张惠言、姜兆锡、王聘珍、沈彤、蔡德晋、诸锦、汪莱、孔广森、郝懿行、褚寅亮、阎若璩、秦蕙田、陈奂、官献瑶、王士让、任大椿等学者的著作与言论。其中,培翚对清代汉学家的《仪礼》著作如江永《仪礼释宫增注》、胡匡衷《仪礼释官》、洪颐煊《礼经宫室答问》、盛世佐《仪礼集编》、蔡德晋《礼经本义》、凌廷

①沈芝盈、梁运华点校,徐世昌等编:《清儒学案》,第 3750 页。
②胡韫玉:《胡秉虔传》,《国粹学报》,第七年第四册(原第 78 期),1911 年 4 月。

堪《礼经释例》、阮元《仪礼注疏校勘记》、王士让《仪礼纵解》、江筠《读仪礼
私记》、金榜《礼笺》、张惠言《读仪礼记》、姜兆锡《仪礼经传内外编》、段玉裁
《仪礼汉读考》、程瑶田《仪礼经注疑直》、吴廷华《仪礼疑义》、朱轼《仪礼节
略》等进行广泛征引。因此,《正义》可视为集汉学家注《仪礼》之大成的一
部著作。

其次,注重校勘、训诂,考据精审,凸显汉学家法。从前文的论述中可
以看出,培翚解经,尤其重视运用乾嘉朴学方法如训诂、校勘等,提出了一
些独到的见解,澄清了过去一些学者的错误结论,也提出了过去一些学者
不曾注意的问题。另外,培翚在疏解的过程中广征博引,汇聚众说,以经证
经,在实事求是的基础上对《仪礼》经、注进行疏解。培翚还在书中以案语
的形式发表了自己的许多观点,对各家注释作出判断和补充,论证充分。
这些都体现了乾嘉朴学派的治学精神。可以说,《正义》是乾嘉考据学的产
物,也是乾嘉汉学集体智慧的结晶。总之,《正义》在解经过程中以朴学方
法为长,通篇凸显汉学家法。

(二)解经兼采宋学

首先,培翚在疏解中常采用宋、明学者如李如圭、朱熹、魏了翁、敖继
公、杨复、聂崇义、张淳、黄幹、陈祥道、方苞等人的观点,以此表明自己对宋
学观点的认同,如:

> 朱子曰:"古人不谓兄弟之子为侄,但云兄之子,弟之子,孙亦曰兄
> 孙耳。二程子非不知此,然从俗称侄者,盖也无害于义理也。"①

朱子亦谓周公制礼作乐,采文王之世,风化所及,民俗之诗,被之
管弦,以为房中之乐,而又推之以及于乡党邦国,所以著明先王风俗之
盛,而使天下后世之修身齐家治国平天下者,皆得以取法焉。其旨盖
深远矣。郝氏乃谓其非尽雅乐,是以后世之黄帐外乐疑圣人也,何其
陋哉?至其用钟磬与否,则先儒之说,各有异同,今又后之数千载,音
乐久失传,将何以定其孰非而孰是?然以义推之,则康成、王肃之论,
亦未可尽非也。盖古者乐县之制,必视其人以为之等,是故天子、诸
侯,钟、磬、镈俱有,大夫以下无镈,诸侯之士又无钟。其卿大夫之有金

---

①段熙仲点校,胡培翚:《仪礼正义》,第1494页。

石,必待有功而后赐之,诚以乐主乎散,而地道尚静故也。后夫人之德,尤以悠闲贞静为主,其于金石之乐,似非所宜,一也。乐之设也,各有其地,歌者在上,匏竹在下,琴瑟在堂,钟鼓在庭,皆一定之,谓勿相乱也。此乐奏之于房,房非设县之所,二也。①

　　方氏苞云:"初射、再射,欲其容体比于礼也。至三射,又欲其节比于乐。初射、再射,欲其不失正鹄也。至三射,又欲其循声而发。射之初,弓矢未调,三射而后乐作,俾循序而益致其精也。射之终,筋力既乏,三射而乐始作,俾俨终而弥敛其气也。孔子曰:'射者何以射,何以听。'其事至难,故圣人陶冶群材而磨砻其德性者,如是其曲尽焉。"②

可见,培翚确实能正视宋代代表人物的观点,吸收他们合理的思想,融入对经典的阐释之中。

　　其次,《正义》在辨物析名之馀,也涉及对义理的阐释。"一般说来,经学家讲论义理,是以有助于修、齐、治、平为最终目标。因此,他们的研究必然以现实的人生与社会作参照系统。于是在经学家的学术观点中便常常有现实的投影,有些经学家阐述的经书义理,是可以视为时政策论的"。③但培翚对义理的阐释并不全是如此,他并不像宋儒那样过分强调"理"、"气"、"心"、"性"等"体用"之学的发挥,而是注重引用宋、明等学者的言论,集中于对古代儒术内在理路的阐释。如其引清代宋学派方苞之言证经曰:

　　方氏苞云:"《燕义》曰:'不以公卿为宾,而以大夫为宾,为疑也。'此一义耳。才德之大小,不限于名位。故春秋时,子产、叔向自始仕而闻望重于诸卿,故以大夫为宾,尊贤之义彰焉。天子之宰夫为下大夫,降杀以等,则诸侯之宰夫士也。使与公卿为敌者之礼,则非所安,盖贵贵之义寓焉。飨、食、燕、射,国之大政也。君卿实共主之,故不以公卿为宾,体国之义著焉。故曰:'礼者,义之实也。'"④

《礼记·燕义》曾对"不以公卿为宾,而以大夫为宾,为疑也"作过解释,其云:"设宾主,饮酒之礼也。使宰夫为献主,臣莫敢与君亢礼也。不以公卿

---

①段熙仲点校,胡培翚:《仪礼正义》,第782页。
②段熙仲点校,胡培翚:《仪礼正义》,第594页。
③田汉云:《中国近代经学史》,第277页。
④段熙仲点校,胡培翚:《仪礼正义》,第681—682页。

为宾,而以大夫为宾,为疑也,明嫌之义也。宾入中庭,君降一等而揖之,礼之也。"孔颖达疏曰:"'而以大夫为宾,为疑也'者,公卿,朝臣之尊;宾又敌主之义。若以公卿为宾,疑其敌君之义,为其嫌疑,故所以使大夫为宾,明其远嫌之义也。"①此例中,方苞为解释"不以公卿为宾,而以大夫为宾",从"尊贤之义"、"贵贵之义"、"体国之义"三个方面进行申述,从而证明"礼者,义之实也"之观点。方苞是一位典型的宋学派经学家,其对经学的解读明显偏重于对义理的阐释。

其实,我国古代儒家较为重视"亲亲"、"尊尊"的礼秩思想,"'亲亲'与'尊尊'是儒家礼秩思想的两大基石"②。《礼记·丧服四制》云:"夫礼,吉凶异道,不得相干,取之阴阳也。丧有四制,变而从宜,取之四时也。有恩有理,有节有权,取之人情也。恩者仁也,理者义也,节者礼也,权者知也。仁、义、礼、知,人道具矣。其恩厚者其服重,故为父斩衰三年,以恩制者也。门内之治恩揜义,门外之治义断恩。资于事父以事君,而敬同,贵贵尊尊,义之大者也。故为君亦斩衰三年,以义制者也。"③对于此段话中的"门内"、"门外"二词,张寿安先生引王梦鸥之言曰:"门内指血统关系,门外指社会关系。"张寿安先生接着说:"这就是说,在血统关系上,恩情重于义;在政治关系上,义重于恩情。这当中最得意的是为父为君丧服一致,所以意味着门内之最恩等同于门外之最义,这也就是秦汉儒者最喜倡言的'资于事父以事君'。……我们可称此为'政治范畴内的尊尊'。至此,我们可将尊尊亲亲与仁、义、恩、理做一化约:亲亲以仁为本,产生自人类的血缘之情,亲亲之差等以恩为判;尊尊以义为本,产生自政治关系,尊尊之差等以理为判。尊尊的差序格局不只运作于非血缘的政治关系,也运作于血缘的家族关系。儒家的礼秩理念其实就是这样的二系并列:尊亲不废,仁义并举。"④这种"尊亲不废,仁义并举"的儒家礼秩理念偏重于对义理的阐释,也即偏重于对儒学内在理路的揭示。比如在上例中,方苞所谈到的"尊贤之义"、"贵贵之义"等,其实就是对中国古代礼学思想中"亲亲"、"尊尊"这

①李学勤主编:《十三经注疏·礼记正义》,第1658页。
②张寿安:《从"亲亲尊尊"论儒学礼秩的情理结构》,见林庆彰、张寿安主编:《乾嘉学者的义理学》,台北"中研院"文哲所2003年版,第133页。
③李学勤主编:《十三经注疏·礼记正义》,第1672—1673页。
④张寿安:《从"亲亲尊尊"论儒学礼秩的情理结构》,见林庆彰、张寿安主编:《乾嘉学者的义理学》,第139页。

一儒学内在理路的揭示。这样例子在《正义》书中还有很多,如:

> 华氏学泉云:"或问:'为人后者,不皆亲昆弟之子,或小功缌麻及族人之无服者为之,于其本生父母之服何如?'曰:'《礼》为人后者,为其父母期,不闻以所后者之亲疏异也。为人后者,为其昆弟大功,亦不闻以所后者之亲疏异也。盖人子不得已而为人后,降其亲一等,以伸所后之尊足矣。不容计所后之亲疏远近而异其服也。其所以必降其亲者,何也?隆于所后也。其所以不计其亲疏者,何也?隆于所后,亦不得薄于所生也。先王之制服,所以交致其情而无憾也。'曰:'降其父母之服不易其父母之名,何也?'曰:'此特欲著其服不得不系之其父母也,非为人后者自称之辞也。既已称所后者谓之父母,又仍其父母之称而不易,非不二统之旨也。夫人子于所生,其恩罔极,一旦出而为人后,诚有大不忍于其父母。圣人断之以义,为降其父母之服,使之同于世叔父母。而其父母亦降其尊而为之报,以同其子于昆弟之子。凡此者,皆所以重大宗,使割其私恩而制之以义也。乌有仍其父母之称,使名与实相违也哉?然则欧阳公、曾子固为人后之议,所生称亲之说,非欤?曰:非也。欧、曾之说,主于恩者也。吾折衷于朱子。朱子之说,主于义者也。欧、曾之言曰:为人后者,不当易其父母之称。朱子曰:今设有为人后者于此,一日所后之父与所生之父并坐,而其子侍侧,称所后父曰父,称所生父又曰父,自是道理不可。朱子之所为不可者,主于理也,而未尝非情。欧、曾之所言者,主以情也,而于理有所不可矣。'"今案:华氏之论,详而正。①

此例是胡培翚疏解经文"为人后者为其父母,报"时所引。华氏认为为人后者为其父母,当折衷于朱熹"主于义"之论,不从欧、曾"主于恩"之说。朱熹的"主于义",出发点在于"主于理",且又"未尝非情";欧、曾认为"为人后者,不当易其父母之称",故他们"主于恩"、"主于情",却不"主于理"。华氏坚持朱熹"主于义"、"主于理"且又"未尝非情"的观点,遵循的就是儒家"亲亲""尊尊"的礼秩思想,偏重于对义理的阐释。胡培翚认为华氏的观点"详而正",则明确地表明了自己赞同宋明学者对经典阐释的义理之说,也即表

明了他在解经的过程中并不完全排除宋学主张。再如：

> 华氏学泉云："天尊地卑而乾坤定。父，天也。母，地也。地统乎
> 天，母统乎父，阴阳之大分，人道之大防也。夫资于事父以事母而爱
> 同，然而父在为母三年，嫌于无父也，故不得不屈而期。圣人之制服，
> 凡以顺天地之理，定尊卑之分而已。是故知地之不同于天，则知母之
> 不同于父矣。知阴之必屈于阳，则知父在不得伸私尊于母矣。自唐武
> 后始创父在为母三年之说，而百王之典礼，以一悍妻暴母易之，迄千百
> 年而莫之能正。何后世之信周公、孔子，不如其信武氏也？然自武氏
> 以后，犹为母齐衰。至明洪武时，始易以斩。而父母之服，凡衰裳带绖
> 之制，悉混同而无别。先王制礼之意，当然无复存焉。然而人心安之，
> 盖尝推其故，父尊而母亲，故人之亲其父，常不如亲其母，人之欲伸其
> 私尊于母也，常过于欲尊其父。故父尊于母者，天理之公也。同母于
> 父者，人情之私也。理之公不胜其情之私，宜乎武氏之制一易，迄千百
> 年莫之能正，又从而甚焉者矣。子夏曰：知有母而不知有父，禽兽是
> 也。野人则曰：父母何算焉？夫父母何算，野人之论也，然则今有圣人
> 作，其于此必有所不安者矣。"①

> 朱子云："夏、商而上，大概只是亲亲长长之意，到得周来，则又添
> 得许多贵贵底礼数。如始封之君不臣诸父昆弟，封君之子，不臣诸父
> 而臣昆弟，期之丧天子诸侯绝，大夫降。然诸侯大夫尊同，则亦不绝不
> 降。姊妹嫁诸侯者，则亦不绝不降。此皆贵贵之义。上世想皆简略，
> 到得周公搜剔出来，立为定制，更不可易。"②

> 郝氏敬云："君母在不敢不服，圣人于礼，人情耳。人情所不敢，圣
> 人因之。尊尊亲亲，所以不得不相为用也。"③

这些例子都是如此。

　　再次，《正义》也时常将义理寓于考据之中，通过考据来阐发经义。如
卷二十三："子、女子子之长殇、中殇。"郑注："……女子子许嫁，不为殇也。"
《正义》疏注曰：

---

①段熙仲点校，胡培翚：《仪礼正义》，第1398—1399页。
②段熙仲点校，胡培翚：《仪礼正义》，第1341页。
③段熙仲点校，胡培翚：《仪礼正义》，第1548页。

《丧服小记》曰:"丈夫冠而不为殇,妇人笄而不为殇。"《曲礼》:"女子许嫁笄而字。"《春秋》僖九年,伯姬卒。文十二年,子叔姬卒。《公羊传》皆云:"此未适人何以卒? 许嫁矣。妇人许嫁,字而笄之,死则以成人之丧治之。"是女子许嫁而笄,即不为殇矣。《杂记》曰:"女虽未许嫁,年二十而笄,礼之。"郑注:"虽未许嫁,年二十亦为成人矣。"而马氏云:"女子十五许嫁笄,而不为殇也。"其未许嫁如男子二十,乃不为殇。义与郑同。其云"女子十五许嫁笄"者,据《内则》"十有五年而笄"言也。又男二十而冠为正法,亦容有早冠者,冠不为殇也。《通典》载束皙云:"男二十而冠,三十而娶,女十五许嫁而笄,二十而出。并礼之大断,至于形智夙成,早堪冠娶,亦不限之二十矣。笄冠有成人之容,婚嫁有成人之事。郑玄曰:'殇年为大夫,乃不为殇。为士,犹殇之。'"《檀弓》曰:"鲁人欲勿殇童汪踦,问于仲尼。仲尼曰:'能执干戈,以卫社稷,虽欲勿殇也,不亦可乎?'此有功而殇也。"《通典》又云:"凡臣不殇君,子不殇父,妻不殇夫。"蔡氏德晋云:"《左传》'国君十五而生子',是固有年十四五而婚娶者矣。律以传文,十九至十六为长殇,十五至十二为中殇,则父与夫皆有卒于殇之年者矣。既冠昏,不得复以殇服服之,则凡有妻子者皆勿殇可也。"此皆谓年未二十而不为殇者也。①

此处,培翚为了疏证郑注之"女子子许嫁,不为殇也",征引了《丧服小记》、《曲礼》、《杂记》、《内则》、《檀弓》、《通典》、《春秋》、《公羊传》、《左传》等,目的就是为了通过一系列的考据,而使"女子子许嫁,不为殇也"之义理自明。

再如卷二十四:"传曰:何以小功也? 君母在则不敢不从服,君母不在则不服。"郑注:"不敢不服者,恩实轻也。凡庶子,为君母,如适子。"培翚疏此经、注曰:

不云"君母死"而云"君母不在"者,贾疏云:"或出或死,容有数事不在也。"敖氏云:"君母在,则不敢不从服者,以其配父尊之也。'君母不在则不服'者,别于己之外亲也。此庶子虽服其君母之父母姊妹,彼于此子,则无服也。"郝氏敬云:"君母在不敢不服,圣人于礼,人情耳。人情所不敢,圣人因之。尊尊亲亲,所以不得不相为用也。"今案:君母

①段熙仲点校,胡培翚:《仪礼正义》,第1481页。

之父母姊妹昆弟卒，君母之痛方深，凡君母所生之子，无不为服。而己见其哀痛，独晏然不与同忧，是自外于君母矣，而敢乎？所以从之为服也。若君母不在，则无所见以动其情，故不服，此所谓徒从也。《大传》曰："从服有六，有属从，有徒从。"孔疏："谓妾为女君之党，庶子为君母之亲，皆是徒从也。"《丧服小记》曰："从服者，所从亡则已。"郑注："谓若为君母之父母、昆弟、从母也。"以所云从服者，即徒从也。《小记》又曰："属从者，所从虽殁也，服。"郑注："谓若自为己之母党。"《小记》又曰："为君母后者，君母卒，则不为君母之党服。"孔疏："君母卒为后者，嫌同于适服君母之党，故特明之。"此言君母卒，妾子为君母后者，亦不服其党。则其不为君母后者，不服益可知矣。《小记》又曰："为母之君母，母卒则不服。"郑注："母之君母，外祖适母。"此言其母为妾所生，其母卒，亦不为母之适母服也。《通典》车氏问臧焘曰："妾子既服先适母之党，又服继适母之党否？"焘答曰："庶子以贱不敢不从服耳。既服前适母党，则后适母党，义无以异。"焘又问徐藻，藻答曰："庶子若及先适母，则服其党，若不及，则服后适母党。外服无二，此之谓也。"庾蔚之曰："适母虽有三四，宜以始生所遇适母之党。若己生悉不及，宜服最后者之党也。"注云"不敢不服者，恩实轻也"者，言君母之父母姊妹，于己恩实轻，但以君母故，不敢不从服耳。前传曰："君之所为服，子亦不敢不服。"此义虽别于彼，而此言不敢之意，则有同也。云"凡庶子，为君母，如适子"者，此申言从服之义也。庶子，谓妾子也。妾子为君母服，与适子为母同，故为君母之党服，亦与适子同。但君母不在，则不服其党，与适子略异耳。[①]

此例中，培翚为疏解经文"君母在则不敢不从服，君母不在则不服"，征引了敖继公、郝敬之说及《礼记》《通典》等作品，其实也是通过考据他说以阐明经义。

　　总之，作为一名皖派朴学家，培翚对《仪礼》经、注的阐释更多的还是采用汉学的手段，而宋学只是一种对经、注进行义理阐释的辅助工具，目的是为了通过自己对《仪礼》经、注的考证及对义理的阐释，使《仪礼》经义能更充分地展现出来，便于人们理解与实践。《正义》对义理的阐释多集中于

---

①段熙仲点校，胡培翚：《仪礼正义》，第1547—1548页。

《丧服》篇,在其它篇章中则主要是通过考证进而揭示礼义,故考证是其主要手段,对义理的揭示是通过考证而实现的。培翚解经不持门户之见,兼采汉、宋之长,此卓越的见识与通达的解经作风奠定了他在皖派经学史上的地位,也奠定了《正义》的学术价值。

第三节　经世意识

儒家历来重视礼与经世济民之间的关联,如《左传·昭公二十五年》云:"礼,上下之纪,天地之经纬也,民之所以生也。"《礼记·礼器》云:"礼也者,合于天时,设于地财,顺于鬼神,合于人心,理万物者也。"《礼记·曲礼》云:"夫礼者,所以定亲疏,决嫌疑,别同异,明是非也。"《孝经》云:"安上治民,莫善于礼。"可见在儒家思想体系中,礼早已成为经世致用的一种手段。历代研究《礼》学的学者,大都比较重视礼的经世致用之功能,如著名学者钱玄曾概括说:"学者以为礼学是经国济世之学,与国家建制、社会习俗、个人道德修养,均有直接关系,是实践致用之学。"[1]培翚治《仪礼》也不例外。

作为嘉道时期的《礼》学名家,培翚有较强的经世意识,有学者称其"生平行事,无不切合世用"[2],确属公允之论。培翚自己也曾说过:"翚之始志,思欲效用于世。"[3]他是这样说的,也是这样做的,如道光十年户部"假照案"发,与时任户部主事的培翚决心割除户部审稿假照之积弊有关。其《研六室文钞》中也有多篇文章涉及经世思想的,如道光二十二年培翚六十一岁,因战事和足疾复发,他辞却惜阴书院山长一职。临别时,他对士子们说了一段语重心长的话:"自今以往,愿诸生日有就,月有将,无忽乎'惜阴'之称,无昧乎经、史、文之义,无急功名而薄气节,无骛浮华而忘实践。异时羽仪王国,本所学以用于世,俾朝廷收得人之效,与周之治内、治外比烈焉,是则余之所深望也夫!"[4]他在《泾川书院志学堂记》中也说过同样内容的话:"诸生当思未得第以前,立身行己,以何者为修省之资?既得第以后,居官治民，以何者为敷施之本？"①

　　受经世思想的影响，培翚反对士子们沉溺八股时文而荒废实学，更反对士子为了应对科举而互相抄袭，不学无术。他说："今士子多敝其力于时文，株守兔园册子，竟不知此外有何学问。其下者，又或抄袭雷同，日思为窃取科名之计，即以时文论，亦恶劣极矣，尚安有人才出其中哉？"②培翚对沉溺于时文并株守模式、为窃取科名而抄袭雷同者深恶痛绝，故时时提醒士子们不能为科举所累，不能不学无术。他称那种为时文所累、于制艺中求制艺的人为陋者，认为这些"陋者乃徒于制艺中求制艺，雷同抄说，师师传效，甚至《六经》、子、史终其身不一寓目者，所在皆有"③。

　　培翚反对士子沉溺于八股时文，主张士子应广泛涉及经、史、文等方面的知识，并认为本于经史所得的文章，实非八股制艺之类的东西所能争胜，他说："夫经者，制行之准，然非寻章摘句之谓，必体验乎圣贤修己治人之道以淑身心，而求为约，先求为博。史者，经世之资，然非一知半解之谓，必参究乎古今因革损益之宜以裕猷为，而识其大，勿识其小。至文也者，本经、史所得，发为词章，达则润色鸿业，穷亦修辞明道，岂区区以帖括争能哉？"④时任两江总督的陶澍在金陵博山之南建成惜阴书院，课以经、史、文三者，每日讲求有用之学，培翚称其"立教可谓善矣"⑤。后来，陶澍延请培翚任书院山长。培翚在惜阴书院也课以经、史、文三方面的内容，讲求实学，此举深得陶澍大力称赞，并称："往时卢抱经、钱竹汀、姚姬传诸先生尝主斯席，皆以实学为教。今又得胡先生为之提倡，吾见其风气蒸蒸日上也。"⑥

　　培翚反对那些不学无术、投机取巧的应试者，他心目中真正的士子应是"本之经传注疏、宋儒理学之书，参之子史百家之说，以究其理，以赡其辞，熟读汉、唐、宋古文以充其气，熟读前辈时艺之佳者以习其法程。其平

----

① 胡培翚：《泾川书院志学堂记》，《研六室文钞》卷八，《胡培翚集》，第236页。
② 胡培翚：《泾川书院志学堂记》，《研六室文钞》卷八，《胡培翚集》，第236页。
③ 胡培翚：《送程中允春海之任贵州学政序》，《研六室文钞》卷六，《胡培翚集》，第197页。
④ 胡培翚：《惜阴书院别诸生文》，《研六室文钞·补遗》，《胡培翚集》（《研六室文钞》卷八），第243—244页。
⑤ 胡培翚：《惜阴书院别诸生文》，《研六室文钞·补遗》，《胡培翚集》（《研六室文钞》卷八），第243页。
⑥ 胡培翚：《惜阴书院别诸生文》，《研六室文钞·补遗》，《胡培翚集》（《研六室文钞》卷八），第243页。

居，则博观载籍，汲汲皇皇，若惟恐不得乎圣贤立言之旨，而其于天文、地舆、河工、水利、积贮、教化、武备、刑法、治世诸大政，无不讲明切究，熟悉于中"。他认为，士子们若能如此，当他们一旦走进考场，"则直抒其胸之所得，而清奇浓淡之迹不拘焉。夫如是，称心而出，无抄袭之弊，无寒俭之容，无依仿束缚之态，其文自必见赏于有司。由是而登仕版，以其学之所得为世用，亦必有裨于国家。即或毕生不遇，而以其学之所得涵养身心，亦必不至穷而失其守。以律己，以教人，博闻多识，廉正自持，循循里闬中，而一时式为仪型"。这样的士子是真正做学问的人，是利国利家的人，与那些"懵然无得，徼幸科名，朝荣夕悴者"①，不啻为天壤之别。

培翚撰著《正义》，也与其坚持认为礼学具有经世致用的效能有关，其云："念《仪礼》……冠、昏、丧、祭，切于民用，进退揖让，昭明礼意，若乡邑中得一二讲习之士，使众略知礼让之风，即可消兵刑于未萌，此翚所以急欲成书也。"②可见，培翚的经世思想并非一时的灵光乍现，而是贯穿于其一生的立身行事。

培翚的经世意识也深受业师凌廷堪的影响。凌廷堪认为《仪礼》有较强的经世功能，其云："是故冠昏饮射，有事可循也；揖让升降，有仪可案也；豆笾鼎俎，有物可稽也。使天下之人少而习焉，长而安焉。其秀者有所凭而入于善，顽者有所检束而不敢为恶；上者陶淑而底于成，下者亦渐渍而可以勉而至。圣人之道所以万世不易者，此也；圣人之道所以别于异端者，亦此也。"③培翚对凌氏礼学经世致用的思想是深有体察的，他在治《仪礼》过程中，自觉地贯彻以礼经世的思想，通过对礼学的阐释以达到经世致用之目的。当然，《正义》书中经世思想表现得并非十分明显，它只是表现为在随文疏解时将经世致用的意识贯穿其中而已。

一、疏礼为了切于民用

礼，关乎伦常，切于民用。清人认为"夫礼之所为，本于天，殽于地，达之人伦日用，行于君臣、父子、兄弟、夫妇、朋友之间，斯须不可去者"④，故

---

①胡培翚：《钟山书院课艺序》，《研六室文钞》卷六，《胡培翚集》，第190页。
②胡培翚：《上罗椒生学使书》，《研六室文钞·补遗》，《胡培翚集》（《研六室文钞》卷五），第168页。
③王文锦点校，凌廷堪：《校礼堂文集》，第31页。
④清高宗：《御制三礼义疏序》，《钦定周官义疏》，《景印文渊阁四库全书》第98册，第1页。

他们对《仪礼》各种礼仪制度的疏解，都注重突出礼"切于民用"之功能。

　　在培翚心中，既然《仪礼》之"冠、昏、丧、祭，切于民用，进退揖让，昭明礼意"，那么，《仪礼》也就具有较强的经世致用的社会效能。因此，培翚在撰著《正义》时总是想方设法详细地考证各种礼俗仪规与器物陈设，尽力厘清各种礼仪制度与行礼程式。他希望通过对古礼的考证，凸显《仪礼》经、注之本义，使人们有礼可循，有仪可遵，使各种古礼仪节的施行能落实到实处，从而便于推行礼乐教化，实现移风易俗之目的。在撰著过程中，培翚特别善于对礼制名物和礼俗仪规进行细致描述，并反对凿空轻改礼制，强调以郑注为主。如他对丧服义例的划分也常遵循郑义。其对《丧服》篇的疏解尤为详细，他认为《丧服》篇"关系最重"，故对此搜考尤详①。他考《丧服》，对丧服、年月、礼之隆杀等均详细搜考，并重新将丧服义例划分为降、正、义三类。其对丧服义例的划分，与他人相比，有同有异，如"齐衰三年"章，唐《开元礼》、黄幹、杨复、盛世佐、韦协梦、江筠、夏炘等人均对此划分义例，而培翚却没有，他认为："此《齐衰三年章》，无降服、义服，则也不必言正，但云'齐衰三年服'以别之，可矣。……今之称'齐衰三年服'者，本郑义也。"②培翚这样做的目的，就是想借恢复古礼之原貌，让《丧服》之礼更好地切于民用，从而实现以礼经世之目的。

　　为了更好地使各种礼仪切于民用，《正义》常指明礼的隆、杀之别。众所周知，礼有隆杀。《荀子》曰："礼者，以财物为用，以贵贱为文，以多少为异，以隆杀为要。文理繁，情用省，是礼之隆也；文理省，情用繁，是礼之杀也。"王先谦《荀子集解》认为："隆，丰厚；杀，减降也。"③《礼记·乡饮酒义》云："至于众宾，升受，坐祭，立饮，不酢而降，隆杀之义别矣。"郑玄注："尊者礼隆，卑者礼杀，尊卑别也。"可见隆与杀是一对意义相反的词。礼之隆、杀，是我国古代礼乐制度的一项重要内容。《正义》常常指明礼的隆、杀之别，并指出礼之隆杀与所用礼制物品的数目、人物身份的尊卑与亲疏以及丧服、食礼、丧奠、祭祀等有关，如："鼎自一至十二，数有多寡，由礼有隆杀

①陈戌辑，吴格整理：《流翰仰瞻》，《历史文献》（第十辑），第 50 页。
②段熙仲点校，胡培翚：《仪礼正义》，第 1619—1620 页。
③沈啸寰、王星贤点校，王先谦：《荀子集解》，中华书局 1988 年版，第 357 页。

也。"①"自天子以下，礼之隆杀不同"②，"众宾之礼杀于介，介之礼杀于宾"③，"盖食礼之中，亦有隆杀焉"④，"死而相丧，衣服，谓斩衰、齐衰、大功、小功、缌麻。年月，谓三年、期年、九月、七月、五月、三月。亲者隆而疏者杀，其礼具存于此也"⑤……杨向奎先生曾说："通过《仪礼》，尤其是通过胡培翚的《仪礼正义》，我们可以弄清中国古代礼乐制度中的许多具体内容。"⑥其实，在《仪礼》研究方面，郑玄《仪礼注》、贾公彦《仪礼疏》、《钦定仪礼义疏》等书对礼之隆杀讨论较少，而《正义》却常常论及，其目的在于通过细致的疏解，方便人们对各种礼仪及古代礼乐制度等内容的理解，便于指导人们行礼，推行礼乐教化。

培翚在解释礼义的时候，也能凸显出礼义的隆、杀之别，借行礼之差别凸显礼义之差别，进而指导人们合理地行礼，不得僭越。如卷三十四："特牲馈食之礼，不诹日。"郑注曰："馈食者，食道也。"培翚疏此注云："云'馈食者，食道也'者，食道谓生人饮食之道。《檀弓》曰：'不以食道用美焉尔。'郑注：'食道亵。'《礼器》曰：'礼之近人情者，非其至者也。郊血，大飨腥，三献爓，一献孰。'郑注：'近人情者亵，而远之者敬。'又《郊特牲》曰：'至敬不飨味而贵气臭也'。是祭祀用食道，亵，近，为杀。用血腥，法古为隆。郑言此者，欲见大夫士以食道事神，无荐腥以上事，为杀于天子诸侯也。万氏斯大云：'《特牲》、《少牢》二礼，不曰祭而曰馈食者，祭以粢盛为重也。就二礼考之，尸者，祭祀之主。食饭惟尸，而他人不及。嘏者，受福之重，嘏惟用黍而他物不及。此食之所以重而特举以为名也。《士虞礼》尸入之后，亦先九饭而后三献，略与《特牲礼》同，故篇首亦曰特豕馈食。'今案：万说即《大宗伯》注言馈食者，著有黍稷之义。"⑦培翚用隆、杀之别来解释祭祀时用食道与用血腥之别，目的就是想通过自己的疏解来帮助人们准确理解行礼事宜，使馈食之礼更好地切于民用。

---

①段熙仲点校，胡培翚：《仪礼正义》，第 111 页。
②段熙仲点校，胡培翚：《仪礼正义》，第 146 页。
③段熙仲点校，胡培翚：《仪礼正义》，第 338 页。
④段熙仲点校，胡培翚：《仪礼正义》，第 1185 页。
⑤段熙仲点校，胡培翚：《仪礼正义》，第 1340 页。
⑥杨向奎：《读胡培翚的〈仪礼正义〉》，《孔子研究》，1991 年第 2 期，第 126 页。
⑦段熙仲点校，胡培翚：《仪礼正义》，第 2081—2082 页。

二、缘情制礼与经世致用之统一

儒家对情与礼的关系比较重视，《礼记·坊记》称："礼者，因人之情而为之节文，以为民坊者也。"《礼记·礼运》称："孔子曰：'夫礼，先王以承天之道，以治人之情'"；"故礼义也者，人之大端也，……所以达天道，顺人情之大窦也。……故圣王修义之柄、礼之序以治人情。故人情者，圣王之田也。"荀子也说："三年之丧何也？曰：'称情而立文。'"①可见，儒家赞同情是礼的基础，礼出乎人情。后世儒家在此基础上提出了"缘情制礼"说，强调以人为本，并在礼仪常例的基础上允许变例的存在，即在事出有因的情况下允许变通。缘情制礼"既承认了情的社会存在的价值，又确定了礼维系社会秩序和伦理道德的作用"②，它规范了人们的行为准则，体现了儒家"礼，时为大"的礼学观念及对社会的人文关怀，而这种人文关怀往往是与经世致用结合在一起的。

嘉道时期，随着理学的复兴，理学家提出了"以经世之学，济义理之穷"的呼声，主张"义理"与"经济（经世济民）"相结合，形成了重要的"义理经济"观。"义理经济"观主张"知权达变"，于礼学则强调以情为本、缘情制礼，因时制宜，如理学家唐鉴就提出："礼无古今，准乎情而已。"③又说："先王之制礼也，情为之本，时为之宜，亲疏远迩为之隆杀，尊卑贵贱为之等差。古可以通于今，先王未尝不以礼损益之；今不必拘于古，先王未尝不以礼化裁之。故有定制者，皆合乎情之至而可变通者，亦惟合乎情之至而已。观周礼之兼夏、商，与其变于夏、商者，可知矣。"④细细品味，不难发现唐鉴的观点中渗透着"缘情制礼"的思想。其实，清儒对"缘情制礼"说颇为重视，特别是嘉道以降的儒者频频阐发"缘情制礼"的思想⑤。他们一方面注重对礼制的考证，一方面又注重阐发儒家伦理思想，并善于在实际生活中践行之。儒者"缘情制礼"的思想，既凸显了"义理经济"与"知权达变"的统

①沈啸寰、王星贤点校，王先谦：《荀子集解》，中华书局 1988 年版，第 372 页。
②孙立群：《从"以礼制情"到"缘情制礼"——论魏晋士人的情礼观》，中国魏晋南北朝史学会、四川大学历史文化学院编：《魏晋南北朝史论文集》，巴蜀书社 2006 年版，第 109 页。
③唐鉴：《四砭斋省身日课》卷三，光绪十二年刻本。
④唐鉴：《读礼小事记·礼》，清光绪十七年刻本。
⑤有关此方面的论述，可详参罗检秋《学术调融与晚清礼学的思想活力》（《近代史研究》2007 年第 5 期）一文的相关论述，此处不再赘述。

一,也表达了他们的经世意识。

在《正义》中,培翚的缘情制礼思想与经世致用的观点是统一的。如卷十五对经文"主人就士旅食之尊而献之,旅食不拜受爵,坐祭立饮"的疏解引方苞之言曰:

> "乡射之射事及献荐,弟子所共实多。国君官备,燕与大射献酬射事,皆官共之。庶子惟设折俎,弟子惟洗射爵酌莫而已。庶子执事有列,而门内无位。士旅食者,一无所事,而位在士南,特为设尊,继士而献,则为升于司马之士,司士作之以从会同宾客者无疑矣。盖士旅食者及庶子,即他日之命士卿大夫也,犹乡射之弟子,即他日之学士可宾兴者也。使之观礼,则志气有所感兴,使之习事,则政事日以练达,所以成其德,达其材,即于是乎寓焉。至于祭祀之有旅酬,所以尽宾主之敬,又以使族姻乡党,情意周洽,而潜消其怨争斗辨之萌,燕、大射之有旅酬,所以溥君公之恩,又以使少长尊卑,分谊详明,而即是为协恭和衷之本。圣人缘情制礼,遍布周密,本末兼该,而一以贯之如此。"又云:"燕礼有士旅食,而庶子弟子不与焉,何也? 射节礼容,辞命威仪,莫详于大射,乃庶子弟子所未见,而宜早知者。燕则君臣相乐,惟将仕者使观礼可矣。"①

方苞此处所言,不仅指出了大射礼中庶子、弟子及士旅食者在行礼环节中的差别,同时也对庶子、弟子及士是否参与燕礼、大射两种礼节进行了比较。方苞的疏解体现了缘情制礼的主张。培翚引之,自然也体现了他缘情制礼之思想,表达其以礼经世之意识。

学者们对《丧服》经、传的疏解,常常讨论礼仪的常例与变例,对"礼仪的'常例'与'变例'的关系的探讨,其实质是通过对丧礼形式的讨论,把握礼仪背后的礼意与制作原则,从而通晓变通之道,在实践中做到既不悖礼而行,又不因拘礼而误事"②。《正义》于常例中探讨变例,体现了变通之道与缘情制礼的观念。如卷二十四对于"君母之父母从母"之服的疏解即为如此。"君母之父母从母"服小功五月。为什么会有小功之服呢?《丧服传》解释曰:"君母在则不敢不从服,君母不在则不服。"对于此《传》的解释,

①段熙仲点校,胡培翚:《仪礼正义》,第 929—930 页。
②彭公璞:《汪容甫学术思想研究》,武汉大学 2010 级博士论文,第 175 页。

培翬在疏解时引用了敖继公、郝敬之言曰："敖氏曰：'君母在，则不敢不从服者，以其配父尊之也。君母不在则不服者，别于己之外亲也。此庶子虽服其君母之父母姊妹，彼于此子，则无服也。'郝氏敬曰：'君母在不敢不服，圣人于礼，人情耳。人情所不敢，圣人因之。尊尊亲亲，所以不得不相为用也。'"①培翬在引二说后加案语曰：

> 今案：君母之父母姊妹昆弟卒，君母之痛方深，凡君母所生之子，无不为服。而己见其哀痛，独晏然不与同忧，是自外于君母矣，而敢乎？所以从之为服也。若君母不在，则无所见以动其情，故不服，此所谓徒从也。②

"君母之父母从母"服小功五月，此乃常例，即"君母在"的情况下，为君母之父母从母从服小功五月服。"君母不在"，则为变例，不必服小功五月。培翬的疏解，体现了知权达变、缘情制礼的思想，也体现了其以礼经世之意识。

三、"《礼》当为天下万世遵行，不当为一二人立制"

培翬经世意识中的一个重要特征，是他认为《礼》当为天下万世遵行，不当为一二人立制。这是培翬在《丧服》篇的疏解中针对历史上一些有违《礼》经服制的做法而提出来的。培翬虽然赞同"缘情制礼"说，但他对服制的考证还是常常遵循郑玄之意。培翬此举，也即在于求"礼之先型"。张寿安先生认为，掌握住礼之先型才能对俗礼进行改革③。培翬主张《礼》当为天下万世遵行，不当为一二人立制，就是反对历史上对礼制的片面改革。他认为这种片面改革，既破坏了礼之先型，也破坏了先圣制作之精意④，从

---

① 段熙仲点校，胡培翬：《仪礼正义》，第 1547—1548 页。
② 段熙仲点校，胡培翬：《仪礼正义》，第 1548 页。
③ 张寿安：《十八世纪礼学考证的思想活力——礼教论争与礼秩重省》，第 79 页。
④ 胡培翬对于服制常常是遵循古制的，他反对后人轻改服制。对于后世援《仪礼》而增加服制之举，他常常是持批评态度的，如对于"立后礼"，胡氏有自己独到的见解："后世不明乎古者唯大宗立后、小宗无子不立后之义，无论大宗、小宗，皆为置后，甚至有利其资产，舍大宗而争为小宗后者。……不知《仪礼》之立后，与世俗异，此篇所述，系《仪礼》之礼，非世俗之礼。……今人小宗亦为立后，虽非古礼，而意在从厚，尚属可行，然欲执此以议《仪礼》，则于先圣制作之精意，失之远矣。或别定位服制，而不必援《仪礼》为说，可也。"（胡培翬：《〈仪礼〉为人后者为其本宗服述》，《研六室文钞》卷一，《胡培翬集》，第 33 页。）可见，胡培翬认为后人轻改服制的举措是违背先圣制作之精意的。

而不利于发挥礼学的移风易俗与经世致用之功能。如对于叔嫂之服，胡培翚认为叔嫂应无服，他认为郑注"若己以母妇之服服兄弟之妻，兄弟之妻以舅子之服服己，则是乱昭穆之序也"，就是"释无服之义也"。他对此有一段独特的见解：

> 《旧唐书·礼仪志》："贞观十四年，太宗曰：'同爨尚有缌麻之恩，而嫂叔无服，宜集学者详议。'于是魏征、令狐德棻等奏议：'请服小功五月，报。其弟妻及夫兄亦小功五月。制可之。'"沈氏云："《奔丧》云：'无服而为位者，唯嫂叔及妇人，降而无服者麻。'郑云：'虽无服，犹吊服加麻袒免为位哭也。'是嫂叔之丧，固吊服而加麻矣，非若颜师古所云'阖门缟素，己独玄黄莫改者'也。"又云："孩童之叔，被鞠养于长嫂，则既葬之后，心丧终期，亦庶几恩义之兼尽乎？后世因鞠养之恩而制嫂叔之服，因嫂叔制服而并制兄公弟妻之服，如魏征诸人，皆不知先王之礼意者也。"今案：稚叔鞠于长嫂，此不过千百中之一二，《礼》当为天下万世遵行，不当为一二人立制。当时唐臣阿徇帝旨，遂议制服，而其援以为说者，仅以长嫂于稚叔有鞠养之恩，及子思哭嫂为位为辞。然子思之哭嫂，礼未言其有服也。至弟妻与夫兄相为服，绝无义可言。若此传详明无属之理，《礼记》又著远别之义，足见《礼经》不为制服，实本天理人情，历圣相传，未之有改。虽贞观中议定服制，而其后卢履冰、元行冲之流，尚以为宜依旧礼，亦可知礼之协于人心者，不可易矣。窃谓夫之兄弟，当依《礼经》无服。遭丧则兄弟之妻，及夫之兄弟，皆吊服加麻。叔于长嫂，更为位以哭。若有早岁而孤，为嫂所鞠养以长者，则或如韩昌黎之于郑氏，服期以报，或尽心丧之礼，在其人自行之，而不必垂为定制可也。[1]

培翚此段所论，是针对后世改革叔嫂之服制而言的。对于叔嫂之服，学者们对此聚讼纷纭。《礼记·檀弓上》云："嫂叔之无服也。"《丧服传》也认为嫂叔无服："夫之昆弟何以无服也？其夫属乎父道者，妻皆母道也。其夫属乎子道者，妻皆妇道也。谓弟之妻妇者，是嫂亦可谓之母乎？故名者，人治之大者也，可无慎乎？"郑玄注此《传》云："……若己以母妇之服服兄弟之

---

①段熙仲点校，胡培翚：《仪礼正义》，第1499页。

妻,兄弟之妻以舅子之服服己,则是乱昭穆之序也。治,犹理也。父母兄弟夫妇之理,人伦之大者,可不慎乎?"唐贾公彦疏此传曰:"……若著服,则相亲,近于淫乱,故不著服。推而远之,远乎淫乱,故无服也。"①可见,郑、贾均赞同"叔嫂无服"之说。但历史上也有人持反对意见,比较著名的是唐太宗十四年,李世民召集魏征、令狐德棻等商讨叔嫂之服,遂将叔嫂无服改为小功五月,报②。自此以后,小功五月服基本上成为叔嫂之服的定制,如宋《政和礼》、朱熹《家礼》、《清通礼》等均因之。清儒考订服制,对此态度不一,如毛奇龄、万斯同等人就赞成叔嫂有服。但也有学者加以反对,如沈彤撰《仪礼小疏》认为:"孩童之叔,被鞠养于长嫂,则既葬之后,心丧终期,亦庶几恩义之兼尽乎?后世因鞠养之恩而制嫂叔之服,因嫂叔制服而并制兄公弟妻之服,如魏征、令狐德芬诸人,皆不知先王之礼意者也。"③沈彤的观点得到了培翚的认可。培翚认为叔嫂应无服,反对将叔嫂无服改为小功五月并作为定制而流传,由此提出"《礼》当为天下万世遵行,不当为一二人立制"的思想。至于"早岁而孤,为嫂所鞠养以长者","或如韩昌黎之于郑氏",培翚认为"自行之",不必作为定制而流传。可见,培翚是反对后人轻改礼制的。

另外,对于叔嫂无服,培翚还有一段精辟之论:"范氏祖禹云:'嫂不可谓母,则属于妻道者也,故推而远之,以明人伦。'程子曰:'推而远之,此说不是。古之所谓无服者,只为无属。今上有父有母,下有子有妇,叔父伯父,父之属也,故叔母伯母之服,与叔父伯父同。兄弟之子,子之属也,故兄弟之子之妇,服与兄弟之子同。若兄弟则己之属也,难以妻道属其嫂。此古者所以无服,以义理推,不行也。'沈氏云:'推而远之,为叔在夫行,嫂在妻行,有所嫌,故尔。传举其上下,记举其中,合之而义乃备。'程子谓叔与嫂何嫌之有?此程子自道其意。若先王之服术,通彻上下,不专为中人以上制也。"④培翚此处所论之"若先王之服术,通彻上下,不专为中人以上制也",与上引之"《礼》当为天下万世遵行,不当为一二人立制"是一致的。可见,对于先圣之服制,培翚是反对轻易改动的。

①李学勤主编:《十三经注疏·仪礼注疏》,第 605 页。
②详见(后晋)刘昫等撰:《旧唐书·礼仪志》,中华书局 1975 年版,第 1019—1021 页。
③沈彤:《仪礼小疏》卷四,《景印文渊阁四库全书》第 109 册,第 948 页。
④段熙仲点校,胡培翚:《仪礼正义》,第 1497 页。

以上我们从三个方面论述了《正义》中关于培翚以礼经世的意识。可以看出，培翚礼学具有经世济民的情怀与实用的效能。作为一名以考据见长的皖派经学家，培翚不像其他乾嘉考据学者那样专注于故纸堆、专门从事于考证，做精专之学而不关心民生，他在做精专之学、从事于繁富的礼学考证之外，也能矫正乾嘉考据学者隔绝学术与现实人生之间的联系，并将学术与经世济民相结合，张扬礼学的经世功能，希望通过对礼学的践履来恢复礼制秩序，推行礼乐教化，进而实现自己关注民生、关注国事之愿望。培翚此举不失为一代大儒风范。

结　语

一、清代《仪礼》学研究之成就

皮锡瑞在《经学历史》中称清代为"经学复盛时代"，并说清代经学"承晚明经学极衰之后，推崇实学，以矫空疏，宜乎汉学重兴，唐、宋莫逮"①。皮氏所言是符合实际情况的。清代是经学的总结阶段，也是集大成阶段。经学发展到清代，在清初经世之风的感应下，便很快得以复兴。随着清代学术的发展，至乾嘉时期，汉学中兴，经学逐渐兴盛。特别是随着吴派、皖派以及扬州学派的出现，标志着清代经学高峰时代的到来。道咸以降，宋学复兴，汉学式微。但清中、晚期是经学的总结期，接连出现了多种经学新疏，它们都是清代经学的"结晶体"，代表了清代经学的最高成就。晚清，随着今文经学的兴起，学术理路也发生了变化。当康有为借推演、阐发公羊"三世说"以表达改良社会面貌的愿望时，也将晚清今文经学推向了高潮。而晚清宋学的复兴，既带来了经世思潮，也导致了理学异端的出现。随着晚清政权的旁落，经学也随之落幕，并渐渐退出了历史舞台。

在"经学复盛"的清代，受学术思潮的影响，《仪礼》学研究也达到了繁荣与鼎盛。清代的《仪礼》研究，无论从研究队伍，还是从研究成果而言，都超轶前代。据王锷统计，有清一代《仪礼》学研究有专著传世的，计177人，专著225部，占整个古代《仪礼》学研究总数的45.2%。在如此空前繁荣的背景下，学者们对《仪礼》文本展开了全方位的研究，取得了许多令人瞩目的成就，致使《仪礼》学在清代处于辉煌的巅峰。

清代的《仪礼》研究，就内容而言，其涉及广泛，大致包括以下几个方面：1.通解《仪礼》经文的：如方苞《仪礼析疑》，吴廷华《仪礼疑义》，蔡德晋《礼经本义》等；2.研究《仪礼》目录的：如臧镛堂《仪礼目录》，胡匡衷《仪礼目录校证》等；3.研究礼法通例的：如凌廷堪《礼经释例》，江永《仪礼释例》

---

①皮锡瑞：《经学历史》，第295页。

等;4.研究宫室的:如张惠言《仪礼宫室图》,江永《仪礼释宫增注》,胡培翚《仪礼宫室定制考》等;5.图、表解《仪礼》的:如张惠言《仪礼图》,吴之英《仪礼礼事图》,马徵麐《仪礼表》,蒋彤《仪礼丧服表》等;6.研究官职的:如胡匡衷《仪礼释官》等;7.研究古、今文的:如宋世荦《仪礼古今文疏证》,胡承珙《仪礼古今文疏义》等;8.研究服制的:如张尔岐《仪礼丧服经传并记》,毛奇龄《三年服制考》,程瑶田《丧服文足征记》等;9.研究《士丧礼》的:如沈彤《士丧礼说》,吴名溢《丧礼注》,方苞《丧礼或问》等;10.研究《昏礼》的:如江永《昏礼从宜》,朱董祥《昏礼广义》等;11.研究《仪礼》声读的:如檀萃《仪礼韵言》,段玉裁《仪礼汉读考》,陈光煦《仪礼汉读考》等;12.通考礼书的:如徐乾学《读礼通考》,秦蕙田《五礼通考》,黄以周《礼书通故》等;13.研究《仪礼》句读的:如张尔岐《仪礼郑注句读》,吴廷华《仪礼章句》,王文清《仪礼分节句读》等;14.对《仪礼》经、注进行疏解的:如鄂尔泰等人《仪礼义疏》,胡培翚《仪礼正义》等;15.对《仪礼》经文、郑注或贾疏进行校勘的:如卢文弨《仪礼注疏详校》,金曰追《仪礼经注疏正讹》,阮元《仪礼注疏校勘记》等。可见,清代《仪礼》文献种类繁多,不一而足。清代《仪礼》文献研究涉及面广,且系统、全面,是以往朝代所无法超越的,堪称《仪礼》学研究的集大成时期。

　　在上述《仪礼》学著作中,张尔岐《仪礼郑注句读》、吴廷华《仪礼章句》、胡匡衷《仪礼释官》、凌廷堪《礼经释例》、张惠言《仪礼图》、阮元《仪礼注疏校勘记》等都是非常优秀的作品,在《仪礼》学研究方面都极具代表性。只是这些著作,仅仅涉及对《仪礼》学某一方面的研究,不能算作是《仪礼》学研究的贯通之作。胡培翚《仪礼正义》彻底弥补了这一缺憾,该书旁征博辑,荟萃众说,对《仪礼》经、注进行了全方位的解读,基本上涉及到《仪礼》学的所有问题,并实现了对贾公彦《仪礼疏》及清代官修《仪礼义疏》之超越,堪称古代《仪礼》学研究的集大成之作。

　　作为清人十三经注疏之一,胡培翚《仪礼正义》和孙诒让《周礼正义》等代表了清代经学的最高成就。对于清代诸经新疏,梁启超曾说:“清学自当以经学为中坚,其最有功于经学者,则诸经殆皆有新疏也。”可见,梁氏对清代诸经新疏是比较看重的。他还特别补充说:“其在《仪礼》,有胡承珙之《仪礼今古文疏义》,胡培翚之《仪礼正义》。”梁氏还认为:“此诸新疏者,类皆撷取一代经说之菁华,加以别择结撰,殆可谓集大成。"①梁氏之言至确。
梁启超此处所提到的胡承珙《仪礼今古文疏义》,实为《仪礼古今文疏义》,
该书也是仅就《仪礼》今、古文方面进行疏解的,在经学成就方面与《仪礼正
义》也难以匹敌。而胡培翚《仪礼正义》与江声《尚书集注音疏》、王鸣盛《尚
书后案》、孙星衍《尚书今古文注疏》、陈奂《诗毛氏传疏》、刘文淇《左传旧疏
考证》、陈立《春秋公羊义疏》、刘宝楠《论语正义》、焦循《孟子正义》、邵晋涵
《尔雅正义》、郝懿行《尔雅义疏》、孙诒让《周礼正义》等是清儒引以为豪的
九种十二部著名的新疏,均是集大成形式的作品,备受学界青睐。

二、《仪礼正义》的学术特色

综观《仪礼正义》全书,在正前人之疏义、统一《仪礼》经说、论归一定等
方面作出了较大贡献。该书补贾疏之缺,正贾疏之误,删敖氏之杂纽,实现
了对《仪礼》旧疏之超越。这是《仪礼正义》最大的学术特色。张锡恭认为
培翚《正义》"称其所长,约有四端",其一曰搜罗富,其二曰校订精,其三曰
存秘逸,其四曰除门户②。张氏概括《正义》之特色是符合实际的。除此以
外,若就全书而言,其在释礼决疑方面尚有如下几方面的学术特色。

(一)折衷诸说,力求拾遗补缺。折衷诸说,是清代经学研究的一个重
要手段。康熙在论及经学与史学之关系时曾指出:"经学在于切实通明,折
衷诸说;史学在于始末淹贯,论定是非。二者皆确有证据,难于支离其说,
故必由积累之功,涵泳之久,较之词章之学,其难易固各不同也。"③培翚解
经时,在广泛征引各种文献的基础上,惯于折衷诸说,然后附以己意,并力
求做到拾遗补缺。如此,不仅使自己的疏解集前贤研究之大成,而且在前
贤观点的基础上加以折衷,予以调和,同时还能补前人研究之不足,洵可谓
《仪礼》最佳注本。如卷二十六《士丧礼一》对"扆"的疏解即为如此:

> 贾疏云:"谓褰帷而上,非谓全彻去。"案扆,《说文》:"闭也。"《杂
> 记》释文引《字林》、《玉篇》亦皆云"闭也"。《篆文》云:"古闺字。"是字
> 书并无"褰帷"之训。沈氏彤云:"扆是帷之所以开阖者,故阖之曰施其

---

①详见夏晓虹点校,梁启超著:《清代学术概论》,第175—176页。
②张锡恭:《读胡氏仪礼正义一》《茹荼轩文集》卷九,第111页。
③玄烨:《圣祖仁皇帝御制文集》卷二十七《杂著·讲筵绪论》,载《景印摛藻堂四库全书荟要》第348
　册,台湾世界书局1988年版,第232页。

扆，开之则曰扆之，犹门关之关，训扃亦训通，其例一也。"段氏玉裁云：
"《士丧礼》注曰：'彻帷扆之，事毕则下之。'《杂记》注曰：'既出则施其
扆，鬼神尚幽暗也。'据此二注，扆有'褰举'之义，与《东都赋》'祛黼帷'
同。疑《说文》'闭'当作'开'。扆说扆在开闭之间，故兼此二义。"今
案：段后一说，略与沈同。《文选》注云："祛，举也。"《广雅·释诂》云：
"祛，去也。"又云："祛，开也。"王氏《疏证》云："《庄子·胠箧篇》司马彪
注云：'从旁开为胠。'《秋水篇》：'公孙龙口呿而不合。'《吕氏春秋·重
言篇》：'君呿而不唫。'高诱、司马彪注并云：'呿，开也。'祛、胠、呿，古
通用，袖口谓之祛，义亦同也。"窃疑此扆字与祛、胠、呿亦通。《曲礼》：
"暑无褰裳。"郑注："褰，祛也。"是扆有褰义。又下"君使人襚"，复云
"彻帷"，是事毕则下之，有事又彻之也。下小敛讫彻帷，经复云"帷
堂"，此君使人吊襚，彻帷后不更云帷堂，则贾以扆为"褰帷而上，非谓
全彻去"者，确矣①。

此例中，培翚引诸家之说释"扆"，并在集众家之说的基础上提出"扆字
与祛、胠、呿亦通"。同时，又引《曲礼》及《仪礼》经文，证贾疏之说为是，其
目的即在于折衷诸说，力求拾遗补缺。

（二）提出新解，必标明理由。《正义》一书，新见迭出。培翚在提出新
见解时，持论谨慎，不故作标新立异，不作凭空之论，常能提供证据，标明理
由。如对《士冠礼》郑注"今齐人名蒨为靺鞈袚之制似韠"一句的断句即如
此。对于此句之断句，贾公彦《仪礼疏》与孔颖达疏《诗·瞻彼洛矣》引此注
均以"鞈"属上读。胡培翚认为贾、孔二人断句均误，并指出"鞈"字应属下
读。同时，他提出自己的新解："靺鞈即靺色之韠。""而名靺鞈者，靺言其
色，鞈言其质"。为此，培翚征引了《礼记·玉藻》之郑注、《说文》、《尔雅》等
书，先证实贾、孔二说之误。接着，培翚从《仪礼·士丧礼》中寻出内证，又
从戴侗《六书故》中找出外证，从而得出结论："以鞈字属下为句，得其读矣，
今依彼正之。"②由此可见，对于新解，培翚常常是不厌其烦地提出证据进
行佐证，让人觉得理由充分，证据确凿。培翚此处之断句，得到了学界的认
可，如黄以周在《礼书通故》中对郑玄"靺鞈"注的疏解及断句即采用胡培翚

①段熙仲点校，胡培翚：《仪礼正义》，第1657页。
②具体详参段熙仲点校，胡培翚：《仪礼正义》，第36—39页。

上述说法的①。

　　（三）引用他说，必注明出处，不攘人之善。洪诚先生曾说："攘善为学者之病，不独于己为失德，且遗误后人。文献积累，日益增多。才士亦不能遍观，即遍观亦不能尽记。攘人之说以为己有，将使后人获失考之愆，失德何甚？"②可见，学界是比较憎恶攘善的。可喜的是大多数学者都能遵从学术规范，不攘人之善，胡培翚也是如此。其撰《正义》喜引诸家之说，每征引一处，都会注明出处；每述一义，亦必穷源究委。如《士丧礼》篇对"考降"之训释，郑注："考，登也。降，下也。"培翚疏解引敖继公谓："考，成也。降，下也。谓成其下棺之事。"引张尔岐谓："考，父也。降，骨肉复归于土也。"引沈彤谓："郑训考为登，以考降为魂神之上下，不若言骨肉复归于土者之切。但训考为父，又与上其父之文相犯。敖本《尔雅·释诂》，训考为成，最佳。然谓成其下棺之事，亦未稳顺。若云'成幽宅而下棺'，则得之矣。"培翚又下案语云："考训成，较登为有据。然谓成其下棺之事，似迂曲。若云'成幽宅而下棺'，又似牵涉卜宅，不若张氏以考为父，谓父降于此，得无近于咎悔，文义更洽。沈氏以与上其父相犯为嫌。"培翚又引顾炎武之言曰："既言父，又言考者，犹《易》言幹父之蛊，有子考无咎也。"顾氏又引《礼记》"体魄则降"为证。最后，胡培翚认为："似张说义长。"③此处之释，每一步必注明出处。《正义》全书培翚之疏解皆如此，仅胡、杨补纂章节不遵体例，引用他说，常有攘善之举。

三、《仪礼正义》学术地位之评估

　　杨向奎曾说："疏《仪礼》与疏《周礼》不同，《周礼》多政经大事，疏者必心有全牛，而《仪礼》乃繁文缛礼，其细如发，疏者必深入腠理。《周礼》《仪礼》都是三千年前之朝廷大事及士族生活，三千年后，其中其事朽灭无垠，所馀者仅古代文献之简略记载，而文字变迁，语言歧异，欲于简单之古朴记载中，得窥古代士族之生活全貌，实属不易。"④培翚因"贾氏之《疏》疏略、

---

①详见王文锦点校，黄以周：《礼书通故》，第 190 页。

②洪诚：《读周礼正义》，见杭州大学语言文学研究室编：《孙诒让研究》，中华书局上海印刷厂 1963
　　年版，第 24 页。

③具体详参段熙仲点校，胡培翚：《仪礼正义》，第 1819—1820 页。

④杨向奎：《清儒学案新编》第六卷，齐鲁书社 1994 年版，第 323 页。

失经注意者,视《诗》孔《疏》更甚焉,遂有重疏《仪礼》之志",于是始撰《正义》,以正定《仪礼》经、注文字,成"明白正大"之疏。《正义》之撰著,体例明确,于旧疏有抉择,且时下断语,具有鲜明的内涵特性。而其划分章节,校勘文字,训诂字义,考释礼制名物,阐释礼俗仪规,总结礼例,推阐经、注之意,创获颇丰,具有较高的学术价值。当初戴震说经学研究有三难:"仆闻事于经学,盖有三难:淹博难,识断难,精审难。"①考培翚《正义》,知作者已突破此三难。可见,《仪礼正义》充分展示了胡培翚的学术内涵,也彰显了该书的学术价值。

《仪礼正义》"搜采繁富,资料丰赡,最是引人注目"②。该书善于广采众家之说,特别是该书善于采用清代最具功力的诸学者之说,既免除了见闻鄙陋之议,又奠定了该书疏解之学术地位。培翚在撰著过程中,所参用的版本多是当时学界难得的善本,此也决定了该书疏解质量之高。由于《仪礼正义》征引了几百部著作,因此,该书也可以说是一部资料汇编,但培翚在广求各家之说的同时,能用清代考据学家所惯用的手段,认真搜集材料,并能根据所疏之内容对材料慎选精择,以求处处落实。他考定寝庙之制,考订礼制仪规,不乏独创之论,受到了同时代经学家们的普遍重视。

胡培翚撰著《仪礼正义》,"可谓尽博观约取,取精用玄之能事。依其全书大例,凡所取材可分四类:或取之以申郑注,或取之以订郑注,或取之以辅郑注所未及,或取之以广异闻,其说虽异于郑注而仍可通则仍存录之。原文之有脱者则补之,讹者则正之,衍者则删之,其倒互者则乙正之,皆有助于来学者之是其正、纠其非,释疑存参。苦心孤诣,卓见特识,既不为官书而轻从偏见,又不为汉学、宋学门户之见所囿。择善而从,实为新疏之优点,亦为对贾疏不得不有所匡正之因由"。③ 该书"融会全经,旁通午贯,参稽众说,择精语详。自训故名物、仪节器数、微言大义,以及传记之参错、同事相违、注义之深微、言不尽意,莫不广寻道意,条贯科分,其尽思穷神之处,实能洞见本原,不坠周公之遗法。自国初以来,礼学之业未有盛于先生者也"。④ 李慈铭《越缦堂读书记》评价云:"其书包罗古今,兼列众本异同,

①戴震:《与是仲明论学书》,《戴震文集》卷九,第141页。
②洪湛侯:《徽派朴学》,安徽人民出版社2005年版,第171页。
③段熙仲:《胡氏仪礼正义引用书目》,《仪礼正义》附录四,第2469页。
④曹元弼:《礼经纂疏序》,《复礼堂文集》卷四,王有立主编,中华文史丛书之四十六,第458—459页。

精核博综，诚一时之绝学。"①所言均是。

　　《仪礼正义》，不仅花费了胡培翚四十馀年之心血，也占用了其族侄与学生的时间与精力，才最终得以成书。此书代表了古代《仪礼》学研究的最高成就，其对后学也有诸多启迪，特别是对晚清另一部礼学著作——《周礼正义》的成书，客观上起到了借鉴与促进作用。时至今日，该书仍是研究《仪礼》必备的参考书，具有较大的参考价值。总之，《仪礼正义》不愧为"二千馀岁绝学也"②，胡培翚不愧为古代《仪礼》学研究之殿军，《仪礼正义》也不愧为《仪礼》学研究的集大成之作。

----

① 由云龙辑，李慈铭：《越缦堂读书记》，上海书店 2000 年版，第 56 页。
② 汪士铎：《户部主事胡先生墓志铭》，《汪梅村先生集》卷十一，《续修四库全书》第 1531 册，第 703 页。

附录

胡培翚生平及作品系年考证

凡　例

本系年参考了胡培翚《研六室文钞》①，胡培翚《仪礼正义》②，吴文治《中国文学史大事年表》③，万国鼎《中国历史纪年表》④，《绩溪金紫胡氏家谱》⑤（以下简称《家谱》），胡韫玉《胡培翚传》⑥，金天翮《胡培翚传》⑦，陈奂《师友渊源记》⑧，胡培系《族兄竹村先生事状》⑨（以下简称《事状》）、程苹卿《京都绩溪馆录》⑩等作品。

本系年，对一年内发生的多件事，分别以1、2、3等序号标识，并分别予以考证。

本系年，所记之年先言所在帝王年号之年，次言甲子，后在括号内注明公元，以便中国纪元与公元对照。

系年并考证

乾隆四十七年壬寅（1782）　1岁

---

① 胡培翚：《研六室文钞》，黄智明点校，蒋秋华校订：《胡培翚集》，台北"中央研究院"中国文哲研究所2005年版。

② 段熙仲点校，胡培翚：《仪礼正义》，江苏古籍出版社1993年版。

③ 吴文治：《中国文学史大事年表》，黄山书社1993年版。

④ 万国鼎编，万斯年，陈梦家补订：《中国历史纪年表》，中华书局1978年版（2007年重印）。

⑤ 清胡广植等纂修：《绩溪金紫胡氏家谱》（二十八卷，首三卷，末两卷），光绪33年（上海图书馆藏）。

⑥ 胡韫玉：《胡培翚传》，《国粹学报》，第七年第二册（原第76期），1911年2月。

⑦ 金天翮：《胡培翚传》，《皖志列传稿》卷五。

⑧ 江标署检，陈奂：《师友渊源记》，光绪十二年函雅堂丛书本（今藏南京图书馆）。

⑨ 见黄智明点校，蒋秋华校订：《胡培翚集》。

⑩ 程苹卿：《京都绩溪馆录》，清光绪刻本（藏国家图书馆）。

正月二十一日,胡培翚生。

　　《事状》云:"公生于乾隆四十七年壬寅正月二十一日。"

乾隆五十九年甲寅(1794)　13岁
胡培翚年十三,从学于叔祖父绳轩公胡匡宪。

　　《赠奉直大夫叔祖绳轩公行状》(《研六室文钞》卷九。下引此书简称《文钞》)称:"培翚少时,受经于先祖,年十三而从学于公(胡匡宪),沐公之教深。"《事状》云:"年十三,受业于从叔绳轩先生,即培系之祖也。绳轩公教人,以治经为本,严而有法,公益自奋励,于诸经已得其要领。"

嘉庆六年辛酉(1801)　20岁
胡培翚年二十,于诸经悉得要领。

　　胡韫玉《胡培翚传》称:"先生之于经,少承家学,弱冠时,于诸经已悉得要领。"

嘉庆七年壬戌(1802)　21岁
得安徽学政汪廷珍赏识,以第一名入学,补县学生。

　　《事状》称:"山阳汪文端公廷珍视学安徽,得公文,亟赏之,以第一名入学。"考《清史列传·汪廷珍列传》称:汪廷珍"(嘉庆)七年,提督安徽学政。九月,任满回京。"①故胡培翚当于嘉庆七年结交汪廷珍,并受汪廷珍赏识而入学。《家谱》卷首中"科第"条也称:"培翚公,秉钦次子,字竹村,嘉庆壬戌年二十一,补县学生。"

嘉庆八年癸亥(1803)　22岁
此年,胡培翚以一等第一食廪饩。

　　《事状》称:"山阳汪文端公廷珍视学安徽,得公文亟赏之,以第一名入学。明年,以一等第一食廪饩。"由上一条考证知汪廷珍视学安徽是1802年,则"明年"即为1803年。故系于此。《家谱》卷首中"科第"条也称:"培翚公,秉钦次子,字竹村,……癸亥补廪。"

---

① 王钟翰点校:《清史列传》卷三十四,第2649页。

嘉庆十年乙丑（1805）　24 岁

是年，夏銮（夏朗斋）莅任徽州府训导，胡培翚以师礼事之。时胡培翚为博士弟子。

胡培翚《徽州府训导夏先生墓志铭（节本）》（《文钞》卷十）称："辛酉，（夏朗斋）补正蓝旗教习。期满，用知县。以太孺人春秋高，恐不获远道就养，呈改教职，选徽州府训导。"又曰："培翚之于先生，固以师事者也，岂敢言知交哉？然先生初司铎吾郡时，培翚为博士弟子，而先生略分忘年，引与讲论，……培翚于先生之学行，饫闻心折久矣。"另外，夏銮长子夏炘《先考行述》称："己未入都，考取八旗教习，又出文正之门。辛酉，补正蓝旗教习。期满引见，奉旨以知县用。府君以先王母春秋高，不欲远离，改就教职。甲子选授徽州府训导，乙丑莅任，以阐扬绝学、造就人才为己责。"①可见，夏銮莅任徽州府训导一职，乃在嘉庆十年乙丑。此年，夏銮初上任，胡培翚时为博士弟子，二人结识，遂成忘年交。而胡培翚于夏銮，是以师礼事之。

今案：《徽州府训导夏先生墓志铭（节本）》又称："道光九年十一月初三日，夏朗斋先生卒于家，其明年正月，讣至京师，余为文哭之。既而其嗣以书来，谓余与先生交，垂三十年，相知最深，相契最笃，志墓之文，舍余莫属。"夏朗斋卒于道光九年（1829），次年（1830）正月胡培翚才得知消息，若按此年往前推三十年，则夏銮与胡培翚结交于 1801 年，显然于事实不符。此处，胡氏云三十年，当为虚指。

嘉庆十一年丙寅（1806）　25 岁

是年冬，胡培翚师事汪莱，执弟子礼。

《石埭训导汪先生行略》（《文钞》卷九）称："培翚自丙寅冬执弟子礼，未几而先生入都，嗣后南辕北辙，动辄相左，中惟己巳归里，得一再奉教。吁！可伤已。"

嘉庆十二年丁卯（1807）　26 岁

是年，就读歙县紫阳书院，师事凌廷堪。

《复夏朗斋先生书》（《文钞》卷四）称："今夏，因校先祖《仪礼释官》，取

---

① 夏炘：《景紫堂文集》卷十三，见沈云龙主编：《近代中国史料丛刊》第九十四辑，第 740 页。

《仪礼》全经复读之,而贾氏之《疏》疏略、失经注意者,视《诗》孔《疏》更甚焉,遂有重疏《仪礼》之志。然此事甚大,非浅学所能任,而以昔日粗闻先祖,及丁卯、戊辰间从次仲师游,窃窥途径,又有未敢自逮者。伏惟先生教之,俾知从事,幸甚!"

张其锦《凌次仲先生年谱》卷四"(嘉庆)十二年丁卯,先生五十一岁"条云:"春回歙主讲城南紫阳书院。"[1]"自开课以后,始则大哗,继则信疑各半焉。而先生教思之诚终不稍懈,尝语及门胡进士培翚曰:'仆既抗颜居此席,当思有益于后进,岂忍曲学阿世取悦流俗以误英俊之士乎?'"[2]"(嘉庆)十四年己巳,先生五十三岁,春客杭州,夏归歙,卒"条云:"受业弟子五十五人,……丁卯在徽州,则有……绩溪胡培翚,字载屏……"[3]

嘉庆十三年戊辰(1808)　　27 岁

1.继续师事凌廷堪。

2.始治《礼经》。

《上罗椒生学使书》(《文钞·补遗》)称:"忆翚从事《礼经》,自戊辰始,经今四十馀年矣。"

3.是年举优行。

《家谱》卷首中"科第"条称:"培翚公,秉钦次子,字竹村,……戊辰举优行。"

嘉庆十四年己巳(1809)　　28 岁

1.是年春,夏銮延胡培翚至家中教习子弟。

夏炘《记益友胡竹村先生事》云:"己巳春,先君子延先生主余家,令诸弟受业,朝夕尊经阁上相与纵谈学问。"[4]

2.是年,汪莱归里,胡培翚再次师事汪莱。

《石埭训导汪先生行略》(《文钞》卷九)称:"培翚自丙寅冬执弟子礼,未几而先生入都,嗣后南辕北辙,动辄相左,中惟己巳归里,得一再奉教。吁!

①张其锦辑:《凌次仲先生年谱》,《丛书集成续编》第 174 册,上海书店 1994 年版,第 446 页。
②张其锦辑:《凌次仲先生年谱》,《丛书集成续编》第 174 册,第 448 页。
③张其锦辑:《凌次仲先生年谱》,《丛书集成续编》第 174 册,第 451 页。
④夏炘:《景紫堂文集》卷九,见沈云龙主编:《近代中国史料丛刊》第九十四辑,第 475 页。

可伤已。"

3.是年汇考取优咨部。

《家谱》卷首中"科第"条称:"培翚公,秉钦次子,字竹村,……己巳汇考取优咨部。"

嘉庆十五年庚午(1810)　29岁

1.胡培翚与张阮林、顾翰等同举于乡。

《左传杜注辩证书后》(《文钞》卷七)称:"君(张阮林)讳聪咸,字阮林,一字小阮。庚午岁,与培翚同举于乡。"另,《泾县龙神庙碑》(《文钞·补遗》)称:"顾侯,无锡人,名翰,蒹塘其号。嘉庆庚午,与培翚同举于乡。"《事状》也称:"嘉庆庚午举于乡。"《家谱》卷首中"科第"条称:"培翚公,秉钦次子,字竹村,……庚午,江南乡试中式第十八名举人。"卷首中"仕官"目"培翚公"条称:"嘉庆庚午乡魁。"

2.是年邑令长白清公欲以重金延胡培翚于门下,胡培翚未答应。

《事状》云:"嘉庆庚午举于乡,时邑令长白清公欲延致门下,赆以白金三百,公曰:'因赠金而师事之,是以金为师也。'不受,亦不往。"

嘉庆十六年辛未(1811)　30岁

1.胡培翚计偕来都,与从叔父胡秉虔同寓处,每夜读书不辍。

《从叔父同知公遗书记》(《文钞》卷八)称:"辛未之岁,培翚计偕在都,与公同寓处,每夜读书,必尽银烛二条,虽日间酬应纷纭,而夜课不减。"

今案:胡韫玉在其《胡秉虔传》中称:"咸丰辛未之岁,已成进士十二年,先生从侄竹村先生,计偕来都,与先生同寓,每夜读书必尽烛二条,或日间酬应纷纭,而夜课不减,勤学不辍,无异寒暑,宜其所成之深也。"[1]胡韫玉此处所提到的"咸丰"当为"嘉庆"之误。

2.是年,胡培翚游历南北,并访求胡仔《孔子编年》,不得。

《孔子编年后序》(《文钞》卷六)称:"培翚幼年即思读其书(《孔子编年》),辛未而后,游历南北,过书肆,辄访求焉,不可得。"

今案:后胡培翚还是访得《孔子编年》一书,并为之作注,成《孔子编年

---

[1]胡韫玉:《胡秉虔传》,《国粹学报》,第七年第四册(原第78期),1911年4月。

注》五卷。

嘉庆十七年壬申（1812）　31岁

1.是年除夕前三日作《释"帱"》。

《释"帱"》（《文钞》卷一）文后称："嘉庆壬申十二月除夕前三日识。"

2.作《燕寝考》，熟复各经注。

《答包孟开论燕寝书》（《文钞》卷五）称："忆培翚于嘉庆壬申、癸酉间撰《燕寝考》，熟复各经注，恍然见燕寝之有斯义，遂为《东房西室疑问》一篇，遍质通人。"

3.是年接管北京绩溪会馆，经理馆事，弥补旧亏，复积有盈馀。增修会馆、义园、房屋，诸废并兴。

《京都绩溪馆录》卷四《重新堂额记》后注曰："辛未经理馆事者葛雨田孟雷、张梧冈凤翥、曹步韩州、曹韵槐嗣音，……壬申，步韩出京，胡竹村培翚接管。"《重新堂额记》云："会馆大厅旧有匾额曰'就日堂'，年久剥落，字画不辨。馆众相谓曰：'自雨田、竹村诸人经馆事，弥补旧亏，复积有盈馀，增修会馆、义园、房屋，诸废并兴。'"

嘉庆十八年癸酉（1813）　32岁

1.胡培翚与胡墨庄定交北京。

《求是堂文集序》（《文钞》卷六）称："忆自癸酉定交都中，余与君系出同宗而世远，各自为谱，行次不可考。"

2.作《燕寝考》未就，先撮其大略，就正于山阳汪廷珍（汪文端）。后又请教高邮王引之（王文简），《燕寝考》始定稿。

《东房西室疑问》（《文钞》卷一）文后称："培翚初为《燕寝考》，以管见所及，时请正于山阳汪文端师，师许可，索书，书尚未就，因先撮其大略，为此篇呈之。后又以请正于高邮王文简师，《燕寝考》始定稿焉，时嘉庆癸酉岁也。越今丁酉，二十五年矣，检录付梓，敬识于此。"

3.作《燕寝考》，与胡承珙往复书信辩论，并先后作《东房西室疑问》与《答家墨庄论燕寝书》两文。

在胡培翚校梓的胡承珙《求是堂文集》卷二《复家竹村孝廉燕寝室南无户书》后，胡培翚曾添加案语曰："案：此及后篇（《再复竹村书》）俱嘉庆癸酉岁余撰《燕寝考》时，君与余往复辩论之作也。余答书亦刻在拙著《文钞》中，存以俟通人考定焉。"①在《研六室文钞》中，与胡承珙就燕寝一事进行论辩的书信是《东房西室疑问》(《文钞》卷一)及《答家墨庄论燕寝书》(《研六室文钞》卷五)。

今案：胡承珙《复家竹村孝廉燕寝室南无户书》云："承珙白竹村足下：前承示燕寝《东房西室考》，批读数过，皆详确，不可易，所据《斯干》笺谓：'天子燕寝左右房，诸侯以下东房西室。'"考其内容，实符合胡培翚《东房西室疑问》一文的内容。胡氏《东房西室疑问》云："其实东房西室，是燕寝之制，郑笺《诗》已明言之，当以此为定说。《斯干》：'筑室百堵，西南其户。'笺云：'其筑室者，谓筑燕寝也。天子之寝有左右房，西其户者，异于一房者之室户也。'又云：'南其户者，宗庙及路寝，制如明堂，每室四户，是室一南户尔。'今由此说申之，盖郑义以天子正寝如明堂，为五室之制，燕寝为左右房之制。诸侯以下之正寝亦为左右房，燕寝则东房西室。"由此可以推定，胡培翚先是写《东房西室考》(今名《东房西室疑问》)求教于胡承珙，胡承珙读后以《复家竹村孝廉燕寝室南无户书》答胡培翚。胡培翚在读罢胡承珙的来信后，又以《答家墨庄论燕寝书》回复胡承珙，胡承珙在接到复信后，又以《再复竹村书》作答。二胡氏此间往复交流辩论的顺序当是如此。

4.是年胡培翚以《东房西室疑问》问质于洪颐煊、张阮林、胡承珙、包孟开等人。是年二月，洪颐煊以《答胡孝廉培翚书》作答。胡培翚收到复信后，以《答洪筠轩论燕寝书》作答。

《答包孟开论燕寝书》(《文钞》卷五)称："忆培翚于嘉庆壬申、癸酉间撰《燕寝考》，熟复各经注，恍然见燕寝之有斯义，遂为《东房西室疑问》一篇，遍质通人。"胡培翚作《东房西室疑问》一文后，曾于本年问质于洪颐煊筠轩、张阮林、胡承珙、包孟开等人，洪颐煊以《答胡孝廉培翚书》作答。

今案：洪颐煊《答胡孝廉培翚书》，今见于《筠轩文钞》卷八，其云："尊意以燕寝与正寝异制，正寝中央为室，左右为房。燕寝止有东房西室。正寝室户在南面，燕寝室户在东壁，以通于房，其南面有牖而无户。"②此所云正是胡培翚《东房西室疑问》一文所得的结论，可知洪颐煊《答胡孝廉培翚书》

---

① 胡承珙：《求是堂文集》，《续修四库全书》第1500册，第237页。
② 洪颐煊：《筠轩文钞》，《续修四库全书》第1489册，第637页。

是就胡培翚《东房西室疑问》一文的回信。而洪氏《答胡孝廉培翚书》，文末署时为"嘉庆癸酉二月十六日"，可知洪颐煊的回信也在本年。胡培翚收到洪氏复信后，以《答洪筠轩论燕寝书》作答。

嘉庆十九年甲戌（1814）　　33 岁

1.奉特旨考取国子监学正学录。

《家谱》卷首中"科第"条称："培翚公，秉钦次子，字竹村，……甲戌奉特旨考取国子监学正学录。"卷首中"仕宦"目"培翚公"条也称："甲戌奉特旨考取国子监学正学录。"

2.为张阮林《左传杜注辩证》校字。

《左传杜注辩证书后》（《文钞》卷七）称："嘉庆十有九年甲戌二月，桐城阮林张君卒于都城旅次。其卒之前数日，出所著《左传杜注辩证》，授家编修墨庄，属为删订。编修写副藏焉，而原书仍归其家，以写本属余校字，余因卒读是书。"

3.七月五日，胡培翚与郝懿行、朱琦、胡承珙等九人祀于海岱门外之万柳堂。

《汉北海郑公生日祀于万柳堂记》（《文钞》卷八）称："（胡培翚）于《太平广记》中得《别传》，云'康成永建二年七月戊寅生'，墨庄以《顺帝纪》是年七月书'甲戌朔'推之，知戊寅为七月五日，余因谓墨庄曰：'昔臧荣绪以庚子陈经，遂有生日之祝，近人多为欧阳、二苏作生日。若郑公之有功圣经，讵出欧、苏下？今国家表章绝学，改革前典，既已复祀郑公两庑，吾侪于其生日，私致芹藻之敬，不亦可乎？'墨庄曰：'然。'遂作启，相与征同志十馀人，祀之于万柳堂。是日也，宿雨初霁，天高景澄，而兹堂又僻处都城之东南隅，车辙罕至，尘嚣远隔，同人再拜礼成。登楼凝眺，怀古思旧，酌蔬赋诗，尽欢而退，属余记之，时嘉庆甲戌岁也。同祀者：栖霞郝兰皋懿行、泾朱兰坡琦、胡墨庄承珙……及培翚也。"

今案：钱仪吉《衍石斋记事稿》卷一《郑君生日祠记》亦言及此事："嘉庆十九年，同人为位于海岱门外之万柳堂以祀。"①

---

①钱仪吉：《衍石斋记事稿》卷一，见《续修四库全书》第 1508 册，第 505 页。

4.七月十六日既望,作《左传杜注辩证书后》。

《左传杜注辩证书后》(《文钞》卷七)称:"嘉庆十有九年甲戌二月,桐城阮林张君卒于都城旅次。其卒之前数日,出所著《左传杜注辩证》,授家编修墨庄,属为删订。编修写副藏焉,而原书仍归其家,以写本属余校字,余因卒读是书。……今读是书,所谓音徽未沫,而其人已亡;青简尚新,宿草将列,孝标之悲,恶能已也!是岁七月既望书。"

5.胡培翚春闱报罢,至胡墨庄(胡承珙)处度夏,成《郑公传考证》一卷。

《汉北海郑公生日祀于万柳堂记》(《文钞》卷八)称:"培翚春闱报罢,将出都门,墨庄宗兄邀宿斋中度夏,闲暇无事,遂搜取各书,与《后汉书》本传参考,补其缺略,成《郑公传考证》一卷。"

6.是年冬,胡培翚过邗江,移书于焦循,乞循为汪莱作传。

《石埭训导汪先生行略》(《文钞》卷九)后附焦循所撰之《别传》(《研六室文钞》卷九)云:"吾友汪君孝婴,嘉庆丁卯,以优贡生赴朝考京师。戊辰,入国史馆,纂修《天文》、《时宪志》。既成,天子嘉其通晓数学,选授石埭儒学训导。癸酉冬十一月,卒于官。明年甲戌冬十二月,其弟子绩溪县举人胡君培翚移书于循,乞为撰传一篇,备史馆传儒林者采择。"《石埭训导汪先生行略》也称:"培翚自丙寅冬执弟子礼,未几而先生入都,嗣后南辕北辙,动辄相左,中惟己巳归里,得一再奉教,吁!可伤已。去年冬过邗江,既以其学之大者,丐焦君作传。……右嘉庆二十年乙亥九月,胡培翚谨撰。"可见,胡培翚去邗江,乞求焦循为汪莱作传,应在嘉庆二十年乙亥之前一年,故系于此。

7.胡培翚校先祖胡匡衷之《仪礼释官》,并萌发重疏《仪礼》之志。

《复夏郎斋先生书》(《文钞》卷四)称:"今夏,因校先祖《仪礼释官》,取《仪礼》全经覆读之,而贾氏之《疏》疏略、失经注意者,视《诗》孔《疏》更甚焉,遂有重疏《仪礼》之志。"《福建台湾道胡君别传》(《文钞》卷十)称:"嘉庆甲戌,培翚在都,馆于君(胡承珙)邸,时方草创《仪礼疏》,昕夕与君谈论。"胡培翚于嘉庆甲戌馆于胡承珙邸时,方草创《仪礼正义》,那么,他校先祖胡匡衷《仪礼释官》而萌发的重疏《仪礼》之志,则不应迟于此年,故暂系于此。

8.胡培翚在都,馆于胡承珙邸,与胡承珙谈论学问,并草创《仪礼正义》。

《福建台湾道胡君别传》(《文钞》卷十)称:"嘉庆甲戌,培翚在都,馆于君(胡承珙)邸,时方草创《仪礼疏》,昕夕与君谈论。"金天翮《胡承珙传》云："嘉庆甲戌,绩溪胡培翚在都,草创《仪礼正义》。承珙见郑注引古今文异字,贾疏多略不及,谓培翚曰:'吾当专为书以助子。'其后在闽及渡台,以书笥累重,携《仪礼》一经,每日公退,则纂一二则,成《仪礼古今文疏义》。"

9.是年,暂寓胡承珙住处,给胡承珙之子教授经学。胡承珙写诗赠之。

胡承珙《竹村孝廉榜后暂寓敝斋授儿辈经用前韵赠之》云:"得失何劳问楚齐,本来蕉鹿未曾迷。陈编肯付枯蟫守,低树聊因短羽栖。密荫簾栊凉似水,长闲门巷净无泥。鲤鱼风起秋江近,安得壶常竖子提?"[①]

今案:由上条考证可知,胡培翚曾于此年馆于胡承珙官邸,则胡承珙于此年写此诗赠胡培翚可能性极大。

嘉庆二十年乙亥(1815)　34 岁
是年九月,胡培翚撰《石埭训导汪先生行略》。

《石埭训导汪先生行略》(《文钞》卷九)称:"右嘉庆二十年乙亥九月,胡培翚谨撰。"

嘉庆二十一年丙子(1816)　35 岁
胡培翚校毕《仪礼释官》,家刻之。

胡匡衷《仪礼释官》有嘉庆二十一年(1816)家刻本,今藏国家图书馆,为《仪礼释官》最早刊本。

嘉庆二十二年丁丑(1817)　36 岁
1.胡培翚在都应礼部试,与方茶山交游。

《方茶山先生遗集书后》(《文钞》卷七)称:"丁丑之岁,先生入觐,培翚时以应礼部试在都,晨夕招往客舍谈论。临行,又邀同游水西门外小有余坊。尝谓培翚曰:……"

2.是年,拣选注册以知县补用。

《家谱》卷首中"科第"条称:"培翚公,秉钦次子,字竹村,……丁丑,拣选注册以知县补用。"

---

①胡承珙:《求是堂诗集》卷十五《赏春集》,《续修四库全书》第 1500 册,第 134 页。

3.胡培翚授徒于东斋修业堂。

吴赓枚《嘉庆重修家谱序》称:"越八年丁丑,余复假馆于紫阳,竹村已登贤书,方授徒于东斋之修业堂,时有修族谱之役。"①

嘉庆二十三年戊寅(1818) 37 岁

1.是年修族谱,胡培翚任纂修。约与此时编《三山公年谱》。

《家谱》卷首中"仕宦"目"培翚公"条称:"嘉庆戊寅纂修族谱。"《家谱·古今修谱名目·国朝嘉庆二十四年复续修家谱》记载:纂修为培翚公。《胡氏族谱旧序》也称:"嘉庆戊寅秉衡公、培翚公等修之。"②《家谱》卷首上《传志》称:"胡培翚修谱时所辑也。光绪甲申胡培系乃采摭南宋杂史,如《靖康要录》、《建炎以来系年要录》之类,以补其缺略,分为上下两卷,遵培翚公所编总集之例,题曰《胡少师年谱》,以行于世。"

今案:据《家谱》记载,胡培翚纂修家谱在本年及后一年(己卯),而其家谱也成于己卯年。胡培翚于己卯年中进士,该年,胡培翚忙于科举,无多余时间参与编纂《年谱》。其编《三山公年谱》一事,在戊寅年可能性较大,故暂系于此年。

2.是年家居时曾议仿休宁县公输经费,发典生息,后竟不果。

绩溪县宰王日新《绩溪捐助宾兴盘费记》云:"宾兴之岁,大江南北两省之士皆试于金陵,而水陆兼程,道里之远,徽州为最。徽属如歙县、休宁,富甲通省,又有公捐乡试经费,赴举者最多,科名亦最盛。绩溪于府属独为硗瘠,士多寒素,艰于行李,就试者最少,非无积学宿儒,往往兀守里间,老于牖下。或遂谓地本无才,非通论也。壬午,予谒选得兹邑,中翰胡君竹村为余言,其家居时曾议仿休宁公输经费,发典生息,后竟不果。"③

徐会烜《绩溪捐助宾兴盘费序》云:"试费之助又曷可少哉?绩溪之有是举会于嘉庆二十三年,倡始既而未果。至道光四年复兴前议,三阅月捐数遂成。"④

---

①吴赓枚:《嘉庆重修家谱序》,见清胡广植等纂修:《绩溪金紫胡氏家谱》(二十八卷,首三卷,末两卷),光绪 33 年。
②清胡广植等纂修:《绩溪金紫胡氏家谱》(二十八卷,首三卷,末两卷),光绪 33 年。
③王日新:《绩溪捐助宾兴盘费记》,载清徐会烜辑:《绩溪捐助宾兴盘费规条》,清道光八年刊本。
④徐会烜:《绩溪捐助宾兴盘费序》,载清徐会烜辑:《绩溪捐助宾兴盘费规条》,清道光八年刊本。

嘉庆二十四年己卯（1819）　38岁

1.胡培翚中进士，出王引之门下。

《王石臞先生八十寿序》（《文钞》卷六）称：“道光癸未三月，为太夫子石臞先生八十寿辰。先生生于华阀，早历词馆，……培翚敬仰先生久，己卯出吾师门下，进拜先生，亲承训教，故敢以所窥测者，侑一觞焉。谨序。”此处“吾师”指王引之。《家谱》卷首中“科第”条称：“培翚公，秉钦次子，字竹村，……己卯，会试中式第一百四名进士，殿试二甲二十九名。”

2.是年，胡培翚中进士后，授内阁中书，充实录馆详校官。

《家谱》卷首中“仕宦”目“培翚公”条称：“己卯进士，钦点中书内阁行走，本衙门撰文，国史馆分校官，《大清一统志》纂修官，转升户部广东司主事兼办云南司事，加三级。诰授朝议大夫，奉赠两代。”

今案：朱保炯，谢沛霖编的《明清历代进士题名录》之“嘉庆二十四年己卯恩科”条提到胡培翚二甲第二十九名进士出身。[①] 另，《事状》也称：“己卯成进士，殿试二甲，授内阁中书，充实录馆详校官。书成，擢户部广东司主事。”胡培翚做官认真，《清史列传》载：“居官勤而处事密，时人称其治官如治经，一字不肯放过。绝不受胥吏财贿，而抉隐指弊，胥吏咸惮之。”[②]

3.七月初五日郑玄生日，胡培翚组织蒋廷恩、陈用光、钱仪吉、光聪谐、陈奂、陈兆熊、冯启羕、魏源、张成孙、朱珔、胡承珙、徐榪亭等复祀于海岱门外之万柳堂。

《汉北海郑公生日祀于万柳堂记》（《文钞》卷八）称：“己卯岁七月初五日，复祀于万柳堂。同祀者：元和蒋香度廷恩、新城陈石士用光、嘉兴钱衎石仪吉、桐城光栗原聪谐、长洲陈硕甫奂、崇明陈辛伯兆熊、鹤山冯晋鱼启羕、邵阳魏默深源、武进张彦惟成孙，暨朱兰坡、胡墨庄、徐榪亭与余。”

今案：钱仪吉《衎石斋记事稿》卷一《郑君生日祠记》亦言及此事：“嘉庆十九年，同人为位于海岱门外之万柳堂以祀。至二十四年，祀如初。”[③]又云：“同会者：元和蒋廷恩，新城陈用光，泾朱珔、胡承珙，桐城徐璈、光聪谐，鹤山冯启羕，武进张成孙，益阳魏源，太仓陈奂、陈兆熊，为之主者歙胡培

① 朱保炯、谢沛霖编：《明清历代进士题名录》，见沈云龙主编：《近代中国史料丛刊续编》，台北文海出版社1983年版，第2775—2776页。
② 王钟翰点校：《清史列传》卷六十九，第5619页。
③ 钱仪吉：《衎石斋记事稿》卷一，见《续修四库全书》第1508册，第505页。

翚。以事不至者金应麟、沈钦裴、汪喜孙、钱师康也。"①陈奂《师友渊源记》也提及此事:"己卯秋七月,同人公祭郑康成先师于京东隅万柳堂。……曩者万柳堂公祭十有三人:胡给事墨庄承珙、朱编修兰坡玙、陈编修石士用光、徐户部樗亭璈、钱户部衍石仪吉、蒋中书香度廷恩、魏明经默深源、胡户部竹村培翚、张上舍彦惟成孙、冯中书晋鱼启萲、光刑部栗原聪谐。名贤雅集,极一时盛事。奂亦厕殿,与侄陈庶常辛伯兆熊焉。"

4.是年京都绩溪会馆因王照经理会馆账目不清,交培翚经理馆事,培翚倡捐添盖房屋。

　　《京都绩溪会馆》卷四《丙戌清理会馆案卷》载,胡培翚于道光六年曾遭王照诋控,培翚家人王元于是年四月据实上呈案卷辩护,其称:"具呈家人王元,为据实呈明事:家主现任户部主事胡培翚,系安徽绩溪县人。……窃嘉庆二十四年,邑众因王照管会馆账目不清,交家主经管。家主以馆中空地甚多,倡捐添盖房屋……道光六年四月□日。"

嘉庆二十五年庚辰(1820)　39 岁

1.是年春,胡承珙出都赴延、建、邵道任,胡培翚作《送家墨庄之任延建邵道序》。

　　《送家墨庄之任延建邵道序》(《文钞》卷六)称:"吾家墨庄先生,性耽坟典,博洽群书,留心经世之务,居家简约而自治谨严,深有得于古人躬行实践之指。由翰苑擢阶台谏,数上章言事,所言皆关民生利病、吏治得失,天子于是知其贤,畀以延、建、邵道之任。今春将出都,而过余为别,其言嗛然,若不克负荷为懼。盖欲尽其职所当为,而不以为清简易称可知矣。余谓君遂于儒术者也。……余与君切磋久,相期者大,故于其行,不敢为寻常谀颂之词,而谨书此为赠云。"可知本序作于某年春天胡承珙离都赴延、建、邵道任之时。考胡承珙被授延、建、邵道,乃在嘉庆己卯年冬,《福建台湾道胡君别传》(《文钞》卷十)称:"己卯,充顺天乡试同考官。是冬,授福建分巡延、建、邵道。"而胡承珙真正赴任延、建、邵道,乃在己卯第二年春。嘉庆己卯第二年为庚辰年,故系于此。

---

①钱仪吉:《衍石斋记事稿》卷一,见《续修四库全书》第 1508 册,第 506 页。

2.是年七月五日,胡培翚与同人二十三人复祀于陶然亭。

夏炘《闻见一隅录》卷二《日下录》云:"郑康成永建二年七月戊寅生,见于《太平广记》。是年七月甲戌朔,见于《顺帝纪》。绩溪胡竹村农部、泾胡墨庄承珙编修,共考七月五日为康成生日,京师讲经学者聚集设祭,行之已数年矣。己卯冬,余至京。庚辰七月五日,复会于陶然亭,到者二十有三人,流连终日,极山林开旷之乐。"[①]

今案:这是胡培翚与同人第三次祭祀郑玄生日。可惜胡培翚与他人的文集中均没有记载此次祭祀活动,文中所提及的参与祭祀的二十三人,也无从确考。

道光二年壬午(1822)　41 岁

胡培翚经陈奂而见苏宾嵋于水月禅舍。

《清淮纪梦图赞(有序)》(《文钞》卷八)称:"苏君宾嵋工文嗜古,笃友朋之谊,余初未相识也。道光壬午,于友人陈硕甫寓斋见之,其后一辱还答,皆未遇。今岁应礼部试来京,出《清淮纪梦图》示余,则苏君甲申道经广陵,梦余于草堂注经,周涧东于溪滨采药,觉而为图三,一以诒余,一以诒涧东,而自藏其一。属余题其上,余览之,滋愧焉。……然余与宾嵋,一见于水月禅舍,而其状貌言论,若有系于余心。厥后思硕甫,未尝不忆宾嵋。以是推之,宾嵋之梦余,亦其情也。"

今案:道光壬午年,胡培翚与陈奂和苏宾嵋相见于水月禅舍,此后直至苏宾嵋来京应礼部试,胡培翚才与苏宾嵋第二次相见,见面时,苏宾嵋赠胡培翚《清淮纪梦图》。

道光三年癸未(1823)　42 岁

1.三月十三日,王念孙八十大寿,胡培翚进《王石臞先生八十寿序》。

《王石臞先生八十寿序》(《文钞》卷六)称:"道光癸未三月,为太夫子石臞先生八十寿辰。先生生于华阀,早历词馆,……先生博学以综之,精思以审之,伟识以断之,集诸家之大成,为后学之津导。……盖能会音、形、义三者之大原以言文字,使古籍之传,得存真面目于天壤者,千百年来,先生一

---

①夏炘:《闻见一隅录》,清同治五年景紫堂藏版。

人而已。……培翚敬仰先生久,己卯出吾师门下,进拜先生,亲承训教,故敢以所窥测者,侑一觞焉。谨序。"

2.是年,程春海任贵州学政,胡培翚作《送程中允春海之任贵州学政序》。

《送程中允春海之任贵州学政序》(《文钞》卷六)称:"道光三年春二月,天子以右中允程君为贵州学政。"胡培翚作《送程中允春海之任贵州学政序》当应在此年,故系于此。

道光四年甲申(1824)　43岁

1.作《醵资掩埋遗骨引》。

《醵资掩埋遗骨引》(《文钞》卷六)称:"此甲申六月霖雨后作也。"

2.胡秉虔作《甘州明季成仁录》,属胡培翚校梓。临行,胡培翚送至窦店,论学达曙。

《从叔父同知公遗书记》(《文钞》卷八)称:"甲申,自甘入觐,以所著《甘州明季成仁录》属培翚校梓。临行,送至窦店,论学达曙。"

3.是年,道光帝令诸臣会议《大清通礼》各条,胡培翚上书答中书汤储璠。

《仪礼正义》卷二十二载:"道光四年,上令诸臣会议《大清通礼》各条,时内阁主稿,有中书汤储璠者,欲主其说,以问于培翚,培翚以书答之。其略云:……"[1]

道光五年乙酉(1825)　44岁

1.为郝兰皋(郝懿行)遗著《春秋》、《尔雅》谋付诸梓。

《刻郝氏春秋二种序》(《文钞》卷六)称:"道光旃蒙作噩之岁,郝兰皋先生卒于京邸,遗命其嗣以所著《春秋》、《尔雅》,属余与比部李君月汀,谋付诸梓。越月,其嗣抱《春秋说略》、《春秋比》二书来,时为先生谋刻《尔雅》,未遑及也,为写副藏之。"文中"旃蒙作噩之岁"为太岁纪年,岁在乙为"旃蒙",岁在酉为"作噩",故"旃蒙作噩"岁在乙酉。《求是堂文集序》(《文钞》卷六)也称:"忆自癸酉定交都中,余与君系出同宗而世远,各自为谱,行次不可考。……未几,阮林病殁,其遗书、《左传》,余为校之。又十年,郝丈殁,余为校其《春秋》、《尔雅》,求梓于世。"此处的"又十年",当为张阮林去

世后的十年。前文已考张阮林于嘉庆十九甲戌年离世，从甲戌过后十年，当为乙酉年，故系于此。

2.是年，倡捐创立宾兴文会。

《家谱》卷首中"仕宦"目"培翚公"条称："道光乙酉，倡捐创立宾兴文会。"

道光六年丙戌（1826） 45岁
胡培翚集同人复祀郑玄，礼成，绘为卷子。龚自珍作《祀义》篇质胡培翚。

清吴昌绶所撰《定盦先生年谱》之"道光六年"条有称："同年绩溪胡竹村户部（培翚）集同人祀汉郑司农于寓斋，礼既成，绘为卷子。先生作《祀义》篇质户部（已佚），复隐栝其旨，谐为韵语，大略谓：……"[①]

道光七年丁亥（1827） 46岁
胡培翚为郝懿行《春秋说略》、《春秋比》二书刻成。是年八月，胡培翚作《刻郝氏春秋二种序》。

《刻郝氏春秋二种序》（《文钞》卷六）称："今二书（郝兰皋所作《春秋说略》、《春秋比》二书）得大令镂版以传，不特先生含怡泉壤，而余与（李）月汀承先生垂殁之委托，亦可藉此告慰已。时道光七年，岁在强圉大渊献八月序。"

道光八年戊子（1828） 47岁
1.是年七月五日，胡培翚祀郑玄于万柳堂，绘图征诗。

张之洞《（光绪）顺天府志》卷十四《京师》志十四（清光绪十二年刻本）称："道光戊子七月五日，胡竹村培翚祀郑康成于万柳堂。以是日康成生日也，绘图征诗。"

2.是年十月，胡培翚充捐纳房差。

《事状》曰："道光八年十月，充捐纳房差。"

3.是年，婺源程沇入都应京兆试，胡培翚应程沇之邀为黄启兴《诗考》作序，成《黄氏〈诗考〉序》。

《黄氏〈诗考〉序》（《文钞》卷六）称："婺源程君竹溪，以其同邑黄氏《诗

---

①吴昌绶：《定盦先生年谱》，《续修四库全书》第557册，第348页。

考》五卷示余,而属为序。……黄氏名启兴,字石香……竹溪名沅,道光戊子入都应京兆试,而捆载经学书千数百卷,日住会馆,丹黄校读,不屑屑为举子业,亦好古士也。余故重其请,为书此归之。"

4.是年,胡培翚倡建绩溪东山书院。

《事状》云:"京师绩溪会馆年久费败,公力为规复,又创建东山书院,规条皆所手定,邑人至今沾被其泽。"《徽学通讯》第13、14期增刊载:清道光八年(1828),由胡培翚倡建,胡余德捐银一千两,于县城东山脚下建东山书院。《家谱》卷首中"仕宦"目"培翚公"条称:"戊子,倡捐创造东山书院。"

今案:周晓光《徽州传统学术文化地理研究》也系于此年,其云:"道光八年(1828年)名儒胡培翚等集资创建东山书院,位于绩溪东门外大屏山麓。"①

道光九年己丑(1829)　48岁

是年,苏宾嵋来京应礼部试,赠送胡培翚《清淮纪梦图》,胡培翚有感而发作《清淮纪梦图赞(有序)》。此年苏宾嵋春闱报捷。

《清淮纪梦图赞(有序)》(《文钞》卷八)称:"苏君宾嵋工文嗜古,笃友朋之谊,余初未相识也。道光壬午,于友人陈硕甫寓斋见之,其后一辱还答,皆未遇。今岁应礼部试来京,出《清淮纪梦图》示余,则苏君甲申道经广陵,梦余于草堂注经,周涧东于溪滨采药,觉而为图三,一以诒余,一以诒涧东,而自藏其一。属余题其上,余览之,滋愧焉。……然余与宾嵋,一见于水月禅舍,而其状貌言论,若有系于余心。厥后思硕甫,未尝不忆宾嵋。以是推之,宾嵋之梦余,亦其情也。"

今案:道光壬午年,胡培翚与陈奂和苏宾嵋相见于水月禅舍,后直至苏宾嵋来京应礼部试,胡培翚才与苏宾嵋第二次相见,见面时,苏宾嵋送胡培翚《清淮纪梦图》。胡培翚有感而发,作《清淮纪梦图赞(有序)》。苏宾嵋,原名苏庭春,参加道光九年己丑科礼部试时,改名苏孟阳。乔晓军《清代翰林传略》"道光九年己丑科"条有曰:"苏孟阳,字震伯,号宾嵋。江西鄱阳(今波阳)人。2甲81名进士,散馆改吏部主事。"苏宾嵋应礼部试时送胡

①周晓光:《附录一:徽州传统学术文化大事系年》,见《徽州传统学术文化地理研究》,安徽人民出版社2006年版,第265页。

培翚《清淮纪梦图》当为此年,故系于此。

　　另,胡培翚于此年四月十五日写给陈奂的信中也提及此事:"再者,《毛诗申成》一书,止有篆字本,钞写颇难。……弟近况碌碌如常,茅塞填胸,而方赤近亦为案牍劳神,无暇读书。定庵、宾嵎春闱俱报捷,极可喜事。……翚又启。己丑四月望日。"①此信中的定庵、宾嵎即指龚自珍与苏宾嵎(苏庭春)。

道光十年庚寅(1830)　49 岁

1.复建京师绩溪会馆尚义轩,作《绩溪会馆尚义轩记》。

　　《绩溪会馆尚义轩记》(《文钞》卷八)称:"京师吾绩会馆,重修于道光丁亥,越二年,复建尚义轩,轩在馆之西偏。其始也,老屋数椽,倾欹摧朽,余与萝菴、理斋、心原、以含,谋所以新之,乃式辟旧基,高其楹宇,于地之北构瓦屋五间,其南建平台三间,而于平台之左右,各置小房一间,以为门庑、庖湢之所。既成,余颜以今名。或询于余曰:'子之以"尚义"名轩也……'"从文中"京师吾绩会馆重修于道光丁亥,越二年"处可推知,道光丁亥年之两年后当为道光庚寅年,即为道光十年,故系于此。

2.胡培翚为文哭夏銮,并为之撰墓志铭。

　　《徽州府训导夏先生墓志铭(节本)》(《文钞》卷十)称:"道光九年十一月初三日,夏朗斋先生卒于家,其明年正月,讣至京师,余为文哭之。既而其嗣以书来,谓余与先生交,垂三十年,相知最深,相契最笃,志墓之文,舍余莫属。"夏朗斋卒于道光九年,培翚来年得知消息,故撰墓志铭一事均在道光十年,故系于此。

3.胡培翚因假照案被罢官镌级。

　　《清儒学案·朴斋学案下》云:"道光辛卯,假照案发,由先生破其弊,当事者乃附其名于失察之后,遂被镌级。"②

　　今案:假照案③发于道光十年,《清儒学案》记为"道光辛卯,假照案发",实误。胡培翚是在本年因假照案发,因受牵连而镌级。《清史列传》载:"假照

---

①陈奂辑,吴格整理:《流翰仰瞻》,《历史文献》(第十辑),第 55 页。

②沈芝盈、梁运华点校,徐世昌等编:《清儒学案》,第 3789 页。

③关于道光十年的假照案,可参考南炳文、白新良主编,吴振清撰:《清史纪事本末》(道光朝),上海大学出版社 2006 年版,第 2266—2272 页。

案发,司员失察者数十人,惟培翚及蔡绍江无所污,然犹以随同画诺镌级。"①

道光十一年辛卯(1831)　50岁

1.胡培翚出都归里,应陶澍聘,往钟山书院。

《上罗椒生学使书》(《文钞·补遗》)称:"翚自辛卯出都,曾承乏江南省城钟山讲席。"《事状》也云:"自辛卯罢官归里,长沙陶文毅公(澍)聘于江宁钟山书院。"

2.胡培翚为其师王引之《经传释词》作跋,成《经传释词书后》一文,称《经传释词》"足补《尔雅》之缺"。

刘盼遂《高邮王氏父子年谱》"道光十一年辛卯八十八岁(王念孙)"条后附"(王引之)六十六岁复署工部尚书,胡培翚为序《经传释词》。"②《经传释词书后》(《文钞》卷七)称:"是书(《经传释词》)专释语词虚字,辟前未有之途径,荟萃众解,津逮后人,足补《尔雅》之缺。学者诚能即是书,熟复而详考之,则于经义必无扞格,而读史、读子、读古书,无不迎刃以解矣,其功不与《尔雅》并传也哉?受业胡培翚敬识。"

道光十二年壬辰(1832)　51岁

1.胡培翚往钟山书院,途经胡承珙住所。

《求是堂文集序》(《文钞》卷六)称:"道光壬辰秋,余往钟山讲院,过其(胡墨庄)家,君时病疟,居内寝,余入视,尚摄衣冠坐,遽谓余曰:……"

今案:胡培翚之《惜阴书院别诸生文》(《文钞·补遗》)有门人胡先翰案语,提及此年胡培翚主讲钟山书院。其案语云:"道光壬辰、癸巳,陶文毅公延竹村师主讲钟山书院。"

2.胡培翚始主讲钟山书院,刻《课艺》(《钟山书院课艺》)。诸生来谒,答诸生"风气"之问。

《钟山书院课艺序》(《文钞》卷六)称:"道光壬辰,为大比之岁,诸生来

---

① 王钟翰点校:《清史列传》卷六十九,第5619页。另,有关胡培翚的"假照案",汪喜孙的《书户部主事胡培翚、蔡绍江被议事》一文记载较为详细,可参。具体详参汪喜孙著,杨晋龙主编:《汪喜孙著作集》,台北"中研院"文哲所2003年版,第508—510页。

② 刘盼遂编:《高邮王氏父子年谱》,见罗振玉辑印:《高邮王氏遗书》,江苏古籍出版社2000年版,第59页。

谒,有以风气之说询者。余曰:……"《惜阴书院别诸生文》(《文钞·补遗》)有门人胡先翰案语,提及此年胡培翚主讲钟山书院。其案语云:"道光壬辰、癸巳,陶文毅公延竹村师主讲钟山书院,师选刻《课艺》,文毅序之。"

3.胡培翚来钟山书院,得钱大昕所撰书《学约》,并重梓,使有裨学者。

《钱竹汀先生入祀钟山书院记》(《文钞》卷八)"道光十二年,培翚来钟山讲院,得先生所撰《学约》,切实该括,有裨学者,求其版不可得,乃重梓以诒在院之士。"

4.为钱大昕请入祀钟山书院,并作《钱竹汀先生入祀钟山书院记》。

《钱竹汀先生入祀钟山书院记》(《文钞》卷八)称:"道光十二年,培翚来钟山讲院,得先生所撰《学约》,切实该括,有裨学者,求其版不可得,乃重梓以诒在院之士。其堂之东有祠,祀院长之有学行者,而先生未与,心窃嗛焉。既与诸荐绅言之,而陈君懋龄、吴君刚、汪君云官六七人同应声曰:'是真此邦之缺典也。'亟制栗主,敬送入祠。……然则兹地之祀先生,乌容已欤!乃记其事而系以诗,曰:……"

道光十三年癸巳(1833) 52岁

1.胡培翚至胡墨庄(胡承珙)家,求其遗书。

《求是堂文集序》(《文钞》卷六)称:"明年,余至其(胡墨庄)家,求遗书,而遗文已经朱君兰坡略为编次。"案此句前文有语曰:"道光壬辰秋,余往钟山讲院,过其(胡墨庄)家,君时病疟,居内寝。余入内,尚摄衣冠坐,遽谓余曰:……"据此文,可知"明年"当为"道光壬辰"后一年,即道光癸巳年,故系于此。

2.胡培翚因假照一事被议,此年,可奉旨准捐,复原官。而胡培翚遂以亲老不复出。

《上罗椒生学使书》(《文钞·补遗》)称:"翚在任,每办一稿,必先核封册籍,稽查例案,然后将书吏拟稿改定,其有事关重大者,则自行起稿。每日进署,与吏为仇,晚则将册籍带回寓内,钩稽查核,夜分而后已。不幸失察假照,被议镌级。癸巳岁,奉旨准捐复原官,君上之恩,实出望外,然是时先严年近八旬,旧恙复发,不忍远离,追养亲事毕,精力就衰,不堪为朝廷驱策矣。"

3.是年,胡培翚仍主讲钟山书院。

《惜阴书院别诸生文》(《文钞·补遗》)有门人胡先翰案语,提及此年胡培翚主讲钟山书院。其案语云:"道光壬辰、癸巳,陶文毅公延竹村师主讲钟山书院。"

4.刻成《钟山书院课艺》,并为之作序,成《钟山书院课艺序》。

《钟山书院课艺序》(《文钞》卷六)称:"越癸巳,刻《课艺》成,即以是书之于简。""越癸巳",即为到了癸巳年,故系于此。

今案:陶澍是年也有《钟山书院课艺序》之作,其云:"余以庚寅秋恭膺简命,建节斯土,得时以退食之暇,进诸生观其角艺,四年于兹矣。适院长胡竹村将有《课艺》之刻,于以觇诸生,诣力所就之浅深,非苟为标行卷、博虚誉也。……往时卢抱经、钱竹汀、姚姬传诸先生尝主斯席,皆以实学为教,数十年来流风未替。今又得胡先生为之提倡,吾见其风气蒸蒸日上也,故于《课艺》重举圣训,为诸生勖焉。"①关于此条所记之内容,在胡培翚《惜阴书院别诸生文》中有胡先翰所加的案语,其云:"道光壬辰、癸巳,陶文毅公延竹村师主讲钟山书院,师选刻《课艺》,文毅序之,有云:'往时卢抱经、钱竹汀、姚姬传诸先生尝主斯席,皆以实学为教。今又得胡先生为之提倡,吾见其风气蒸蒸日上也。'盖是时惜阴书院犹未建,而师与文毅,已多以实学为诸生勖矣。"

道光十四年甲午(1834) 53岁

1.是年,胡培翚去金陵,作《方茶山先生遗集书后》。

《方茶山先生遗集书后》(《文钞》卷七)称:"先生既殁之二年,余至金陵,仲子通甫以其遗集见示,……培翚尝欲详访先生宦绩为行状,备后之传循吏者采择,通甫拟以家存案稿及《年谱》示余,而卒,卒未果。会余去金陵,乃以所闻知者书于集后,而行状则俟他年为之云。"可见,《方茶山先生遗集书后》是胡培翚于方茶山殁后二年去金陵而作。方茶山,名体,字道坤,号茶山。江庆柏《清代人物生卒年表》系其生年为1754年,其卒年存缺。胡培翚《方茶山先生遗集书后》一文曾提到其卒时年七十九,文云:"先生由刑部郎出为江西九江守十年,善政最多,……旋升江苏苏、松、常、镇、太粮道,……未几,调江宁盐巡道,疏浚秦淮支河一千二百馀丈,民便之,……擢湖北按察使,厘奸剔弊,楚人深德之,为立'楚无冤民'扁于黄鹤

---

① 陶澍:《钟山书院课艺序》,见《陶文毅公全集》卷三十七,《续修四库全书》第1503册,第410页。

楼。在任年余即致仕,寓金陵,年七十九卒。"方茶山生年为 1754 年,又年79,故其卒年当为 1832 年,殁后二年则为 1834 年,故系于此。

2.胡培翚移讲泾川书院(胡培翚在泾川书院讲学至 1837 年止,计四年),校读胡承珙《毛诗后笺》等书。

《求是堂文集序》(《文钞》卷六)称:"明年,余至其家求遗书,而遗文已经朱君兰坡略为编次。又一年,余移讲泾川,乃取《后笺》等书次第校读,以苏郡陈君硕甫治《诗》宗毛,与君同志,思引与雠校,而喆嗣先翰、先颎日夜思刊父书,即如余言往请。硕甫欣然来就,将《后笺》之未毕者补之,并取君所著《尔雅古义》,校以授梓。"由上文道光十三年癸巳(1833)"胡培翚至胡墨庄(胡承珙)家,求其遗书"条知"明年"为道光癸巳年,则"又一年"当为道光十四年甲午,故系于此。《泾川书院志》也载胡培翚于此年主讲泾川书院。

道光十五年乙未(1835)　　54 岁

1.胡培翚应曹庚南先生之子曹恩甲之邀,作《旺川曹氏义田碑记》。

《旺川曹氏义田碑记》(《文钞》卷八)称:"吾邑旺川曹庚南先生,名乐,……殁后,子恩甲等谨遵勿失,于其未竟之绪,更增而成之。……道光十五年冬,奉旨旌表,建坊如例,巍巍绰楔,远近荣之。回忆举行之始,迄今几二十年,知为善无不彰,而迟速有时耳。恩甲将勒石,垂诸久远,而以文属余。余谓义田昉于宋之范氏,自后多有行之者。然先生家非素封,以其毕生辛勤所有,尽捐以赡族,而其诒子孙者尚歉焉。"

2.是年,胡培翚仍主讲泾川书院。

3.是年腊月初十日,胡培翚致信陈奂,邀其来泾川校勘胡承珙《毛诗后笺》。

《流翰仰瞻》第三十五函称:"硕甫先生经席:……《后笺》一书,蒙来示惓惓念及,足征友谊之厚。此书现在柏林昆仲已定议付梓,因伊本家亲戚屡来滋扰,颇难开场。弟已肩承,即在院内办理,仍恳吾兄来泾校订,照旧在书院居住,以避喧嚣,弟亦藉可昕夕奉教。惟是书卷叶繁多,刻成约计总需一年,且需多集人匠,开工以后,势难稍停(停工则匠散,难复招集),必须先生在此住居,将书刻完方可。……兹弟于月之初旬返舍,特先布此,代为申意。……棘人胡培翚叩,乙未腊八后二日。"①

---

① 清陈奂辑,吴格整理:《流翰仰瞻》,《历史文献》(第十辑),第 47—48 页。

道光十六年丙申(1836) 55 岁

是年,胡培翚仍主讲泾川书院。

道光十七年丁酉(1837) 56 岁

1.作《从叔父同知公遗书记》。

《从叔父同知公遗书记》(《文钞》卷八)称:"然吾家学,自东峰公传至公九世,传至培翚十世,培翚仕宦偃蹇,赋闲日多,年已五十六矣,鬓发苍苍,所欲为者,迄无成就。……道光丁酉,侄培翚谨记。"

2.是年,《燕寝考》付梓。

《东房西室疑问》(《文钞》卷一)文后称:"培翚初为《燕寝考》,以管见所及,时请正于山阳汪文端师,师许可,索书,书未就,因先撮其大略,为此篇呈之。后又请正于高邮王文简师,《燕寝考》始定稿焉,时嘉庆癸酉岁也。越今丁酉,二十五年矣,检录付梓,敬识于此。"

3.是年,胡培翚创建世泽楼,收藏大批图书,并作《特祭祠世泽楼藏书碑记》。

《家谱》卷首中"仕宦"目"培翚公"条称:"丁酉,与族人共谋藏书于世泽楼,并捐置义馆义学。"《家谱》卷首下"祠记"目载胡培翚《特祭祠世泽楼藏书碑记》云:"嘉庆乙亥、丙子间,重修家祠,尝与冠一叔(讳承鉴)谋构藏书之所,以公同族而未果。道光壬辰,培翚重申前议,族中好义之士踊跃捐输,适正晖侄(讳尚昱)来襄其事,不数月捐成钱一千六百馀缗……道光十七年,岁次丁酉仲春月,赐进士出身,原任户部主事三十二世孙培翚谨撰。"

4.是年,胡培翚仍主讲泾川书院。并于是年六月下旬自行付梓《研六室文钞》十卷,并约请朱琦作序。

《文钞》卷首载胡先翰、胡先频识语称:"家竹村师邃于《仪礼》,因贾《疏》漏略,重为义疏,精力专注于此。其他著作,成者已有数种,所作古文,约有三百馀篇,仪征阮芸台先生采其二种,刊入《皇清经解》,馀俱未梓行,盖吾师未肯以自信也。近岁主讲泾川书院,先君子未刊书藏于家者,督率翰等次第校刊,并为先君子作传,庶赖以传世永久焉。翰等闲请梓其著述,吾师谓:'所著书尚须改订,惟说经之文,久思就正四方有道,而苦抄写不及,若以刻代抄,其可。'于是出所作古文,命择有关经义者,得八十馀篇,编为《研六室文钞》十卷,授之剞劂。其无关经义者,虽已传于外,概命勿付梓,曰:'此自为商质经义计,若以言文,尚须数年后,学力或有进地,再为续钞。'盖吾师之不肯自信如此。然其文古劲闳深,实有汉、唐风味;其解经,不尚新奇,不事穿凿,惟以经证经,心得最多,阅者自知之,翰等非阿所好也。刻既成,因敬记其缘起。道光丁酉六月下浣,受业先翰、先频谨识。"

　　今案:《续修四库全书》所收之《研六室文钞》即为道光十七年泾川书院刊本,此书前有朱琦之序,曰:"绩溪胡竹村,农部当世之笃学君子也。……不欲驰逐文坛,然穿穴经旨以为文,而文自渊茂,顷乃裒辑三十年来所作,择定若干首,曰《研六室文钞》,属余序。"

5.是年,顾翰属胡培翚为神龙庙记勒石之文,胡培翚作《泾县龙神庙碑》。

　　《泾县龙神庙碑》(《文钞·补遗》)称:"蒹塘顾侯宰泾之明年,乙未夏旱,祷于神尽礼,……先是,泾未立龙神庙,刺史陈君晴岚摄邑篆,始于大安寺之禅室,貌神像祀焉。侯则以为规模之未备也,楹宇之未崇也,庭唐之未深也,乃扩而大之。更于其前建庙三间,……是役也,经始于道光乙未四月,落成于丙申七月,……顾侯,无锡人,名翰,蒹塘其号。嘉庆庚午,与培翚同举于乡。侯之来,培翚适承乏泾川讲席,相与处此四年矣,而兹庙又邻近讲院,习知其事,故以勒石之文属,不敢辞也。"由上文"道光十四年甲午"条知胡培翚承乏泾川书院于道光十四年,而顾翰也于此年来泾(蒹塘顾侯宰泾之明年乙未)。二人相处四年,则延至道光十七年。此年胡培翚仍主讲泾川书院,因此,顾翰属胡培翚记勒石之文——《泾县龙神庙碑》,当作于此年。

道光十八年戊戌(1838)　　57岁

胡培翚承乏娄东讲席,闻嘉定朱皋亭(朱玮)之孝行。

　　《清故孝子朱皋亭先生墓表》(《文钞·补遗》)称:"道光戊戌,培翚承乏娄东讲席,即闻嘉定孝子朱皋亭先生之行。"

道光十九年己亥(1839)　　58岁

1.胡培翚主讲云间书院。是年秋,游寓西湖,应张若云弟啸山之邀,为张若云《守山阁丛书》作序。

　　《守山阁丛书序》(《文钞·补遗》)称:"余自己亥岁主讲云间,即耳君(张若云)名。是秋游寓西湖,与君弟鲈香、张君啸山寓居相接,过从谈论,间以《丛书》相质,于鄙见甚洽。其后时时邮函来往,讲求善本,遂属序于余。……且以余言为左契,可乎!"

2.是年八月,胡培翚晤张文虎于武林,一见如故,遂订忘年交。

张文虎《燕寝考序》称:"岁己亥秋,晤君武林,倾盖如故,订忘年交。"①张文虎《西泠续记》②对二人此次会面记载尤为详细:"己亥春,鲈香拟续西泠之游,且渡江谒禹陵、访兰亭,西登富春山,游七里泷而返,邀同往,会予以事,不果。秋八月,始定行。鲈香挈周翁及一仆阿喜,凡四人,六日午刻发船……(十一日)诣文澜阁。晤绩溪胡竹村农部培翚,小叙。出经孤山背游鱼泼刺……十六日,偕陈少筠诣文澜阁。复晤胡竹村农部,始知为凌仲子先生高弟,世习《三礼》,赞《仪礼》尤精,著补疏以纠贾公彦之讹略。……十七日,访胡竹村于借闲小筑,汪小米内翰之别墅也。时长洲陈硕甫兊与竹村同寓水北楼,相见恨晚,抵掌谈经,不觉席之屡前……(八月十九日)还至履泰山前,晤胡竹村。……二十日侵晓,竹村遣使惠令祖朴斋明经匡衷《仪礼释官》二册,以《周官》所纪为王朝之官,其列国官名见于《春秋左氏传》者,半皆东迁后僭设,故独括《燕》、《射》诸篇以明侯国官制,参证群经,钩稽众说,于郑、贾注疏时有纠核。……"

3.是年秋,胡培翚寓西湖,陈兊偕钱仪吉往访,胡培翚赠钱仪吉《研六室文钞》。

钱仪吉《曝书杂记》卷下之"郝兰皋《尔雅义疏》"条称:"忆己亥秋绩溪胡竹村户曹培翚寓西湖,硕甫偕余往访,因得赠所著《研六室文钞》,中有《郝兰皋先生墓表》,其述《尔雅义疏》云……"③

4.是年秋,胡培翚自西湖返泾,约张文虎明年二月至云间书院,张文虎作诗送胡培翚。

张文虎《送胡竹村农部培翚之泾》④云:"……罢官勤著述,喜谢尘纲羁。东行历吴会,小住明湖湄。……湖隈多嚣尘,车马纷且驰。谁知一楼上,聚此双经师。邂逅天禄阁,一见如故知。……示我《释官》篇,家学固有

①张文虎:《舒艺室杂著》(甲编卷下),《续修四库全书》第1535册,上海古籍出版社2002年版,第196页。
②张文虎:《西泠续记》,载《清代诗文集汇编》编纂委员会编:《清代诗文集汇编》第630册,上海古籍出版社2010年版,第612—616页。
③钱仪吉:《曝书杂记》(丛书集成初编本),中华书局,1985年版,第88页。
④张文虎:《舒艺室诗存》卷二,《续修四库全书》第1535册,第342—343页。

基。……得君策蹇驽①，变易情庶几。青山晓嶙峋，碧水扬澜漪。秋风吹我心，送君往泾溪。伫当占德星，早践明春期②。"张文虎《西泠续记》③也谈及此事："（八月十九日）还至履泰山前，晤胡竹村，亦从云林回，知昨曾至弥勒院见访。言明早拟归绩溪，期以献岁发春会于松郡。时方主讲云间，故云。"

道光二十年庚子（1840）　59 岁
是年，仍主讲云间书院。

　　由上文"道光十九年己亥（1839）"条第 4 分条知：胡培翚于道光十九年秋自西湖返泾时，约张文虎明年二月至云间书院。可见"明年"（道光二十年）胡培翚仍受聘主讲于云间书院。

道光二十二年壬寅（1842）　61 岁
是年，任惜阴书院山长，并与何绍基、潘少白等人谈艺。

　　何绍基《东洲草堂诗抄》卷二十六之《金陵杂述四十绝句》第四首云："当年两叟重儒林，讲艺钟山与惜阴。横舍荒馀无寸甓，迥思绪论怆人琴。"诗下注曰："壬寅居此，与潘少白、胡竹村两先生谈艺最密。"④胡培翚《惜阴书院别诸生文》称："长沙陶文毅公总制两江，以育才为急，特于金陵博山之阳，建惜阴书舍，择取钟山、尊经两书院高才生肄业其中，仿鸡笼山故事，而课以经、史、文三者，使日讲求有用之学，无仅耗心力于时艺。……今岁，余承乏兹席，与诸生议论今古，而博闻强识、实事求是、孳孳不已者，正大有人。惜夏间烽烟告警，未能安常讲肄。及秋，而余足疾复发，遂却来年之聘矣。今解馆旋籍，诸生每以不克挽留为恨，其进谒者，类多离愁，见于言面。"可见，胡培翚讲学惜阴书院仅此一年。归里后，胡培翚又讲学于泾川书院至道光二十六年丙午得疾止。另，《事状》云："自辛卯罢官归里，长沙陶文

①此处注曰："君时主讲云间书院。"见张文虎《舒艺室诗存》卷二，《续修四库全书》第 1535 册，第 343 页。

②此处注曰："约以明年二月至云间。"见张文虎《舒艺室诗存》卷二，《续修四库全书》第 1535 册，第 343 页。

③张文虎：《西泠续记》，载《清代诗文集汇编》第 630 册，第 616 页。

④何绍基：《东洲草堂诗抄》，见何绍基著，曹旭校点：《东洲草堂诗集》，上海古籍出版社 2006 年版，第 745 页。

毅公(澍)聘主江宁钟山书院。后于博山建惜阴书院成,程公(矞采)复延之主讲。又历主云间、娄东、庐州泾川诸书院,前后凡十馀年。"考程矞采于"(道光)二十一年二月,兼护两江总督。十二月,升江苏巡抚。……二十二年十二月,授山东巡抚。"①程矞采于道光二十一年二月兼护两江总督,此年十二月才升为江苏巡抚,在任仅一年就另有他任。因此,程矞采在道光二十一年延请胡培翚于次年任惜阴书院山长的可能性较大,故暂系于此。

今案:《中华儒学通典》云:"惜阴书院,又名惜阴书舍,位于江苏南京龙蟠里。清道光十八年(1838)两江总督陶澍仿诂经精舍、学海堂之制创建,择选钟山、尊经两院高材生肄业其中,专课经、史、文三者,不设制艺,'讲求有用之学,无耗心力于时艺'。……十九年,陶氏手定《惜阴书舍章程》十条,……前后山长多为名师,如俞正燮、胡培翚、冯桂芬……。"②再由"道光二十年庚子"条考证可知,1840 年,胡培翚仍主讲云间书院。故胡培翚承乏惜阴书院应在 1840 年以后。《事状》云:"自辛卯罢官归里,长沙陶文毅公(澍)聘主江宁钟山书院。后于博山建惜阴书院成,程公(矞采)复延之主讲。又历主云间、娄东、庐州、泾川诸书院,前后凡十馀年。"胡培系历数胡培翚主讲之书院,并未按主讲之先后顺序而列。胡培翚罢官后,自辛卯(1831)至丙午(1846),前后讲学凡十六年。主讲之书院,按先后顺序而列,应为:钟山、泾川、娄东、云间、惜阴、泾川。

道光二十三年癸卯(1843)　62 岁

1.是年夏,胡培翚以学海堂刻本《燕寝考》篇帙错乱,邮示张文虎原稿,并属张文虎为之校订。钱锡之通守为编入《指海》。

张文虎《燕寝考序》称:"癸卯夏,以学海堂刻本《燕寝考》篇帙错乱,邮示原稿,属为校订。钱锡之通守为编入《指海》。"③

2.是年,胡培翚病疽。《仪礼正义》未卒业,命从子胡肇昕手录《士昏》、《乡饮》、《乡射》、《燕礼》、《大射》诸篇,采辑诸说,鳞次排比,授以己意,令附诸后。

胡韫玉《胡培翚传》云:"先生体素丰硕,精力过人,癸卯病疽后稍衰,尝以《仪礼正义》未卒业为可惜,乃命从子肇昕手录《士昏》、《乡饮》、《乡射》、

①王钟翰点校:《清史列传》卷四十二,第 3328 页。
②吴枫、宋一夫主编:《中华儒学通典》,第 1630 页。
③张文虎:《舒艺室杂著》(甲编卷下),《续修四库全书》第 1535 册,第 196—197 页。

《燕礼》、《大射》诸篇,采辑诸说,鳞次排比,授以己意,令附诸后。"金天翮《胡培翚传》亦云:"自癸卯病疽,体稍衰,而《仪礼正义》未卒业,乃命从子肇昕,手录《士昏》、《乡饮》、《乡射》、《燕礼》、《大射》诸篇,采辑诸说,鳞次排比,授以己意,令付诸后。越六年己卯卒,年六十有八。"从句"越六年己卯卒,年六十有八"可看出胡培翚命从子肇昕手录《士昏》、《乡饮》、《乡射》、《燕礼》、《大射》诸篇,均在癸卯年,故系于此。

另,《流翰仰瞻》第四十二函录胡培翚致陈奂书信也提及病疽一事:"冬初接奉手札,藉稔兴居迪畅为颂。弟自秋间背生一疽,卧床数月,近日始能起坐,然尚未复元。《仪礼疏》稿写出仅止一半,今岁在舍,耽延日多,俗务纷集,又复遭此灾厄,精神顿减,成书未知何日,焦甚。先生身体虽强,然西溪往返,动辄二十里,似亦宜节劳为要。又村先生贵恙,近日想己痊愈,希为道念(外寄有唁函并薄奠一封)。伯林乃郎身子已好,闻伊、竹林俱要搬回东乡。弟来岁仍就泾川之馆,年内尚拟往泾,并以附闻。……愚弟胡培翚顿首,十一月廿四日。"①

3.是年胡培系父胡秉元去世,培翚哭之恸。

《事状》云:"癸卯先君捐馆,公哭之恸。"胡培系所云的"先君",当为培系之父胡秉元。

道光二十四年甲辰(1844)　　63 岁
是年冬,胡培翚寓书张文虎,属为《燕寝考》撰序。

张文虎《燕寝考序》称:"甲辰冬,复贻书属序。文虎学识荒陋,无以证成君义,于其刊竣,谨揭君著书大旨于简端云。"②

道光二十五年乙巳(1845)　　64 岁
1.是年,《丧服经传》、《士丧礼》、《既夕礼》、《士虞礼》四篇已成。《特牲馈食礼》、《少牢馈食礼》、《有司彻》诸篇,草稿粗具。其馀各篇,皆经考订,尚未排比。

胡肇智《仪礼正义书后》(《仪礼正义》附录一)称:"道光乙巳,智奉讳南归,见《丧服经传》、《士丧礼》、《既夕礼》、《士虞礼》四篇已成。《特牲馈食

---

①陈奂辑,吴格整理:《流翰仰瞻》,《历史文献》(第十辑),第 51 页。
②张文虎:《舒艺室杂著》(甲编卷下),《续修四库全书》第 1535 册,第 197 页。

礼》、《少牢馈食礼》、《有司彻》诸篇，草稿粗具。其馀各篇，皆经考订，尚未排比。"①

2.是年四月，胡培翚患风痹，犹力疾从事，左手作书，并命族侄胡肇昕留心经学，帮忙校写。

胡肇智《仪礼正义书后》（《仪礼正义》附录一）称："是年四月，患风痹，犹力疾从事，左手作书。以族侄肇昕，留心经学，命助校写。"②《事状》云："乙巳春，又病偏中，右手不能握管，乃以左手著书。"

3.是年八月十二日，胡培翚致信陈奂，告诉其近状及《仪礼正义》的进展情况。

《流翰仰瞻》第四十函云："硕甫先生经席：……弟于三月忽得半身不遂之症，……弟初病时，转侧维艰，服药少效，后得再造丸三四粒，服之始能起床，缓行数步，然至今右手尚未能作字。□著《仪礼正义》，仅止成十分之六，病中思维，手足若不获愈，唯有仿汉儒专注《仪礼·丧服》之例，将此一篇《正义》梓行，盖《丧服》关系最重，而弟于此篇搜考尤祥，约有十五六万字，惜天各一方，不能呼助将伯耳。泾川书院久未去，课卷俱托人批阅。泾邑刻字店多是旌德人，闻近年丰熟，刻谱者多，价亦甚昂，写手竟未易觅（似可往金陵觅之），……［愚弟胡培翚］顿首，中秋前三日。……"③

道光二十六年丙午（1846）　65岁

1.是年，胡培翚仍主讲泾川书院，后得疾归里。

胡培翚《上罗椒生学使书》（《文钞·补遗》）称："翚自辛卯出都，曾承乏江南省城钟山讲席，后更历数处，至丙午得疾归里，……"

2.胡培翚得疾，回故里，欲捐置义仓、义学、义田，以裨助圣化于万一。

《上罗椒生学使书》（《文钞·补遗》）称："翚自辛卯出都，曾承乏江南省城钟山讲席，后更历数处，至丙午得疾归里，十数年修脯所入，节省赢馀，欲捐置义仓、义学、义田，以裨助圣化于万一。……"

3.是年，始得读朱皋亭（朱玮）文集。

《清故孝子朱皋亭先生墓表》（《文钞·补遗》）称："道光戊戌，培翚承乏

---

①段熙仲点校，胡培翚：《仪礼正义》，第2434页。
②段熙仲点校，胡培翚：《仪礼正义》，第2434页。
③陈奂辑，吴格整理：《流翰仰瞻》，《历史文献》（第十辑），第50—51页。

娄东讲席,即闻嘉定孝子朱皋亭先生之行。越八年,先生仲子出守吾郡,始得读先生之集。"从道光戊戌越八年,当为道光二十六年丙午年,故系于此。

道光二十八年戊申(1848)　67岁
胡培翚有感于朱皋亭(朱玮)之孝行,应朱皋亭之子之邀,为朱皋亭撰墓表。

　　《清故孝子朱皋亭先生墓表》(《文钞·补遗》)称:"道光戊戌,培翚承乏娄东讲席,即闻嘉定孝子朱皋亭先生之行。越八年,先生仲子出守吾郡,始得读先生之集。又二年,而郡守丁母太恭人忧,去官归里,将祔葬太恭人于先生之墓,以表墓之文来属。培翚于郡守,沐其德化,仰其著述,中心相洽久矣,曷敢辞。"从道光戊戌越八年,又二年,共计十年,时应为道光戊申年,故系于此。

道光二十九年己酉(1849)　68岁
1.是年夏,寄书胡肇智,称假以时日,能完成《仪礼正义》。

　　胡肇智《仪礼正义书后》(《仪礼正义》附录一)称:"己酉夏,尝寄智书曰:'假我数月,全书可成。'"[1]

2.是年七月,胡培翚卒于病疽复发。

　　汪士铎《户部主事胡先生墓志铭》称:"先生卒于道光二十九年七月,春秋六十有八。"[2]胡韫玉的《胡培翚传》称:"道光二十九年己酉卒,年六十有八。"胡肇智《仪礼正义书后》(《仪礼正义》附录一)称:"己酉夏,尝寄智书曰:'假我数月,全书可成。'讵意背疽复发,遽于七月弃世。"[3]

身　后

道光二十九年己酉(1849)
1.是年十月,顺德罗椒生为《仪礼正义》撰序。

　　《仪礼正义序》称:"道光己酉十月,顺德罗惇衍椒生撰。"[4]

---

①段熙仲点校,胡培翚:《仪礼正义》,第2434页。
②汪士铎:《汪梅村先生集》卷十一,《续修四库全书》第1531册,第703页。
③段熙仲点校,胡培翚:《仪礼正义》,第2434页。
④见段熙仲点校本,胡培翚:《仪礼正义》卷首。

2.是年,《仪礼正义》有木犀香馆刻本^①(参蒋元卿《皖人书录》)。

咸丰二年壬子(1852)

1.是年九月,陆健瀛作《校刊仪礼正义序》。

《校勘仪礼正义序》称:"咸丰壬子九月,沔阳陆健瀛序。"^②

2.是年,《仪礼正义》有木犀香馆印本(陆健瀛原刻本)(参王锷:《三礼研究论著提要》)。

3.是年,《仪礼正义》有清谢章铤校并跋之印本(参王锷:《三礼研究论著提要》)。

4.是年,《仪礼正义》有清陈宝璐校印本(参王锷:《三礼研究论著提要》)。

同治七年戊辰(1868)

是年,《仪礼正义》有苏州刊本(参蒋元卿《皖人书录》)。

同治八年己巳(1869)

是年,《仪礼正义》有苏州汤晋苑局刊本,书首有罗惇衍序及陆健瀛于咸丰壬子(1852)九月"校刊仪礼正义序",牌记曰"苏州汤晋苑局刊印"八字,书后有同治戊辰(1868)陆光祖序及胡肇智序,……后附胡匡衷《仪礼释官》4册,二者合为2函24册,书前有"同治己巳重刊"字样,是知此本为同治八年(1869)重刊本也(参王锷:《三礼研究论著提要》)。

光绪四年戊寅(1878)

1.是年,《研六室文钞》十卷《补遗》一卷有胡氏世泽楼重刊本并附行状(参蒋元卿《皖人书录》)。

2.是年,《胡少师年谱》二卷(胡培系补)有世泽堂(当为世泽楼——引者注)刊本(参蒋元卿《皖人书录》)。

---

① 王锷《三礼研究论著提要》认为:此刊本为误载,即指咸丰二年(1852)刊本,盖因书前有道光二十九年(1849)罗惇衍序也。胡氏卒于七月,书尚未完稿,又罗序云:"有好是书而刊布之者,其亦先生之志也。"由是而知,此书道光时绝未刊行也。见王锷:《三礼研究论著提要》,第203页。

② 见段熙仲点校本,胡培翬:《仪礼正义》。

光绪十年甲申(1884)

是年,《胡少师年谱》二卷(胡培系补)有重刊本(参蒋元卿《皖人书录》)。

光绪十四年戊子(1888)

是年,《皇清经解续编》竣工,《仪礼正义》与《禘祫问答》同被收入。

参考文献

古籍资料：

《十三经注疏·尚书正义》(《十三经注疏》整理委员会整理)，李学勤主编，
  北京：北京大学出版社，1999.

《十三经注疏·毛诗正义》(《十三经注疏》整理委员会整理)，李学勤主编，
  北京：北京大学出版社，1999.

《十三经注疏·礼记正义》(《十三经注疏》整理委员会整理)，李学勤主编，
  北京：北京大学出版社，1999.

《十三经注疏·周礼注疏》(《十三经注疏》整理委员会整理)，李学勤主编，
  北京：北京大学出版社，1999.

《十三经注疏·仪礼注疏》(《十三经注疏》整理委员会整理)，李学勤主编，
  北京：北京大学出版社，1999.

《十三经注疏·左传正义》(《十三经注疏》整理委员会整理)，李学勤主编，
  北京：北京大学出版社，1999.

《十三经注疏·论语注疏》(《十三经注疏》整理委员会整理)，李学勤主编，
  北京：北京大学出版社，1999.

《十三经注疏·孟子注疏》(《十三经注疏》整理委员会整理)，李学勤主编，
  北京：北京大学出版社，1999.

《十三经注疏》(附校勘记)，(清)阮元，北京：中华书局，1980.

《十三经注疏校勘记》，(清)阮元，《续修四库全书》第180—181册，上海：上
  海古籍出版社，2002.

《十三经注疏校记》，(清)孙诒让著，雪克辑校，北京：中华书局，2009.

《仪礼注疏》，(汉)郑玄注，(唐)贾公彦疏，(唐)陆德明音义，《景印文渊阁四
  库全书》第102册，台北：台湾商务印书馆，1986.

《仪礼注疏》，(汉)郑玄注，(唐)贾公彦疏，王辉整理，上海：上海古籍出版
  社，2008.

《仪礼经传通解》,(宋)朱熹,《景印文渊阁四库全书》第 131 册,台北:台湾
　　商务印书馆,1986.

《仪礼集说》,(元)敖继公,《景印文渊阁四库全书》第 105 册,台北:台湾商
　　务印书馆,1986.

《仪礼郑注句读》,(清)张尔岐,《景印文渊阁四库全书》第 108 册,台北:台
　　湾商务印书馆,1986.

《仪礼章句》,(清)吴廷华,《景印文渊阁四库全书》第 109 册,台北:台湾商
　　务印书馆,1986.

《仪礼通论》,(清)姚际恒,《续修四库全书》第 86—88 册,上海:上海古籍出
　　版社,2002.

《仪礼注疏详校(外三种)》,(清)卢文弨撰,陈东辉、彭喜双点校,林庆彰校
　　订,台北:"中央研究院"中国文哲研究所,2012.

《九经古义》,(清)惠栋,《景印文渊阁四库全书》第 191 册,台北:台湾商务
　　印书馆,1986.

《广雅疏证》,(清)王念孙,南京:江苏古籍出版社,2000.

《经义述闻》,(清)王引之,南京:江苏古籍出版社,2000.

《钦定仪礼义疏》,《景印文渊阁四库全书》第 106—107 册,台北:台湾商务
　　印书馆,1986.

《仪礼古今文疏义》,(清)胡承珙,《续修四库全书》第 91 册,上海:上海古籍
　　出版社,2002.

《仪礼集编》,(清)盛世佐,《景印文渊阁四库全书》第 110—111 册,台北:台
　　湾商务印书馆,1986.

《礼经释例》,(清)凌廷堪,《续修四库全书》第 90 册,上海:上海古籍出版
　　社,2002.

《禘祫问答》,(清)胡培翚,《清经解续编》第 738 卷,上海:上海书店,1988.

《仪礼正义》,(清)胡培翚著,段熙仲点校,南京:江苏古籍出版社,1993.

《仪礼正义》,(清)胡培翚,《续修四库全书》第 91—92 册,上海:上海古籍出
　　版社,2002.

《仪礼正义》,(清)胡培翚,《清经解续编》第 698—737 卷,上海:上海书
　　店,1988.

《〈仪礼正义〉正误》,(清)胡肇昕,北京大学图书馆藏民国九年(1920)木活

字本.

《诗毛氏传疏》,(清)陈奂,《续修四库全书》第 70 册,上海:上海古籍出版社,2002.

《毛诗传笺通释》,(清)马瑞辰著,陈金生点校,北京:中华书局,1989.

《礼经通论》,(清)邵懿辰,《清经解续编》第 1277 卷,上海:上海书店,1988.

《礼书通故》,(清)黄以周著,王文锦点校,北京:中华书局,2007.

《经义考》,(清)朱彝尊著,游均晶、许维萍、黄智明点校,台北:"中央研究院"中国文哲研究所筹备处,1999.

《周礼正义》,(清)孙诒让著,王文锦、陈玉霞点校,北京:中华书局,1987.

《论语正义》,(清)刘宝楠著,高流水点校,北京:中华书局,1990.

《孟子正义》,(清)焦循著,沈文倬点校,北京:中华书局,1987.

《经学历史》,(清)皮锡瑞著,周予同注释,北京:中华书局,1959.

《经学通论》,(清)皮锡瑞,北京:中华书局,1954.

《礼经学》,(清)曹元弼,《续修四库全书》第 94 册,上海:上海古籍出版社,2002.

《礼经校释》,(清)曹元弼,《续修四库全书》第 94 册,上海:上海古籍出版社,2002.

《史记》,(汉)司马迁撰,(宋)裴骃集解,(唐)司马贞索隐,(唐)张守节正义,北京:中华书局,1959.

《汉书》,(汉)班固撰,(唐)颜师古注,北京:中华书局,1962.

《后汉书》,(宋)范晔撰,(唐)李贤等注,北京:中华书局,1965.

《旧唐书》,(后晋)刘昫等撰,北京:中华书局,1975.

《清史稿》,(清)赵尔巽等撰,北京:中华书局,1977.

《清实录》,北京:中华书局,1985.

《皖志列传稿》,(清)金天翮,苏州利苏印书社,1936.

《国朝汉学师承记》,(清)江藩著,钟哲整理,北京:中华书局,1983.

《汉学师承记笺释》,(清)江藩著,漆永祥笺释,上海:上海古籍出版社,2006.

《师友渊源记》,(清)陈奂著,江标署检,光绪十二年函雅堂丛书本.

《籀庼述林》,(清)孙诒让著,许嘉璐主编,雪克点校,北京:中华书局,2010.

《荀子集解》,(清)王先谦著,沈啸寰、王星贤点校,北京:中华书局,1988.

《朱子全书》,(南宋)朱熹撰,朱杰人、严佐之、刘永翔主编,合肥:安徽教育
　　出版社,2002.

《朱子语类》,(南宋)朱熹撰,黎靖德编,王星贤点校,北京:中华书局,1986.

《顾亭林诗文集》,(清)顾炎武著,华忱之点校,北京:中华书局,1983.

《日知录校注》,(清)顾炎武著,陈垣校注,合肥:安徽大学出版社,2007.

《戴震文集》,(清)戴震著,赵玉新点校,北京:中华书局,1980.

《戴震全集》,(清)戴震,北京:清华大学出版社,1997.

《校礼堂文集》,(清)凌廷堪著,王文锦点校,北京:中华书局,1998.

《陶文毅公全集》,(清)陶澍,《续修四库全书》第1503册,上海:上海古籍出
　　版社,2002.

《曝书杂记》,(清)钱仪吉,北京:中华书局,1985.

《春在堂杂文三编》,(清)俞樾,见沈云龙主编:《近代中国史料丛刊》,台北:
　　文海出版社,1973.

《汪胡尺牍》,(清)汪喜孙、胡培翚撰,复旦大学图书馆藏红印本.

《流翰仰瞻》,(清)陈奂辑,吴格整理,《历史文献》第十辑,上海:上海古籍出
　　版社,2006.

《玉函山房辑佚书》,(清)马国翰,《续修四库全书》第1203册,上海:上海古
　　籍出版社,2002.

《景紫堂文集》,(清)夏炘,见沈云龙主编:《近代中国史料丛刊》,台北:文海
　　出版社,1973.

《刘寿曾集》,(清)刘寿曾著,林子雄点校,杨晋龙校订,台北:"中研院"文哲
　　所筹备处,2001.

《揅经室集》(全二册),(清)阮元撰,邓经元点校,北京:中华书局,1993.

《求是堂文集》,(清)胡承珙,《续修四库全书》第1500册,上海:上海古籍出
　　版社,2003.

《汪梅村先生集》,(清)汪士铎,《续修四库全书》第1531册,上海:上海古籍
　　出版社,2002.

《研六室文钞》,(清)胡培翚,《续修四库全书》第1507册,上海:上海古籍出
　　版社,2002.

《研六室文钞补遗》,(清)胡培翚,清光绪六年刻本.

《胡培翚集》,(清)胡培翚撰,黄智明点校,蒋秋华校订,台北:"中央研究院"中国文哲研究所,2005.

《越缦堂读书记》,(清)李慈铭撰,由云龙辑,北京:中华书局,1963.

《念楼集》,(清)刘宝楠,见沈云龙主编:《近代中国史料丛刊续编》第一百五十六辑,台北:文海出版社,1975.

《西泠续记》,(清)张文虎,光绪十五年刻本.

《复礼堂文集》,(清)曹元弼,见王有立主编,中华文史丛书之四十六,台北:台湾华文书局印行,1917.

《说文解字注》,(汉)许慎撰,(清)段玉裁注,郑州:中州古籍出版社,2006.

《钦定四库全书总目》(四库全书研究所整理本),(清)永瑢等撰,北京:中华书局,1997.

《东塾读书记(外一种)》,(清)陈澧,北京:生活·读书·新知三联书店,1998.

《贩书偶记》,(清)孙殿起,上海:上海古籍出版社,1999.

《香草校书》,(清)于鬯,北京:中华书局,1984.

《碑传集》,(清)钱仪吉纂,靳斯标点,北京:中华书局,1993.

《续碑传集》,(清)缪荃孙,台北:文海出版社,1973.

《凌次仲先生年谱》,《丛书集成续编》第174册,(清)张其锦辑,上海:上海书店,1994.

《绩溪金紫胡氏家谱》(二十八卷,首三卷,末两卷),(清)胡广植等纂修,光绪33年(上海图书馆藏).

　　近现代人论著:

《经学教科书》,刘师培著,陈居渊注,上海:上海古籍出版社,2006.

《经学研究论文选》,彭林编,上海:上海书店,2001.

《经学研究论丛》第五辑,林庆彰主编,台北:台湾学生书局,1998.

《经学研究论丛》第七辑,林庆彰主编,台北:台湾学生书局,1999.

《十三经概论》,蒋伯潜,上海:上海古籍出版社,1983.

《十三经导读》,白玉林,党怀兴主编,北京:中国社会科学出版社,2006.

《〈周易〉等十种引得》,洪业,上海:上海古籍出版社,1986.

《古学经子——十一朝学术史述林》，王锦民，北京：华夏出版社，2008.

《仪礼》，彭林注译，长沙：岳麓书社，2001.

《三礼通论》，钱玄，南京：南京师范大学出版社，1996.

《三礼名物通释》，钱玄，南京：江苏古籍出版社，1987.

《三礼研究论著提要》，王锷，兰州：甘肃人民出版社，2001.

《清初三礼学》，林存阳，北京：社会科学文献出版社，2002.

《清代〈仪礼〉文献研究》，邓声国，上海：上海古籍出版社，2006.

《诗经名物新证》，扬之水，北京：北京古籍出版社，1999.

《今古文经学新论》，王葆玹，北京：中国社会科学出版社，1997.

《中国近代经学史》，田汉云，西安：三秦出版社，1996.

《中国经学史十讲》，朱维铮，上海：复旦大学出版社，2002.

《周予同经学史论著选集》（增订本），朱维铮编，上海：上海人民出版社，1996.

《中国经学思想史》（第一、二卷），姜广辉，北京：中国社会科学出版社，2003.

《中国经学史》，吴雁南、秦学颀、李禹阶主编，福州：福建人民出版社，2001

《宋明经学史》，章权才，广州：广东人民出版社，1999.

《清代经学史通论》，吴雁南主编，昆明：云南大学出版社，2001.

《清代经学史》，章权才，广州：广东人民出版社，2010.

《中国近三百年学术史》，梁启超，北京：东方出版社，1996.

《中国近三百年学术史》，钱穆，北京：商务印书馆，1997.

《中国近三百年学术史论》，章太炎、刘师培等，上海：上海古籍出版社，2006.

《论中国学术思想变迁之大势》，梁启超，《饮冰室合集》（文集七），北京：中华书局，1989.

《中国学术史》，张国刚，乔治忠，上海：东方出版中心，2002.

《中国学术通史（隋唐卷）》，张立文主编，张怀承著，北京：人民出版社，2004.

《中国学术通史（清代卷）》，张立文主编，陈其泰、李廷勇著，北京：人民出版社，2004.

《中国学术思潮史纲》，周山，上海：上海社会科学院出版社，2008.

《清代学术文化史论》,王俊义、黄爱平,台北:文津出版社,1999.

《中国训诂学史》,胡朴安,北京:商务印书馆,1998.

《嘉庆绩溪县志》,《中国地方志集成·安徽府县志辑(54)》,南京:江苏古籍出版社,1998.

《道光徽州府志(二)》,《中国地方志集成·安徽府县志辑(49)》,南京:江苏古籍出版社,1998.

《清史列传》,王钟翰点校,北京:中华书局,1987.

《清史纪事本末》,南炳文、白新良主编,吴振清撰,上海:上海大学出版社,2006.

《清代朴学大师列传》,支伟成,长沙:岳麓书社,1998.

《清儒学案》,徐世昌等编,沈芝盈、梁运华点校,北京:中华书局,2008.

《清儒学记》,张舜徽,武汉:华中师范大学出版社,2005.

《清代扬州学记》,张舜徽,上海:上海人民出版社,1962.

《顾炎武评传》,许苏民,南京:南京大学出版社,2006.

《清代学术概论》,梁启超著,夏晓虹点校,北京:中国人民大学出版社,2004.

《清代学术探研录》,王俊义,北京:中国社会科学出版社,2002.

《清代学术讲论》,彭林、郑吉雄主编,桂林:广西师范大学出版社,2005.

《清儒学术拾零》,陈祖武,长沙:湖南人民出版社,2002.

《明清学术研究》,单周尧主编,北京:中国社会科学出版社,2009.

《清代朴学与中国文学》,陈居渊,南昌:百花洲文艺出版社,2000.

《徽派朴学》,洪湛侯,合肥:安徽人民出版社,2005.

《儒家典籍与思想研究》(第一辑),北京大学《儒藏》编纂中心编,北京:北京大学出版社,2009.

《中华儒学通典》,吴枫、宋一夫主编,海口:南海出版公司,1992.

《晚清社会与文化》,陈国庆主编,北京:社会科学文献出版社,2005.

《十八世纪礼学考证的思想活力——礼教论争与礼秩重省》,张寿安,北京:北京大学出版社,2005.

《三礼馆:清代学术与政治互动的链环》,林存阳,北京:社会科学文献出版社,2008.

《乾隆三礼馆史论》,张涛,上海:上海人民出版社,2015.

《徽州文化史》(明清卷),周晓光主编,合肥:安徽人民出版社,2015.

《刘申叔遗书》,刘师培,南京:江苏古籍出版社,1997.

《清稗类钞》,徐珂,北京:中华书局,1986.

《校雠通义》(王重民《通解》本),章学诚,上海:上海古籍出版社,1987.

《饮冰室文集》《饮冰室合集》,梁启超,北京:中华书局,1989.

《胡适文集》,胡适著,欧阳哲生编,北京:北京大学出版社,1998.

《清人文集别录》,张舜徽,北京:中华书局,1963.

《'98 国际徽学学术讨论会论文集》,周绍泉、赵华富主编,合肥:安徽大学
　　出版社,2000.

《二十世纪中国礼学研究论集》,陈其泰、郭伟川、周少川编,北京:学苑出版
　　社,1998.

《徽州传统学术文化地理研究》,周晓光,合肥:安徽人民出版社,2006.

《陈奂研究论集》,林庆彰、杨晋龙主编,陈淑谊编辑,台北:"中研院"文哲所
　　筹备处,2000.

《乾嘉学者的义理学》,林庆彰、张寿安主编,台北:"中研院"文哲所,2003.

《学术集林》,王元化主编,上海:上海远东出版社,1996.

《汉书艺文志注释汇编》,陈国庆编,北京:中华书局,1983.

《续修四库全书总目提要·经部》(上册),北京:中华书局,1993.

《续修四库全书总目提要(稿本)》(第 16 册),中国科学院图书馆整理,济
　　南:齐鲁书社,1996.

《中国历史纪年表》,万国鼎编,万斯年、陈梦家补订,北京:中华书局,1978.

《中国文学史大事年表》,吴文治,合肥:黄山书社,1993.

《明清历代进士题名录》,朱保炯、谢沛霖编,见沈云龙主编:《近代中国史料
　　丛刊续编》,台北:文海出版社,1983.

《皖人书录》,蒋元卿,合肥:黄山书社,1989.

《三礼辞典》,钱玄、钱兴奇,南京:江苏古籍出版社,1998.

《武威汉简》,中国科学院考古研究所、甘肃省博物馆编,北京:文物出版

社,1964.

《清末民国古籍书目题跋七种》,程仁桃选编,北京:国家图书馆出版
　社,2009.

《碑传集补》,闵尔昌,台北:文海出版社,1973.

《广清碑传集》,钱仲联主编,苏州:苏州大学出版社,1999.

《近三百年人物年谱知见录》,来新夏,上海:上海人民出版社,1983.

　　单篇学术论文:

《胡培翚传》,胡韫玉,《国粹学报》,第七年第二册(原第76期),1911年
　2月.

《胡秉虔传》,胡韫玉,《国粹学报》,第七年第四册(原第78期),1911年
　4月.

《绩溪经学三胡先生(胡匡衷、胡秉虔、胡培翚)传》,王集成,《浙江省图书馆
　馆刊》第4卷第6期,1935年12月.

《读胡培翚的〈仪礼正义〉》,杨向奎,《孔子研究》,1991年第2期.

《胡培翚与〈仪礼正义〉》,林存阳,《清史论丛》(2003—2004年号),中国广
　播电视出版社,2004.

《评杨大堉、胡肇昕补〈仪礼正义〉》,彭林,《清华大学学报》(哲学社会科学
　版),2007年第2期.

《〈仪礼正义〉成书考》,柳向春,《文献》,2005年第3期.

《试论〈仪礼〉的作者与撰作时代》,丁鼎,《孔子研究》,2002年第6期.

《论〈诗〉与礼的关系》,王洲明,《聊城师范学院学报》(哲学社会科学版),
　1995年第2期.

《〈仪礼正义〉补纂问题考论》,张文,《中国典籍与文化》,2014年第2期.

后　记

　　2008年秋，我负笈扬州，师从扬州大学文学院田汉云先生攻读博士学位。田师是学界知名的经学史研究专家，兼擅古代文学与诸子学研究。在田师的指导下，我选择了清代安徽著名经学家胡培翚的《仪礼正义》作为博士学位论文的选题。

　　胡培翚的《仪礼正义》，是清代学者引以为豪的九种十二部著名的新疏之一。以该书作为博士学位论文的研究对象，对其展开全面、深入、系统的研究，在当时尚属首次。在田师的指导与帮助下，我克服了写作过程中所遇到的种种困难，于2011年5月完成了博士论文——《胡培翚〈仪礼正义〉研究》的写作任务，于当年6月顺利参加博士学位论文答辩，获得博士学位。次年，《胡培翚〈仪礼正义〉研究》被评为2012年江苏省优秀博士学位论文。2015年，在对原学位论文进行较大修改的基础上，我以原题申报了国家社科基金项目后期资助项目，并有幸得以立项资助。这为本书的写作提供了有利条件。

　　在本书即将出版之际，感谢田师拨冗赐序，感谢中华书局学术著作编辑室罗华彤主任、文学编缉室许庆江编辑的大力支持，同时也要感谢爱人黄洁女士在本书的写作过程中所做出的奉献。

　　古礼茫茫，难以稽考。顾炎武也云，古之经学，"非数十年不能通"。对《仪礼正义》这部经学研究巨著展开研究，实非易事。由于研究问题的繁难，研究资料的广博，本人才学、能力有限，不足之处在所难免，祈请专家、读者批评指正。

陈功文

2019年端午记于古城商丘